本系列由华盛顿大学中国研究中心（China Studies Program，University of Washington）赞助

伊沛霞　姚　平　主编

当代西方汉学研究集萃

中古史卷

本卷主编　单国钺

上 海 古 籍 出 版 社

图书在版编目(CIP)数据

当代西方汉学研究集萃. 中古史卷 / 伊沛霞，姚平，单国钺主编. —上海：上海古籍出版社，2016.4
（当代西方汉学研究集萃）
ISBN 978-7-5325-8022-4

Ⅰ.①当… Ⅱ.①伊… ②姚… ③单… Ⅲ.①汉学—研究—世界—文集②中国历史—中古史—文集 Ⅳ.①K207.8-53②K240.7-53

中国版本图书馆 CIP 数据核字(2016)第 051855 号

当代西方汉学研究集萃

伊沛霞　姚平　主编

中古史卷

单国钺　主编

上海世纪出版股份有限公司
上　海　古　籍　出　版　社　出版
（上海瑞金二路 272 号　邮政编码 200020）
（1）网址：www.guji.com.cn
（2）E-mail:guji1@guji.com.cn
（3）易文网网址：www.ewen.co
上海世纪出版股份有限公司发行中心发行经销
江阴金马印刷有限公司印刷
开本 890×1240　1/32　印张 14.875　插页 6　字数 400,000
2016 年 4 月第 1 版　2016 年 4 月第 1 次印刷
印数 1—1,400
ISBN 978-7-5325-8022-4
K·2178　定价：68.00 元
如有质量问题,请与承印公司联系

总序
美国的中国史研究趋向

伊沛霞（Patricia Ebrey）
姚　平　译

　　1966 年是中国"文革"肇始之年；在美国，大学校园反越战运动也正进入初期阶段。对我来说，1966 则是我第一次选修中文和中国史课的年份。在那段时光里，中国似乎是另一个世界。美国与中国还没有建立外交关系，中国仍被普遍地称为"红色中国"（Red China）。虽然我的老师中有的曾在 30 年代和 40 年代居住在中国，但我很明白我不可能有去中国的机会。

　　在 1966 年，有关中国研究的英语著作已经相当可观。从 19 世纪起，不少学者在辛勤多年的基础上编成中英字典、翻译中国经典著作和主要文学作品。在进入 20 世纪后的一段时间内，大部分中国研究的主导人物是欧洲人，如理雅各（James Legge）、戴闻达（J. J. L. Duyvendak）、卫德明（Helmut Wilhelm）、威利（Arthur Waley）、高本汉（Bernard Karlgren）等。此外，在 20 世纪 60 年代时，已有十几份学术杂志定期刊登中国史论文，如《亚洲专刊》（Asia Major）、《通报》（T'oung Pao）、《哈佛亚洲学刊》（Harvard Journal of Asiatic Studies）、《亚洲研究杂志》（Journal of Asian Studies）以及《美国东方学会杂志》（Journal of the American Oriental Society）等。同时，美国的中国研究也正在逐渐发展，已有几十所美国大学设有中国史课。1962 年贺凯（Charles Hucker）编辑出版了《中国：评论性目录》（China：A Critical Bibliography），书中所列书籍论文已达二千余种。当时，有关中国的书籍颇受欢迎,而我的老师们则一致认为驳倒魏复古(Karl A. Wittfogel) 1957 年出版的《东方专制论》(*Oriental Despotism*: *A Comparative Study of Total Power*)事关重大。魏复古著作的挑战对象是马克思的"亚细亚生产方式"和韦伯有关中国和印度宗教的研究。他提出,理解官僚政治社会的关键是灌溉型农业以及这种生产方式所必需的有召集大量劳力、建造并维持水利工程能力的强大政权。当时最受欢迎的反魏复古论点的著作是中国思想研究委员会(Committee on Chinese Thought)出版的学术讨论会论文集,如费正清(John King Fairbank)编《中国的思想与制度》(*Chinese Thought and Institutions*,1957 年)及倪德卫(David S. Nivision)、芮沃寿(Arthur F. Wright)编《儒学表现》(*Confucianism in Action*,1959 年)等。

在过去的四十年中,美国的中国史研究领域迅速壮大,而且其发展过程还反射了中美关系的变化、中国本身的变化、人文和社会科学研究议题的变化以及学者成份的变化。本系列各卷编辑将在各分卷前言中讨论相关课题研究中的变化(如妇女史研究的兴起和对宗教课题的渐趋关注等),但我想在总序中概括一下这四十年中影响着中国史众多课题研究的趋向当不无益处。

不言而喻,对历史学家来说,导致他们研究中国的原因往往影响其研究的方向和方法。在我 1966 年至 1971 年间作为本科生和研究生修中国史课时,我的教授们选择研究中国的原因颇为特别。许多人(men 那时的教授们几乎全是男性)在二战或朝鲜战争中在美国军队受东亚语言训练,有的参与情报活动,还有一些则曾在美军驻日期间在日本工作。这一代的教授一般从冷战的角度来看全球态势。因此,在越战之类不少议题上教授和学生们的观点往往有极大分歧。

与这些学者年龄相当的美籍华人则组成了当时美国最领先的中国史课目的第二批教授。他们中有些是在 20 世纪 30 年代或 40 年代来美国读博士并在 1949 年后留在美国的,还有些是离开大陆到台湾,然后再来美国留学的。这批学者中不仅有传统的人文学家,还有不少是深切关心中国现状的知识分子,他们希望借助西方理论和观念来探究中国的过去。这类学者包括萧公权、杨联升、瞿同祖、张仲礼、刘子健、许绰云、何炳棣等,他们发表了不少有关中国政治、经济制度化以及阶级结构的里程碑式的研究成果。

此外,在 20 世纪的 60 年代晚期和 70 年代早期,大学中仍有一批教授是在二战前就与中国有关连的。他们中有些出生于传教士家庭,从小在中国长大。比如,我在哥伦比亚大学读研究生时,富路德(L. Carrington Goodrich)早已退休,但他每天来校,在他的办公室里编写《明代名人传》(*Dictionary of Ming Biography*)。他儿时在北京居住,曾亲身经历义和团运动。其他一些教授则在上世纪 20 年代或 30 年代期间萌生了研究中国的兴趣。当时美国能提供高级中文和中国史课的大学屈指可数,而对美国人来说,在中国住上几年、请私人教师强化自己的汉学功底花费并不大。

我想我自己这一代中国史学者可以被称为"越战代"(Vietnam War generation)或"国防外语奖学金代"(National Defense Foreign Language Fellowship generation)①。在 20 世纪 60 年代,随着政府奖学金机会的增加,尤其是当这类研究生奖学金意味着可以推迟服兵役时,进入美国大学研究生院学中国史的学生数骤然上升。当然,越战的影响并不只在于给男生一个留在学校逃避征兵的机会,不少反对越战的青年视亚洲研究为真正改变世界的切实可行的途径之一。但是"越战代"历史学家不能去中国大陆做博士论文研究,因此,他们只能选择其他亚洲地区:研究当代中国的博士生大多去香港;以中文流利为首要目标的或希望在"传统化"中国做实地考察的往往去台湾;也有一些博士生选择去日本,师从当时成就卓著的日本中国史专家。

70 年代之际,美国历史学家的就业机会直线下降,其主要原因是当时的人口模式。70 年代之前的二十年中,美国大学竭力扩大师资以适应二战后的"婴儿潮"(baby-boomers),到了 70 年代,大学各系多已

---

① 1958 年美国国会通过国防教育案(National Defense Education Act),旨在加强大学的跨文化课程。

人员齐备,而打算在几年内退休的教授又不多,所以我们这一代中有不少顶尖的研究生毕业后去金融界、商业界或政府部门工作,他们不愿意或没有经济能力为一个合适的职位等上好几年。最后留在历史学界的往往都经受了沉重的心理负担,但不愿意放弃自己的专业,坚信唯有学术界才是他们的用武之地。

这套翻译系列中的许多文章出自越战代/国防外语奖学金代学者之手,但更多的则是他们之后的一代学者的研究成果。这新一代可以统称为"中国开放代"(Opening to China generation)。1979 年中美关系正常化后,美国研究生去中国学习及中国学生申请美国研究生院终于成了一种可能。虽然在初期阶段双方都带有一点试探心理,但是 80 年代期间,美国的中国史领域显然有一个重要的变迁。至 80 年代末,绝大多数重要的博士点在招收中国学生,而这些博士点所收的美国学生又大多在中国生活过几年,或是教英语,或是在一些国际组织工作。因此,在博士课程中,语言训练已不再举足轻重。

中国的开放不仅改变了中国史研究者的身份组合,而且它还对中国史研究的课题选择有很大的影响。从 80 年代到 90 年代,在中国做研究的机会逐渐扩大:档案馆愈来愈愿意让外国研究者使用档案资料;政府机构也逐渐接受面谈、民意调查及驻地考察等要求。所有这些使学者们更容易研究那些依赖于文献、珍本和考古材料的课题。这些变化不仅在很大程度上决定了这一时期进研究生院的博士生论文的课题,而且前一代学者也迅速地利用这些新机会来修正他们的研究项目。由于去日本留学的博士生越来越少,日本学术界对中国史研究的影响普遍下降,而中国学术界的影响则相应上升。

上世纪 80 年代大量中国研究生来美国时,正是美国学界历史研究理论框架的转型阶段。在 60 年代期间,社会史研究占绝对优势。许多社会历史学家非常钦佩法国年鉴派的理论,他们探索能了解贵族层以下的平民百姓生活的研究方法,并力图发掘以计量证明的史料。当时最有影响的著作之一是何炳棣在 1962 年发表的《明清社会史论》(*Ladder of Success in Imperial China*:*Aspects of Social Mobility*,1368—

1911）。此书以进士名册为据,考察明清时期的科举制度及其影响,它提出,明清时期上层社会成员的社会流动的可能性远大于我们的想象。

至 80 年代,所谓的"语言学转向"(linguistic turn)已全面展开,越来越多的历史学家选择文化史(而不是社会史)课题。同时,在历史学家选择和设计研究课题时,他们往往从理论(特别是文学和人类学理论)框架着手。从中国来的研究生并不需要像美国研究生那样化大量的时间来对付史料阅读课,因此,他们往往选修一些与中国或亚洲并没有直接关系的理论课。从而,这一时期的中国史研究的论著渐渐倾向于申明它们的理论性判断和主张。

在这些人文和社会科学的大趋向之外,中国研究领域本身也有不少动态性变化。最值得一提的是学术讨论会及讨论会论文集的巨大作用。一些著名的基金会(如洛克菲勒[Rockefeller]、福特[Ford]、梅隆[Mellon]基金会等)认为中国研究领域需要额外的资助;而从 1951 年起,中国思想研究委员会在以后取名为亚洲研究学会(Association for Asian Studies)的赞助下,积极鼓励学者们合作研究一些高优先性课题。当时有不少基金会赞助的中国史专题学术讨论会。这些讨论会往往持续几天,并以详细评点个人论文为主要形式。当时著名的历史学家几乎都或多或少地参与了这类讨论会,包括哈佛大学的费正清、史华慈(Benjamin Schwartz)、杨联陞,哥伦比亚大学的狄百瑞(Wm. Theodore de Bary),普林斯顿大学的牟复礼(Frederic Mote),宾夕法尼亚大学的卜德(Derk Bodde),斯坦福大学的芮沃寿、倪德卫,加大伯克莱分校的列文森(Joseph Levenson)和艾博华(Wolfram Eberhard)等。此外,一些美国以外的著名学者也参与了这些讨论会,如杜希德(Denis Twitchett)、傅海波(Herbert Franke)、王赓武等。

这种学者间合作创立了一个很好的模式,不久,美国学术团体(American Council of Learned Societies)中的中国文明委员会(Committee on Chinese Civilization)和社会科学研究协会(Social Science Research Council)中的当代中国委员会(Committee on Contemporary China)接受

这一资助学术讨论会的传统①,从而保持了讨论会对中国史研究领域的重大影响。在 70 年代的十年中,斯坦福大学出版社出版了七册中国社会研究论文集。虽然这些论文集并不以历史为中心,但其内容多是历史学家所关注的,如妇女研究、城市研究、宗教研究、经济组织研究等。此外,每册论文集中至少包括了一篇历史研究的文章。当时学术界一致认为,专题研究不能局限于一个单独的时间段,它应该是跨学科的。在这套丛书中,《中国社会中的妇女》(*Women in Chinese Society*, 1975 年)和《明清时期的城市》②(*The City in Late Imperial China*, 1977 年)对历史学家的影响尤其重大。从 1982 年起,中国联合委员会赞助的讨论会论文集陆续在加利福尼亚大学出版社出版,这些论文集是该社中国研究丛书中的重要组成部分。到目前为止,加大出版社的这套丛书已有 28 册,我们这套翻译丛书中有两篇文章来自加大中国研究丛书中最有影响的论文集之一——《明清时期的通俗文化》(*Popular Culture in Late Imperial China*,1985 年)。

参加这些委员会或各大学赞助的学术讨论会成为中国史学者组成学术圈的重要途径之一。在讨论会之外,他们经常切磋交流,相互阅读、评点手稿。在历史学界的其他领域里,讨论会论文集的文章多被视为无足轻重,但在中国史领域中,学者们往往将自己最出色的论文在学术讨论会上发表,这不仅仅是因为他们希望得到有益的反馈,而且还因为文章被收入这类论文集确保了他们有大量的读者。我们这套丛书中有好几篇文章最初就是在这类论文集中发表的。

中国史领域的另一个显著特点是学者们与中国的历史学家及其他领域的中国专家关系密切。这一方面是由汉学传统决定的:早几代的历史学家往往化很长时间学中文,他们与研究中国文学、政治、人类学及其他学科的学生同进共出课堂多年。另一方面,它也反映了美国亚洲研究学会的特点:这个亚洲学中最有权威的学术团体每年召开年

---

① 这两个组织在 80 年代早期合并成当代中国联合委员会(Joint Committee on Chinese Studies)。

② 或译作《中华帝国晚期的城市》。

会,使研究中国的历史学家有机会与其他领域的中国学专家相聚一堂,并促使学者们去组织一些跨学科研究的讨论小组。不过,最重要的原因可能是 60 年代美国政府和福特基金会对"区域研究"(area studies)模式的鼓励。"区域研究"的根本信条是:仅仅掌握某种语言是不够的;也就是说,一个打算研究中国政治学和方法论的学者必须在懂得语言之外熟悉中国的历史和文化。对美国人(或中国人之外的其他种族的人)来说,这种全面训练的最快途径是选修中国研究课程。不过,至 90 年代,"区域研究"模式受到了大多数社会科学领域的猛烈抨击。许多院系不再愿意招聘"中国政治学家"(China political scientist)或"日本经济学家"(Japan economist)。区域研究专家往往在系里低人一等。大多数在社会科学院系教书的区域研究教授教的是公共课,他们每年往往只有一次机会教有关中国的课程。所幸的是,中国史教授们大多躲过了这场对区域研究专家的攻击。在历史系,教授们专治一个区域和一个时期是理所当然的事,因为只有这样他们才能全面、深入地掌握原始资料及其相关知识。因此,自 90 年代以来,历史学家和文学研究专家成了大多数区域研究课程的中坚力量。

美国的中国史领域是否比其他历史领域发展得更快? 我想这个问题的答案应该是肯定的,尤其是考虑到四十年以来这一领域所得到的额外的研究基金。至少我可以毫无疑问地说,在过去的四十年中,中国史研究的成果在成倍增长。我在 1969—1970 年期间准备我的博士资格考试时,学校对我的要求是熟悉过去四、五十年中出版的所有有关中国史的论著。当时复印机还没有普及,我坐在图书馆里翻遍所有的重要期刊,寻找有关历史的文章,做笔记,居然也还应付过来了。时至今日,英语的历史期刊数不胜数,有些刊物还是中国断代史方面的,如《早期中国》(Early China)和《明清史研究》(Late Imperial China)等(这两份期刊在我们这套翻译系列中占很大的比例)。除此之外,专题著作和讨论会论文集的出版也更趋频繁。今天的中国史研究生在准备资格考试时很少试图看遍有关某一个朝代的英语著作的。所幸的是,综合性著作进展尚快。在过去的三十年中最重要的出版项目是集体合作编写的多卷本《剑桥中国史》(*Cambridge History of China*)。它不仅是一套详尽的中国政治史,而且还分析性地介绍了有关社会史、思想文化史和经济史研究中的最新成果。

当今中国史研究仍然受制于整个学术界和大环境的影响。从这套丛书的各卷目录中我们显然可以看出,在过去十年中吸引着其他人文和社会科学领域的课题也正是中国史学家们所十分关注的。我想,对中国史研究中英语研究成果的趋向的回顾以及这套丛书的编辑促使我们去思考许多问题,如:身份标识(identities)及其形成过程和形成原因;文化、民族、地区的界域,这些界域的重要性和它们的相互跨越性;以及本土视角(local perspectives)等。与此同时,中国的形势仍然影响着美国的中国历史研究。中国二十年以来经济上的突飞猛进不仅给我们在中国做研究创造了更舒适的条件,而且还造成了大学中中国史课需求量的增加,从而间接地为中国史学家提供了更多在大学供职的机会,为研究性大学中国史博士点设立的扩大提供了更充分的理由。

目　录

CONTENTS

前　言

单国钺

西方的中国史研究,可说源远流长。从 16 世纪末开始,西方知识圈子,首先通过在华传教士的关系,已不断出现有关中国国情和历史的书籍。诚然,无论是最早期的"汉学"(Sinology)著述,还是最近几十年的"中国研究"(China studies)著作,西方的中国史研究都无法避免或多或少反映出不同时代西方知识界(以至社会)对中国的情意结。但即使西方的中国史研究在选题、研究方法以至读者取向方面与中国传统史学研究有不同程度的差别,在学术无国界的前提下,要成为第一流的中国史学家,新一代的学者不单只有责任利用最丰富的史料去厘清中国历史传承的脉络,还必须尽量参考和结集国内外史学研究的成果来协助解说中国历史与世界史之间复杂而微妙的关系。

作为《当代西方汉学研究集萃》中的一册,本书的主要目的固然是把具有代表性的西方研究介绍给读者。但在扼要讨论所收录文章之前,我想特别指出,本书的任务不单只是把有启示性或开拓性的论文翻译过来,更希望通过翻译,能把不同概念引申出来的问题突显出来。就以"late imperial China"这一个在 20 世纪 70 年代开始被普遍应用的概念为例(关于"late imperial"一词的历史,可参看司徒琳[Lynn Struve]编《世界历史时间中清的形成》[*The Qing Formation in World-Historical Time*],哈佛大学亚洲中心,2004 年,序论部分;中译本见中国人民大学出版社《清史译丛》第四辑),虽然在本册我们往往顺理成章地把这个词翻译成"帝制时代晚期"或"晚期帝制时代"(但非"帝国时代晚期"),但很明显"late imperial"这一概念与中文著述里常用的"明清时期"或"元明清时期"是有基本的分别(简单来说,前者重点是放在社会经济转型而非朝代转变上)。我想说明的是,不论是"late imperial China"还是"明清时期",每一个历史概念背后都有一套理论和假设。若本册所选收的论文能重新引起读者审视不同概念背后假设的兴趣,那我们的目的也可算达到。

本册收录了 12 篇近 40 年来北美学者有关中国帝制时代(尤其是从魏晋南北朝到清代)的历史论文。当然,作为一本选集,本书不可能全面反映西方学术界在中国史研究各个领域取得的成果(关于妇女史、思想文化史及宗教史的研究,读者可参看本丛书其他分册)。但值得说明的是,本册收录的文章不单只在理论建构或史料运用上各有其启示性,作为一个整体,它们亦从不同角度反映了近年西方中国史研究关于时间与空间的两个中心关怀。要了解这些论文的代表性,我们有必要对这两个中心关怀作一简要说明。

首先是关于时间(或时代)的问题。中国传统史学固然一向有不同的断代方法,但总体来说,受到正统观念的影响,传统史学主要仍然是以朝代(如唐、宋、明、清等)为基本研究单位。西方的中国史研究虽然亦承继了这个以朝代为本的断代传统,但近几十年来,学者亦往往尝试从不同角度去划分中国的历史时代。这有两个主要原因:第一,随着史学研究的多元化,西方中国史研究的重点亦从政治、制度转移到社会、经济、文化、宗教等题目上。固然,朝代兴衰仍然是中国历史转变的重要因素,但在社会、经济、文化史等范畴,一个有意义的历史时代,正如个别收录在本册的论文指出,不一定是与朝代更替有着直接的关系。第二,虽然近年西方学者已绝少再把马克思的社会进化论强套在中国历史上,但西方的中国史学家仍然要面对一个似乎无法避免的挑战,即如何把中国的历史时间与西方(主要是欧洲)的历史时间作有启示性的比照。这一挑战的困难所在不是三言两语在一篇序论中可以说得明白的,但值得指出的是,虽然西方的中国史学家对现在常用的时代概念(如"medieval"[中世]、"early modern"[早期现代、早期近代、近代初期]、"modern"[近代、现代]等)有不同程度的保留,要跳出这个以欧洲历史经验为主体的断代框架,学者似乎仍需要在世界史(world history)或全球史(global history)方面作出新思维。

接着是有关空间(或地域)的问题。这个中心关怀可说有两个相关范畴。第一个是关于"中国"作为一个概念或地域的定义。中国(无论怎样界定)不但幅员广阔,其版图亦因时而异。但历史上何谓"中国"这问题,在正统观念影响下,似乎并未在传统史学引起特别关注(关于中国传统历史疆界,可参看谭其骧主编《中国历史地图集》,中华地图学社,1974—1976年)。西方的中国史研究固然有受到传统正统观念的影响,但对不少西方学者来说,中国作为一个政治、文化或经济个体,其实并非历史的必然,而是历史的产物。对他们来说,研究中国历史就是研究"中国"作为一个概念或实体在历史上形成的过程(值得说明的是,国家作为一个历史产物这个概念,在西方学术界可说已是一个共识;可参看安德森[Benedict Anderson]著《想象的共同体》[*Imagined Communities*: *Reflections on the Origin and Spread of National-ism*],我说[Verso]出版社,2006年修订版;上海人民出版社,2003年中译本)。有关地域的第二个范畴则涉及中国对外关系。在传统史学,中国与所谓外族(如匈奴、鲜卑、契丹、女真、蒙古等)的关系固然一直是一个重要的课题。但对许多西方的中国史学家来说,中国民族史、边疆史、对外交通史等不单只是重要的课题,更是要了解广义的"中国"的必经之路。对他们来说,研究中国历史其实就是要研究中国在文化、地域上的多元格局(借费孝通语;关于类似见解,可参看韩森[Valerie Hansen]著《开放的帝国》[*Open Empire*: *A History of China to 1600*],诺顿[W. W. Norton]出版社,2000年;江苏人民出版社,2007年中译本)。

本册收录的12篇论文,有概论亦有专题研究。最早的一篇应该是傅礼初(Joseph F. Fletcher, Jr.,1934—1984年)在20世纪70年代写成的《整合史:早期现代(1500—1800年间)的平行发展与相互联系》(Integrative History: Parallels and Interconnections in the Early Modern Period, 1500—1800),而最近期的则是韩森为其新著《丝路新史》(*The Silk Road: A New History*;牛津大学出版社,2012 年)撰写的序论。本册可分为两部分,而每部分每两篇文章亦可自成一组。第一部分两组的四篇文章,性质和读者对象虽然各有不同,但在理论层面上都直接反映了近年西方学者对中国历史上时与空的中心关怀。第二部分四组的八篇文章,其编排一方面是考虑到时代的先后和分布,另一方面则考虑到文章之间的相互联系。以下让我对每组文章作一扼要的介绍。

本册以施坚雅(G. William Skinner,1925—2008 年)著《中国历史的结构》(The Structure of Chinese History)和狄宇宙(Nicola Di Cosmo)著《内亚史上的国家形成与阶段划分》(State Formation and Periodization in Inner Asian History)两篇各具规模的文章为起首。前者载于《亚洲研究集刊》(*Journal of Asian Studies*)第 44 卷(1985 年)第 2 期,原为施氏在 1984 年度亚洲研究学会(Association for Asian Studies)年会所发表的会长演辞。对本书的读者来说,施坚雅应该不是一个陌生的名字。施氏的本行虽然是人类学,但从其最早期有关东南亚华人社会的著作开始(如《泰国的华人社会》[*Chinese Society in Thailand: An Analytical History*],康奈尔大学出版社,1957 年),他的学术就一直和历史研究有着不可分割的关系。在其众多著述中,中国学者较为熟悉的大概是《中国农村的市场及社会结构》(*Marketing and Social Structure in Rural China*)(亚洲研究学会,1965 年;中国社会科学出版社,1998 年中译本)及其编著的《中国帝制晚期的城市》(*The City in Late Imperial China*)(斯坦福大学出版社,1977 年;中华书局,2000 年中译本)。前者施氏在应用地理学的"中心地理论"(central place theory)的同时,亦引用了大量史料和数据来分析近代四川地区的市场和社会结构。他指出,至少在四川地区,中国农村的社会结构(包括物资和资讯的流通)和地理分布有着密切的关系。《中国帝制晚期的城市》虽然是一部论文集,但施氏为该书撰写的五篇论文(共超过 200 页)其实已有一部专著的雏形。五篇论文不但材料丰富,引申的问题亦相当广泛,其最重要的结论是,中国传统城市的功能、分布以至兴衰,往往须从区域系统(甚至宏区[macroregion]系统)的角度去分析才能完全了解。《中国历史的结构》可说是集施氏个人研究大成的一篇巨著。虽然文章篇幅不长,但通过其宏区理论,施氏不但尝试解释个别宏区的结构和发展周期,并借着区域之间不同的发展步伐来说明,要彻底了解中国历史的结构,学者不但须从宏观角度去审视中国政治、社会、文化的变迁,还必须细心检视区域之间发展的差异及其相互间调适的过程。尽管学者对宏区理论有不同程度的保留,施坚雅对中国历史上时(发展周期)与空(区域系统)的反思,影响无疑是既深且远。值得一提的是,直至他 2008 年秋去世为止,施氏仍以 80 多岁高龄一直埋首有关中国家庭结构的研究。《中国历史的结构》虽然已是 20 多年前的著作,但为了本册的出版,施氏不但亲自在文字上作了一些修补,还特别利用新的数据重新绘制出三幅地图。施老对学术孜孜不倦的精神,确实是学者的典范。

狄宇宙《内亚史上的国家形成与阶段划分》一文,原载于《世界史学报》(Journal of World History)第 10 卷(1999 年)第 1 期。狄氏的专业虽然为内亚历史,但内亚族群与中国历朝的关系一直是其研究的一个主要方向。狄氏的学术有几项特点:第一是他在内亚史和中国史研究两方面都有重要的贡献(他不仅是新近出版《剑桥内亚史》[The Cambridge History of Inner Asia: The Chinggisid Age]的编辑之一,亦是《剑桥中国古代史》[The Cambridge History of Ancient China,剑桥大学出版社,1999 年]的撰稿人之一)。第二是其研究范围是从古代(如《古代中国及其敌人》[Ancient China and Its Enemies: The Rise of No-madic Power in East Asian History],剑桥大学出版社,2002 年)一直延伸至清代(如《17 世纪中国一个满兵的日记》[The Diary of a Manchu Soldier in Seventeenth-Century China: "My Service in the Army," by Dzengšeo],绕梁[Routledge]出版社,2006 年)。第三是在史料运用方面,狄氏不但能够利用多种语言(包括蒙古文和满文)的文献,还往往参考考古学的最新发现。《内亚史上的国家形成与阶段划分》和施坚雅的《中国历史的结构》一样,是一篇极具规模的通论。虽然文章的重点是历史上内亚政体形成的成因(尤其是不同时代不同族群要面对的内在和外在因素),但对中国历史稍有认识的都会明白到,至少从秦汉时期开始,中国历史和内亚历史的关系,实在是很难分割。如果说施氏《中国历史的结构》主要是关心中国历史的内在结构,狄氏《内亚史上的国家形成与阶段划分》则是从宏观角度去检视中国历史的外在律动。

尽管施、狄两文都各自对历史断代作出了反思,本册第二组两篇论文,即卜正民(Timothy Brook)著《中世性与中国人的历史观》(Medievality and the Chinese Sense of History)和伍安祖(On-cho Ng)著《"早期现代性"作为纪元概念与清代思想史》(The Epochal Concept of "Early Modernity" and the Intellectual History of Late Imperial China),无疑更清楚反映出西方中国史学家对历史分期的关怀。卜氏的专业是明代史(其两部较具代表性的著作是《纵乐的困惑:明代的商业与文化》[The Confusions of Pleasure: Commerce and Culture in Ming China,加州大学出版社,1998 年;三联书店,2004 年中译本]和《明代的社会与国家》[The Chinese State in Ming Society,绕梁出版社,2004 年;黄山书社 2009 年中译本]),但亦一直有关心如何从世界史或全球史的角度看中国历史(关于这方面,可参看其《中国与历史资本主义》[China and Historical Capitalism: Genealogies of Sinological Knowledge;剑桥大学出版社,1999 年;新星出版社,2005 年中译本]和《维梅尔的帽子:从一幅画看 17 世纪全球贸易》[Vermeer's Hat: The Seventeenth Century and the Dawn of the Global World;Bloomsbury 出版社,2008 年;远流出版社,2009 年中译本])。《中世性与中国人的历史观》一文原载于《中世史学报》(The Medieval History Journal)第 1 卷(1998 年)第 1 期,为该刊创刊号特以"中世"或"中世性"为主题的其中一篇。本文主要指出,"中世"(medieval)或"中世性"(medievality)作为一个欧洲史学概念,其功能归根究底还是用来与"近代"(modern)或"近代性"(modernity)

作对照。相对来说,尽管中国史家在 17 世纪或更早已展现出一套"自觉的历史观"(self-conscious sense of the past),他们并未有如欧洲史学家般把"中世"和"近代"历史观作出彻底分辨的需要。卜氏最后指出,与其以"中世"作为放诸四海皆准的概念,史家倒不如认真留意在欧洲中世时期世界各地的历史发展。这样不但可以避免无谓的概念混淆,史家亦可更清楚了解欧洲中世纪特殊之处。

伍安祖《"早期现代性"作为纪元概念与清代思想史》一文,原载于《世界史学报》第 14 卷(2003 年)第 1 期。伍氏的专业为中国(尤其是明清)思想史,但其研究亦涉及西方哲学和诠释学。伍氏的主要著作包括《清初的程朱儒学》(*Cheng-Zhu Confucianism in the Early Qing: Li Guangdi [1642—1718] and Qing Learning*;纽约州大学出版社,2001年)及与王晴佳(Q. Edward Wang)合著的《世鉴:中国传统史学》(*Mirroring the Past: The Writing and Use of History in Imperial China*;夏威夷大学出版社,2005 年)。前者是以清儒李光地为研究中心的一部思想史专论,而后者则是以中国传统史学为研究对象的一部史学史通论。在《"早期现代性"作为纪元概念与清代思想史》一文,伍氏通过比较思想史来审视"早期现代性"(early modernity)这个概念的通用性。本文主要指出,在 17、18 世纪,中国与欧洲的思想家虽然都有对类似问题(如知识的本质、历史的自觉、道德的根源等)作出反思,但归根究底,清代学者的中心关怀及其面对的挑战,还是跟欧洲学者的经验大相径庭。因此,在中国历史上,虽然 17、18 世纪亦可算是一个纪元,但从思想史的角度来看,清代应否被视为早期现代的另一版本,似乎还需要深究。伍氏的结论也许不在意料之外,但作为一篇较有系统的比较史研究,本文在方法上还是值得学者细心参考的。

前文提到,本册第二部分收录的八篇论文,其选编一方面考虑到作者对中国过去时、空的探讨,另一方面亦有顾及到朝代的次序。第三组的两篇文章,尽管性质和关怀各异,亦可说从不同角度反映出近年西方学者研究汉、唐之间一段历史的新思维。《文化与权力:魏晋南北朝时期华夏世界的瓦解与重建》(*Culture and Power in the Reconstitu-*

tion of the Chinese Realm, 200—600)是哈佛大学亚洲中心在 2001 年出版的一部论文集,而本册所收的是三位编者为该书所作的导论。三位编者之中,裴士凯(Scott Pearce)和司白乐(Audrey Spiro)是研究六朝社会、文化史的专家。前者的论文散见主要学报,而后者则著有《思古:早期中国人像的美学及社会问题》(Contemplating the Ancients:Aesthetic and Social Issues in Early Chinese Portraiture;加州大学出版社,1990 年)。伊沛霞(Patricia Ebrey)近年虽然集中研究宋代史(其较近期的著作有《聚积文化:宋徽宗的收藏》[Accumulating Culture:The Collections of Emperor Huizong;华盛顿州大学出版社,2008 年]),但其早年有关中国大族的研究(《中国早期帝制时代的贵族》[The Aristocratic Families of Early Imperial China:A Case Study of the Po-ling Ts'ui Family;剑桥大学出版社,1978 年])仍然是一部值得学者细读的专论。《文化与权力》是西方近年少有的一部专注魏晋南北朝的论文集。编者在序文归结近年研究成果,指出过去一般将本时期视为汉、唐之间一段既复杂且混乱的历史的看法,其实早应予以修正。通过近年大量涌现的考古报告以及对过往受忽略的文本的新解读,编者指出,学者不但逐渐了解到魏晋南北朝在宗教、文学、艺术、商业及政治发展等方面都发挥了重要的传承作用,亦逐渐明白到过去以族群身份为分析单位的做法其实未能充分反映当时中国社会上族群与文化的杂糅。值得一提的是,尽管在西方研究魏晋南北朝(尤其在宗教、文学和艺术史范畴以外)的学者为数不算多,《文化与权力》及另外两部近年出版的通论(即丁爱博[Albert Dien]的《六朝文明》[Six Dynasties Civilization;耶鲁大学出版社,2007 年]和鲁威仪[Mark Edward Lewis]的《帝国之间:中国南北朝时代》[China between Empires:The Northern and Southern Dynasties;哈佛大学出版社,2009 年])亦可说反映了西方学者研究这段历史的可观成就。

如果说《文化与权力》的焦点是华夏世界的内在转承,韩森新作《丝路新史》重点之一则显然是中国早期的对外交通。正如上文提到,韩氏研究其中一个主要关怀,是中国历史文化的多元格局。除《开放的帝国》外,韩氏的主要著作还包括《变迁之神:南宋时期的民间信仰》(*Changing Gods in Medieval China, 1127—1276*;普林斯顿大学出版社,1990年;浙江人民出版社,1999年中译本)、《传统中国日常生活中的协商:中古契约研究》(*Negotiating Daily Life in Traditional China*;耶鲁大学出版社,1995年;江苏人民出版社,2008年中译本),及最近出版的《世界历史上的旅程》(*Voyages in World History*;沃兹沃思[Wadsworth]出版社,2010年)。韩氏著作的特点是其对考古材料的特别重视。从收录在本册的序文可见,《丝路新史》一书是依据最新的考古发现来重新审视"丝绸之路"的历史。韩氏新著能否彻底改变我们对丝路的认识,现在还言之尚早;但不可否认,丝路历史之重要,不仅因为它是中世纪中国与欧洲之间货物和技术交流的主要渠道,更因为它在东西文化(包括思想、宗教、艺术)传播所起的关键作用。一部新的丝路史,不仅可以让我们重新认识中国与欧洲之间各式各样的社会和人物,更能让我们重新审视中西交流在中国历史中(尤其是魏晋南北朝以降)的重要性。

在西方中国史学界,唐、宋两代一直是较受重视的历史时期。本册第四组选收的两篇论文,分别是郝若贝(Robert Hartwell,1932—1996年)著《750—1550年间中国的人口、政治及社会转型》(Demographic, Political, and Social Transformations of China, 750—1550)和史乐民(Paul Jakov Smith)著《宋、元、明的过渡问题》(Problematizing the Song-Yuan-Ming Transition)。前者载于《哈佛亚洲学报》(*Harvard Journal of Asiatic Studies*)第42卷(1982年)第2期,而后者则是史氏为其与万志英(Richard von Glahn)合编《中国历史上之宋、元、明过渡》(*The Song-Yuan-Ming Transition in Chinese History*;哈佛大学亚洲中心,2003年)所写的序论。在西方中国史学界,郝若贝可说是一位传奇人物。尽管郝氏正式出版的专书不多,其散见主要学报的论文,不单大多篇幅详尽、材料丰富(本册所收的一篇,原文有78页长),其对中国历史研究的影响更是既深且远。郝氏研究的主要关怀是中国中世(尤其是宋代)的社会及经济变迁,其著作的特点是以大量文献和数据来支持每一主要论点。事实上,郝氏可说是在西方利用电脑科技制作有关中国历史的数据库的先驱之一。近年以哈佛大学为发展基地的"中国历史地理信息系统"和"中国历代人物传记资料库",无论是间接或直接,其实都可说是建基于郝氏的早期研究。此处收录的《750—1550年间中国之人口、政治及社会变迁》,是郝氏后期一篇极具影响力的文章,亦可说是他早年著的《中国帝制时代一个经济转移周期》(A Cycle of Economic Change in Imperial China: Coal and Iron in Northeast China, 750—1350;《东方经济及社会史学报》[Journal of the Economic and Social History of the Orient]第 10 卷[1967 年]第 1 期)的一个延续。若说郝氏早年的一篇文章是以开封地区的地域性经济转移为个案研究,其后的一篇则是以更多元化的史料和更广阔的视野去审视唐中叶至明代之间中国不同地域的人口、政治及社会变迁。尽管本文一些结论(如人口南迁的趋势、中央职权的地方化、地方士绅的冒起、地域之间发展的差异等)已成为新一代史家的基本常识,我们不应忘记的是郝氏(和他的门生)为建立这些"基本常识"所作出的重要贡献。

值得指出的是,基于种种原因,即使前辈学者如郝若贝早已留意到唐、宋、元、明四代之间发展的连贯性,史学者在研究中国帝制时期时,还是往往偏重唐宋或明清两段时期,而忽略了宋、元、明之间的历史发展。《中国历史上之宋、元、明过渡》一书之编纂,正如史乐民在其序论指出,目的之一是鼓励学者不再视蒙人治下的元朝为不可逾越的历史分水岭(史氏作为郝若贝的门生,也许并不是一个巧合)。史乐民的专业为宋、元、明时代的社会及文化史。除著有《给天府的重担:1074—1224 年间马匹、官僚与四川茶业的崩溃》(Taxing Heaven's Storehouse: Horses, Bureaucrats, and the Destruction of the Sichuan Tea Industry, 1074—1224;哈佛大学亚洲中心,1991 年)外,史氏还是《剑桥中国史》(The Cambridge History of China)第 5(宋代)卷的编辑。在此处收录的序论,史氏不但肯定了中国在唐宋时期在经济、社会、文化、政治各方面出现的重大转变,还特别指出晚期帝制时代(尤其是有清一代)的种种发展,其实都可说在不同程度上承继了宋、元、明时期的脉络。

换句话说,史乐民指出,中国明清时期的经济、社会、文化、政治等发展,事实上应被视为进化性(evolutionary)而非彻底性(revolutionary)的转变。

本册第五组两篇论文,分别是罗友枝(Evelyn Rawski)著《帝制晚期文化的经济及社会基础》(Economic and Social Foundations of Late Imperial Culture)和傅礼初著《整合史:早期现代(1500—1800 年间)的平行发展与相互联系》。前者原载于罗氏与姜士彬(David Johnson)和黎安友(Andrew Nathan)合编的《中国帝制晚期的民间文化》(Popular Culture in Late Imperial China;加州大学出版社,1985 年),而后者则原为未刊本,在傅氏辞世后才在《突厥研究集刊》(Journal of Turkish Studies)第 9 卷(1985 年)发表。尽管两篇文章所关心的时代类似,其中心关怀却不尽相同。罗友枝是亚洲研究学会的前会长,亦是近年西方"新清史"研究的代表人物之一。除著有《清代宫廷社会史》(The Last Emperors: A Social History of Qing Imperial Institutions;加州大学出版社,2001 年;中国人民大学出版社,2009 年中译本)等书外,他与何炳棣(Ping-ti Ho)教授在《亚洲研究集刊》的对话(分别载于第 55 卷第 4 期和第 57 卷第 1 期),更是近年西方清史研究一次较具代表性的辩论。此处收录的是罗氏早年的一篇文章。《中国帝制晚期的民间文化》是一部极具分量的论文集,其作者主要关心的是中国传统社会上"文化"的产生及其在不同阶层之间的传播。作为论文集的一篇导论,罗氏一文的目的一方面是指出帝制晚期作为一个历史时代的特色(这包括经济的快速增长、教育的相对普及化和印刷事业的扩展),另一方面则是指出这些发展虽然促使中国文化的统一,但亦同时促成社会上不同阶层之间的分化。

若说罗友枝一文的主要贡献是点出帝制晚期作为中国历史上一个时代的特色,傅礼初著《整合史:早期现代(1500—1800 年间)的平行发展与相互联系》目的之一则显然是希望透过世界史或其所谓整合史(integrative history)的角度去加深了解明清时期的历史。傅氏英年早逝,生前是哈佛大学中国及内亚史教授,不但精通多种语言,研究范围更是异常广泛,包括蒙古史、清史以及早期中国与伊斯兰世界之间的联系。尽管傅氏生前出版的著作不多(其中大部分已收录在《中国及伊斯兰内亚史研究》[*Studies on Chinese and Islamic Inner Asia*],集成[Variorum]出版社,1995 年),但不少论文到现在还被广泛引用。此处收录的是他一篇大概在 70 年代写成但在生前并未发表的论文。在这篇在西方中国史学界广为流传的论文中,傅氏提出了一个非常重要但在当时很少学者会留意的问题:究竟是否可以用"早期现代"(early modern)来描述 16 至 18 世纪世界不同地区的历史? 还是"早期现代"这个概念只适用于欧洲的历史经验? 尽管近年史学家对这个问题已作了不少讨论(可参看本册伍安祖一文或前文提到司徒琳编《世界历史时间中清的形成》的序论),傅氏以独有的视野对不同地区的平行发展(parallels)和相互联系(interconnections)作出的观察,还是值得新一代学者细心玩味。

本册最后一组两篇论文,分别是柯娇燕(Pamela Crossley)著《中国治权的多面性》(The Rulerships of China)和彭慕兰(Kenneth Pomeranz)著《对帝制晚期中国经济的反思:1730 年前后—1930 年间的发展、崩解和衰退》(Re-thinking the Late Imperial Chinese Economy:Development, Disaggregation, and Decline, circa 1730—1930)。前者原载于《美国史学评论》(*American Historical Review*)第 97 卷(1992 年)第 5 期,而后者则载于《行程》(*Itinerario*)第 24 卷(2000 年)第 3—4 期。尽管两篇文章无论在题材还是方法上都截然不同,从不同角度它们都反映出近年西方研究中国历史(尤其是关于清代)的新方向。和其他致力"新清史"研究的学者一样(关于所谓 new Qing history,读者可参看卫周安[Joanna Waley-Cohen]在《前卫历史评论》[*Radical History Review*]2004 年第 88 期发表的回顾),柯娇燕主要关怀之一是让我们更清楚认识到清皇朝与中国过往其他朝代其实是有很大的差异。尽管传统史学家往往顺理成章地把清代视为明代的延伸,柯氏在收录于此处的文章(原为一篇"书评论文"[review article])中指出,和明代或以前的皇帝比较,清代君主显然更着意展示自己同时作为中国传统皇帝与内亚地区不同族群的共主的两重身份。明、清两代是否存在着本质上的差异这个问题,学者固然有不同的见解,但无可否认的是,柯氏一系列有关"民族认同"(ethnic identity)作为一个近代概念的著作(包括其《昧晦之鉴:清代皇权意识下之历史与身份认同》[*A Translucent Mirror: History and Identity in Qing Imperial Ideology*]),加州大学出版社,1999 年)确实对近年西方"新清史"研究有很重大的影响。

彭慕兰有关中国帝制晚期及近代经济社会发展的研究,国内学者其实已有不少专文介绍。本册收录的是他在 2000 年发表的一篇文章,其内容与他同年出版的《大分流:中国、欧洲与现代世界经济的形成》(*The Great Divergence: China, Europe, and the Making of the Modern World Economy*;普林斯顿大学出版社,2000 年;江苏人民出版社,2004 年中译本;巨流,2004 年繁体本)可说互相呼应。彭氏在本文中指出,18 世纪中叶前的中国,无论在营养、消费、生活水平、生态环境各方面,都不逊于同时期的欧洲。但在该世纪中期以后,由于中国国内远程贸易逐渐失去其重要性,加上沿海地区又因外来影响而未能维持以往的经济增长等因素,使得原先的经济成长无法获得支撑;再加上生态环境的破坏,以及政府越来越无力提供关键支援,到 19 世纪个别区域的衰退情形遂变得更加严重。最后,鸦片、太平军以及西方强权带来的影响不但侵蚀了晚清政府的治国基础,还使中国最终由原先的繁华富庶,变成为 19 世纪末人们眼中的贫困模范。彭慕兰有关中国近代经济社会发展的观点,国内外学者已多有评论。在这里值得指出的是,在西方研究中国历史,其中一个主要的挑战是如何分析中西(尤其是欧洲)历史发展的分歧。彭氏对清史研究的贡献,正是他勇于利用新的比较角度去审视中国的历史经验。

本册得以完成,要感谢姚平教授的鼓励和鞭策,更要感谢原文作者的协助和各翻译者的努力。特别要提到的是郭威廷学弟,他不但负起了翻译彭慕兰一文的责任,更对本册各论文的修订作出了种种贡献。本册的修订工作,较原先想象要复杂得多。复杂的原因有很多(如何统一一些主要概念的翻译是其中之一),在这里我只想说明的是,尽管参与本册编订的学者已尽量遵照信、雅、达的要求,但无可避免各篇翻译仍存有不少错误或漏洞。对个别文章有特别兴趣的读者,有机会还是应该参考作者的原文。

最后,谨以本册献给两位已故老师。我在这里虽然并未选收牟复礼(Frederick Mote;1922—2005年)和杜希德(Denis Twitchett,另译崔瑞德;1925—2006年)两师的论文,但对西方中国史研究稍有认识的读者来说,两位大师的名字亦应当不会陌生。值得特别指出的是,牟氏和杜氏除了在各自研究范畴(前者为元、明、清史,而后者则为唐史)有重大贡献外,在推动西方中国史研究方面,亦在不同层面起了关键作用。牟、杜两氏皆深信学术无国界,若然本册能成为中西史学交流一道小小的桥梁,亦可算是对两师的一份薄薄的回报。

中国历史的结构[*]

施坚雅(G. William Skinner) 著

牛贯杰 译

亚洲史上最具戏剧性的经济兴衰周期之一,发生在 8 至 13 世纪中国的华北区[①]。以开封市周围一个渐趋复杂的区域经济的增长为指标,这一周期始于安史之乱(755—763 年)后,经历唐代一段较为缓慢的发展,至 10 世纪以及差不多整个 11 世纪突飞猛进,到公元 1100 年前后几十年间则回归平稳。这一区域发展的关键因素在这里有必要做一简述。

开封在唐代衰落时崛起,其地位主要取代了位于其西面、地理上更具战略和防御功能的陪都洛阳。洛阳和开封皆可连接大运河,但较之前者,开封距离华北平原之地理中心又接近了 190 公里左右,亦使其在华北区人口重心稳步东移的时代有一特殊优势[②]。开封的城墙在 8 世纪时仅包围着 8.3 平方公里的土地;至 955 年,一个意欲重建王朝的人大幅扩展开封,并修建一道包容面积超过 56 平方公里的外城墙。开封后来成为北宋的国都,而北宋年间(960—1126 年)正是我们要讨论

---

[*] 作者原注:本文原为 1984 年 3 月 24 日在华盛顿特区希尔顿酒店举行的亚洲研究学会年会所发表的会长演说。仅以此献给前任会长毕乃德(Knight Biggerstaff)——正是他传授给作者(至少在当年)多于一个人类学家所需的中国史学知识。

[①] 此处主要依据郝若贝(Robert Hartwell,1967 年)对华北区帝制中期发展周期(medieval developmental cycle)有关的创见。

[②] 从隋代到宋代,华北区的城市建设亦渐次集中于东部和东北部。唐代后期对经济控制的松弛(参见杜希德[Denis Twitchett],1966 年),实际上是对占有交通优势(而非行政优势)的中心地(central places)有利。而开封作为一个商业中心的早期发展,正与此现象衔接。

的发展周期中发展增长最快的时期。

宋朝建立后短短几十年间,华北区整个交通网络都被改造成向新都城服务。连接开封与杭州的大运河仍然是连贯华北平原的水路干线;在一整体计划下,其他从开封向外伸延的运河亦得以开凿,而其他河流,或则疏浚、或则改道。此外,一个新的、以开封为中心、如车轮辐条向外伸延的国道系统亦得以建立[①]。这一集中和相对密集的交通网络提高了征税效率、促进了开采业和制造业的地区分工、扩大了开封以及其他城市的贸易范围,亦为贸易总量的飞速增长创造了条件。开封的人口至 1078 年至少已增加至 75 万,到几十年后的高峰期其人口更可能接近 100 万。其他城市亦因与开封密切的商业和行政联系而繁盛起来[②]。

关于开封周期内区域经济系统的形成,郝若贝(Robert Hartwell)在其具权威的分析中强调,开封本身人口提供的大型和开放市场是一个关键。京城所需的稻米是从长江下游区经由大运河运抵,而小麦和小米则分别是从山东和河南经由广济河和惠民河运达。城内屋宇和商铺所需的木材、炉灶所需的炭薪,均来自区域周边的森林。至于京城内纺织工场所需的纤维原料、酿酒场所需的谷物、铸造场所需的煤铁,均来自华北区不同地方。工业发展与商业扩张不但促进亦同时受助于整体经济的功能整合和地区分工。至 11 世纪,华北区的商业已有精细分工。从现今河南与河北交界地区输往开封的铁产品,不但可以换取到南方运来的谷物以及从外地入口的商品,亦可换取到从东部输往开封的加工农产品以及京城自身的非金属产品。开封的产品,包括药物、化学制品、家用器具、砖瓦、瓷器、漆器以及书籍,在整个华北区皆有贩售。

这一发展周期的兴起,正值持续和平安定的时段。这期间,外来

---

① 相关地图可参见郝若贝,1967 年,第 103 页;斯波义信(Shiba Yoshinobu),1970 年,第 42 页。

② 就以 1077 年来说,宋代全国商业税年额超过 3 万串铜钱的 29 个城市当中,就有 10 个是在华北区。参见马润潮(Lawrence Ma),1971 年,第 165—171 页。

侵略还未严重干扰,而唐末因争夺天命而起的纷争亦只带来有限度的影响。周期的衰落始于 12 世纪初一连串灾难,至 13 世纪进入低谷。女真族于 1122 年建立金朝,并在接下来的四年间占领华北区大部分。往后近一世纪,除南部一段土地外,华北区大部分皆属于金国。开封在 1126 年失守,并从此失去其国都地位。1194 年黄河决堤引致下游改道,以开封为中心一个复杂的水路系统亦因此遭到破坏,而区域内大多数铁矿及铸造场与开封市场之间的直接水路联系亦因而被切断。接下来,蒙古人在 1212 年之后的 20 年间,有系统地糜烂华北平原大部分地区,并借此破坏金国的经济和军事基础。1232 年开封发生瘟疫,到次年又被蒙古军占领。兵燹过后,饥荒、洪水及瘟疫继续肆虐华北平原达数十年。

8 世纪中叶开封周期开始时,华北区(此处特指地图 1 所标识的自然地理区域[physiographic region])人口总数约为 2 千万[①]。至 12 世纪,其人口继续上升至超过 3 千万,一直至该世纪最后十年的高峰期(当时人口也许达至 3300 至 3500 万),因黄河改道前后的洪灾及其引发的经济动荡,华北区的总体死亡率才受到严重且持久的影响。四分之三世纪过后,当整个区域的秩序以及治理黄河的水利工程已有数十年时间恢复,元朝一次人口统计显示当时华北区人口为 1100 万,亦即仅为 12 世纪末高峰期的三分之一。至于开封,其人口则从 1100 年高峰期的 90 多万,跌至 1330 年时不足 9 万。当开封最终在 1368 年重新修建一道用来取代在 1126 被蒙古军毁坏的城墙时,其包围的面积与六个世纪前唐朝的开封城几乎相若(郝若贝,1967 年,第 151 页)。

值得指出的是,这里提到的开封周期,基本上是一个区域现象而不是一个全国现象。当运输成本也被计算在内时,开封及其他华北区内工业中心的产品(包括其著名的冶金业产品)其实很少可以在区域以外找到市场。华北区的加速繁荣实际影响到的其实仅有毗邻的三

[①] 公元 742 年的省份数据可参见毕汉思(Hans Bielenstein),1947 年。毕氏的省份人口推算与其他对后世纪中国人口的估算,可参见杜兰德(John Durand),1960 年,附录。

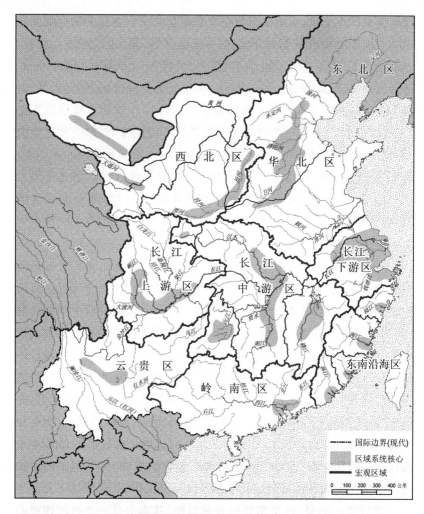

地图1 1893 年前后中国宏观区域系统(其主要河流和区域核心)。作者中文修订版注:在随后有关 20 世纪中国区域系统(reginal systems)的研究里,我一般把赣江流域视为长江中游区的一个子系统(subsystem)。然而在清代,这一流域与长江中游区或下游区的联系其实是同样密切。值得指出的是,西北区是由渭汾流域、黄河上游以及河西(甘肃)走廊三个自然地理子系统(physiographically defined subsystems)组合而成,而其中又以渭汾流域的核心地带为该宏观区域(macroregion)的重心。

个区域,但即使这些区域的发展时序也有显著差异。以西北区为例,其经济开始衰退时,恰恰是华北区经济进入最快增长的时期。

在随后的华北历史中,北京承继了开封在中古周期担当的重心角色,而这一重大变迁亦清晰反应在该区贸易模式和交通网络的转变①。华北区在帝制时代晚期曾经历两次以北京为中心的发展周期。第一周期始于15世纪中叶而于1580年至1660年间因饥荒、瘟疫、叛乱和侵略而终结;接着的周期则因1850年后太平军和捻军起义和继之而来的自然灾害而终结。该区人口在每一周期皆会大幅度升降。在明代,华北区人口在16世纪80年代高峰期大概不会超过2800万,远远低于12世纪90年代的数字。在随后的清代发展周期,该区却经历了很鲜明的人口膨胀——至1850年的两个世纪里,华北区人口一共增长近五倍,总数达至差不多1.2亿②。

开封周期和明清时代以北京为中心的周期,在我看来,皆是具有中国中、晚期帝制时代个别结构特色的历史发展。这里谈论到的周

---

① 金朝在12世纪50年代、元朝在13世纪50年代以及明朝在15世纪20年代都曾相继在北京地区建立国都。但由于朝代更迭带来的破坏与扰乱阻碍了华北区的持续发展,1150年至1450年这三个世纪,从长远的角度来看,是本文已提到的帝制中期发展大周期和帝制晚期出现的不同周期之间的一个过渡期。在这个大多时候进两步退一步的过渡期中,如何供给京城所需的问题得到了解决、人口得以增长并使京城地区成为华北区的主导市场,区域交通网络得到重新整合,而一个重组过的贸易系统的基本轮廓亦得以确立。

此段期间最关键的发展,是元朝修建了一条贯通华北平原的运河,将大运河原已流通的长江下游地区与位于北京以东的通州连接起来。这一条较以前更宏大但亦更难以保养的运河于1289年竣工。不久,沿着运河石堤亦铺建了一条从杭州至北京的要道。与此同时,元朝也修建了四条从京城向外伸延的国道,并在兵部统筹下建立起一个以北京为中心、在其时极具效率的驿站系统。其后明朝把这系统修复完善,而华北区在15世纪中叶亦再次深深受到这个从内延外的交通网络的影响。这网络不但直接影响了区域的行政及商业结构,亦塑造了区内农业及工业分工化的地理格局。不过这回华北区的枢纽(hub)并非是位于其地理中心、而是位于距离较远、资源丰富的核心地带之最北边。

② 这些估算是根据杜兰德,1960年,第250—255页,提供的省份人口数据以及何炳棣(Ping-ti Ho,1959年)的深入分析。何氏在分析灾难对人口增长的影响时,似乎忽略了1585—1650年间瘟疫对人口锐减的重要性(参见伊懋可[Mark Elvin],1973年,第310—311页)。其中两场分别在1588年和1641年达至高峰的瘟疫,井村空然(1936—1937年)已从地方志中识别出来,而邓海伦(Helen Dunstan,1975年)亦对两场瘟疫与当时旱灾的关系作出分析。这两场灾难影响最甚的,正是华北区与长江下游区。

期,跟欧洲经济史学家提出凡 150 至 300 年一周期的农业长线波动(long waves)或"物流"(logistics)显然类似①。然而这类大型盛衰周期(macrocycles)并未在中国史学研究里引起广泛注意,原因我相信是我们往往把焦点放在国家作为一个整体或其政治分区上。大型经济周期是宏区(macroregions)——而非个别省份或中国整体——经济体系的特性。因此,要认清这些周期的轮廓,我们首先要以区域经济作为分析单位。但在探讨区域性大型周期的一般特征和成因之前,我想先对另一个区域经济的周期律动作一概述,让我们可看到一套不同的因素运作,从而拓宽我们的讨论基础。在这方面,东南沿海区是华北区一个绝佳的比照对象。这两个区域的比照让我更能清楚指出,不同区域的发展周期是会跟随完全不同的步伐。

东南沿海区的历史,我们可从 11 世纪开始讲述。当时正值该区发展,并开始以外贸作为其增长优势。不仅区内内陆地区所产的茶叶开始闻名全国,就连沿海地区出产的糖和水果也在国内相邻区域以至海外争取到市场②。在 11 世纪,造船业已成为东南沿海区经济砥柱之一,而日益增长的帆船贸易(junk trade)亦将工业专门化引进沿海地区。纺织品、瓷器、锅和其他铁制用具均在该区的海外贸易占有重要地位(斯波义信[Shiba Yoshinobu],1970 年,第 183—189 页;罗友枝[Evelyn Rawski],1972 年,第 66—67 页)。正如苏东坡也许略带夸张地说:"福建一路,多以海商为业。"③

以当时的标准来看,东南沿海区的经济在 12 世纪时已高度商业

---

① 最显著的例子要数对法国南部朗格多克地区的研究。勒华拉杜里(Emmanuel Le Roy Ladurie,1974 年)追溯出这地区两个长时段,分别大约在 1000 年、1450 年和 1750 年达至低谷以及大约在 1330 年和 1680 年达至高峰的农业周期。可参见艾保(Wilhelm Abel),1980 年;布罗代尔(Fernand Braudel)、施彬雅(Frank Spooner),1967 年;马歌华(Dominique Margairaz),1984 年;梅雅兹(Rainer Metz),1984 年。

② 斯波义信,1970 年,第 183 页。关于 1500 年前后福建的特产及贸易情况,可参见罗友枝(Evelyn Rawski),1972 年,第 61—67 页。但罗氏并未有为 1300 年以后之衰退期以及前此之繁荣期作出分辨。

③ 引自斯波义信,1970 年,第 187 页。

化。随着人口超过1131年所统计的1千万①,该区在粮食方面已不能自给自足,而区内许多地方亦专门成为人才输出地。这些人才包括远赴东南亚的商人、往返华南各城市的贸易专才以至东渡日本或邻近沿海地区的僧侣。按人口比例计算,东南沿海区无论在商人还是仕宦数量方面,都领先其他区域。区内许多地方甚至很仔细地制定出一套人才输出策略,鼓励青年才俊往外发展,以期日后受惠于他们的成功(施坚雅,1976年,第348—350页)。

经济繁荣时,城市间正在发展之相互依赖性自然是取决于它们(这里尤其指港口)之间的功能配合。北宋期间,福州和温州是东南沿海区最重要的城市(参见地图2)。作为该区北部两个分区的中心,这两个城市也发展得最快②。至11世纪,经济优势开始南移至漳泉分区。区内大城市泉州于1087年开放对外贸易,不到一个世纪就成为中国最大港口,吸引到甚至来自中东的商人。* 商业往来使东南沿海区的港口成为一个整合的城市系统 ③。

这一周期于1300年前后达至巅峰;之后,海外贸易带来的经济过热效应日趋显著。在东南沿海区周期的兴起过程中,政府虽然在课税和海寇方面控制较严,其政策却有效鼓励沿海和海外贸易。然而,在14世纪初年,由于朝廷有意断绝日本和其他地方海寇的生计,其政策亦变得越来越严峻:中国商人被禁止从事海外贸易,而原有的七个外贸事务所亦有四所被永久关闭。明初的皇帝,一方面显然致力使国家

---

① 此次人口调查,仅福建一省就有133万户(伊懋可,1973年,第206页)。据其他人口调查,我推断浙江温州、处州及台州地区就至少有40万户,而广东潮州及嘉应州地区则至少有25万户。

② 1077年,福州的年度商业税额在全国商业城市中排名第17位,温州第46位,而台州(也位于瓯灵分区)则跟随其后(马润潮,1971年,第166—169页)。

* 作者中文修订版注:地图2显示厦门为19世纪中期漳泉分区的区域城市。值得注意的是,在此处讨论的东南沿海区的三个发展周期,漳泉分区的城市层级在每一周期都会被重组,其中第一个周期的区域城市为泉州,第二个周期为漳州,而第三个则为厦门。

③ 整个宏观区域的造船业所需的铁钉有赖福州输出,而清漆、桐油甚至木材则来自温州。泉州将棉布和玳瑁梳船运至福州,而福州则将丝绸和瓷器运至泉州。从东南亚进口的商品则由泉州转运到东南沿海区的其他港口(斯波义信,1970年,第183—184页)。

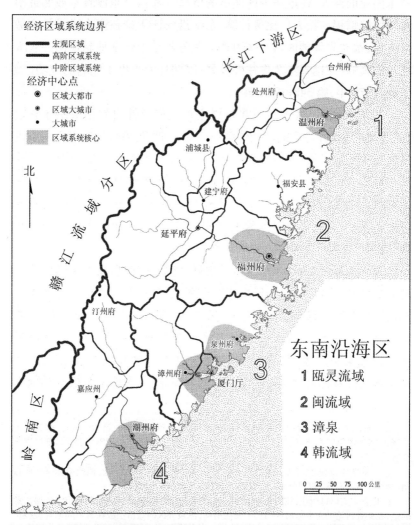

地图2 1843年前后的东南沿海宏观区域,并显示了该区的分区组成、河流系统以及包括大城市的中心地。(译者按:本图及其说明的修订均由作者提供。)

自给自足,另一方面亦不想邻邦得到任何具有战略价值的货物,遂尝试把所有海外贸易置于朝贡体制之下。1371 年,沿海商人被禁止出洋,而一道 1390 年的法令则禁止一切与"外藩"进行的贸易(佐久间重男,1953 年,第 45 页)。到 15 世纪,海禁范围更伸延至沿海航运。海寇问题,加上其他国家对市场和航运越来越多的限制,不但深化整体海上贸易的跌幅,亦标志着泉州周期的衰落。

周期衰落带来的影响随处可见,而货币短缺亦只是其中较为显著的问题(艾维四[William Atwell],1982 年)。区内港口无一不受影响,而作为 13 世纪大城市之一的泉州,人口不但锐减,至 1500 年其广阔的城垣内更有不少地区(wards)被荒弃。区内农业从生产经济作物(cash-cropping)转为生产自用作物(subsistence farming),不少在全盛时期出现的农村市场亦因而要关闭。经济萧条在许多地方并未演变成经济灾难,原因其实只是背后往往得到地方绅商保护和支持的非法贸易和走私(伊懋可,1973 年,第 221—223 页)[1]。

泉州周期于 1500 年前后达至低谷,之后又经历了另一较短的发展周期[2]。自 16 世纪 20 年代开始,福建沿海地区直接参与了海上贸易的急剧增长。这次增长源于 1521—1522 年葡萄牙人被逐出广州后,在漳州对出的岛屿开设了市场。1542 年葡萄牙人发现日本之后,一个三角贸易关系亦随之而起。与此同时,随着西班牙人于 1571 年发现马尼拉以及墨西哥白银的输入,东南沿海区与菲律宾的贸易也大幅扩展。数年间,漳泉地区的商人成为了西班牙人与菲律宾人的中间人,而往来福建与吕宋之间的商业帆船亦以倍数增。最后,鉴于 1567 年福建地方政府的要求,朝廷大致放弃了海禁政策,而海外贸易亦得以进一步扩展。

---

[1] 由于明代福建人口的统计数据不能令人满意,因此很难估计该地区经济衰退所造成的人口消长情况(参见罗友枝,1972 年,附录,《明代福建人口》,第 167—181 页)。若以 1393 年的人口调查作为依据,该地区当时 800 万左右的人口实低于 1208 年宋代人口调查所得的 1200 万。明代的实际人口固然被严重低估,但我倾向相信该地区确实因居民外移以及高死亡率而引致一定程度的人口衰退。

[2] 第二周期的资料主要源自罗友枝,1972 年,第 68—94 页。

贸易扩展给漳泉地区经济带来的影响,罗友枝已作了有用的描述和分析。工业方面,她论证了新技术与专业分工增长(包括人口原料的加工和转口)的重要性。市场的扩张促使经济作物的种植急速增长,而这其中又以刚引进漳州的烟草种植至为突出。对商业作物的需求不但导致地价急剧攀升、更多土地被开垦,亦促使种植模式变得更复杂、水利和施肥方面的投资提高、劳动力的增加以及(最重要)产量增长。新的农村市场亦得以建立来满足不断扩展的贸易。以漳州府为计,其农村市场就由 1491 年的 11 个增至 1628 年的 65 个。这些新的中心地(central places)在一定程度上固然集中在与对外贸易有直接关系的地区,但即使在最偏远的郡县也可找到。最后,罗友枝论证了对外贸易带来的繁荣与科举之间的直接联系。漳泉分区不仅在对外贸易复兴方面超越了其他地方,其进士名额(每三年于京城会试后颁发)在福建地区的比例,也从 1513—1541 年不足四分之一增加到 1549—1601 年的二分之一强。

东南沿海区第二轮周期的转折点出现在明末最后几年。当时,对沿海和海外贸易的禁令再度实施(伊懋可,1973 年,第 218 页),而明朝亦是在东南沿海区对满族统治作出最后但无力的抵抗。抗清首领征用了所有可供航运的人力与物力,而从 1646 至 1658 年,郑成功亦以厦门地区为基地控制了福建大部分沿海地带。清廷最后逼不得已采取了封锁政策,但这政策不仅断绝了大陆地区供给台湾郑氏政权的物资,亦同时扼杀了整个东南沿海区繁荣的根源(谢国桢,1932 年)。1661 至 1683 年间几个长短不一的时期里,浙江至广东沿海一带的人口不仅被强行迁往内地,他们的聚居地(包括村庄、市镇和城市)亦大都被彻底焚毁。1717 年以后中国人民又一次被禁止私自出洋,而1757 年之后近一个世纪,随着广州被指定为唯一合法的对外贸易港,东南沿海区的命运就更成定局。

东南沿海区的人口记录尽管不很准确,但亦显示出在第二轮发展周期的起升阶段,该区人口经历了与当地资源不成正比的增长。由于这个原因,17 世纪的经济衰退,以及之后的经济萧条,遂在该区引起显著的离心作用(centrifugal effects)。不仅数以百万计人口永久移居他乡,成千上万人亦会离乡别井到别处度过谋生的岁月。台湾的大陆移民(于 1895 年约有 300 万人)几乎全是来自东南沿海区,而其中绝大多数是在清代才移入台湾。同样,东南亚的华人(其人口在清代因移民而倍增)主要也是来自东南沿海区①。来自东南沿海区不同地区的移民亦有迁往长江中游区或上游区定居(何炳棣[Ping-ti Ho],1959年,第 143—153 页;韦思谛[Steven Averill],1983 年;梁肇庭[S. T. Leong],1984 年)。到 19 世纪,来自韩江流域分区的客家人在四川、台湾、西婆罗洲和邦加岛都有其永久聚居地,而来自漳泉分区的商人亦在东南亚主要商业中心以及中国各宏区建立起巩固的商业基地②。

东南沿海区的黑暗时代,要到 19 世纪 40 年代在福州和厦门成为条约口岸后才结束。在随后的发展周期(到了这时,海寇已不再是一个问题,而蒸汽船在海外贸易方面亦担起了越来越重要的角色),深水港的地位又重要起来,而区内的城市系统亦再度被重新整合③。图 1 把东南沿海区和华北区的长期发展曲线作了一个初步对照,从此很明显可看出两地的发展步伐是几乎完全不一致。

华北区与东南沿海区只是帝制时代末期可辨识的十个宏区经济之其中两个(参见地图 1)。十个宏区经济之中,东北区要迟至 19 世纪中叶才出现,故此该区不存在近代以前区域性周期的历史。但当检视余下七个宏区经济时,我们会发现它们展现的长期发展曲线,无论

---

① 20 世纪 50 年代,大约 2/3 的东南亚华人是东南沿海区南部两个分区——韩江流域分区和漳泉分区——的移民或其后代。另外 2%—3% 的东南亚华人则是来自东南沿海区北部的两个分区(施坚雅[G. William Skinner],1951 年,第 79—81 页)。

② 我曾在四川、西婆罗洲和邦加的客家人聚居点进行实地考察;至于在台湾较为广泛的客家人聚居点当中,则以位于美浓、新竹的最为著名。这些地方的客家人几乎全是来自广东、福建境内韩江上游移民的后代。19 世纪前,漳泉人在韩国、日本以及遍布东南亚的海外华商中一直占据主导地位。有关其主导地位的局部阐述,参见施坚雅,1957 年,第 40 页。有关漳泉商人遍布国内商业城市,参见张鹏(P'eng Chang,1958 年)和何炳棣(1966 年)关于会馆地理分布的资料。

③ 有关这一转变的简洁论述,参见施坚雅,1957 年,第 41—43 页。

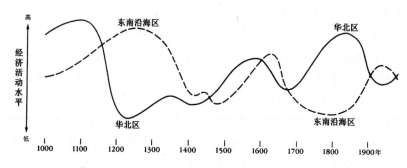

图 1 华北区和东南沿海区发展周期示意图,1000—1980 年。(纵轴应被视为一个人口平均的指数)

在时间长短还是总体动态方面,都跟我刚在上文表述的甚为类似①。为何会是这样? 是什么原因导致区域性发展周期? 要得到答案,我们有必要首先审视这些巨型经济体系的内部结构。

一个关键的事实是,每个宏区经济都是建筑(并完全包含)在一个以流域盆地为基础的地理宏区②。宏区经济的特点是,每个宏区都有一个汇聚各种资源(在农业社会,这主要是指耕地,但也当然包括人口和资本)的中心地带,而每区的资源都会朝周边递减。地图 1 标识出区域内资源与人口的集中情况,其中阴影部分是每个宏区内人口密度最高的地带。

需要指出的是,除了云贵区以外,这些区域的"核心"地带均位于河谷低地。在传统农业社会,人口密度无疑与农业生产力有很密切的关系,因而可以推断核心地带内可耕地的比率要高于周边地区内的,

---

① 一般性论述,参见郝若贝,1982 年;李中清(James Lee),1982 年;施坚雅,1977 年 a。对个别宏观区域经济的局部分析,参见梁肇庭(S. T. Leong),1983 年(岭南区和赣江流域分区);郝若贝,1982 年(岭南区和长江下游区);宫崎市定,1951 年(长江下游区);斯波义信,1984 年(长江下游区);魏丕信(Pierre-Étienne Will),1984 年(长江下游区);魏丕信,1980 年 b(长江中游区);罗威廉(William Rowe),1984 年,(长江中游区);鄢华阳(Robert Entenmann),1982 年(长江上游区);李中清,1982 年、1984 年(云贵区)。

② 下面几段为施坚雅两篇文章的撮要。详细论述参见施坚雅,1977 年 a,第 216—217页;施坚雅,1977 年 b,第 281—288 页。

亦可推算前者的可耕地一般来说会较后者的更为肥沃。生态过程(如水土流失或肥料使用所带来的肥力传输)固然有助于提高低地核心地带的农业生产力,至于核心地带在排水、开垦、灌溉和防洪方面的投资幅度,亦远远高于周边地区。

此外,相对周边地区,核心地带有莫大的交通优势。由于水路的成本较陆路低,除了云贵区和西北区以外,所有区域的航运都以水路为主(即使在河流不能通航的地区,沿河的谷地往往仍是最方便的陆路)。因此,各区域的交通网络都密集于汇聚了多数交通枢纽的核心低地。撇开河流系统不谈,在较平坦的核心地带开辟道路和运河,其费用也会相对低廉。再者,由于其追加成本较低,道路亦可被视为典型的公益设施:地区内道路使用者越多,人均成本就越低,其结果是人口稠密的社区会较人口稀少的社区更容易察觉道路修筑的成本效益(葛乐华[Ronald Glover]、施民[Julius Simon],1975 年)。这一道理可见于道路和运河,也可见于桥梁和水闸,亦有助解释人口稠密的区域核心与人口稀少的区域周边在交通基础设施投资方面的巨大差异。

最后,由于其相对低廉的运输费用和稠密的交通网络,核心地区的经济亦一贯较周边地区更为商业化,这可见于前者为供应市场生产的经济作物和手工业产品的数量,亦可见于其人口在日用消费品方面对市场的依赖程度。

基于以上原因,也许不足为奇的是每个区域的主要城市都出现在其核心地区或在连往核心的主要交通干线,而每个地形区域的城市都发展出分层级的、以核心地区内一个或多个城市为中心的交易模式。由于人力运输成本高,加上距离远以及区域周边地势大多崎岖不平,区域与区域之间中心城市的贸易亦因而减至最低。出于上述种种原因,每个主要地形区域都发展出一个相对自成一体的城市系统,也就是说,区域内城市间之交易往往集中于一组城市,而城乡间之交易则大都局限于个别区域之内。

事实上,这里提到的城市不过是下延至每个基本集镇(standard market town)的一个综合层级系统中较高级的中心地。我曾在别文

(施坚雅,1977年c)指出,每一个高一级的经济中心地都是一些更大型和更复杂的经济系统的一个枢纽点。任何一级的系统都能通过一个复杂交错的网络与较其高一级的系统联系起来。这些交错的经济系统所带来的层级结构,就是我在前文着重论述的宏区经济系统。因此,宏区经济之间的差异其实可说是取决于个别宏区的子系统的特性。地图2和地图3展示了两个宏区系统(即东南沿海区和长江上游区)的最高层级。东南沿海区的区域结构有些特殊。武夷山的山脊将该区分割成小块的河流谷地,而该区的大城市系统(greater city systems)和其大都市系统(regional city systems)亦因而异常吻合(彼此并无重叠)。后一系统有其自己的核心地带,但这些地带之间并无陆路联系而是要通过海路相连。相对来说,长江上游区因坐拥一个大型河流盆地,可说是一个较典型的宏区。从图中可见,长江上游区的城市层级较东南沿海区的更多一层,而较之位于核心地带的子系统,宏区周边的子系统不但相对自成一体,其面积亦更大。*

总而言之,宏区经济应被视为内部分化,相互倚赖,而又融汇一起(尽管周边地区要比核心地区来得松散)的复杂系统。正如其他以地域为基础的人类活动,区域经济系统在不同层级最终还是以不同模式的流动(包括货物与服务、货币与信用、信息与标志以及区内各种各样人物)展演出来。当然,任何系统都不会一直维持稳定,而是会不断变迁,交互影响和作出回应。最值得我们留意的是,一个相互倚赖的系统,其任何一部分无论是受击还是受惠、遇上灾难还是遇上正面刺激,其影响都会牵连整个系统。就区域系统来说,当受到外力影响的为区域内部核心的子系统时,其牵连则会更甚。

我们或许可以通过其与朝代循环这个旧有概念的关系来阐释区域发展周期。无可否认,朝代循环这一概念,不管如何粗浅,的确能点出帝制时代中国的一个重要现象。所谓朝代循环,是指在一个朝代的过程中,政府机关无论在军事效力、行政效能或财政实力及稳定性方

---

* 译者按:此段文字是作者为中文修订版所增。

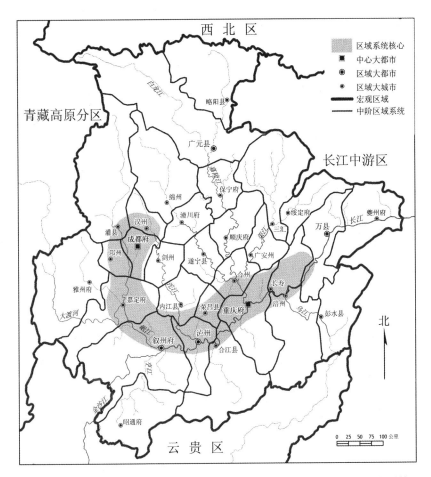

地图3 1843 年前后长江上游宏观区域,并显示了该区的分区组成、河流系统以及包括区域大城市的中心地。(译者按:本图及其说明的修订均由作者提供。)

面都会出现系统性转变。当以上三方面都表现良好时,中央政府其实就是在提供着一个有利经济增长的环境。朝代力量的消长是否对所有区域经济有一致的影响则是另外一个问题。表面看来,朝代循环的发展模式对区域发展周期大体上确实起了同步影响。但实际上,政府政策往往会有空间差异或地域特色,而无论如何政策的施行亦会因地域之间的分别而有巨大差异。再者,即使在同一区域,政策的效力也会从核心内部向周边递减。以下只可举少部分例子。

按照朝代循环的模式,一个朝代的军事效力在绥靖初期会达至一个高峰,其后如军事扩张持续下去的话,其武力亦会继续维持在高水平。但这一泛论并不排除区域间因抗争而无可避免引起的差异。以17世纪为例,清朝只耗时数年便平定了长江中游区及下游区,但对付东南沿海区及长江上游区则要拖延将近四十年。如果集中留意其中两个区域,我们可以见到,清初的战乱对长江下游区早在一个世纪前就进入上升期的苏州周期而言,只可算是一个小的波动,但对于前文论及正处于第二周期衰落阶段的东南沿海区而言,却是一个重要发展。至于另外长江上游区及中游区两个区域,尽管两者都经历了一个清代发展周期,其发展步伐却相差近半世纪。

对朝代衰落后期纲纪的废弛,我们亦可作出类似的观察。按照朝代循环的模式,尽管朝廷在组织涣散和军事技能丧失一段长时间后会尽最后努力重振其军事效力,但其结果往往是相对个人化的、分散的和不够强大的武装力量。军事衰弱固然会招致外来侵略与内部叛乱,但哪个区域的风险最大?中晚期帝制时代的历史表明,邻近内亚草原的两个宏区(即华北区和西北区)所受外来侵略的威胁要远比其他区域为大,而京师所在的宏区则往往因朝代交替带来的战乱而受到巨大破坏。至于其他差别则似乎是因个别情况而定。如果说17世纪的内乱严重破坏了长江上游区但并未波及长江下游区,那么19世纪的情形则恰恰相反。这类细节我们虽然不能从朝代循环的模式中看出,但它们对区域发展周期的时态轮廓却有深远影响。

有些朝代循环论者亦指出了一个现象,即一个朝代在过了其巅峰之后,其政策往往会变得有利于对外贸易。财政匮乏不但迫使政府终止贻误行商的军事行动,亦同时提高海关税收的吸引力。不管这个观察成立与否,可以清楚见到的是类似的政策改变对个别区域经济至为重要(前文讨论到的东南沿海区为一主要例子)但对另一些区域(如长江上游区)则无关紧要。

再看行政效率方面。众所周知,官僚政府在保养和控制水利方面的工作对预防和遏制洪水可以起一个非常重要的作用。不少人指出,朝代的衰落不但带出官僚系统腐败与崩溃、财政枯竭以及州县官员在地方精英面前威信降低的问题,亦因而使运河和堤坝无人问津,最后导致越来越多的灾难性水患[①]。这个观察并不算错,但这一连串发展对经济表现的影响仅局限在那些地形上容易遭受水患的区域核心。后者作为一个因素对华北区、长江中游分区、赣江流域分区和长江下游区的周期经济发展固然重要,但对云贵、长江上游、西北或东南沿海区而言则影响甚微。

最后来看赈灾方面。1743 至 1744 年的秋冬时分,一场大规模的旱灾侵袭华北区核心的大部分地区,几乎导致农作物颗粒无收。正如魏丕信(Pierre-Étienne Will)指出(1980 年 a),由朝廷部署并由各级官员具体实施的赈灾行动极为有效。常平仓和社仓大多储备充裕,而通州和其他仓库的大量存粮亦能及时输往受灾地区的主要集散地。分配谷物和银钱的中心所组成的网络很快便建立起来,而每个城市都为抵达的灾民设起粥厂。隔年春天,种子乃至耕牛都被分配到受灾农户家中。基于这管理上和物资支援上的出色表现,饥荒在很大程度上得以避免,而原本可能导致的大型经济失调亦只对区域经济增长产生了轻微影响。不过,如此出色的表现,亦只可能发生在个别朝代的全盛期,亦只可发生在京师区域的核心地区(即以京城为主导的地区)。朝代循环的模式可以引起人们对前者——而非后者——的注意。我认

---

① 此论点前人对华北区主要水系——包括海河、黄河及淮河——已有经典论述(参考李明珠[Lillian Li],1979 年、1982 年)。有关长江中游区和下游区的水利治理周期,参见魏丕信,1980 年 b;濮德培(Peter Perdue),1982 年;魏丕信,1984 年。

为应该可以证明一个朝代的赈灾效率不仅因朝代循环模式中的时间而异,亦会因地域空间而有别。换句话说,赈灾效率应以京师地区为最高而距离京城最远的地区为最低。一个区域之内,通常核心地区的效率会较边缘地区为高。

因此,我们可以得出这样的结论:就朝代循环对经济及社会的影响来说,区域发展周期是起了一个调适的作用。而较之其他区域,京师地区的发展周期则通常与朝代循环的模式最为一致。

当然,朝廷的行动,并非所有都是与朝代循环有关。不少个案研究已提出的许多实例说明,朝廷一些重大决定所引发或延缓的,是区域性的而非全国性的发展周期。其中最典型的例子莫过于新都城的建立和新港口的开放。15 世纪 20 年代明朝都城由南京迁往北京,对长江下游区的经济增长产生消极影响的同时,却对华北区产生积极影响,亦是两个区域的发展周期在明清时期大部分时间里很少同步的原因之一。正如前文提到,泉州在 1087 年被开放为通商口岸,实为东南沿海区第一个区域发展周期上升的关键因素;但这发展不但打破了广州在对外贸易方面的垄断,亦打击了岭南区的商业发展。直至 1757 年广州被指定为唯一的对外开放口岸,一切又颠倒过来,正当岭南区的经济在加速发展,东南沿海区则进一步陷入长期萧条之中。或许更引人注目的是 10 世纪时京城从长安迁移至开封所带来的影响。这一迁移不但加快了华北的发展步伐,亦标志着西北区走向衰落的开始。类似的朝廷决策在影响到两个相邻区域发展的同时,亦促使它们的周期呈相反方向进发。

显而易见,区域经济遭受外来冲击的时间性对其发展的时态结构的形成至为重要。因此,区域之间发展周期大多不同步的另一个主要原因,是中国历史上重大灾难所影响的范围往往是有限的。绝大多数瘟疫仅局限于一两个区域,而从史料中所见,流行最广的一次瘟疫亦似乎只波及到四个宏区。另外,华北区和西北区屡次受到内业入侵的蹂躏,但长江流域及以南地区则少有遭受类似劫掠。即使内乱也很少累及多过一两个区域。就算是晚期帝制时代规模最大的太平天国起义,其造成的主要破坏亦只局限于长江流域的两个宏区内。

关于气候和水旱灾害,我们亦可作出类似的观察。中国一组历史气象学家最近对 1470 年以来 500 余年间中国各地季节性气候进行了逐年的定性分析,并就这一重要研究项目发表了报告(王绍武[Shao-wu Wang]、赵宗慈[Zong-ci Zhao],1981 年)。他们的分析表明,湿润和干燥的气候可以归纳为六种模式(事实上又可分为三对互相反照的模式),而这些模式基本涵盖了历史上降雨量分布的变异性。六种模式中有四种展示东至西地带的一般气候。这些地带当中有一带和我们所说的两个北方宏区大致相符,有一带和长江流域的四个宏区相符,而一南方地带则和我们所说的云贵、岭南和东南沿海宏区大致相符。六种气候模式中有一对展示南方地带出现涝情、北方地带出现干旱而长江地带气候正常(及其反照)。第二对则展示长江地带出现涝情而北方和南方地带均出现干旱(及其反照)。这一分析亦同时揭示出历史上几个清晰的有关这些气候模式分布的周期性。举一例子,北方地带的旱情周期性为 80 至 100 年。这些结论一方面指出在一段短时间内极端天气往往会集中在个别地带(并导致该等地带的经济损失和人口伤亡)。另一方面,在指出个别特殊天气往往仅会影响到相邻的一两个宏区,这些结论亦有助阐释区域发展周期的同步性问题。

从更高层面来看,历史气象学家已经证实北半球温带的大气温度存在长时段波动。这些波动不但与太阳能量的波动同步,更可能是由后者引发[1]。公元 1000 年以后最寒冷的一段时期(亦称作"路易十四小冰期"),相当于太阳物理学家所谓"蒙德极小期"(Maunder minimum),通常是指 1645 至 1715 年这段时间。第二段最寒冷的时期,则大概相当于与太阳活动的史波尔极小期(Spörer minimum),通常指 1450 至 1540 年这段时间。虽然这一气温周期是建基于欧洲的记录和观测,中国的气候数据亦似乎相当一致。举一例子,一项以长江中游

---

① 参见如艾迪(John Eddy),1980 年。有关气候与历史的著作数量很多,最近的重要论著包括:卫格理(T. M. Wigley)等,1981 年;罗德博(Robert Rotberg)、容柏(Theodore Rabb),1981 年;蓝牧(H. H. Lamb),1982 年;利碧(Leona Libby),1983 年。

区湖泊结冰期为基础的研究指出（竺可桢，1972 年），中国历史上最寒冷的时段之一出现在 17 世纪中叶，亦即接近蒙德极小期的低谷。

气候周期与经济繁荣周期之间的假定关系之中，最重要的无疑是有关农业生产力。总体来说，低温气候意指生长期的缩短，亦意味着一些勉强可耕土地的放弃，一年两熟在一些地方的消失，以及一些农作物的减产。对农业在国民产值中占绝大部分的一个农耕社会而言，寒冷气候所能导致的经济困境和经济萧条是不难想象。出于同样理由，温暖的气候很可能是经济增长的一个刺激因素。若未来研究能证实这些推测和关系的话，我们就能了解到太阳活动的长时段周期是如何促使"引发"中国经济活动的长时段周期。

在我首次发表关于区域发展周期的研究时（施坚雅，1977 年 a，第 27 页），我曾指出中国各宏区系统的周期律动虽然通常互不协调，但至明代早期却是"非常但不健康的同步"。我提到中国的区域经济在 14 至 15 世纪大部分时间里几乎都处于停滞状态。当时（据伊懋可，1973 年，第 14 章），我将这全国性的萧条归结为两个因素：第一是蒙古的入侵。这不仅导致三个宏区的区域发展陷入停滞，亦对其他宏区（除个别两区以外）作出了较轻微但仍然不利的影响；第二是元代后期出现、一直延续至 15 世纪明代的官方孤立主义（official isolationism）。基于气候变迁在历史上的重要性，我现在要加入第三个因素，亦即相当于史波尔极小期的气候寒冷期。明代政权建立时，正值地球气候转寒，而后者作为一个趋势要到 120 年后才会明显逆转过来。将这情形与清代进行对比，一些异常现象便可能得到解释。清代政权建立时，正值是与蒙德极小期有关的小冰期差不多最寒冷的时段，之后数十年，气候即开始趋暖。依照一般定义，史波尔极小期结束于明朝建立 170 余年后的 1540 年，而蒙德极小期则结束于清朝建立仅 77 年后的 1715 年。因此，气候的长线波动可能是造成明代大多数区域的经济兴衰周期要比清代短得多的原因之一，亦可能是造成明代鼎盛时期要比清代晚得多的原因。

除了这些外来影响，我们亦可认定区域系统本身的内在矛盾对发展周期所起的作用。良好的环境因素是经济增长的必要但非充分条件，而单单通过内部摩擦亦的确能够达到经济增长的高峰。在我看来，有关中国的研究虽然未足以用来建立一个以实证为基础的模式，但我们不妨转向欧洲的经济史家以获取理论灵感。我先前曾暗示欧洲中世纪的"物流"或长线波动和这里所说的中国区域周期其实可能属于同一种(species)现象。若这观察不差，一个世纪左右为一发展周期这个现象，也许正是商业资本支配下的农业经济的特点之一。关于所有长期经济周期的理论探讨通常都会援引技术革新、生产率、价格和货币供给等因素，而到讨论到欧洲中世纪和早期现代(early modern)的长线波动时，学者则往往会把人口和土地利用加入以上因素之中①。这些很可能就是作为中国区域发展周期的一个辩证理论的主要元素。

我之如此关注宏区系统的长线波动原因很简单，即这样大规模的发展在历史上的重要性可以很容易理解。但沿着长线波动的轨迹，我们其实可以辨别出较短期的、较不引人注意的小周期。再者(让我更直接指出)，时代的良恶嬗替、经济盛衰、社会治乱这些历史律动同样是低层区域经济(即宏区内的大都市贸易系统及其下一层的大城市贸易系统)的特征。那么层级系统中相邻层级的周期是如何联系起来？东南沿海区在17世纪30年代达至高峰的发展周期，为我们提供了研究线索。这一周期基本上是从漳泉分区开始，之后漳泉一直带动着其他分区的发展。一个较仔细的研究会逐一分析四个分区各自的周期，追溯漳泉刺激邻近分区发展的途径，并探悉外力因素对每个分区的直接影响。

以下让我指出导致子系统层级中出现系统性差异的几个因素。周边分区系统由于相对孤立，故特别容易受到短期外力冲击的破坏(尤其是农业失收)。与此相反，宏区内核心地带的地区子系统则能凭

---

① "周期律动与长期趋势"研究小组，1979年，第493页。康德拉捷夫周期(Kondratieff cycles)、"物流"以及其他长线波动都在《评论》(纽约州宾汉姆顿市)第2卷第4期(1979年春)中得到了详细分析。此期专刊还附上一份精选的注解参考书目。

借其较发达的经济、较密集的交通网络和较复杂的基础设施去较妥善地承受和控制一般类似的冲击。另一方面，正如我在有关开封周期的讨论中提到，正因为其对基础设施及复杂的劳动力分工的依赖，核心地带的子系统会更容易受到大型而持久的冲击的破坏。这一差异尤其显著，原因是大型灾难的最大冲击似乎往往是产生在宏区内的核心地带。大规模的洪水只在河道两岸的低地肆虐，而瘟疫对人口稠密的核心地带的危害亦更大（核心地带更容易受到水源污染的影响）。最主要的原因，是不论是来自大草原的敌军还是觊觎王位的叛将，都以平原上的大城市为奖赏，故战争和攻伐多集中于此，而军队的劫掠和破坏亦以此等地带最为严重。如此，对核心地带的子系统来说，相对少见的大灾难对其发展周期的影响尤为重要，而较频繁但规模较小的灾难则较容易影响周边系统的小周期。因此，就其平均发展周期而言，周边地带的子系统会较核心地带的为短，而核心内部子系统的经济周期则与其宏区整体经济最为相近。这里的主要论点是，区域系统之间的相互关系会影响到不同层级中时态结构之间的相互关系。

至此已很明显，我是在鼓励大家去想象一个具有层级结构（而这结构是能够反映实际地区以及区域层级系统）的中国历史。从以基本集镇为中心的社区到整个宏观经济区，每个层级的节点系统均有其特有律动和独特历史。这些系统应被视为人际交流的空间暨时间（spatial-cum-temporal）系统，而其不尽相同的时态结构与不尽相同的空间结构，其实同样是系统表现形式的一部分。我更会进一步建议将个别区域系统本身的周期性或对比性（dialectical）发展，看作是一个以层级结构和区域差异为中心的历史的基本时间单位。重要的是，我们应对整个周期性发展（即从一个低谷到另一低谷）进行分析，并把它适当地置于高一层级内。

诚然，如果按照这里提出的人际交流系统固有的时态结构来划分历史阶段的话，我们也许要被逼放弃一般用来断代的惯例。历史上重大的政治事件只会偶然在发展周期的高峰或低谷中留下痕迹，而固定一点然后把时间随意划分的做法就更不切实际。人类的确拥有十只手指和十只脚趾，而毫无疑问，十进制的发明是数学史上的重大突破。但这并不意味着人类的历史也应该用 10 年或 100 年作为连结单位。就让欧洲学者继续周旋于他们的"广义的 16 世纪"（long sixteenth centuries）吧。相对来说，中国历史以年号为断代单位则可说合理得多——最低限度，年号所代表的是一个朝代（本身为一个对立性发展）的不同阶段。

但年号作为一个历史阶段主要关系到的是政体整合的最高层面——也就是说国家本身。而这正是问题的所在。正如区域经济与国家行政单位往往不相符，经济发展与统治周期亦往往不一致。事实上，这一对比在研究层面上有很类似的地方。如何探知一个经济系统的地域范围？我们就让前文提到有关流动（货物与服务、货币与信用等等）的数据来作说明。如何探知一个经济时代的时间范围？我们就让有关经济活动盛衰的数据来说明。那么，正如我们能检视一个经济区域的内部结构，并将其分为若干地区来分析其核心—边缘结构，我们也可以详细考察一个经济时代，并根据其内在结构（以高峰和低谷为标志）将其分为一个经济周期的若干阶段。这无疑是一个很难实现的想法，但并不妨碍我对它的阐述。

在总结本文之前，我有必要作出一个重要说明。我在上文讨论到区域系统时，差不多只把它们看成为区域经济，并以经济学的角度去分析其长线波动和短期律动。但这只不过是我有意分析的一个多方面现象的一个超简化版本。在我对市场系统的研究（施坚雅，1964年，第 32—43 页；施坚雅，1977 年 c，第 336—341 页）中，我曾尽力表明它们同时也是社会区域、半政治（parapolitical）系统以及文化承传单位。在运输工具非机械化时代，人际交流所受到的制约，即经济地理学家所谓距离成本（cost-distance），确实对人类活动影响广泛：其对行政和社会交流方面的影响并不亚于对经济贸易方面。我曾在另外一些分析（施坚雅，1977 年 c、1979 年）指出，尽管清代以省为其组织框架，其地域行政和军事组织都包含和体现出中国的宏区结构。我相信本文论述的发展周期不仅可被证明为经济盛衰的周期，亦可被证明为人口增减、社会进退、组织盈缩、秩序治乱的周期。此外,任何层级的周期都很少只因经济原因而出现。简而言之,尽管为方便阐述我在这里的论述以经济层面为中心,但在考虑到中国历史的结构时,我有把政治经济及社会作为一个整体来看待。

我鼓励大家考虑以下关于中国历史结构的概念:第一,它是地方史和区域史重叠组成的一个层级结构,而地方史或区域史的范围则是基于人际交流的空间模式;第二,在每一个层级,个别地区系统最重要的时态结构皆为一个接着一个的周期性发展。除了令人头昏脑胀外,这一模式(或可称史学视野)能对我们有什么帮助呢?

首先,它能协助地方史学家、民族志学者及其他分析微观过程的学者把他们的研究适当地置于中国历史的结构之中。将个案研究置于分化的历史中相关的层级确实有助于约束阐释。照现在的情形,每个地方史学家都会受到把其结论引申至高一层次来展示其研究的重要性的诱惑。但其研究的真正意义却往往是要通过在一个适当的整体框架下作出仔细说明才得以展演。我在这里提出的概念,最低限度,会迫使我们面对如何将微观与宏观分析、地方与区域历史以及独立事件与整体结构整合起来的问题。

其次,这模式意在唤起对若干重要但在史学上往往被忽视的分析单位的关注。从一个纯粹存在经验的角度来看,社会条件既有有利人类生存、社会安定和经济增长的时候,亦有不利的时候,而两者的交替亦是每个社会会经历的最重要的过程之一。亦可以这样说,不论其实质焦点何在,我们如果不能把个别研究题目放在至少一个类似的周期的不同阶段进行观察,要彻底理解恐怕并不可能。当然,一些学者会对历史分析能如何增进我们对人际交流系统的周期特性的认识感到有趣;另一些则会接受此辩证挑战并尝试对周期性发展进行正式分析。不管怎样,有关区域发展周期被反复地论证,不单激起了我们对历史的想象,亦引出了新的历史阐释。

第三,这一有关中国历史结构的观点不但可以促进比较,事实上更可令比较方法更加严谨。周期性发展的盛衰提供了用来划分时段以作比较的一个合理方法。在研究空间暨时间系统时,对同一区域系统内接连的周期进行比较分析,是理解该系统之长期趋势的一个严谨方式。这与对相邻区域系统在同一时段的发展周期进行比较分析可将地理差异的研究推进到更高水平的道理一样。

第四,识别出我所强调的结构特征可使治中国史者之研究避免方法上谬误的风险。有些人可能会认为我勾勒出的结构在许多方面并不切题("题"者,即中国历史的方向性)。但事实上,要确立长期或线性趋势,我们在方法上必先做好周期分析。假设一个系统是按照图2所示的上行的曲线模式而变化,如果我们忽视其周期律动而对 A 阶段与 B 阶段,或 C 阶段与 E 阶段,进行比较,就无法识别出该系统的长期上升趋势;前一比较会引出长期发展呈下降趋势的错误结论,而后者则会引出发展停滞的错误结论。只有对 A 阶段与 D 阶段,亦即两个周期的高峰(或 B 阶段与 E 阶段,或任何一对可比较的周期阶段)进行比较,我们才能揭示出潜在的上升趋势并从而提供正确的曲线坡度。最低限度,此处提倡的方法对我们有关转变的观点(即一为在接连时段发生,一为在内部同步发生)在史学上的有效性提出了质疑。

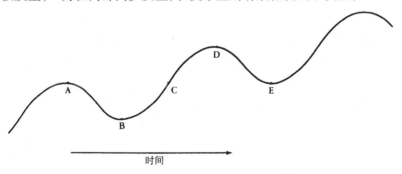

时间

图2 周期发展的长期趋势:若干潜在比较

最后,这方法能指导我们书写一部可以包涵而不用掩饰区域差别的整体中国史。让我回顾一下在文首提到的两个例子:华北区和东南沿海区。正如其相背驰的发展轨迹可以说明,中国历史的整体性并不能通过概括其差异或把不同区域系统平均化来处理。相反,一部整体的文明史必须建基于对其组成部分既相异又相关联的历史的理解与调解上。

正因为我们关心的是中国历史的结构,适当的分析单位(也就是说,在适当时段内相关的层级中最适宜的层次内的地域系统)的选择就尤为重要。要是历史/时态模式的确具有系统性,而我们又未能把分析集中在恰当的系统上的话,我们是不能确切地把这些模式构建起来的(事实上,能否把它们清楚分辨出来亦将会是个疑问)。从这个意义上来说,历史分析是不能跟区域分析分割开来的。

(单国钺校,作者辞世前为本文作了补充和修订。)

参考书目

艾保(Abel, Wilhelm),1980 年,《13—20 世纪欧洲的农业变动》(*Agricultural Fluctuations in Europe from the Thirteenth to the Twentieth Centuries*),1978 年德文原著,梅苏恩(Methuen)出版社。

艾维四(Atwell, William S.),1982 年,《1530—1650 年间之国际白银流动与中国经济》(International Bullion Flows and the Chinese Economy Circa 1530—1650),载《古今》(*Past and Present*),第 95 卷,第68—90 页。

韦思谛(Averill, Stephen C.),1983 年,《棚民与长江高原的开发》(The Shed People and the Opening of the Yangzi Highlands),载《近代中国》(*Modern China*),第 9 卷,第 84—126 页。

毕汉思(Bielenstein, Hans),1947 年,《公元 2—742 年间中国的人口调查》(The Census of China During the Period 2—742 A. D.),载《远东文物博物馆通报》(*Bulletin of the Museum of Far Eastern Antiquities*),第 19 卷,第 125—163 页。

布罗代尔(Braudel, Fernand)、施彬雅(Frank Spooner),1967 年,《1450—1750 年间欧洲的物价》(Prices in Europe from 1450 to 1750),

收李祈(E. E. Rich)、李祁(C. H. Rich)编,《剑桥欧洲经济史》(*Cambridge Economic History of Europe*),第 4 卷,剑桥大学出版社,第 374—486 页。

张鹏(Chang, P'eng),1958 年,《中国省际商人集团的分布及相对势力,1842—1911 年》(The Distribution and Relative Strength of the Provincial Merchant Groups in China, 1842—1911),华盛顿州大学博士论文。

邓海伦(Dunstan, Helen),1975 年,《晚明瘟疫初探》(The Late Ming Epidemics: A Preliminary Survey),载《清史问题》(*Ch'ing-shi wen-t'i*),第 3 卷第 3 期,第 1—59 页。

杜兰德(Durand, John D.),1960 年,《公元 2—1953 年间中国的人口统计》(The Population Statistics of China, A. D. 2—1953),载《人口研究》(*Population Studies*),第 13 卷,第 209—256 页。

艾迪(Eddy, John A.),1980 年,《气候与太阳的作用》(Climate and the Role of the Sun),载《跨学科历史学报》(*Journal of Interdisciplinary History*),第 10 卷,第 725—747 页。

伊懋可(Elvin, Mark),1973 年,《中国过去的形态》(*The Pattern of the Chinese Past*),斯坦福大学出版社。

鄢华阳(Entenmann, Robert E.),1982 年,《1644—1796 年间四川的移民和殖民》(Migration and Settlement in Sichuan, 1644—1796),哈佛大学博士论文。

葛乐华(Glover, Donald R.)、施民(Julius L. Simon),1975 年,《人口密度对基础建设的影响:以修路为例》(The Effect of Population Density on Infrastructure: The Case of Road Building),载《经济发展与文化变迁》(*Economic Development and Cultural Change*),第 23 卷,第 453—468 页。

郝若贝(Hartwell, Robert M.),1967 年,《中国帝制时代一个经济转移周期:750—1350 年间中国东北的煤与铁》(A Cycle of Economic Change in Imperial China: Coal and Iron in Northeast China, 750—

1350），载《东方经济及社会史学报》（*Journal of the Economic and Social History of the Orient*），第 10 卷，第 102—159 页。

郝若贝，1982 年，《750—1550 年间中国的人口、政治及社会转型》（Demographic，Political，and Social Transformations of China，750—1550），载《哈佛亚洲学报》（*Harvard Journal of Asiatic Studies*），第 42 卷，第 365—442 页。

何炳棣（Ho，Ping-ti），1959 年，《明初以降人口及其相关问题（1368—1953 年）》（*Studies on the Population of China，1368—1953*），哈佛大学出版社。

何炳棣，1966 年，《中国会馆史论》，（台北）学生书局。

谢国桢（Hsieh Kuo-ching），1932 年，《清初沿海迁界考》（Removal of Coastal Population in Early Tsing Period），载《中国社会及政治科学评论》（*Chinese Social and Political Science Review*），第 15 卷，第 559—596 页。

井村空然，1936—1937 年，《中国地方志所载的疫疠略考》（地方史に記載せられたる中国疫癘略考），载《中外医事新报》，共 8 部分。

蓝牧（Lamb，H. H.），1982 年，《气候、历史与近代世界》（*Climate，History，and the Modern World*），梅图恩出版社。

李中清（Lee，James），1982 年，《1250—1850 年间中国东南的食物供应与人口增长》（Food Supply and Population Growth in Southeast China，1250—1850），载《亚洲研究集刊》（*Journal of Asian Studies*），第 41 卷，第 711—746 页。

李中清，1984 年，《清代的国家工业——云南矿业：一个区域性的经济周期，1700—1850 年》（State-Regulated Industry in Qing China，the Yunnan Mining Industry：A Regional Economic Cycle，1700—1850），《980—1980 年间中国经济的时空趋势与周期》（Spatial and Temporal Trends and Cycles in the Chinese Economy，980—1980）研讨会论文，美国学会联会暨社会科学科研协会之中国研究联合小组（American Council of Learned Societies-Social Science Research Council Joint Committee on Chinese Studies)主办,贝拉吉欧(Bellagio)。

梁肇庭(Leong, S. T.),1983 年,《从区域系统看客家人的族性与迁移》(*Ethnicity and Migrations of the Hakka Chinese*:*A Regional System Approach*),墨尔本大学历史系。

梁肇庭,1984 年,《棚民:清代行政与境内人口迁移》(*P'eng-min*:The Ch'ing Administration and Internal Migration),第 5 届澳大利亚亚洲研究学会会议论文,阿德雷得(Adelaide),5 月 18 日。

勒华拉杜里(Le Roy Ladurie, Emmanuel),1974 年,《朗格多克的农民》(*The Peasants of Languedoc*),1966 年法文原著,伊利诺州大学出版社。

李明珠(Li, Lillian M.),1979 年,《1801 年和 1917 年海河流域的防洪与赈灾》(Flood Control and Famine Relief in the Hai Ho Basin, 1801 and 1917),《中国社会的城乡脉络》(Urban-Rural Network in Chinese Society)研讨会论文,美国学会联会暨社会科学科研协会的当代中国联合小组(American Council of Learned Societies-Social Science Research Council Joint Committee on Contemporary China)主办,密歇根州麦基诺岛(Mickinac Island)。

李明珠,1982 年,《序论:食物、灾荒与中国政府》(Introduction:Food, Famine, and the Chinese State),载《亚洲研究集刊》,第 41 卷,第 687—707 页。

利碧(Libby, Leona M.),1983 年,《昔日的气候:树木寒暑表、物品与人类》(*Past Climate*:*Tree Thermometers*,*Commodities*,*and People*),德克萨斯州大学出版社。

马润潮(Ma, Lawrence J. C.),1971 年,《宋代中国的商业发展与城市变迁,960—1279 年》(*Commercial Development and Urban Change in Sung China*[*960—1279*]),密歇根州大学地理系。

马歌华(Margairaz, Dominique),1984 年,《1756—1870 年间法国地区粮价的周期变动》(Les specificités regionales des mouvements conjoncturels des prix céréaliers en France, 1756—1870),载《评论》

(*Review*),第 7 卷,第 649—673 页。

梅雅兹(Metz, Rainer),1984 年,《15—18 世纪货币与谷物价格系列的长线波动》(Long Waves in Coinage and Grain Price-Series from the Fifteenth to the Eighteenth Century),载《评论》,第 7 卷,第 599—647 页。

宫崎市定,1951 年,《明清时期的苏州与轻工业发展》(明清时代の苏州と轻工业の发达),载《东方学》,第 2 辑,第 64—73 页。

濮德培(Perdue, Peter C.),1982 年,《明清时期洞庭湖地区的水利控制》(Water Control in the Dongting Lake Region During the Ming and Qing Period),载《亚洲研究集刊》,第 41 卷,第 747—765 页。

罗友枝(Rawski, Evelyn Sakakida),1972 年,《中国南方的农业变迁与农民经济》(*Agricultural Change and the Peasant Economy of South China*),哈佛大学出版社。

"周期律动与长期趋势"研究小组(Research Working Group on Cyclical Rhythms and Secular Trends),1979 年,《资本主义下世界性经济的周期律动与长期趋势:前提、假设与问题》(Cyclical Rhythms and Secular Trends of the Capitalist World-Economy: Some Premises, Hypotheses, and Questions),载《评论》,第 2 卷,第 483—500 页。

罗德博(Rotberg, Robert I.)、容柏(Theodore K. Rabb)编,1981 年,《气候与历史:跨学科的历史研究》(*Climate and History: Studies in Interdisciplinary History*),普林斯顿大学出版社。

罗威廉(Rowe, William T.),1984 年,《1736—1838 年间长江中游宏区的经济变迁》(Economic Change in the Middle Yangtze Macroregion, 1736—1838),"980—1980 年间中国经济的时空趋势与周期"研讨会论文。

佐久间重男,1953 年,《明朝的海禁政策》(明朝の海禁政策),载《东方学》,第 6 辑。

斯波义信(Shiba Yoshinobu),1970 年,《宋代的商业与社会》(*Commerce and Society in Sung China*),伊懋可英译本,密歇根州大学

中国研究中心。

施波义信,1984 年,《980—1550 年间长江下游的农业与经济变迁》(Agrarian and Commercial Change in the Lower Yangzi, 980—1550),"980—1980 年间中国经济的时空趋势与周期"研讨会论文。

施坚雅(Skinner, G. William),1951 年,《东南亚的华人》(Report on the Chinese in Southeast Asia),康奈尔大学东南亚部。

施坚雅,1957 年,《泰国的华人社会》(Chinese Society in Thailand: An Analytical History),康奈尔大学出版社。

施坚雅,1964 年,《中国农村的市场及社会结构,第一部分》(Marketing and Social Structure in Rural China, Part 1),载《亚洲研究集刊》,第 24 卷第 1 期,第 3—43 页。

施坚雅,1976 年,《从区域系统看中国帝制晚期的流动策略》(Mobility Strategies in Late Imperial China: A Regional Systems Analysis),收施宓菲(Carol A. Smith)编,《区域分析》(Regional Analysis),第 1 卷:《经济系统》(Economic Systems),学术出版社(Academic Press),第 327—364 页。

施坚雅,1977 年 a,《中国帝制时代的城市发展》(Urban Development in Imperial China),收《中国帝制晚期的城市》(The City in Late Imperial China),第 3—31 页,斯坦福大学出版社。

施坚雅,1977 年 b,《19 世纪中国的区域性城市化》(Regional Urbanization in Nineteenth-Century China),收《中国帝制晚期的城市》,第 211—249 页。

施坚雅,1977 年 c,《城市与地方系统的层级性》(Cities and the Hierarchy of Local Systems),收《中国帝制晚期的城市》,第 275—364 页。

杜希德(Twitchett, Denis),1966 年,《唐代的市场系统》(The T'ang Market System),载《泰东》(Asia Major),第 12 卷,第 202—243 页。

王绍武(Wang, Shao-wu)、赵宗慈(Zong-ci Zhao),1981 年,《1470—1979 年间中国的旱涝》(Droughts and Floods in China, 1470—

1979），收卫格理（T. M. L. Wigley）、叶光南（M. J. Ingram）、方默（G. Farmer）编，《气候与历史》（*Climate and History*），第271—288页，剑桥大学出版社。

卫格理、叶光南、方默编，1981年，《气候与历史：历史上气候对人类的影响》（*Climate and History：Studies in Past Climates and Their Impact on Man*），剑桥大学出版社。

魏丕信（Will, Pierre-Étienne），1980年a，《18世纪中国的官僚机构与荒政》（*Bureaucratie et famine en Chine au XVIIIe siècle*），莫顿（Mouton）出版社。

魏丕信，1980年b，《中国的水利周期：以16—19世纪的湖北为例》（Un cycle hydraulique en Chine：La province de Hubei du XVIe au XIXe siècle），载《法国远东学院通报》（*Bulletin de l'Ecole Française d'Extrême-Orient*），第68卷，第261—287页。

魏丕信，1984年，《1500—1850年间长江中下游地区灾害和经济转移的发生与对应》（The Occurrences of, and Responses to, Catastrophes and Economic Change in the Lower and Middle Yangtze, 1500—1850），"980—1980年间中国经济的时空趋势与周期"研讨会论文。

竺可桢，1972年，《中国近5千年来气候变迁的初步研究》，载《考古学报》，第15—38页。

内亚史上的国家形成与阶段划分[*]

狄宇宙(Nicola Di Cosmo) 著

田 欢 译

从近年一些有关世界史阶段划分的文章可以看到世界史学家正努力寻找可用的准则,去有系统和有条理地从非"中心化"(non-"centric")的角度去整理全球史[①]。正如麦克尼尔(William McNeill)指出,学者似乎已就跨文明(或跨文化)现象这个概念达成了一定共识[②]。这些跨文明现象不但突显出世界不同区域间的联系(而这些联系是研究单一社会或文明的史学家很难察觉到的),其展现出的千丝万缕的联系最终亦会表明,以往分开检视的"区域性"(areal)历史,实际上是有着"体系化"(systemic)的关系[③]。

---

[*] 作者原注:感谢艾尔森(Thomas Allsen)、高登(Peter Golden)、罗沙比(Morris Rossabi)、卡法达(Cemal Kafadar)、葛瑞威(David Graff)及濮德培(Peter Perdue)诸教授,他们阅读了这篇文章的几个版本,并提出了宝贵建议。也感谢匿名评委的宝贵意见和批评。

[①] 见格林(William Green),《欧洲和世界历史的阶段划分》(Periodization in European and World History),载《世界史学报》,第 3 卷(1992 年),第 13—53 页;以及《为世界历史划分阶段》(Periodizing World History),载《历史与理论》(History and Theory),第 34 卷(1995年),第 99—111 页。

[②] 麦克尼尔(William McNeill),《形态变化中的世界历史》(The Changing Shape of World History),载《历史与理论》,第 34 卷(1995 年),第 14 页。

[③] 这研究途径尤其可见于有关世界体系(world system)的著作中。有关将内亚史纳入体系化世界史方面的尝试,可看看:阿布-卢格霍德(Janet Abu-Lughod),《在欧洲霸权之前:1250—1350 年间的世界体系》(Before European Hegemony:The World System A. D. 1250—1350),牛津大学出版社,1989 年;艾兹赫德(S. A. M. Adshead),《世界历史上的中亚》(Central Asia in World History),圣马丁(St. Martin's)出版社,1993 年;弗兰克(Andre Gunder Frank),《中亚的中央性》(The Centrality of Central Asia),VU 大学出版社,1992 年;霍尔(Thomas Hall)在《游牧族群在"核心/边缘"关系中的角色》(The Role of Nomads (接下页注)

最近《美国史学评论》(*American Historical Review*)"论坛"部分刊出了两篇文章。在首篇,宾利(Jerry Bentley)提出了以跨区域(transregional)及跨文化(cross-cultural)进程为重心的阶段划分方法。在第二篇,曼宁(Patrick Manning)则提醒我们,"文化"、"贸易"等词的定义事实上仍需多加斟酌①。曼宁的提点固然恰当,但宾利的论点——即世界历史阶段的划分应建基于对"跨社会及跨文化区域进程"(大规模移民、帝国军事扩张以及文化交流)的审视——确有其说服力②。麦克尼尔和宾利在划分历史阶段时都不约而同指出游牧民族在公元1000—1500年间(宾利称之为"跨区域游牧帝国时代")所占的中心地位③。但尽管世界史学界有此论调,游牧族群是如何取得其中心地位,到目前还没有足够分析④。本文的目的,是要通过对历史阶段的划分

(接上页注) in Core/Periphery Relations)一文中(收切斯顿[Christopher Chase-Dunn]、霍尔编,《资本主义时代前的核心/边缘关系》[*Core/Periphery Relations in Precapitalist Worlds*],西观[Westview]出版社,1991年,第212—239页)引用了沃勒斯坦式(Wallersteinian)"核心/边缘"理论架构;以及斯曼(Gary Seaman),《序论:世界体系和内部欧亚边缘的国家形成》(Introduction: World Systems and State Formation on the Inner Eurasian Periphery),收斯曼、马柯思(Daniel Marks)编,《来自草原的统治者:欧亚边缘的国家形成》(*Rulers from the Steppe: State Formation on the Eurasian Periphery*),民族志出版社(Ethnographic Press),1991年,第1—20页。

① 宾利(Jerry H. Bentley),《跨文化交流与世界历史的阶段划分》(Cross-Cultural Interaction and Periodization in World History),载《美国史学评论》(*American Historical Review*),第101卷(1996年),第749—770页;有关500—1500年间跨文化交流的进一步阐述,可参看宾利,《公元500—1500年间半球间的整合》(Hemispheric Integration, 500—1500 C. E.),载《世界史学报》,第9卷(1998年),第237—254页;曼宁(Patrick Manning),《世界历史上交流的问题》(The Problem of Interactions in World History),载《美国史学评论》,第101卷(1996年),第771—782页。

② 宾利,《跨文化交流与世界历史的阶段划分》,第750页。

③ 宾利,《跨文化交流与世界历史的阶段划分》,第766页;麦克尼尔,《西方的崛起:人类社群历史》(*The Rise of the West: A History of the Human Community*),芝加哥大学出版社,1963年,第484—562页。

④ 麦金德(Halford John Mackinder)在20世纪初首先采用了欧亚大陆为世界历史的"中枢"(pivot)这个概念,而麦高文(William Montgomery McGovern)在1939年则对中亚在世界历史上的角色(包括史前至近代的物质及文化特征、艺术、宗教以及政治发展各方面)作了一个有系统的总结。麦克尼尔也将草原帝国置于第二个千年的前半段的中心位置。见麦金德,《历史的地理中枢》(The Geographical Pivot of History),载《地理学报》(*Geographical Journal*),第23卷(1904年),第421—437页;麦高文,《序论:世界历史上的中亚》(Introduction: Central Asia in World History),收《中亚的早期帝国》(*The Early Empires of Central Asia*),北卡罗来纳大学出版社,1939年,第1—24页;麦克尼尔,《西方的崛起》,第484—562页。

去阐释内亚史上有关延续性、连贯性以及变迁的一系列问题,并借此将草原游牧族群创造的政体有效纳入一个全球性和具有包容性的历史视野之内①。

　　世界和"文明"史学家的典型做法,是将内亚现象概括为"自然灾祸"(natural atastrophes)或"环境因素"(environments)。前者一直为欧洲和其他"文明"地区史学家所喜用,其常见例子包括把匈奴王阿提拉(Attila the Hun)的入侵视为"上帝之刑责",或把《圣经》启示文学中描述的情境引用于蒙古人的战事中。这种把两者混为一谈的手法,正像布罗代尔(Fernand Braudel)把游牧族群的入侵比喻为圣经中的灾难的做法②。按照这种观点,草原游牧族群自其在历史舞台出现至17世纪中期,一直担任同一个角色——就是暴力、残酷和破坏的始作俑者。他们与世界历史的联系仅限于对文明世界(如中国、印度、伊斯兰教和基督教)的发展带来大大小小的破坏。这些史学家对内亚帝国的叙述往往流于"不可言喻的大灾难"或"大屠杀",以至这些帝国不再被视为历史的产物,而只是一种生态或自然事件。而这些事件并不属于人

---

　　① "内亚"是个一向难以界定的概念。要为这概念作一可行的定义是有重大困难,而这些困难亦是"内亚"长期未能成为一个清晰的历史概念的原因。由于内亚的历史大多是由内亚以外的人们写成,其表述亦因地区和语言的差异而显得支离破碎,而内亚的地域和文化界限至今亦仍受争议。我在这里所指的"内亚"是学者所谓"大中亚"(greater central Asia;即不限于前苏联共和国)、中欧亚(central Eurasia),或(过去所讲的)"高亚"(high Asia)地区。这包括黑海以北及以东、伊朗以北及喜马拉雅以及中国以西及以北(包括满州[Manchuria]在内的)地区。历史上,这些地区会随着其政治扩张或收缩而变大或缩小,而其政治扩张或收缩则又视乎其与东亚、印度、小亚细亚、俄罗斯以及安纳托利亚(Anatolia)地区内的定居人口国家的关系。在这些文明的边缘是一个历史上游牧经济和农耕经济交替的过渡地带(transitional zone)。正如拉铁摩尔(Owen Lattimore)在其巨著《中国的内亚边疆》(*Inner Asian Frontiers of China*;1940年原著,信明灯出版社[Beacon Press]1962年重印)中指出,"过渡地带"或"边疆"是了解内亚地区历史过程的一个重要概念。而这个过渡地带亦似乎往往在较具世界历史意义的文化及政治过程占有一个中心地位。

　　② 布罗代尔(Fernand Braudel)著,梅恩(Richard Mayne)译,《文明的历史》(*A History of Civilizations*),企鹅(Penguin)出版社,1994年,第164—168页。皮朗(Jacques Pirenne)在其有关世界历史的著作中,也认为游牧"文明"是固定不变的,和具有破坏性的,并且将蒙古和平(pax Mongolica)看作是建立在对文明国家的摧毁之上的政治秩序,尽管他也认识到一些游牧族群可能被文明所"触碰"。见皮朗,《世界历史的大趋势》(*Les grands courants de l'histoire universelle*),La Baconnière出版社,1946年,第2卷,第145—147页。

类历史的范畴,但却会影响、破坏以至拖累人类历史的自然进程。布罗代尔认为游牧族群入侵要为印度和中国相对于西方的落后负上至少一部分责任。"爆发"和"爆炸"等词汇往往被用来描述游牧族群在历史上角色,从而否定他们积极缔造历史的角色①。

第二种分析方法得到了世界史学家更广泛的支持。他们大致上较能察觉游牧族群政治与时俱变的特性,并明白欧亚大陆众多游牧族群的不同情况。正如麦克尼尔指出,尽管"马背民族的经济、政治、军事结构都未出现太大变化",但因着对其他文明的认识,不断增多的贸易联系及其他因素,令他们在历史中愈发认识到南部文明的富庶②。宾利认为在政治层面上也有相似的一个过程:"随着他们大规模地组织政治圈子,他们同时也建立了强大的邦国。"③然而,世界史学家感到有兴趣的只是游牧族群政治上的类同,而不是其差异之处。举个例子,类同的地方包括游牧族群总是无力把自身的文明传统外传,反被他们所征服的文明影响,乃至被同化。最重要的是,世界史学家总是强调游牧族群在促进远距离交流上的作用,因为他们的征服在客观上有利于贸易、宗教的传播,加强了地理的知识,也促进了技术交流。所谓草原帝国创造了有利交流的环境,帮助了商旅和贸易,为周边文明相互接触创造了条件。这就好比游牧族群促成了"化学反应",其本身却并非主要

---

① 有关将游牧族群的侵略看作是一种退步力量的研究,可参看琼斯(E. L. Jones),《增长重现:世界历史中的经济转变》(*Growth Recurring: Economic Change in World History*),1988 年原著,克拉伦顿(Clarendon)出版社 1993 年再版,第 108—115 页。亨廷顿(Samuel Huntington)强调俄罗斯在蒙古统治时期被从拜占廷和西方文明中割裂出去,见亨廷顿,《文明的冲突与世界秩序的重建》(*The Clash of Civilizations: Remaking of World Order*),试金石(Touchstone)出版社,1997 年版,第 139 页。自然的,持这种观点的学者们不太会认为游牧族群社会是任何"文明"的一部分,见麦尔考(Matthew Melko)、斯科特(Leighton R. Scott)编,《文明的时空边界》(*Boundaries of Civilizations in Space and Time*),美国大学出版社(University Press of America),1993 年,第 124 页。

② 麦克尼尔,《西方的崛起》,第 486—487 页。

③ 宾利,《旧世界的相遇:近代以前的跨文化交流》(*Old World Encounters: Cross-Cultural Contacts and Exchanges in Pre-Modern Times*),牛津大学出版社,1993 年,第 136 页。

成分①。在这种分析模式下,战争一过,游牧族群就成了消极的"多余物"而退居幕后,而威尼斯商人、阿拉伯海员、中国发明家或欧洲传教士则会走到幕前。

用这样宏观的角度去研究"联系",世界史学家不单要证明跨区域现象的存在,更要解释能产生这些现象的深层"潮流"。阶段划分是史学家用以识别关键性转捩点的必要分析工具。至于转捩点是否确实重要或者是否选择恰当,则固然要视乎学者以什么准则去衡量历史变迁。事实上,一个阶段划分方法是否适用,是取决于它是否能辨别出导致变迁(不论是社会、制度、生产或文化方面)的因素。

差不多所有学者都会认同,对商业、政治以及文化方面都有深远影响的蒙古征伐,是世界及内亚历史上一个分水岭。对俄国东方学家巴托尔德(W. Barthold)来说,蒙古人征服内亚是一个自然的转捩点,促成了穆斯林和波斯文化以及中国和蒙古文化最初的融合,最终造就了帖木儿帝国时代内亚文化的绽放②。把成吉思汗以前与成吉思汗时代划分开来是内亚史上一个被广泛接受的观念③。而蒙古人在中国史学家和世界史学家的争论中也占据相当重要位置。阿布-卢格霍德(Janet Abu-Lughod)认为蒙古帝国的征伐是 13 世纪世界系统中的一个重要元素,因为事件促进了物资和商人从欧洲流入中国④。艾兹赫德(S. A. M. Adshead)将蒙古帝国的征伐称为真正引发"世界历史"的一次"爆炸",甚至将其与"宇宙大爆炸"相提并论。蒙古帝国战事

---

① 这可能反映出汤因比(Arnold Toynbee)对草原高"传导性"的相信,相信它就像海一样,能使民族迁移以及语言、思想和物资的传播更快的发生。见汤因比,《历史研究》(*A Study of History*),牛津大学出版社,1945 年及以后,第 391—394 页。

② 巴托尔德(W. Barthold),《蒙古入侵前的突厥斯坦》(*Turkestan Down to the Mongol Invasion*),1928 年原著,鲁尔与布赖登(Lowe and Brydone)出版社 1977 年重印,第 494 页。

③ 参看罗沙比,《蒙古的遗绪》(The Legacy of the Mongols),收曼兹(Beatrice F. Manz)编,《历史视野下的中亚》(*Central Asia in Historical Perspective*),西观出版社,1994 年,第 27—44 页;高登,《成吉思汗时代以前欧亚大陆西部游牧族群的皇权意识与政治统合的根源》(Imperial Ideology and the Sources of Political Unity amongst the Pre-Cinggisid Nomads of Western Eurasia),载《中古欧亚大陆文献》(*Archivum Eurasiae Medii Aevi*),第 2 卷(1982 年),第 37—76 页。

④ 阿布-卢格霍德,《在欧洲霸权之前》,第 154 页。

过后的几个世纪,史学家往往把世界史上的内亚划分为"主动"和"被动"阶段,而两者的分界线通常划于 17 世纪中期①。

尽管蒙古人的崛起和扩张的确为一分界线,但这样的分界还不足以构成"阶段"。更重要的是,史学家必须先建立起蒙古人历史和其他内亚帝国历史的联系,因为只能先有一定的历史延续性或一贯性,所谓的"终结"或"断裂"才变得有分析价值。从全球史的角度来看,当一个中亚地区的历史发展缺乏连贯性(即有改变因素出现),史学家便会自然地用上上文提到的两类治史方法:"自然灾祸"和"环境因素"。

克里斯顿(David Christian)在最近的一篇文章中尝试将内亚或欧亚腹地定位为世界历史的一个单元,从而归纳了许多有关内亚的"中心地位"(借用弗兰克[Andre Gunder Frank]的说法)最创新的想法②。克里斯顿找到了欧亚腹地在历史、地理和生态等特征的连贯性,进而将欧亚腹地历史从最早的原始人类——4 万年前的猎人们开始,到苏联主导经济时期为止,分成了"五个适应阶段"。根据克里斯顿的分段方法,第三阶段正好是游牧民族国家崛起之时,第四个适应阶段则与俄国(被看作是内亚的一部分)的"农业独裁"时期兴起同期,最终使之成为了"欧亚腹地的主导政体"③。克里斯顿对内亚历史的评述在某些方面或许有其争论性,比如他对俄国角色的定位以及对这一地区的地理解说,但这些都不足以减轻其著述的整体分量。尤其是克里斯顿强调为欧亚腹地的历史阶段划分,使之融为世界历史的一部分,并藉以注视游牧族群国家的形成。他把这称作"欧亚腹地历史的深远变化",得到了一个结论:就是"游牧族群的生活方式,为从公元前 1000 年到公元 1500 年间的欧亚腹地历史定了调"④。克里斯顿所采取的宽

---

① 艾兹赫德,《世界历史上的中亚》,第 53 页。
② 克里斯顿(David Christian),《作为世界历史单元之一的内欧亚大陆》(Inner Eurasia as a Unit of World History),载《世界史学报》,第 5 卷(1994 年),第 173—211 页。
③ 同上,第 207 页。
④ 同上,第 196—197 页。

广角度(wide optics)自然地限制了他能注视某个特定时期的自由。结果,游牧族群国家的统治被视为长期进化过程中的一个单一阶段。即或如此,这个阶段终于成为一个特定的"世界历史单元",可供史学家去仔细分析。

要评价众多游牧族群国家的成就,除了考虑其持久性和版图,也要考虑其对欧亚腹地以外世界的影响力。要这样做,我们便需要更深入探讨欧亚腹地漫长而独特的成熟过程。内亚政治的构成不能就简单基于各中亚民族共同的"游牧"特点而混为一谈。但是只要我们能接受一个较笼统的"传统"概念,以及明白"传统"的定义会因着新的史料出现而被重新阐述,我们的确可以看出他们相似的连系和制度,并所显示出的独特传统①。譬如说,因为塞尔柱突厥人(Seljuk Turks)所受到的伊斯兰环境影响,他们和蒙古人在统治风格上显示出不同,但两者仍有大量相似之处,其原因可追溯到其内亚的根源。但重要的是应该认识到,尽管这些政治传统在内亚民族建立更大更强国家的过程中普遍存在,并非所有内亚民族都会受其影响。一些政治形态建立在现有传统的基础之上,而有一些则不然。我们不能仅凭生活方式和经济生产上的相似,就假设某种政治组织架构会自然的出现在那些他们并无历史根源的地方。这样做会掉进我们称为"地域错位"(anatopism)的陷阱里去。时空错位(anachronism)和地域错位(anatopism)的错误在内亚史研究中很容易发生。但要从世界史角度了解历史,其任务是解释跨区域、跨文化现象,就必须寻找大规模人类迁移的深层原因,找出草原帝国的社会经济基础和政治起源,以及他们与其他民族和国家交往的前提。这意味着要在中亚帝国形成和发展的进程中抓住真正的核心的变化,不是单单注意同一个主题在2500

---

① 我向伽达默尔(Hans-Georg Gadamer)借用了"传统的"(traditionary)一词。谈传统的材料,而不是传统,这允许我们将对传统的理解与一种特定的历史经验分离开来。传统的制度在内亚一直是一系列发散性的政治惯例,大大有别于那种能将一个宗族或部族区别出来的"代代相传"的习惯和礼仪。历史意识在这些制度的传承中扮演了重要角色。关于"传统",见伽达默尔著,温莎梅尔(Joel Weinshamer)、马绍尔(Donald G. Marshall)译,《真相与方法》(Truth and Method),连续体(Continuum)出版社,1997年,第358页及书中多处。

年内的改变,而是要注意那些会让内部保存、修正和传递历史经验的政治发展。

我们没必要再去重申,变化不一定代表进步;此外,把游牧型(nomadic-type)社会定型为一群抗拒改进的人的看法,尽管在讨论经济生产的层面上多少有点正确,但对我们认识这些社会在历史上如何组织政治结构有负面影响。内亚国家及帝国的政治层面和经济基础已超过普遍草原游牧和半游牧族群所能达到的地步。变化不仅发生了,而且我们将要看到,它的驱动力往往来自游牧族群的结构限制中。在这篇文章中我会尝试根据内亚洲的内在历史动力,勾划出内亚帝国历史的各个阶段。

"草原"帝国的形成

游牧族群之间国家的形成,学者一方面已有从内部发展的角度了解,而另一方面亦有将之视为游牧族群与外国接触的结果①。尽管学者在分析历史时常把内生(endogenous)和外生(exogenous)因素一并考虑,但其着重讨论的通常亦只会是两者之一。在内生因素中,占有很重要地位的是魅力超凡的"帝国创建者"所起的作用。他们在草原政治的纷乱中通过军事、外交手段谋求成功,创立政治军事权力集中的部族联盟,甚至是帝国②。而其失败则被归咎于权力的过渡个人化,

---

① 所谓"国家"(state)我们应该从人类学家提出的"早期国家"(early state)的角度去理解。克莱森(Henri J. M. Claessen)在其研究将早期国家分为三类:初期(inchoate)、典型(typical)和过渡中(transitional)。第一类的特征包括亲属及社群关系在政治上的主导地位、为数不多的全职专家(specialists)、模糊且不定期的课税以及统治与被统治者之间(有抵消社会对立作用的)互惠关系和直接联系。在"典型"国家,亲属关系所起的作用较弱,人与人之间的竞争和直接任命的安排与世袭的原则相抗衡,而非亲属官员和勋贵则在政府担当起领导作用。"过渡中"国家有一个由任命官员主导的行政机构、亲属关系仅仅影响到个别不甚重要的政府事务、而生产工具私有化、市场经济以及社会阶级公开对立所须要的条件亦开始出现。见克莱森,《早期国家的结构研究》(The Early State: A Structural Approach),收克莱森、斯卡尼克(Peter Skálník)编,《早期国家》(The Early State),莫顿(Mouton)出版社,1978年,第533—596页。

② 例如,见格鲁塞(René Grousset),《草原帝国》(The Empire of the Steppes: A History of Central Asia),罗格斯(Rutgers)大学出版社,1970年,第27页。

造成了整个架构随着缔造者的死亡而倾覆。

另一些"内生"理论研究"大人物"背后的社会结构。符拉基米尔佐夫(B. Ya. Vladimirtsov)将蒙古在成吉思汗时期的社会分层定性为"游牧封建主义"。按其理论,不同贵族群体之间的竞争必然导致一个联盟的产生,由最受欢迎的领袖所领导①。哈玛塔(J. Harmatta)也宣称游牧族群首领的产生和社会的转型有着密切关系②。克里德(Lawrence Krader)不同意符拉基米尔措夫关于"游牧封建主义"的定义,认为游牧族群社会演进为国家的原因在于其内部的社会动力,同时也认同与邻近定居人口的交往对这一演进起到了重要作用③。

另一边,有学者认为普世皇权概念从定居人口国家传到游牧族群,形成一个"外生"的国家起源。也有一些主张中国、波斯或俄国文官制度和官僚架构影响了游牧帝国的发展④。然而,若假设内亚政体如果没有外来的一些意识形态或有某种官僚模式就不成为国家,则是

---

① 符拉基米尔佐夫(B. Ya. Vladimirtsov),《蒙古社会制度》(*Le régime social des Mongols*),梅森内夫(Adrien-Maisonneuve)出版社,1948 年,第 105—110 页。

② 哈玛塔(J. Harmatta),《匈奴帝国的瓦解》(The Dissolution of the Hun Empire),载《考古学报》(*Acta Archaeologica*),第 2 卷(1952 年),第 277—304 页。

③ 关于这种批评,见克里德(Lawrence Krader),《汗—可汗和蒙古国王制度的起源》(Qan-Qagan and the Beginning of Mongol Kingship),载《中亚学报》(*Central Asiatic Journal*),第 1 卷(1955 年),第 28—30 页;以及《中世纪鞑靼政体的封建制度》(Feudalism and the Tartar Polity of the Middle Ages),载《社会与历史的比较研究》(*Comparative Studies in Society and History*),第 1 卷(1958 年)第 1 期,第 76—88 页。

④ 桑德尔(J. J. Saunders),《作为帝国建立者的游牧族群:阿拉伯和蒙古帝国的征伐的比较》(The Nomad as Empire-Builder: A Comparison of the Arab and Mongol Conquests),收赖斯(G. W. Rice)编,《穆斯林和蒙古人》(*Muslims and Mongols*),坎特伯雷大学(University of Canterbury),1977 年,第 36—66 页;傅海波(Herbert Franke),《从部族酋长到世界皇帝和上帝:元代的合法性》(From Tribal Chieftain to Universal Emperor and God: The Legitimation of the Yuan Dynasty),载《巴伐利亚学院科学与历史哲学集刊》(*Bayerische Akademie der Wissenschaften, philosophische-historische Klasse, Sitzungsberichte*),第 2 卷(1978 年),第 1—85 页;罗依果(Igor de Rachewiltz),《对成吉思汗帝国意识形态基础的一些评价》(Some Remarks on the Ideological Foundations of Chingis Khan's Empire),载《远东历史集刊》(*Papers on Far Eastern History*),第 7 卷(1973 年),第 21—36 页。

不正确的论点①。一些庞大的内亚政体,比如匈奴人、突厥人和回鹘人,显现出非常高的政治中央集权程度及能动员大批人力和物资的能力,这些都超越了"酋邦"(chiefdom)的定义,尽管在他们直接统治下的大都只是游牧或半游牧部族人口,其行政网络亦无法与中国相比。而且,内亚国家经常借鉴的文官政治制度并非来自中国或波斯那样的主导文明,而是来自更小的,甚至是边缘化政体②。大致上,当他们真的从邻近定居人口那里借鉴制度时,这个过程是选择性的,非常依赖自身已形成的"超部族"(supratribal)结构成分,而且通常导致"混合"制度的形成。在政治和经济层面方面,内部发展和外部动力及刺激都有互动的关系。因此,假设非游牧国家的行政制度是内亚国家产生的基本前提只是部分正确,并且具有潜在的误导性。

一些学者观察了游牧族群和其他外来力量的交流,并且提出了结

① 按照约翰逊(Allen Johnson)和艾丽(Timothy Earle)在《人类社会的演进:从掠夺群体到农耕国家》(*The Evolution of Human Societies:From Foraging Group to Agrarian State*;斯坦福大学出版社,1987年)第246页中的定义,游牧政体如果没有特定用作协调和控制的区域性军和官僚机构,就不能被定义为真正的国家。值得指出,基于游牧族群的高流动性和分散性,除非其管理的地域中有大批定居人口,他们是不会发展出行政网络(administrative networks)。因此,据此定义,绝大多数游牧政体都应被归为酋邦(chiefdoms)或复杂酋邦(complex chiefdoms)。另一方面,按照克莱森和斯卡尼克的分类,这些国家应被归为"典型"早期国家;见克莱森、斯卡尼克,《早期国家:理论和假说》(The Early State:Theories and Hypotheses),收《早期国家》,第23页;以及克莱森,《早期国家的结构研究》,第589—593页。显然前者所谓"酋邦"与后者所谓第二类"早期国家"是相一致。

② 例如,契丹的辽国(907—1125)从被征服的渤海国(行政传统异于中国)借用了其行政体制一些基本要素,比如建立多个首都。关于渤海国,见瑞凯尔(Johannes Reckel),《渤海:唐时期满族朝鲜王国的历史与文化》(*Bohai:Geschichte und Kultur eines mandschurisch-koreanischen König-reiches der Tang-Zeit*),哈拉索维茨(Harrassowitz)出版社,1995年。女真的金国(1115—1234)无疑接受了中国官僚体制的诸多特征,但也学习了契丹的游牧/定居混合模式。蒙古人采用了回鹘、契丹、女真和中亚管理者发展的政府模式,混合以中国和波斯在完成征服后的制度,元朝政府以臃肿的中央机构和官僚著称,与其取代的宋、金截然不同。见摩根(David Morgan),《蒙古人》(*The Mongols*),布莱克韦尔(Blackwell)出版社,1986年,第108—111页;法克哈(David M. Farquhar),《序论:从蒙古家族到元代》(Introduction:From Mongolian Clan to Yüan Empire),收《蒙古统治下的中国政府》(*The Government of China under Mongolian Rule:A Reference Guide*),斯坦纳(Franz Steiner)出版社,1990年,第1—11页。关于元朝历史的不同评价,见兰德彰(John D. Langlois),《序论》,收《蒙古统治下的中国政府》(*China Under Mongol Rule*),普林斯顿大学出版社,1981年,第12—21页。

合外因和内因、更有说服力的理论。第一个将游牧族群与农耕人口之间的交流视为影响游牧族群历史变化的一种系统性关系的是拉铁摩尔(Owen Lattimore)。他根据这种交流,提出了具洞察力且影响深远的游牧力量"周期循环"理论①。克里德的突厥/蒙古民族的国家形成理论,假定了两个相互依赖,也有交换网络存在的社会的存在—农耕社会和游牧社会。他将游牧族群中的阶级差异发展,解释为牧民把剩余物资与农业社会物资交换时出现的领导角色联系起来,造就了后来贵族阶层的形成②。贵族们最终主宰了这一交换系统并从普通人中敛取贡物。这个系统有些缺陷,比如制造了武装冲突和劫掠,但这些毕竟只是例外③。突厥/蒙古游牧族群中的国家便是一个分层社会的产物,这个社会中的两个主要阶级在生产方式上相互对立。克里德视"国家"的起源为一个演进机制,而蒙古人则身处最高点④。这论点的基础建立在对牧民社会内部社会发展的认识上,但是它的大前提——即游牧族群和定居人口,作为两大集团,建立了一个单一的、连贯的、跨越欧亚大陆的交易系统——却不能找到证据支持。原因是我们在游牧族群的经济体系以及在牧民与农民的关系中,都发现了多种不同

---

① 拉铁摩尔,《中国的内亚边疆》,第519—523页。

② 关于贸易的诸多问题,我们应该注意到,尽管有证据显示蒙古和其他游牧政体鼓励贸易,却很难说这些游牧族群本身是否有积极参与贸易者是否已自立成为一个专业组别。关于这个问题(尤其是有关蒙古)的研究,可参看艾尔森,《蒙古王公和他们的商人伙伴》(Mongolian Princes and Their Merchant Partners, 1200—1260);以及爱丁柯—韦斯特(Elizabeth Endicott-West),《元代中国的商人组织:斡脱》(Merchant Associations in Yüan China, the Orto),两者皆载《泰东》(Asia Major),第2卷(1989年)。

③ 有关游牧族群和农耕人口之间的战争是交换机制被破坏所导致的异常状态这一假设,重复了"或贸易或劫掠"的理论。按照这个理论,中国和游牧族群周期性的冲突要被归结于中国拒绝贸易或以贡品来补贴游牧经济,迫使游牧族群组织成劫掠群体,并利用其军事优势来填补贸易的经济功能。这个理论强调那些据说会导致和平与战争循环往复的因素,却并不解释游牧帝国的兴起,而将之简单概括成特例,见札奇斯钦(Sechin Jagchid)、西蒙斯(Van Jay Symons),《沿着长城的和平、战争与贸易》(Peace, War and Trade along the Great Wall),印第安纳大学出版社,1989年。

④ 克里德,《亚洲游牧族群的国家起源》(The Origin of the State among the Nomads of Asia),收克莱森、斯卡尼克编,《早期国家》,第93—107页。他重申了拉铁摩尔早期在《蒙古历史的地理因素》(The Geographical Factor in Mongol History;载《地理学报》,第91卷(1938年),第1—20页)一文中的立场。

的调适方式①。而且有些草原族群尽管存在阶级分化,却并未形成国家②。尽管克里德把游牧族群同其他社会的交流作为游牧族群国家形成的根本前提,但他将外生和内生因素看为因果关系这一角度,在分析内亚国家在历史中的形成极为有效。

另一条建立在游牧族群和农耕人口交往基础上的研究方向,将国家的发展理解成经济不平衡的后果。牧民经济建立在长期需要农产品的基础上,所以当他们一遇到贸易受阻的情况就会组织成劫掠党羽③。面对高度组织化、军事力量强大的农耕国家,游牧族群必须达到更高的整合程度,并且发展出能成功与农耕国家竞争的军事和政治架构。当遇到那些强大的、具备有效防卫能力的定居人口国家时,这种建立更大更强的军事组织的需要显得尤为重要④。

这个具有多个层面的理论,将游牧族群与定居人口国家的商业、外交和军事交往的史实考虑进来,从而不单避免了只有"贸易或劫掠"的僵化二元论,也规避了建立在阶级分层与部族冲突基础上的进步论。当然,这研究方向也有局限,因为它描绘的经济关系仍然设定在二元概念上,并不能精确的描述两大对立社会的交往方式。一些牧民也从事少量农业生产,另一些会与大型定居人口国家之外的农业社群

---

① 克里德的立场也受到了巴菲尔德(Thomas Barfield)的批评:《匈奴帝国联盟:组织和外交政策》(The Hsiung-nu Imperial Confederation:Organization and Foreign Policy),载《亚洲研究集刊》(Journal of Asian Studies),第 41 卷(1981 年),第 46 页。

② 关于这个问题,见高登,《中世纪欧亚大陆的钦察:中世纪草原适应的一个例证》(The Qipcaq of Medieval Eurasia:An Example of Medieval Adaptation in the Steppe),收斯曼、马柯思编,《来自草原的统治者》,第 132—157 页。

③ 有关游牧民族侵略定居社会原因的多种理论的概括,见萧启庆,《北亚游牧民族南侵各种原因的检讨》,载《食货月刊》,第 1 卷(1972 年),第 1—11 页。

④ 对这一重要理论最雄辩的贡献来自于卡萨诺夫(Anatoly Khazanov),《外部世界的游牧族群》(Nomads of the Outside World),剑桥大学出版社,1989 年;巴菲尔德,《危险的边疆:游牧帝国与中国》(The Perilous Frontier:Nomadic Empires and China),布莱克韦尔出版社,1989 年;以及高登,《成吉思汗时代以前欧亚大陆的游牧族群及其邻近定居人口》(Nomads and Their Sedentary Neighbors in Pre-Cinggisid Eurasia),载《中古欧亚大陆文献》,第 7 卷(1987—1991 年),第 41—81 页。

进行贸易或者索取贡品①。

将游牧定义为单纯的肉类生产经济,从而断言游牧经济存在长期农产品不足的理论,尤其不能够适用于这些并非单靠或并非主要依赖游牧生产方式、但同样有着相同政治传统的内亚民族所建立的国家。事实上,当我们观察这些帝国的国家建立方式、帝制意识形态、宗族系统和礼仪实践,在所谓游牧的蒙古和突厥,和半游牧的契丹、女真或满族之间,并不存在清晰的界限②。最后,关于游牧民族必须与强大的农耕国家有交流才会发展为国家,事实上也有历史的反证。第一个突厥帝国出现于16世纪中期,此时中国并无统一的强大国家。又如契丹国在唐灭亡后(907年)和宋建立前(960年)就已经建立。在女真(并非游牧族群)征服北部中国之前,与宋朝间并无明显的经济联系③。而金代中国在蒙古的崛起过程中也并未担任主要角色。匈奴帝国出现在公元前209年,当时中国已经处于内战边缘。匈奴繁荣发展的时间亦在汉代早期——此时中华帝国的政治基础还很薄弱④。

内亚帝国形成的主要因素

如果只集中注意经济过程而不考虑其历史环境,而又把政治过程

---

① 狄宇宙,《古代内亚游牧族群的经济基础及其与中国的关系》(The Economic Basis of the Ancient Inner Asian Nomads and Its Relationship to China),载《亚洲研究集刊》,第53卷(1994年),第1092—1126页。关于传统游牧社群的研究也显示并非所有被认为是"游牧"的民族都有相同的生产基础。关于喀尔喀、察哈尔和达斡尔蒙古社会的比较表明其经济可以是从完全动物狩猎到结合了农耕和游牧的任何形式;见韦里兰(Herbert Harold Vreeland),《蒙古社会和亲缘结构》(Mongol Community and Kinship Structure),人类关系资料档案库(Human Relations Area Files),1957年。

② 关于契丹、金、元之间文化及经济的差异(以及其与"华化"的关系),其中最具影响力的是姚从吾的研究;可参见《姚从吾先生全集》,第5卷:《辽金元论文(上)》,正中书局,1981年。

③ 斯波义信,《宋代对外贸易:范围和组织》(Sung Foreign Trade:Its Scope and Organization),收于沙比编,《分庭抗礼中的中国:中央王朝与其邻国》(China among Equals:The Middle Kingdom and Its Neighbors),加州大学出版社,1983年,第98页。

④ 有关匈奴,见第43页注④,以及山田信夫(Nobuo Yamada),《匈奴游牧国家的形成》(The Formation of the Hsiung-nu Nomadic State),载《匈牙利科学院东方学报》(Acta Orientalia Academiae Scientiarum Hungaricae),第36卷(1982年),第575—582页。

简单看成为"游牧族群"(nomads)与"农耕人口"(agriculturalists)两大集团之间的角力,我们是会忽略到国家形成的历史过程的复杂性。游牧族群国家的形成至少有三个不同政治活动空间:游牧族群之间,游牧族群和主要定居人口国家之间,以及游牧族群和次要独立定居人口政体之间。这些空间在不同的历史情况中有着变化多端的互动,令人难以快速及僵硬地引用一些理论去理解。

我建议既不把这些国家形成模式当成自然演化来研究,也不将其当作是对农耕社会国家发展的回应,而是对国家危机的社会反应。已故的傅礼初(Joseph Fletcher)提醒我们,游牧族群的经济管理不一定依靠一群超部族精英去进行①。实际上,高流动性和低密度使内亚游牧和半游牧族群形成典型的宗族群,当中又以个别家庭为最小的社会单位②。这种社会组织产生出合一的政治单位——就是进行生产、防御、移民和战争所需的家族和部族,并且由贵族所领导。贵族者包括那些因血统或个人能力得以提升地位的人士。但是一般认为,这些社会的经济是脆弱的,容易被气候或其他因素所破坏③。资源的匮乏引起了无休止的家族和部族争斗。贵族们领导大型狩猎和针对相邻社团的抢劫活动。以狩猎为主,并以有限的农耕为补充的游牧生产方式,令剩余物资少之又少,难以产生一些不直接参与劳动及生产的社会阶级。因此,在正常情况下,不参与直接生产的贵族数量始终很少④。

---

① 傅礼初(Joseph Fletcher),《奥斯曼帝国的蒙突君主传统》(Turco-Mongolian Monarchic Tradition in the Ottoman Empire),载《哈佛乌克兰研究》(Harvard Ukrainian Studies),第3—4卷(1979—1980年)上册,第237页。

② 克里德,《蒙突游牧族群的社会组织》(Social Organization of the Mongol-Turkic Pastoral Nomads),莫顿出版社,1963年,第316—372页;培根(Elisabeth Bacon),《斡字黑:欧亚大陆的社会结构研究》(Obok: A Study of Social Structure in Eurasia),温纳-格伦基金会(Wenner-Gren Foundation),第106—119页。

③ 有关这个问题,见卡萨诺大在《外部世界的游牧民族》中的精彩概述。第69—84页。

④ 根据1918年一项对蒙古旧式牧民的普查,只有401家中的6家被认为是贵族成员,其他压倒多数都是直接生产者。见韦里兰,《蒙古社会和亲缘结构》。

游牧经济的脆弱和贫穷引起了地方性小规模冲突和长期的社会不稳定。小规模袭击邻族,偷窃牲口、奴隶或女人是常有的事。报复接踵而来,有时会升级成为战争。在帝国出现前夕,通常会见到在核心地区不断升级的武力冲突。这种扩张的冲突一旦发生就会破坏社会的核心秩序,分裂家庭,导致穷困亲属被抛弃,甚至粉碎部族。同时,危机也释放出建立国家的新能量。部族秩序产生的深刻变化,令新秩序得以出现,亦令更大的政治聚合得以进行。因此,我将把"危机"这一概念作为分析的起点。

危机(Crisis):危机——指普遍的、有时是突发的经济、政治和社会环境恶化,并带有变化即将到来的意味——是一个可以合适的形容内亚国家形成过程起始阶段的一个关键概念。危机有很多类型:一个严酷的冬季,一场旱灾,或是一次瘟疫都能够使牲口的数量不足以维持人们的生存。过度放牧能使土壤不再肥沃,减低牧草的营养价值,进而迫使人们迁移去寻找更好的草原。

尽管这样,经济需求并不会自动导致政治统合。相反,在内亚国家出现前夕,部族和首领间更常出现的是社会解体,最贫穷的人们被弃绝,部族中较勇敢的聚集成半自治群体。大体上,悲惨的经济状况毁坏了社会关系,几近倾覆。部族联盟的解体加剧了社会流动程度。领袖能力比出身或血统更有价值,他们在这个时期更能够表现出领袖风范,进而成为新的政体形成的催化剂。《蒙古秘史》里记载了这种类型的一个危机,很多关键性事件都表明经济、社会和政治危机的状态①。铁木真家族的贫困,以及部族贵族的立场及地位的变换不定,还有勇猛善战的一众"强人"的出现,都显示出蒙古社会的深刻危机,也与后来成吉思汗制定的法律和秩序背道而驰,尽管我们并不确切知道这危机的性质②。

①　见柯立夫(F. W. Cleaves)译,《蒙古秘史》(The Secret History of the Mongols),哈佛大学出版社,1982年。

②　卡萨诺夫没有制造一个将危机当成是国家产生之"形态"因素的理论,而是发现在国家产生的前夜,"蒙古社会明显处在压力之下",见卡萨诺夫,《欧亚游牧民族中的早期国家》(The Early State among the Eurasian Nomads),收克莱森、斯卡尼克编,《国家研究》(The Study of the State),莫顿出版社,1981年,第160页。

其他原因也会造成危机,比如民族矛盾,或被奴役的部族与宗主部族间的矛盾都能导致持续摩擦,最终升格为全面战争。突厥反抗柔然君主的叛乱,或者女真对抗契丹就是这样一个例子。这两个例子都是下层或者朝贡民族对抗宗主"部族"并成为当地的新势力①。君主的恶劣政策可以导致朝贡部族精英进行所谓"合法"的抗争;这些危机可以使至少一部分贵族挑战现有的统治,并团结在一个有风范的领袖身边。

有关旧有精英丧失合法抗治权的例子可以在匈奴帝国的崛起中观察到。该危机是由秦王朝(公元前221—206年)侵略游牧族群领地而引起的,其强大的军队占据了那片土地。新的领袖冒顿(公元前209—174年在位)在聚拢到一批忠诚的追随者后便弑父上位。这个情节不单是个篡位的例子,也是个年轻战士挑战传统部族首领的例子②。危机直到匈奴部族重组才过去。有趣的是,当其他部族逐渐繁荣起来的时候,匈奴却要承受秦朝入侵的压力,但最终却是匈奴击败了所有敌人并且建立了"国家"③。我想说的是,如果危机够深重,有够多的人受到影响,就可能导致在传统权力中心以外产生另一股政治力量,与传统的部族贵族相对抗,其代表人物就是年轻的、贵族中的叛逆人物和他们忠诚的追随兵士。尽管不是所有危机都会导致国家形成,但在国家出现前往往能发现危机的存在。

军事化(Militarization):"危机"的一个关键方面是它造成的游牧

① 关于突厥兴起前夕活跃于草原之上的各种游牧群体,见科兹拉索夫(L. R. Kyzlasov),《北部游牧族群》,收李特文斯基(B. A. Litvinsky)等编,《中亚文明史》(History of the Civilizations of Central Asia),第3卷:《文明的十字路口:公元250至750年》(The Crossroads of Civilizations: A. D. 250 to 750),联合国教育科学文化组织(UNESCO),1996年,第320—324页。关于女真反抗契丹的起义,见傅海波,《金朝》(The Chin Dynasty),收傅海波、杜希德(Denis Twitchett)编,《剑桥中国史》(The Cambridge History of China),第6卷:《辽西夏金元史》(Alien Regimes and Border States [907—1368]),剑桥大学出版社,1994年,第219—220页。

② 关于冒顿的崛起,见司马迁著,华兹生(Burton Watson)译,《史记》(Records of the Grand Historian),哥伦比亚大学出版社1993年重印版,第2册,第134页。

③ 根据史料,"当是之时,东胡强而月氏盛。匈奴单于曰头曼,头曼不胜秦,北徙"。见《史记》,中华书局,1989年重印版,第9册,第2887页;华兹生译本,第2册,第134页。

族群社会的军事化。虽然"游牧"族群的成员从小就习惯使用武器,但他们并非总是处于战争状态。通常,武装冲突仅限于袭击敌人的营地或分封家族之间的战斗。但是在危机中,军事动员代表常备军出现和军事领袖的激增。每一个能打仗的男人都成为了战士,卷入对游牧族群敌人或是定居人口国家正规军的长期作战中。中央卫队的建立构成了军事化的另一个元素①。

据统计,在成吉思汗权力崛起时,能够进行军事服务的成年男性一共有不超过 5 至 10 万人,而 1206 年蒙古军队据推测有超过 10 万人,也就是说,只要推算大致准确,所有成年男性都被征入中央军事组织中②。御林军的建立构成了军事化的另一个元素。卫队通常非常庞大,目的是为了强化汗的个人力量。根据匈奴帝国(公元前 209—公元 60 年)建立的传说,最早的内亚卫队可以追溯至冒顿单于的忠实追随者③。回鹘可汗(khaghan)有超过 1 千人的私人卫兵④。契丹国的建立者阿保机(907—926 年在位)在 922 年创立了私人常备军,后来成为鄂鲁朵(ordo)军队的核心——一支由皇帝直接掌控,以保卫统治者本人为首要任务的精英部队⑤。在可萨(Khazar)人中,汗的角色已经

① 图干(Isenbike Togan)将克烈部(Kerait khanate)里面可汗的追随者(nökör,意为伙伴)和臣服民族定义为军事职责决定其与可汗关系的人群。他们提供了以家庭为单位的"卫兵"和"普通兵",与统治家族有着直接的关系。见图干,《草原编制的弹性和限制》(Flexibility and Limitations in Steppe Formations),贝里尔(Brill)出版社,1998 年,第 111 页。

② 阿列克斯(Valery P. Alekseev),《成吉思汗帝国生产力研究的一些方面》(Some Aspects of the Study of Productive Forces in the Empire of Chengiz Khan),收斯曼、马柯思编,《来自草原的统治者》,第 191 页;马丁(Desmond H. Martin),《成吉思汗的崛起及其对北部中国的征服》(The Rise of Chingis Khan and His Conquest of North China),霍普金斯[Johns Hopkins]大学出版社,1950 年,第 12—15 页;马丁,《蒙古军队》(The Mongol Army),载《皇家亚洲学会学报》(Journal of the Royal Asiatic Society),1943 年,第 46—85 页。

③ 劳费尔(Berthold Laufer),《中国的陶俑,第一部分:防备装甲史绪论》(Chinese Clay Figures, Part 1: Prolegomena on the History of Defensive Armor),菲尔德自然史博物馆(Field Museum of Natural History),1914 年,第 224—227 页。

④ 白桂思(Christopher Beckwith),《中亚军队》(The Central Asian Guard Corps),载《中古欧亚大陆文献》,第 4 卷(1984 年),第 35 页。

⑤ 魏复古(Karl A. Wittfogel)、冯家昇(Feng Chia-sheng),《中国辽代社会史》(History of Chinese Society: Liao [907—1115]),美国哲学会,1946 年,第 508—517 页。

渐渐失去了其政治角色,而获得了趋邪和仪式功能。实际的掌权者是以萨(Isa),拥有一支由 1 万骑兵组成的皇家军队①。最后,成吉思汗的个人卫队怯薛(kesik)于 1203—1204 年建立,开始只有 80 个值日兵和 70 个值夜兵。但当他在 1206 年被授予大汗尊号后,卫队人数就膨胀到 10000 人②。

一些理论家认为军事化是国家形成的决定性因素之一。③ 根据安德烈斯基(Stanislav Andreski)那建立在军事组织上的社会理论,国家形成前夕的内亚社会具有高"军事参与率"、低"归属率"和高"凝聚度"的特征。长期密集的战争能造成更高的"归属率",其结果是产生"广泛征兵"社会,特征是高"军事参与率"、高"归属率"与高"凝聚度"④。

这个定义适合在产生国家前的内亚游牧类型族群,但我们还需要把理论再推进一点。在"非危机"情况下,尽管多数男人都参与防御、狩猎和抢劫,从而导致高军事参与度,但冲突很有限。在"危机"阶段,军事行动成为大多数男性常规的职业活动。"魅力超凡"的可汗将战败的敌对部族成员纳入帐下,为其建立军阶等级,任命将领,提高了他们的归属程度⑤。随着归属程度的提高,军事的参与也发生了质素的

① 高登,《可萨研究》(*Khazar Studies*),学术出版社(Akadémiai Kiadó),1980 年,第 98 页。

② 萧启庆,《元代的军事建设》(*The Military Establishment of the Yuan Dynasty*),哈佛大学出版社,1978 年,第 33—38 页。

③ 卡内罗(R. L. Carneiro),《国家起源的一个理论》(*A Theory of the Origin of the State*),载《科学》(*Science*),第 169 卷(1970 年),第 733—738 页。

④ 安德烈斯基(Stanislav Andreski [Andrzejewski]),《军事组织与社会》(*Military Organization and Society*),绕梁与基保(Routledge and Kegan Paul)出版社,1968 年,第 150—151 页。

⑤ 部族是一个有潜在歧义的词汇,需要简单解释。尽管一些领域(比如非洲研究)的学者因为其文化含义或是多重模糊的用法而拒绝使用这个词汇,例如部族精英、部族联盟、或者就是部族这些词在欧亚游牧群的研究中还是普遍出现。现在还没有一项关于内亚帝国的政治用语的研究,但总体上部族有一意义:被以唯一一个民族名称称谓组织起来的大规模人群,且很可能以血缘纽带和亲缘关系联合在一起。但是人们大多相信,内亚"部族"首先是一个政治建制,在一个共有宗谱的想象中,将参与者统一在了一个共同的目标之下。见林德尔(Rudi Paul Lindner),《什么是一个游牧部族?》(What Was a Nomadic Tribe?),载《社会与历史的比较研究》,第 24 卷(1982 年),第 689—711 页;埃克西底(Hilda Ecsedy),《6 世纪突厥帝国的部族和部族社会》(Tribe and Tribal Society in the 6th Century Turk Empire),载《匈牙利东方学报》(*Acta Orientalia Hungarica*),第 25 卷(1972 年),第 245—262 页。

变化。新的军事贵族在新社会秩序中攀升到更高的地位并且拥有了特权,造成他们与社会其他群众的分化加剧,并带来更大的整体开销——尽管生产力很可能降低了。我们只能逻辑的推断,当有更大比例的人参与常规化军事行动,便会对生产产生了负面作用,增加了从外取得资源的压力①。

魅力型领袖和神圣的受封:在社会和经济危机中,军事贵族能够增加其社会的关切性和政治力量。在危机中会出现好几个领袖,为创造新秩序而奋斗,从而恢复和平;他们通常是争夺权力的贵族年轻成员。成功视乎领袖与其随从保卫队能否为部族争取利益。如果成功的话,这个领袖可以吸引来自其他部族的支持。在匈奴的例子里(而并非唯一的例子),那些有能力建立大联盟的领袖具有的品质包括个人野心、十足的军事能力、个人魅力,以及对前辈制定的传统规则的藐视。当贵族成员最终将胜利者扶持至权力之巅,他们也会正式放弃自己的权力,臣服于这个领袖。

"超部族"领袖的受封,将"天佑"或"天命"的权力授予可汗,因而是神圣的②。通过这种受封而推选出领袖的群体(例如蒙古的宗亲蒙会——忽里台[khuriltai])会把其权力转移到可汗个人,以至他成为被

---

① 用图干的话说,成吉思汗的政治集权是通过一个去部族化(detribalization)的过程来实现的,这也意味着,"生活大多依赖游牧生产的部族人口已多多少少转化为或者被转化为统一的征服军队。去部族化的一个目标实际上是建立一支可以被动员起来进行"大规模行动(征服)"的军队。见图干,《草原编制的弹性和限制》,第137—138页。尽管这不是图干的立论,我们必须假设这种社会转型和大规模军队动员,在缩减游牧经济进而对军队供给造成压力的意义上,势必影响经济平衡。战利品的再次分配本身并不能保证物资的照常流动来供养常备军队。

② 关于内亚的神圣皇权概念,参见第41页注③。也可参看鲁让保(Jean-Paul Roux),《西伯利亚与蒙古的古突厥碑文中有关神圣主权的起源》(L'origine céleste de la souveraineté dans les inscriptions paléo-turques de Mongolie et de Sibérie),收《神圣国王》(*The Sacral Kingship*),贝里尔出版社,1959年,第231—241页;森雅生,《突厥的主权概念》(The T'u-chüeh Concept of Sovereign),载《亚洲学报》(*Acta Asiatica*),第41卷(1981年),第47—75页;图然(Osman Turan),《中世纪突厥的世界主权理想》(The Ideal of World Dominion among the Medieval Türks),载《伊斯兰研究》(*Studia Islamica*),第4卷(1955年),第77—90页。关于中国和内亚皇权概念的比较,见柯娇燕(Pamela Crossley),《中国治权的多面性》(The Rulerships of China),载《美国史学评论》,第97卷(1992年),第1468—1483页。

神赋予"超凡魅力"的至高无上首领。尽管可汗的任命并不局限于某个时期或是危机的解决,在一些例子中,人们会采用一些措施,把超部族的特权力限制在某一段时间内。早期突厥人在受封仪式上以勒扼方式将可汗窒息至半清醒状态,然后询问他的统治期限。人们便假设可汗的"独裁"期限将是他"呓语"出的那个时间①。可萨人也有相似的一套程序,如果任期超过了一个固定期限(40 年),统治者将被杀死②。但是在多数情况下,这种限制并不存在,以至统治者的权力将持续一生。

神圣受封显示了有一种在特有历史情况中会被激起的"潜在意识"的存在③。"超部族"意识形态的实际政治和象征运作,并非在每次内亚帝国形成时都以全新面貌出现。一些研究显示,草原游牧族群建立的帝国会有意识地沿用以往早期帝国的制度、礼仪和其他政治合法性手段④。继续一个帝国意识形态来实现"权力过渡"(translatio imperii),是被一系列现实的选择所主宰的,在这些选择中,陈旧的主权概念混合着本土宗教、新制度以及临时从别处借来的用以加强中央权力的政治传统。这个新意识形态通过要求人们对君主和皇族无条件的归属,并将社会和政治关系从横向转至由上至下、从半平等转向至等级制度⑤。这个概念的激活强烈转化了草原社会的政治景象,改变

---

① 刘茂材(Liu Mau-tsai),《中文史料所见突厥历史》(*Die chinesischen Nachrichten zur Geschichte der Ost-Türken〔T'u-Küe〕*),哈拉索维茨出版社,1958 年,第 1 卷,第 8 页。

② 高登,《可萨研究》,第 1 卷,第 42 页和第 99 页。在第 99 页的引文中,可萨王的统治长度据说是固定的 40 年期限,如果超过,臣民将会杀死他。

③ 关于游牧族群社会的"潜在意识"这个概念,见塞尔兹曼(Philip Carl Salzman)编,《当游牧族群定居下来》(*When Nomads Settle*),普雷格(Praeger)出版社,1980 年,《序论》。

④ 关于内亚的权力过渡(*translatio imperii*)和政治合法性传递,见高登,《成吉思汗时代以前欧亚大陆西部游牧族群的帝业意识与政治统合的根源》;艾尔森,《东部草原的神灵地理和政治合法性》(*Spiritual Geography and Political Legitimacy in the Eastern Steppe*),收克莱森、奥森(Jarich G. Oosten)编,《早期国家的形成和意识形态》(*Ideology and the Formation of Early States*),贝里尔出版社,1996 年,第 116—135 页。

⑤ 关于部族社会中存在的联合的、几乎是社会主义的关系,和与内亚国家一起产生的等级的、个人主义的阶级关系之间的两极对立,见克里德,《亚洲游牧民族的国家起源》,第 100—101 页。

了社会和经济关系,并且深刻影响了军事和民政组织的标准。魅力型领袖的出现意味着宗族贵族被更强大、更正式、更独裁的权力形式所代替,共同决定权仅限于一小群人拥有。虽然部族贵族一般来讲并不会无条件的臣服,相反会有意识尝试保住其独立权力,用以制衡可汗的绝对权力。部族贵族所代表的地方利益与中央权力的冲突是内亚历史的一大主题。可汗走出的第一步棋,其实是创建军事与民政政府的中央架构。

我并不是想说内亚历史可以被看成在国家与非国家间像钟摆一样来回摆动。对我来讲,"潜在意识"是个有用概念,预见了国家形成的潜在可能——也就是当部族各方为了解决危机的共同利益而达成共识,让出自己的部分权力时。但是国家所采取的形态取决于当时的历史形式——尽管内亚历史上出现了一系列国家,但它们都不一样,而在任何循环和钟摆机制中,这些差异都将不可避免的被替代及遮蔽。

集权式政府架构:在可汗被受封后,新的政体制即将形成,包括常备军队、超部族司法机构和一个帝制下的文武官群体。可汗需要保证臣民的忠诚和远离战争的状态——这需要皇族的担保,但他首要的是巩固自己的权力。其手段先是将皇族中的亲信和忠诚的军队首领置于高位,接着是垄断财税收入并在部族贵族中重新分配。紧跟着国家类政体建立的军事扩张是国家形成过程本身的一部分,因为由它带来了对军事领袖的奖赏手段和一个建立在可汗与随从私人关系基础上的等级组织。国家的上层"执行"机构通常由王朝建立者的家族所主宰。起初促成了神圣受封的集体政治行动会逐渐被上层由皇亲国戚成员所主宰的政府机构所代替。后者的权威与其家族与皇室的远近直接相关——这个距离由政治过程决定,且随时会有变化。

一些从过去无首领系统中继承下来的特权福利,比如继承原则、索取贡品等,转移到了"超部族"、国家级的魅力型可汗身上。不过一旦王朝建立者掌权,通过巩固建国者家族的权力和声望,部族制度会有一定程度的加强。建国者死后,如果不通过推举,而通过继承来转移天赋皇权,就会被认为是篡夺了部族贵族的政治特权。贵族成员可以通过退出组织或是支持另外一个"魅力型"领袖(通常是皇室成员)来表达他们的反对意见。按照傅礼初的解释,继承战争作为一个选举继承人的系统是必不可少的①。继承战争的结果取决于领袖是否有能力保障稳定的财政来源用以奖赏贵族、维持他们的富裕和威望,从而换取其忠诚,以及维持庞大的中央军队。如果中央拥有足够的经济资源就可以成功应对"传统主义"的挑战。一个广为人知的"传统主义"挑战的例子是公元 1260 到 1266 年阿里不哥和忽必烈争夺蒙古统治权的斗争;忽必烈大大得益于掌握在他手中的丰富的中国资源②。

可汗至高权力的巩固,加强了人们要求那建立在血统基础上的继承方法,更迅速被建立在功绩和个人忠诚基础上的直接任命所代替。越来越多的武装人士被组织成由可汗或皇族直接控制的常备战斗单位。这样一来,国家的创建并没有导致军事贵族和军队的解散;相反的,它扩大了军队规模,又将业余军人变成了职业军人。而且,在皇族加强其权力的同时,其中高等级成员的仆从也会不断膨胀。统治精英成员们拥有以"俗丽"著称的宅邸和大量私人仆役、保镖;经常发生的继承斗争必定会促使潜在候选者掌握尽可能多的个人军队。相对于自身经济基础所能生产的资源,草原帝国政治中心的开支极为庞大③。刚刚诞生的内亚国家的第一声"啼哭",来自于极端的、无法满足的饥饿。

收入与地域扩张:按照部族风俗,传统贵族向普通人、依附或被其奴役的部族征收贡品,从而缓解游牧生产方式剩余物资有限的问题。但在"帝国"情况下,社会的军事化,贵族阶层和国家机构的膨胀,还有

---

① 傅礼初,《奥斯曼帝国的突厥—蒙古君主传统》,第 236—251 页。

② 罗沙比,《忽必烈和他的世界帝国》(*Khubilai Khan: His Life and Times*),加州大学出版社,1988 年,第 53—62 页。

③ 在拜见金帐汗国(Golden Horde)统治者拔都(Batu)的儿子沙达特(Sartaq)的朝廷时,鲁伯克威廉(William of Rubruck)注意到他的六个妻子每人都有一所大宅和 200 辆马车。见杰克逊(Peter Jackson)、摩根,《方济会鲁伯克威廉的传教活动》(*The Mission of Friar William of Rubruck*),哈克卢特学会(Hakluyt Society),1990 年,第 114 页。

大致静止甚至是退步的经济,都要求远远超过社会自身供给能力的资源。抢劫团伙在数量上膨胀到可以和正规军队媲美,他们不但袭击进行农业生产的边境地区,还针对更多的境外资源发动侵略。例如:匈奴从公元前 198 年起突然开始每年从中国强索丝绸、布匹、谷物和其他食物[1];木杆可汗(Muhan qayan)(553—572 年在位)统治下的突厥前汗国(552—630 年)从北周(557—581 年)朝廷掠取了 10 万匹丝绸[2];1213 年刚刚兴起的蒙古为了得到金子、丝绸和马匹,在中国北部袭击金朝[3]。这些例子中缴获资源的种类和数量反映出内亚社会生产和政治结构的深刻变化。通过垄断收入,这些可汗才有可能供养和奖赏国家机器、贵族精英以及军队。

因为新国家的版图轮廓总是相当模糊,至少在理论上,并没有将人民和地区以附属或纳贡形式纳入国家经济中的限制。纳入"国家"的第一种类型包括贡品。贡品可以被分成"内部"和"外部"两种。内部贡品由游牧部族、小封邑、城邦等承认可汗领导地位的附属政体献上,它们通常被迫向中央提供实物形式的岁贡和军事支持。突厥在柔然帝国中的地位就是一个例证,突厥人擅长冶金,可能向宗主提供铁器,而且在起义之前,他们进攻并打败了柔然的敌人铁勒(Tiele)[4]。类似的,女真也是契丹的一个属国,他们必须向其提供珍珠、猎鹰、貂皮等贵重物资[5]。这些部族保有独立于宗主政体的身份,并在国家布

---

[1]　华兹生译,《史记》,第 2 册,第 139 页。也见余英时(Yü Ying-shih),《汉代中国的贸易和扩张》(*Trade and Expansion in Han China*),加州大学出版社,1967 年,第 41 页。

[2]　卡纳塔(Patrizia Cannata),《突厥帝国早期历史概况》(*Profilo storico del primo impero turco [metà VI-metà VII secolo]*),印度与东亚研究所(Instituto di Studi dell' India e dell' Asia Orientale),1981 年第 49 页。关于突厥和中国的早期关系,见埃克西底,《6 世纪突厥帝国的部族和部族社会》,第 131—180 页。

[3]　艾尔森,《蒙古帝国的兴起和蒙古在北中国的统治》(The Rise of the Mongolian Empire and Mongolian Rule in North China),收傅海波、杜希德编,《剑桥中国史》,第 6 卷,第 351 页。

[4]　赛尼尔(Denis Sinor),《突厥帝国的建立和解体》(The Establishment and Dissolution of the Türk Empire),收赛尼尔编,《剑桥早期内亚史》(*The Cambridge History of Early Inner Asia*),剑桥大学出版社,1990 年,第 295—296 页。

[5]　傅海波,《金朝》,第 220 页。

局中占有一个低级地位。

外部贡品是从那些大的非游牧国家获得的,如拜占庭罗马、波斯或者中国。进贡关系由条约规定。即使非游牧国家是被迫纳贡的,条约中的用词还是声称双方拥有平等外交的地位。两种进贡情况都有其局限,因为它使政体过分依赖外部因素。考虑到政治过程的长期不稳定,继承的不确定性,以及君主权威与贵族自治倾向之间的紧张关系,一个经济生长完全依赖贡品收入、又不直接掌控它的国家,一旦出现贡品收入削减或终止,就注定要面对突如其来的危机。

第二种财政来源是贸易,而国家依靠与善于进行长途贸易的商人群体建立伙伴关系①。实际上在强大的内亚政体出现前就有了贸易,那时通过部族层面而进行的商业网络刚有雏形,以不同部族的"外交"方针去建立。面对中国时,外部族群通常为了得到贸易的实惠而接受臣属地位。但是在超部族层面,贸易的形式又不一样了。本地以物易物的交易并不能保证大量收入,只有参与跨洲性贸易才能够带来大得多的收益,亦可依赖内亚国家的军事后盾去加以控制。而且,当内亚国家可以操作专卖权,制造内亚产品——比如马匹——而供大于求,使得经济杠杆向自己这边倾斜时,传统的牧产品交易就变得尤其有利可图②。

但另一种可靠得多的收入是向臣民(尤其是定居人口)征税。由于实行双轨行政制度,辽国设计了一个不仅能保持其基本的北部游牧部族特征,又能直接向征服地区百姓征税的系统。有别于北魏(386—534年)的拓跋统治者,完全把内亚传统放弃,将国家完全转变成中国式政体,契丹的统治者为本质为内亚系统的政府加入了新的元素③。

---

① 关于突厥和粟特的贸易合作关系,见李特文斯基、张广达(Zhang Guang-da),《历史介绍》,收李特文斯基等编,《中亚文明史》,第3卷,第32页。

② 回鹘和唐朝的贸易就是如此。见马克林(Colin Mackerras),《中国—回鹘的外交和贸易联系》(Sino-Uighur Diplomatic and Trade Contacts [744—840]),载《中亚学报》,第13卷(1969年),第215—239页。

③ 关于北魏国家和社会,见艾伯华(Wolfram Eberhard),《中国北部的拓跋王国》(Das Toba-Reich Nord Chinas),贝里尔出版社,1949年。

金、元延续了契丹的做法,在当其领土扩张至农耕人口的地盘时,采取了多元的财政管理形式。

在后期的内亚国家中,寻求税收的过程与寻求强化中央权力的过程是平行进行的,但成功率因国而异。四个后征服时期的蒙古汗国间最大的区别是贡物收入、贸易收入和针对城乡社群的税收之间的整合程度。当文官组织出现,来自战败国家有能力的行政官员开始促成财政统一过程(比如中国和波斯的例子)时,财政政策会变得不是那么贪婪不定,统治者与被统治者之间会发展出合作关系,虽然不代表是愉快的关系。然而,蒙古帝国向百姓索取的远远超过他们所能提供的,因为其统治一直被经济重担所拖累——需要供养的包括庞大的王朝机制;民族、宗教和阶级特权者;以及几乎不从事生产的军事机器。满族和奥斯曼帝国是对税收依赖更大的例子,但他们较成功平衡了国家的管理付出以及对盈余的索取,以至征服者和被征服者之间建立起基本的稳定性。

内亚超部族政体与其邻居交往方式的不同经常导致不同类型的政策。游牧族群对城乡人口的统治方式被分类成以下几种模式:松散的,贡品关系的,固定税收的,将一些耕作群体纳入被征服社会的独立人群中,奴役农民和征敛农产品[1]。这里我们可以认出一些之前已经提到的元素,比如贡品和租税,但是它们可以被看成来自同一个重要主题——游牧族群因为持续的经济需要而进行侵略。以历史角度来看,内亚国家(并不全都是“游牧的”)的形成显现出一个渐进但是清晰的趋势——即想出更精密的手段来获取外部资源。当然,我们并不是想提出一种直线形、无间断的连续性发展,尤其是不同帝国会吸收不同的“文明”传统,但我们仍然可以透过一些零碎数据,观察到内亚国家统治在扩大收入基础方面做得越来越有成效。

---

[1] 卡萨诺夫,《欧亚游牧民族中的早期国家》,第163页。

内亚史的阶段划分

现在让我们回到历史阶段划分的问题上。本文的目的并不是要为内亚国家形成提供一个新的普遍理论,而是希望集中讨论那些在国家出现时常会见到的内生(危机、军事化等)和外生(外来额外资源的获取)因素。通过这个方法,我们也许能够识别出一个有意义的、可以用来划分内亚历史阶段(或更准确地说,内亚帝国的历史阶段)的原则。

就我所见,我们可从国家越来越有能力在本身生产基础以外获取收入这一现象找到这样一个原则。这个获取资源的能力不但与国家机构的形成同时进行,亦成为了后者生存、对外建交、权力向外扩张以及对不同民族、语言和经济群体统治的基础。因此我认为,一个国家获取外部资源的手段是用来初步划分内亚帝国历史阶段一个有意义的内部准则。在这个基础上,我们可以把内亚帝国的历史以其特征分为四个主要阶段:朝贡、贸易合作、双轨体制、及直接课税。

但我还须强调,国家资源获取的手段不应该被理解成一个严格的进化道路。这个过程更像是横向而非由上至下的,因为内亚统治者早期获取外部资源的努力,不一定能视为一个会被取替的早期"步骤"。相反,通过一个能被观察到但还不能被完全理解的过程,内亚政体显示出一种能够不放弃早期策略,又能继续扩展的能力。参与国际贸易的帝国并未放弃朝贡关系,而那些征服并向定居人口征税的国家亦会积极继续发展贸易,从中获益。更重要的是,某些政体所"得到"的是完全可以逆转的。内亚政体总是处于会解体并回到无国家状态,或是处于一个没有能力维持之前经济能力的危险中。例如,尽管东蒙古仍有恢复蒙古帝国的理想,但它在处理与明朝的关系时却采取了朝贡/贸易的经济策略[①]。像在 13 世纪成吉思汗的诸王国中所体现出来的

① 司律思(Henry Serruys),《关于中蒙和平的四份材料》(Four Documents Relating to the Sino-Mongol Peace of 1570—1571),载《华裔学志》(Monumenta Serica),第 19 卷(1910 年),第 1—66 页。

情况,那些在资源管理和征服与统治模式中的"获取的益处",在 15 和 16 世纪的蒙古人中却仍流于初阶段的状态。只有在上文提及的某些特定历史条件下,当一个内亚政体建立并成功扩张时,早期建国经历所代表的"传统"特质才能被应用,更进一步提高经济管理质素。当努尔哈赤和皇太极领导下的满族开始向中国人居住的地区扩张时,他们有意识地参考了 13 世纪的成吉思汗统治传统。换句话说,即使内亚民族的发展会出现逆转(即出现了更复杂的管理模式后又退回到纯粹依靠朝贡或者甚至是掠夺来获取外部物资),这些模式都含有一种独特的价值,是可以从一系列历史经验中理解的。这种能够在不断扩展和进步的管理问题中找出解决方案的价值,是理解世界历史中游牧帝国进步,和早期现代内亚王朝成功崛起(比如清代和奥斯曼帝国)的关键。这种价值应该成为划分内亚历史阶段的"核心价值"①。

无可避免,这样一个阶段划分是建立在宏观视角的基础上,并不能为所有类型的社会、政治和文化变化提供解释。这里提到的分段点仅仅指向内亚政体在寻找和获得越来越多可靠的外来资源的能力的变化,因为这是统治阶级趋向稳定的基础。这样的转变提供了一个序列和一个统一的架构,但并不能解释变化本身的基本性质——就像是那些仍有待攀登的梯级。然而,我希望这些转变能够成为进一步研究的基础。

朝贡型帝国(Tribute Empires;公元前 209—公元 551 年)

有历史记载的"草原"帝国在东方首先崛起。匈奴帝国的建国过

---

① 在他去世后才出版的一篇著名文章,傅礼初提出以"整合性横向大历史"(integrative horizontal macrohistory)作为研究早期现代(1500—1800)最合适的方法。由于这个模式尤其着意地域间和被视为独立(甚至孤立)事件间的历史联系,其对内亚在世界历史的地位亦予以完全肯定。这个模式尤其适用于研究促使全球更加整合的历史现象(如贸易、交通、科技、财务管理等)引申出来的后果的演进。值得指出,整合性大历史并不否定个别(作为独立历史及文会单位的)社会的长期发展(longue durée)动态的存在。因此,正如近年学者亦有指出,傅氏建议的模式恰当地留意到跨地域和跨文明过程的历史意义,但模式本身与强调以地域作为研究历史变迁的框架的方法之间并无一定冲突。见傅礼初,《整合史:早期现代(1500—1800 年间)的平行发展与相互联系》(Integrative History:Parallels and Interconnections in the Early Modern Period, 1500—1800),载《突厥研究集刊》(Journal of Turkish Studies),第 9 卷(1985 年),第 37—57 页。

程在中国的史料里有详细记载。外部资源的获取仅限于来自中国或者那些已被歼灭的民族(比如乌桓或塔里木盆地的城邦)的贡物①。只要能掠夺到额外的收入,单于(相当于中国的皇帝)的权威就能够维持。中国以停止纳贡并且开始一场漫长的战争——包括多次不太坚决的远征——的方式,终结了匈奴帝国。致命一击来自中国斩断匈奴"右翼"的成就——就是他们在西域赢得的战争,那里的绿洲定居人口小国已经向游牧族群纳了几十年的贡②。外部资源的完全丧失摧毁了领导者的权力并且拉开了政治分裂的序幕,从而锁定了匈奴帝国的命运。那时,将超部族精英团结在一起的联系已经断裂,匈奴分裂成南北两部(公元前60年),部族化过程开始了。公元前53年南匈奴臣服于中国,但仍继续可以和平交换贡品。尽管领导权变得越来越脆弱不堪,他们还是在军事和政治弱势的情况下将统一的超部族国家维持了一段时间③。

匈奴帝国之后,又有其他一些多少有些成功的内亚政体达到了或多或少的整合程度和"类似国家"的外表。他们中最重要的是乌桓、羌、鲜卑和柔然④。公元4世纪中国北部的王朝覆灭和政治力量的分裂使得一些游牧族群有机会产生通常是寿命短暂的君主和小国家。唯一时间较长的北魏并不能被当作内亚政治传统的一部分,因为其朝

---

① 余英时,《匈奴》(The Hsiung-nu),收赛尼尔编,《剑桥早期内亚史》,第125—128页。

② 何四维(A. F. P. Hulsewé),《关于汉代丝绸贸易的一些思考》(Quelques considérations sur le commerce de la soie au temps de la dynastie des Han),收《呈给戴密微的汉学论文集》(Mèlanges de sinologie offerts à Paul Demièville),汉学高级研究所(Institute des Hautes Études Chinoises),第2册,第117—135页。

③ 在匈奴分裂为南北两部后,南匈奴首领努力保住了超部族权力——尽管已经削弱了不少,也得益于他们的继承系统。见张磊夫(Rafe de Crespigny),《北部边疆:后汉帝国的政策和战略》(Northern Frontier: The Policies and Strategy of the Later Han Empire),澳洲国立大学,1984年,第190—191页,以及第510—511页注32。关于南匈奴,见余英时,《匈奴》,第138—144页。

④ 关丁关,见张磊夫,《北部边疆》;关丁鲜卑,见霍姆格伦(Jennifer Holmgren),《魏书〈序纪〉所见早期拓跋历史》(Annals of Tai: Early T'o-pa History according to the First Chapter of the Wei shu),澳洲国立大学,1982年;关于鲜卑和柔然,也见科斯拉索夫,《北部游牧民族》,第318—322页。

廷通过与中国地主绅士的结盟,追求一种与其他内亚同时代部族完全
不同,甚至是敌对的政体。

贸易朝贡型帝国(Trade-tribute Empires;551—907 年)

绝大多数收入依靠贡品的国家,自然地容易遇上内部叛乱和外部
侵略。第二个阶段,从突厥帝国建立(551 年)开始到契丹崛起的结束
(907 年),与前一个阶段的差别在于繁密进行的内亚"游牧型"贸易
(既有跨洲际的远距离贸易,也有国家控制的边境市场和朝贡贸易)。
这一时期最重要的政体是突厥(第一帝国,552—630 年;第二帝国,
682—745 年)、吐蕃(618—842 年)、回鹘(744—840 年)和西部的可萨
(约 630—965 年)[1]。这些国家的对外关系和领土扩张似乎显示了一
种强烈欲望去建立中央集权的架构,去控制与中国进行的贸易,以及
控制通往位于塔里木盆地的富饶商业城市的商路[2]。在西部,可萨人
得益于其跨越商路的优良地理位置,得以与商业社群建立了紧密联
系,成为了一个富庶的商业国家[3]。

尽管这些政体也依赖贡品,但贡物却不再是唯一的、也不是主要
的外来财政来源。中亚商人,尤其是粟特商人,与内亚政体之间的特
殊关系是理解这一现象的重要线索。几个世纪以来粟特一直是长距
离贸易最重要的参与者[4]。突厥统治者与粟特商人有共同利益,是突

---

[1] 关于吐蕃帝国,见白桂思,《中亚的吐蕃帝国》(*The Tibetan Empire in Central Asia*),
普林斯顿大学出版社,1987 年。高登在《南部俄罗斯草原上的民族》(The Peoples of the South
Russian Steppes;收赛尼尔编,《剑桥早期内亚史》),第 263—270 页,对可萨历史作了一个精
彩摘要。

[2] 白桂思,《中亚的吐蕃帝国》,第 179—180 页;张广达,《塔里木盆地的城邦》(The
City-states of the Tarim Basin),收李特文斯基等编,《中亚文明史》,第 3 卷,第 290—292 页;哈
玛塔、李特文斯基,《西突厥治下的吐火罗斯坦和犍陀罗》(Tokharistan and Gandhara under
Western Türk Rule [650—750]),收前揭书,第 367—383 页;穆顺勇(Mu Shun-yung 音译)、王
瑶(Wang Yao 音译),《唐帝国和吐蕃王国治下的西域》(The Western Regions [Hsi-yü] under
the T'ang Empire and the Kingdom of Tibet),收前揭书,第 349—365 页。

[3] 高登,《可萨研究》,第 1 卷,第 107—111 页。

[4] 有关粟特历史,见马夏克(B. I. Marschak)和奈玛托夫(N. N. Negmatov),《粟特》
(Sogdiana),收李特文斯等编,《中亚文明史》,第 3 卷,第 233—239 页。汉代时匈奴显然侵略
了粟特,参见榎一雄,《粟特和匈奴》(Sogdiana and the Hsiung-nu),载《中亚学报》,第 1 卷
(1955 年),第 61 页。

厥与拜占庭从公元 567 年开始建立关系的根源①。在努力控制跨洲贸易的同时,内亚政体也将边境贸易集权中央,当中包括中国愈益依赖的马匹贸易②。摩尼教徒在回鹘精英中达到的宗教影响也说明了回鹘与中亚商人的密切联系③。但是由于军事阶层不断地增加,这些国家始终是虚弱的政治产品④。魅力型领袖借以和之前匈奴统治者非常相似的方式掌握着国家的命脉,其权力只有在国家能够得到贡品和对商路控制时才能稳定⑤。但这两个任务都是艰难的,对中国多次的袭击抢劫显示了贡品与贸易收入从来都不能真正满足国家的需要⑥。

双轨行政型帝国(Dual-administration Empires;907—1259 年)

这个阶段的特点是帝国获得了管理定居人口地区的知识和技巧。在这过程中,帝国启用了全新的、糅合了游牧族群政治文化和直接控制定居人口资源方式的管理形式。贸易和朝贡仍然非常重要,但是越

---

① 关于拜占庭和突厥的关系,见杜霍夫(E. Dolbhofer),《拜占庭与东方异族的外交》(*Byzantinische Diplomaten und östliche Barbaren. Aus den Excerpta de legationibus des Konstantinos Porphi rogennetos ausgewählte Abschnitte des Priskos und Menander Protektor*),(奥地利)格拉茨,1955 年;汉纳斯坦(K. Hannestad),《5—6 世纪拜占庭与中亚和高加索的关系》(Les relations de Byzance avec la Transcaucasie et l'Asie Centrale aux 5e et 6e siècles),载《拜占庭研究》(*Byzantion*),第 25—27 卷(1955—1957 年),第 421—456 页。

② 穆赛(Larry Moses),《唐与内亚蛮族的朝贡关系》(T'ang Tribute Relations with the Inner Asian Barbarian),收佩里(John Curtis Perry)、史密斯(Bardwell L. Smith)编,《唐代社会论文集》(*Essays on T'ang Society*),贝里尔出版社,1976 年,第 61—89 页;马克林,《唐代史所见回鹘帝国》(The Uighur Empire according to the T'ang Dynastic Histories:A Study in Sino-Uighur Relations 744—840),澳洲国立大学,1972 年。

③ 关于摩尼教徒在中亚的扩张,见任纽(Gignoux)、李特文斯基,《宗教和宗教运动,第一部分》(Religions and Religious Movements—I),收李特文斯基等编,《中亚文明史》,第 3 卷,第 416—420 页;有关塔里木盆地的摩尼教徒,见唐杰罗(Van Tangerloo),《从维吾尔文对伊朗文的借用看中国土耳其斯坦的摩尼教社会结构》(La structure de la communauté manichéenne dans le Turkestan chinois à la lumière des emprunts moyen-iraniens en Ouigour),载《中亚学报》,第 26 卷(1982 年),第 262—287 页。

④ 有关突厥贵族的增长,见德朗普(Michael Drompp),《冗余权力:早期突厥精英的权力过剩和不稳定》(Supernumerary Sovereigns:Superfluity and Mutability in the Elite Power Structure of the Early Türks「Tujue]),收斯曼、马柯思编,《来自草原的统治者》,第 92—115 页。

⑤ 有关突厥皇权,见森雅生,《突厥的主权概念》,第 47—75 页。

⑥ 林敏夫(Hayashi Toshio),《游牧帝国的发展:以古代突厥为例》(The Development of a Nomadic Empire:The Case of the Ancient Turks「Tujue]),载《古代东方博物馆通报》(*Bulletin of the Ancient Orient Museum*),第 11 卷(1990 年),第 164—184 页。

来越多的收入是来自向定居人口直接征税。

这个阶段最重要的王朝是契丹的辽国(907—1125 年)和女真的金国(1115—1234 年),两者都做到了向农耕地区有限地域扩张。主要的政府型态是建立于分别管理定居人口和游牧族群的基础上,而管理原则及植根于他们本身的社会和经济原则。唐古特的西夏王朝(约982—1227 年)则大体上维持了前期政体的统治模式,且依赖经过唐古特的回鹘商人缴纳的贸易税,尽管有证据表明西夏人也发展出了双轨管理的模式①。

绝大多数"双轨"制概念是辽代发展出来的。辽成功地占领并保住了包括满族/朝鲜渤海国和北部中国"燕云十六州"在内的定居人口地区②。在迅速打败了辽国之后,女真南下扫荡,征服中国疆土的一大部分,远远大于之前契丹能做到的。在前辽宋边界以南的地方,金王朝大多数人口都是中国人,而在其北面,大部分则是契丹和女真的部族人口。征服者与被征服者的不同比率当然是辽金差异的一个原因。辽代朝廷与契丹部族的军事基础保持着紧密关系并且将其权力中心置于内亚;而金则更看重中国行政管理结构所提供的可能性,并将国家的经济和政治中心迁移到了定居人口地区。辽和金的收入都来自于游牧族群和定居人口,加上从宋朝廷得到的贡品和贸易收入③。对女真来讲,向农民直接征税至为重要,因为能为王朝带来真正稳定和可靠的财源。但这也令女真族倚赖了中国的制度,导致了所谓的"华化"(sinicization)。然而很多女真族人,包括皇家成员,并不愿意放弃

---

① 邓如萍(Ruth Dunnell),《西夏》(The Hsi Hsia),收傅海波、杜希德编,《剑桥中国史》,第 6 卷,第 180 页;弗兰兹(Mary Ferenczy),《中国史料所见之唐古特帝国的双重经济》(Dual Economy in the Tangut Empire on the Basis of the Chinese Sources),收麦克唐纳(Ariane McDonald)编,《西藏研究》(Études tibetaines),巴黎,1976 年,第 4—7 页。

② 陶晋生(Tao Jing-shen),《天之两子:宋辽关系史研究》(Two Sons of Heaven: Studies in Sung-Liao Relations),亚利桑那大学出版社,1988 年,第 10—24 页。

③ 有关宋代的外贸,见郝若贝(Robert M. Hartwell),《外贸、货币政策和中国的商业主义》(Foreign Trade, Monetary Policy, and Chinese Mercantilism),收衣川强编,《刘子健博士颂寿纪念宋史研究论集》,(京都)同朋社,第 453—488 页;斯波义信,《宋的对外贸易》(Sung Foreign Trade: Its Scope and Organization),收罗沙比编,《分庭抗礼中的中国》,第 94—102 页。

其内亚民族传统和文化。几位皇帝均采取措施去缓和文化转变对女真人口造成的影响,可以说是对自身民族和文化身份受到威胁的警觉性行动①。

早期的蒙古国家,从成吉思汗统治(1206—1227 年)到蒙哥汗统治期(1251—1259 年),应该被分成两个不同时段。在成吉思汗统治下蒙古国达到了前所未有的集权程度并开始了对中亚和中国北部一部分的征服。尽管如此,成吉思汗的统治高度延续了以往的贸易—朝贡管理模式。他要求西夏和金纳贡,并且在中国北部有限度征服的那些定居人口地区,因此蒙古政策仍然基本依靠掠夺。早期蒙古人对贸易的重视可见于它与中亚花剌子模王国冲突一事上,其起因就是与蒙古人保护的商队经过该国有关。

只有在窝阔台时期,为了有利征服和直接统治,蒙古人才将贸易—朝贡模式放弃。在这一点上蒙古人得到了他们收留的内亚和中国行政官员的帮助。这些人以前曾为金服务,或是来自中亚的城市和塔里木盆地的回鹘王国。在这些最著名的官员中,耶律楚材(1189—1243 年)和中亚的牙剌瓦赤(Muhud Yalavac)(？—1254 年)对蒙古采纳定居式税收系统起到了决定性作用②。王朝首都哈拉和林(Karako-rum)崛起于草原中央,仍然象征着蒙古人与其游牧起源的坚固联系。只有在下一个建立在直接税收基础上的建国阶段,蒙古在中国和波斯的政体才转变成完全和直接的利用定居人口地方资源,以及更进一步的将游牧族群和定居人口的两种统治方式结合起来。

---

① 陈学霖(Hok-lam Chan),《中国帝制时代的正统观》(*Legitimation in Imperial China*:*Discussions under the Jurchen-Jin Dynasty [1115—1234]*),华盛顿州大学出版社,1984 年,第68—72 页。

② 关于耶律楚材和牙剌瓦赤的传记,见罗伊果(Igor de Rachewiltz)编,《蒙古早期汗庭的著名人物》(*In the Service of the Khan*),哈拉索维茨出版社,1993 年,第136—171,122—127页。有关蒙古赋税的两种不同观点,见斯密斯(John Masson Smith),《蒙古和游牧赋税》(Mongol and Nomadic Taxation),载《哈佛亚洲学报》(*Harvard Journal of Asiatic Studies*),第30卷(1970 年),第46—85 页,舒曼(F. H. Schurmann),《13 世纪的蒙古纳贡实践》(Mongol Tributary Practices of the Thirteenth Century),载《哈佛亚洲学报》,第19 卷(1956 年),第304—389 页。

直接课税型帝国（Direct-taxation Empires；1260—1796 年）

这一阶段的游牧类型政体开始有能力将其统治扩展到很多不同的地区和民族。与前面几个阶段最关键性的分别在于，这些国家不再倚赖从定居人口大国得到的贡物，哪怕只是部分倚赖。相反，他们寻求直接向被征服地区得到资源。

忽必烈完成了对中国的征服，是蒙古人能够综合运用包括内亚、中亚、中国北部（辽和金）以及中国政治传统的政治资源的最好例证。然而，他们建立的雄伟架构存在着基本缺陷。这是由于制度造成的种族分裂，使民族之间并不和谐。而且，中央行政主要由为皇帝及其随从服务的机构所组成，首都政府深受其不断加剧的奢侈浪费之害，且与地方疏于联系。最后，蒙古的管治态度依然反复粗糙，表明有很多内亚时代政体的特征留存下来。比如继承原则还是按照种族、血统归属来决定特权的习惯，以及中央政府部门与商人组织的伙伴关系等。但是无论蒙古政府的某些职能有多原始及粗糙，能完成对中国和波斯的征服，以及用直接向定居人口收税的系统代替贡物和贸易收入，都标志着蒙古的统治处于先前内亚政体之上。但税收并没有完全取代贸易，而贸易仍然是蒙古统治者在中国和波斯的根本追求之一。蒙古在国际商业和金融网络上的收入实际上促成了其与商人伙伴关系的发展，也引致蒙古政府在白银流通上扮演了活跃角色[1]。

帖木儿的兴起及其惊人的征服有赖于他的大规模军队，而支持这些军队的财政与经济来源则来自两大方面：农业和畜牧。农业地区的税收系统为军事扩张提供了能源。但在军事战役胜利后，并不是所有被征服地区都会被纳入版图。帖木儿的著名政策是扩大可征税的农

---

[1] 　有关商人伙伴关系，见艾尔森，《蒙古王公和他们的商人伙伴》，第 83—126 页；爱丁柯—韦斯特，《元代的商人组织》，第 127—154 页。关于伊利汗国及其对国际商业的参与，见马丁内兹（A. P. Martinez），《伊利汗国的地区货币输出和银两流动》（Regional Mint Outputs and the Dynamics of Bullion Flows through the Il-khanate），载《突厥研究集刊》，第 8 卷（1984 年），第 121—173 页；以及《忽鲁谟斯和印地的财富》（The Wealth of Ormus and of Ind：the Levant Trade in Bullion，Intragovernmental Arbitrage，and Currency Manipulations in the Il-Xanate），载《中古欧亚大陆文献》，第 9 卷（1995—1997 年），第 123—252 页。

业人口,用以控制农业地区并发展经济,但同时并不把草原地区纳入,因为那里没有多大经济贡献,却有机会消耗大量生产力①。

有一个例子可以证明为什么我们将奥斯曼帝国也归入这个阶段中。尽管以圣战来解释奥斯曼征服的所谓加奇神圣(*ghazi*)理论受到了激烈的批评,最近的研究质疑了单方面的处理方法和二元对立理论②。抛开奥斯曼帝国的宗教特征不提,早期奥斯曼事实上显示出与东部内亚帝国相类似的特征,例如国家的军事、游牧和"部族化"核心的国家特质,以及国家"离心力"(部族和地方性)与"向心力"(国家和普世性)之间的紧张关系等③。到了15世纪,中期奥斯曼国家已经将建立在抢劫和贸易基础上的经济,转型成为依靠对土地资源的获得和管理上。奥斯曼行政管理的成功——从而结束了混乱和不安全的局面——可能也是依赖其熟识并且乐意采用的拜占庭和伊利汗国(Il-khan)的"定居式"管理政策④。实际上,在征服了君士坦丁堡(1453年)之后,奥斯曼帝国很难再被认为是一个内亚或中亚政体。

在东部,14和15世纪间有个断层,就是北方没有出现横跨两世纪的游牧帝国⑤。这个断层之后,类似"现代性"的元素在清王朝

① 曼兹,《帖木儿和一个征服者遗产问题》(Temür and the problem of a conqueror's legacy),载《皇家亚洲学会学报》,第9卷(1998年),第21—41页。

② 关于加奇理论(*ghazi* theory),见韦德克(Paul Wittek),《奥斯曼帝国的兴起》(*The Rise of the Ottoman Empire*),皇家亚洲学会,1938年。林德尔(Rudi Lindner)从内亚政治的角度理解奥斯曼帝国的兴起,将任何关于原初穆斯林影响的概念斥为后来者的杜撰,见他的《中世纪安纳托利亚的游牧族群和奥斯曼》(*Nomads and Ottomans in Medieval Anatolia*),印第安纳大学内亚研究中心(Research Institute for Inner Asian Studies),1983年,第105—112页。另一方面,卡法达的《两个世界之间:奥斯曼国的构建》(*Between Two Worlds: The Construction of the Ottoman State*;加州大学出版社,1995年)有力的证明了存在于内亚历史现实和回溯性意识形态中的伊斯兰化之间的简单二元对立,是经不住精确而广泛的史料分析的。

③ 与部族贵族中更保守成员的斗争主题,存在于奥斯曼以箭射杀其叔父敦达尔(Dündar)的故事中。有关通过财政集权来完成社会的军事动员,可参见穆拉德一世(Murad I)创立禁卫军的例子,这是一支以"边疆战士们"抢劫战利品为经济基础建立起来的,由王室直接控制的中央军队。见卡法达《两个世界之间》,第105页、第112页。

④ 托干(Zeki Velidî Togan),转引自卡法达《两个世界之间》,第45页。

⑤ 这要归咎于多个因素,比如明代一直成功保持了蒙古部族的分裂状态,或者后成吉思汗蒙古人的帝国合法性原则的改变。再次重申,国家并非游牧民族存在的必要状态,去解释为什么国家没有在某些特定时间产生,差不多是一种同意反复。

（1636—1911年）更清晰地出现。我们得以知道，是因为拥有大量关于其前征服时期（1616—1644年）国家和社会的知识①。清朝在达到征服者与臣服者政治和社会上的整合方面远远高于其他内亚政体。满族也保留了内亚传统的特征，比如统治家族的首要地位，继承原则和建立在血缘基础上的公共地位特权，以及对民族、宗教和语言的保持。满族作为一个高度军事化社会，有能力以少数民族来统治历史上最大的帝国之一，这要感谢他们对被征服社会情况的密切留意，整体上非掠夺性的管理态度，减少浪费的中央政府，以及一个高度发达的中央和地方交流机制。他们成功的关键在于限制贵族膨胀，以及通过将贵族置在八旗的军事和官僚制度中，去平衡他们的离心倾向。朝贡关系仍然是其处理外交关系的一个方式，但与维持国家机器无关②。在乾隆统治时期（1736—1795年），清朝势力扩张达高峰，还打垮了准噶尔——内亚帝国传统的潜在继承者。

清代在处理征服时期产生的军事化社会和扩张了的统治精英，以及从中国攫取的资源，几乎达到了完美的平衡。除此以外，它在征服者的统治特权与被征服者的行政架构，以及在社会整合与文化保存之间，也同样做得恰到好处。到18世纪开始，清王朝和人民的内亚特征就已经开始退化，仅仅成了一个象征。由于内亚内部和外部都发生了激烈的变化，到了19世纪内亚的帝国传统终于消失殆尽。蒙古人大规模皈依佛教给内亚的社会和政治进程造成了深刻变化。同时，内亚贸易的规模缩减了，大部分草原地区被中国和俄国直接管辖，使内亚民族缺乏启动自治政治行动的空间。此外，在火器枪炮的威胁下，他们永久丧失了其优越的军事地位，使他们只能为生存而挣扎。

---

① 关于早期满族历史史料集，见斯达理（Giovanni Stary），《清代早期史料》（*Materialen zur Vorgeschichte der Qing-Dynastie*），哈拉索维茨出版社，1996年。

② 参见费正清（John K. Fairbank）、邓嗣禹（S. Y. Teng），《清代朝贡制的研究》（*On the Ch'ing Tributary System*），载《哈佛亚洲学报》，第6卷（1941年），第135—246页。有关最近对朝贡制度的重新评价和理解，见何伟亚（James L. Hevia），《怀柔远人：马嘎尔尼使华的中英礼仪冲突》（*Cherishing Men from Afar：Qing Guest Ritual and the Macartney Embassy of 1793*），杜克大学出版社，1995年，第9—15页。

总　结

在这篇文章，我尝试将国家在内亚的出现与危机、军事化、集权化以及外部资源的集取这些概念联系起来。所谓"危机"，是指各种各样环境或历史因素导致，而其长度及深度又足以动摇社会秩序和引发广泛冲突的生产破坏。随着社会上军事比例的提高，以及各为其主的军人的职业化，受大众接受为最高领导的"魅力型领袖"亦相继出现。我在上文（据塞尔兹曼［Philip Carl Salzman］）指出的"潜在（帝国）意识"的出现，并不是一种机械式的反应，而只不过是众多可能性的一种。事实上，群体解散、向较强大的部族投降、迁移到邻近定居人口地区、以臣服来换取救济以至定居下来种种可能性都可见诸历史记载。一个魅力超凡的领袖会通过一个"神圣的"受封而获得正在出现的国家的"政体"（body politic）的认可，而其受封亦给与他凌驾各部族的至高（但非绝对）权力。至此，一个新的、层级性的、纵向的和中央集权型的政治架构亦将出现，而旧的部族贵族亦被重新组织成为一个金字塔型的军事架构。国家形成前原本被一少撮部族贵族占有的微薄盈余，已不能再用来满足可汗的私人集团及家族、其朝廷成员、一个扩大了的贵族阶级以及已成为常备的军队。这时，新的统治阶级为了维持其在国家里的特权和主宰地位，就不得不去寻找外部物资来源。

历史上，游牧型国家很早便需要搜寻更有效和更完善的方法为新的统治阶级提供所需资源。然而，更复杂的政治结构的出现，并不应被视为一个"进化"（evolutionary）过程的结果，而是随着治术日积月累，政治选择亦随之出现和增加所带出的效果。一直以来，内亚政体会随历史环境变迁而在一个可能范围内（在一端是分立的部族，而在另一端则是统一的国家）作出调适。但随着新政治方案的出现和外来政治制度的成功引进，这些新形成的国家的"素质"不但不尽相同，亦会随历史变迁而改变。可以这样说，鉴于突厥和蒙古的统治经验，清朝和奥斯曼皇帝政治"箭袋"中的箭，是要较其草原先辈（如匈奴或塞尔柱)所有的来得更多。尽管内亚政治光谱(political spectrum)的逐渐宽展是一个呈曲线形、时断时续、并时会倒退的历史过程,其趋势无疑是朝向对外部资源更深入和更牢固的掌控。因此,逐渐(但并非以同一步伐)加强控制和管理收入,似乎正是内亚各国历史发展过程中一个重要特征和主要动力。基于这个观察,我在本文提出以四个外部资源获取的特征(即朝贡、贸易、双轨体制、和农业课税)作为历史阶段划分的基础。对最早期的国家(第一阶段)来说,朝贡是一个主要、有效、但脆弱的收入来源。来自纳贡国或别有主见的部族首领的压力,不难令统治者失去掌控国家的能力。继承权的争夺、内部叛乱、与纳贡国的战争、贡物输入的停止以及无可避免的天灾横祸,都可轻易将这些"朝贡型"政体粉碎。

国家能以一种中央集权方法(不管是通过垄断还是课税)去控制商业活动(第二阶段),是内亚历史上一个大跃进。从突厥、回鹘和可萨的例子中,我们可以见到皇帝与商人集团之间"结构性的"结盟;这种伙伴关系也有利于西亚及中亚民族、物资以及宗教的扩张。

第三个阶段的特征是内亚政体向定居人口地区扩张以及实施向农民直接课税(作为贡物和贸易以外的收入)。这一时期的内亚政体开始征服并统治定居人口,而新的行政管理方式(不管是源自定居人口的传统还是根据游牧族群传统修定)亦随之出现。

最后,在第四个阶段,大规模的征服显示了内亚政体能广泛运用管理定居人口所需的政治及行政工具的成熟能力:向生产者直接征纳的体制会毫无保留地被采用,而朝贡和贸易所得的收入则变得无关痛痒。

当我们考虑到相继出现的游牧或半游牧政体,能与定居人口社会以不同方式交流的时候,单从"自然灾祸"(eruptions)或者"环境因素"(environments)的角度去观察"草原帝国"就显得特别有局限。这里提出的阶段划分,旨在鼓励史学家撇开内亚帝国对被征服社会的"影响"的框架,而从其内部政治及经济动力的角度去探讨内亚帝国在世界历史的角色。为什么这些帝国当中有些对贸易特别有兴趣?为什么有些定要进行持续的地域征服？为什么有些内亚族群会较容易被"同化"，而为什么同化（assimilation）或文化互渗（acculturation）会呈现出这么多不同形式？所有这些问题最终都与内亚政体冲破自身生产和社会基础的愿望和能力有关；通过这些努力一些独有的和复杂的政府模式亦得以产生。

（唐子明　校）

中世性与中国人的历史观

卜正民（Timothy Brook） 著

戴联斌 译

　　本文旨在检讨"中世性"（medievality）这一概念与中国可能存在的关系。这个课题，在西方中国史研究里并不经常提到。公元前2世纪至公元20世纪初这段历史时期，西方中国史学者习惯把它称为"帝制"（imperial）时代。文学史家宇文所安（Stephen Owen）曾指出，由于8世纪末9世纪初中唐时期的文体发生了显著变化，盛唐及以前可以称为"中国的中世纪"（Chinese Middle Ages），但他并没有解释这个概念，也没有论证①。

　　20世纪的中国史学，也没有想到过问这个问题，因为其最重要的使命，是将（大致同时期的）中国纳入已被马克思学说定性的"封建时代"②。虽然朱维铮曾将封建时代称为中世纪，但他"走出中世纪"的说法，只是批评中国未能成功现代化（modernization），而不是一种历史阶段划分的理论③。朱氏对此词的使用正好证明，做历史

---

①　宇文所安（Stephen Owen），《中国"中世纪"的终结：中唐文学论集》（*The End of the Chinese "Middle Ages"：Essays in Mid-Tang Literary Culture*），斯坦福大学出版社，1996年。

②　中国的社会理论家和历史学家，将"封建时代"一词的含义进行改造，以适应约公元前5世纪到鸦片战争这一历史时期。有关探讨，可参见卜正民（Timothy Brook），《资本主义与中国国内的近代史书写》（Capitalism and the Writing of Modern History in China），收卜正民、布鲁（Gregory Blue）编，《中国与历史资本主义：汉学知识的系谱学》（*China and Historical Capitalism：Genealogies of Sinological Knowledge*），剑桥大学出版社，1999年。（译者注：有古伟瀛等译中文版繁体字本由巨流图书公司[台北]印行[2004年]，简体字本由新星出版社[北京]出版[2005年]。）

③　朱维铮，《走出中世纪》，上海人民出版社，1987年。

研究,从比较的角度着手还是最好的。但当中国国内外的历史学家力求摆脱民族史学或民族主义史学的局限,并提出一种更包容、以世界为基础的研究方法,去探讨历史上社会形态的变化模式时,他们就不得不面对两个层面的——即比较史层面的("在欧洲中世纪时,世界上不同地区,有什么地方相似,有什么地方不同?"),和世界体系层面的("在欧洲中世纪时,世界上不同地区,如何与其他地区互动,如何影响其他地区,又如何受其他地区影响至本身的构成?")问题。

中世纪和中国历史的相关性,是个很难描述的问题。中世纪这个表述以欧洲史为基础,指的是公元 1000 年前后这一段时期(19 世纪30 年代以来,民族史学[national historiographies]广泛地采用这一方式来指称"封建时代"),如果我们不再赋予这一表述涵括世界史的优势,而只是保留欧洲人的用法以指称欧洲人自己的历史时期,那么,这相关性的问题就消失了。然而,使用"中世纪"这一特定的术语来涵括欧洲中世纪时整个人类文明,看来只会把这个问题化成论断,贴上标签就替代了寻求正确的认识。一个无所不包的史学,要求更加敏锐地考虑到非欧洲地区的历史经验与将历史作一概括这一过程之间的相关性。这个问题,换一种方式表述,或许更有兴味,即问一问,是否可能以广泛认识世界经济和世界政治为基础,划定一个具有全球意义的中世纪,然后审视中国在其中的位置。一直不断发展的世界史领域,就是在朝这个目标努力,但这项工作还在进行当中。在这个时候,我想借本文试着做一个小小的比较,从欧洲历史观的角度,来考察一下中国的历史观,而这欧洲的历史观,指的是在中世纪结束后,提出了中世性这一概念的历史观。

在开始比较前,思考一下我们说到"中世纪"时是什么意思,或许有些益处。中世性是一个强调中间性(in-betweenness)的概念。它指的是一段历史时期,涉及与这一段时期相关联的一系列制度和实践,而这些制度和实践,又与我们现时认定的起源和我们自认为所处分隔开来。中世性总是标识着一种缺失，因为中世纪在现实中不可能存在，而它亦不能享有古典时代的根本地位。欧洲人，还有其他服膺于欧洲史学的文化的历史学家，把这个时代置于古今之间，并因此构建了一些因果关系。由于中世纪不处于现在，它隐约代表着发展的迟滞，在这个阶段，理性（reason）和现代性（modernity）作为目标即便不是固步自封或倒退，至少是停滞不前。代替历史的寻常进展的，是迥异于近代世界的研究和思想模式。这些模式，人们认为对中世纪以后的近代世界之确立并没有什么直接的贡献（但是，当然也不断有当代的历史学家反对这一论断，他们不断改写中世纪社会史和思想史中几乎所有的领域）。中世纪的世界，已经被安置于一个既在时间上、也在历史意义上与现代分隔开来的位置。

说中世纪世界存在过，当然是史学著作体现的观点，而不是历史知识。事实上，近代史学为寻求自己的意义，端的有赖于一个中世纪的存在，不管是在概念上，还是从史学的角度来看，都是如此。在概念上，近代史学创造了中世纪世界，以为确认近代世界的陪衬，以为欧洲人为了成就现代性不得不超越的一个社会阶段。借助中世纪这个概念，欧洲史学赋予近代史以目的，这就是褒扬这一个超越。从史学的角度来看，史学研究回顾历史向文艺复兴时期的嬗变，认为这一嬗变标志着近代历史观的出现，已经有意识地弃绝在中世纪史学中占主导地位的研究方法和历史阐释。中世纪世界向近代世界的更迭，被当成了一个重要的历史时刻，在这个时刻，欧洲人开始以一种严格和连贯的方法论思考过去。因此，这中世纪是一个不可能存在的"中"世纪，而是以一种特定方式思考历史的产物。

有没有一种中国的中世纪概念呢？想回答这个问题，最简单的方式或许是究问一下，在20世纪受欧洲影响广泛重整史学领域之前，中国人在他们的历史传记（即基于已知的共通性，将历史事件与不同的历史时期联系起来）中是不是使用过一种"中"世的概念。问题虽简单，还是值得我们思考。中国人是否利用过"中"世这一概念去划分历史阶段？如果这样做过,这又可能意味着什么？

至少自公元前 1 千年的周代起,中国人就一直把历史整理成各具意义的阶段。与欧洲人围绕资本主义经验构建的历史阶段划分相比,中国人的历史阶段划分是有其独特之处,即在中国人看来,历史并不向前发展以至实现过去只是可能的东西。和其他地方一样①,中国在近代以前是习惯将历史看成是逐步衰落的,总以为今不如昔,而不是将历史视为一个前进的过程,从混沌未开的古代走向辉煌灿烂的未来。这种世道衰微观,是中国文化中终始循环观念衍生的,但循环往复的观念并不是用来恢复古代的荣光。

中国书史者,往往将时代分为两个范畴:古与今。这种区分通常是出于一个论述目的,即今实不足与古之至智至善作对比②。在多数情况下,“古”并没有被视为需要识别的历史时代。有时,如王充之类,他们会援引个别事例,比如关于古代圣王的记忆之类(比照万物有序的“三皇之世”与“末世”)③。对喜欢驳斥的儒家学者来说,善恶之间似乎没有值得立足的地方,因此一直以二元视之。

另有一种传统更古老,也更顽固,认为从远古到今世,是一个循序渐进的过程,两者不是截然断裂开来的。附于《周易》之后的《系辞下》,可能作于公元前 5 世纪,但是尊崇一些更古老的思想,将“古”分成“上古”(即神话传说中的三皇五帝之世)和“后世”。而“后世”又分为包括“中古”(即公元前 12 世纪文武、周公之世)和“下古”。《礼记·礼运》孔颖达疏:“若易历三古,则伏犠为上古,文王为中古,孔子

---

① 希腊关于历史的观念,与古代中国的观念多有相似之处。有关论述,可参见范·格罗宁根(Van Groningen),《古史勾沉:希腊思想史论文集》(*In the Grip of the Past: Essay on an Aspect of Greek Thought*),布里尔(Brill)出版社,1953 年。

② 例如,章诗同注,《荀子简注》,上海人民出版社,1974 年,第 131—132 页。

③ 王充,《论衡》,上海人民出版社,1974 年,第 281—282 页。王充倒没有坚定地赞同今不如昔的观点,他认为,汉可与任何圣王之世相提并论(第 292—294 页)。“末世”一词后来为佛教所采用,指一个“劫波”的最后 1 万年,此时佛法不彰。在这个语境下,“末世”更多的是负面的意思。

为下古。"则此"下古"指从文武、周公到《易》成篇之时的 600 年①。这种阶段划分，唤起了后来一些人的想像，比如公元前 3 世纪的法家人物韩非。韩非以"近古之世"称"下古"，认为它应该回溯，将公元前 2 千年前的夏和商涵括在内，而"中古"则为禹之世，"上古"为文明之初的极远之世。这样的历史编排，其背后的目的是为了论证世道衰微。"上古竞于道德，中古遂于智谋，当今争于气力"（"遂于智谋"也不错，但不如"竞于道德"好）②。

公元前 2 世纪，董仲舒崇尚天道，将人事与阴阳五行联系起来，而把长期的历史变迁的这种三分结构，置入一个循环而非直线型的过程。根据董仲舒的这种模式，夏、商、周三代，每一代都是一个更大的历史变迁三阶段循环*中的一段。董仲舒自己所处的汉代，则开始新一轮的循环。他不建议明君效仿前朝的政策，因为其天命已经被取代；而是建议将前一个循环中的相对应的朝代作为自己的榜样，于汉来讲，这榜样便是夏。在赵翼（1727—1814）看来，这种天人感应的模式，"盖犹是三代以来记载之古法，非孔子所创也"③。

董仲舒重新设定这样一个三阶段模式，并不意味着更为传统的三分模式被弃置不用了，直线型的历史时期仍然被划分成万世景仰的上古，世弊渐生的中古，以及怨恚丛起的当今。后来的人继续参考《易经》中的模式，调整各时期的起迄以及划分方法，以适应古与今之间不断加大的时间差距。刘知幾（661—721）是唐代杰出的史学家，他把"上古"的时间范围下延，将西周也涵括了进去，其他两个历史阶段在

---

① 《周易注疏》（四部备要本）《系辞下》，中华书局，1920 年，卷 8，第 3a—5a、13a 页；《礼记注疏》（四部备要本）《礼运》，上海古籍出版社，1920 年，卷 21，第 6a 页。《系辞下》还认为上古之前也有一个阶段，径直称作"古"。

② 陈奇猷，《韩非子集释》，上海人民出版社，1974 年，第 1040—1042 页。

* 译者注：即"三统"。

③ 赵翼，《廿二史札记》（1799 年），卷 2，第 12a 页。关于董仲舒的历史观，可参看冯友兰（Fung Yu-lan）著，鲍德（Derk Bodde）译，《中国哲学史简编》（A History of Chinese Philosophy），普林斯顿大学出版社，1953 年，下册，第 55—84 页；冯氏指出："天人感应的观念使得历史成了一个'神圣的戏剧'。尽管历史上其实没有这回事情，但我们必须至少承认它构成了一个系统的历史哲学。"（第 71 页）

时间跨度上也有延长。他视东周为"古",汉(公元前207年—公元220年)为"中古"。汉与"今"(即唐)之间的500年,他称之为"近古"①。刘之后的史家都追随他的说法,认为中央集权是中国历史上的重要转折点,大多断定这一转折发生在公元前221年,这一年秦建立第一个统一王朝,以郡县制代替封建制。到17世纪以后,有的思想家——譬如黄宗羲(1610—1695)和顾炎武(1612—1682)——进一步加深了这一区分的意义,认为应当在某些方面恢复封建制,以限制君王的权威。顾氏将公元前221年以前的封建时期视为"古",设郡县的时期为"后世",完全没有提到中世②。

20世纪早期,夏曾佑(1863—1924)在写他的"近代"中国史时,就采用了刘知幾上古、中古和近古的阶段划分。"上古"从夏、商传说中的早期(他是最早把关于早期中国史的传统描述当成神话而不是历史记载的学者之一)下延到公元前221年秦统一中国、"中古"则一直下延到10世纪的唐末、而"近古"则起于宋而迄于1911年清亡③。与刘知幾原来模式的逻辑不同,夏曾佑所划分的历史时期并不是一个系统性衰落的阶段(尽管他也认为满洲人和蒙古人给中国近古带来的影响是负面的),而是同一水平位置上的不同部分。夏氏编排的历史,首次提出了将中央集权后的第一个千年当作为中世的看法。这是一个开端,后来在日本汉学界流行了起来,但这种看法并没有为中国的历史学界所接受,因为到这个时候,欧洲对历史阶段的划分影响日增,诱导中国的知识分子以其他的方式来呈现中国历史,这些方式,意在与他们认定的跨历史逻辑相协调,而欧洲史则明确地证明了这一逻辑。夏曾佑的历史阶段划分模式与刘知幾模式的相同之处,在中国学术界并

---

① 浦立本(E. G. Pulleybank),《中国的历史批评:刘知幾与司马光》(Chinese Historical Criticism: Liu Chih-chi and Ssu-ma Kuang),收毕斯(W. G. Beasley)、浦立本编,《中日史家》(*Historians of China and Japan*),牛津大学出版社,1971年,第148页。

② 顾炎武,《日知录集释》,上海古籍出版社,1985年,卷3,第73页。关于这一争论的政治意义,闵斗基(Min Tu-ki)讨论过。参见其《国家政体与地方权力》(*National Polity and Local Power*),哈佛大学东亚研究委员会,1989年,第92—99页。

③ 尹达编,《中国史学发展史》,中州古籍出版社,1987年,第435—436页。

没有被认可,最终仅仅被看作为一次史学标签的练习。没有出现过什么中世纪的说法,也没有人提出过中世纪的中国与中世纪的欧洲趋同的观点①。

　　寻章摘句地找中世,不一定能带来新的历史认识。充其量也就是发现一些让人五迷三道的巧合,此外无他。我想试着采用一种不同的方式来看待中世性这一概念,不把它看作一个时间范畴,而看作为一个有特定倾向的历史想象的产物。欧洲史学中的中世纪得以产生,有赖于某种批判的或曰"客观的"历史观的发展,这种历史观,使得古今之别——中世纪与近代之别——成为可能,此前是没有作这种区别的。根据巴特菲尔德(Herbert Butterfield)的说法,为了凸显中世纪是一个"不同"的时代,必需培养一种本事以"辨别其他时代与我们自己的时代有多大区别"②。那么,中国又是怎样的呢? 20 世纪以前的中国人有没有提出过一种历史观,借以对古与今做一个质量的区分,其方式或程度一如中世纪时代结束后欧洲人"发现"欧洲曾经处于"中世纪"?

　　推行这个探讨,我得重提伯克(Peter Burke)40 年前的一项研究。他的这项研究,讨论的是出现于文艺复兴时期的欧洲南部、他称之为"关于过去的观念"的东西。伯克认为,衡量关于过去的观念,有一种方法是检测历史学考虑三种要素的程度,这三种要素是:是否意识到年代误置,是否有意识地使用历史证据(他将其重要性等同于科学方

---

① 另外,汉代的袁康提出了一个另类(但从我们的角度看却似乎有先见之明)的早期历史划分方法。袁康基于制造兵器的材料,将历史分为四个"时"。神农之时,"以石为兵",以断树木;黄帝之时,"以玉为兵",以伐树木;禹之时,"以铜为兵",决江导河。最后为袁自己所处的时代(汉代),他称之为"铁兵之时",认为铁兵促成了秦统一中国。见袁康,《越绝书》,卷 11《越绝外传记宝剑》,上海古籍出版社,1985 年,第 81 页。到 17 世纪,欧洲人将早期的人类史分成旧石器时代、新石器时代、青铜时代和白玉时代,袁康提出的阶段划分,可谓这种欧洲方法的滥觞,但他的模式没有引起后世学者的注意,他们一般偏好《易经》中提出的将古代逐一划分的观念。参见卫聚贤,《中国考古学史》,上海商务印书馆,1937 年,第 57 页。

② 巴特菲尔德(Herbert Butterfield),《辉格党人对历史的阐释》(*The Whig Interpretation of History*),企鹅(Penguin)出版社,1965 年,第 36 页。

法在欧洲的发展），以及是否关注因果关系。我想加上第四个要素，即是否意识到空间变化。伯克认为，史书中出现这三种要素，有赖于"意识到过去与现在是有质量的差异的"①。采用同样的指标，要是它们缺失的话，说明人们认定现在是过去的延续，过去可以重构，不需要中间环节，也不需要承认时空和风俗的差别。在伯克看来，正是有了这样的意识，中世纪史家才得以编写历史；也正因了这种意识，他们关于过去的观念才逊于文艺复兴时期的历史学家。相反地，文艺复兴时期的史学充溢着一种批判的精神，其寻求的历史解释，乃是基于比个人动机更有力的东西、比上帝的意志和命运之手更具体的东西；它倚赖对证据和其中的逻辑条分缕析，进而提出历史解释。循着这样的路子进行研究，需要有一个区分古今的过程，有效地将过去进行分解，再予以还原，使之成为不同于此时此地的东西。尽管这不是伯克的论点，文艺复兴时期关于过去的观念确确实实将中世纪描述成了一个固有的历史阶段，可感可及，以供审鉴。

伯克又转向中国史学，认为这是最有比较潜力的例子，由此可发现一个与文艺复兴时期的历史观并驾齐驱的历史认识和历史研究方法。但他发现这样的东西在中国并不存在。在检验了中国史学的巨大成就之后，伯克得出结论，声称中国人"缺乏关于过去的观念，因为他们只信仰传统"②。抱守传统使得中国人认同过去，而不是把过去和现在区分开来，因此也就使得他们囿于儒家现实的观念框架，不敢越雷池一步。伯克还发现，官方修史具有官僚体制的背景，这样的背景限制了选材的范围，也堵塞了其他的历史阐释模式，只容许审视"治之迹"，而这正是儒家传统中的史学要做的事情③。仔细地看一看中国的历史记载，就会发现这一论断应该作些修正。

如果回顾一下帝制以前以及帝制早期的中国史学，伯克称之为中

---

① 伯克（Peter Burke），《文艺复兴时期的历史观》（*The Renaissance Sense of the Past*），爱德华阿诺（Edward Arnold）出版社，1969 年，第 1 页。
② 同上，第 146 页。
③ 赵翼，《廿二史札记》（1799 年），李保泰序。

世纪史学缺点的东西，在这里实际上也可以发现。当时编写历史的动机，是臧否人物，好人坏人都有，而不是追根溯源。年代误置是很常见的：举个例子，《左传》约成书于公元前4世纪，其中记载舜殛鲧于羽山，因为鲧没有保护好他的宗庙①。说这里有年代误置，是因为《左传》作者依赖宗庙之制来解释鲧之被殛，而宗庙之制在公元前3千年并没有出现。当时还有其他的人，比如韩非，就认为"古今异俗，新故异备"②。然而，总体来讲，古今有别（而不是古胜于今）的观念并不被广泛接受。帝制时代之初，儒家作为主流渐露端倪，根据这一家的学说，古之世犹如今之世。董仲舒的三统循环模式，说的是三个朝代一个轮回，是将古与今紧密相联的一个模式，汉儒觉得这个模式很有说服力。即便是司马迁（公元前145—186年）这样的大家，撰写《史记》以通古今之变，其中提出因果和终而复始的观念，也是受到王朝更迭的循环模式的影响。司马迁受循环往复式的宏观历史阐释模式的影响，就秦的灭亡作了一个不大不小的概括，这时候他诉诸的是道德判断，引贾谊《过秦论》说：秦之亡，"何也？仁义不施而攻守之势异也。"③这一历史事件，被理解为是在证实某些文化真理，而不是具体历史条件的产物。关于地域性的差异，以及如何解释这种差异，往往向相同的行为求解。因此，班固（32—92）作《汉书》以续《史记》，他在解释汉与匈奴的差异时，尽最大努力给出的观点，也就是断言原因在于"其天性也"④。差异被认定是不需要解释的，同是常态，异则不是。

帝制早期的史家也有让人印象深刻之处，这便是他们对历史证据的使用。班固和司马迁两人在这方面都很杰出。近人考证出司马迁《史记》中引书有名可考者即达82种，尚不计更多较短篇幅的，如文、

① 理雅各（James Legge）译，《中国经典》（The Chinese Classics），第5卷：《春秋左氏传》（The Ch'un Ch'ew with the Tso Chuan），第491页。艾兰（Sarah Allan）指出了这里的年代误置，参见其《世袭与禅让》（The Heir and the Sage: Dynastic Legend in Early China），中文资料服务中心（Chinese Materials Center），1981年，第65页。
② 陈奇猷，《韩非子集释》，第1051页。
③ 司马迁，《史记》，中华书局，1973年，第1965页。
④ 班固，《汉书》，中华书局，1975年，第3743页。

书、奏疏等①。司马迁使用这些材料，有所扬弃，在大多数篇章之末的短评中，他常常解释为什么他不敢苟同其他材料提出的不同阐释。另外，对于什么证据可以采信，他的意识也很开阔，愿意采纳野老传闻和历史遗迹来厘清事实。为作《淮阴侯列传》以记韩信，司马迁曾访韩信故里，搜其轶闻，甚至去看了看韩母的坟墓，当地人告诉他，韩母之墓本为"行营高敞地"，这就暴露了韩信的野心②。相比之下，班固有令人失望之处，这就是他往往在一篇之末的"赞"里，讲些应该吸取的道德教训，而不是考察他据以编成其历史叙述的材料；即便如此，他以汉代内府所藏图籍为基础编就的艺文志，是东汉时能找到的书面史料的重要汇集。

意识到材料需要考订，如果可能的话，还要和其他材料作比勘，这一点在帝制时代就已早早地确立，并且对官修史书的准确性贡献甚夥。继司马迁、班固之后，历朝历代都编修史书。公元488年，沈约（441—513）曾说，他在编修《宋书》时，曾比照了七种舆地书，还有一些"地理杂书"，以确定历史上的精确边界，推详当时郡县的名号及地位。他还说，他考校了两种不同的史书，"参伍异同，用相征验"，以了解汉以后的历史变迁，因为当时没有纂修一代之史③。他的这番讨论，不仅表明了当时考证的水平，也说明当时的读者期望作者报告一下他是以这种方式处理史料的。

公元621年，也就是唐开国后第四年，有官员奏请高祖，趁事迹尚未湮没，宜为唐一统天下之前割据诸朝纂修"正史"。高祖下诏说，受命纂修的官员，应当"裁成义类，惩恶劝善，多识前古，贻鉴将来"④。八年后，唐太宗设立史局，纂修这些朝代史；又十年，皇帝任命一个由20多名史家组成的委员会，负责纂修其中的第一部《晋书》。从此以后，每个朝代都会有一部正史，其体例即仿司马迁、班固和沈约，但都

---

① 金德建，《司马迁所见书考》，上海人民出版社，1963年，第3—21页。
② 司马迁，《史记》，第2629—2630页。
③ 沈约，《宋书》，中华书局，1974年，第1028页。
④ 刘昫，《旧唐书》，中华书局，1975年，第2597页。

是由一个班子编修的,国家提供资助。这一演变,保证能连续为迄今为止的每个朝代纂修大部头全面综合性的正史,但这样的做法,也并非总是被后来的史家认同。万斯同(1638—1702)是同辈首屈一指的史家,他就对唐以来官修正史颇有微词,原因就在其纂修方式。他说:"官修之史,仓猝成于众人,犹招市人与谋室中之事。"①但我们没有必要等万斯同到1千年后才置疑这种修史的方式。公元708年,刘知幾(我们前面讨论过他提出有关上古、中古和近古的阶段划分模式)就在他后来名满天下的"忤时"中对这种方式提出质疑。他写这封公开信,就是宣布辞去史臣一职,因为他被迫为了政治原因而更改他自己的作品;七年前他开始掌这一职责。其重要的观点是,历史家要是不得不雌伏于审查、犹疑和政治干涉等伴随官修史书的事情,就不能切实履行他的责任去写一部真实的史书。他的辞呈被拒绝,不得不在史局里又待了13年。

钦定、御览之类,还可能给修史带来更多不为人察觉的影响。《晋书》是唐初集体编修的第一部正史,唐太宗敕令修纂,就导致一些年代误置的现象发生,也改变了对一些史实的叙述方式。有一个例子就是《苻坚载记》。苻坚是氐人,建立了短命的前秦(351—394),公元383年,他试图南侵征晋,败于淝水。《晋书》中关于这淝水之战的著名记述,参考了前前后后的文字:有公元前679年,曲沃武公杀晋侯缗,并晋;有公元280年,西晋伐吴;有公元612年,隋炀帝大举征高丽;有公元627年,唐太宗封赏诸功臣。书中苻坚的形象,是在模仿唐太宗,是他敕令纂修这一段历史。这个比拟,没有明说,但有迹可辨,其目的正如罗杰斯(Michael Rogers)所说,是"为了证明这些历史人物参与的事件复合天意",也是为了确保读者"在阅读时"能认清"在一系列神秘莫测的事件中,命运之手在操纵一切,不可阻挡,也不留情面"②。这样做,也是为了给皇帝提供一个样板,在某些特定的政策问题上,他或

---

① 转引自梁启超,《清代学术概论》,上海古籍出版社,1997年,第32页。

② 罗杰斯(Michael C. Rogers),《苻坚载记》(*The Chronicle of Fu Chien: A Case of Exemplar History*),加州大学出版社,1968年,第54页。

许能被引到特定的方向。

这类为现实目的而作的历史叙事,在正史中并不常见,但还是存在。历史要用来为国家政策提供借鉴——就像上引公元621年的诏书所说的,要"贻鉴将来"——这样一种期望,在唐代就成了中国史学实践的一个要素。郝若贝(Robert Hartwell)认为:"中国形成组合式的社会理论,有多种可能性,在勾廓这些可能性方面,历史借鉴起着决定性的作用。"尽管如此,他也承认,唐代史学倚赖诱导性的程序,使其方法受到限制,"一旦这借鉴找到了,通常就认为问题解决了。问题解决不了,则主要是因为没有有意识地去搜求那些总体性的假设"①。如果借着历史借鉴来论证胜过了归纳推理,那史学就被用来传授教训,进而年代误置、历史证据和地域特定性等等标准就被弃置一边了。然而,史局内外的史家,还是对这些标准表现出一定的敏感。刘知幾直白地倡导一个观点,他称之为"疑古",即对历史事实要采取怀疑的态度,特别是对那些发生在远古而又在其他材料里找不到强有力的支持证据的事情②。同样,刘勰著《文心雕龙》,其中有一小节论及史学,声称"追述远代,代远多伪"③。

11和12世纪儒学复兴,历史借鉴之举愈演愈烈,成了一种哲学方法。判断各种各样的文本,包括史学文本,愈来愈基于它们是否有益世道人心。因此,根据宋代(960—1279)的某些哲学观点,客观性远不如道德使命来得重要。龙彼得(Piet van der Loon)坚持认为,有宋一代,是中国史学的高峰,确立了一种"历史准确性的标准和历史批评

---

① 郝若贝(Robert M. Hartwell),《11及12世纪中国的历史借鉴、公共政策和社会科学》(Historical Analogism, Public Policy, and Social Science in Eleventh and Twelfth-Century China),载《美国史学评论》(American Historical Review),第76卷(1971年)第3期,第718、726页。

② 浦起龙注,《史通通释》(1752年),卷13,第11b页。刘知幾同时代的人,有些则讥讽他的批评观点。关于这些讥讽,可参见浦立本,《中国的历史批评》,第149页。

③ 刘勰,《文心雕龙》,中华书局,1978年,第286页。

观,让人钦敬"①,但道学突出自我修养,权威性日增,导致史学朝道德
化方向发展,而历史的准确性则没有人顾得上。程颐(1033—1108)承
认,求知心切的弟子,只要是为了探求古今之变蕴涵的道德原则,就可
以读史书。而他的古板兄长则没有这么宽容。程灏(1032—1085)发
现他的一名弟子花了一些修习的时间汇编古人善行,就呵斥他"玩物
丧志"②。朱熹(1130—1200)学宗二程,是道学的集大成者,他在把司
马光的《资治通鉴》编成《资治通鉴纲目》时,颇花了些精力作历史研
究。在此过程中,他提出了一些历史记录的原则,"可能是有史以来最
详尽的体系"③,但这一成就,准确地反映了他自己的思想,而不是反
映了他的历史观。17世纪的史学家顾炎武对朱熹的《资治通鉴纲目》
颇有微词,说他多有"失当"④。朱熹多有失当,根子就在他的政治哲
学提出了一条超验的"治道",这治道是一直存在的,君王遵循或不遵
循,相应地会有善政或恶政。这条简单的原则,被拔高为圣王之道、圣
人之道,圣王、圣人之世后,这道就湮没不闻了。这道本身,依照朱熹
的说法,"只是此个,自是亘古亘今常在不灭之物",它不是历史的产
物。历史的全部价值,就在于它明天道。⑤ 这样的立场观点,对于事件
在过去为什么发生全然没有兴趣,除非发生的这些事情能对哲学有些
裨益。朱熹的说教,对后世的中国思想史有相当大的影响,一直持续
到17世纪后半期新一代的学者开始抗拒朱熹无所不在的影响,试图
恢复原汁原味的儒学。

---

① 龙彼得(Piet Van der Loon),《古代中国的史学与史学思想的发展》(The Ancient
Chinese Chronicles and the Growth of Historical Ideas),收毕斯、浦立本编,《中日史家》,第
24 页。

② 陈荣捷,《近思录详注集评》,台湾学生书局,1993 年,第97—98、232—234 页。

③ 杨联陞(Lien-sheng Yang),《中国官方史学的组织》(The Organization of Chinese Offi-
cial Historiography),收毕斯、浦立本编,《中日史家》,第52 页。

④ 葛雷(Jack Gray),《20 世纪中国的历史书写:关于其背景和发展的几点说明》(His-
torical Writings in Twentieth-Century China:Notes on Its Background and Development),收毕斯、
浦立本编,《中日史家》,第194 页。

⑤ 转引自冯友兰,《中国哲学史简编》,下册,第563 页;朱熹,《资治通鉴纲目》(1701
年),朱熹序。

到了明代(1368—1644 年),道学的道德主张被确立为科举考试的正统学说,其势力遂得到了增强,足以浇灭史家判定年代误置、考核证据、确定地域特定性的热情,更不要说做因果关系的阐释了。在这方面,赵慎修 1584 年为《十八史略》作的序不幸甚具代表性。赵慎修认为,读一本史书,应该"不惟其词,惟其理"。他甚至认为,"不狃于迹而反观于心,则虽不睹全书",也能有所得。因此,史学并非外在于读者的道德取向。"如徒以史观史,而不以我观史",他劝告说,将"茫焉罔所得"①。

然而,当时还有其他的因素,影响了下一个世纪史学的主要发展方式。影响较大的一个因素,便是刊行的书籍数量大大增加,种类也更多,藏书也更加丰富。胡应麟(1551—1602 年)的例子,就能很好地说明这个影响。胡应麟酷嗜收藏各种图籍,而不仅仅着眼于目录学家一直想得到的珍本。他流连于北京、南京、苏州和杭州的书肆,自己找不到的书,就托全国各地的朋友代为罗致,如此多方收集的刊印书籍,卷帙浩繁。到 1580 年,他的藏书接近 4 千种:史部 820 种,经部 370 种,子部 1450 种,其他图书 1346 种。印刷业的发展,不仅为胡应麟提供了机会收集如此大量的藏书②,也使之得以写了一部开创性的辨伪之作,即《四部正讹》。这部著作完成于 1586 年,指出大约有 1 百种广为人知的书其实是伪书,并解释了他得出这个结论的方法③。胡应麟的研究,开了 18 世纪考证风气的先河,但他的这本书一直鲜为人知,直到 1929 年,疑古派的顾颉刚才让它重见天日。如果没有印刷术和图书贸易以有竞争力的价格向日益流动的读者群供给图书,使用这样

----

① 转引自卢应滨(Andrew Hing-bun Lo),《史学背景中的〈三国志演义〉与〈水浒传〉》(*San-kuo-chih yen-i* and *Shui-hu chuan* in the Context of Historiography: An Interpretive Study),普林斯顿大学博士论文,1981 年,第 236—237 页。

② 晚明时最丰富的私人藏书,多达 1 万种。参见卜正民,《纵乐的困惑:明代的商业与文化》(*The Confusions of Pleasure: Commerce and Culture in Ming China*),加州大学出版社,1998 年,第 169 页。(译者注:有方骏、王秀丽、罗天佑中译本,北京三联书店 2004 年出版)。

③ 富路德(L. Carrington Goodrich)、房兆楹(Chaoying Fang)编,《明代名人传》(*Dictionary of Ming Biography, 1368—1644*),哥伦比亚大学出版社,1976 年,第 645—646 页。

规模的材料来做批评性的历史研究,实际上是不可能的。然而,哪些书能在何种程度上流传于世,或以人们可以承受的价格行世,这都有些限制。赵翼是 18 世纪考订正史最有成绩的人物,他在《廿二史札记》自序里说:"惟是家少藏书,不能繁征博采,以资参订。"[1]就考订而言,这段话说明,中国的史家一直传承着一种做法,即要倚赖尽可能多的史料,尽全力强化他们的证据。

帝制晚期的史学,其转捩点出现于 17 世纪,代表性的学者除了上面提到的顾炎武和万斯同外,黄宗羲和王夫之(1619—1692)也一样杰出。这些人钻研史学,有很深的动机,原因就是 1644 年明朝的灭亡。所有的人都想弄明白明为什么会亡于满洲人,他们倾力搜求史料,权衡观点,目的就是为了解释中国何以亡于夷狄,也是为了把自己从这段痛史中解救出来。满人入主中原,使得 17 世纪的一些优秀人物不再认定明了天道就万事大吉了。这驱使他们去思考历史,不仅要重估那些关于个人言行举止的传统观念,而且要切实地回答为什么社会体制如此易于坍塌变更这一问题。

王夫之是他们之中的历史哲学家,并提出了一套基于具体环境而非正统论的历史进化理论。他回顾了中国历史上延续数千年的历代兴衰存亡,认为这是一系列的治乱组成的,不成其为一个由不可避免的得道失道产生的终而复始的模式。国之兴亡,属于自然的变化,永无休止;正是基于这一变化,他认为,紧紧地依附道德理想,人类社会不能自我选择,不管它怎么努力。尽管人们可以觉察到自然变化中也有某种终而复始的特征,社会体制的历史是不会重复的,也不会静止不动:时间终究是向前移动的[2]。王夫之的著作,在 19 世纪刊印之前,知道的人并不多,顾炎武丰硕的著述,也是如此(100 年后,赵翼称自己的研究多得益于顾氏,顾氏才广为人知),但是,朝代更迭引发的使命感,并非仅见于他们的研究。在整个明以后的思想界,更具有批判

---

[1] 赵翼,《廿二史札记》,自序,第 1a 页。
[2] 王夫之,《读通鉴论》,中华书局,1975 年,第 1106—1108 页。

色彩的历史观得以更广泛地发展,就是因了这一使命感的抚育,考证之风也因之出现。

艾尔曼(Benjamin Elman)曾专门论述考证之风。根据他的描述,王鸣盛(1722—1789)主张求实既是史学的手段也是史学的目的。除非考定了事迹之实,史家不宜"擅加予夺,以为褒贬"。只有"记载之异同,见闻之离合,一一条析无疑",史家才能得出公允的结论。"褒贬皆虚文耳。作史者之所记录,读史者之所考核,总期于能得其实焉而已矣。外此,又何多求邪?"①事迹之实这时候高于道德判断,史学高于经学。

17 和 18 世纪新出现的学术著作,其基础就是日益抗拒朱熹操控对儒家传统的解释,同时也是基于这时候的学者意识到需要好一些的方法来研究历史,也需要更加真实的哲学文本。考订年代误置,被认作主要的方法,借助这一方法,可以为文本正确断代,发现长期以来被认可的伪作。这样的考核,可能会僵化,过分注意细节。顾炎武就批评过司马迁犯了一些小的年代错误,他写到一些重要人物的早期事迹时,会用他们后期才有的名号来称呼②。这时期的学者认为,仔细考辨各种各样的材料,对于证实或否定事迹的真相或文本的真实性,至关重要③,参订史料目录在史学著作中也越来越常见④。至于确定地域的特定性,实地考察历史遗址,随着方志的修纂和日趋准确的舆地记

---

① 转引自艾尔曼(Benjamin A. Elman),《从理学到朴学:中国帝制晚期的思想及社会变迁》(*From Philosophy to Philology*:*Intellectual and Social Aspects of Change in Late Imperial China*),哈佛大学东亚研究委员会,1984 年,第 71 页。(译者注:该书有赵刚中译本,江苏人民出版社 1995 年出版;原文见王鸣盛《十七史商榷》,北京商务印书馆,1959 年,序,第 1 页。)

② 顾炎武,《日知录集释》,卷 7,第 46—47 页。

③ 罗天尺修《广东通志》,发现晚明时有两名考中了功名的人,其姓名在各本省志中记载不确,他不得不自己考订,访当地祠祠,核实牌位上的名字。见罗天尺,《五山志林》,1790 年原版,上海商务印书馆,1937 年,卷 4,第 75—76 页。

④ 比如,厉鹗(1692—1752)作《辽史拾遗》,参考的史料不少于 358 种。转引自魏复古(Karl A. Wittfogel)、冯家昇(Feng Chia-sheng),《中国辽代社会史》(*History of Chinese Society*:*Liao*〔*907—1115*〕),美国哲学会,1948 年,第 614 页。

录迅速发展,这类活动也越来越多①。我们在文章开头提到的史学的四个标准中,因果关系的意识发展得最为迟缓。17世纪的学者关注的是弄清楚明室为什么灭亡,但后世的学者,尤其是18世纪的学者,关心的是辨清礼仪、重建儒家哲学的文本基础等问题。章学诚(1738—1801)是名很杰出的史家,但很保守,他意识到"六经皆史",坚持认为考证只是浪费时间,除非它能"宣明大道"②。史学只是手段,不是目的,不能指望它自我论证它的意义。目的是重证儒家学说的真理,而不是为了另立异说。但是,一个人要想寻得最好的方法,还是需要去发现其中的真理,这样一种想法,引得17和18世纪的一些智睿之士审视中国的史书,以更清楚地认识到底发生了什么。

恒慕义(Arthur Hummel)1929年曾著文认为,考证之风"使用了批评的方法,绝不逊色于同时期欧洲最好的学术研究"③。如果这个说法还站得住脚(现在看来,这个说法比80年前更立得住),那我们就必须回到本文开头提出的假设上来:即文艺复兴时期的历史观,标志着欧洲史学形成中的一个重要时刻,它将欧洲的史学著作提升到一个具有客观性的很高的水平,相应地,也使得欧洲人能够提出一个中世纪的概念,与他们自己区分开来。前述中国人的历史观的发展过程,表明中国的史家,已经达到甚至超越了伯克设定的史学标准,即辨析年代误置、使用历史证据、确立因果关系;尽管不是完全对等,也不是完全一致,但这一点在17世纪是确切无疑的,某些方面甚至在此之前好

----

① 艾尔曼,《明清时期的舆地学研究》(Geographical Research in the Ming-Ch'ing Period),载《华裔学志》(Monumenta Serica),第35卷(1981—1983),第1—18页;卜正民,《明清史的地理史料》(Geographical Sources of Ming-Qing History),密歇根大学中国研究中心,1988年,第50—64页;《叶春及的方志舆图》(The Gazetteer Cartography of Ye Chunji),收卜正民,《明代社会中的中国国家》(The Chinese State in Ming Society),绕梁(Routledge)出版社,2005年,第43—59页。

② 艾尔曼,《从理学到朴学》,第207页。(译者注:原文见章学诚《校雠通义》"原道")。

③ 恒慕义(Arthur W. Hummel),《中国史学家在中国历史上的所作所为》(What Chinese Historians are Doing in their own History),载《美国史学评论》,第34卷第4期(1929年),第717页。

几百年就已经这样了。然而,中国人的历史观,并没有划定任何分界线,将历史观尚不发达的早些时候与他们自己的时代区分开来。总而言之,在中国,史学批评技艺是一直在提高的,但是这些技艺,并没有经历人们认为文艺复兴时期的欧洲经历过的变革。这就是说,我们试图在中国史学中搜寻中世性的蛛丝马迹,最终以失败告终。

失败了,怎么办?我的建议是,失败的根子在我们开始提出的假设,这可以用两种方式来探讨。首先是质问一下,伯克提出的中世纪历史观和近代历史观,到底是如何地不同。毫无疑问,这两种历史观是不同的,他也枚举了一些精彩的例子证明其间的差异。但是,为了借着证实近代(资本主义)在欧洲乃至全世界的上升是正确的,以证明近代的史家有能力从意识形态方面构建历史,伯克或许有些夸大这新的历史观的影响力和光彩。在这个意义上,中世纪似乎属于意识形态的范畴,服务于近代目的。如果是这样子,中世纪这一概念就不能应用于中国历史,除非能够证明中国在某个时候处于其现代性的门槛。使用本文中的证据来作这样的论证,无异于缘木求鱼,因果倒置("因"即超越中世纪,"果"即复杂化了的历史观),如果不首先确定"因"是不是存在,也不确定"果"是不是其他的"因"导致的。要是我们不再坚持认为欧洲的经验是常态而其他地方如中国的经验是不完善的异态,这整个的论证过程就不攻自破了。

质问本文倚赖且一开始就遵从的假设是不是有效,其第二个方式是质问一下中世性的概念在理论上是不是站得住脚,即便放在欧洲——这个概念发明于欧洲并且至今仍主导着我们对于欧洲史的认识——是不是也牢不可破。这个问题轮不到我来回答。欧洲史专家是选择认可有一个中世纪存在,还是采用其他的标准或使用另外的词来专指欧洲史上的一段时期,这样的事情,中国史专家不能置喙。我能说的就是,寻找足以证明中国也有过一个中世纪的证据,难度很大,倒是中世纪的概念并没有在中国史家中生根发芽,这种可能性很大,除非他们也持有一种观念,认为以前有一段过渡时期必需超越,这事实上是不可能发生的。

　　与其建立一个放诸四海皆准的"中世性"类别,一个似乎更合理的做法,是在不把"中世"这一概念强套在所有地区的前提下,将欧洲的中世纪仅看作为一个可以用来观察世界不同地区历史的时间片段。这样做的价值,是鼓励对同期发生但没有显然关联的历史事件的研究。这种共时(synchronous)研究法,不但可让我们在一个更全球性的角度下认识在中世纪欧洲发生的事情,更重要的是可让我们认识到,在那个时期在任何一个地区发生的事情,是如何可以实际影响我们对其他地区发生的事情的阐释。

"早期现代性"作为纪元概念与清代思想史

伍安祖(On-cho Ng) 著

杨小慧 译

  洛维特(Karl Löwith)与布卢门贝格(Hans Blumenberg)之间的争辩可说是有关欧洲现代性(modernity)的本质及意义的一个最具启发性的史学辩论。洛维特认为现代性本身并不合理(illegitimate),原因是其主导思维(即"进步"[progress])其实就是被俗世概念粉饰过的基督教末世论。尽管现代思想大肆宣称具有人类最真的价值,其与基督教神学千丝万缕的关系,正是其基本上是一个伪意识(unauthentic consciousness)的原因①。布卢门贝格则以围绕"进步"以及个人的自我认定(self-assertion)的一个历史哲学辩护来反驳洛维特对现代性的质疑。布氏认为,从历史的角度来看,"进步"作为一个概念以及个人的自我认定,无疑是对中世晚期经院哲学以全能上帝作为思想中心所引起的问题的合理回应②。

  洛、布两氏有关现代性的内涵的争辩究竟谁是谁非,不是我们关心的重点。值得我们留意的是,尽管洛、布两人对现代性的本质持迥然不同的看法,但他们都认同以直线形式去解读历史动向:前者视其进步,而后者则察觉倒退。两人都会指出,17世纪开始出现的早期现代(early modern)经验,最终会产生出特征在启蒙时代已表露无遗的

---

① 洛维特(Karl Löwith),《历史的意义:历史哲学的神学含义》(*Meaning in History: The Theological Implication of the Philosophy of History*),芝加哥大学出版社,1949年。

② 布卢门贝格(Hans Blumenberg)著,华莱士(Robert M. Wallace)英译,《现代的合理性》(*The Legitimacy of the Modern Age*),麻省理工学院出版社,1983年。

现代性。这样,经过一番对其重要性及意义的演绎,本来只是西欧世界一个历史片段,就成为了一个可被识别的纪元/时期/时代。而这个现代纪元/时期/时代,有别于之前的中世纪及早期现代,亦有别于后来的当代(contemporary)及后现代(postmodern)时期。

据已故的塞尔托(Michel de Certeau)的说法,从 16 世纪开始,尤其到 17 世纪,欧洲就出现了一个新的敏锐的历史触觉。这个新的历史触觉不但要求将现在和过去截然分开,还将"现代人"与"古人"从本质上分开。此外,欧洲与外界的接触,既开阔了其地理视野,亦引发出新的历史想象。因此,现代史学可说是以将现在与过去分开作为起点。这个步骤继而不断被重复,进一步将时间切成一个一个分段。换句话说,这是个时期划分的工作,亦由此产生出中世纪或现代等时期。每一个时期都是一个论述的机会,而每一个论述展现出的是那个时期的特色①。如格莱姆(Gordon Graham)所说,纪元中心性(Ephochocentricity)是现代史学的标志②。我们也该指出,欧洲史学家以中世性、早期现代性等作出的历史时期分裂,是为其预设的现代概念服务,并借这些意识形态产物标志已被现代超越的过去③。到 19 世纪晚期,现代性这一概念已全然发扬,亦成为回顾过去最牢固的出发点。现代性这一概念(或神话)包含着一个乐观的看法,即 17 世纪的重要发展(主要是对理性及进步的认同)引导了西欧和北美走向历史成长的道路,使得生活于此地的人过得比他们中世纪及古代的祖先还要好④。

---

① 塞尔托(Michel de Certeau)著,康利(Tom Conley)英译,《历史的书写》(*The Writing of History*),哥伦比亚大学出版社,1988 年,第 vii—viii、2—3 页。

② 格莱姆(Gordon Graham),《过去的模样:从哲学角度看历史》(*The Shape of the Past:A Philosophical Approach to History*),牛津大学出版社,1997 年,第 58 页。

③ 这是卜正民(Timothy Brook)有关中世性作为一个史学概念在中国历史上的适用性的一个主要论点;见其《中世性与中国人的历史观》(*Medievality and the Chinese Sense of History*),载《中世史学报》(*The Medieval History Journal*),第 1 卷(1998 年)第 1 期,第 145—164 页。

④ 有关现代性的想象(myth)及其意识型态的基础,可参见图尔明(Stephen Toulmin),《大都会:现代性的隐藏任务》(*Cosmopolis:The Hidden Agenda of Modernity*),自由出版社(Free Press),1990 年。

　　虽然建构纪元或时期是现代史学建立历史秩序的重要一环，但这些建构出来的纪元并非是稳固的历史事实。正如洛维特和布卢门贝格两人之间的分歧说明，即使某一纪元在史学上已被认同，其特征和实质还是会被不断演绎。再者，作为描述历史过程的时期，其划分差不多总是以地域为本。如果说 17 世纪这个时期对欧洲这个地理空间有特别重要的意义，那它对于世界其他的空间也一样吗？例如，早期现代性这个纪元概念运用到中国时，亚里士多德所谓的缺乏足够资源及通航困难所产生的难题就很明显了。但 17、18 世纪的中国，亦即所谓晚期帝制时代，是否一定要被视为一个以中国为中心的历史时期？要回答这些问题，就是要明白以欧洲为中心的早期现代概念，对研究（以至排比）中国帝制晚期（即明末清初）的历史脉动的意义及提示。

　　事实上，近年有不少研究是以探讨欧洲以外的历史来评量早期现代性论点的可靠性及解释能力。例如 1998 年夏天《代达罗斯》（*Daedalus*）期刊就以"早期现代多样性"（Early Modernities）为题出版了一个特辑①。其值得赞赏的主要论点，正是现代性的多样性。也就是说，"现代性"并非是在既定轨道上的一个单一状态。特辑的作者都认为现代性的多样性是理所当然的，并尝试用不同方法去解释不同社会的内在历史发展。但就方法而言，任何比较方法或观点都不能完全排除某些共同点，否则所有"现代性"都只是各自不同的历史类型和纪元概念。因此，我们需要找出一些共同题目，让跨文化比较得以进行。这

---

　　① 　其他值得指出的早期研究，有戈德斯通（Jack Goldstone）利用人口趋势的数据去建立一个有关早期现代欧亚政治危机、国家破裂及变革/叛变的普遍理论；见其《早期现代世界的变革与叛变》（*Revolution and Rebellion in the Early Modern World*），加州大学出版社，1991 年。《近代亚洲研究》（*Modern Asian Studies*）第 24 卷（1990 年）第 4 期有关亚洲"17 世纪的危机"（seventeenth-century crisis）的专号，则是故意从比较的角度去回应向来以此为一个欧洲现象的史学；尤其可参见以下两篇文章：史蒂恩斯格德（Niels Steensgaard），《17 世纪的危机与欧亚历史的统合》（The Seventeenth-Century Crisis and the Unity of Eurasian History），第 683—697 页；艾维四（William S. Atwell），《17 世纪东亚的"普遍危机"》（A Seventeenth-Century "General Crisis" in East Asia），第 661—682 页。近年一篇建议将现代性与欧亚历史轨道脱钩的重要文章，是苏布拉马尼亚姆（Sanjay Subrahmanyam），《相连的历史：对早期现代欧亚重新配置的一些意见》（Connected Histories：Notes Towards a Reconfiguration of Early Modern Eurasia），载《近代亚洲研究》，第 31 卷（1997 年）第 3 期，第 735—762 页。

正是艾森施塔特（Shmuel N. Eisenstadt）和史路雀特（Wolfgang Schluchter）在该特辑的导论所作的尝试。艾、史两氏从早期现代欧洲的经验——单一民族独立国家的形成、公民社会的出现和资本主义的兴起——推衍出两个具有启发性的比较概念，即公民社会的制度化及集体认同的建构。虽然欧洲的历史经验和西方的思维是不可避免的出发点，然而这两个作者极力主张经由文化环境的区别（differentiation）与文化脉络（contextualization），我们可以更丰硕地探索在不同文化中早期现代性的现象[1]。亦例如维特罗克（Björn Wittrock）依据欧洲的三个事例——政教分离、君主国家与皇室专政及公共领域的形成——建立了他所谓的早期现代社会的三大过渡变迁[2]，并以欧洲以外文明的经验去探究这些变迁。

以思想变化分析早期现代性作为历史分期概念是项很有用的工作，但这方面的研究显然欠缺。早期现代性无疑可被视为代表当时的世界观、心态和时代精神，但这样说来，在"早期现代"这一框架下，明末清初的思想史的意义和重要性又是什么？清代思想（作为代表17、18世纪学术发展的一个概念）是否因与前代思想有重大及重要分别而应被自动看成为一个新的历史时期呢？我们是否可以因为清代思想代表了一个截然不同的历史时期，而把它和欧洲的早期现代性（若早期现代性是指重大变迁）拉上关系？要重申，如上所述，本文的目的不是要建立两者之间的共同处或正好相似的地方，而是希望首先界定个别激励欧洲早期现代性的主要思想问题，然后再作有意义的比较。我们会以这些问题作为仔细分析清代思想要旨的参考，但亦会特别关注中国发展背后的特殊历史及文化脉动。

在下文，我提议以源于欧洲思想经验的三个相互关联的课题，作

---

① 艾森施塔特（Shmuel N. Eisenstadt）、史路雀特（Wolfgang Schluchter），《序论：从比较的观点看通往早期现代性的路》（Introduction：Paths to Early Modernities—A Comparative View），载《代达罗斯》（Daedalus），第 127 卷（1998 年）第 3 期，第 1—18 页。

② 维特罗克（Björn Wittrock），《早期现代性：种类与变迁》（Early Modernities：Varieties and Transitions），载《代达罗斯》，第 127 卷（1998 年）第 3 期，第 19—40 页。

为我们比较的重心①。围绕宗教改革(Reformation)的激烈争论,以及其引爆并最终导致"三十年战争"(Thirty Years' War)的宗教灾难,不但引发一场有关权威的危机,亦因这场危机给欧洲思想界个别课题(知识的本质、对历史的触角以及道德价值的最终根源)带来了新的乃至革命性的思维。但透过这些课题去探讨17、18世纪晚期帝制中国的个案之前,我们要先作以下几项附加说明。首先,所谓"中国"是指儒家的文化及社会传统。第二,不同的课题必然会呈现不同的文化形态。例如,知识这个课题在笛卡儿(René Descartes,1596—1650)体系中归根究底是一个知识论(epistemology;即为"知"而"知"的理论)的问题;在中国,知识则是一个实践(即为"行"而"知"的责成)的问题。在欧洲,有关价值的最终根源的讨论必以上帝为中心;在中国,对帝制晚期的文人来说,"道"的深奥及永恒智慧,正是权威和超然性的泉源。

---

① 这些主题是从许多经典及近期有关思想发展的论述综合而成:哈泽德(Paul Hazard)著,梅尔(J. Lewis May)英译,《欧洲人的思想:关键年代,1680—1715 年》(*The European Mind: The Critical Years, 1680—1715*),耶鲁大学出版社,1953 年;鲍默(Franklin Le Van Baumer)编,《西方思想的主流》(*Main Currents of Western Thought: Readings in Western European Intellectual History from the Middle Ages to the Present*),克诺夫(Knopf)出版社,1967 年;希尔(Christopher Hill),《英国革命的思想起源》(*Intellectual Origins of the English Revolution*),克拉伦顿(Clarendon)出版社,1965 年;波普金(Richard H. Popkin)编,《16 及 17 世纪的哲学》(*The Philosophy of the Sixteenth and Seventeenth Centuries*),自由出版社,1966 年;伯克(Peter Burke),《文艺复兴时期的历史观》(*The Renaissance Sense of the Past*),爱德华阿诺(Edward Arnold)出版社,1969 年;容柏(Theodore K. Rabb),《早期现代欧洲为求稳定的挣扎》(*The Struggle for Stability in Early Modern Europe*),牛津大学出版社,1975 年;雅各(Margaret Jacob),《牛顿学说者与英国革命》(*The Newtonians and the English Revolution, 1689—1720*),康奈尔大学出版社,1976 年;罗根(George M. Logan),《文艺复兴时期人文主义的实质和形式》(Substance and Form in Renaissance Humanism),载《中世纪及文艺复兴研究集刊》(*Journal of Medieval and Renaissance Studies*),第 7 卷(1977 年),第 1—34 页;帕克(Geoffrey Parker)、史密斯(Leslie M. Smith)编,《17 世纪的普遍危机》(*The General Crisis of the Seventeenth Century*),绕梁(Routledge)出版社,1978 年;史图特(Jeffrey Stout),《飞出权威:宗教、道德以及自主的探索》(*The Flight from Authority: Religion, Morality, and the Quest for Autonomy*),圣母大学(University of Notre Dame)出版社,1981 年;伯曼(H. J. Berman),《法律与革命:西方法律传统的形成》(*Law and Revolution: The Formation of the Western Legal Tradition*),哈佛大学出版社,1983 年;马赫(Phyllis Mach)、雅各编,《早期现代欧洲的政治及文化》(*Politics and Culture in Early Modern Europe: Essays in Honor of H. G. Koenigsberger*),剑桥大学出版社,1986 年;雅各,《科学革命的文化意义》(*The Cultural Meaning of the Scientific Revolution*),克诺夫出版社,1988 年;以及图尔明,《大都会》。

而且,欧洲在早期现代开始容许个人以其为完全自由的个体之名去尽量使用可用的来满足自己;相对来说,依据清代的思考模式,个人的自我修养不仅仅是用来实现自己的人性,亦是用来满足传统及文化的需要。第三,尽管 17 世纪的中国(与当时的欧洲一样)正处于危机之中(明朝的快速衰败,加上天灾、货币波动、清军入侵造成的广泛伤亡以及最后清朝的建立①),知识分子不但没有建议抛弃传统,反而更对它予以重新肯定;相对来说,欧洲面对危机的反应,是对传统权威的抗拒。我们因此可以看出,欧洲和中国展示、介定和描绘出的是不同形态(modalities)的早期现代(modernities)。

知识的本质(The Nature of Knowledge)

欧洲现代性的中心思想问题就是有关知识的问题。事实上,笛卡儿及后来所称的笛卡儿方法(或笛卡儿知识论),其出发点是替认受信念(accepted beliefs;即与极端怀疑作对比)作哲学辩证。其目标是重建人类的知识结构,好让其立足于确实的基础上。当传统知识的主要分类因受到怀疑论的挑战而处于不堪修复的状态时,笛卡儿欲以一种新的思维方式去思考问题。笛卡儿继承了亚里士多德和托马斯有关理性知识(scientia)和判断知识(opinio)这两个主要知识类别的分辨。前者(理性知识)是透过能显示原则与推论之间所需关系的推理方法和可以经过论证得来的知识。而判断知识则是未经论证的知识,亦即那些似乎可能和合理、但说服力是基于现存权威的判断②。

---

① 艾维四,《17 世纪东亚的普遍危机》,第 666—667 页。司徒琳(Lynn A. Struve)编译,《明清巨变之声》(Voices from the Ming-Qing Cataclysm: China in Tigers' Jaws),耶鲁大学出版社,1993 年。

② 关于理性知识(scientia)与判断知识(opinio)在中世纪经院传统(scholasticism)以及早期现代性之下的区别,可分别参看伯恩(Edmund F. Byrne),《概率与判断:论中世纪预设中的后中世概率理论》(Probability and Opinion: A Study in the Medieval Presuppositions of Post-Medieval Theories of Probability),奈霍夫(Martinus Nijhoff)出版社,1968 年,尤其第 139—187 页;以及哈金(Ian Hacking),《概率的出现》(The Emergence of Probability),剑桥大学出版社,1975 年,尤其第 3—5 章。

两种类别在当时都备受怀疑论攻击。举一例子,奥卡姆式(Ock-hamist)唯名实证论(nominalistic empiricism)认为上帝的绝对权力,能令不存在的物体得到认知,或使本来没有相关实质的物体得到有意思的特质,因而动摇了对物质或因果关系的信念。亦因此,整个亚里士多德的哲学殿堂亦被看成为一个已失去证据和可能性的虚假建构①。奥古斯丁对人性的看法——即存在的本质和个别事实体现在各人的自觉上;真理即上帝并存在于(亦超越)所有生命——深深影响了宗教改革,亦削弱了理性知识。到此,良心及个人宗教经验和真理便成为知识的唯一基础。但依靠个人经验却令人陷入无尽的循环推理和逆转。正如天主教严责新教徒,说后者落入从前怀疑论者的圈套,无法提出一套准则及无可争辩的真理标准,后者(即新教徒)亦宣称前者不能证明他们的传统和真理标准是对的。总之,从他们对真理标准的确切性争论不休,可以看出他们的推理方法,亦即理性知识的基石,有很大的问题②。

正当理性知识可行性受到质疑,基于权威的判断知识亦受到动摇。在宗教冲突极度激烈的时代,权威变成一座巴比伦塔,而判断本身亦无法产生效力。这时,判断亦变为道德和教条正确性不甚稳固的标准。路德(Martin Luther,1483—1546)批评教皇的教令和议会统治的天主教传统是不可靠的凡间习俗。对他而言,唯有《圣经》是信仰的准则。讽刺的是,这样把权威极度收窄到只有一个来源(即《圣经》)的结果,是更多权威的出现。路德和加尔文(John Calvin,1509—1564)都相信,每一个信徒因受到圣灵的启发,都可以判断有关他们个人信

---

① 史图特,《飞出权威》,第 32、40—41 页;以及波普金,《从伊拉斯谟到斯宾诺沙的怀疑主义》(*The History of Scepticism from Erasmus to Spinoza*),加州大学出版社,1979 年,第 18—41 页。

② 马库斯(R. A. Markus),《圣奥古斯丁》(St. Augustine),收爱德华兹(Paul Edwards)编,《哲学百科全书》(*The Encyclopedia of Philosophy*),麦克米伦(Macmillan)与自由出版社,1972 年,第 1 册,第 199—204 页;以及波普金,《现代思想的怀疑主义》(Skepticism in Modern Thought),收维纳(Philip Wiener)编,《观念史辞典》(*Dictionary of the History of Ideas: Studies of Selected Pivotal Ideas*),斯克里布纳(Charles Scribner's Sons)出版社,1973 年,第 4 册,第 242 页。

仰的是与非。只要个人良心认同《圣经》的客观权威,每个人都是一个权威。另一方面,在天主教阵营里,特伦托主教会议(Council of Trent)则尽量以有关教条和信仰的指引来维护其权威和判断。

正当理性知识和判断知识作为两个主要知识种类受到严重批判,笛卡儿提出了对理性知识的新阐释。权威的认可已变得完全不可靠。正如史图特(Jeffrey Stout)指出:"对笛卡儿而言……生命中重要的事情已不再体现在社会和传统的层面。个人可以依赖某一种自我确认的必然,在个人自我启示的空间中发现真理。"①这就是众所皆知笛卡儿所说的"我思,故我在"②。他的精神经验使他确信他的存在不容置疑。尽管人类有其有限性,"我思"(cogito)是每个人可以肯定的事情。再者,算术和几何提供的确实性是可以作为重建理性知识的基础。笛卡儿宣称:"关于研究对象,我们应该探讨那些可以被确实推论的,而非那些前人以为或自己凭推测的。这是由于知识的获取,别无他法。"③这里所说的"知识"是指理性知识,而在笛卡儿体系下,"直觉"(intuit)是指经由"我思"即时取得的心灵领悟。正当理性知识需要重新界定,判断知识依赖的旧有权威亦不再值得信赖。笛卡儿警告:"如果太过仔细研究这些[古代]作品,他们的错误将会感染我们。纵使我们熟悉别人的演示,如果我们缺乏思考能力去解决问题,我们绝不会成为数学家。同样,即使我们把所有柏拉图及亚里士多德的辩说都读过,如果我们不能对讨论的事情予以正确的判断,我们也不会成为哲学家。"④

笛卡儿的观点和假设对思想起了革命性的影响。理性知识变得更理论化和忠于理性。这个追求理性的工程的目标,是经过厘定明确

---

① 有关传统"理性知识"以及"判断知识"的解体作为笛卡儿方法兴起的背景,可参看史图特,《飞出权威》,第37—50 页,引文载第49—50 页。

② 可参看笛卡儿,《方法导论》(Discourse on Method),节选收鲍默,《西方思想的主流》,第290—297 页。

③ 笛卡儿,《指导心灵的规则》(Rules for the Direction of the Mind),收氏著,葛定汉(John Cottingham)、司徒翰(Robert Stoothoff)、莫道克(Dugald Murdoch)英译,《笛卡儿的哲学著作》(The Philosophical Writings of Descartes),剑桥大学出版社,1985 年,第13 页。

④ 同上。

且无可争议的原则,然后据这些原则推理出同样明确且无可争议的结论。其最重要的任务,是探查事情并探究神秘及不能解释的问题,以便去除人类因自我幻想以及因不负责任及愚昧的权威所造成的错误。这项任务要求把过去累积的错误彻底清除,其实就是等同拒绝接受以及不再认同传统。正如笛卡儿所言:"他们[当权者]所教导我们的已经不能够满足我们的需要。"①这一态度孕育了近代对空白石板(a clean slate)的想象(即对重新开始的力量的信念)以及对扫除固有传统留下的繁琐的需求②。如图尔明(Stephen Toulmin)所说,长远来看,这态度不幸太偏重抽象的普世理论以及太集中于技术与科学。虽然这种知识会把欧洲生活和社会引领到一个新的历史方向,但这样一种抽离的知识,其抽象的严格与精密却"对人类生活具体的细节没有直接的关怀"③。这是对空白石板(即可在其上留下印记的空白石板[tabula rasa])的想象所赋予力量的知识。这就是现代人藐视古人的原因。这就是早期现代欧洲思想发展的情形。

对中国帝制晚期的文人来说,关于知识的问题同样是一个具迫切性和吸引力的思想议题。但首先要注意,知识("学"或"知")并非建基在一个为知识而知识的认识论。而知识亦并非如阿奎纳(Thomas Aquinas,1274 年卒)有关灵魂的习惯的二分说法,被分为理性知识和判断知识④。我们可以说儒家思想和判断知识较接近,但也只因为两者皆以权威为基础。在儒家系统内,一个人要学的和该学的都已体现在"道"——即在经典已有阐述并久历典范界定的道德与礼行模式。由于这些著述和规范是由古代圣王(即文化的创建者)所缔造,"道"(作为有关标准价值的论述以及文化秩序本身)就自然成为学习者的指引。因此,"道"的权威恒久而具普世性,并不受限于不同时代流行

---

① 引自史图特,《飞出权威》,第49页。

② 图尔明,《大都会》,第175—176页。

③ 图尔明,《大都会》,第11页。有关早期现代以理性为知识重新定义所带来的长远后果,可参看图氏在其前言第9—12页的扼要讨论。

④ 伯恩,《概率与判断》,第53—96页。

的不同判断。"道"作为确实和真理,是不容置疑的。

再者,就学习过程而论,"道"其实是需要被正的"名"的汇集。学习实际上是为了解自己与别人及社会之间无法逃避的关系。其重点并不是要建构出一幅已经推理得出的论证为依据的现实图画;其目的也不是要通过逻辑把原则、假设及结论联系起来(亦即能提供可被验证的真理的理性过程)来展演理性。相对来说,其重点是放在利用正确的方法和指示去处理不同情况的能力和知识①。这就是儒家的学或知(能实际应用在日常生活的知识和智慧)和笛卡儿模式的西方知识(对知识的结构及本质在知识学上的剖析)最根本的差异。

从有关这两个知识理论实质上的差异的初步说明,我们可以更清楚看到 17 世纪中国学术所进入的一个新时代的特质。这个思想转型的大体轮廓,在此我无法仔细勾画,而只能指出其主要特性:第一,这个时代对于抽象的形而上论说和消极的道德反省似乎普遍存有反感。第二,亦由于此,在"经世"思想的推动下,学术重心亦转移至处理国家及社会的实际问题上,而个人在社会及地区的地位,亦以其人参与日常事物的积极性而界定。第三,相对于宋明时期哲理推想带来的混乱,这时期是以记载圣人明确教诲的经典为学术焦点。语言并不是将哲理深奥化的工具,而是用来挖掘、理解及阐释圣人在经文中的教诲。当时,经典研究(亦即所谓考据学)在渐趋成熟的同时,亦扩展成为知识的主流②。

---

① 韩森(Chad Hansen),《中国语言、中国哲学及"真理"》(Chinese Language, Chinese Philosophy, and "Truth"),载《亚洲研究集刊》(Journal of Asian Studies),第 44 卷(1985 年)第 3 期,第 491—519 页;以及其《佛教来华前中国思想的情感》(Qing [Emotions] in Pre-Buddhist Chinese Thought),收马柯思(Joel Marks)、安乐哲(Roger T. Ames)编,《亚洲思想的情感:比较哲学的一个对话》(Emotions in Asian Thought: A Dialogue in Comparative Philosophy),纽约州立大学出版社,1995 年,第 184—188 页。

② 有关 17 世纪中国学术的概述,可参看韩德琳(Joanna F. Handlin),《晚明思想的行动:吕坤及其他士大夫的新定位》(Action in Late Ming Thought: The Reorientation of Lü K'un and Other Scholar-Officials),加州大学出版社,1983 年,第 4—5 页;斐德生(Willard J. Peterson),《匏瓜:方以智与思想变迁的动力》(Bitter Gourd: Fang I-chih and the Impetus for Intellectual Change),耶鲁大学出版社,1979 年,第 1—17 页。

　　无疑,我们不能否定清代思想新颖之处(至少以上文提到各种思潮的汇合所反映17及18世纪中国历史的特质和重要性来说),但我们也很难说这些思潮全是创新之举,这是因为在儒家的学术世界里,以知识作"经世"之用已有一个珍贵且源远流长的传统①。经研(指对经典在语言、文本及注释方面的功夫)是汉唐学术的一大成就,亦是儒家文人(包括许多被清代学者评为忽视圣人之言的宋明儒家学者)每天学术工作的一部分②。因此,当梁启超和胡适这两位在本世纪初中国影响至深的知识巨擘,大胆宣称清代思想是"科学"和"公正而精确的探索"(可作为中国"启蒙运动"的代表),他俩事实上是在制造神话。在清代考据学身上,他们发现了以原则、推论及证据为基础(即理性知识的特色)的学术风尚。他们论说所凸显的,并不是清代思想的真面貌,而是他们尝试在中国思想领域本身勾画出一个有普世性的空间所作的努力。可是数十年来,他们的观点一直是研究清代思想的标准③。

----

　　① 例如张灏(Hao Chang),《宋明儒家的经世理念》(On the *Ching-shih* Ideal in Neo-Confucianism),载《清史问题》(*Ch'ing-shih wen-t'i*),第3卷(1974年)第1期,第46页;田浩(Hoyt Cleveland Tillman),《儒家的功利主义:陈良对朱熹的挑战》(*Utilitarian Confucianism: Chen Liang's Challenge to Chu Hsi*),哈佛大学东亚研究委员会,1982年;以及狄百瑞(Wm. Theodore de Bary)编,《原则与实用性》(*Principle and Practicality: Essays in Neo-Confucianism and Practical Learning*),哥伦比亚大学出版社,1979年。

　　② 亨德森(John B. Henderson),《经典、正典及注注:儒家和西方诠释学的比较》(*Scripture, Canon, and Commentary: A Comparison of Confucian and Western Exegesis*),普林斯顿大学出版社,1991年;范佐仁(Steven Van Zoeren),《诗与人格:传统中国的阅读、注释及诠释》(*Poetry and Personality: Reading, Exegesis, and Hermeneutics in Traditional China*),斯坦福大学出版社,1991年;以及贾德纳(Daniel K. Gardner),《儒家诠注与中国思想史》(*Confucian Commentary and Chinese Intellectual History*),载《亚洲研究集刊》,第57卷(1998年)第2期,第397—422页。

　　③ 梁启超(Liang Ch'i-ch'ao)著,徐中约(Immanuel Hsu)英译,《清代学术概论》(*Intellectual Trends in the Ch'ing Period*),哈佛大学出版社,1959年,第27—28页;胡适(Hu Shih),《中国哲学的科学精神及方法》(The Scientific Spirit and Method in Chinese Philosophy),收穆尔(Charles A. Moore)编,《中国人的思想》(*The Chinese Mind: Essentials of Chinese Philosophy and Culture*),夏威夷大学出版社,1967年,第125—128页。有关梁启超和胡适意图将中国文化普遍化的意识基础,可分别看看唐小兵(Tang Xiaobing),《全球性空间与现代化的民族主义论述:梁启超的史学思想》(*Global Space and the Nationalist Discourse of Modernity: The Historical Thinking of Liang Qichao*),斯坦福大学出版社,1996年;以及詹森(Lionel Jensen),《儒家的制造:中国传统和世界性文明》(*Manufacturing Confucianism: Chinese Traditions and Universal Civilization*),杜克大学出版社,1998年。

但是,这个强调与传统脱节的巨变观的说服力已大不如前①。例如,余英时指出,清代思想的特质,是承继了宋明理学的"内在理路"对"理智"(intellectualism)的关注,亦即是"特别注重对明白圣人之言有关的文本根据"②。根据余氏对 17、18 世纪中国知识问题的界定,这个时期对知识的认识并未出现根本和实质的改变。它之为"新"是在于"重心之转变"或方向之改变。重要的是,转变或改变的目的还是为了寻"道"。换句话说,儒家的"道"的权威,并未有因而受到质疑③。

清代学术可以说基本上是保守的:它是以寻"道"及巩固古代权威为目标。艾尔曼(Benjamin Elman)在其有关考据学极具分量的专著里,虽然力图说明考据学开启了一个"革新的论述风尚"(revolution in discourse),但却往往强调对自古以来道所代表的普世价值的信念,是考据学的一个重要思想泉源④。就算是在考据学的全盛时期,在云云对经籍及其他著作的精密考证中,事实的描述和道德价值的判断(两者之间的区分,是近代科学最基本的原则)是没有明显的区别的。

有清一代,经籍考证和哲学考证之间的关系其实是十分密切。很大程度上,对经籍研究的浓厚兴趣,可上溯至晚明程朱学派与陆王学派之间有关形而上学的辩论。为加强各自在哲学上的立足点,两派学者都努力尝试从古典寻找有权威性的答案和无可争辩的判断。考据学的主要目的就是要增强用在哲学辩论的语言学工具。事实上,由于

---

① 有关明清时期思想变迁的史学讨论,可参看我的《以"时期概念"诠释中国"清代思想"》(Interpreting "Qing Thought" in China as a "Period Concept": On the Construction of an Epochal System of Ideas),载《符号学》(Semiotica),第 107 卷(1995 年)第 3—4 期,第 237—264 页。

② 同上,第 106—110 页。

③ 同上,第 126 页。

④ 可参看艾尔曼(Benjamin Elman),《从理学到朴学:中国帝制晚期的思想及社会变迁》(From Philosophy to Philology: Intellectual and Social Aspects of Change in Late Imperial China),哈佛大学东亚研究委员会,1984 年。

经籍是哲学反思的泉源,中国哲学思想基本上是以注释为其要①。在中国帝制晚期,信仰的争辩还是以经籍作为尊崇和参考的对象。

17 世纪欧洲的情况则十分不同。当时新教徒和天主教徒继续各持其见,亦造就了多方权威和意见。新教徒之以唯经(sola scriptura)及唯信(sola fide)作为其座右铭,最终是要诉诸每个信徒的宗教良知。天主教在反改革的特伦托主教会议则以其教条和会议裁决来直接抗衡反对的声音。难分难解的教义分歧很快就演变成宗教战争。笛卡儿对理性知识的新阐释,其目的就是要从已无法取得一致意见的经典及宗教传统找出一条新出路。教义之争亦渴望可以通过科学和理性的论证而得以超越和化解。受到宗教之争带来的僵局的影响,欧洲当时陷入了三十年战争,人们对确定性的追求亦因而变得更加迫切。因此,17 世纪对精确性及可靠性的追求,不仅在学术上提出了抽象的思想方式和典范,亦尝试以理性和理性的方法,把已陷入政治及宗教混战的欧洲解救出来。欧洲早期现代化过渡期的特征,是政治的厮杀、社会经济的混乱及精神思想的困惑②。

17 世纪的欧洲粉碎了世界的旧有共识,并因而产生了众多权威。这种情形,在 17、18 世纪中国的帝制晚期并未有出现。虽然,如前所述,17、18 世纪的中国面临朝代的衰微和外族的侵略,然而,由于所有思想辩论还是围绕着古典传统,儒家作为精神中心仍一如往昔。再者,清朝立国后,采用了程朱儒学为正统,很快又再重申儒家国家的实践和假设。程朱与陆王两派之间的争辩依然不断,但却远远比不上新教与天主教之间的冲突。

---

① 关于这个论点,可参看贾德纳,《儒家诠注与中国思想史》;范佐仁,《诗与人格》;以及亨德森,《经典、正典及诠注》。有关哲学与古典诠释学之间的密切关系,可参看我的《清初程、朱儒学中诠释学和哲学间界线的商定:李光地对〈大学〉、〈中庸〉的研究》(Negotiating the Boundary between Hermeneutics and Philosophy in the Early Ch'ing Ch'eng-Chu Confucianism: Li Kuang-ti's Study of the *Doctrine of the Mean* [Chung-yung] and *Great Learning* [Ta-hsüeh]),收周启荣(Kai-wing Chow)、伍安祖、亨德森编,《界限的想象:儒家教义、文本和诠释的转变》(*Imagining Boundaries: Changing Confucian Doctrines, Texts, and Hermeneutics*),纽约州立大学出版社,1999 年,第 165—193 页。

② 史图特,《飞出权威》,第 46—47 页;图尔明,《大都会》,第 69—71 页。

　　况且,17、18 世纪的儒家学者并没有受到类似极端怀疑的挑战。无疑,在明末清初,不少学者确实对内在道德反思和空泛的形而上学,不仅不满意,甚至有些反感。他们把明代衰微和覆亡的原因都推在这些无谓的消遣上。对其他人来说,儒家伦理秩序面对的最大威胁,是常常与王阳明学说后期追随者相提并论的道德相对论。这些所谓泰州学派的文人,把王氏认为本体是无善无恶的说法继续伸延,被后人批评是貌视和忽略了一直备受尊崇的礼仪传统。亦有其他人,对何心隐(1517—1579)、李贽(1527—1602)等学者提倡的个人自主侧目而视①。但事实上这些所谓抱怀疑的人并没有怀疑儒道本身。身为优秀儒生,他们积极透过重要行动来成全自己。批评他们的人并非斥责他们质疑儒家的基本价值,而是斥责他们没有成功落实儒家的理想。

　　虽然热烈的辩论为中国帝制晚期思想带来了生气,但这些辩论终究没有在儒家思想以外构建出另一套价值观和真理。这是由于儒家并没有经历述说的危机,亦即没有理由认为儒家学说再不能表达事实。当然,佛家和道家亦一直有提出表达事实的另类述说,但这些述说和儒家提出的同为中国文化资本的构成部分,并没有对儒家作为独立自足的权威述说的地位作出挑战。欧洲的情形则不同。正如马克利(Robert Markley)在其对 17、18 世纪广为流传的"物理神学"(physico-theological)著作的检视中指出,这些著作想把神学融入自然哲学,却显示出欧洲面对有关反映真实的困境。若科学是需要把神学的绝对和物质世界分开,人们应该如何描述及建立有关前者的理论呢? 同时,对有关物质世界是上帝权力的印记的信念依旧维持。亦因此出现了一些问题:一个上帝认可的世界,是可以用科学的语言和自然法则来充分表达吗? 又,为什么这样一个世界常常(尤其在新教的神学里)被说成是极端腐败? 说到底,是否真的可能和可以有效协调上帝的话

---

　　① 有关泰州学派以及何心隐、李贽等"激进"思想家,可参看狄百瑞,《晚明思想的个人主义和人文主义》(Individualism and Humanitarianism in Late Ming Thought),收氏编,《明代思想的个人与社会》(Self and Society in Ming Thought),哥伦比亚大学出版社,1970 年,第 145—248 页。

语(如作为神学绝对的启示)和人类的语言(如科学的定理)？亦是否可能和可以有效协调神圣的形而上学和凡间的物理学？鉴于语言或是想象或是感受到的限制,类似的问题迫使不少人去查问及审视传统的原理①。

这种对语言表达能力有限的质疑,在中国帝制晚期并没有真正发生。任何类似我们现在所说的知识论,都可以用传统的"知行"二元模式来解说。如前所述,这类阐述往往是基于陆王及程朱两派的哲学分歧。重要的是,两派都肯定知识和行为之间的关系,他们之间的分歧只是在于关系本身的性质。亦因此有必要重申,在中国,知识本身并没有成为一个自主独立的认知行为(cognitive act)而是与经验(行为与实践)相交织。程朱一派认定了一系列认知程序,而这程序是以道德行为为终结。陆王一派则把思想上知识的探索融入对人类价值的实际追求。在两派的辩论中,我们看不到对知识本质以及论证步骤的剖析。重点并不是在怎样知道,而是在如何应用已知道的。毕竟知识是用来落实于实际生活的。

因此,虽然我们会认同(至少在思想发展范畴方面)1998年《代达罗斯》讨论会提出有关早期现代化多元性的意见,但17、18世纪的中国,则很明显没有成就出一个建基于知识论上及哲学上新的假设和关怀的知识模式的"过渡期"(借用上文提过维特罗克的话语)。我们对欧洲和中国思想史的发展及动态所作的比较,显示出两者的中心关怀是朝两方面演进的。在欧洲,笛卡儿学说显然引发了一个范式的转变。在中国,传统世界里历久不衰的元素则受到特别重视。就我们在这里探讨的清代思想来说,对经籍考证和经世之学的重视,其实并不是新的发展,而是对现存思想方向的重申和强调。

---

① 马克利(Robert Markley),《失落的语言:英国牛顿时代的表述危机,1660—1740年》(*Fallen Languages: Crises of Representation in Newtonian England, 1660—1740*),康奈尔大学出版社,1993年,第5—13页。

对历史的触角(The Sense of the Past)

随着新知识的产生,早期现代欧洲出现了对历史及过去的新看法。简单来说,中世纪欧洲的历史观主要可分为三个典型:古典型、凋零型及持续型。所谓古典型的历史观,是认为古代在成就及判断方面已确立了很高的标准,而这些"古典"标准亦已成为衡量后世文化的准则,亦因此有历史启蒙(historical didacticism)的看法,即历史(尤其是古代历史)是一个有清晰魅力的目标的生活导师(magister vitae)①。所谓凋零型的历史观,则是认为时代是在倒退中,亦即认为现在比古代差。所谓持续型的历史观,则是指缺乏时代错置感(anachronism),认为现在和过去基本上没有甚么差别,两者的特性基本上是相同。永恒的普适性较之偶然的历史特殊性更为重要。缺乏时代错置的敏感度,古今之别就往往会从古典型和凋零型两个历史角度来了解,亦即认为现在与过去之分歧是古代凋零的结果②。

从 15 世纪意大利文艺复兴时期开始,这些欧洲的典型历史观就起了转变,而这些转变是以时代错置感的冒起、对历史证据的关心以及对历史的俗世因果关系的兴趣为中心③。简单来说,受到过去背景

---

① 历史的经典性(classicity)是我从弗赖肯伯格(Robert Eric Frykenberg)借来的一个概念;见其《历史与信念:历史认识的基础》(*History and Belief: The Foundations of Historical Understanding*),爱德曼(Eerdmans)出版社,1996 年,第 149—152 页。郝若贝(Robert Hartwell)则以"古典主义"(classicism)和"道德教导主义"(moral didacticism)来描述这历史观,见其《11—12 世纪中国的历史借鉴、公共政策和社会科学》(Historical Analogism, Public Policy, and Social Science in Eleventh- and Twelfth-Century China),载《美国史学评论》(*American Historical Review*),第 76 卷(1971 年)第 3 期,第 690—727 页。

② 伯克,《文艺复兴时期的历史观》,第 1—2 页;以及罗根,《文艺复兴时期人文主义的实质和形式》,第 18 页。

③ 伯克,《文艺复兴时期的历史观》,第 1—89 页,以及罗根,《文艺复兴时期人文主义的实质和形式》,第 17—20 页。然而,直至 17 世纪初期,一般欧洲人相信人类和自然已经从原本幸福完美里堕落了。例如在 1611 年,邓恩(John Donne)有这样的悲叹:
我们生于灾难……
这是这个世界的结构
彻底混乱,几乎是残疾的创作
因为,上帝创造所有万物之前
堕落已经进入,邪恶至极。
(引自鲍默,《西方思想的主流》,第 256 页。)

界定和主宰的影响,提高对历史的敏锐度,觉察到过去的重要。到了
17 世纪,开始一种普遍的说法,认为现代性不需要再玩古人的把戏。
所以,1668 年时格兰维尔(Joseph Glanvill, 1636—1680)宣称,虽然古
人有才智,但是他们的方法不太对。他认为"科学的方法带来丰硕的
成果,科学是实际、有用的知识,它治愈了世纪受伤的指头,带给世纪
几百年来从未有的好处,这样的看法十分明显。"①笛卡儿式的世界
观,受到追求确定性的鼓舞及想象神话般美好的新开始下,将现代从
古代中分离出来。他们怀疑过去,自信地拥有现在。虽然在启蒙时期
的思想家之前,羽翼丰满的进步派实证哲学家尚未出现,当固有的古
典型、凋零型及持续型的历史观逐渐削弱时,现代化的论述也开始产
生。过去和现代产生实质上的区别。如塞尔托所说,这时对历史的了
解是建基于把过去看成是"他者"②。过去的他者性和与过去的他者
关系则带出了纪元中心性(epochocentricity),即对事件的次序作线性
排列,亦在这些次序背景底下对不同时期作出评价③。

　　中国的传统历史观,亦有古典、凋零及持续三个典型。如牟复礼
(Frederick Mote)所说,"厘定价值的最重要准则,无法避免是受限于过
去的模式,而并非当今的经验或是未来的理想境界"(虽然他亦接着说
明,诉诸古典并不代表要盲目重复过去)④。古老模式的召唤,暗示着
后来的时代和现代,随着时间的推移,长年饱受文化的困扰。现代必
须借由古典过去所评量,这个事实表明了他们根本的持续性。前者可
能比后者差。然而这种情况很容易改善,只要重新挽回过去就行,因
为彼此有性质上的一致性,可以弥补时代的鸿沟。简而言之,现在在

①　引自鲍默,《西方思想的主流》,第 257 页。
②　塞尔托,《历史的书写》,第 2—3 页。
③　格莱姆,《过去的模样》,第 45—62 页。
④　牟复礼(Frederick Mote),《艺术与文明的"理论模式"》(The Arts and the "Theorizing
Mode" of the Civilization),收孟克文(Christian Murck)编,《艺术家与传统:中国文化中过去的
应用》(Artists and Tradition: Uses of the Past in Chinese Culture),普林斯顿大学艺术博物馆,
1976 年,第 3—8 页。亦可参看郝若贝,《11—12 世纪中国的历史借鉴、公共政策和社会
科学》。

一个不变的秩序中运行。理学对于宇宙的知识体系、宇宙大整体和社会化政策的概念增广了对过去和时间的视角、永恒的道及它在天、理和性的表现,本质上根源于宇宙及人性,为最终的标准和权威。它体现和订出宇宙真理法则和价值,超乎时间的限制。理学的全面性意识和世界观(即"一贯"的概念),把宇宙性和社会性的区分掩盖。它在确认总体的纹理的同时,亦把个别的变得偶然和边缘①。古与今作对比时,"今"并不被认为是一个独特的时期。古今并列的结果是没有现代所说的纪元区分;今只是古的退化。有古的古典性,就不可能发展出纪元中心性。

这并不是说,在中国有关过去的想法里,完全没有纪元概念或纪元模式。最值得注意的是,今文经学的传统中,确有这类描述时间推移的模式。汉朝董仲舒(公元前 179?—140?)支持"三正"的主张,谈到周朝、商朝、鲁国三个政权的合法继承人是孔子,他是位未加冕的帝王。从东汉的注经者何休(129—182),我们得到一个三朝三方继承权的修正版,即是著名的"存三统"或是"通三统"。在 18 世纪,像庄存与(1719—1788)的今文经学者提出了他们自己的阐释和修改,但所有这些纪元构建和编排只跟远古有关②。本质上,这些构建与编排只是巩固了有关古典性的历史观。

时间推移的排序,还有其他方法。理学里有一以道统这概念为依归的历史观。古代从上古圣人到孟子是"道"创造及昌盛的黄金时期,之后佛教和其他非正统思想传布中国,带来漫长的衰退时期,那时

---

① 有关宋明理学家的非历史(ahistorical)观,可参看我的《清代思想的张力:17 及 18 世纪的历史循环论》(A Tension in Ch'ing Thought:"Historicism" in Seventeenth- and Eighteenth-Century Thought),载《观念史学报》(*Journal of the History of Ideas*),第 54 卷(1993 年)第 4 期,第 564—567 页。但宋明理学家中亦有例外,如陈亮、李贽、张居正等;可参看田浩,《儒家的功利主义》,第 153—168 页;狄百瑞《晚明思想的个人主义和人文主义》,第 196—202 页;以及克劳福德(Robert Crawford),《张居正的儒家法学》(Chang Chü-cheng's Confucian Legalism),收狄百瑞编,《明代思想的个人与社会》,第 374—379 页。

② 有关今文的历史纲要,可参看我的《清中叶今文经学及其汉学来源》(Mid-Ch'ing New Text(*chin-wen*)Classical Learning and Its Han Provenance:The Dynamics of a Tradition of Ideas),载《东亚历史》(*East Asian History*),第 8 期(1994 年),第 1—32 页。

传递道是不可能的。后来,唐朝时韩愈(786—824)提倡古文运动,儒学的道开始从衰微中复兴,终于承接孔子圣人的道,从周敦颐(1017—1073)到朱熹(1130—1200)展现丰硕的成果①。在佛教中,产生时代的分期,有1千年的末法时期这种说法。在佛陀死后,世界分为三个时期:正法时期、象法时期及末法时期②。也许中国历史年代的分期,最常见的方式是从公元前114年西汉武帝开始创立的朝代分法。以统治者的朝代年号配合60天干命名。这种纪年系统显然有政治目的,它确立和象征每位新统治者的治国理想、合法权力、尊严及权威。有人会说这种认定及研究历史变化的主导模式,贬抑其他形式对过去的分期机制③。说到底,以上指出的阶段划分模式,实际上都未能引发出成熟的时代错置感和纪元中心性。

虽然如此,正当古籍古史的研究在17、18世纪的中国成为一时风尚,对有关时间推移中出现的偶然及个别事件,却出现了一个新的、正面的历史观④。以顾炎武(1613—1683)为例,显然地,他视人类的成就是世界上某种短暂的活动,不需要硬梆梆地界定他视某个固定经典的模式。当明朝军事系统出现改革声浪时,顾炎武责备那些顽固坚持

---

① 巴瑞特(T. H. Barrett),《中国与中世的累赘》(China and the Redundancy of the Medieval),载《中世史学报》,第1卷(1998年)第1期,第80,87—88页。

② 佐藤将之(Masayuki Sato),《年代观念的比较》(Comparative Ideas of Chronology),载《历史与理论》(History and Theory),第30卷(1991年)第3期,第287页;伯克(Peter Burke),《传统与经验:从布鲁尼到吉本的衰退概念》(Tradition and Experience: The Idea of Decline from Bruni to Gibbon),载《代达罗斯》,第105卷(1976年),第137—152页。有关佛教对中国历史阶段划分的影响,可参看巴瑞特,《中国与中世的累赘》,第75—78页。

③ 佐藤将之,《年代观念的比较》,第275—301页。亦可参看赖特(Mary C. Wright),《年号的涵意:历史与训诂学的应用》(What's in a Reign Name: The Uses of History and Philology),载《亚洲研究集刊》,第18卷(1958年)第1期,第103—106页。

④ 斐德生对清初博学多闻的学者如黄宗羲、顾炎武、王夫之的历史方法有这样的描述:"他们都尝试以历史的角度去探索他们的课题,似乎认为要先把握道德思想、政治、地理、语言等等的发展的、充满动力的特征,才能达至了解。他们强调其复杂性和多元性,并对当时主导的、认为人的心智是可以及应该察觉出一个基本的、彻底的或不变的统一性的观念感到反感甚至抗拒。"见氏著,《匏瓜》,第12页。我也讨论过清代思想的"历史循环论"(historicism),可参看《清代思想的张力》,第567—578页。

旧系统的人,认为应符合时代的特别需求,改革体制①。论及经典和其写作风格,顾炎武反对将古代的写作方式全部应用来解决现在的问题这样简单化的想法。他也力辩每个年代有他自己的独特散文风格②。黄宗羲(1610—1695)提出相似的理论,他说:"天底下没有不能被推翻的法律和制度。"③同样,王夫之(1619—1692)也申明,当新的情势不断产生时,改变是无法避免的。基于这个权变和权宜的理论,王夫之认为当情势改变,体制亦应改进④。

在 18 世纪,这份历史感亦可从章学诚(1738—1801)的名言"六经皆史"(即六经皆是古代统治者治国的记录)看到。因为如此,他认为经籍的过去与时代背景密不可分⑤,经籍不能完全地揭示古代之后所发生的事⑥。章学诚虽然确信"道"能跨越时间存在,但他也提出人类的道德秩序是进化而来的。他要求我们去体察及了解在特别时代里,不受时间影响的"道"所呈现的不同模式⑦。同样,戴震(1724—1777)反对理学的宇宙原则整体化的看法,宣称"每件东西都有它的原则,端视东西的不同而变化"⑧。他也主张,"道"其实"实践在人类每天的互动中,展现在每天的活动中"⑨,如此简单。另外,戴震事实上怀疑

---

① 《顾亭林诗文集》,中华书局,1980 年,第 128 页。

② 顾炎武,《日知录》,商务印书馆,1933 年,第 7 册,第 14—15 页。

③ 引自古清美,《黄梨洲之生平及学术思想》,台湾大学文学院,1978 年,第 146 页。

④ 麦莫仁(Ian McMorran),《王夫之与宋明儒学传统》(Wang Fu-chih and the Neo-Confucian Tradition),收狄百瑞编,《宋明儒学的开展》(The Unfolding of Neo-Confucianism),哥伦比亚大学出版社,1975 年,第 454—457 页;邓嗣禹(Ssu-yu Teng),《王夫之的历史观及历史写作观》(Wang Fu-chih's Views on History and Historical Writing),载《亚洲研究集刊》,第 28 卷(1968 年)第 1 期,第 111—123 页。

⑤ 章学诚,《文史通义》,香港崇文书店,1975 年,第 2 页。

⑥ 同上,第 42 页。

⑦ 倪德卫(David Nivison),《章学诚的思想及生平,1738—1801 年》(The Life and Thought of Chang Hsüeh-ch'eng, 1738—1801),斯坦福大学出版社,1966 年,第 141—142 页。

⑧ 胡适,《孟子字义疏证》,收氏著,《戴东原的哲学》,台湾商务印书馆,1960 年,第 129 页。

⑨ 同上,第 110—113 页。

那主控所有情境且不可改变的权威法则。他提出权宜变通的想法①。可以说,借着不绝对坚持"道"的超然性,章学诚和戴震两人对古典型、凋零型及持续型的传统历史观作了些修订。某程度上,现今与其前身(即远古)给分开了。但说到底,章、戴两人还是认同"道"驾驭"史"。

我们在此所作的比较,显示清代中国并没有如早期现代欧洲般处理有关过去的问题。在中国,道的无时性及远古的普世性所代表的某程度权威并没有被剥夺。因此,与其像早期现代欧洲般将现在和过去分离开来(并因此加强对时间线性推移的感觉和对以纪元为中心的时代错置感的了解),17、18 世纪的中国继续聆听远古及古人体现在传统的智慧,换句话说,早期现代性作为欧洲的史学概念并不能承受起中国提供的证据。

价值的最终根源(The Ultimate Grounds for Values)

早期现代性作为一个跨文化的时段概念的用处,可以进一步从第三个可作比较的中心关怀(即有关伦理道德价值的最终基础的立论)作出检视。在欧洲,17 世纪以后,脱离传统权威的结果是宗教信仰与社会道德的破裂。管束行为的宗教框架逐渐被社会政治伦理所取代。换句话说,中世纪有关宗教和道德同源的基本原则成为一个受审视的问题。从中世纪到 16 世纪,宇宙的秩序和历史上人类的启示,一直都被认定是上帝的策划,而上帝亦提供及指定了所有行为的模式和限制。简而言之,宗教就是道德的源头,是社会伦理构建的基础。可是当教会因血腥残酷的战争(不论是教义上的还是实际的)而分裂到无可挽救的地步时,道德便与基督教教义及话语分离。科学探索和社会

---

① 胡适,《孟子字义疏证》,收氏著《戴东原的哲学》,台湾商务印书馆,1960 年,第125—128 页。亦可参看余英时(Yü Ying-shih),《戴震与朱熹传统》(Tai Chen and the Chu Hsi Tradition),收陈炳良(Chan Ping-leung)编,《冯平山图书馆金禧纪念论文集(1932—1982)》(*Essays in Honor of the Golden Jubilee of the Fung Ping Shan Library*),香港大学出版社,1982 年。

实践开始漂离其早期宗教支柱。而对新大陆及亚洲其他宗教和道德系统的认识加深,亦促使基督教会和道德之间原本稳固的连结的消失。结果是原本是道德基础的宗教信仰变得相对化,亦沦为众多可被研究、思索、接受或反对的体系之一。这时亦出现了一个新的、独立自主的、普遍认为是基于理由及理性的道德伦理,而这道德伦理是和社会秩序及个人良心相呼应。伦理作为风俗的科学取代了神学,而崇拜和宗教惯例则落在道德和公民法律之后。道德的确信性,是建立在理性和自然的普世性上①。

例如,培尔(Pierre Bayle, 1647—1706)宣布宗教和道德的分离:"道德和宗教远非不能分割,而是各自完全独立。"斯宾诺沙(Baruch Spinoza, 1632—1677)据其对世界上社会实况的"理性"观察,则宣布道德是相对的:"凡原意细心研究人类历史、原意探究外边的不同群体、原意用中立的态度去检视人类作为的人,都应该得到这样一个满意的结论,即没有一个可以名之的道德原则或可以想象的美德标准(特别需要用来凝聚社会的则除外——但这些通常在不同社会之间亦不受重视),是不会被某些生活在不一样的意见和规则下的社群通盘否定。"②于是出现以因果为主要诉求的新道德模式,它以个人良知为判定标准的心理逻辑道德。但是作为理性的良心,被要求要与我们宇宙的法则及整体的社会经验结合。如上述引文所说,对斯宾诺沙而言,这个新的道德观是合理的普遍道德原则,"与社会结合在一起是绝对必要的"。最后,卢梭(Jean-Jacques Rousseau, 1712—1778)宣布:"当信仰不再存在,转变成定罪的说服力时,道德便战胜了信仰,因为所有的道德具有不变的本性,并且将持续下去,以至永远。"③在中国晚期帝制时代,并没有这种从根本质疑伦理及道德所根据的最终立论。孔子的"道"一直保持作为规范及价值观的来源。如前面所讨论,清代的思想根本上十分保守,他们的目标是重生古代圣人的"道"及教诲。他

① 塞尔托,《历史的书写》,第147—152页。
② 引文分载哈泽德,《欧洲人的思想》,第286、288—289页。
③ 引文载塞尔托,《历史的书写》,第149页。

们认为,古圣之道因明代深奥及空泛的形上学推理而导致腐败。例如,晚清时顾炎武重新倡导极为重要的四维,及礼义廉耻这四项儒家重视的美德,作为维持社会、文化、政治秩序的力量①。对顾炎武而言,和平与混乱之间的微妙关系以及社会与国家的安宁,是完全依仗人的心念,也就是人的道德取向。而人的道德/心理安宁,则是依仗他们对由来已久的传统、习俗及惯例的维持②。

同样,章学诚一边论述"道"的进化,并暗示六经的时限性,亦一边提出永恒的"道体":"道体无所不该,六艺足以尽之。"③"六经大义,昭如日星,三代损益,可推百世。"④对章学诚而言,周公和孔子所"俱生法积道备至于无可复加之后"。纵使后世有圣人出现,后来者亦不能出其范围⑤。

清代文人对巩固及复兴儒道的基本欲望,我们可从他们重建中国礼制的工程中清楚看到。周启荣最近研究中中肯地指出,当时文人做了一系列对于正统及未腐败前儒家之礼的解读并界定礼教⑥,显示文人们一致及谨慎的努力。维尔森(Thomas Wilson)研究晚明及清初的流行风潮,描述、追溯儒道的宗谱,编辑选集,提供另一个说明传统具有恒久不衰的重要文化证实⑦。事实上,庞大的《四库全书》代表了所有最有价值中华文化学习的基本及概括收藏,也可视为巩固、认同、系统化儒家全集之最高目标表现,因此,并不包括佛家及道家经典。正如盖博坚(Kent Guy)所论,在修纂《四库全书》过程中占有中心地位

---

① 顾炎武,《日知录》,卷7,第14—15页。

② 顾炎武,《顾亭林诗文集》,第97页。

③ 章学诚,《文史通义》,第16—17页。

④ 同上,第50页。

⑤ 同上,第37页。

⑥ 周启荣,《中国帝制晚期儒家礼学的兴起:道德、经典及宗族论述》(*The Rise of Confucian Ritualism in Late Imperial China：Ethics，Classics and Lineage Discourse*),斯坦福大学出版社,1994年。

⑦ 维尔森(Thomas A. Wilson),《道的系谱:中国帝制晚期儒家传统的构建与应用》(*Genealogy of the Way：The Construction and Uses of the Confucian Tradition in Late Imperial China*),斯坦福大学出版社,1995年。

的考据学，"其对成就传统目标的贡献，是多于其对新的社会理想的启发"①。

因此，有异于早期现代欧洲，即使有一些将过去与现代分隔开来的历史举止以及一些对时间的多元性和特殊性的探索，中国继续认同"道"（亦即以作为道德价值无可置疑的基石的圣人教诲为本的文化精髓）的普世性，没有个人的良心及理性那种可选择性的基础和本源。修身最后的目的是明白人性中的道，而不是完全由良心的自由所漫生出来的理性推论所产生的道，用这自由延伸的道去捍卫集体存在的公民道德法律。只要个人道德的能力，及个人内在理想的道德统帅，持续作为社会文化政治运作的支点旋转，公共空间是多余的②。当早期现代欧洲试图利用以"历史"（成为的逻辑）代替永恒个体的权威来与过去划分（亦因此把伦理和道德置于争议之地），帝制晚期时代的中国则努力以传统确认过去与现在之间的垂直连结，以减轻有关道德伦理的争议。

因此，明白到中国在其特有背景下对终极权威的看法（尤其与史学上一般所称的早期现代性作对比），我们可以再次看到中国和欧洲的分歧。早期现代欧洲为重新界定价值观的根本基础所作的努力，并未见于17、18世纪的中国。

总　结

在这篇以比较为重心的文章中，我尝试以早期现代性这个纪元概念，去确立两个相距甚大的文化和历史之间观念上的联系。我并不把这些联系视为历史一致性的反照，而是把它们视为可供比较（而又不

---

①　盖博坚（R. Kent Guy），《皇帝的四库：乾隆晚期的士人与国家》（*The Emperor's Four Treasuries: Scholars and the State in the Late Ch'ien-lung Era*），哈佛大学东亚研究委员会，1987年，第48页。

②　这是狄百瑞的论点；可参看其《儒学的困境》（*The Trouble with Confucianism*），哈佛大学出版社，1991年。

以任何文化的历史形态为基准）的课题。这些是在每个文化都会被受考虑的理想型（ideal-type）或普世性（universal）课题。我之所以把这些课题放在欧洲和中国的背景中一并讨论，意在提出几个论点。第一，本文在探索清代思想的形成、发展及本质时，采用的是并非狭义的、而是同时可用于研究欧洲和中国问题的跨文化（transcultural）角度。这个角度，就算没有其他用途，至少提供了一个可以用作检视同一时期不同地区思想发展的比较观点。第二，本文指出清代思想其实是当时文人认为前代学术是一失败所作的回应的历史产物。清代思想在融汇一系列思潮（对经典诠释的注重、对各种学问的考据、对历史偶然性及特殊性较敏锐的理解以及对形而上学兴趣的减退）的同时，亦很清楚与之前的时代分别开来。考虑到中国历史的阶段划分，帝制晚期无疑可被视为一个纪元。但是，从思想史的角度来看，我们是否可以就这样将中国的帝制晚期说成为中国的早期现代呢？这个问题亦带出了本文的第三个论点：既然上文所作的比较已显示出欧洲和中国的思想经验有很不相同的历史演变过程，要把早期现代性这个概念与欧洲历史背景分别开来，并在全球角度下展现其中国样式，似乎是一件很困难的事情①。

① 有趣的是，戈德斯通对"早期现代世界"虽然做过一个重要且精湛的综合研究，对这个纪元概念可否在全球应用的想法最近亦作出了修正。虽然他并没有处理思想发展方面的课题，但现在他会清楚承认及指出将早期现代化视为一个全球现象的许多问题。可参看其《"早期现代"世界的问题》（The Problem of the "Early Modern" World），载《东方经济及社会史学报》（*Journal of the Economic and Social History of the Orient*），第41卷（1998年）第3期，第249—284页。

《文化与权力:魏晋南北朝时期
华夏世界的瓦解与重建》序

裴士凯(Scott Pearce)、司白乐(Audrey Spiro)、伊沛霞(Patricia Ebrey) 著

吴　捷译

正如贝克(B. J. Mansvelt Beck)在其对汉朝覆亡一针见血的评论指出,中国的大一统是"中国历史上最持久的理想"。贝氏指出,在中国中世早期,"'汉'这一名称已成为完美的丧失以及对统一的渴望的一个代名词"①。这一时期包括公元 220 年汉朝灭亡之后至 589 年隋朝建立大一统之间的三个世纪,而其特征则是政治分裂与文化危机②。从后世中国史家的角度来看,所有在这时期宣告成立的都是一事无成的朝代,而这时期亦没出现过一位能为天下建立一个和谐及顺应天命的秩序的君主。因此,中国中世早期之被视为重要,主要是由于其作

---

① 贝克(B. J. Mansvelt Beck),《汉朝的覆亡》(The Fall of Han),收杜希德(Denis Twitchett)、鲁惟一(Michael Loewe)编,《剑桥中国史》(The Cambridge History of China),第 1 卷:《秦汉史》(The Ch'in and Han Empire, 221 B. C.—A. D. 220),剑桥大学出版社,1986 年,第 317—376 页;引文见第 369 页。

② 下文并不打算对中世早期作一全面讨论,有兴趣的读者可参看杜希德编,《剑桥中国史》,第 2 卷(尚未出版);以及皮尔斯,《近年有关中国中世早期历史研究的综述》(Survey of Recent Research on the History of Early Medieval China),载《中国史学》(Studies in Chinese History),第 2 卷(1992 年),第 35—57 页。有关中世早期的详尽书目,亦可参见霍恳(Charles Holcombe),《在汉朝的阴影下:南朝初年的思想与社会》(In the Shadow of the Han: Thought and Society at the Beginning of the Southern Dynasties),夏威夷大学出版社,1994 年。柯林(Kenneth Klein)指导下对中国、日本以及西方研究的文献介绍,每年都会在《中国中古研究》(Early Medieval China)期刊上发表。有关这个时代较有启发性的概述,可参看谢和耐(Jacques Gernet),《中华世界》(Le Monde chinois,1972 年初版),英译《中华文明史》(A History of Chinese Civilization),剑桥大学出版社,1982 年,第 172—232 页。(译者注:谢氏一书英译第 2 版于 1996 年出版。)

为负面例子。无论这些负面鉴戒是关乎动乱或迁移、族群之间的争斗或血腥的宫廷斗争、独裁的君主或成为奴隶的俘虏，它们都说明了一个强大、积极、统一、中央集权的帝制政府的重要性①。到今天，不少学者在教授中国历史时仍只会对这段时期作轻描淡写的论述，对佛教东传以外的发展，亦未有多加留意。

无疑，正如丁爱博（Albert Dien）对这段时期总体了解的评价，这一时期的政治史似乎只是"一连串令人困惑的朝代名而已"②。本书［译者按：即《文化与权力》（*Culture and Power in the Reconstitution of the Chinese Realm, 200—600*），下不赘］所附的朝代年表只能暗示出军事政变的频率、众多统治集团的种族多样性以及不同政权间模糊不定的界限。这些通常短命而且更替频繁的朝代往往借用中国古代的国名作为自己的国号，引发混淆。它们的年表同样不能以任何方式显示出几个世纪中多方面的文化业绩。这些业绩至少有一部分是动荡不安的结果。这一时期，国家失去了深入控制社会的能力，而中国文化中许多灿烂元素却因而得以繁荣。因应中国历史研究的趋势，1996 年的研讨会更注重重新考察这些业绩，本书也由那次研讨会应运而生。

本书对文化史的强调，可说与上一次在 1980 年举行的研讨会形成了明显的对比；当年，讨论的重心是魏晋南北朝时期的显赫家族的社会、政治及文化角色③。重心的转移很大程度上是由于近期大量涌现的考古报告，以及国际间普遍研究和出版物的激增。当然，这些研究的激增部分是因为最近大量的考古发现，以及将它们的含义同传世文本综合起来的需要。然而，研究长期以来受到忽视的文本也同样重要。这种新研究的一个例子，就是对早期道教大量细致的考察，揭示

---

① 正如贝克（在《汉朝的覆亡》，第 375 页）指出："在西方汉学研究里，一个统一的中国要比起一个分裂的中国来得正常，已经是一个根深蒂固的理念。"

② 丁爱博（Albert E. Dien）的见解，可参看氏编，《中国中世早期的国家与社会》（*State and Society in Early Medieval China*），斯坦福大学出版社，1990 年，第 1 页及以后。

③ 有关该次研讨会的论文集，参见上注。

了该时期宗教活动的另一面①。正如早期对佛教的探讨一样，道教研究证明了道教在中古社会的重要性远超出宗教领域之外。比如石秀娜（Anna Seidel）所撰《帝王宝藏与道教圣典：伪经中的道教根源》（Imperial Treasures and Taoist Sacraments—Taoist Roots in the Apocrypha）一文（这仅是她对早期宗教研究的诸多重大贡献之一），以及司马虚（Michel Strickmann）对茅山派的研究，阐明了宗教在社会和政治间扮演的关键角色。柏夷（Stephen Bokenkamp）将神灵婚姻放在该时期贵族婚礼的背景下考察；而穆瑞明（Christine Mollier）则讨论了救世道教（messianic Daoism）如何作为争夺皇位的叛乱者的合法化媒介。许理和（Erik Zürcher）在完成有关（东晋）佛教征服南方精英的经典论著后，开始研究早期佛教、道教间的其他联系。贺碧来（Isabelle Robinet）对上清道教文献的细读揭示了宗教与文学间曾被忽视的关系。柯素芝（Suzanne Cahill）论证了文人理想对道教铜镜意象的影响；而雷德侯（Lothar Ledderose）则追溯出道教活动与再另一种艺术形式（即书法）之形成的关系②。

探讨艺术与宗教、政治活动之间的联系，其意义超越任何单一的

---

① 有关中文论著，参见梁文金（Man-Kam Leung），《1949—1990 年中华人民共和国的道教研究：文献概览》（The Study of Religious Taoism in the People's Republic of China [1949—1990]：A Bibliographical Survey），载《中国宗教学报》（Journal of Chinese Religions），第 19 期（1991 年），第 113—126 页；有关西文论著，见石秀娜（Anna Seidel），《西方道教研究编年，1950—1990 年》（Chronicle of Taoist Studies in the West，1950—1990），载《远东集刊》（Cahiers d'Extrême-Asie），第 5 期（1989—1990 年），第 223—347 页；日文论著则散见《远东集刊》各期，以及几位学者在《亚洲学报》（Acta Asiatica）第 68 期（1995 年）发表的文章。

② 石秀娜，《帝王宝藏与道教圣典：伪经中的道教根源》（Imperial Treasures and Taoist Sacraments-Taoist Roots in the Apocrypha），收司马虚（Michel Strickmann）编，《纪念斯坦因的密教与道教研究》（Tantric and Taoist Studies in Honour of R. A. Stein），第 2 卷（《汉学与佛学集刊》[Mélanges chinoise et bouddhiques]，第 21 期 [1983 年]），第 291—371 页；司马虚，《茅山启示：道教与贵族阶级》（The Mao-shan Revelations：Taoism and the Aristocracy），载《通报》（T'oung Pao），第 63 卷（1977 年）第 1 期，第 1—64 页；同著者，《茅山的道教：一个启示的纪事》（Le Taoïsme du Mao chan：chronique d'une révélation），法兰西学院高等汉学研究所，1981 年；柏夷（Stephen Bokenkamp），《真人的宣言》（Declarations of the Perfected），收罗伯兹（Donald S. Lopez，Jr.）编，《实践中的中国宗教》（Religions of China in Practice），普林斯顿大学出版社，1996 年，第 166—179 页；穆瑞明（Christine Mollier），（接下页注）

研究。因为除了艺术及其相关理论外,中国以往的史家(还有不少当代史家)对分裂时期几乎没有任何好评。这种赞美文化遗产中的优秀部分,摒弃其他一切不讨好的东西的做法,并不见得毫无逻辑——艰难时世对伟大艺术和思想的产生的积极作用,别处亦可得见。但如果这样的研究证明了艺术的发展是如何同那些被归类为社会的和政治的思想与活动(密切)相关,也就是说,如果艺术其实和生活中更"实际"的一面深相依存,就像纺织品的褶皱一样相互折叠,那么我们怎能继续将这一时期视为"衰落"、"崩溃"、"瓦解"①?

由于近来最令人振奋的研究多数是跨学科的,"与古人对话"亦因为跨越了学科的界限而被选作 1996 年研讨会的主题。然而,它同时也帮助我们察觉出完全异类的材料中共同的步调以及一贯的模式,使我们可以对这一时期作出概括的认识。

霍恳(Charles Holcombe)巧妙地比喻早期的中古世界处于"汉代的阴影"之下,但这个比喻对 311 年洛阳陷于匈奴一事也许并不准确。然而,汉代大一统的概念在记忆中成为事实,而且在构建未来的过程中就像制度史中的事实一样强有力。谢和耐(Jacques Gernet)说:"汉代的主流哲学被彻底遗忘,古典文学也几乎不再为人修习。"②这不但是不准确的,而且完全忽视了坚持调和古今的人们所经受的现世和精神上的张力。不仅仅是中国的士人在同这种张力挣扎,由于汉朝向南

(接上页注)《5 世纪的道教伪经:洞渊神咒经》(*Une Apocalypse taoïste du ve siècle: le livre des incantations divines des grottes abyssales*),法兰西学院高等汉学研究所,1990 年;许理和(Erik Zürcher),《佛教对早期道教的影响:经文所见的证据》(Buddhist Influence on Early Taoism: A Survey of Scriptural Evidence),载《通报》,第 66 卷(1980 年)第 1—3 期,第 84—147 页;贺碧来(Isabelle Robinet),《道教历史上的上清启示》(*La Révélation du Shangqing dans l'histoire du Taoïsm*),法国远东学院,1984 年;柯素芝(Suzanne Cahill),《伯牙抚琴》(Po Ya Plays the Zither),载《道教资料》(*Taoist Resources*),第 5 卷(1994 年)第 1 期,第 25—40 页;雷德侯(Lothar Ledderose),《六朝书法中的一些道教成分》(Some Taoist Elements in the Calligraphy of the Six Dynasties),载《通报》,第 70 卷(1984 年)第 4—5 期,第 246—278 页。

① 谢和耐,《中华文明史》,第 172 页。这三个用词都有在谢氏一书中国中世早期文明部分的序言中(并且在同一句子里)出现:"从一开始它的特征就是国家的衰落、城市经济的崩溃以及帝国的瓦解。"

② 同上,第 172 页。

方的推进，来自其北方和西方的族群（ethnic groups）也得处理一个并不完全属于他们的过往。与中国的朋友、敌人或亲属一起，他们努力从"已然"和"应然"的冲突间寻找意义，创造出一个将为隋朝、唐朝所继承的新世界。换言之，现实政治从未与调和今古的持久努力脱节。若没有北朝混合了不同族群的统治者创造性地糅合今古，就没有唐代的政治成就。

本书各章节的作者们通过对特定的文献、碑刻和事件细致而有启发性的阅读，来观察这一时期的人们如何面对他们的过去，处理古代的遗产。本书作者们所处理的都是相当棘手的历史材料——那些独特，甚或是怪异的人物的思想、行动和创造。尽管各章自成一体，却有着连贯的论题和主轴，以及共同运用证据的方法，开启思考这一时期历史文化的新方向。为帮助读者看见这些内在联系，我们在此探讨几个最重要的主题——中心与边缘，分界和桥梁，群体性质和军队性质。在1996年的研讨会上，讨论最频繁、争论最激烈的论题就是族群性（ethnicity）。（当代历史学家对族群的分类在多大程度上反映了事实？随着时间流逝，那一事实又改变了多少？）相比之下，中世早期生活的常数——战争和关于战争的流言，统帅与军队——便显得乏人问津。在所有的讨论中，军队的存在只被当成一个历史背景。因此，本引言所要做的，便是清楚展示常驻军队的存在，是如何与阶级和族群的分化、建立强大中心的政治努力以及创造意义的文化努力密切相关。

无法维持的中心

一个皇权国家的崩解就像它的创建一样，是一个漫长而复杂的过程。公元220年汉朝末代皇帝的逊位，以及311年帝国随着洛阳沦陷而终结，成为中国社会缓慢却真实的变化的象征。这些象征也成了想象世界的一部分，但并非每个人都以同样的方式看待它：有的哀悼汉朝末代皇帝的逊位，有的则促成了逊位的发生。

某些人认为降临在欧洲北部的所谓黑暗时代，在中国中世早期从未发生①。贸易将大都市中心联系起来，艺术兴盛，古典的传统得到延续，没有明显的中断。官僚体系的概念至少保存下来，并且在 5 世纪末期和 6 世纪的大规模国家建构中，再次被采用。

然而，(政治)中心并未能站稳脚跟。当然，汉朝天子从未拥有至高无上的权力；现实从未完全符合汉代帝制思想家所标举的理想。但在相当长的一段时间，秩序和正统依然从一个占统治地位的轴心向外辐射。当人们对皇权的信仰逐渐凋零、皇帝不再代表"经书中显示的自天而来的道德秩序"②，中央政府越来越无力对农民课税，并难以将他们征募到政府军队中。在先前的几个世纪，我们看到权力的平衡以各种方式从中心显著转移到了边缘。这一趋势在社会领域最明显：本地精英愈加稳固、独立地发展，他们用"士"这一古老名称来合理化并定义他们在地方和面对全国的地位③。陶潜(365—427)的《归去来兮辞》序就是从中心向边缘移动的一个回响。这篇序告诉我们，陶潜为官赴任才几天后，便"眷然有归欤之情。何则？质性自然，非矫厉所得；饥冻虽切，违己交病"④。他从一个帝制国家残留的大和谐回到了家庭和农田的小和谐，并留下一个情感丰沛的解释。

在其他方面也能看出如此从中心向边缘的摆荡。东汉(25—220)时，西部尤其是北部边陲的各个群体愈加桀骜不驯。在汉代的大部分时间里，匈奴帝国把中亚各群体凝聚在一起，而这个汉朝的翻版主要依赖中国的资源⑤。东汉时期，匈奴统治的崩溃引发了这些群体的分崩离析。如今，我们以语言族群的归类(ethno-linguistic categories)来理解这些群体，比如"Särbi"(这是根据汉语"鲜卑"来拟音还原的原

①　霍恩，《在汉朝的阴影下》，第3—4页。

②　见本书(译者按：即《文化与权力》，下不赘)，第 200—241 页，康达维(David Knecht-ges)撰写的一章。

③　有关这些变化的概述，可看伊沛霞，《东汉经济及社会史》(The Economic and Social History of Later Han)，收杜希德、鲁惟一编，《剑桥中国史》，第 1 卷，第 608—648 页。

④　见本书，第 75—98 页，侯思孟(Donald Holzman)撰写的一章。

⑤　有关这些问题的讨论，可参看巴菲尔德(Thomas Barfield)，《危险的边疆：游牧帝国与中国》(The Perilous Frontier: Nomadic Empires and China)，布莱克韦尔(Blackwell)出版社，1989 年。

字），而非从政治隶属上称之为"匈奴"①。这些群体于是在中国边境扮演着各种各样、时相冲突的角色。今年的劫掠者可能在明年成为中国军队日渐重要的补给力量。他们尽管在语言、习俗或生活方式上并不算是"汉人"（Chinese），却也不完全是外族。许多这类社群就在大草原和耕种地区之间的边境生活了几个世纪。

这些群体（语言族群）是多样的。他们有的使用各种古代藏语，有的操着突厥方言。一般认为，中世早期最重要的鲜卑族，使用的是一种古老的蒙古语。不管使用何种语言，必须认清的是这些语言族群的归类并非僵硬固定的区别。相反，它们一直处于一种互动与重新融合的状态。比如，在非常早期的鲜卑历史里，公元 1 世纪末期匈奴末代首领覆没逃亡之后，"于是鲜卑三万余落，诣辽东降，匈奴及北单于遁逃后，余种十余篡落，诣辽东杂处，皆自号鲜卑兵"②。

自称"鲜卑"的群体从未形成一个持久且支配众人的政体。但在 3 世纪时，他们当中和周遭开始形成更小而紧密的"民族"（nations）③。这些"民族"是复杂的政治实体，超越了语言族群的界限，由个别群体和个人组成，建立在他们的忠诚及共享的信念之上。一个不起眼却有代表性的例子就是乞伏：它是好几个族群的混合，从阴山北部的草原来到相当于今天内蒙古境内的边疆地带。只有核心的乞伏氏族明确属于鲜卑，其他则是突厥。正如民族的形成有时围绕着神话，乞伏亦然。据说，进入阴山地区后，他们遭遇到一只龙形巨虫（《晋书》："状如神龟"）。他们向这只巨虫献上一匹马作为祭品，并祈祷："若善神

---

① "匈奴"一词是有一定的复杂性。狭义上，它是指一个特定的语言族群（ethno-linguistic group）；可参看蒲立本（E. G. Pulleyblank），《史前和历史早期的中国人及其邻居》（The Chinese and Their Neighbors in Prehistoric and Early Historic Times），收吉德炜（David N. Keightley）编，《中华文明的起源》（The Origins of Chinese Civilization），加州大学出版社，1983 年，第449—452 页。但这一名词亦往往指匈奴建立的、包含各种各样群体的联盟。

② 见《三国志》，卷30，第837 页，引用的王沈《魏书·鲜卑传》（本文所引"正史"，均为中华书局点校本）。有关"落"这一特殊用法，可参看余英时（Yü Ying-shih），《汉朝对外关系》（Han Foreign Relations），收《剑桥中国史》，第1 卷，第443 页，注206。

③ 对近代以前"民族"这一概念的综述，可参看阿姆斯特朗（John A. Armstrong），《民族主义以前的民族》（Nations Before Nationalism），北卡罗来纳大学出版社，1982 年。

也,便开路;恶神也,遂塞不通。"突然,巨虫消失了,出现一个男孩。这个男孩长大以后成为乞伏可汗,勇敢的半人半神。根据传说,这个圣子的继承人"并兼诸部,部众渐盛"①。

此处我们看到,在一个占主导地位的语言族群(鲜卑)周围,发展出了一个复杂的政体,建立在一支军队之上,以共有的神话为基础。虽然证据并不充分,那些曾经分离的群体在文化上融合得有多紧密,也很难说。比如,他们是否使用共同的语言,不得而知。但他们确实曾联合起来,推进到了居住着以汉人为主的农民的肥沃边疆。乞伏国形成后不久,拓跋氏在这一地带兴起,成为边陲地区中部(即"代"地区,从呼和浩特向东南延伸到大同)最强的势力。3世纪中期,乞伏的首领率部迁移到今天的甘肃省一带。乞伏国在那里存在了一个多世纪,之后建立了可能是十六国中最小的一国——西秦(385—431)。

洛阳的陷落揭开了十六国时期(304—439)的序幕,新兴的小国彼此争夺对黄河平原丰饶土地的控制权。而拓跋氏的崛起为这段时期划下句号,建立北魏(386—534),将包括少数汉人在内的许多个语言族群结合成一个民族,由聚居在代边陲地区的"国人"所组成。这群人所蓄积的力量凝聚成骑兵,有着共同交织的军事文化,这就是北魏统治者最终派遣去统一帝国古老的心脏地带的部队。一个世纪之后,北魏孝文帝元弘(471—499年在位)于494年将国都从代南迁到300多英里外的洛阳。于是洛阳在陷落近两个世纪后再度繁荣起来。在迁都之前,元弘便推行了"汉化"(sinication)政策。他从自己的汉人臣民中大量汲取传统以重构其君主政体。鲜卑人采用汉人姓名,皇室则改姓元,意思是初始。朝廷上即使是鲜卑人也必须使用汉语,穿着汉服。鲜卑人同汉族精英通婚受到鼓励②。这些举措随着朝廷迁都洛阳

---

① 《晋书》,卷125,第3113页;《魏书》,卷99,第2198页;洪涛,《三秦史》,复旦大学出版社,1992年,第129—132页。

② 有关这方面的讨论,可参看丁爱博,《精英世系与拓跋氏的调适:495年敕令之研究》(Elite Lineages and the T'o-pa Accommodation:A Study of the Edict of 495),载《东方经济及社会史学报》(Journal of the Economic and Social History of the Orient),第19卷(1976年)第1期,第61—88页。

而加快。多数战士仍留在边疆,然而在那里我们也能看到汉文化同鲜卑文化的融合,即使步伐较慢。

洛阳在 25 年内变成了一个有 50 万人口的宏伟城市,有壮丽的宫殿,雅致的别墅以及 1000 多所佛寺。许多鲜卑贵族在自家本地同汉人氏族一同生活,一方面没有完全抛弃他们自己的生活方式,一方面也完全熟悉了汉人的文化传统。然而,迁都仅仅一个世纪后,代地区专门化的军人于 523 年爆发了动乱(六镇之乱),导致大量边境居民涌入内地,以及 10 年后北魏朝的灭亡。魏于是给分割成两个政权,由军事领袖统治。最终由北齐(551—577)取代的东魏(534—550)占据了黄河平原,接受了大多数从代移居来的民众。由宇文家族统治的西魏(535—556)则以渭河谷地为中心。557 年,一个宇文家族的男孩被推上了王位,成为周(北周,557—580)的首位君主,于是结束了魏的统治。

北方旧帝国的领土就这样被边境地区的军队统治了 3 个世纪。尽管他们是由可以辨识的核心集团组成,本质上却都是"部落"(hordes)而非族群,是建筑在共同的政治军事目标上的联盟。因而,他们在边境的形成,显示的是与其从中心向边陲移动同时发生的另一层面:专门化军队的产生。这不仅发生在中国的边陲,也发生在内陆。在南方,虽然与北方相当不同,我们也能看到位于建康(今南京)的东晋(317—419)朝中,军队本质和角色上的变化——尤其当这个本身由军队力量创建、维持的政权,在 5、6 世纪沦为一连串不稳定的军事独裁统治时,最为明显[1]。

大型军队的建立是战国时期(公元前 403—221 年)以来的一个重大发展。这样的军队,有成千上万的士兵,多数是农民。在秦(公元前221—207)达到了顶峰,同时出现了规范化的征兵制度[2]。其他不固定的兵源,诸如雇佣来的援军、罪犯、奴隶等,是一直存在的。然而,正如

---

① 王仲荦,《魏晋南北朝史》,上海人民出版社,1979—1980 年,上册,第 61—88 页。
② 有关中国军队从秦汉时代到中世早期的发展,可参看陈玉屏,《魏晋南北朝兵户制度研究》,巴蜀书社,1988 年。

农民是国家形成的经济基础一样,他们也是军队最基本的兵源。这种情况在西汉(公元前206年—公元8年)持续了一个多世纪。但在汉武帝(公元前141—87年在位)大兴干戈时,这种制度已经开始衰落了。在征服边远的西北地区和同匈奴的战争中,补给线越拉越长,武帝军队中来自长安北部边境的募兵以及被明确称为"胡兵"①的成分就越来越大。

东汉时期,政府越来越难从农民中征兵了。同时,很大程度上也由于同样的缘故,支付汉人佣兵和胡人援军也变得困难。作为皇权最重要基础的政府军队开始衰弱,由犯人和奴隶组成的士兵越来越多,而农民并不响应政府军队的募兵,而隶属于地方军阀的"部曲"②。

这些发展在公元2世纪后期黄巾起义时达到了新的水平。为了建立一支新的强大常备军,在皇位上的灵帝(168—189在位)挺身而出,成为积极的统帅。皇帝亲自领军,在几个世纪以来还是头一次③。然而,他的努力失败了。因为他这支"西园军"的将军们几乎不肯去战场上冒风险。于是权力被董卓(192年卒)和曹操(155—220)之流攫取,他们亲自率领战斗,同军队的关系很亲近。

正是在这一时期,我们在中国内陆看到了一些变化,在某些方面同边疆民族的发展类似——就是"兵户"的建立,一个新的合法户籍,从根本上区分了士兵与普通农民④。这些兵户一般说来也以务农为生,但同时也有义务以"父死子继"的方式世代服兵役⑤。他们集中在

---

① 有关中国军队从秦汉时代到中世早期的发展,可参看陈玉屏,《魏晋南北朝兵户制度研究》,巴蜀书社,1988年,第16页。

② 见毛汉光,《中古上流社会家庭性质的演化》(The Evolution in the Nature of the Medieval Genteel Families),收于丁爱博编,《中国中世早期的国家与社会》,第78—79页。

③ 188年,灵帝"坐华盖下,阅兵,自称无上将军"——这是东汉皇帝首次使用一个附加头衔(贝克,《汉朝的覆亡》,第326页,引用《后汉书》,卷8,第356页;《后汉纪》,四部丛刊本,卷25,第9b页[第303页])。

④ 见陈玉屏,《魏晋南北朝兵户制度研究》;唐长孺,《魏晋南北朝隋唐史三论》,武汉大学出版社,1992年,第53页及以后、第179页及以后。

⑤ 见陈玉屏,《魏晋南北朝兵户制度研究》,第48页及以后。这些户籍有"兵户"、"士家"等不同的名称。

特定的区域,相对来说比较容易控制。这种兵户的来源五花八门,包括亡命之徒、难民和残兵败将(比如,黄巾军之"花"给迁移到曹魏都城邺)。受控制的少数族群是另一来源;比方说,5世纪上半期将结束时,大约有20万"蛮人"被解送到建康,在那里作为兵户服役①。

曹魏政权总体上是善待兵户的②。但在晋代,兵户的地位迅速下降。随着帝国的瓦解,北方的形势改变了;至少在初期,边境上涌现的混血民族为其同胞提供了明显高于一般国民的地位。然而晋室南迁后,兵户的地位却持续降低。西晋兵户的成员能够通过立战功而晋爵,从而脱离原有身份,而在东晋和南朝,"一旦你的名字为兵役玷污,身份就将代代相传"③。军队中混入罪犯和俘虏使情况更加恶化。可以理解,兵户的反应是试图逃出这一困境,因此给政府军队的维持带来持续的困扰。由此带来了不祥的预兆,6世纪时的王孙和大权在握的官僚愈发倾向于建立私人的雇佣军④。

这些发展反映出社会和政治的深刻变化。主要军事力量的核心个体开始源自独特而专门化的社会群体——军事化的社群及小社群。无论军队来自社会阶级的底层(兵户)还是结集于中国的边境(那些在洛阳沦陷后的中国北方卷入权力争夺的边疆民族),都是这种情况。

尽管边疆国家的居民确实拥有更多马匹并擅长骑术,却并不见得比中国内陆的人勇武善战。然而,更为根本的(致胜因素)是,他们多元而不固定的本质,使他们可以被整合起来,形成大型而统一的集团,能够征服人数众多却零碎、星散在中国内陆的民兵。

---

① 见陈玉屏,《魏晋南北朝兵户制度研究》,第148—149页。关于被俘的蛮人,见《宋书》,卷77,第1996—1998页。(顺带一提,这是沈约一个亲戚沈庆之所干的事。亦应注意在一些情况下,北方少数族群的成员也会被征用。)尽管我们确实没有足够资料,陈玉屏估计这种做法在往后几十年也有继续。

② 陈玉屏,《魏晋南北朝兵户制度研究》,第128页。

③ 唐长孺,《魏晋南北朝隋唐史》,第180页。

④ 这种情况亦促使梁朝皇帝萧衍为他的内城加修第三重结实的城墙,好让其朝廷一方面免受外来侵略,而另一方面亦可避免较近距离的威胁;见刘淑芬,《六朝的城市与社会》,学生书局,1992年,第67—68页。有关都城内部曲的形成,亦可看看《南齐书》,卷27,第507页。

与古人对话

权力有赖于军队的暴力和威压,但如何利用这种权力,则取决于个人对世界的理解以及他在世上的责任。在一神论宗教的经文中,终极真理和权威来自一位超越时空的神。在中国,权威则来自古代,更确切地说,来自古代的观念:来自圣人的先见之明。圣人在历史的黎明时期洞察到了世界的根本之道,相应而规范出一套人类文化的理想形态,并将这些规范借由经书传给后世。这些经书就是文明的经纬。传统历史学将它们的起源追溯到西周(约公元前 1100—771 年)黄金时代。正是在这第一个帝国时期,经文给编辑成正典,成为强势正统思想的基础。

尽管中国中世早期变动无常,当新的人群和新思想汇入中国时,这些文明的经纬依旧留存。这首先是因为上层阶级人士一般都有阅读能力。而未受教育的军人,无论是汉人还是胡人,一旦战胜掌权,就立即将子孙送到学校,学习阅读这些仍旧富有权威性的古老文本。有教养而博学的梁皇太子萧统(501—531)①在解释他为什么没有将经书收入他编纂的《文选》时写道:"若夫姬公之籍,孔父之书,与日月俱悬,鬼神争奥。"②

经书也在考选文官中占据了重要位置。丁爱博在《科举考试和来自西北的证据》(Civil Service Examinations:Evidence from the Northwest)一章中,借由描述十六国之一的西凉(400—421)在 408 年的考试中对《诗经》和《左传》的应用,说明了考试在这一时期的文官选拔中扮演的重要角色,超乎以往学界的认识。西凉在甘肃走廊一带只存

---

① 《梁书》的萧统传(卷 8,第 165 页)赞扬萧氏 3 岁习《孝经》、《论语》,5 岁能诵五经。

② 《文选》序;译文见康达维,《文选》(Wen xuan, or Selections of Refined Literature),第 1 册:《京都赋》(Rhapsodies on Metropolises and Capitals),普林斯顿大学出版社,1982 年,第 87 页。对萧统更详细的描述,可参看康氏一书,第 4 页及以后;以及本书,第 200—241 页,康达维撰写的章节。

在了几十年，王室自视为汉人，而且自觉地试图保持（汉人）传统。尽管如此，应试者对经书的运用却差强人意。丁爱博写道，他们的答案"相当马虎"，时而完全是错的。一位我们只知道名叫"咨"的考生将书写的起源追溯到仓颉、文王和孔子，按当时通行的说法那并没错，但他接着逸出正轨，扯上了《易经》。丁爱博指出，《易经》对文字体式并无影响。

经书在中国中心地域的命运要好些。在 4 世纪停止了一段时间后，南方和北方都设立了太学。比如在洛阳，东汉和曹魏时期刻成的石经给保存了下来。北魏孝文帝元弘设立了"劝学里"作为太学的校址①。私人教育则对延续礼仪之学更为重要。裴士凯在他有关《周礼》的一章（《形与质：6 世纪中国的仿古运动》[Form and Matter：Archaizing Reform in Sixth-Century China]）里讨论了这一点。

侯思孟（Donald Holzman）在《与古人对话：陶潜对孔子的质问》（A Dialogue with the Ancients：Tao Qian's Interrogation of Confucius）一章里，生动地描绘了古典传统的延续，或根本上说是古代记忆的延续。正如侯思孟指出的那样，不能把陶潜当作"中世早期思想"非此即彼的二维式表现。陶潜是个太复杂、太有趣的人物，很难一言以蔽之。但他确实召唤出往昔，对当下所处的社会环境作出了反应。在内心深处，他感到一种"绞痛和内疚"。陶潜出身寒门，祖上是地方小士族，甚至可能都不是汉人。他早年努力晋身仕途，但情况并不遂他心愿。回到自己的小小庄园，他的心同时也回到了过往："但恨殊世，邈不可追。"②追求更有意义的生存不但驱使他逃离官场，梦想一个乌托邦式

① 杨衒之著，范祥雍校注，《洛阳伽蓝记校注》，上海古籍出版社，1978 年，卷 3，第 145—146 页；译文见王伊同（Yi-t'ung Wang），《洛阳伽蓝记》（A Record of Buddhist Monasteries in Lo-yang），普林斯顿大学出版社，1984 年，136—138 页。史料告诉我们，早在 423 年，拓跋氏的首领就去"观石经"了（《魏书》，卷 3，第 63 页）。尽管在刘宋时期石经曾被提及（《宋书》，卷 14，第 360 页），南朝其他正史则没有提及它们。

② 在少量可靠资料的基础上，论者一再提出这行诗来自的一首诗是一个 40 岁的人在人生一个重要转折点写成；可参看戴维斯（A. R. Davis），《陶渊明》（T'ao Yüan-ming），剑桥大学出版社，1983 年，上册，第 15 页；以及本书，第 75—98 页，侯思孟所撰章节中的评述。

的"桃花源",更促使他同最受尊敬的古人孔子展开对话。陶潜感到需要回应那些以孔子之名提出的道理。他用心而尊敬地倾听,然后提出自己的看法:"即理愧通识,所保讵乃浅?"①

陶潜认识到自己在保存传统中的某些要素时,忽视了其他的要素,于是感到愧对"全知"的孔子。这种对传统自觉地重新处理很少出现在缓慢而稳定变化的时代。然而,在迅速而剧烈变动的时代,一些人会打开传统的宝匣,有意识地活用其中的内容。中国中世早期就是这样的一个时代;熟知古代的人很清楚"时代变了"的事实。

因此,陶潜与孔子进行了双向的谈话,真正的"对话"。其他心智没那么发达的人也有意识地使用传统的某些部分,但并非完整的传统,正如我们在丁爱博讨论科举考试那一章里看到的狐疑托马斯群(Doubting Thomases)一样。与三家分晋有关的考题,集中在智伯攻打赵襄子的事件上。围攻晋阳时,智伯让汾水改变了流向,河水越过晋阳城墙,只有"三板"免于没顶之灾。有意思的是考生们明显怀疑经文的记载属实。咨对其可能性表示嘲讽,另一考生马骘评论说,"称过其实"。两位考生一致认为,如马骘所述,"不没三板者,盖美襄子"。

过去也同现在联结着。西凉的考试中,考生被要求讨论诸如人从纯朴的堕落以及——更有意思的是,在书法繁荣的时代里——文之起源及后世书体改变之源之类的问题②。这一主题在萧统所撰的《文选》序文中得到了更详细而精致的论述③:"式观元始,眇觌玄风,冬穴夏巢之时,茹毛饮血之世,世质民淳,斯文未作。"在指出伏羲创造文字之后,萧统继续描述《文选》中所收录主要文类的发展。如康达维(David R. Knechtges)在《去芜存菁:中国中世早期的文选》(Culling the

---

① 见侯思孟在其章节第88页的引文。

② 见本书,第99—121页,丁爱博所撰章节。

③ 康达维译,《文选》,第1册,第73页。关于这种倾向的另一个例子,可看诗人沈约对园林起源的讨论;见马瑞志(Richard B. Mather),《隐侯诗人沈约(441—513)》(The Poet Shen Yüeh〔441—513〕:The Reticent Marquis),普林斯顿大学出版社,1988年,第192页。

Weeds and Selecting Prime Blossoms：The Anthology in Early Medieval China)一章中所论，调和古今是《文选》的一个重要主题。

鲍照(约414—466)注视着汉代古城广陵(位于长江北岸，近今扬州市)的遗迹，在《芜城赋》中伤感地把他所处的时代同早先的时代作了比较："当昔全盛之时，车挂轊，人驾肩，廛闬扑地，歌吹沸天……出入三代，五百余载，竟瓜剖而豆分。泽葵依井，荒葛罥涂。"[1]

遗址和遗物是召唤回忆的巨大力量。至少，它们是元弘在5世纪后期将国都从代迁到洛阳的原因之一。遗迹自汉代以来就留在那里，比如灵台和辟雍堂。早已死亡的人鬼魅般的遗物也残留在那里[2]。裴士凯在《形与质：6世纪中国的仿古运动》一章里，告诉我们军事入侵者宇文泰(506—556)是如何率领手下到昆明池的古迹去游玩的。昆明池是在西汉长安的宫观间开凿的人工湖。正是在这次出游时，因部众对此地(历史)的无知而气馁的宇文泰头次遇到了苏绰(498—546)，给了他依照《周礼》重组政府结构的想法。

对于北方的元弘和宇文泰来说，造访某特殊地点唤起了情感，至少是类似回忆的氛围。在南方则倾向将根本的认同转移到可移动的物件上，或是在地图上可以亲临的地点。在沈约(441—513)《钟山诗应西阳王教》一诗中，汉朝都城中的名胜给应用到南方的地点上来[3]。比方说，建康北边的玄武湖就在诗中被改称为"昆明池"。这里涉及两种联系古今的方法：不可移动的地点同可以转移的本质。两者之间的反差，在一个南方人和一个北方人的赠答诗中活灵活现地显示出来(下文还要提及)。南方人写道，一个可以转手的物件，"秦皇玉玺，今

---

① 康达维译，《文选》，第2册，第253页及以后。关于这首诗的背景，可参看康达维，《鲍照的〈芜城赋〉：创作年代及背景》(Pao Chao's "Rhapsody on the Ruined City"：Date and Circumstances of Composition)，收《饶宗颐教授75岁华诞纪念文集》(A Festschrift in Honour of Professor Jao Tsung-i on the Occasion of His Seventy-Fifth Anniversary)，香港中文大学出版社，1993年，第319—329页。

② 《洛阳伽蓝记校注》，卷3，第140页；译文见王伊同，《洛阳伽蓝记》，第133、161—162页。

③ 可参看马瑞志在《隐侯诗人沈约》第15页及以后的翻译和讨论。

在梁朝"。北方人恼了,(搬出不可移动的江山,)回敬说"我魏膺篆受图,定鼎嵩洛"。

分界、屏障和桥梁

我们用以将人类分门别类的方式主要是基于一些真正的差异:鼻子的形状、服装的剪裁、使用的言辞、喜好的食物,头脑和书本中充塞的理念等。根据这些差异,我们用各种标签将自我同他人概念化,并倾向将世界二分为野蛮与文明、善与恶[1]。但无论这些分类是如何开始的,被贴上标签的群体时而可能会迅速地改变,但原有的标签还在被继续使用。在这一时期特有的众多区分中,最显著的有社会上的高低之分,纯杂之分;文化上的文与武之分,以及地缘政治上南与北的划分。

当然,界限的划分也是以汉人和其征服者之间的族群区分为基础的。然而必须记住的是,虽然一些鲜卑人可能确实如他们的传说所述远道而来,许多其实在中华帝国的边缘居住了相当长的时期。在帝国崩溃后的长期动乱期间,他们发展成为民族,有自己的名称和神话,提供一种集体认同。这种集体认同,在他们面临危难时,以及在仿效内地军队开始掠夺中国物资时,格外有用。这些新创建的民族的首领们也很快为书籍所吸引——或者至少被书籍中他们想得到的东西所吸引。一个在宁夏固原发现的北魏式坟墓在形式和内容上都很有代表性,明显是为一个鲜卑贵族而修建的。除了棺材里的马镫和剑之外,棺材外一幅男性盘腿坐像(很可能就是死者的画像)被描绘成如同亚洲另一端的哒人(Hephtalites)一般。然而,也有中国的成分混合在这复杂的交织中——比如,在棺材盖上的西王母形象,和在棺材两侧的中国传统伦理故事图画,诸如关于因纯孝而获得一罐黄金的郭巨之

---

[1] 关于这些倾向,可参看谷棣(Jack Goody),《野蛮思维的驯化》(*The Domestication of the Savage Mind*),剑桥大学出版社,1977 年,尤其第 1 章和第 8 章。

类。伦理故事的主人公穿的却不是传统汉人服装，而是鲜卑人的①。有意思的是，除了军事论着外，《孝经》是少数被翻译成鲜卑"国语"的典籍之一②。

这些变化并非顺利而循序渐进地发生。相反，它们在文化互动的漩涡中以不同形式、在不同情境下产生。司白乐在《混杂的活力：5世纪佛教艺术中的记忆、模仿、与意义配对》（Hybrid Vigor：Memory，Mimesis，and the Matching of Meanings in Fifth-Century Buddhist Art）一章里为我们描述了地方化的过程——一个特定群体在特定地点的文化整体的建立。讨论是围绕长安地区一块 471 年刻成的佛教石碑展开的。石碑的背面刻有须弥陀（儒童）的故事，是历史上的佛陀释迦牟尼的前世化身。石碑上的画像运用了清晰可辨的肖像元素，在观看者心中唤起一个已知的故事。同时，正如司白乐所说，它"化古老为新颖"，通过将释迦牟尼的出世地点放到中土，来把故事从印度传到中国。但中土也不是个简单的地方，因为汉族和鲜卑族服装交杂的图案"令人质疑'本土'的涵义"。须弥陀被生为鲜卑人，有段时间里看来好像汉人，但后来又恢复了鲜卑身份。石碑底座捐赠人的画像显示出同样的复杂性：有些男人穿着鲜卑服装，但女人穿着汉人服装。司白乐提出，尽管这大约描绘的是与异族通婚的捐赠者家庭里各类成员所穿的各种服装，更可能的情况是"这一［图像］安排是长安佛教团体惯用的模

---

① 丁爱博，《鲜卑及其对中华文化影响的新探索》（A New Look at the Xianbei and Their Impact on Chinese Culture），收桑山（George Kuwayama）编，《中国古代丧葬传统：中国丧礼陶塑论文集》（Ancient Mortuary Traditions of China：Papers on Chinese Ceramic Funerary Sculptures），洛杉矶县艺术博物馆，1991 年，第46—47 页，引用了固原县文物工作站，《宁夏固原北魏墓清理简报》，载《文物》，1984 年第 6 期，第46—56 页；孙机，《固原北魏漆棺画研究》，载《文物》，1989 年第 9 期，第38—44 页；以及其他资料。有关该棺材的更多信息，参见卡莱茨基（Patricia Eichenbaum Karetzky）、苏泊（Alexander Soper），《一具北魏漆棺》（A Northern Wei Painted Coffin），载《亚洲艺术》（Artibus Asiae），第 51 卷（1991 年）第 1—2 期，第5—28 页；苏泊，《谁的尸体？（向萨耶斯致歉）》（Whose Body？［with apologies to Dorothy L. Sayers]），载《亚洲研究》（Asiatische Studien），第 44 卷（1990 年）第 2 期，第205—216 页。

② 《隋书》，卷32，第935 页；引用于丁爱博，《鲜卑及其对中华文化影响的新探索》，第59 页，注87。由于没有现存例子，我们不能清楚了解这"国语"的性质。也许跟日文和多种内亚书面语一样，汉字会被借用来代表语音。

式,作为一种有效的族群——政治折衷,就像叙述佛教故事的场景一样,兼容并包的内涵是大众所喜闻乐见的。这时,汉、拓跋、狄、羌以及可能其他陕西境内的族群和部落间的通婚,创造出了一代长安人。毫无疑问,他们的族群生活方式——正如表现在服装上一般——与其说是血统问题,不如说是喜好、方便和机会主义的问题"。

几十年后,我们看到另一种文化杂糅的形式出现在洛阳。魏的皇子们开始选择性地为自己披上中国文化的装扮:"或博通典籍,辨慧清恬。风仪详审,容止可观……又重宾客。至于春风扇扬,花树如锦,晨食南馆,夜游后园。僚寀成群,俊民满席,丝桐发响,羽觞流行,诗赋并陈,清言乍起,莫不饮其玄奥,忘其褊郄焉。"①

这样的活动有时被简单看作是蛮夷向文明屈服了。但到北朝末期(并且延续到唐代),我们看到一种能同时操纵几种传统的能力,自觉地在不同时机戴上不同的面具,方式近似热河的满族首领。比如,550 年前后,宇文泰把祖上是鲜卑族的长孙俭派到南方,作为北魏在荆州(今河南邓县)的刺史。在洛阳长大的长孙俭是一个有教养的文人,相貌堂堂,"声如洪钟"。有一次,在会见一个从建康来长安的南朝使臣时,长孙俭身着战袍,以军礼相见。他并未同来客直接交谈,而使用了鲜卑语,让助手翻译。但在当晚,长孙俭改头换面,身穿短袄短裙,头戴薄纱帽,邀请客人到另外一间厢房赴宴。席间他用汉语交谈。梁使臣既惊又喜,在离去时小声说:"[此人]吾所不能测也。"②长孙俭选择了什么时机以什么样貌示人。

当文化交融时,血统也在交融。北朝后期,"汉"与"鲜卑"的豪族已经不是两个泾渭分明的团体了。554 年,宇文泰攻下的江陵,把身世显赫的王褒(琅邪王氏)强行解送到北方后,这样引见自己:"吾即王氏甥也,卿等并吾之舅氏。当以亲戚为情,勿以去乡介意。"③此处,鲜卑族的宇文泰声称同汉族精英有亲属关系,尽管他的舅母很可能连汉

① 《洛阳伽蓝记校注》,卷4,第201—202页;译文见王伊同,《洛阳伽蓝记》,第180页。
② 《周书》,卷26,第428页。这一事件发生在推翻梁朝的侯景之乱后。
③ 《周书》,卷41,第731页。

人都不是①。这种竭力攀亲缘的努力必须放在时代的大背景下来看。在那个时代，至少在某些场合，帝国士大夫后裔的"豪族"所声称的亲缘关系，显然是伪造或者自我欺骗，或二者兼具②。因为不能跟汉帝国时代就已经存在的姓氏攀上关系，拓跋氏和宇文氏的首领就采用了一种略为不同的策略，跳过汉帝国，回到远古。就这样，拓跋氏自称是黄帝的后裔，宇文氏则为自己创制了一套始自神农的谱系。

早期中世社会，即南北朝时代，区分彼我的另一端，就是地理上的分隔——南北之分。这些分界线在一定程度上基于自然现实（地形，能防御的边疆），也是人为的创造，由谈判或征服的意愿所决定。如此，它们超越了谋略、地图或政府行政领域的意义，象征着一方是"汉"或"文明"、而另一方是"蛮夷"的人为界限。郭璞（276—324）在《江赋》中写道，长江"经营炎景之外，所以作限于华裔"③。

当然，这种将北方概念化为偏远地区的作法被几个特征削弱了。郭璞本人原先即是"偏远地区"的人，在洛阳沦陷后逃到了南方。但多数人并没有像他一样出逃，而是留了下来；尽管统治他们的是"蛮夷"之君，北方的绝大多数人口一直以来都是汉人。此外，特别是在4、5世纪，边界尚未被明确划分时，"北方"同"南方"的界线非常模糊。许多群体并不属于任何明确的政权。在这样的地区，身份不是来自"民族"的观念，而是来自个人所从属的地方社群。

更能说明问题的是，根据当时文献，北朝人和南朝人常把"蛮夷"的标签贴到对手身上。萧氏一员所著的《南齐书》将北朝统治者放在名为"魏虏"的一卷中，而魏收（505—572）在《魏书》中收录了一篇题为"岛夷萧衍"的传。拓跋氏甚至将"蛮夷"这一粗鲁的标签贴到他们

---

① 有关采用该姓氏的非汉人家庭，可参看姚薇元，《北朝胡姓考》，北京：中华书局，1958年，第254—256、273—276、324—326页。关于这一问题的另一观点，可参见柏夷为本书所撰章节，第316—317页，注31，提到有关宗教上对"不正当混杂"的禁律。

② 见霍姆格伦（Jennifer Holmgren），《北朝时期的世系伪造：魏收的祖先》（Lineage Falsification in the Northern Dynasties：Wei Shou's Ancestry），载《远东历史集刊》（Papers on Far Eastern History），第21卷（1980年），第1—16页。

③ 康达维译，《文选》，第2册，第325页。

一度居住过的草原的居民身上。来自南方不同区域的人们,比如西南的蜀和东南的越,以彼此贬抑以及贬抑北方人为乐①。

真正的区分彼我,在南朝同北朝的文化影响力与政治权威性的竞争中最为明显。洛阳的一次宴会上,长期镇守边境的梁将陈庆之(484—539)同北方汉人杨元慎(生卒年不详)的争吵是一个典型的例子。529 年,陈庆之奉萧衍(464—549;502—549 年在位)之命,率部奉流亡的魏皇子元颢(529 年卒)回洛阳即位。宴席间酒酣耳热之际,陈庆之突然冲口说出:"魏朝甚盛,犹在五胡。正朔相承,当在江左,秦皇玉玺,今在梁朝。"杨元慎时为魏中大夫,作了言辞激烈的长篇反驳,将魏展现为顺天承运的形象,而南方政权则是一个充满瘴疠之气、恶风败俗的所在:"江左假息,偏居一隅……短发之君,无杼首之貌,文身之民,秉蠹陋之资……礼乐所不沾,宪章弗能革……虽立君臣,上慢下暴。是以刘劭弑父于前,休龙淫母于后。见逆人伦,禽兽不异……我魏膺箓受图,定鼎嵩洛。五山为镇,四海为家。移风易俗之典,与五帝而并迹……岂卿鱼鳖之徒……何为不逊。"②

根据这段资料,陈庆之被杨元慎"清辞雅句,纵横奔发"制服了,"杜口流汗"。或许因为不堪承受这番抨击,陈庆之心上一阵急痛。杨元慎主动为他驱邪,先在这个南方人身上喷了满满一口水,接着继续大发议论:"吴人之鬼,住居建康……乍至中土,思忆本乡,急急速去,还尔丹阳。若其寒门之鬼……布袍芒履,倒骑水牛……鼓棹遨游。"③在"急急速去"回到南方后——陈庆之之的部队规模很小,在洛阳掠夺强占无所不为,很快就被赶了出去④——陈庆之给任命为北司州和南司州两个至关重要的边境州的刺史。在那里,来自北方的作者告诉我们,陈庆之因为在洛阳之行受到很大震撼,对北方人备极礼遇。

---

① 《北齐书》,卷 32,第 428 页。

② 《洛阳伽蓝记校注》,卷 2,第 117—118 页;译文见王伊同,《洛阳伽蓝记》,第 113—116 页。

③ 《洛阳伽蓝记校注》,卷 2,第 118—119 页;译文见王伊同,《洛阳伽蓝记》,第 116—118 页。

④ 《魏书》,卷 21 上,第 564—566 页。

显然，叛变——双方都有的——是这一时期司空见惯的现象。元颢事件之前，在6世纪20年代后期，陈庆之被派往北方，去协助夺取一个由叛变的魏皇子献给建康的边境州。行动最后失败了，因为统帅南朝军队的梁朝皇子本人临阵叛变，于是梁军溃败①。

陈庆之和杨元慎后来在一个叫张景仁（520前后活跃）的南方人的家里相逢。此前，张景仁在魏朝廷鼓励投诚的有效策动下被引诱到了北方。魏"待吴儿甚厚，褰裳渡于江者，皆居不次之位"②。南朝也采用了类似的政策。皇子元略（528年卒）身陷518—519年的阴谋，于是南逃到萧衍那里。萧衍"素闻略名，见其气度宽雅，文学优赡，甚敬重之"。当萧衍问他，北朝有多少像他一样的人才时，元略谦虚地回答，如他一样陋鄙的人"车载斗量"。南朝的统治者宽宏大量地接待这位逃亡的皇子，给予"仪比王子"的荣耀。525年，北方形势稍微稳定些后，魏朝廷要求允许元略回国。作为条件，他们向萧衍提出放还一位梁朝将军。萧衍的答复据说是这样的："朕宁失江革[就是那位将军]，不可无王。"元略哭泣着请求回到本朝，去照顾尚存和已逝的亲眷。萧衍无法阻止这位拓跋氏皇子去尽孝道，于是准许他回国，并送他堆积如山的黄金、丝绸和刺绣品作为礼物。元略出发时，萧衍亲自送行。陪同他的100名南朝官员，每人写了一首五言诗呈给元略，"礼敬如亲"③。

---

① 《梁书》，卷32，第459页。

② 《洛阳伽蓝记校注》，卷2，第117页；译文见王伊同，《洛阳伽蓝记》，第112页。

③ 《洛阳伽蓝记校注》，卷4，第224—225页；译文见王伊同，《洛阳伽蓝记》，第197—199页。关于"亲"一词在送行的用法，可看王伊同书，第199页，注230；以及《洛阳伽蓝记校注》第225页的评注。尽管是从北朝的观点写成，但《梁书》，卷36，第524页以及卷50，第718页的记载亦可资佐证。元略在这些史料中被描绘成一个有智慧有教养的人："江东朝贵，侈于矜尚，见略入朝，莫不惮其进止。"回到北方后，元略"转复高迈，言论动止，朝野师模"（《洛阳伽蓝记校注》，卷4，第225、226页；译文见王伊同，《洛阳伽蓝记》，第198、201页）。他在回归两年后死于河阴大屠杀；其传记见《魏书》，卷19下，第506—507页。另一流亡的元氏亲王于528年到达南方；其事迹见《梁书》，卷3，第72页。亦应注意的是，萧衍把在建康的元姓亲王封为"桑乾王"，顾名思义是指作为拓跋氏早期中心地区的代地（《梁书》，卷56，第858页；《南史》，卷80，第2011页；《魏书》，卷21上，第540—541页；《北史》，卷19，第692页）。对北方亲王叛变的概述，可参看清代朱铭盘编，《南朝梁会要》，上海古籍出版社，1984年重印本，第458—459、525页。

如果有什么南北区别的话,那就是由于南方惨烈的内部权力争斗而跑到北方的人更多。比方说在 465 年,宋文帝(424—453 年在位)的儿子刘昶(436—497)抛下妻子和母亲逃到了魏,跟从他的有一群日渐壮大的支持对抗南朝的人①。在北方他受到款待,被授予一个新的爵位,接连同两位公主结婚,并不断获得褒奖,皇帝元弘还赐给他大将军的头衔。

几十年后,张景仁尾随萧宝夤(530 年卒)来到了北方。萧宝夤是齐皇室的后裔,他的堂兄弟于建康夺取皇位建立梁朝后,他逃到了洛阳②。他在北方建功立业,直到 6 世纪 20 年代后期,未能成功镇压西北的变乱,于是转向洛阳,同当地非汉人集团结盟。最终,他被俘获并被勒令自杀③。

萧宝夤在北方居留期间遇到了一个叫羊侃(496—549)的人。羊侃的祖上来自山东边缘地区,正如霍姆格伦(Jennifer Holmgren)指出的那样,忠诚在那里几乎仅限于个人所属的集团之内④。羊侃的祖父曾经仕奉刘宋,羊侃本人则在故国陷于拓跋氏之后来到了魏。在 6 世纪 20 年代的大叛乱过程中,他陪同萧宝夤到渭河河谷去,在那里光荣地战胜了叛魏的羌族人。然而,随后他再次决定在南朝政权统治下的地区定居⑤。由于表亲的阻挠和东魏派来对付他的军队的威胁,他试图将所率的万名来自当地的士兵带到长江以南去。然而,他的手下想到离开自己所属的中土一隅的前景,悲伤之际,在过境的前夜唱起了

---

① 见《魏书》,卷 59,第 1307—1312 页;《北史》,卷 29,第 1046—1049 页;《宋书》,卷 72,第 1868—1869 页。

② 《魏书》,卷 59,第 1313 页及以后;《北史》,卷 29,第 1049—1057 页。

③ 《魏书》,卷 59,第 1324 页。

④ 见霍姆格伦,《一个精英的缔造:5 世纪东北中国的地方政治与社会关系》(The Making of an Elite: Local Politics and Social Relations in Northeastern China During the 5th Century AD),载《远东历史集刊》,第 30 卷(1984 年),第 1—79 页。

⑤ 在这方面,羊侃预示了来自北方、在许多方面跟他非常相似的篡位者侯景的行动。有鉴于此,更令人觉得有趣的是羊侃在保卫建康、抵御侯景时起的主导作用;可参看皮尔斯,《侯景是谁? 是什么?》(Who, and What, Was Hou Jing?),载《中国中古研究》,第 6 卷(2000 年),第 49—73 页。

哀歌。羊侃被深深打动了。他请求他们的谅解："卿等怀土，理不能见随，幸适去留，于此别异。"①带领余部到达南方后，羊侃获得了将军的头衔，并担任地处边境的徐州的刺史。后来，流亡的魏皇子元法僧（574 年卒）邀他一同领兵击败北朝政权，羊侃回答说："实未曾愿与法僧同行。北人虽谓臣为吴，南人已呼臣为虏。今与法僧同行，还是群类相逐，非止有乖素心，亦使匈奴轻汉。"②

另一个这样走钢丝的人是王肃（463—501）。他在 493 年谋叛南齐政权失败后逃到了北方。元弘非常敬重他。他成为北魏朝廷上的显要人物，在当时的重大改革中扮演了一定的角色，还从他主上那里获赐一位公主作为新娘。王肃在北魏的适应能力是很有意思的。甫抵北方，他既不吃羊肉也不喝羊奶，而要吃鱼、喝茶。几年后，在一次皇家宴会上，人们发现这个南方人竟在吃羊肉、喝酪浆了。皇帝惊讶地问他："卿中国之味也，羊肉何如鱼羹？茗饮何如酪浆？"王肃答道："羊者是陆产之最，鱼者乃水族之长，所好不同，并各称珍；以味言之，甚是优劣。羊比齐鲁大邦，鱼比邾莒小国。唯茗不中，与酪作奴。"最后，一位魏皇子对王肃说："卿不重齐鲁大邦，而爱邾莒小国。"③

这些往复穿越边境的南北交接也发生在其他场域。尽管佛教的活动也许更为人所知，在道教中也有类似的事发生。柏夷在《陆修静、佛教与第一部道教正典》（Lu Xiujing, Buddhism, and the First Daoist Canon）一章里讨论了一块受灵宝道教影响的北方石碑，它的刻成时间距第一部道教正典的编纂者陆修静（406—477）的工作，以及关于他与一群道士"叛逃"北方的可疑谣言只有几十年。研习经典的学者也来来往往。譬如，在南方，梁朝请求魏使臣团下次带一个特别博学的人

---

① 《梁书》，卷 39，第 558 页。
② 同上。
③ 《洛阳伽蓝记校注》，卷 3，第 147—148 页；译文见詹纳尔（W. J. F. Jenner），《杨衒之和陷落的都城（493—534 年）》（Yang Hsüan-chih and the Lost Capital (493—534)），克拉莱顿（Clarendon）出版社，1981 年，第 215—216 页。王肃对北方人的回答是"乡曲所美，不得不好"。然而，有趣的是，流亡到洛阳时，王肃则主张以强硬态度对付南朝政权。齐和鲁是东周的两个大国；邾和莒则是同时期的两个小国。

过来,此人"智慧而高雅",作品包括 30 卷诗、赋、制、表、石刻、墓志、论和纪事①。

虽然政府努力使经济的边界同政治的版图相一致,有证据表明南北间的贸易是相当广泛的。4 世纪时,南北政权对这些活动都没有严格控制②。北方由拓跋政权统一后,疑心渐生,南方抑制经济交流的行动增加了。一位南朝官员在回应魏的开放边境市场的要求时说:"獯猃弃义,唯利是视,关市之请,或以觇国。"③后来,情况反转成北齐要限制这类贸易活动了。

抑制边境贸易的行动可能导致反抗和叛乱。比如在 511 年,南北在争夺边界城镇朐山(近今江苏连云港)时——朐山被一个叛变的梁朝官员献给了魏——史料告诉我们"民俗多与魏人交市,及朐山叛,或与魏通"④。派去把守该地区的梁朝将军最终被夜间攻城的当地居民杀死,这再次表明这些人既不对洛阳也不对建康效忠,而是忠于他们本地。

在经济互动的另一个层面,南北官员都在执行外交任务时,对参与贸易显示出极大热忱。其中一例,就是据说南齐使臣们蜂拥到洛阳市场去,在那里购买极其廉价的黄金和玉石。北方使臣来到建康也是如此。在梁与北齐之间的和平时期,"要贵皆遣人随聘使交易"。这句引文出自《北齐书·崔暹传》,而崔暹无疑是个罕见的特例,因为他只搜求佛经。萧衍因此对他印象深刻,而使人缮写了一些佛经送给他⑤。

贸易联系也穿越了政治界限,触及社会的较低层面。张景仁原本

① 《洛阳伽蓝记校注》,卷 3,第 133—134 页。译文见王伊同,《洛阳伽蓝记》,第 127—131 页;《北史》,卷 43,第 1591 页。关于这类文化交流的另一个例子,可看看苏泊,《中国南方对六朝时期佛教艺术的影响》(South Chinese Influence on the Buddhist Art of the Six Dynasties Period),载《远东文物博物馆通报》(*Bulletin of the Museum of Far Eastern Antiquities*),第 32 卷(1960 年),第 47—112 页。

② 关于这一论点(以及有关南北贸易的论点),可参看李剑农,《魏晋南北朝隋唐经济史稿》,华世出版社,1959 年初版,1981 年重印,第 86 页及以后。

③ 《宋书》,卷 85,第 2168 页。

④ 《梁书》,卷 16,第 272 页;《资治通鉴》,卷 147,第 4598—4599、4604 页。注意与沈约的联系(马瑞志,《隐侯诗人沈约》,第 221 页)。

⑤ 《北齐书》,卷 30,第 405 页。

住在一个自发的南方人聚居区中，一个在洛阳被通称为"吴人坊"的社区，住有大约3000多户移民。（因为对该地区感到羞耻，张景仁尽快搬到了洛阳的另一个区。）这个区的居民被允许保留他们自己的习俗，并保留自己的市场"鱼鳖市"①。从南方运来的货物包括象牙和珍禽之类的奢侈品，而马匹等则被运往南方②。

军队是另一个饶富意味的场域，可以比较南北政权，并更广泛地研究这一时代的社会结构。军队在南方和北方的社会中，都形成了一群特殊的人口，对政治发挥特别直接的作用。此外，当北方政权以更传统的中国形式重组军队，以及诸如采用"车骑大将军"这样的头衔时，南北双方的军队随时间的发展，在许多方面愈发彼此相似了。事实上，到5世纪末期，南北双方的军阶表已经不过是同一基本模式的不同版本罢了③。

不错，南北双方的军队有着显著的差异，特别是在4世纪和5世纪时，北朝就是从一撮军事化的"民族"成长起来的。尽管在北魏后期，因为犯人和奴隶也加入了军队，士兵的地位下降了，但从未下降得如南朝兵户的那么低④。北朝后期，一种源于北人族群认同的尚武文化得以复兴，并最终超越了族群认同本身。这种情况一直延续到初唐。东晋统治下，兵户是政府军队的主要兵源，不过，随着这一制度在地位、数量和战斗力上的逐渐低落，将帅们采取了一系列其他的办法来招兵买马。方法之一就是临时征兵，但是对志愿性募兵的依赖还在逐渐加深⑤。

在这些南方志愿兵中极具重要性的就是北府兵。他们作为长江

---

① 《洛阳伽蓝记校注》，卷2，第117页。译文见王伊同，《洛阳伽蓝记》，第112页。

② 李剑农，《魏晋南北朝隋唐经济史稿》，第88页。

③ 关于北魏，见《魏书》，卷113，第2977页及以后。有关北方政权合并这些头衔的缓慢程度，可参看万斯同《魏将相大臣年表》，收《二十五史补编》，中华书局，1956年，卷4，第4489页及以后。

④ 见唐长孺，《魏晋南北朝隋唐史》，第193—194页。

⑤ 同上书，第184页及以后；陈玉屏，《魏晋南北朝兵户制度研究》，第168页；《南朝梁会要》，508—511页。临事征兵的人数往往以千计，志愿入伍的人数则以万计。

下游的主要军事力量,就驻扎在建康以东的南扬州和南徐州①。出身自北方逃难来的侨户家庭,他们"人多劲悍"②,像极了宇文泰和他的同伙——一个性质特殊的难民集团,军队经常性地从中征兵,基于个人自愿。北府是东晋时期作为荆州(近今湖南江陵)重要军事中心西府的平衡力,是以建康为中心建立起来的。北府兵在著名的淝水之战中一举成名,多次参加北征,并协助击败了反叛的孙恩(402年卒)③。不过,即使是精心挑选、训练有素的部队,他们也有负面的作用,在4世纪晚期一再转而针对东晋朝廷。最终,正是从北府军中产生了南朝第一个朝代的创始人,刘裕(356—422)。

刘裕发迹后,一类新人物开始贵显,那就是来自"贫贱家庭"的寒门人士④。寒门是一个相对的术语,主要用以区别在法律上享有免税、免徭役以及获得"清职"特权的士族。如此,在一个层面上,"寒门"对任何平民的地位都适用。但在当时的文献中,"寒门"特指从军中发迹的土豪——一定程度上近似俄语的"富农"(kulak)。早些时候,在汉代,寒门的含义很不同,指的是"极北"居民⑤。在魏晋时期,这一名词获得了社会意义,在某种意义上同"蛮夷"相符,这个概念和鲍照《芜

---

① 见陈群,《中国兵制简史》,北京军事科学出版社,1989年,第91页及以后;王仲荦,《魏晋南北朝史》,上册,第357页及以后;田余庆,《东晋门阀政治》,北京大学出版社,1989年,第210—216页。

② 《晋书》,卷67,第1803页。参照桓温对此的评论:"京口酒可饮、兵可用。"(同上)

③ 关于著名的淝水之战,可参看罗杰斯(Michael Rogers),《苻坚本纪:一个典范历史的案例》(The Chronicle of Fu Chien: A Case of Exemplar History),加州大学出版社,1968年;罗氏对这场战事的真正重要性提出了异议。关于孙恩之乱,可参看宫川尚志的两篇论文,《关于孙恩卢循之乱》(孙恩盧循の亂について),载《東洋史研究》,第30卷(1971年)第2—3号,第1—30页;《孙恩卢循之乱补考》(孙恩盧循の亂補考),收宇野精一等编,《鈴木博士古稀紀念東洋学論叢》,明德出版社,1972年,第533—548页。

④ 有关寒门兴起的概述,可参看唐长孺,《南朝寒人的兴起》,收氏著,《魏晋南北朝史论丛续编》,北京:三联书店,1959年,第93—123页;对这个问题的另一个处理方法,可参看安田二郎(Yasuda Jirō),《南朝与地区上贵族社会的变迁:尤其在襄阳地区》(The Changing Aristocratic Society of the Southern Dynasties and Regional Society: Particularly in the Hsiang-yang Region),载《亚洲学报》,第60期(1991年),第25—53页,尤其第51—53页。亦可参看本书丁爱博,第99—121页;康达维,第200—241页;皮尔斯,第149—178页对这问题的评论。

⑤ 《后汉书》,卷59,第1924页。

城赋》中的句子相呼应："边风急兮城上寒。"[1]边风被视作急，但急风被看作来自边疆，从边缘吹来。

尽管刘裕自称出身"士族"，为汉朝皇子之后，他实际上来自很贫苦的家庭。他幼年失怙，作过卖鞋的小贩[2]。加入北府官僚集团后，他在征讨孙恩时立功晋级，隶属军事巨头桓玄（369—404）之下[3]。最终刘裕率北府军西讨桓玄并击败了他，继而扫平了西府（两府间的冲突将是南朝持续不衰的主题）。此后两个世纪间在建康交替兴亡的几个政权的框架，就这样搭建了起来[4]。

又比方说，南齐和梁的创建者萧氏就是来自北方、背景较寒微的流亡者[5]。他们在刘宋时开始发迹。其时萧道成（427—482）的父亲因军功而提升为太守，萧道成本人首先被任命为与北府有密切联系的南兖州刺史，后来又晋升为建康令和中领军将军。最后他夺取了权力，建立了自己的王朝。不过他仍然把自己描绘成一个布衣素族，利用眼前的机会而登上宝座[6]。

国家的实权在较低的层面也转移到了寒门手中[7]。南朝时期，关

---

① 《文选》，卷11；康达维译，《文选》，卷2，第261页。这是从源于汉代的"北风寒"的主题发展出来的。

② 《宋书》，卷1，第1页；《魏书》，卷97，第2129页。另参见《魏书》同页评注："其先不知所出。"

③ 《魏书》，卷97，第2129页。

④ 这些政权的不稳定性，至少一部分原因是可以追溯到西晋时期制定的个别政策上。西晋的开国始祖认定曹魏的败亡是因为后者把所有权力集中在中心，并因而决定逆转汉朝初期建立的先例，把地方上真正的军权交给了皇子，遂导致几十年后的八王之乱。见陈群，《中国兵制简史》，第82页。在南朝时期，这个过程会持续展现，而朝廷与地方上大权在握的皇子的争斗亦屡见不鲜。

⑤ 《南齐书》，卷1，第1页。但应留意马约翰（John Marney）在《梁简文帝》（Liang Chien-wen ti）（特维［Twayne］出版社，1976年，第17页）的提醒，即把世系追溯到汉代是有点"一厢情愿和勉强"（tendentious and contrived）。

⑥ 《南齐书》，卷2，第38页。

⑦ 王仲荦，《魏晋南北朝史》，上册，第367页；毛汉光在《中国中古社会史论》（台北联经，1988年，第88—90页）中指出，尽管4世纪时高达94%的军队职位是由知识分子担任，到了6世纪这个比例已经跌到只有16.7%。另参见陈美丽（Cynthia L. Chennault），《高门还是孤贫？南朝的谢氏家族成员》（Lofty Gates or Solitary Impoverishment? Xie Family Members of the Southern Dynasties），载《通报》，第85卷（1999年）第4—5期，第249—327页；以及康达维在本书第200—241页他所撰写的一章里关于萧衍努力把人们拉入考试系统中的讨论。

于将领"起自寒微"的记录屡见不鲜，来自卖粪肥的小贩、土匪和"不读书，所识不过十字"之人①。朝廷上举足轻重的人物是中书通事舍人，一个位阶较低的官职，绝大多数由寒门担任。关于这一职位，一个出身琅邪王氏、位居三公的人说过："我虽有大位，权寄岂及茹公？"茹公指的是茹法亮（498 年卒），他出身卑微，当时担任中书通事舍人一职②。他因为在地方多次任典签时的高效率晋升此职。这些在皇子和刺史幕府中任职、位阶相对次要的"浊位"，却通过特别是与地方军队保持联系，发展成中央行政权力的真正所在③。据颜之推（531—约590）记载，世家大族"怨梁武帝父子，爱小人而疏士大夫"④。

从寒门发迹的不止士兵和官吏，还有诗人。大约在刘裕向权力攀登的同时，陶潜——另一个出身寒门的人——却背弃了此道，不取士兵和官吏的进身之途，而退守他的小园。沈约来自长江下游的一个土豪家族，这个家族的主要亮点是靠豢养的武士发家，其中包括一些明显目不识丁的人⑤。此外，这位大诗人所属那一支系的运气并不怎么样。沈约的曾祖父因跟从叛逆的孙恩而被处死，沈约的父亲随后作了一段时间的亡命之徒。尽管他后来靠依附刘裕东山再起，在沈约年仅12 岁时，他的父亲在一次血腥的宫廷权力斗争中丧生。这位诗人在变迁的时代中崭露头角，沿着一条迥异的路走向了成功。

重 现 中 心

各种从小一统返回记忆中的大一统、再创中心的种种努力，在中世早期就开始了。这些努力表现在想像力的领域——诗歌和诗集中，

①　《南史》，卷 55，第 1376 页。其他例子，可参看王仲荦，《魏晋南北朝史》，上册，第405—406 页。

②　《南史》，卷 77，第 1929 页；《南齐书》，卷 56，第 976—977 页。

③　王仲荦，《魏晋南北朝史》，上册，第 410—411 页；陈群，《中国兵制简史》，第 95 页。

④　在颜之推《颜氏家训·涉务》一章；见王利器编，《颜氏家训集解》，中华书局，1993年，第 318 页。

⑤　马瑞志，《隐侯诗人沈约》，第 8—10 页。

也表现在宗教的发展上，诸如佛道合流的种种特征，柏夷和司白乐在他们所写章节中均有讨论①。在现实政治（realpolitik）和战争的场域中，也有这种努力的痕迹——比如人们试图把战场上的胜利转化成一个稳定、持久的政权。这些倾向在 5 世纪后期的南齐达到了一个新的高度，当时建康的伟大发展在永明时期（483—493）的文学中广为歌颂。可能南方的这些发展影响了元弘迁都洛阳的决定。

随稳定而来的是经济的发展。曾经沦为废墟的洛阳在一二十年间变成了一个繁荣的都市。在富人聚居的地区，"层楼对出，重门启扇……金银锦绣，奴婢缇衣；五味八珍，仆隶毕口"。国库充盈，以致"及太后赐百官绢，任意自取，朝臣莫不称力而去"。社会精英竞相夸富，修建富丽的宅第和花园。一位皇子"会宗室，陈诸宝器，金瓶银瓮百余口，瓯檠盘盒称是。自余酒器，有水晶钵、玛瑙盃、琉璃碗、赤玉卮数十枚。作工奇妙，中土所无，皆从西域而来"②。

尽管南朝的杯盏不可能比这更精致，刘淑芬在《建康与南朝的商业帝国：中国中世经济史的常与变》（Jiankang and the Commercial Empire of the Southern Dynasties：Change and Continuity in Medieval Chinese Economic History）一章中，证明了南方的商业发展更为剧烈，有的发展甚至成为晚唐和宋代商业革命的基础③。建康居于中心，在长江下游交织的河流、运河巨网的汇集点上。城墙内密集的人口加上四周繁荣的郊区，建康城可能有上百万人口，散布着"成行的市井"，出售从牲畜、牡蛎到丝绸和盐巴等等各种货品。城墙以南正是富人的宅第，以著名的园林为标志。园中有人工建造的山丘、溪流，点缀着开花结

① 另参见康德谟（Max Kaltenmark），《〈太平经〉的意识形态》（The Ideology of the T'ai-p'ing ching），收尉迟酣（Holmes Welch）、石秀娜编，《道家面面观：中国宗教论文集》（Facets of Taoism：Essays in Chinese Religion），耶鲁大学出版社，1979 年，第 19—52 页；石秀娜，《早期道教教主信仰中的理想统治者形象：老子与李弘》（The Image of the Perfect Ruler in Early Taoist Messianism：Lao-tzu and Li Hung），载《宗教史》（History of Religions），第 9 卷（1969—1970 年）第 2—3 期，第 216—247 页。

② 《洛阳伽蓝记校注》，卷 4，第 205、208、206、207 页。译文见王伊同，《洛阳伽蓝记》，第 187—188、195、190、193 页。

③ 另参见李剑农，《魏晋南北朝隋唐经济史稿》，第 90 页及以后的评述。

果的树木。从这些优美的郊区园林中,富人可以降临到一个"多样而易变"的世界,那里有富商和小贩、妓女和暴徒。

南方令人瞩目的经济发展,是有一些广为人知的原因的①。长江流域尽管并不算是边境,比起古老的北方中原地区,发展却相对落后,还有更多可资开发的东西。长江流域的水道提供了比北方的骆驼或牛车有效得多的运输方式,极大助长了开发的潜能②。尽管商人同贵族之间依旧在根本上是寄生关系,腐败和剥削很普遍,但南朝政权仍然发展出一套比北方诸朝复杂得多的商业税制。他们利用桥梁、渡口以及其他易于控制的地点征收市场税、消费税和关税③。渐渐地建康的功能更像是初级的海关联盟,而不仅是土地生产的管理者。刘淑芬将南方城市同北方的"区域制度"作了比较,指出南方的商业投资活动并不以特定区域为限,很可能也不为宵禁所限。建康对主要卫星城市的控制也在减弱;当皇帝在中央勉力凝合整体时,皇子们却在试图联合各个地区,建立地方权力。北朝在中央控制地方上做得更成功些,由是扼止了商业的发展。

尽管有这些差异,南北朝廷还是属于同一文化群体的。所有的王朝宫廷,虽然注重和强调有所不同,却都参与着一套广泛而共享的文化活动:作诗、修补仪礼、探索信仰——长安也是如此,即使庾信(513—581)在被俘后声称长安的居民谈吐粗俗,"如驴而鸣"。康达维在《去芜存菁:中国中世早期的文选》一章里指出,为了在建康、洛阳和邺这几个彼此对立的伟大中心建造宫室,关于汉代都城的赋被重新发掘④。甚至在都城越发富丽的同时,依赖固定财产的地方精英的财富开始相对衰落。人们越来越被吸引到中心去。

---

① 有关评述,另参见李剑农,《魏晋南北朝隋唐经济史稿》;以及霍恩,《在汉朝的阴影下》,第68—72页。

② 李剑农,《魏晋南北朝隋唐经济史稿》,第94页及以后。

③ 同上,第105页。另参见王仲荦,《魏晋南北朝史》,上册,第488页;以及《魏书》,卷68,第1510页所记载一位魏朝官员对这些差异的评述。

④ 刘淑芬(《六朝的城市与社会》,第178页)指出,这首先是为南方建康而做,之后一个世纪再为洛阳而做。

　　这些朝廷还有另一个有趣的共同特点。它们都是由从边缘发迹的人以各种不同的方式、依靠雄心勃勃的军人建立起来的。尽管一些名门旧族确实还逗留在这些朝廷中——特别是在南方——他们在实际意义上已不过是舞台上的道具罢了①。这些社群的关键活跃力量，来自较低的社会阶层。然而，新秩序的建构者们回顾过去几个世纪的动荡，并以之自我反省后，清楚地认识到这些力量必须驯服，这些甲胄之士必须教化。于是在蛮力威吓之外，他们越来越仰赖"文"（文明、礼节）作为驯服与教化的甜头②。

　　统治者对"文"的仰赖，在公元后的最初几个世纪就开始了，表现在他们如何操纵转变中的社会地位分界。元弘为了将自己同鲜卑将领疏远，在洛阳兴建了新的国都，在身边打造一群"君子"，同住洛阳。在建康，萧衍做出了类似的努力，将"士"改变为一群在宫廷中从事高尚艺术的人。在观察这些发展时，我们需要记住，我们主要是通过"士"或者至少是想成为"士"的人的眼光，来看那个世界——以及那一时期产生的君子理想的。但无论是否为人所承认，士在当时开始基于同朝廷相互依赖的关系而存在，依赖皇室获得实质的或抽象的好处。皇室则依靠士所代表的、而不怎么是他们所能做的东西———一种理想，能被用于驯服将来的寒门，并将秩序加于一个不安定的世界。即使不是完全成功，建康和洛阳的统治者们都希望社会范畴由他们自己来定义。

---

　　① 对此的讨论，可参看高福临（Dennis Grafflin），《再创中国：南朝早期的伪官僚机构》（Reinventing China：Pseudobureaucracy in the Early Southern Dynasties），收丁爱博编，《中国中世早期的国家与社会》，第139—170页。我们亦可将陶潜的《归去来兮辞》与沈约后来所作的版本作比较。马瑞志（《隐侯诗人沈约》，第107页）评论这一系列诗歌的最后一首时说："它变成一种带有悔恨、对自己无法真正脱离官场生活的反思。"

　　② 至少从广义的角度来看，这是一个在许多不同时间或空间都可以见到的现象。关于这方面，较有意思的讨论是埃利亚斯（Norbert Elias），《文明化的过程》（The Civilizing Process），第2卷：《权力与礼仪》（Power and Civility），1939年初版，布莱克韦尔出版社，1982年重印。另参见池上英子（Eiko Ikegami），《武士的驯服：表尊敬的个人主义以及现代日本的缔造》（The Taming of the Samurai：Honorific Individualism and the Making of Modern Japan），哈佛大学出版社，1995年。

　　中国社会最根本的对立之一,是文与武之间的对立。康达维在《去芜存菁:中国中世早期的文选》中,提醒我们注意在中国传统中"文"这个字的复杂性。"文"原指动物身上的、刺绣在衣服上的或者纹在人身上的斑纹或图案。后来它的意义被在各种各样的脉络中大大扩展,指一种有序而有等级之分的模式。比如,它的意义开始涵盖宇宙整体的模式;人类创造的模式,特别是文化、书写、乃至于文学的模式;还有同"武功"相对的"文治"。"武"更广泛地代表"他者"、"次等"和导致混乱的粗野无序的东西,是一个适用于"蛮夷"的标签。正如"戎"这个字,既有"军队"的意思,又有"西方蛮夷"的意思。文武的二分法可以推广到一系列的关系上:文明与野蛮、有序与无序、中心与边缘——以及士与寒门①。寒门只能选择跳跃龙门、进入迅速发展的中心,成为体现"文"的朝臣,或者去当一个粗鄙、野蛮的士兵,一个边缘人物。高德耀(Robert Joe Cutter)在《不可力强而致? 中国中世早期文学思想中的性与习》(To the Manner Born? Nature and Nurture in Early Medieval Chinese Literary Thought)一章里指出,到5世纪时,一个人光有天生自然的性格已经不够了,他必须还得有教养,必须读书、参加考试、效仿一些基本的文化模式并将之内化。在此过程中,武人们将脱离战场上赤裸裸的搏斗,引向一个共同从事拘谨活动的新天地。

　　教化和驯服武人的努力发生在中世早期朝廷的种种场域。其中之一就是仪礼,这涉及了"强烈好古"的表达,对经典的拥护,以及像5世纪的裴子野在《雕虫论》中对当代诗人的作品"无被于管弦,非止乎礼义"那样的抱怨②。这种思考方式在北方特别重要,比如杨元慎在建康对无礼的唾斥;或在长安,对古典的执迷在根据《周礼》的改革中发展到了极端。

　　"文"的另一发展轨迹则是创造"文雅"竞争的新领域,特别是诗歌。诗歌在这一时期攀上了新的高峰,特别是在南方。诗歌的发展是

---

① 这些理想化的两分法经由很多方式表达出来。其中一个广为人知的例子,是唐代墓葬雕塑中,把文官刻成"中国"(亦即文明)人,而把武人描绘成野蛮人。

② 引文载康达维为本书所撰章节,第208—209页。

极其复杂的文化现象,此处的讨论仅限于政治领域。"每所御幸,辄命群臣赋诗,其文善者,赐以金帛。"①这集体赋诗活动的意义由皇帝定义,完成目标的奖赏是利诱,而不能掌握这一高雅艺术的耻辱感则是威吓。

伟大的文学批评家刘勰(约465—520)如是描述政治同高雅艺术间的互动:"文章之用,实经典枝条……君臣所以炳焕,军国所以昭明。"在萧衍的继承人萧统身上,我们发现了更温和的立场。他的名字"统"字因为"统一"的含义引发好奇,也常常以各种同源词的形式出现在6世纪南北政权的年号中。萧统追求统一的方式,乃"引纳才学之士,赏爱无倦……于时东宫有书几三万卷,名才并集,文学之盛,晋、宋以来未之有也"②。但当然,萧统所致力创造的和谐统一,是在他的选集——他的文学"花园"中达到巅峰。这类选集的编纂由曹丕(187—226)肇始,但在梁朝时方才大量涌现③。正如康达维在本书中讨论的,萧统关心的是"文学传统中秩序的缺失,特别是迄今为止编成的文集的传统"。这种秩序正体现在《文选》的编排中:以皇家宫室、郊祀、藉田和狩猎为主题的赋给放在了卷首。刘勰引用《周礼》的第一段话说,这些类别和排序是为了"体国经野"。

当然,教化武人的困难就是一旦寒门之士被提升到"文"的平台上,他们对现实政治恐怕就没什么作用了。南齐皇帝看不起出身武人世家的沈约,曾说:"学士辈不堪经国,唯大读书耳……沈约、王融数百人,于事何用。"④萧统英年早逝。不过,他身后的弟弟们处于一个战争世界的边缘,依旧是潜在的、不可预测的威胁。

如此,我们在经历一周后回到了起点。一度不能维持的中心又被

---

① 引文载康达维为本书所撰章节,第208—209页。
② 《梁书》,卷8,第167页;康达维译,《文选》,第1册,第7页。
③ 见《隋书》卷35的书目。
④ 《南史》,卷77,第1927页。另参见萧衍的评述。关于王融,他"非济世材"(《资治通鉴》,卷138,第4332页;译文见马瑞志,《隐侯诗人沈约》,第132页);关于沈约,据他过于"轻易"(《资治通鉴》,卷145,第4530页;《南史》,卷34,第896页;译文见马瑞志,《隐侯诗人沈约》,第132页)。

重建,边界被跨越,阻碍被消解。但在此过程中,以典型的人文发展模式,中心的重建和边界的跨越非但没有抑止、反而带来了更多新的张力和对抗。这些新的张力与对抗,将随继之而来的唐朝翻越昌盛的顶峰,并最终瓦解、崩溃。

* * *

本书是以"与古人对话"为基础的研讨会的产物。在"对话"中,我们看到了复杂性和易变性。以象征和理念为中心的对话,来自富含权威的经典。但在中国中世早期的马赛克拼贴中,众多不同的人物为了不同的目的,鼓吹这些象征和理念。

也许现在我们需要暂时把诸如"汉"、"非汉"乃至"鲜卑"之类笼统却狭隘的标签放在一边,沿着霍姆格伦和司白乐开拓的小道走下去。她们由马赛克画的整体转而关注其特定的构成部分。即使记载这一时期地方社群的残存文本如凤毛麟角,但通过将传世文本同考古资料结合,并将已知的人类可能性范围同陆地自然的地势结合起来,我们也许可以对当时当地的人类群体如何行动、纠缠,如何成形、消解,发展出更清晰的理解。在此过程中,我们会抛弃一些漫画式的武断标签,它们带来的误解和了解一样多。

就此而论,我们将需要磨砺对这些社会团体的连续性的理解,磨砺对思想、行动以及对家家户户谆谆教导儿童的期望的深层结构的理解。我们的理解建立在由马瑞志(Richard Mather)创始的研究之上。他在《世说新语》中挖掘"孝子的模范和宠坏了的毛孩子"的证据①。比方说,我们在不同时空、不同集团创造社会群体的过程中能看出什么变异? 传递社会深层结构的母亲的角色是什么? 正式与非正式教育的角色又是什么?

---

① 马瑞志,《孝子的模范与宠坏了的毛孩子:〈世说新语〉里中国中古时期的儿童一瞥》(Filial Paragons and Spoiled Brats: A Glimpse of Medieval Chinese Children in the *Shishuo xinyu*),收金霓(Anne Behnke Kinney)编,《中国人对童年的看法》(*Chinese Views of Childhood*),夏威夷大学出版社,1995 年,第 111—126 页。

在最基本的层面上，这一恒久传统的观念是重要的。但这也是一个变化的时代，至少在某些时期，变化在极富变动性的社会里快得令人眩晕。当跨越地理、族群和社会阶级界限时，"孤独的个人"再三在新的地方发现自己。羊侃或宇文泰之类的冒险家面前摆着什么可能性？这些人作出了什么选择①？为协调个人领域与群体领域，这些变化是如何一代又一代越来越频繁地发生的？传统史家仅挑出少数人作为那个时代的象征，但这些人身上所展现的绝非只是他们自己而已。以本书收录的研究成果为基础，对于以上问题的探索，将更加深我们对那些人、那个时代的理解。

---

① 关于这一点，最近在史学其他领域出现了几部研究"群体传记学"（prosopography）的著作。对本书特别有用的是埃莫瑞（Patrick Amory），《东哥德族支配下意大利的人民与身份，489—554 年》（*People and Identity in Ostrogothic Italy*, *489—554*），剑桥大学出版社，1997 年。

《丝路新史》序

韩森(Valerie Hansen)　著

王锦萍 译

　　每当考古学家在中国发掘出一件看似来自欧洲的物品,大家都会很快假设这一定是一个从罗马到中国的商人在旅途中丢下来的。在我们脑海里隐约呈现的是一个孤独的人骑着一匹运载丝绸的骆驼的画面。但事实上,新近在丝绸之路发现的材料证明,这是个最不可能的假设。较有可能的情况是:一位本地工匠制作出一件看似来自异国的赝品,而或是流亡人口、或是强盗、或是使节则试图把这件物品带到他们所到的下一城镇出售。

　　本书(译者按:即《丝路新史》)是以实证为基础,尤其是利用丝绸之路上其中七个地点(六个在中国西北部、一个在撒马尔罕[Samarkand]外围,位于塔吉克斯坦[Tajikistan])发掘出的文书和文物写成的一部丝路(所谓"丝路",即连接中国与世界各地的多条陆路)新史。以下是本书一些最令人诧异的发现。

　　在这些陆路上,丝绸既非最重要更非唯一的贸易品。金属、香料以及玻璃在欧亚大陆都有流通。令人意外的是,硇砂(ammonium chloride)在许多存世的文书中都有出现:它既被用于染色的定色剂,也被用作金属冶炼的熔剂。中国公元前2世纪发明的纸张,在公元8世纪首先流传到伊斯兰世界,到14世纪晚期才流传到阿尔卑斯山北部的欧洲地区[①]。

---

①　布鲁姆(Jonathan Bloom),《印刷出现以前的纸张:伊斯兰世界中纸张的历史和影响》(*Paper Before Print: The History and Impact of Paper in the Islamic World*),耶鲁大学出版社,2001年,第1页。

纸张对人类历史的影响无疑远远大于主要用于制衣的丝绸。奇怪的是,我们并没有因此称这些陆路为"纸张之路"(The Paper Trail)。也许我们应该这样做。

虽然有些物品早在公元前1000年就跨越了欧亚大陆,但它们在抵达目的地前其实可能已经在"滴沥贸易"(trickle trade)①中转手多次。在罗马帝国时期中国与罗马之间几乎没有任何直接贸易。罗马人并没有拿他们的金币来换取中国的丝绸。在中国发现最早的罗马金币是拜占庭时期的苏勒德斯币(solidus)。它们被发现的地点是一些年代可被确定为6世纪的坟墓,后者的建造时间亦即远远晚于君士坦丁皇帝(公元312—337年在位)将首都从罗马迁到君士坦丁堡的年代。

事实上,中国在丝绸之路上的主要贸易伙伴是居住在今天伊朗周围的不同人口,而该贸易的高峰期则出现于公元500至800年之间。现有出土文书中大部分点名提到的商人,不是本身来自撒马尔罕地区,就是来自于该地区的人的后裔。他们所说的语言是一种称作粟特语(Sogdian)的伊朗语,而他们之中有许多会遵守古代伊朗宗师索罗亚斯德(Zarathustra,约公元前1000年;希腊语称为Zoroaster)的教义,其中之一是诚实是最重要的美德。过去10年最令人兴奋的发现,要数在中国内地主要城市(包括长安,今陕西省西安市)所发掘出属于粟特领袖的坟墓。这些坟墓所展现的索罗亚斯德教的死后世界,其细致程度要远远超过伊朗世界现存任何艺术品的描绘。

无论是中国王朝还是环绕中国西北塔克拉玛干(Taklamakan)沙漠的绿洲国家的统治者,不但对贸易有严格管理,亦是货品和服务的主要买家。因此,中国在中亚驻军时(主要在汉代[公元前206年—公元220年]和唐代[618—907年]),贸易亦随着激增;反之,贸易亦随着衰落。

很少人会在丝路走一段如从撒马尔罕到长安(将近2千英里[3

---

① 是康奈尔大学的塔利亚科佐(Eric Tagliacozzo)教授介绍给我的用词。

千公里])般漫长的路程。尽管如此,丝路上最有名(但未必最可靠)的旅人马可·波罗(1254—1324)声称他从欧洲一直走到中国,然后从海路返回欧洲。

商人只是丝路上几类行旅中的一类,而其他类型(尤其是流亡人口和外交使节)在人数上要远远超过商人。而驴子和马匹较之骆驼则可驮载重量更大的货物。

丝路上的社群(communities)大都属于定居型(sedentary),也就是说大部分人是从事农业而非贸易。可说得上的贸易主要是地方性的和以实物来作交换的交易。人们在他们的出生地度过生老病死。正如下文将提到,丝路上许多社群大量来自中国内地以及西部边远地区的移民。

外来移民为丝路上的居民引进了他们家乡的各种宗教。起源于印度并在中国广泛流传的佛教固然影响最大,但道教、摩尼教、索罗亚斯德教以及景教都各自有其追随者。在这些信仰体系从一个文明传到另一个文明的过程中,丝路的居民无论在传播、诠释以及调整工作方面都起了关键作用。在伊斯兰教到来之前,不同社群的居民对彼此不同的宗教信仰有着令人惊讶的宽容态度。个别统治者或会对某一宗教情有独钟,并强烈鼓励其子民追随其信仰,但他们亦会允许外来居民信奉后者从家乡带来的宗教。

简而言之,这些新的发现让我们再次认清到斯坦因(Aurel Stein)和其他早期探险者在其铲子深入泥土那一刻已经领会到的:丝路容许了思想、技术及艺术题材的传播;物品的流通反而是其次。

* * *

出土文书在本书中占有一个中心位置,因为它们提供给我们难得的机会去洞悉丝路上一般人的生活。理由是:这些文书是循环再用的废品。丝路的居民很少会销毁纸张;相反,他们会收集并将它们循环利用。有字的纸张最后成了纸鞋的鞋底、纸糊的塑像以及其他用来随葬的物品。文书用多种语言写成,如梵文、古汉语,以及其他一些只有少数学者能理解的死语言。当考古学家用蒸汽把这些文物分开时,隐蔽的纸张层就被分离出来,并展露出写在它们上面的秘密。让考古学家诧异的是,他们正在阅读着有关布匹价格、财产纠纷、医药处方以及超过1千年前某一市日一个女奴价格的记载。

这些文书让我们有机会识别出事件的主要参与者、交易的主要货品、沙漠旅队的大致规模,以及贸易对所经过地方的影响。这些文书亦让我们有机会追溯丝路尤其在(流亡人口因逃避战乱而要流离失所时所带来的)宗教信仰及技术方面更广泛的影响。

作为一个形容欧洲与中国之间陆上贸易的名词,"丝绸之路"(这一名称是由李希霍芬[Ferdinand von Richthofen;1833—1905]男爵在1877年所创)无疑展示了强大的持久力。但尽管其魅力无穷,"丝路"一词终究是有误导成分。它暗示有一条单一的、清晰的、可通行的路线,但事实上连接着欧洲与中国的是许多不同的陆路。"丝绸之路"不是一条我们一般所说的道路,而是由一些若隐若现的路径以及一些没有任何标记、或穿山越岭、或横跨大片荒地的荒凉小径所凑合而成。只有在个别地方这些蜿蜒的路径才会在山口和绿洲交汇:这些就是我们要探究的城镇。

任何想要穿越欧亚大陆的人都面临着令人畏惧的地理上的障碍:世界上最高的山脉、西伯利亚大草原以及塔克拉玛干沙漠。古代第一批穿越这个大陆的勇敢的人们知道在雪少的夏天在哪儿跨越山口,以及怎样在阳光不是太毒的冬天穿过沙漠。最重要的是,他们知道绕着沙漠的边缘走,这样可以在前方的沙漠绿洲聚落里稍作停留来饮水、休息以及获取路线的信息。这些聚落每一个都靠近一条河流,而这些河流则都位于顶部被雪覆盖的大山的山脚下。(今天在这个地区的上空飞行的话,我们只能认出一些最高山峰来定位一些河流的主要发源地,而这些河流曾经哺育了丝路上的主要城镇。)

所有出了中国的陆上路线都开始于一条被适宜地称为"河西走廊"的600英里(1千公里)长的路程,这段路程跨越了青海的山脉和蒙古北部的戈壁沙漠。在位于甘肃省的绿洲城市敦煌,行旅往往选择沿着塔克拉玛干沙漠的北边和南边两条路线行进。如果两条路线都无法通行的话,行旅只能选择一条横穿世界上最不适合居住的塔克拉玛干沙漠的中间路线。塔克拉玛干沙漠确实非常难于穿越:流动的沙丘完全覆盖了85%以上的沙漠表层,在这样的地方一个人很容易迷失方向。所有这些路线都在喀什(Kashgar)交汇。

当旅行的人们到达沙漠西边的末端时,他们必须攀登将塔克拉玛干沙漠从所有的西部和南部地区隔离出来的高耸的山峰。在那里地球上最大的山脉在冰雪覆盖的帕米尔高原交汇。从这些高耸的山峰出发,旅行者可以往西到达撒马尔罕,往南到达印度。

今天敦煌和撒马尔罕之间的地区吸引了许多旅客,他们去参观许多著名的包括已经深埋在沙漠中的遗迹,如城墙围绕的吐鲁番古城,以及敦煌和库车(Kuche)的千佛洞。地方上的博物馆呈列了从坟墓中发掘出来的文物,如金银容器以及结合了东西方艺术主题的有着生动精致的设计的纺织品。在许多地方,沙漠的干燥气候保存了或普通或在视觉上惊人的文物:石化了的中国式饺子和中东地区的面包块被埋在一起,而这些东西在1千多年的古代丝路上正是为旅行者所消费的。

发现这些文物文书的区域主要集中在中国新疆的南部地区,也包括西至乌兹别克斯坦(Uzbekistan)和塔吉克斯坦,东至中国甘肃和陕西省的部分地区。在公元第一个千年,中国人习惯上将这个区域称为"西域"。在18世纪清朝政府征服这个地方并将其划入帝国版图之后,他们将这个地方命名为新疆,这个名字一直沿用至今①。集中了丝路上最重要考古发现的七个地点并非都在新疆境内。其中五个地方(尼雅[Niya]、克孜尔[Kizil]、吐鲁番、于阗[Khotan]以及敦煌)在中国的西北部,国穆格山(Mount Mugh)在今天的塔吉克斯坦,最后一个地点是唐朝的首都长安,位于中国中部地区的陕西省。

---

① 濮德培(Peter C. Perdue),《中国向西进发:清朝对中欧亚的征服》(*China Marches West: The Qing Conquest of Central Eurasia*),哈佛大学出版社,2005年。

这些不同文书的发现是我们故事中重要的,也是有吸引力的一部分。在19世纪晚期,没有人意识到新疆的沙丘中保藏着从远古以来的许多文书文物。1890年英国的鲍尔(Hamilton Bower)中尉为了调查一宗谋杀案,来到了沿塔克拉玛干沙漠北部路线的一个名叫库车的绿洲。他在那里买了一个用古代的文字写在51片桦树皮上的古写本。1891年孟加拉的英国皇家学会获悉了这一发现。在随后的几年内,学者们鉴定出这是一个5世纪时期的医书。这个已有1千多年历史的写本随即成为世界上已知的最古老的梵文写本①。常驻在亚洲的欧洲官员们充分意识到这些发现的重要性,他们开始购买不同的古代写本(有些其实是赝品),并将他们寄给欧洲的文献学家进行解读。

1895年瑞典探险家赫定(Sven Hedin,1865—1952)开始了在新疆的第一个科学考古发掘,在此之前许多古代写本已经被发现。赫定在这年的4月离开麦盖提镇(Merket,位于叶尔羌[Yarkand]河边),进入塔克拉玛干沙漠探寻于阗河的源头。半个月之后,赫定发现他没有带足够的水来供应他自己和四个随从的需要,但是他没有因此回头。当他们的水用完之后,他开始不顾一切地在沙漠中寻找水。他的随从和骆驼相继倒下了,而精疲力竭的赫定则强迫他自己沿着一条干枯的河床继续爬行。到了绝水的第六天,他终于在沙漠中发现了一条溪流,他在靴子里装了足够的水,并以此救了一个随从的性命。

当赫定躺在沙漠中恢复体力的时候,他看到四个商人和许多牲畜组成的一个商队。他向这些商人买了三匹马、"三个驮鞍、一个马鞍、一些马嚼子、一袋玉米、一袋面粉、茶、水壶、碗以及一双靴子"②。当他走出沙漠之后,他获悉牧羊人救了他的另一个随从,但其他两个随从则已经死了。

① 霍普柯克(Peter Hopkirk),《丝绸之路上的洋鬼子:寻找中国中亚地区失落的城市和宝藏》(Foreign Devils on the Silk Road: The Search for Lost Cities and Treasures of Chinese Central Asia),麻州大学出版社,1984年,第45—46页;《孟加拉英国皇家学会会议报告》(Proceedings of the Royal Asiatic Society of Bengal),1890年,第221—223页,图版(plate)3。
② 赫定(Sven Hedin)著,许布希(Alfhild Huebsch)英译,《我作为探险家的经历》(My Life as an Explorer),讲谈社(Kodansha America),1996年,第177页。

历经磨难的赫定在这年的 12 月又回到了塔克拉玛干沙漠。这次他带足了水。他从于阗进入沙漠,并发现了丹丹乌里克(Dandan Uiliq)古城废墟。一些佛教雕塑躺在那里的木柱残垣之间。赫定并没有发掘,他后来解释说:"我没有足够的装备来进行一次彻底的发掘,另外,我也不是考古学家。"①当时欧洲的报纸大幅度报道了赫定在塔克拉玛干的探险,这次探险就像今天的太空探险一样既危险,又充满了异国情调。

1897 年年底一个波兰煤矿工厂的经理将一份这样的新闻报道寄给了他当时在印度的英属殖民地城市拉合尔(Lahore;现今在巴基斯坦)当教育官的弟弟——斯坦因②。斯坦因是匈牙利人,1883 年他在德国土宾根(Tübingen)完成了梵文的博士学位。在住在拉合尔的 10 年时间里,斯坦因跟随学问渊博的印度学者戈文(Pandit Govind Kaul)继续学习梵文。我们今天大概不知道梵文在整个 19 世纪都是一个非常流行的领域。梵文当然是古代印度的语言,但它也是印欧语系中比拉丁语和希腊语更为古老,却又密切相关的语言。斯坦因在德国学习的时候知道了获得最完整和最早的写本的重要性。

斯坦因立即意识到赫定的发现对研究存在于其最初背景中的古代写本的意义,他随即向英国考古机构申请资金前往于阗。他指出,对这个地区进行系统的考察会比已经出现的掠夺能提供更多的信息。另外他也暗示对古代文物的国际性竞争已经开始了。他写道,赫定是一定会回到这个地区的,而俄罗斯人也在考虑组织一次探险。结果,英国驻印度政府批准了他的申请。

斯坦因的名字在接下来的叙述中会频繁地出现,因为他是第一个对本书讨论的地方进行定位并绘图的人。另外,他也发现了许多极其重要的文物和文书。作为从 1900 年到 1931 年四次新疆探险的领导者,斯坦因写了大量的考古报告和随笔。在很多个案中,我们可能希

---

① 赫定,《我作为探险家的经历》,第 188 页。

② 米尔斯基(Jeannette Mirsky),《斯坦因爵士:一个考古探险家》(*Sir Aurel Stein, Archaeological Explorer*),芝加哥大学出版社,1977 年,第 70、79—83 页。

望他的发掘更系统一些。他雇用了工人进行发掘,如果工人有任何发现就会得到额外的奖励。这种普遍的惯例导致有一些发现过于仓促。但是没有任何其他在新疆发现文书的探险者(包括法国的伯希和[Paul Pelliot],德国的勒柯克[Albert von le Coq]以及日本的大谷光瑞)能够比得上斯坦因考古报告之详细程度。也没有任何其他人像斯坦因那样到过那么多的地方,发表了那么多的资料。

我们必须经常依赖斯坦因对每一个地方的描述来复原其本来的环境。他对埋藏文书的状况的解释也非常重要,其重要性并不在于其权威性,事实上,在许多个案中,学者们已经纠正了斯坦因的分析。其重要性在于每一位后来的学者都是从利用斯坦因的报告开始的。这些 19 世纪晚期至 20 世纪早期外国人的记述提供了很多信息,因为它们的作者们,除了极少数的例外,都是同更早时期的旅行者一样沿着同样的线路,使用同样的交通方式旅行的。他们的记述提供了许多古代旅行者未说的信息,这使得我们有可能重构他们在丝路上旅行的经历。

早在公元前 1200 年,居住在新疆地区的不同民族的人们已经开始从事远距离的陆上贸易。在那个时候,商朝(公元前 1766—公元前 1045 年)的国王们统治着黄河下游流域,并使用现存最早的汉字进行书写。在其中一个商王的妻子妇好的豪华坟墓中,埋藏着 1 千件以上的玉器,其中有一些是用有于阗(即和阗玉)特征的玉石雕刻成的。而于阗是塔克拉玛干沙漠南缘的主要绿洲之一。在哈密附近的五堡发现了同时期的大量海贝壳,这表明在该时期该地区与或东至中国,或南至印度,或西至地中海的沿海地区已经之间存在着贸易关系①。

至今在新疆和甘肃地区已经发现了从公元前 1800 年至公元初数世纪的 500 多具因干燥的沙漠气候保存下来的干尸②。这些干尸中许

---

① 王炳华,《"丝绸之路"的开拓及发展》,收氏著,《丝绸之路考古研究》,新疆人民出版社,1993 年,第 2—5 页。

② 马劳瑞(J. P. Mallory)、梅维恒(Victor H. Mair),《塔里木干尸:古代中国与最早期东来人类之谜》(*Tarim Mummies: Ancient China and the Mystery of the Earliest Peoples from the West*),桑姆斯与哈德逊(Thames and Hudson),2000 年,第 179—181 页。

多男性尸体身高超过 1.8 米,要远远高于同时期的中国人。此外,死者通常有着非中国人的身体特征,比如金黄色的头发和白皙的肌肤,这样的特征有时被称为高加索人种(caucasoid)。他们的外貌使得学者们提出,在塔克拉玛干沙漠的不同绿洲间居住往来的许多人是说印欧语言的民族的后代。语言学家们相信这些民族很可能在公元前2000 至公元前 1000 年的时候,从他们在里海(Caspian Sea)附近的家乡迁移到了古代印度和伊朗。一些干尸穿着格子花纹的羊毛织物,这些花纹与爱尔兰的式样非常类似,有的学者认为这进一步证明这些干尸的印欧人种的根源①。

　　西域和中原的贸易在此后的时期里一直持续着。在公元前 5 世纪时,中国人与北方民族进行着贸易往来,如居住在西伯利亚的巴泽雷克(Pazyryk)的民族,他们在墓葬中陪葬着中国的铜镜和丝绸②。其中一丝绸残片绣着凤凰图案,非常类似于中国的式样(或者说从某些最初为中国的式样复制而来的图案),因为凤凰在中国文化中给人积极的联想。吐鲁番也出土了一件公元前 5 世纪时期的相似的纺织品,这件纺织品在已褪色的黄色丝绸上绣着精美的凤凰③。这些发现表明在公元前的几个世纪里陆上贸易显然已经存在了,但是文书材料的缺乏使我们很难知道究竟是谁为了什么在携带着这些货物。

　　第一份描述丝路贸易的文字记载描写了张骞(死于公元前 113年)在公元前 2 世纪汉武帝(公元前 140—公元前 87 年在位)统治时期出使中亚的旅程。汉武帝希望张骞能说服居住在今天乌兹别克斯坦的费尔干纳(Ferghana)地区的月氏人与汉朝结盟,以对抗他们在北

---

　　① 巴伯(Elizabeth Wayland Barber),《乌鲁木齐的干尸》(*Mummies of Ürümchi*),诺顿(W. W. Norton)出版社,1999 年。

　　② 鲁登考(Sergei I. Rudenko)著,汤普森(M. W. Thompson)英译,《西伯利亚冻结的坟墓:铁器时代骑士在巴泽雷克的墓葬》(*Frozen Tombs of Siberia: The Pazyryk Burials of Iron Age Horsemen*),加州大学出版社,1970 年,第 115 页,图 55(铜镜);图版 178(丝绸上的凤凰刺绣)。

　　③ 王炳华,《"丝绸之路"的开拓及发展》,第 4 页;阿拉沟的发掘报告,载《文物》,1981年第 1 期,第 17—22 页;丝绸可见新疆文物局编,《新疆文物古迹大观》,新疆人民出版社,1999 年,第 165 页,图 0427。

边共同的敌人,即立足于蒙古地区的匈奴部落联盟。现存最早的有关张骞的记载至少是在他出使西域的 150 年之后才被写成,我们不知道有关他此次旅程的许多最基本的事实,包括他抵达费尔干纳流域的路线。

当张骞抵达时,匈奴人监禁了他。张骞要一直等到 10 年后才设法逃了出去。张骞大概在公元前 126 年回到汉地,他给汉武帝提交了中国人拿到的有关中亚不同民族的第一份详细资料①。张骞极其惊讶地发现中国的商人和贸易物品在他去之前已经到了中亚。在大夏(今阿富汗北部)的市场上,他看到了产于数千里之外的四川地区的竹子和布。看来中国的物品曾从四川经陆路被运到了阿富汗。

张骞出使西域之后,汉朝逐渐地扩大了对西北地区的控制。在公元 2 世纪时,汉朝控制了河西走廊和敦煌。中国军队每次征服一个新的地方就会按照固定的间距建造烽火台。如果动乱爆发,烽火台的驻军就会点燃火把来警示下一个烽火台的人,这样依次传递下去,直到消息被送到第一个能够派兵到动乱地的军营。除了烽火台之外,汉朝的军队还在新征服的地区设置卫戍部队。在居延(今内蒙古额济纳旗,甘肃金塔县东北 90 公里)和疏勒(今甘肃省敦煌和酒泉附近)发现的竹简记载了军队向当地居民购买布匹谷物的事情②。

在敦煌以东 64 公里的悬泉地区发现了丝路上最大的早期文书储藏点,这个储藏点正是这样一个中国的驿站和驻军地③。一个边长 50

---

① 张骞出使西域最早的记载,可见《史记》,卷 123;《汉书》,中华书局版,卷 61,第 2687—2698 页。何四维(A. F. P. Hulsewé)认为《史记》的记载可能是在丢失后再从《汉书》的基础上重新整理;可参看其《中国在中亚的最初阶段:公元前 125 年—公元 23 年》(*China in Central Asia, the Early Stage: 125 B. C. – A. D. 23. An Annotated Translation of Chapters 61 and 96 of* The History of the Former Han Dynasty),布里尔(Brill)出版社,1979 年,第 15—25 页。他翻译的《汉书·张骞传》见第 207—238 页。

② 王海岚(Helen Wang),《丝绸之路上的钱:从公元 800 年左右前中亚东部所得的证据》(*Money on the Silk Road: The Evidence from Eastern Central Asia to c. AD 800*),大英博物馆出版社,2004 年,第 47—56 页。

③ 悬泉文书在 1987 年被发现,到 1990 和 1991 年被正式发掘。悬泉的文书数量惊人,目前已经出版的只占一小部分。可参看甘肃省文物考古研究所《甘肃敦煌汉代悬泉之遗址发掘简报》,载《文物》,2000 年第 5 期,第 4—45 页;该地的地图见第 5 页,竹简总量见第 11 页。

米的土墙围着一座建筑,这座建筑的南边有一个马厩,在其北边和西边是垃圾坑,西边的垃圾坑最深,直至地下 1.2 米。当时的居民在不同的垃圾坑里埋了垃圾和文书。从这个点出土了 2650 件文物,包括钱币、农具、武器、铁制的车零件、梳子、筷子等器具,谷物、大蒜、核桃、杏等食物,以及动物骨头①。

悬泉遗址出土了 3 万 5 千件以上的废弃文书,其中 2 万 3 千木简写有汉字,1 万 2 千件空白的简显然是留作后用的。将近 2 千件简标明了在公元 111 年至公元 107 年之间的纪年。

这些简都写在木片和竹片上,因为纸张在这个时候还没有流传到中亚。中国人在公元前 2 世纪时发明了纸张。纸张最初被用作包装材料而非用于书写。例如,据正史所载,公元前 12 年一件谋杀案中的毒药是用纸张包裹的②。悬泉发现的一些纪年为公元前 1 世纪的最早的纸片,带有药物的名称,这证实了纸张首先是被用来包药粉的。

直至四个世纪之后,在公元 2 世纪时,纸张才开始普遍被用作书写材料。在丝路上纸张代替木片和竹片作为最常用的书写材料则要更晚。纸张一直都比较贵,结果人们还用皮革和树皮等其他材料进行书写。悬泉的文书主要包括串成一束束的木简。悬泉书写木简的人对不同种的木头进行分类:他们用质量最好的松树简来写皇帝的诏令,用易歪曲的白杨木和柳树的简来写常规的文书和信件。

悬泉遗址发现的文书包括悬泉驿站和邻近地方官员之间的日常通信,皇帝新颁发的诏令,缉拿潜逃罪犯的布告,以及私人信件。悬泉是敦煌之前通往东方的最后一个驻地,几乎所有进出汉朝的外交使节都会在旅途中两次经过悬泉。汉朝以来中国的地理资料列举了 50 多个中亚的王国。尽管汉语资料通常将这些地方的统治者成为国王,他

---

① 何双全,《双玉兰堂文集》,兰台出版社,2001 年,第 30 页。

② 钱存训(Tsien Tsuen-hsuin),《造纸及印刷》(*Paper and Printing*),收为李约瑟(Joseph Needham)编,《中国科学技术史》(*Science and Civilisation in China*),第 5 卷:《化学和化学技术》(*Chemistry and Chemical Technology*),第 1 册,剑桥大学出版社,1985 年,第 40 页;《汉书》,卷 97 下,第 3991 页。

们的领域经常只包括一个绿洲,人口少至 700,最多也不超过 7 千。这些绿洲与其说是王国,不如说是小的城邦国家①。

中亚大大小小的王国都派使节前往中国的首都拜见中国的皇帝,并进贡礼物。他们承认自己是中国的皇帝的属下,并且获得礼物作为回报。在中亚草原上放牧漫游的马通常比养在中国的马要强壮。中国的马往往小而弱,这是因为它们食用的是人工运到马厩的饲料。中国人最珍视费尔干纳的天马,并将其称为血汗马,因为有一种寄生虫附在马的身体上使其汗呈现血红色。即使是在汉代这样非常早的时期也是不可能区分官方贸易和私人贸易的。在这里官方贸易指使节进贡常为马或骆驼的礼物,并代表其统治者获得礼物作为回赠,而私人贸易则指使节将同样的动物送给中国人,但将获得的回赠据为己有。

中亚王国进贡礼物的使节团在规模上有大有小。在某些场合使节团可以达到 1 千多人:于阗国王曾率领着一个 1714 人的使团②。更为典型的是来自位于今天撒马尔罕的粟特王国的使团。在公元前 52 年的一个使团包括了两名使节、10 名贵族,以及许多未详细说明的随从,这些随从带着 9 匹马、31 头驴、25 头骆驼,以及一头牛③。

这些使团沿着固定的路线前行,并且随身携带通关文书,这些通关文书按顺序列出了他们被允许通过的城镇。一些悬泉文书列出了从汉帝国的第一个城镇敦煌至公元前 1 世纪时的首都长安,或公元 1 世纪时的首都洛阳之间所有的站点。使团成员不能偏离这些固定的路线。在每一个站点,官员们都会清点每一个使团的人数及跟随他们的牲畜数量,以确保他们都是通关文书上所列的使团成员,如此才允

---

① 狄宇宙(Nicola Di Cosmo),《塔里木盆地的古代城邦》(Ancient City-States of the Tarim Basin),收汉森(Mogens Herman Hansen)编,《30 个城邦文化的比较研究》(*A Comparative Study of Thirty City-State Cultures*),丹麦皇家科学院(Kongelige Danske Videnskabernes Selskab),2000 年,第 393—409 页。

② 胡平生、张德芳编,《敦煌悬泉汉简释粹》,上海古籍出版社,2001 年,第 110 页。

③ 王素,《悬泉汉简所见康居史料考释》,收荣新江、李孝聪编,《中外关系史:新史料与新问题》,科学出版社,2004 年,第 150 页,转录和解释了悬泉文书编号 II90DXT0213 ⑧:6A。

许他们继续前行。当这些使团经过悬泉去往中国时,官员们会如此检查一次,通常在六个月之后这些使团离开悬泉回中亚时,官员们会再检查一次。

悬泉文书中最长的一份记载了公元前 39 年的一件纠纷事件。当时四位粟特使者向中国官员陈诉以抗议他们出售骆驼时所得的低廉价格。这些粟特人声称中国官员付给他们的是瘦黄的骆驼的价格,而他们实际上交货的是能卖个好价钱的肥壮的白骆驼。这些粟特使节非常清楚不同种类的动物价格,而且他们对价格偏离实际价值时进行抗议的制度的可预见性有相当的自信。粟特人还期望当使节携带国书时能够在沿线的每一个站点被供应食宿,但是他们往往得自己支付膳食费用。悬泉的厨子们保留了按每个客人的地位和出行方向(或东或西)所供应的食物支出的详细记载,这些客人既包括中国人,也包括外国人①。

听取公元前 39 年的这件纠纷诉讼的敦煌官员得出的结论认为,粟特人所收到的报酬是合理的。中国的历史学家王素针对使节所受到的苛刻待遇给出了一个有趣的解释:汉朝的官员们憎恨粟特人,因为他们与匈奴合作,于是他们用少付给粟特人钱来进行报复②。

悬泉文书描述了一个完整的世界,这个世界包括远在中国西部边陲的绿洲,这些绿洲有的邻近今天的喀什市,也有的在如今中国的国境之外,属于乌兹别克斯坦、巴基斯坦和阿富汗。这些不同的中亚绿洲的统治者们参与了中西外交使节的系统化的往来。在东方有着汉帝国,来自不同地方的使节们固定地经过丝路前往中国的首都。

如悬泉文书所揭示的,汉朝始创沿着塔克拉玛干沙漠的常规贸易路线完全是因为其战略因素:他们要找到通往中亚的其他路线来绕过他们的死对头匈奴。在刚开始的时候,贸易的主要参与者不是个别的商人,而是代表统治者的官方使节。他们可能偶尔参与私人贸易,但

---

① 胡平生、张德芳编,《敦煌悬泉汉简释粹》,第 77—80 页,悬泉文书编号 I 0112 ®:113—131。

② 王素,《悬泉汉简所见康居史料考释》,第 155—158 页。

通常只是作为他们官方行为之外的副业,而他们的活动也不是自发的。他们,包括了列在通关文书上跟随他们的人和动物,在跨越中亚到中国都城的漫漫远程中必须沿着固定的路线前行,一点也不能偏离。

悬泉文书详细记载了中国和中亚绿洲之间的贸易往来,但没有提到过任何贵霜帝国(阿富汗以北和巴基斯坦)以西的地方。考虑到罗马帝国和中国之间有名的奢侈品贸易,这样一个结果似乎有点惊人。不幸的是,在欧洲范围内的贸易路线上没有发现任何可与悬泉文书的详细程度相媲美的文书,因此我们只能根据已有的文本来分析贸易。信息最为丰富的一本书是《航海记》(*Periplus*),这本书由一个居住在埃及的无名的商人在公元 1 世纪的某个时期用古希腊语撰写①。在描述了埃及东部、阿拉伯、印度的不同港口之后,这本书以一段对古代罗马以外的领土的描述告终:

> 在这个地方(恒河以东大海中的一个岛屿)以外,迄今最北的地方,在大海的边缘,有一个非常伟大的内陆国家叫做 Thina。从那里丝棉、纱、布从陆上经过恒河运到……要去 Thina 非常不容易,因为很少有人从那里来,只有极少的个别人。②

"Thina"的发音要懂古希腊语才能弄明白。古希腊语中没有"ch"的音,所以作者只能选择一个"th"或"s"的音来作为该地名的首字母,而这个陌生的地名也是作者从印度商人那里听来的。他于是选择了

---

① 拉西克(Manfred G. Raschke),《罗马与东方贸易的新研究》(New Studies in Roman Commerce with the East),收坦普利尼(Hildegard Temporini)编,《罗马帝国兴衰史:从新发现透视罗马的历史和文化》(*Aufstieg und Niedergang der Römische Welt: Geschichte und Kultur Roms im Spiegel der neuenen Forshung*),第 2 部分第 9 卷第 2 分部,赫勒伊特(Gruyter)出版社,1979 年,第 604—1361 页。至于作者为什么认为《航海记》一定是在公元 70 年之前写成,见第 755 页,注 478。

② 卡松(Lionel Casson),《对〈航海记〉文本的介绍、翻译和注释》(*The Periplus Maris Erythraei Text with Introduction, Translation, and Commentary*),普林斯顿大学出版社,1989 年,第 91 页。

"Thina"。(在梵文中,中国被称为"Chee-na"(从秦[公元前221年—公元前207年]而来);梵文单词是英文"China"的来源。)作者能肯定的有关中国人的信息只有一个要点,那就是他们用茧来生产丝棉形式的丝,用丝棉纺成丝线,然后用丝线织成布。

中国人确实是世界上第一个制作丝的民族,如果一个关于桑蚕主题的象牙雕刻能证明当时的丝绸生产业的话,那么中国人制丝很可能是早在公元前4000年就开始了。据杭州丝绸博物馆所说,目前发现的最早的丝绸残片来自于中原的河南省,纪年为公元前3650年①。另外有的专家认为最早的丝绸应该来源于公元前2850年至公元前2650年长江下游的良渚文化(公元前3310年—公元前2250年)②。

当公元1世纪《航海记》被写成的时候,罗马人还不知道丝是如何制造的。老普林尼(Pliny the Elder)(23—79)写道,在公元1世纪之前,丝衣已经出现在罗马。普林尼对丝绸生产有一个著名的错误认识。他认为丝是由"粘附在树叶上的白色绒毛"制成的,Seres人将其梳理出来制成线。但是在另一段文字中,他又提到了蚕③。现代学者经常将"Seres"翻译成中国,但事实上对罗马人来说,它代表了世界北部的未知的领土。

在普林尼的时代中国不是唯一一个能生产丝的国家。在爱琴海东部的希腊寇斯岛(Cos)也生产丝,被称为寇丝(Coan silk)。寇丝在很多方面与中国的丝有所不同:寇丝的线来源于一种野生的蛾子,而非中国人很久以前就驯养的家蚕。寇丝由野生蛾子孵化飞走后留下的破茧纺成。从很早的时候开始,中国人就将茧煮熟,将蚕蛹杀死。

① 我在2006年6月12日参观了该博物馆。最早的丝绸残片来自于河南省荥阳青台村。
② 英文著作中对中国丝织物最深入的研究是库恩(Dieter Kuhn),《纺织技术:纺纱与缫丝》(Textile Technology: Spinning and Reeling),收在李约瑟编,《中国科学技术史》,第5卷:《化学和化学技术》,第9册,剑桥大学出版社,1988年,第272页。
③ 老普林尼(Pliny the Elder)著,博斯托克(John Bostock)、赖利(H. T. Riley)英译,《普林尼的自然史》(The Natural History of Pliny),博恩(H. G. Bohn)出版社,1855—1857年(全文载网址:http://www.perseus.tufts.edu),第6卷,第20(纺织丝绸的女子)、54(长在树上的丝)、101页(钱币的出口);第11卷,第75页(蚕)。

结果,茧就保持了完整,可以从茧中抽出长长的连续不断的细丝。即便如此,中国的丝也不是总能与野生的丝区别开来,因此很可能普林尼抱怨的是寇丝,而不是中国的丝①。

普林尼不能理解为什么罗马人花了大量的钱来进口丝织品,而结果让女性的身体的很大一部分暴露在男人的眼前!他对丝绸的抨击必须要从当时的背景中去理解:他同时也抱怨其他的进口物品,如乳香、琥珀、玳瑁等,因为这些奢侈品的消费会削弱罗马的国力②。学者们一致认为普林尼不可能估计罗马人花在购买丝绸上的钱的数量,因为官员们并没有收集此类贸易的数据③。

普林尼的评论给我们一个印象,似乎罗马帝国和汉朝之间存在着大规模的贸易,但是在中国方面几乎没有证明此类贸易的证据存世。如果中国和罗马之间的贸易曾经非常重要,那么我们应该可以期待在中国发现罗马的钱币。而在中国发现的最早的欧洲钱币是来自于拜占庭帝国,而非罗马帝国,时间大概是在东魏时期(534—549)④。相反地,含糊不清的传言是,在中国没有发现任何罗马钱币。而与此相比,在南印度沿海地区发现了成千上万的罗马金币和银币,这表明罗马商人一定曾经经常去那里。

货币史学家经常认为贵重金属铸造的钱币在一定的时期内可能在两个地区之间流通,而在今天则完全消失,这是因为它们被熔化掉

① 古德(Irene Good),《关于汉代以前欧亚大陆的丝绸问题》(On the question of Silk in pre-Han Eurasia),载《古文物》(Antiquity),第 69 卷(1995 年),第 266 号,第 959—968 页。

② 墨菲(Trevor Murphy),《老普林尼的自然史:百科全书中的帝国》(Pliny the Elder's Natural History: The Empire in the Encyclopedia),牛津大学出版社,2004 年,第 96—99(奢侈品)、108—110 页(赛里斯[Seres])。

③ 拉西克不相信罗马帝国会有任何人收集此类统计,并认为普林尼为道德原因而夸大了事实(见《罗马与东方贸易的新研究》,第 634—635 页):"因此,根据罗马的官僚政治惯例以及埃及留下来的记录,老普林尼是不可能得到任何关于罗马对东方贸易的年度收支平衡的确实数据"(第 636 页)。另见邢义田对拉西克一书的书评(载《汉学研究》,第 3 期[1985 年]第 1 卷,第 331—341 页);以及邢氏在一篇续编(载《汉学研究》,第 15 期[1997 年]第 1 卷,第 1—31 页)提出对罗马与中国之间的贸易的规模的深切怀疑。

④ 罗丰,《汉胡之间:"丝绸之路"与西北历史考古》,文物出版社,2004 年,第 117—120 页列出了在中国发现的金币。

了。但是在中国发现的晚期的大量非中国货币削弱了这一观点。中国的考古学家发现了公元330年之后铸造的拜占庭钱币,但所有这些所谓的拜占庭金币几乎都是中国境内制造的复制品。最典型的是,复制这些钱币的中国工匠们经常犯一些泄漏底细的错误,表明这些钱币是赝品。比如,他们可能将某个统治者的脸描绘得很瘦,而真品则显示他其实长着一张胖脸。或者,工匠们将钱币背面的星星作得太大了。又或者他们在铭文上犯了错误①。将这些钱币埋在坟墓中的中国人常常将它们作为装饰:这些钱币有两个孔,一个在底下,一个在上面,这样它们就可以被缝在衣服上当作幸运符。

萨珊帝国(Sasanian empire;224—651)铸造的伊朗银币比拜占庭钱币更多地保存了下来。银币和金币在6至7世纪时同时在流通,但它们的使用方式是不同的。保留下来的金币数量非常小(五枚金币集中在一起的已是最大的发现),而萨珊银币在某个储藏点可达到数百枚。

另外还有一个理由可以质疑罗马和中国之间贸易的规模。正史记载了许多向汉朝皇帝进贡礼物的外交使节,但只有一个人可以让人相信是来自罗马。166年一位来自大秦的使者从海上到了中国,并进贡了象牙和犀牛角等礼物,这些是典型的东南亚产物。如同"Seres"在罗马人心目中的概念一样,大秦在中国人的地理思想中处于相似的位置,即位于已知世界的边缘,并且表现出一个理想世界的许多特征。许多人怀疑这个使者是一个冒充者,他声称来自于一个遥远的几乎不为人所知的地方,目的是为了得到贸易的许可。这一点非常有意思,但并非无可置疑②。

在罗马方面也很少有表明与中国存在大规模贸易的证据存世。因为中国丝和寇丝非常接近,研究者们在决定一片丝织品来自于中国

---

① 林英、迈特里希(Michael Metlich),《洛阳发现的利奥一世金币考释》,《中国钱币》,2005年第3期,第70—72页。

② 见《后汉书》,中华书局版,卷118,第2920页。拉西克在《罗马与东方贸易的新研究》讨论了学者们关于这个记载的许多质疑,见第853—855页,注848、849、850。

时必须要识别出只有中国才有的纹样。但是由于纹样是可以被复制的,最能可靠地表明是中国产品的标志就是汉字的存在。在叙利亚帕尔迈拉(Palmyra)发现的公元 1 世纪和 3 世纪之间的丝织品,可能是从中国流传到西亚的最早的中国丝①。

许多在欧洲发现的标为"中国"的丝织品其实是拜占庭的。一位学者研究了 1 千份 7 世纪至 13 世纪之间的此类丝织品,发现只有一份是在中国制造的②。中国的艺术在唐代的时候吸收了大量外国的主题,而在汉代则很少表现有外来的主题③。第一次可认定的中国和罗马——其实是中国西部和罗马帝国东部边缘——之间的联系是在公元 3 至 4 世纪,这也是本书开始的时间④。

本书以位于塔克拉玛干沙漠南缘的尼雅和楼兰为始点。这两个地方是中国西北部出土大量汉语及犍陀罗语文书年代最早的两个考古遗址。犍陀罗语最初是位于今天巴基斯坦和阿富汗的犍陀罗(Gan-

---

① 罗泰(Lothar von Falkenhausen),《带有汉字铭文的丝绸》(Die Seiden mit chinesischen Inschriften),收康拉讷特(A. Schmidt-Colinet)、斯特孚(A. Stauffer)、阿萨德(L. Al-As'ad),《帕尔迈拉的纺织品:新旧发现》(Die Textilien aus Palmyra, Neue und alte Funde),察贝恩(Philipp von Zabern)出版社,2000 年。参见梅维恒的书评,载《东方学研究文献》(Bibliotheca Orientalis),第 58 卷(2001 年)第 3—4 期,第 467—470 页。与其他出土中国纺织品比较过后,罗泰将编号为 521 的纺织品的纺织年份定为在公元 50 年至 150 年之间,亦即在西方发现年份最早的丝织品之一。无疑两件纺织品都是在公元 273 年帕尔迈拉被萨珊帝国攻陷前生产的。亦可参看罗泰,《不重要的不了解:异国环境里的中国文字》(Inconsequential incomprehensions: Some instances of Chinese Writing in Alien Contexts),载《物》(Res: Journal of Anthropology and Aesthetics),第 35 期(1999 年),第 42—69 页,尤其第 44—52 页。

② 穆迪修斯(Anna Maria Muthesius),《公元 1200 年之前地中海丝绸贸易对西欧的影响》(The Impact of the Mediterranean Silk Trade on Western Europe Before 1200 A. D.),收《贸易中的纺织品》(Textiles in Trade),美国纺织学会(Textile Society of America),1990 年双年会会议报告,第 126—135 页;在第 129 页,作者提到荷兰马斯特里希特(Maastricht)市的圣瑟法斯(St. Servatius)大教堂的一个圣物箱中只藏有一件中国纺织品。亦可参看刘欣如(Liu Xinru),《丝绸与宗教:对公元 600—1200 年人们的物质生活和思想的探究》(Silk and Religion: An Exploration of Material Life and the Thought of the People, AD 600—1200),牛津大学出版社,1996 年,第 8 页。

③ 与齐东方于 2006 年 6 月的电话讨论。有关一个重要的例外,可参见李安敦(Anthony J. Barbieri-Low),《一组东汉漆器中的罗马主题》(Roman Themes in a Group of Eastern Han Lacquer Vessels),《东向》(Orientations),第 32 卷(2001 年)第 5 期,第 52—58 页。

④ 拉西克,《罗马与东方贸易的新研究》,第 625 页。

dhara)地区的语言。这些文书揭示出当地的经济很大程度上是自给自足的经济,只有非常少量的包括王室成员和逃亡者等外来人口会使用钱币、丝、或贵金属来购买他们所需的物品。

从犍陀罗来的移民带来了佛教的教义,并用其自有的佉卢文(Kharoshti)记录下来。这些早期的佛教徒并不遵守所有的寺院清规。尽管佛教的戒律规定僧尼必须要独身,但尼雅文书表明许多佛教徒都结了婚,并且和他们的家人住在一起,而非独身住在的寺院中(第一章)。

库车是第二章探讨的对象,亦是中国著名佛教译经师鸠摩罗什的故乡(值得指出,罗什也没有过独身的禁欲生活)。鸠摩罗什是说当地方言库车语(即龟兹语)长大的,但他从孩提时代就开始学习梵文,并在他被虏获到中国的 17 年时间里学习了汉语。他的经历为我们提供了一个很好的机会去考察在丝路上使用的多种语言,并研究哪些是应用在寺院中的,哪些则是为了行政管理所需要的。

在丝路贸易的高峰期,来自撒马尔罕地区的粟特人是在中国最重要的外国人社群。本书的第三章就是以他们为探讨对象。我们未必会联想到中国是一个欢迎外国人的国家,但是在公元第一个千年,尤其是在伊斯兰军队征服粟特人的家乡撒马尔罕之后,大量外国人会移居到中国。许多粟特人会以商人、农民、或旅馆店主的身份定居吐鲁番(第四章的探讨对象)。他们之中一个小名"驼鸟"的人还是一名兽医①。当唐朝军队终于在 640 年攻占吐鲁番这个绿洲聚居地之后,他们将当地居民(包括中国人与及非中国人)都登记在户籍上。他们也听取有关用粟特语(而非汉语)签订的协议的纠纷,并且为那些不能说汉语的庭上证人提供翻译。

近年来最令人兴奋的考古发现要数在唐代都城长安发现的外国居民的坟墓(第五章探讨的对象)。从伊朗世界来的粟特移民将他们

---

① 吴震,《吐鲁番阿斯塔那墓群出土材料中所见的"胡"人》("Hu" Non-Chinese as They Appear in the Materials from the Astana Graveyard at Turfan),《中国与他民族研究论丛》(Sino-Platonic Papers),第 119 号,2002 年。

的索罗亚斯德教信仰带到了中国。当他们还活着的时候,他们崇拜火坛的火,并且用动物来供奉他们的神灵。当他们去世之后,他们的家属会为他们准备去往另一个世界。家属们将死者的尸体暴露给食肉的动物,让它们清除骨头上的被认为会玷污土地的血肉,然后才将死者入殓。尽管大多数的粟特人信奉索罗亚斯德教,该教清楚地规定尸体入殓前必须要彻底清洗骨头,但一些住在长安的粟特人在 6 世纪晚期和 7 世纪早期的时候选择了中国式的埋葬方式。他们的坟墓巧妙地将一些索罗亚斯德教的主题(例如火坛)使用在中国式的棺床上。2005 年秋天,在这些粟特人墓群的旁边发现了一座印度婆罗门(brahman)的墓。令人好奇的是,这座墓竟然也显示有火坛,这表明死者可能在伊朗社群中吸收了索罗亚斯德教的信仰。

755 的安史之乱几乎导致了唐朝的覆灭。安禄山的母亲是一个突厥人,父亲是一个粟特人,他在起兵前在唐朝军队中担任节度使之职。唐朝廷为了对付叛军,撤回了驻在中亚的军队。供应中国军队的大量军费突然停止,中亚同唐代中国的联系也就这样急剧减少了。

第六章讨论的敦煌藏经洞的数千件文书,让我们能够有机会了解9 至 10 世纪(即在该藏经洞在 11 世纪初被封上前)的佛教寺院生活。无论是在 786 年至 848 年的吐蕃统治时期,还是在随后的声称忠于中原王朝的一系列当地统治者统治时期,敦煌的居民几乎都是以实物交换的形式进行着所有的经济交易行为。敦煌也是一个佛教中心,有着13 或 14 座佛教寺院。敦煌藏经洞的壁画很显然是保存最好的,最大规模的佛教场所,它们证明了制作出如此精美艺术品的当地居民和统治者对佛教信仰的热忱。如同几个世纪之前的尼雅那样,敦煌的许多僧人也是住在家里而非住在寺院里的。

敦煌的统治者在 848 年之后与丝路南线临近尼雅的绿洲于阗保持着密切的关系,这是第 7 章要讨论的中心。敦煌藏经洞以及于阗周边的城镇发现了大量的于阗语文书,于阗语是一种大量借用梵文词汇的伊朗语言。但奇怪的是,在于阗本地没有发现这样的文书。这些文书能够让我们观察到于阗语的学生是怎样学习在大多数寺院中使用的梵文,以及对所有去往中国的旅行者有用的汉语的。于阗在 1006 年被伊斯兰世界征服,这也是丝路上第一个皈依伊斯兰教的地方。

如同今天的游客能看到的那样,新疆是极其伊斯兰化的。本书的结论部分考察了该地区自伊斯兰教到来后的历史和贸易。最后的一部分为今天的旅行者提供了关于一些最值得看的重要地方的建议。

本书每一章都会以一个丝路遗址为重心,并就每一个地方提出相同的问题:新发现的文书究竟有什么新的揭示? 为什么它们会被遗留在被找到的地方? 这些文书是在什么情况下被保留下来,是任何严谨的历史分析都必须提出的问题。本书每一章都会利用到壁画及其他文物提供的视像材料。本书的目的是要勾画出每一个社区的主要历史事件、描绘出居住在那里的不同社群以及略述当地贸易的性质;其最终目的则是要在丝路上其中一个交易最频繁的货品——即循环再用纸张——上面写出一个有血有肉的故事。

750—1550 年间中国的人口、政治及社会转型[***]

郝若贝(Robert M. Hartwell) 著

易素梅　林小异 等译

　　中国的人口、政治及社会面貌在 750 年到 1550 年之间发生了显著的转变。在唐代中期,中国人口只有不到一半在南方居住;中央及地方政府机关和权力的中心分别集中在京城和地方(州、府、军)治所;政治权力和上层社会地位被那些专职于官府并垄断高位的世袭精英(hereditary elite)阶层所把持。到 1550 年,中国已有超过 68% 的户数

　　* 译者注:"Demographic, Political, and Social Transformations of China, 750—1550",原载《哈佛亚洲学报》(*Harvard Journal of Asiatic Studies*),第 42 卷(1982 年)第 2 期,第 365—442 页。本译文的初稿是 2001 年北京大学历史系宋史方向研究生集体翻译的成果,成员包括易素梅、许曼、高柯立、王锦萍、林小异。在初稿完成后,林小异负责了主要的修订工作,另外李经宇、罗祎楠、邓百安(Anthony DeBlasi)也曾协助通读与修改。译稿最后由郭威廷、徐力恒校订完成。

　　** 作者原注:本文是在 1980 年 10 月 26 日至 11 月 1 日在中国北京召开的"从宋代到 1900 年中国社会及经济史研讨会"上提交的论文的基础上增订而成。它是作者近十年来对 750 至 1550 年间中国社会及经济变迁所作的研究的成果的第一部分。由于本文使用的人口及群体传记资料是从近千种文献搜集而来,如要提供完整的引注便需上万条注释,这显然是不现实的。尽管如此,我仍然尽量为所有重要的结论提供具代表性的证据。文中使用的粗略统计方法在任何一本统计学的正规课本中都会有所讨论。读者可以参考小布莱洛克(Hubert M. Blalock, Jr.),《社会统计学》(*Social Statistics*),麦格劳 – 希尔(McGraw-Hill)出版社,1972 年。

　　我想在此感谢所有参与是次北京研讨会的学者的宝贵意见,亦要感谢傅礼初(Joseph Fletcher)教授和郝玛安(Marianne Hartwell)博士对修订本文内容及表述方式所提出的实质意见。施坚雅(G. William Skinner)教授惠允我利用他以 1948 年数据编制的中国宏区(macro-regions)人口表格。我的同事利克特(Walter Licht)复核了我的量化分析方法。本文的部分研究和写作是在国家人文学科基金会(National Endowment for the Humanities)的赞助下完成的。观点如有错谬,文责当然由本人自负。

定居在南方;省、县两级官员管理着文官政府的绝大部分事务;而官员则是从一个基础更为广阔的士绅(gentry)阶层选拔出来(这个阶层的人却只把出仕看作众多职业选择中的一种)。在这段时期的前 500 年,中国经济所发生的量变和质变,亦即通常所说的唐、五代至宋初的人口和农业变革是如此显著,以至有些学者将这一时代称为经济革命(economic revolutions)时代①,而另外有一些学者则把它视为早期原始资本主义(protocapitalism)时代②。但是,这期间中国不论是在物质上的进步,或是那些得到世界公认、伴随物质而来的生活上几乎所有方面的成就(政治、社会、艺术、科学、思想等方面),都是后来的几个世纪所无法匹敌的。原因何在呢?

尽管对这个问题有很多不同的解释,大部分学者都把他们的结论建立在以下前提之上:(1)物质的发展是线性的;(2)决定因素(determinative variables)(经济、社会、科技、政治、思想等)在每个历史时期都是一样,并对整个帝国(empire)都起着同等作用。可是,就像此前和此后中国史上各个时期一样,这几个世纪的变化既是周期性的也是线性的,它以不同的速度、有时甚至朝着相反的方向在帝国境内不同区域发生。这些现象似乎指向另一种假设:即中国经济发展史,其实就是不同地域的经济增长周期(regional cycles of growth)的综合历史,其中至关重要的因素包括:(1)个别区域内开创或结束一个发展阶段的独特历史事件;(2)技术、生产要素和经济盈余在区域间流动所需的不同成本;(3)塑造区域内部发展和区域之间交流的各种制度反应。换句话说,要理解这历史进程就要系统地分析处于不同发展阶段、生

---

① 郝若贝(Robert M. Hartwell),《北宋时期(960—1126 年)中国的煤铁工业革命》(A Revolution in the Chinese Iron and Coal Industries during the Northern Sung, 960—1126 A. D.),载《亚洲研究集刊》(Journal of Asian Studies),第 21 卷(1962 年)第 2 期,第 153—162 页;伊懋可(Mark Elvin),《中国过去的模式》(The Pattern of the Chinese Past),斯坦福大学出版社,1973 年,第 113—199 页。

② 白乐日(Étienne Balazs),《中国资本主义的诞生》(The Birth of Capitalism in China),载《东方经济及社会史学报》(Journal of the Economic and Social History of the Orient),第 3 卷(1960 年)第 2 期,第 196—216 页;束世澂,《论北宋资本主义关系的产生》,载《华东师范大学学报》(译者注:原文作《史学集刊》),1956 年第 3 期,第 49—64 页。

态环境各异的农耕区域之内在动力,并仔细探究这些主要区域间的关系对中国社会性质造成什么累积性的影响。

从这个总体假设我们可以作出许多推论,而本文的目的就是要检验其中一部分,并为深入研究提供一个可行的框架。本文将集中研究下列四项之间的关系:(1)区域内部发展;(2)区域之间的移居模式;(3)政府组织;(4)精英在这长期变革中的社会和政治行为。要明白上述四者之间的相互关系,我们必须把这些因素放在一个可用作解释中国各区在不同发展阶段呈现的内部动态(internal dynamics)的分析框架内。

区域内部发展

根据经济学家和地理学家有关区位(location)和运输成本的理论①(以及应用这些理论的历史研究②),一个自然地域(physical territory)尽管有其政治或行政界限,其本身应被视为多个区域经济体系(而这些体系之间的关系可强可弱)的综合体。在中国研究的领域里,施坚雅(G. William Skinner)的著作,在综合这分析和实证传统以及应用区域系统分析法这两方面,可说最具前瞻性。根据施氏的研究,中

---

① 杜能(Johann Heinrich von Thünen),《孤立城市与农业和政治经济的关系》(Der isolierte Staat in Beziehung auf Landwirtschaft und Nationalökonomie),第 2 版,1842 年;韦伯(Alfred Weber)著,弗里德里希(Carl J. Friedrich)英译,《工业选址的理论》(The Theory of the Location of Industries),芝加哥大学出版社,1929 年;克里斯塔勒(Walter Christaller),《德国南部中心地》(Die zentralen Orte in Suddeutschland),费舍尔(Gustav Fischer)出版社,1933 年;乐诩(August Lösch)著,沃葛龙(William H. Woglom)英译,《区位经济学》(The Economics of Location),耶鲁大学出版社,1954 年。

② 葛拉斯(N. S. B. Gras),《英国玉米市场的演变》(The Evolution of the English Corn Market),哈佛大学出版社,1915 年;郝若贝,《11 世纪中国钢铁工业发展中的市场、科技及企业结构》(Markets, Technology, and the Structure of Enterprise in the Development of the Eleventh-Century Chinese Iron and Steel Industry),载《经济史学报》(Journal of Economic History),第 26 卷(1966 年)第 1 期,第 29—58 页;郝若贝,《中国帝制时代的一个经济演变周期:750—1350 年间中国东北部的煤和铁》(A Cycle of Economic Change in Imperial China: Coal and Iron in Northeast China, 750—1350),载《东方经济及社会史学报》,第 10 卷(1967 年)第 1 期,第 102—159 页;林兹(Juan J. Linz)、梅高(Amando De Miguel),《国家内部的差异和比较:八个西班牙》(Within-Nation Differences and Comparisons: The Eight Spains),收梅里特(Richard C. Merritt)、若坎(Stein Rokkan)编,《国家间比较:跨国研究中量化数据应用》(Comparing Nations: The Use of Quantitative Data in Cross-National Research),耶鲁大学出版社,1966 年。

国可被分成若干个有限的宏观区域(macroregions),而每一个区域则由一层包含一层的经济体系组成。这些体系的"特征是其中心地带(central area)集中了各类(可耕地、人口和投资)资源;愈靠近外围(periphery),资源则愈少"①。施氏划分的七个宏区,每一个都至少有部分地区是位于宋代的行政疆界之内。除了长江上游区以外,每一个宏区还可以细分为核心地区(regional core)和外围地区。我对施氏的模式亦作出了以下修订:岭南区和长江中游区各分为东、西两部分区(subregions);华北区分为东部和北部;而岭南区的外围则分为西部、沿海和北部三个部分(sections)(详见地图和表1;另可参看附录1[关于人口问题]和附录2[地名列表])。

宏区内的分区(或称中级区域[intermediate regions])彼此之间是存在着体系性的联系(这可从商品、服务和土地等市场的网络看到),而这些分区的结构亦与更高层次的区域单位的结构相对应。在一些情况下,正规(及非正规)的政治制度架构,亦与中心地(central places)、农业中心地带以及乡郊人口密度的不同层级相呼应。本文选取了代表中国不同地区的50个宋代样本州(府、军)份,并以其恒常疆界抵作中级区域系统的界限。② 从现代地域疆界的角度来看,宋代的州份行政结构——即州治及其周边县治——大体与一个地方城市及

① 施坚雅,《中国帝制晚期的区域系统》(Regional Systems in Late Imperial China),第2届社会科学史学会年会上宣读之未刊文,安娜堡(Ann Arbor),1977年,第4页;施坚雅编,《中国帝制晚期的城市》(The City in Late Imperial China),斯坦福大学出版社,1977年,第211—220页。作对比,可参看费景汉(John C. H. Fei),《传统中国的"标准市场"》(The "Standard Market" of Traditional China),收帕金斯(Dwight H. Perkins)编,《历史视野中的中国近代经济》(China's Modern Economy in Historical Perspective),斯坦福大学出版社,1975年,第235—259页。

② 用以抵作中级区域的50个样本州(府、军)份是:岭南区的藤州、郁林州、广州、邕州、琼州和韶州;东南沿海区的潮州、福州、兴化军、温州、台州和建州;长江上游区的嘉州、眉州、果州和渝州;长江中游区的潭州、鄂州、洪州、随州、吉州、袁州、抚州、建昌军和信州;长江下游区的苏州、杭州、越州、明州、常州、湖州、睦州和婺州;西北区的同州、河中府、绛州、解州、汾州和晋州;华北区的许州、莱州、青州、深州、永静军、邢州、赵州、潞州、兖州和沂州。本文在估算人口的时候还用到了另外29个州(府、军)份数据(见表12)。

编者按:郝氏在本文往往以"prefecture"一字泛指州、军、府诸行政架构。为行文简洁,如无特别注明,下文泛指"州"时皆包括"府"和"军"在内。

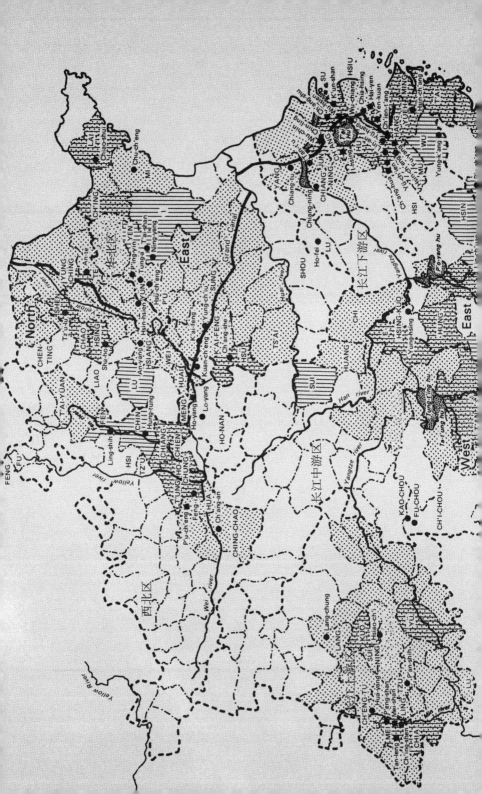

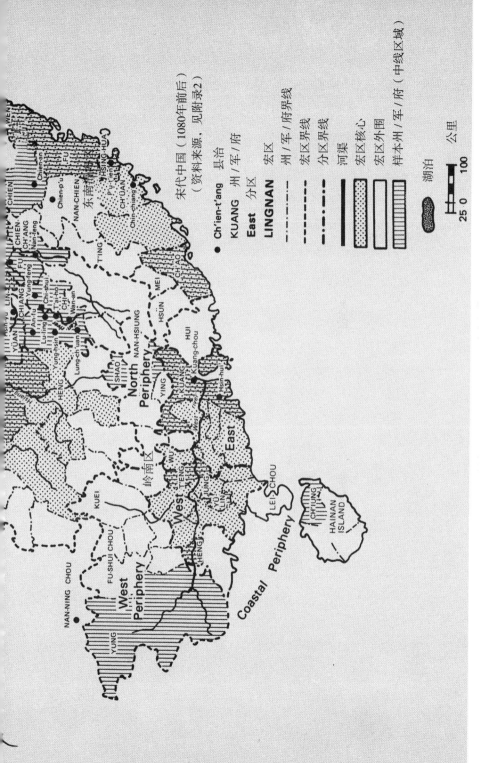

宋代中国（1080年前后）
（资料来源，见附录2）

● Ch'ien-t'ang   县治
KUANG   州/军/府
East   分区
LINGNAN   岭南

──·──	宏区
─·─·─	州/军/府界线
─··─··─	宏区界线
─···─···─	分区界线
▬▬▬	河渠
▨	宏区核心
☐	宏区外围
▥	样本州/军/府（中线区域）

⬭ 湖泊

比 25 0   100
公里

表 1　各区域户数统计表（公元 2—1948 年；单位:1,000 户）

地区	面积（平方公里）	2年	609年	742年	980年	1010年	1080年	1200年	1290年	1391年	1542年	1800年	1948年
岭南	338,000	72	310	341			691	854		726	737		6551
西部核心区	51,000	37	122	69			85	158	52	69	69		1247
西部边缘区	101,000	－	55	48	54		117	216		104	107	644	989
东部核心区	69,000	20	88	120			227	311	272	343	302	2503	2783
沿海边缘区	55,000	15	32	21			35	65	255	137	171		544
北部边缘区	62,000	－	21	83	114		227	180	80	73	88		988
东南	168,000	－	－	286	654		1537	2274	1777	1394	2234		5305
核心区	80,000	－	－	209	387	481	912	1337	1001	961	1796		3964
边缘区	88,000	－	－	77	267		265	937	776	433	438		1341
长江上游	297,000	816	494	1206			1860	2868		628	791	2709	8664
长江中游	617,000	897	858	923			4362	5384	5097	2886	4142		11969
西部核心区	206,000	260	282	268			1511	2139	1930	658	1056	3613	5913
西部边缘区	240,000	420	490	377			903	497	378	358	1121		3442
东部核心区	27,000	67	12	53	132		327	264	474	324	360		453

（续表）

地区\面积/年（公元）	面积（平方公里）	2年	609年	742年	980年	1010年	1080年	1200年	1290年	1391年	1542年	1800年	1948年
东部边缘区	144,000	150	74	225	620	1001	1621	2510	2285	1546	1605	1528	2161
长江下游	197,000	492	402	1257		2229	2609	3686	4942	4436	4943	11978	10841
核心区	92,000	260	211	610		1368	1363	2160	3076	2906	3351	8542	8164
边缘区	105,000	232	191	647		861	1246	1526	1866	1530	1592	3436	2677
西北	266,000	1567	1207	1275			1598	1738		1349	1539		3519
核心区	62,000	1164	601	791			791	795		595	763	1439	1844
边缘区	204,000	403	606	484			807	943		754	776		1575
华北	522,000	7217	5080	3466			4369	4310		3305	4453		20737
东部核心区	185,000	3911	1553	1161			1967	1498		1236	2004		9296
东部边缘区	121,000	597	350	278			686	350		484	574		4206
北部核心区	93,000	1923	2235	1336			1063	1552		899	1149	2647	4425
北部边缘区	123,000	786	942	691			653	910		686	726		2810
总计	2,108,000	11061	8351	8754			17026	21114		14724	18839		67586

资料来源：附录1《关于人口问题》；表12。

其部分所属市镇形成的中心地层级(central-place hierarchy)相约:其核心地带(core districts)通常拥有密度最高的可耕地,而每州的人口密度又与其耕地面积有着密切关系,显示出高度一致性和自供基本粮食的能力。就以 1932—1933 这年度来说,其中 38 个样本州(占 50 个的 76%)州治所在的县份,其总耕地比率就高于处于腹地(hinterland)的县份的平均比率;在 202 个腹地县份当中,有 141 个(70%)的耕地率是低于其州治所在的比率;而就 252 个县份来说,耕地率和人口之间的协方差(covariance)则为 81%。人口与耕地面积的密切关系,在过往亦大概不外如此。就以 1170 年左右的福州为例,户数和耕地面积之间的决定系数(coefficient of determination; r^2)为 0.82。至于南宋晚期至明代初年长江下游其他一些州份,史田慕(John Stuermer)亦发现其耕地面积与人口之间有密切关系。[1] 每一个中级区域内的聚落都有相同的历史,而这些历史又与各自所属的宏区的历史紧密联系着。

在这里我们可以提出一个将宏区分为四个历史阶段的初步框架:(1)边区开拓(frontier settlement);(2)迅速发展(rapid development);(3)体系衰落(systemic decline);(4)状态均衡(equilibrium)。在一个以自然地理为主要资产的地域内,不同分区在不同阶段会呈现出颇不相同的人口消长形态——在边区发展阶段,核心地区的人口增长要比外围地区的快;在发展阶段,腹地地区的人口增长要比中心地区的快;在衰落阶段,外围地区的人口要比核心地区的下降得快;而在均衡阶段下,一个县份的人口变化,则是受其本身地方环境影响,而与同一区域内其他县份长时段的发展并无明显关联[2]。在中国古代,长远来看,

---

[1] 卜凯(John Lossing Buck),《中国的土地利用:统计数据》(*Land Utilization in China*: *Statistics*),芝加哥大学出版社,1937 年,第 21—29 页;梁克家,《淳熙三山志》,收《四库全书珍本》六集,第 10.1—10 页;史田慕(John Steurmer),《南宋太湖流域的圩田建设与土地拥有权的格局》(*Polder Construction and the Pattern of Land Ownership in the T'ai-hu Basin During the Southern Sung Dynasty*),宾夕法尼亚大学博士论文,1980 年。

[2] 若对 50 个样本州份或中级区域的核心及外围地区在边区开拓、发展以及衰落诸阶段的预测人口流动与其实际人口流动(分成 20 组)作卡方检验(*chi-square test*),得出的结果是 $x^2 = 11.86$、$df = 19$、显著性水平(level of significance)= 0.90。另一方面,若对在稳定状态的宏区的人口流动(分成 18 类)作类似检验,结果则是 $x^2 = 44.29$、$df = 17$、显著性水平 = 低于 0.001。

地区人口的增长和扩散(或下降和收缩)以及随之而来的经济、政治和社会制度演变,其实都依循着可预计的样式,而这些样式则与在均衡状态中的区域系统的分级相呼应。

聚居地最先出现在面积最大而又连在一起的肥沃土地。在边区开拓阶段,由于核心和外围地区之间的经济或制度联系微乎其微,要区分区内的系统是不可能的。这情形在中唐以前南方的几乎所有宏区、晚明以前岭南的大部分地区,以及经历过 13 世纪人口锐减(整个长江上游亦因而沦为边区)的四川,都相当普遍。当个别地区的人口密度由于外来移民的涌入、人口的自然增长,或(更为常见的是)这两种情况的糅合而达到临界点时,这地区就进入了迅速发展阶段;人口扩散到耕地较分散、数量较少、而土质又较贫瘠的腹部地区。一级土地的相对稀缺以及乡郊房产带来的中级市场(intermediate markets)之出现,可说是最明显的独立变数。在唐至宋初之间的不同时期,南方大部分地区都进入了迅速发展期。无疑,用任何量化标准去衡量这个"临界点"都会失之武断,但当边区开拓阶段地区的密度达到现代水平的 10—15% 时,这地区似乎就要从边区阶段"跃进"到发展阶段。发展期的终结,要不是由于突如其来的洪水、饥荒、瘟疫、暴乱或战争等自然或人为灾害,要不就是耕种的边际回报(marginal returns)已达至农业技术的极限。随之而来的,则是体系衰落或均衡期。

在衰落时期,发展的过程呈现倒退——腹部地区较分散又较贫瘠的耕地首先被遗弃,而中级区域外围部分的人口流失,又要较区内核心地带的更为迅速。7 世纪时经历过一系列瘟疫的华北区、宋末和元时期岭南区北部和西部的大部分地区,以及当时长江上游区和长江中游区西部地区,都在衰落阶段之列。顾名思义,均衡期是一个稳定的时期,而区域内地区之间的短期人口波动,都可索源于不同的地方因素。华北区的北部分区,除去其长时段的小幅度周期性变化外,从汉代到明代一直都是处于均衡状态。至于从唐代到明代的西北区、从南宋时期到 20 世纪中叶的长江下游区和长江中游区东部地区,情况也是一样(见表2)。

表2 公元2—1948年中国各宏区的发展时期

区域 \ 年份	A.D.2	609	742	980	1010	1080	1170	1200	1290	1391	1542	1800	1948
岭南 西部核心	3 (20)	6 (-43)	6 (-10)	(06)		7 (63)	12 (51)	13 (20)	4 (-123)	6 (0)	6 (0)	65 (73)	100
西部外围	(23)	3 (-0)	4 (31)	5 (19)		12 (78)	11 (35)	22 (0)	10 (-38)	12 (-02)	11 (-08)	90 (29)	(29)
东部沿海核心	1 (12)	2 (-32)	8 (13)	12 (15)		3 (69)	11 (0)	11 (-181)	30 (153)	25 (-61)	31 (15)	5 (82)	(07)
东部沿海外围	3 (104)	2				23 (69)	18	11			9 (12)	31 (28)	(60)
东南区 核心	9	3 (30)	5	10 (73)	12	23 (92)	32 (37)	34 (18)	25	24 (-04)	45 (41)	61 (20)	(33)
外围		7 (92)	5 (52)	20		47 (85)	65 (37)	70 (24)	53 (-58)	32	33 (01)	(28)	
长江上游区	9	6 (67)	14	12 (13)		21 (48)	33 (48)	33 (-04)	(-79)	7 (15)	9	31 (79)	
长江中游区 西部核心	4 (01)	5 (-04)	5	(51)		26 (21)	31 (21)	36 (52)	33 (-106)	11 (31)	18 (48)	61 (33)	
西部外围	12 (03)	15 (-20)	11	(26)		26 (-86)	14 (-18)	14 (-24)	11 (-35)	10 (76)	33 (28)	(28)	
东部核心	15 (-28)	3 (112)	12 (38)	29		72 (91)	58 (-24)	58 (0)	105 (-38)	72 (07)	79 (06)		
东部外围	7 (-12)	10 (84)	10 (43)	29 (161)	46	75 (69)	99 (31)	116 (53)	106 (-39)	72	74 (02)	71 (23)	
长江下游区 核心	3 (-03)	3 (30)	7		17	17 (-01)	24 (42)	26 (27)	38 (-06)	36	41 (09)	105 (-03)	(36)
外围	9 (-03)	7	24		32	47 (53)	56 (21)	57 (05)	70 (-20)	57	59 (03)	128 (-17)	(30)
西北区 核心	63 (-11)	33 (07)	43 (21)	(0)		43	(0)	43	(-15)	32	41 (16)	78 (17)	(25)
外围	24	36 (-17)	29	(15)		48	(13)	56	(-12)	45	46 (02)	(19)	
华北区 东部核心	42 (-15)	17 (-22)	12	(16)		21	(-23)	16	(-10)	13	22 (32)	38	(38)
东部外围	14 (-09)	8 (-17)	7	(21)		16	(-56)	8	(17)	12 (11)	14	49 (32)	(49)
北部核心	43 (02)	51 (-39)	30	(-07)		24	(32)	35	(-89)	11 (16)	26	60 (35)	(32)
北部外围	28 (03)	34 (-28)	25	(-02)		23	(28)	32	(-15)	24	33 (04)	(33)	(35)

资料来源：表1,7,12

图例：

- ▬▬▬▬▬ 边区开拓
- ───── 迅速发展
- ▨▨▨▨▨ 体系衰落
- ═════ 状态均衡

(12) ………… 与1948年人口作比较的人口密度百分比

(-0.2) ………… 自前次人口普查之年度人口变化百分比

位于四川西部岷江的眉州的历史,可用来说明前文提出的诸多观点。长江上游区在唐宋之际进入了发展期。从官方根据人口数目对县份等级的划分,我们得知这时期眉州地区腹部地带的发展,要比位于州份核心的眉山县还快。① 在13世纪,与整个经历着人口灾难的长江上游区一样,眉州地区的户数急剧下降。在此衰落时期,彭山、丹棱、青神三个腹地县份所流失的人口,比例上要比眉山高得多。② 到接下来的边区开拓时期,眉州的核心地带则又较外围地区恢复得快;事实上,腹部地区的人口变化很不稳定。至1542—1800年间的发展时期,外围人口增长的速度则是核心地带的两倍。人口变化的不同速率并不是区分四个阶段的唯一指标(见表3)。

在边境地区,低人口密度连系到疲弱(乃至并不存在)的市场网络、为数甚少的非农业人口、以及数目不多的大型市镇或城市。在这里,行政架构的设置,形式似乎更重于功能,而衙门官吏、地方上的政治精英以及部族首领之间也无甚分别。在宋代,边境地域的巨族以半世袭形式出任地方官,而地方与朝廷之间的关系,亦是封建多于官僚政治。坐落湖南西北部、位于湖北、贵州与四川交界的的高州、溪州和

---

① 在唐宋时代,县是根据其主户的数目而被分为"望"、"紧"、"上"、"中"、"中下"和"下"六等。在不同时期,一个县的等级会随着其主户人口的变化而升降。而各等级应有的主户数目则在953、964以及1115年被调升。梁克家,《淳熙三山志》,第10.8b页(编者按:为求行文简洁,此卷卷10,页8下;下同);徐松,《宋会要辑稿·食货》,1936年,第69.77—78页;《宋会要辑稿·方域》,第7.25—26b、27b—28a、28b—29a页。现存各县及其主户等级的资料,可见(按时间顺序)李吉甫,《元和郡县图志》,畿辅丛书本;欧阳修,《新唐书》,1739年本;王存,《元丰九域志》,1784年本;脱脱等,《宋史》,1739年本;欧阳忞,《舆地广记》,1812年本;王象之,《舆地纪胜》,文海出版社,1962年。从眉州一例可见,我们往往可以从这些史料对主户人数的相对变化作出大致估算,亦藉此可以对整体户数的变化作出更粗略的估计。在元代,县的等级是按总户数分为上、中、下三等,而北方与南方省份分等的标准亦有所不同。江北在1266年订立以下标准:6千户以上为上县,2千—6千户为中县,不足2千为下县。江淮以南在1283年订立的标准则是:3万户以上为上县,1万—3万户为中县,不足1万户为下县。参见柯劭忞,《新元史》,1739年本,第62.12a页。

② 眉州人口从29,700户增至1080年的76,100户,然后跌至1391年的16,800户。要估算1080年的县级人口,我们固然可以假设每个县在742年至1080年之间的人口增长是相等于其在742年至1391年之间人口下降中所占的份额。虽然这跟实际情况可能很接近,但这个估算方法其实已包含了支持我观点的许多假设。因此,我还是选择用以县的主户类别来讨论742年到1080年间的变迁。

表3　公元742—1800 年眉州地区的人口趋势(单位:1,000 户)

年份\县份	742	1391	年度变化百分比	1542	年度变化百分比	1800	年度变化百分比
眉山	10.6	9.5	−0.02	14.5	0.28	29.4	0.27
彭山	10.1	2.6	−0.21	2.4	−0.06	16.8	0.76
丹棱	6.4	2.6	−0.14	2.7	0.03	12.7	0.60
青神	2.7	2.1	−0.03	1.9	−0.06	16.1	0.83
总计	29.7	16.8	−0.09	21.6	0.17	75.0	0.49

　　资料来源:李吉甫,《元和郡县图志》(畿辅丛书本),第 32.3b 页;乐史,《太平寰宇记》(1803 年本),第 74.1—6a 页;李贤等纂修,《大明一统志》(1461 年),第 71 卷;朱思本、罗洪先,《广舆图》(1566 年),第 1.64b—65a 页;《眉山县志》(1923 年);《彭山县志》(1814 年);《丹棱县志》(1892 年);《青神县志》(1877 年)。

富州、坐落云南东北部、位于云南与贵州交界的南宁、以及坐落广西西北部、位于云南与贵州交界的抚水州,都是由田、彭、向、龙、蒙诸族一代接一代管理。作为部族首领,这些地方官都会定期向开封朝贡[1]。亦有些州份,是汉人移民(Chinese migrants)在部分边境地区建立霸权后,以蛮人为统治对象的"羁縻"州份。就以富州为例,出任其地方官的向氏家族,本身就是唐末随僖宗入蜀的一个山东家族的后裔[2]。有些边区州份名义上是正规行政系统的组成部分。唐代早年的福建边区,其地方官都是由当地的巨族世代担任[3]。在 10 至 11 世纪,府州地区(位于陕西、绥远边区)的知州一职,是由一折氏家族世袭;而从 969 至 1094 年,与折氏有亲戚关系的王氏,则从不间断地担当绥远丰州地

---

　　[1]　徐松,《宋会要辑稿·蕃夷》,第 5.5—13a、20—23、31—34a、74—78、80、94b—95a、7.10b—42 页;李焘,《续治通鉴长编》,浙江书局,1881 年,第 62.3a、81.9a、91.4b、92.2b、93.2b、154.31b、32a、155.32a、245.16a 页。

　　[2]　李焘,《续资治通鉴长编》,第 92.3b—4a 页。

　　[3]　克拉克(Hugh Clark),《华南边疆地区的巩固:699—1266 年间泉州的发展》(Consolidation on the South China Frontier: The Development of Ch'üan-chou,699—1126),宾夕法尼亚大学博士论文,1981 年,第 30 页。

区的知州①。正在迅速发展的地区,情况则很不相同。

在增长时期,伴随人口的增加和扩散,是市场网络、中心地、城市中心、行政架构和社会阶层诸层级的日益复杂化。随着地区密度的提高,从事非农产业生产的家庭的比例也上升。事实上,在明代,这两者的对应关系很有规律性,以至我们可以利用个别县份的里数(1 里包括 110 户),以对数曲线公式(logarithmic power curve formula)来估算该处的户数②。明朝的里甲制度,为着方便征税和社会操控,以 110 户为一单位。由于非农业人口不计算入里,在不同县份里数占实际户数的比例,就会与从事农业生产以外的户口的数目成反比。值得注意的是,这关系相当一致:在明朝不同时期的 33 个不同地区,里数和 247 个县份所记录得的户数,有 95% 的曲线相关性(curvilinear correlation)。地处河南中部的许州堪称典型:其最小的县份,每里记录有 118 户,而人口最多的,则每里有 161 户③(见表 4)。

人口密度与农户和非农户的比例之间的紧密联系,有助解释以下这个问题:为何一个地区在迅速增长期间,往往会使先进技术和组织形式的工业短暂出现,而在体系性衰落期间,这些拥有先进形式的工业又会随之消失?我曾在以往的研究中说明,开封之作为宋代首都(以及随之而来,华北区东部核心地带的人口增长),促使了一个从河北南部以弧形延伸到江苏北部的钢铁工业区(而弧形内各处,就前往首都的交通成本而言,都是相等的)的迅速发展。在 13 世纪的衰落时期,这一地带的工业要不就陷入长期衰退,要不就完全消失④。

随着区域内部发展带来的人口增长,区域的面貌亦日益分化,一些外围县份变得越来越饱和,而最后亦成为一些新中级地区的核心

---

① 徐松,《宋会要辑稿·方域》,第 21.2—8、9—11 页。

② 参看附录 1。

③ 由于图表所需篇幅太多,在此无法提供更多样本数据作例证。广东 13 个县的户:里相关系数为 $r^2 = 0.96$,而山西西部 26 个县的则是 $r^2 = 0.94$。

④ 郝若贝,《11 世纪中国钢铁工业发展中的市场、科技及企业结构》,第 36—37 页;郝若贝,《中国帝制时代一个经济转移周期》,第 145—155 页。

表 4 明代许州里数与户数的相关系数($r^2=0.99$)

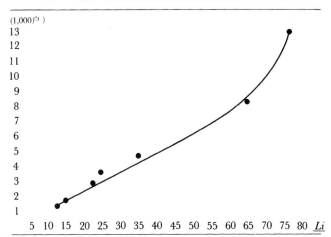

资料来源:李贤等纂修,《大明一统志》(1461),第 26.5b—6a 页;朱思本,《广舆图》(1566);《禹州志》(1745);《临颍县志》(1660);《长葛县志》(1925);《郾城县志》(1754)。

县。这类转变往往会对地方行政的结构带来深远的影响,苏州的例子可以为证。在 726 年,苏州知州辖下有 7 个县,其中包括现今上海及其腹部的绝大部分地区。在 726 年到 876 年之间,该地人口的增长几达 40%,而吴越王钱氏遂把其中 4 个县分划出为秀州,并在嘉兴建立治所。结果是出现了两个各有其中心的中级地区。到了 1450 年,这个地区的人口已经增长了不止 7 倍,原来以吴县为辖区中心的 7 个县亦被分为 3 个州和 17 个县。到 1948 年,同一地区已被分为 21 个独立行政单位,而其共同管辖的人口亦达到唐时期的 23 倍[1]。地区性发展亦对地方精英士绅家族的空间分布产生很大影响。

"士绅"是由地方上一个可以一代接一代在经济、社会及政治上拥有特殊地位的显著阶层的"宗族"(lineages)组成。这些"宗族"是以父

_____

[1] 李吉甫,《元和郡县图志》,第 25.12—14a 页;乐史,《太平寰宇记》,1803 年本,第 91.1—14a、95.5—8a 页;朱思本,《广舆图》,1566 年,第 1.15、45b 页;以及本文表 12。

系亲缘关系为纽带的集团,通过定期的拆产分家,保持宗主一系的专属特权。不论他们之间的社会地位如何迥异,同姓"宗族"往往会尊奉同一远祖,并视大家为同一"族"(clan)。在很多情况下,限于史料,我们无法识别出那些不定期向社会输送正规政治"精英"(即那些可以很容易以其科第或官职辨别出的群体)的士绅家族①。同样,我们也很难分辨出一个"家族"(family,在本文的定义是一个县内世代居住的父系血族集团,且仅包括五服以内的家族成员)究竟是属于一个、两个还是更多被拆分的"宗族"。因所有政治精英家族的成员同时也是士绅家族的一员,而每个"家族"又最多只包括数个"宗族",下文将以"缙绅"(elite gentry)作为"士绅"阶层的一个样本,而"家族"则作为"宗族"的代称②。

在迅速增长期内,农业劳动输入的增长带来了越来越高的收益,而产生出来的盈余亦得以用来维持更大量的非农业人口。不少人会迁移到城市去从事工商业,但有些则会成为发展中的腹部地区一些新兴缙绅家族的创始者。同一时间,核心地带的士绅家族的分支,则会迁移到周边地区去寻求更大的发展空间。换言之,在发展时期,核心地带的缙绅家族即使出现人口增长,家族的数量仍会保持稳定。在南宋期间,长江下游区的情况正是如此。随着圩堤技术的推广和湿地的开垦,其腹部地区县份的人口亦以异常速度递增,而这些外围地带的缙绅家族的数量,亦增长得最多。就以苏州为例,尽管这个阶层的人数在核心地带维持不变(甚至有所减少),但在苏州其他各县却翻了7倍(见表5)。

---

① 本文提到"精英"(elite)时,意思和政治学中的狭义用法一样,指那些在地方或国家层级拥有政治地位的个人或家庭,而"士绅"(gentry)则是指那些在地方上拥有经济或社会地位的家庭。差不多所有精英都是士绅,但反之则未必。

② 这做法与霍斯(Richard G. Fox)的处理方式相近,见其《亲属、氏族、王公与统治:前工业时代印度的国家与腹地关系》(*Kin, Clan, Raja and Rule: State-Hinterland Relations in Preindustrial India*),加州大学出版社,1971 年。

表 5　苏州缙绅家族*与人口增长（公元 990—1230 年）

县份	资料类型	990年—	1020年—	1050年—	1080年—	1110年—	1140年—	1170年—	1200—1230年
吴县	缙绅家族数	12	19	21	24	17	11	22	15
	户数	66,139 (1010年)						146,203 (1391年)	
长熟	缙绅家族数	1	2	2	6	10	8	5	4
	户数	13,820 (876年)						60,194 (1290年)	
昆山	缙绅家族数	2	1	5	6	11	28	29	26
	户数	16,368 (1010年)				25,502 (1184年)		75,268 (1225年)	
吴江	缙绅家族数	1	1	1	2	2	2	4	8
	户数							80,384 (1391年)	
总计	缙绅家族数	16	23	29	38	40	49	60	53
	户数	82,862 (876年)		152,821 (1080年)		173,042 (1184年)		329,600 (1275年)	

* 缙绅家族是指在宋代苏州地区，曾有族人考上举人（1141—1258 年间，苏州出了 484 位）或有族人曾任官职但个人功名资料不存的家族。一个家族如在一定时期（例如 990—1019 年）有一位或以上子弟符合此标准者，即可称做缙绅家族。不少取得功名者的家族是从外地移居至苏州，而其名字亦列在其它地区的进士名单上。这类家族仍包括在本表里。我们尽详列出所有个案以及其资料来源。

资料来源:《永乐大典》(台北世界图书公司,1962 年),第 2368.2b 页及以后;范成大,《吴郡志》(守山阁丛书本);《江苏金石志》(石刻史料丛书本),第 11.5b—13b 页;朱长文,《吴郡图经续记》(学津讨源本);陆广微,《吴地记》(学海类编本);《琴川志》(海虞毛氏汲古阁刊本);凌万顷、边实,《玉峰志》(太仓旧志五种本);《吴县志》(1933 年);《苏州府志》(1869—1877 年)。

苏州的范氏就有两个宗族支系是从核心地带迁徙到腹部县份。11 世纪末前,范姓科举及第者,一律称吴县为其乡。至 1124 年,范成大的父亲却以昆山人考获进士,而范氏这一分支在 12 世纪亦出了其他举人和进士。又,在 1172 年,范仲淹的第五世孙范之柔,继在前一年被选为举人后又得中进士。其时,范氏的女儿已嫁给了昆山新一代士绅中的佼佼者赵监,而范氏本身亦刚迁居昆山[1]。

苏州外围的新兴家族还包括昆山顾氏。自从顾植在 1100 年考取进士,顾氏才出现在昆山的历史。在随后的 179 年,这个家族出了 11个举人和两个特科进士(但没有其他进士)。在明代,昆山顾氏是唯一出过两个内阁大学士以及其他进士和高官(包括清代学者顾炎武的高祖父顾济、曾祖父顾章志及祖父顾绍芳)的家族[2]。

上文叙述的区域内部发展进程,是中唐至晚明期间,区域间的移居模式、政府控制的组织以及政治精英行为展演出来的重大转变的重要构成部分。

区域间的移居

中国在 750—1550 年间经历的深远转型,其最主要指标,是区域

---

[1]　解缙等纂修,《永乐大典》,世界图书公司,1962 年,第 2368.5b、6a、7a 页;范成大,《吴郡志》,守山阁丛书本,第 28.8a、10a、11a 页;缪荃孙编,《江苏金石志》,收《石刻史料丛书》(艺文印书馆,1966 年),甲编,第 19 种,第 11.6 页;周必大,《周益国文忠公集》,收《四库全书珍本》二集,第 61.11a 页;冯桂芬等纂修,《苏州府志》,1869—1877 年本,第 91.14a 页。

[2]　解缙等纂修,《永乐大典》,第 2368.4b、6a、7b、9b 页;缪荃孙编,《江苏金石志》,第 11.6b、7a、8b、9a、9b 页;张廷玉等纂修,《明史》,1739 年本,第 96.9—10a 页;臧励龢主编,《中国人名大辞典》,商务印书馆,1964 年,第 1791、1793 页。

人口密度的重大变化。以宋朝在 1080 年所控制的疆域为固定疆域，公元 2 年、609 年、742 年这三个年份的区域人口密度有很大的相关性，742 年和随后列举的其他年份（包括 1080 年、1200 年、1391 年、1542 年及 1948 年）的区域人口密度之间无相关性，但括号中这几个年份的户口记录中区域人口密度则显然密切相关（表 6）。主要的变化是三个宏区重要性的增加，即长江中游地区、长江下游地区和东南地区。汉代时这些地区的人口占总人口的 20%，隋代时占 15%，唐代中期占 26%，1080 年占 50%，1200 年占 54%，1391 年占 59%，1542 年达 60%，1948 年则是 42%（见表 7）。

表 6　公元 2—1948 年间区域户口密度对比
关系系数（correlation coefficients）

年(公元)	2 年						
609	0.84	609					
742	0.83	0.87	742				
1080	0.46	0.37	60	1080			
1200	0.26	0.36	0.53	0.89	1200		
1391	0.08	0.14	0.41	0.80	0.84	1391	
1542	0.18	0.20	0.42	0.82	0.85	0.97	1542
1948	0.34	0.36	0.47	0.59	0.64	0.74	0.79

资料来源：表 7

表 7　公元 2—1948 年间中国区域户口密集度（单位：每平方公里户数）

年(公元) 区域	2	609	742	1080	1200	1391	1542	1948
岭南								
西部核心区	0.73	2.39	1.35	1.67	3.10	1.35	–	24.45
西部外围区	–	0.54	0.48	1.16	2.14	1.03	1.06	9.79
东部核心区	0.29	1.16	1.74	2.39	4.51	4.97	4.38	40.33
沿海外围区	0.27	0.58	0.38	0.64	1.18	2.49	3.11	9.89
北部外围区	–	0.34	1.34	3.66	1.68	1.18	1.42	15.94

（续表）

年(公元) 区域	2	609	742	1080	1200	1391	1542	1948
东南								
核心区	–	–	2.61	11.40	16.71	12.01	22.45	49.55
外围区	–	–	0.88	7.10	10.65	4.92	4.98	15.24
长江上游	2.75	1.66	4.06	6.28	9.54	2.11	2.66	29.17
长江中游								
西部核心区	1.26	1.37	1.30	7.33	10.38	3.19	5.13	28.70
西部外围区	1.75	2.04	1.57	3.76	1.96	1.49	4.67	14.34
东部核心区	2.48	0.44	1.96	12.11	9.78	12.00	13.33	16.78
东部外围区	1.04	0.51	1.56	11.26	17.43	10.74	11.15	15.01
长江下游								
核心区	2.83	2.93	6.63	14.82	23.48	31.59	36.42	88.74
外围区	2.21	1.82	6.16	11.87	14.53	14.57	15.16	25.50
西北								
核心区	18.77	9.69	12.76	12.76	12.82	9.60	12.31	29.74
外围区	1.98	2.97	2.37	3.96	4.62	3.70	3.80	8.21
华北								
东部核心区	21.14	8.39	6.28	10.63	8.10	6.68	10.83	50.25
东部外围区	4.93	2.89	2.30	5.67	2.89	4.00	4.74	34.76
北部核心区	20.68	24.03	14.37	11.43	16.69	9.67	12.35	14.58
北部外围区	6.39	7.66	5.62	5.31	7.40	5.58	5.90	22.85

资料来源:表1

在工业化前的社会,导致人口分布发生重大转变的原因通常
为:(1)人为或自然灾害,减弱了一个人口较稠密的地区在农业上的
相对优势;(2)运输成本的锐减,令区域之间的经济有更高程度的整
合;(3)新农业技术的引进,促使边疆地区地位的提高;(4)以上因数

的结合①。从 8 至 16 世纪,以上每一个因素都在中国社会经济史上发挥过作用。有时候,出现的转变是临时性或周期性;另一些时候,所出现的转变则是永久性或直线性。总而言之,其总体影响是令中国社会性质产生重大变化。

华北区东部分区在这阶段的历史,可说最能清楚说明这些发展/衰落周期的特性。华北和西北两区的核心地带的人口,至西汉末期,已达到该些地带现代人口的 42% 至 63% 水平。至于近几个世纪的人口增长,大可归因于明末从美洲新大陆引进的农作物——玉米、土豆和花生。从西汉到明末的 1,500 年期间,该两处地带的人口密度的转变,则可说是个别因素(如首都的建立或迁移、瘟疫、洪水、外来侵略以及内战之类)引发的发展/衰退/复苏周期(其时间或长或短)的个别环节。

汉末、三国、南北朝时期的动荡,以及 7 世纪时在一次又一次在华北区肆虐的瘟疫,令华北东部分区的人口从汉末一直衰退至 8 世纪中叶②。至于该地区在随后 500 年的复苏和发展,则是受唐代迁都洛阳以及北宋定都开封的影响。

中央政府的位置,往往会刺激所在区域的内部发展;一旦位置转移,所在区域则会进入一体系性衰退期。东汉时长安作为大一统帝国首都地位的丧失,导致西北部进入了长期的衰退期,直到隋唐长安被重新确立为统治中心后才终止。上文已提及过开封对于区域发展的影响。南宋定都杭州刺激了长江下游在 12、13 世纪进入了一个高速增长期,而在宋、辽、金、元、明等朝代,河北地区人口消长的周期则与北京的地位有关。政府给予边远地区赋税以及和买(一般是谷物)运输补贴的财政制度,以人为降低了运费,带来了区域间经济的整合,并促进了发展。这一体制不仅给庞大的非农业人口提供了粮食,还能防

---

① 可参看如波斯坦(M. M. Postan)编,《剑桥欧洲经济史》(*The Cambridge Economic History of Europe*),第 1 卷《中世纪的农业生活》(*The Agrarian Life of the Middle Age*),第 2 版,剑桥大学出版社,1966 年,第 290—742 页。

② 杜希德(Denis Twitchett),《中国唐代的人口和瘟疫》(Population and Pestilence in T'ang China),收鲍吾刚(Wolfgang Bauer)编,《中蒙关系研究》(*Studia Sino-Mongolica*),斯坦纳(Franz Steiner)出版社,1979 年,第 35—68 页。

备周期性的农业歉收,以及促成区域内部的农业专业化和市场网络(以在贫瘠土地种植的蔬菜换取输入的谷物)的产生[1]。

华北区东部分区的增长期,在1194年黄河改道期间,洪水在南、北河道之间的洼地一番肆虐后,就戛然而止了[2]。一部分生还的难民遂迁徙到偏远的西北区,而另一部分则迁移到南方的长江下游区。13世纪蒙古的入侵(以及其统治下,最后数十年间的动荡)阻碍了该区的复苏。至明朝初年,稳定局面得以重新建立,而东部分区又再次得到农业上的相对优势。这发展,一方面是由于当地余下户数的自然增长,而另一方面,则是归因于来自偏远的——前此以吸纳东部人口为其增长要素的——西北区的移民(其中包括政府招徕的移民)[3]。至1550年,东部分区的人口密度大致与1080年所曾达到的最高点相等。

在这个周期,人口流动按预计得到的模式变化。在中国东部,人们宁取高地而弃低地,亦宁愿迁移到邻近宏区州份内人口相对稀少的腹部县分而放弃洪水地带。移民的回流,加上人们从高地向低地(以及从中级区域核心向外围)的迁移,使东部人口得以回复。明代前期迁至郓州平阴、东阿两县的家族,其由来可说甚具代表性。元代末期,平阴张氏在山西西部汾水旁的洪洞县暂居了下来。在1369年,他们和其他四个家族一起迁回平阴。元代末年,一支何姓家族从泰山附近的宁阳高地迁至平阴;在1369年,一丁氏家族则从山东东部密州的核心县诸城迁至平阴,而李、刘、秦、殷四家则分别从河南东部的卫州和蔡州的核心县份以及山东东北部的青州迁至东阿[4]。这种迁移模式在东部其他县份也可见到。但那些迁移到长江下游区的却没有回流。一个对山东及河北20个县份的抽样调查显示:要等到明末清初、从美洲新大陆引进的新农作物提高了这个宏区的相对优势(并引发一个新的发展

---

[1] 有关北宋时期开封谷物供应的简要讨论,可参看郝若贝,《中国帝制时代一个经济转移周期》,第129—130页。

[2] 岑仲勉,《黄河变迁史》,北京人民出版社,1957年,第395—397页。

[3] 涂山,《明政统宗》,1615年,第4.51b—52a、53a页。

[4] 朱焞等纂修,《平阴县乡土志》,1907年,第17页;姜汉章等纂修,《东阿县乡土志》,1907年,第5.3b—4b页。

周期)的时候,才有人口从南部迁回的情况。卜凯对山东 15 个县的调查证明了新大陆作物对该地区的相对重要性。研究表明,山东玉米、花生、甘薯的种植面积占总面积的平均比率分别为 4.7%、2.4% 和 5.5% ,这远远高于 3.7%、1.2%、2.4% 的全国平均水平。这说明新大陆作物的引进对该地区造成改变和有利的影响。[①] 换言之,直至其达到饱和为止,明代华北东部分区的人口重建,主要是来自自然增长。

大型灾害会引致一系列或长或短的发展周期:短暂移居"安全"地区、放弃边缘地带、地区恢复后部分人士迁回原地、重新定居边缘地带。但这些周期也在帝国人口稠密地区的持续扩张中发挥了一定作用:移民开垦土地,为改进堤坝、灌溉系统等而投资,创立出一套政治控制体制,这种体制提高了生产力水平较高的经济活动所必须的安全保障。在仍然困难重重的地区终于恢复有利条件以后,一部分移民仍留在新的开发区并且从最富饶的区域向偏远地区扩散。其结果是,宏区间的相对优势被彻底改变了。在唐至宋这段时期,这一过程与农业新技术的引进相结合,使中国人口的分布发生了根本的变化。

从 742 到 1200 年,华北区人口增长了不足 54% ,但东南区人口则增加了 695%、长江中游区 483%、岭南区 150%、长江上游区 135%。从唐中期到明初,长江下游区核心的居民密度增长了 643%。往南方移民的富有经验的官员、保证和平定居所需的其他人力资源以及适用于南方的农业技术的巨大突破,是这些地区发生人口爆炸的主要原因。

---

① 卜凯,《中国的土地利用》,第 174—177 页。何炳棣则认为,要到 19 及 20 世纪,北方大部分地区才发挥到这些相对优势。参见何炳棣,《明初以降人口及其相关问题(1368—1953 年)》(*Studies on the Population of China, 1368—1953*),哈佛大学出版社,1959 年,第 183—190 页。不过相关人口数据显示这个观点可能要被修正。中国东北部家族迁徙的资料大部分是来自乡土志中的"氏族"部分,如:吕维钊等纂修,《范县乡土志》,1908 年,第 16 页;赵仁林等纂修,《齐东县乡土志》,1910 年,第 1—3a 页;周家齐纂修,《高唐州乡土志》,1906 年,第 27 页;杨学渊等编纂,《章丘县乡土志》,1907 年,第 57—60 页;陈传弼等纂修,《潍县乡土志》,1907 年,第 54b—55 页;曾偳等修纂,《宁阳县乡土志》,1907 年,第 23—24a 页。向长江下游的迁徙的相关史料可参看周绍明(J. P. McDermott),《南宋时期两浙地区的土地所有制与农村控制》(Land Tenure and Rural Control in the Liang-che Region During the Southern Sung),剑桥大学博士论文,1978 年,第 79—81 页。

在明代统治确立之前的 6 个世纪里,共有三股主要的移民潮涌向华南各个宏区。

1. 长江中游区、东南沿海区及长江上游区

唐末,华北区和西北区的人口开始流向长江中游区、东南区和长江上游区。这些移民包括由于王仙芝、黄巢的掠夺所造成的难民,沿途破坏的军队、逃兵,以及跟随僖宗逃往四川的随从人员。[①] 这些将军和他们的幕僚、在他们保护下随行的世族、属下的士兵以及跟从他们的一无所有的农民,以后分别成为南唐、吴、闽、蜀等政权的统治者、官僚和子民。[②] 在很多地区,这些政权实现了比以前更高程度的政治、社会和经济整合。这些整合,恰恰是宋朝重新统一后,把这些地区与中国其他地区更彻底融合的基础。

五代宋初年间,早熟稻和其他水稻品种的引进,给要适应华南地区变化多端的气候和地形的耕作体系带来了极大的灵活性[③]。这些革新不仅使已经开发的地区具有更高的生产能力,有能力养活更多的人口,而且也使开垦周边迄今一直荒芜的地区获利更多。人口增长的不同比率与水稻品种从福建向东南区的其他地区以及长江中游区的推广相一致。值得注意的是,人口增长最迅速的地方也是最有利于新的耕作体系实行的地方。例如,卜凯所指出在 1930 年代种植双季水稻的那些县在唐宋之际人口增长速度最快。742 至 980 或 1010 年间人口平均年增长率在福建是 0.53%,东南区的其他地区是 0.34%,江西是 0.49%,湖南、湖北是 0.06%。980 或 1010 至 1080 年间,人口的年

---

① 苏若博(Robert M. Somers),《唐代的终结》(The End of the T'ang),收杜希德编,《剑桥中国史》(*The Cambridge History of China*),第 3 卷:《隋唐史》第 1 卷(*Sui and T'ang China, 589—906, Part 1*),剑桥大学出版社,1979 年,第 727—755 页。

② 欧阳修,《五代史记》,1815 年本,第 61 上.1b—17a、62 上.1a—24a、63 上.1b—19a、68 上.1—6a 页;以及下文表 9 以后。

③ 唐代出现了新品种的中熟稻和晚熟稻,而 1012 年大量占城稻种从福建运往江南,则显示这种生命力强的早熟稻很可能在五代时期被引进到东南地区。何炳棣,《中国历史上的早熟稻》(Early-Ripening Rice in Chinese History),载《经济史评论》(*Economic History Review*),第 9 卷(1956 年)第 2 期,第 200—218 页;加藤繁,《中国经济史考证》(支那经济史考证),东洋文库,1954 年,下卷,第 638—675 页。

增长率在福建是 0.70%，东南区的其他地区是 2.05%，江西是 1.00%，湖南、湖北是 1.70%[①]。

接下来的移民模式是上文描述过的，也就是从早几个世纪前已被开垦的生产力高地区向经历着迅速发展的腹地流动。所抽查的东南区和长江中游区的 23 个州县从 8 世纪初到 12 世纪末的人口平均增长率是 958%。有 2/3 的例子是腹地的增长率比传统的农耕中心高。主要例外的是(如福建建州)经济作物(如茶等)特别重要的地方。

2. 长江下游区

大运河在隋代的开通启动了长江下游区的第一个迅速增长期。新的水路不仅降低了区域内部以及该区域与中国东北区之间的运输成本，而且提供了可以用来增加耕地面积的可调节的水资源。运河沿岸的县首先得到发展，如江都、丹徒、吴县和钱塘，后来辐射到内地。726—876 年间，吴县人口以每年 0.27% 的速度增长，而常熟、海盐的年增长率分别是 0.41% 和 0.48%。在五代和北宋时期，长江下游区并没有达到如华南增快了的人口增长率。在 12、13 世纪，杭州成为首都以及来自华北东部分区的移民引发了长江下游区第二个发展期——而这个发展亦有赖于把沼泽改造成圩田。

杭州的人口史亦可反映出整个区域的人口史。从 726 年到 1010 年，杭州辖下县份的人口以并不高的速度增长，而且大部分人口增长大概是发生在唐代结束以前。杭州从州治所被选为首都使钱塘县在南宋的第一个十年内发生了令人瞩目的增长。但整个地区最显著的人口增长发生在 1170—1225 年间，在这一时期新的圩田使得从太湖到海边、从长江口到浙江北部海岸几乎所有的可耕地都得以开垦[②]。杭州失去了作为统治中心的地位后，钱塘的人口数急剧下降，整个腹地的居民则更大幅度地减少。循着外围地区人口增幅超过核心地区这一典型模式，长江下游区在明清时期进入了一段相当稳定的恢复期(见表 8)。

---

① 卜凯，《中国的土地利用》，第 195—199 页；以及本文表 12。
② 史田慕，《南宋太湖流域的圩田建设和土地所有制方式》。

表 8 杭州人口史(公元 726 年—1948 年;单位:千户)

年(公元) 县	726	1010	每年变化(%)	1170	每年变化(%)	1225	每年变化(%)	1391	每年变化(%)	1542	每年变化(%)	1784	每年变化(%)	1948	每年变化(%)
Ch'ien-t'ang(seat)	16.6	30.1	0.21	104.1	0.78	200.2	1.20	107.9	-0.37	137.1	0.16	205.9	-0.17	196.2	-0.03
Yü-hang	13.4	17.3	0.09	19.8	0.09	26.6	0.53	11.6	-0.50	17.4	0.27	33.5	0.27	28.2	-0.11
Lin-an	11.2	20.1	0.19	24.3	0.12	25.7	0.10	5.7	-0.91	8.5	0.27	20.8	0.37	17.2	-0.12
Fu-yang	11.2	5.8	-0.23	19.9	0.77	30.1	0.75	12.8	-0.51	13.4	0.03	34.4	0.39	41.6	0.12
Yü-ch'ien	9.9	20.0	0.25	20.3	0.01	20.8	0.04	1.6	-1.52	2.5	0.29	20.5	0.87	11.5	-0.35
Hai-ning	9.9	49.6	0.57	50.8	0.02	57.3	0.22	72.7	0.14	66.3	-0.06	85.7	0.11	75.3	-0.08
Hsin-ch'eng	6.3	10.8	0.19	12.5	0.09	17.9	0.66	2.3	-1.23	3.5	0.34	20.2	0.72	14.9	-0.18
Ch'ang-hua	5.8	10.0	0.19	11.0	0.06	12.8	0.27	2.5	-0.99	1.8	-0.21	25.0	1.20	14.0	-0.35
TOTALS	84.7	163.7	0.23	262.7	0.30	391.3	0.73	217.1	-0.35	250.7	0.10	445.9	0.24	398.9	-0.07

资料来源:潜说友,《咸淳临安志》(1864—1874 年);《杭州府志》(1784 年)

3. 岭南区

南宋晚期,在扩展建设圩田的同时,中国自杭州湾至雷州半岛及海南岛沿岸一带,人口都有从高地移向低地。更早的时候,岭南的边地移民主要选择在内陆的高地定居。12 世纪末,许多家庭就由广东、广西北部的中心地区向滨海低地迁移,这一过程因为蒙古南侵战争、杭州沦陷和南宋忠臣避走岭南沿海而加速。这样就出现了海南岛、雷州半岛和广州沿海地区人口的快速增长。新会的历史就很典型地反映了这一现象。自汉至唐,该处居民聚居的中心位于西北部的山地。到南宋,那些逃离混乱的北方缙绅家族定居于地势低洼的东南滨海地区,他们汲取郁水①的水来灌溉圩田。20 世纪初,新会 60—70% 的人口可以追溯他们祖先的家族曾经经历的一连串移民过程:1274 年开始从广东东北的南雄州先到广州,然后到新会②。到明初,岭南沿海地区一部分过盛的人口已搬离了这区。但有一部分移民还是定居了下来,令当地人口维持在数倍于北宋最高峰时期的人数。

在南方各地,农业人口增加以及这些人口迁移到新开垦的土地的同时,亦出现了一个更复杂的中心地等级以及各级城市和集镇在数量上和规模上迅速增长。几乎所有南方主要城市的关键性早期发展都是在 742—1200 年之间,当时不断增长的农业生产剩余能供给更大比例的城市家庭所需。随之而来的市场扩展导致了更大的劳动分工,从而使新兴手工业的发展、国内外贸易的增长、货币经济的出现和新式工业技术的运用成为可能③。唐、五代和宋初人口和农业变迁到 1080 年臻于极限。750 年到 1100 年的 350 年间,南方人口年平均增长率为 0.3% 以上。这一增长率在 1080 年至 1200 年间降到 0.26%。经过一系列衰落周期,华南华北宏区在 1542 年的人口数,亦回到接近 1080

---

① 这条郁水是从广州以西向东南流(至新会东南后)入南中国海的西江在当地的名称,不应与广西境内另一条同名的主要河流[译者按:即郁江]混淆。

② 谭镳,《新会乡土志》,1908 年本,1970 年重印,第 83—85 页。

③ 例如,郝若贝,《11 世纪中国钢铁工业发展中的市场、科技及企业结构》,第 48—58 页。

年的水平。

西汉至明代年间,在曾经是中国文明发祥地的西北黄土高原和华北平原,人口的绝对数量经历了一系列周期,而这周期主要取决于首都的选址、中央政治控制的效力以及有无外侵和内乱——这些都是王朝循环理论常用的实证基础。而华南的经济、人口和农耕的历史则不一样。在好几个世纪中,华南都处于相对不重要的地位,在那里,中国文明的一些前哨被少量土著部落定居的偏远地区包围,并在恶劣的环境中生存下来。在此之后,晚唐、五代和宋初的历史见证了快速的人口增长和人口对这些稻作区域的"填充"。至 11 世纪末,华南已经取代华北,在经济和人口上拥有优势,但也已经达到了本身的发展顶峰。经过一系列新的人口危机或周期,到 1550 年为止,南北都经历了相似的发展模式。

政府的正规组织

随着中国人口地理的改变,权力系统、权力结构以及地方与中央政府组织的性质都起了重大转变。政治学家往往认为,如何将信息从下级机关上报中央、然后如何将中央指令批示相关部门,是制定决策和有效执行政策的核心问题。由此看来,权力的关键是对信息的控制。通过扩大权力核心和各个地方政府之间纵向联系的渠道,同时减少这些地方行政机关间的横向联系,就能加强对广大区域的中央集权。一旦地方行政机关实现对大量下辖的地方性机关的横向整和,并成为这些地方与中央信息沟通的主要渠道,中央控制就会减弱[1]。从中唐到明初的中国行政变迁是一个权力从中央政府向较大的地方行政机关转移的渐进过程。这是为有效管理一个地广人稠的帝国的日常事务所付出的代价。政府组织的主要变化是:(1)"县"作为最低层

---

[1] 杜尼(Henry Teune),《发展与地域政治系统》(Development and Territorial Political Systems),载《社区发展国际评论》(International Review of Community Development),第 33—34 期(1975 年),第 159—174 页。

政府机关数量上的增加和权力的增强,以及"州"、"府"作为中级政府
机关重要性的减弱;(2)"省"作为大型地区行政机关的出现;(3)中央
政府对帝国日常事务管理直接影响的减少。

　　唐代与宋初期间,州尹、府尹是地方政府权力的中心。他们是可
上奏皇帝最基层的地方官,肩负着征收赋税、调节纠纷和维持公共秩
序的主要职责,并直接监管辖区内的若干个县级行政长官①。但在许
多地区,州、府逐渐无法承担大多数的地方行政事务。县的数目的增
加以及县境内人口的大幅度增长意味着,州府直接管理日常事务几乎
是不可能了。在长江中游区、下游区及东南沿海区的 29 个样本州中,
县数由中唐的 141 个增至 1080 年的 179 个,再增至 1550 年的 216 个。
更重要的是,这些州中 81 个县在 1550 年的人口数量已超过了 742 年
本州的人口数量。人口增长最多的地区多是远离政府中心的外围区。
吉州就是一个典型的例子:它的面积比美国的佛蒙特州还要大,问题
的严重性可见一斑。742 年,吉州下辖 5 个偏远县,它们的县衙与州治
庐陵平均相距 138 里(50 英里)。唐代吉州地方长官只负责管理周围
四个县的人口,每县平均只有 5,600 户。唐代与 1542 年明代吉州地
方行政长官的工作显然有质和量上的不同:1542 年时的吉州已包括 8
个偏远县,平均每县 31,400 户,全州人口密度是 1950 年佛蒙特州的
4.5 倍②。

　　行政事务的日趋复杂不可避免地使州、府的功能被分割给别的政
府机关。为了地方整合(local integration)而必须办理的事务被移交给
县。州只作为名义上的行政单位保留到最近。但正如谢宝照(Pao
Chao Hsieh,音译)所指出:"不管如何定义和称呼县,也不管县与县之
间的差异有多大,县都是真正意义上的行政区域。古代政府的重要职

　　① 脱脱等,《宋史》,第 167.21—23、26a 页。
　　② 哈德逊(G. Donald Hudson)编,《大英百科全书世界地图》(*Encyclopedia Britannica World Atlas*),《地理概览》(*Geographical Summaries*),大英百科全书出版社,1954 年,第 11 页;乐史,《太平寰宇记》,第 109.10—18 页;朱承煦等纂修,《吉安府志》,1774—1776 年本。

能之中,征收赋税、处理诉讼案件以及维持和平与秩序等三者均由县官来完成。"①以 1100 年为基准,宋朝有 1207 个县代替 306 个州成为地方政府的基本核心。也就是说,地方和中央的纵向联系在量上增加了 4 倍,但这种增加并没有导致更大的中央集权。与地方整合息息相关的事务被移交给县的同时,大的地方行政机关插入中央官僚机关和县级官员之间,日渐掌握了其他事务的管理权。

帝国内人口稠密地区的地域扩张,自然需要比过往更高程度的区内协调(intraregional coordination)。安史之乱(755—63)后的几个世纪中,逐渐产生了一种使职差遣制度(安抚使、转运使和提点刑狱使等),它最终将导致在州县组织(这正是秦汉以来地方政府的特征)之上增加了更大的一级行政机关②。这些行政机关对五代时期南方各国划定边界及设置行政组织有着重要意义。同时,许多以前的节度使或度支使成为这些国家的统治者,这为唐末迁徙南方的政治精英提供了施展才能的机会,并构建起维持公共秩序和促进信息沟通的框架——这些是继续平稳开拓南方所必须的条件。

北宋时期有更多类型的使职,但都仅限于专门职务,并各自向有关中央部门报告。女真人对中国淮北和汉水上游地区的征服使情况出现了新变化。南宋帝国被分为四大军事区,每个地区包含有守边军队的驻地和提供保障支持的腹地:(1)湖广(湖南、湖北、广东和广西);(2)四川;(3)淮西(河南东南部、安徽南部和江西);(4)淮东(江苏南部、浙江和福建)③。这些区域行政机关逐渐侵占了许多中央政

① 谢宝照(Pao Chao Hsieh 音译),《清朝政府》(*The Government of China* [1644—1911]),霍普金斯(Johns Hopkins)出版社,1925 年,第 305 页。

② 顾立雅(H. G. Creel),《县的起源:中国官僚制度的开端》(The Beginnings of Bureaucracy in China: The Origin of the Hsien),载《亚洲研究集刊》,第 23 卷(1964 年)第 2 期,第 155—183 页;杜希德,《安史之乱后的盐使》(The Salt Commissioners after An Lu-shan's Rebellion),载《泰东》(*Asia Major*),新辑(New Series),第 4 卷(1954 年),第 60—89 页;周藤吉之,《五代时期的节度使体制》(五代節度使の支配體制),载《史学杂志》,第 61 卷(1952 年)第 4 期,第 1—41 页;同卷第 6 期,第 20—38 页。

③ 李心传,《建炎以来朝野杂记》,明钞本,甲集,第 11.1a—2b 页。

府的职能,科举考试在四川的举行即是一例①。通过任命官员在名义上以朝廷京官的身份(如行户部侍郎和湖广总领)行使各种差遣,这些区域行政机关亦成为帝制体系中的一部分②。

这种制度为金、元的行省提供了样板,而行省本身又演变成为明清时期的省级行政机关。换句话说,明代的地方行政机关是一个由三个阶段组成的演进发展所带来的合理结果——唐末宋初任命的使职差遣,南宋半独立的大军区的出现以及元代、明初省制的形成。在此过程中,中央政府也发生着变化,这些变化反映了行政权力在从中央向地方转移。

从秦汉王朝的建立到 8 世纪中叶震撼唐朝的叛乱的一千年中,中央官僚体系的正规组织以及“公仆”(civil servants)仕宦生涯的模式,基本上可以用“早期现代”来形容。现代官僚体系作为一种有效的行政机制,其本质特点在于它被划分为功能不同的等级机关,在这些等级机关中,官员用他们职业生涯的大部分从较低的职务往上升迁,其职务要求是他们在处理同类事务时的表现③。而这些官僚部门之间横向的移动则相对较少。政府各部首脑经常是在基本平等的基础上经由任命进入内阁,在那里,他们就高层政策向主要执行官提出建议。这种制度的本质是强调专业技能(expertise),其精神则是普适的(universalistic)。

大多数早期现代组织则是按照另外的原则来组织首领、长官或统治者的下属。不同的职位是按照一个品级序列来排列的,这个品级序列所反映的可能是社会对该职位所承担工作的社会名望的评价。正常情况下,个人被授予这些职位是基于他们家族的社会荣誉和他们与

---

① 前揭书,乙集,第 15.3—4a 页。

② 前揭书,甲集,第 11.9—10a 页;徐松,《宋会要辑稿·职官》,第 40.5—19、41.45b、44—70a 页;李心传,《建炎以来系年要录》,广雅书局本,1900 年,第 28.13、61.2b—3a、98.10b—11a、115.9b 页。

③ 韦伯(Max Weber),《官僚体制》(Bureaucracy),收葛复(H. H. Gerth)、米尔斯(C. Wright Mills)编译,《韦伯社会学论文选》(Max Weber: Essays in Sociology),牛津大学出版社,1958 年,第 196—244 页。

统治者的个人关系,而他们的仕宦生涯通常在一系列职事不同而品级逐渐升高的职位上迁转。这种安排衍生自首领的私人侍从,这种体制的本质是普遍性(generalism),其精神在于特殊主义(particularistic)。对西汉九卿的仕宦方式的分析证实了这些高级官员大多数是沿着一种身份阶梯在各个部门之间迁转的,从少府开始,一直到最高的太常丞。只有在公元前 120 年到前 87 年之间孔仅、东郭咸阳和桑弘羊相继任职于一系列财政官职,表明在财政机关存在一种特定的仕宦经历①。同样,初唐的六部在政府条文中从工部到吏部、由低至高排列②。而安史之乱后的几个世纪中,已所变化的政府组织与此大不相同了。

为了应付 8 世纪中叶的叛乱所引起的财政危机,唐政府设立了专门的委员——盐铁司、度支司和户部司,这也为后来官僚体制的发展奠定了基础。这种官僚体制由不同职能、不同等级的职位组成,担任这些职位的官员的职业生涯都循着一条途径——任职于或多或少专

---

① 对西汉政府最佳的描述,仍是王毓铨(Wang Yü-ch'üan),《西汉中央政府概述》(An Outline of the Central Government of the Former Han Dynasty),载《哈佛亚洲学报》,第 12 卷(1949 年)第 1—2 期,第 134—187 页。本段的结论是建基于班固,《汉书补注·百官公卿表》,1739 年本,第 19B. 1a—19b 页,以及担任过少府、大司农、治粟内史或水衡都尉的人物的汉代传记资料之上。参见司马迁,《史记》,1739 年本,第 96. 9b、108. 4a、120. 7b—8a、122. 5a、14a—15a 页;班固,《汉书》,第 45. 14b、50. 12—14a、52. 15a、66. 9a—9b、16b、17a—19a、68. 24a、69. 1a—19a、71. 6b、9a、10a—12b、13a、72. 9a、10b—23、73. 4b—5a、74. 1a—2a、13a、77. 14b、15b—16b、78. 1a—15a、16b、79. 2b、83. 5a、14b、84. 2a、85. 13a、18b、20b、86. 2b、17b、88. 3b、8b—9a、12b—13a、13a、14a—b、19b—20a、23a、89. 9b—10a、14a、14b—15、90. 4b—5b、9b、14a、93. 7b、10a、95. 5a、97a. 28b 页;孙念礼(Nancy Lee Swann),《中国古代的粮食和货币》(Food and Money in Ancient China),普林斯顿大学出版社,1950 年,第 150—51、184、192、260、271、277、285、289、290、291、299、311、314、319 页;以及班固著,德效骞(Homer H. Dubs)英译,《汉书》(The History of the Former Han Dynasty),第 2 册,韦弗利(Waverly)出版社,1944 年,第 165、407 页。

② 戴何都(Robert des Rotours)法译,《百官志和兵志》(Traité des fonctionnaires et Traité de l'armée),布里尔(Brill)出版社,1947 年,第 6—8 页;杜希德《唐代财政管理》(Financial Administration under the T'ang Dynasty),剑桥大学出版社,1963 年,第 98 页。

门化的管理部门、并且职位逐渐升高①。11 世纪时,中央决策机关的职位主要由那些曾在户部、兵部、刑部和吏部任职的人担任。但是,及至 11 世纪的最后 25 年,区域经济的错综复杂,以及人口稠密区域的扩张带来的帝国规模的扩大,已使这种信息流通体系不能胜任,难以维持中央对帝国内不同地区日常行政事务有效的、集权化的政治控制。1082 年也许可视为一个象征性的转折点:元丰改制全面重组中央官僚机关,按照初唐以品级划分的六部来取代安史之乱后出现的以职任为等的使职制度②。

这次政府重组后的一个半世纪中,官员们的仕宦模式不再是在不同区域的同类职位间迁降,而是在区域内部的不同类型的职位之间迁调,政策也是依据地方利益群体的特殊需要来提出和决定的。到南宋时期,中央政府职能部门所能直接管理控制的逐渐只限于与首都相邻的路,这正是明清直隶省的前兆。

上述结论建立在对 960 年至 1165 年宋朝财政机关及其官员的全面研究的基础上,特别是对财政官员仕宦模式的研究③。在这 206 年间,从北宋前半期的户部判官到三司使,1082 年以后的户部员外郎到户部尚书,从各路的提举常平公事到转运使,每年每个职务以及它的在职者都被记录下来。每个年份的职位的数量在变化,平均而言,从宋初的 22 个到 1068 年到 1094 年间的 93 个,到了南宋则是 73(见表 9)。对这些数据分析的全面解释显然超出了这篇文章的范围,我只能用几个例子说明问题。

---

① 郝若贝,《北宋的财政知识、科举和经济政策的制订》(Financial Expertise, Examination, and the Formulation of Economic Policy in Northern Sung China),载《亚洲研究集刊》,第 30 卷(1971 年)第 2 期,第 281—314 页。

② 柯睿格(Edward A. Kracke, Jr.),《宋代文官称谓的翻译》(*Translation of Sung Civil Service Titles*),法国高等研究实验学院(École Pratique des Hautes Etudes),1957 年,第 3—6 页。

③ 这里涉及对一系列史料的逐页翻查,包括:《宋会要辑稿》、《续资治通鉴长编》、《建炎以来系年要录》、钱若水等编,《太宗皇帝实录》(四部丛刊本)、省级地方志(如陈寿祺纂,《福建通志》,1829 年;阮元等修,《广东通志》,1864 年)中地方财政官员的名录、以及在一些负责诏书起草的官员的文集内保存下来的任命诏书。

表9　精英宗族公职数量表（公元960—1165年）

任职政策官员职位数量

精英类别 / 年(公元)	专业精英		开国精英		一般士绅		职称(位)不明		总计
	数量	百分比	数量	百分比	数量	百分比	数量	百分比	数量
960—975	1	2	10	24	28	68	2	5	41
976—997	17	14	25	20	76	61	6	5	124
998—1022	33	18	31	17	99	54	15	8	182
1023—1063	119	22	74	14	299	56	41	8	533
1064—1067	15	21	8	11	43	61	4	6	70
1068—1085	75	27	17	6	172	62	14	5	278
1086—1100	49	19	0	0	189	72	24	9	262
1101—1125	24	4	0	0	446	76	117	20	587
1126	9	7	0	0	110	84	12	9	131
1127—1162	35	6	0	0	456	79	86	15	577
总计	377	14	165	6	1922	69	321	12	2785

任职财政官员职位数量

精英类别 / 年(公元)	专业精英		开国精英		一般士绅		职称(位)不明		不详		总计
	数量	百分比	数量	百分比	数量	百分比	数量	百分比	数量	百分比	数量
960—986	12	2	97	17	148	25	113	19	213	37	583
987—1013	80	7	178	16	422	37	129	11	327	29	1136
1014—1040	101	9	185	16	325	28	113	10	453	38	1177
1068—1094	464	18	181	7	1175	47	322	13	381	15	2523
1095—1121	162	7	0	0	563	25	316	14	1217	54	2258
1122—1148	200	10	0	0	860	42	468	23	517	25	2045
1149—1165	80	7	0	0	494	45	196	18	322	29	1092
总计	1295	11	786	6	4454	37	1736	14	3822	32	12093

资料来源：李埴，《皇宋十朝纲要》（［台北］文海，1967年）；郝若贝，《中国财政官吏与组织，960—1165年》（The Staff and Organization of the Chinese Fiscal Administration，960—1165：Tables）（未出版手稿）；同作者，《中国的亲族、领土，与财政官僚体制，960—1165年》（发表于西雅图"西北区域研讨会"，1977年5月5日；未出版）；担任官职者之传记资料，参见昌彼得主编，《宋人传记资料索引》，第6册（［台北］鼎文，1974—1976年）。

与1153年同僚的4.5年相比,1011年确定担任同样职务的29人在财政部门任职的平均年数是6.9年①。拿11世纪前80年的156名

① 以下是这些官员的职位、名字以及有关他们仕途的史料:

1011年:三司使,丁谓;盐铁副使,林特;度支副使,鲍中和;户部副使,佚名;都勾院,佚名;都磨勘司,杨嵎;盐铁判官,两位不知名的在任者;度支判官,曹谷,佚名;户部判官,两位佚名;提举在京诸司,两位佚名;制置郡牧使,陈尧叟、朱巽;副使,阎承翰;判官,陈越;郡牧都监,张继能;江淮发运使,李溥、邵煜;京东运使,马元方、高觌;京西运副,王随、王矩;河北运使,王曙、李应机;陕西运使,李士龙、薛颜;河东运使,陈若拙、佚名;淮南运使,张象中、佚名;两浙运使,陈尧佐;运副,李巽;江南运使,凌策;湖南,孙冕;湖北运使,陈世卿;成都,张若谷;梓州运使,滕涉;利州运使,佚名;夔州运使,佚名;福建运使,佚名;广东运使,张士逊;广西运使,何亮。参见郝若贝,《北宋的财政知识、科举和经济政策制定》,第312页;李焘,《续资治通鉴长编》,第37.1a、42.19b、43.6b、45.2b、7a、46.6b、47.18a、48.16a、52.5a—5b、53.8b、56.6b—7a、57.9b、58.1b、2a、59.9b、60.4a、7a、15b、16a、61.12b、13a、16a、16b、20b、63.17a、64.13b、14a、66.18b、67.3a、5b、9a、68.13b、18b—19a、69.1a、11b、71.11b、12b、18b、72.8a、8b、21a、73.5a、12a、18b、20a、74.7b—8a、9b、14b、75.8a、14a、76.2a、3a、3b、4a、8b、11a、12b、16a、77.1b、5b、78.3b、4a、6b、8b、9b、10b、15a、79.1a、2b、80.1b、6a、7a、11b、81.10a、83.1b、3a、9b、84.4a、6a、85.10b、17a、86.16a、87.2a—2b、5a—、11b、12b、89.18b、19a、90.9a—9b、91.4a、94.9b、100.1a、101.11a—11b、104.19b、109.4b页;徐松,《宋会要辑稿·食货》,第49.12a页;《宋会要辑稿·职官》,第23.5a、5b、6a、42.15a、16a、64.16b、21b、22b、24a页;钱若水等编,《太宗皇帝实录》,第78.4a页;阮元等修,《广东通志》,第14.21页;苏濬,《广西通志》(1599年),台湾学生书局,1965年,第16.4a、7a页;脱脱等,《宋史》,第261.10、284.4、299.1—2a、4b、307.12b、311.8a、441.27a、466.13a、25b页;尹洙,《河南先生文集》,四部丛刊本,第12.9a页;宋祁,《景文集》,国学基本丛书本,第763页;曾巩,《南丰先生元丰类稿》,四部备要本,第47.3b—4a页;刘敞,《彭城集》,国学基本丛书本,第483—84页;欧阳修,《欧阳文忠集·居士集》,四部备要本,第20.2b—3a页。

1153年:户部侍郎,徐宗说、佚名;员外郎,李涛、钟世明;度支员外郎,曾怡;仓部员外郎,佚名;金部员外郎,佚名;工部侍郎,丁娄明;员外郎,杨愿;屯田员外郎,林一飞;司农寺丞,钟世明;主簿,盛师文;太府卿,符行中;少卿,佚名;太府寺丞,欧阳逢世、佚名;主簿,两位佚名;将作监丞,钱端英;主簿,孙祖寿;军器监丞,黄然;行在杂买务杂卖场提辖官,佚名;提举茶马,汤允恭;提点坑冶铸钱,沈调;知盱眙军,龚鉴;四川总领,符行中;京西运判,魏安行;淮南运副,郑侨年;淮东推举常平茶盐公事,孟处义;淮西提举,佚名;两浙运副,张汇;两浙运判,李庄、韩琏;两浙提举市舶,郑震;浙东提举,高百之;浙西提举,佚名;江东运判,州石;江东运判,赵公智;江东提举,佚名;江西运使,张宗元;江西运判,卢奎;江西提举,张常先;浙东运使,张宗元;湖南运判,周方;湖南提举,王之望;湖北运判,王珏、佚名;湖北提举,佚名;成都运副,吴坰;成都运判,佚名;梓州运判,两位佚名;利州运判,佚名;夔州运判,佚名;福建运副,佚名;运判,两位佚名;提举,王柜;提举市舶,傅自修;广东运判,郑禹;提举,陆涣;提举市舶,胡浩;广西运副,王利用;提举,田如鳌。参见李心传,《建炎以来系年要录》,第71.8b、103.5b、105.1b、111.13b、113.4a、11a、136.8b、137.12b、16a—16b、139.3a、145.3b、147.6b、149.15a、154.4a、21b、156.2b、16a—16b、157.9—10a、159.3a、9a、10a—10b、13a、160.2b、7b、161.16b、20b、162.7b、14a、14b、16b、17a、19a、22b、163.1a、2b—3a、6b、7b、8b、 (接下页注)

最高中央财政官员和从 1126 到 1205 年 80 年间担任相同职务的 137 名官员相比,结果显示的是平均任职经历的缩减——从 3.6 个职位降至 2.4 个,他们在不同地理区域任职的数目也降低了 75%,而他们在中书任职的人数也从 46 人降至 11 人。同一时期,每个人在同一地区担任地方官的平均职位数量翻了三番①。从 1125 年到 1205 年,曾在京

(接上页注)11b、13a、19a、20b—21a、22a—22b、164. 2b—3a、4a—4b、6b、11a、165. 1b、3b、7b—8a、11b、15a、16a、17a、166. 6b、8b—9a、167. 1a、2a、4a—4b、6b、7b、8b—9a、11a、13b—15a、18a—18b、168. 2b—3b、7a—7b、9b、12a、169. 1a、2a、8b、9b、11a、12b、170. 2b、5b—7a、11a、17b、18b—19a、23a、24a、171. 5a、14b、15b、172. 2b、3b、4b—5a、6b、15b、174. 4b、10a—10b、14b、175. 4b、176. 1b、177. 4a、178. 8a—8b、179. 5a、10b、13a—13b、19a、180. 6b、182. 3b、183. 3b、12b、19b、21a—21b、184. 8b、11b、17b、185. 11a、13a、19b—20a、188. 6b、8b、189. 7a、12b—13a、190. 1b、13a、193. 5、21b、194. 2b、16a、195. 2a、198. 12a、14a、21b—21b、23b、199. 11b 页;潜说友,《咸淳临安志》,1864—1874 年,第 50. 5—8a 页;徐松,《宋会要辑稿·职官》,第 41. 46b、47a、50b、51a、43. 109b、156a—156b、44. 25a—25b、70. 39b、40a、43b—44a、44b、47b、51b—52a、71. 1a、4b—5a、6a 页;《宋会要辑稿·食货》,第 48. 8a、49. 43a—43b、44a 页;陈寿祺纂,《福建通志》,第 32. 17a、18a 页;阮元等修,《广东通志》,第 15. 10b、11a、12b、13b 页;张扩,《东窗集》,收《四库全书珍本》初集,第 6. 17、13. 21b 页;不著撰人,《两朝纲目备要》,四库全书本,第 1. 28b 页;刘绎等纂,《江西通志》,1881 年,第 11. 23b 页;何异,《宋中兴行在杂买务杂卖场提辖官题名》,藕香零拾本,第 40. 2a 页。

① 11 世纪的职位是盐铁、度支、户部副使和三司使。任职三司使的官员的传记资料在拙著《北宋的财政知识、科举和经济政策制定》(第 311—313 页)已有列举。南宋时期相对的职位是户部和工部的尚书与侍郎(尚书一职却常置空)。以下是曾任职户部尚书的官员(名字次序按其在职先后排列)以及有关他们仕途的资料:梅执礼、黄潜厚、叶梦得、李梲、黄叔敖、章谊、张澄、韩仲通、曾怀、杨倓、韩彦直、韩彦古、王佐、叶翥。参见李心传,《建炎以来系年要录》,第 1. 17b、2. 21b、3. 18a、5. 5a、6. 24a、10. 14a—14b、11. 13a、16. 5a、14a、18. 8a、18b、20. 1a、11b、15b、17a、21. 3a、23. 6b、28. 2a、53. 9a、19b、54. 2a、56. 10—11a、60. 7a、9a、62. 1a、64. 7a、13b、67. 9a、69. 5a、74. 9a、77. 10a、83. 13a、84. 5b—6a、10a、85. 2b、86. 13b、21a、87. 8a、88. 5b、92. 5b、14a、97. 1b、11b、101. 6a、103. 7a、110. 3b、114. 5a、116. 5b、8b、117. 1b、17b、118. 8b、127. 2a、136. 1b、146. 3a、19b、147. 7a、148. 1b、4a、150. 5a、151. 6a、153. 5a、165. 13a、170. 11a、172. 3、14b、17b、20a、173. 13b、18a、174. 3a、10b、176. 3b、183. 13a、18a、184. 2b、7b—8a、185. 16b、21a、188. 13b、195. 5b、196. 3b、199. 9b 页;脱脱等,《宋史》,第 357. 7b—9、364. 15a 页;徐松,《宋会要辑稿·职官》,第 41. 51b、53a、60b、43. 146a、163a、44. 29b、68. 39a—70. 14b、71. 5a、18a、72. 5b、14b—15a 页;《宋会要辑稿·食货》,第 43. 160b、47. 12a、14a、48. 9a—11b、12b—13a、53. 2b、56. 6a、40a、42a—43a、44a、50b、51b、54a、57a、59b、60a、61b、62b、63b 页;李埴,《皇宋十朝纲要》,东方学会,1927 年,第 19. 1b—3b、20. 2—7 页;潜说友,《咸淳临安志》,第 50. 5a 页;张扩,《东窗集》,第 13. 14a 页;阮元等修,《广东通志》,第 15. 7—8a 页;刘绎等纂,《江西通志》,第 10. 5a、20b—21a 页;徐自明,《宋宰辅编年录》,敬乡楼丛书本,第 13. 1a、14a、23a、14. 25 页;毕沅,《续资治通鉴》,四部备要本,第 138. 19a 页;张孝祥,《于湖居士文集》,四部丛刊本,第 19. 8b 页;黄以周等,《续资治通鉴长编拾补》,世界图书公司,1967 年,第 59. 2a、13a、17b 页;佚名,《皇宋中兴两朝圣政》,宋钞本,第 49. 5a、54. 12b、55. 1b、56. 7b、60. 11a、61. 13a 页。限于篇幅,我无法将其他职位的官员的资料一并在此罗列。

城衙署中任过职的所有官员中,几乎 80% 在包括今天安徽南部、江苏南部、浙江省和福建省的地方度过了其地方仕宦生涯,而且几乎 100% 出生并安葬于同一区域。在任职于四川和湖广等南宋其他大区域中的官员仕宦履历中,我们可以发现类似的模式①。在南宋第一任君主的统治期[译者按:即高宗朝]中,政策职位的 41% 由来自长江下游这一宏区的人氏把持,这一事实也暗示着中央政府中的高度地方性(见表 10)。同时,越来越多的宰辅成员来自于翰林学士和博古通经的经筵讲官。他们兼任一些名义上的职务,如六部或不同馆阁的长官。在朱元璋废除中书省,并于 1380 年设立内阁之后,这种安排终于达到它合理的结局②。

上述分析显示,内藤虎次郎[译者按:即内藤湖南]关于宋代越趋专制这一观点存在着某种悖论③。皇帝对国内大部分区域的直接行政权威其实是变弱了——本来与 306 个州的通讯渠道减少至只有和 18 个省的联系。另一方面,皇帝相对于宰辅的地位得到了加强。这部分源自中央正规行政组织的变化,以及最高职位的重要性在降低,并转而由一些资历浅的人担任的事实。它也部分源自皇权和中央阁僚之间社会差距的拉大,以及为高级官僚机关输送任职者那些缙绅家族之间凝聚力的降低。

政治精英的转型

从 750 年到 1550 年,中国社会和政治领导的转型,是和人口变化及政府正规组织的变更,既相并列亦相关联的。限于篇幅,这里不能

---

① 钱端礼是一个典型例子。钱氏是浙江南部台州临海县人,而他担当过的职位相继是:台州和明州通判、淮东提举、两浙运判、淮南运副、太府少卿、两浙运副、知临安府、户部侍郎和知枢密院事。参见楼钥,《攻媿集》,四部丛刊本,第 92.1a 页及以后。

② 郝若贝,《11 及 12 世纪中国的历史先例、公共政策和社会科学》(Historical Analogism, Public Policy, and Social Science in Eleventh-and Twelfth-Century China),载《美国史学评论》(American Historical Review),第 76 卷(1971 年)第 3 期,第 696—703 页。

③ 宫川尚志(Hisayuki Miyakawa),《内藤假说的概述及其对日本东洋史研究的影响》(An Outline of the Naitō Hypothesis and its Effects on Japanese Studies of China),载《远东季刊》(Far Eastern Quarterly),第 14 卷(1955 年)第 4 期,第 533—552 页。

表10 任职高级行政或财政官员的区域来源（公元960—1165年）

地区	任职政策官员职位数量百分比										任职财政官员职位数量百分比							
时期(年)	960—975	976—997	997—1022	1023—1063	1064—1067	1068—1085	1086—1100	1101—1125	1126	1127—1162	960—986	987—1013	1014—1040	1041—1067	1068—1094	1095—1121	1122—1148	1149—1165
岭南	0	0	0	1	0	0	0	0	0	0	2	2	1	0	1	1	1	0
核心区	0	0	0	0.20	0	0	0	0	0	0	0	0	0	0	0.33	1	1	0
外围区	0	0	0	0.41	0	0	0	0	0	0	2	2	0	0	1	0.42	0.19	0
东南	1	4	9	6	23	16	24	24	17	21	2	10	11	8	13	20	21	21
核心区	1	1	3	3	13	10	15	15	7	7	1	3	5	2	7	11	10	11
外围区	0	3	5	3	10	7	10	9	10	9	1	7	6	6	6	9	11	10
长江上游	3	6	6	5	11	12	8	8	13	7	2	12	4	7	9	11	11	5
长江中游	1	15	10	17	15	11	12	9	12	11	4	7	8	11	13	13	12	23
核心区	1	7	4	8	8	8	2	2	6	4	4	4	2	4	5	6	2	5
外围区	0	8	6	9	7	7	9	7	6	7	0	3	6	7	8	7	10	18
长江下游	0	2	11	15	21	20	23	31	26	41	3	14	17	22	22	31	28	26
核心区	0	1	8	11	15	16	15	24	18	28	1	5	8	15	15	19	21	17
外围区	0	1	3	4	6	4	8	7	8	13	2	9	9	7	7	12	7	9
西北	13	15	7	9	11	8	5	1	0	4	19	12	12	7	7	2	2	3
核心区	10	9	7	8	10	7	4	1	0	1	18	10	10	6	6	2	1	0
外围区	3	6	1	1	1	2	2	0.21	0	2	2	2	2	1	1	0.28	1	3
华北	85	78	57	51	41	23	32	26	33	16	68	44	48	46	36	22	25	22
核心区	56	61	45	47	39	19	26	20	26	14	59	34	44	42	32	17	21	18
外围区	28	17	13	4	2	3	6	6	7	2	10	10	4	4	1	5	4	3
N =	39	118	167	492	66	264	238	470	119	491	257	676	609	777	1811	722	1060	574

资料来源：表9。

完全展示大量统计材料以及下面结论的全部证据。这些结论基于对将近 5,500 人及其家族的传记史料的分析，其中包括了 960 年到 1162 年之间掌控政策官员位置的 800 多人（台谏官、两制官员、学士以及宰辅成员）、960 年到 1165 年差不多 2800 名财政官员、450 名在这期间既参与政治决策中又在财政事务中任职的官员，还有 1166 年到 1279 年间的 1,100 名财政官员以及 163 名明朝内阁大学士①。

宋代开国的首 150 年，两类家族——开国精英（founding elite）和专业精英（professional elite）——在高级政策和财政部门中占据着不合比例的数量。开国精英主要由军人家族组成，代表的是西北区和华北区各个节度使和他们的副手②，开国者的私人扈从，以及那些曾在五代都城中任职的官僚。典型的例子包括：张宏，唐益定节度使张茂昭的曾孙③；刘文质，其父亲是太祖的僚属④；王博文和高继勋，王的祖父⑤和高的父亲⑥分别在太宗的军营中任职；张逊，太宗登基之前的内侍⑦；柴成务⑧、滕中正⑨和王全斌⑩，五代官员的后裔；任布，一位后唐宰相的四世孙⑪；桑埙，后晋宰相桑维翰的儿子⑫；杨埙，后周创建者的

① 在欧美历史研究里，群体传记（prosopography）是一种常用的方法。有关这一研究方法的用处及缺陷，可参看最成功应用此方法的人之一，史东（Lawrence Stone），《群体传记》（Prosopography），收吉尔伯特（Felix Gilbert）、葛劳巴（Stephen R. Graubard）编，《当今史学研究》（Historical Studies Today），诺顿（Norton）出版社，1972 年，第 107—140 页。除了诸如在注51—53 里列举的文献里所记载的财政官员外，宋代政策官员及明代内阁大学士的名录分别见李埴，《皇宋十朝纲要》、黄大莘［译者按：应为黄大华］，《明宰辅考略》（收《二十五史补编》）。这些官员的个人及家庭资料我已从数以百计的墓志铭、行状及传记合集搜集出来，但在本文的注引中我只能引到具代表性的一小部分。大部分（但非全部）相关的传记资料已编入昌彼得等编，《宋人传记资料索引》，6 册，台湾鼎文书局，1974—1976 年。

② 见王赓武（Wang Gungwu），《五代时期中国北方的权力结构》（The Structure of Power in North China during the Five Dynasties），马来亚大学出版社，1963 年。

③ 脱脱等，《宋史》，第 267.1a 页。

④ 前揭书，第 324.22a 页；苏舜卿，《苏学士文集》，四部丛刊本，第 14.7b 页。

⑤ 脱脱等，《宋史》，第 291.17b 页。

⑥ 前揭书，第 289.1a 页。

⑦ 前揭书，第 268.2a 页。

⑧ 杨亿，《武夷新集》，浦城宋明元儒遗书本，第 10.7—9a 页。

⑨ 脱脱等，《宋史》，第 276.3a 页。

⑩ 杜大珪，《名臣碑传琬琰集》，宋钞本，下卷，第 1.3b 页。

⑪ 脱脱等，《宋史》，第 288.13b 页。

⑫ 李焘，《续资治通鉴长编》，第 5.1b 页；欧阳修，《五代史记》，第 29.1a 页。

一名侍妾的侄儿①；郭承祐，一位曾在后唐和后晋政府中任职的沙陀人的后裔②；潘美，一名普通士兵的儿子，在后周时起于行伍，后来为宋朝征服了岭南③。

专业精英的家族有如下特点：(1)他们把居住地安排在宋代的首都或陪都；(2)宣称他们宋以前就是世家大族；(3)倾向于家族之间的联姻，而不论籍贯；(4)子孙世代官居高位；(5)在980年到1100年间周期性地控制着宋朝政府。他们包括的宗族有诸如洛阳和开封的太原王氏④，开封的河内向氏⑤、河东贾氏⑥；从冯翊县和华州迁到洛阳的弘农杨氏⑦；吴越国主钱氏后人⑧，南阳韩氏⑨，以及在开封以及自己籍贯地钱塘、长社、莘县均有分布的太原王氏⑩；同时也在洛阳居住的吴县高平范氏⑪；在开封和洛阳拥有宅第的寿州东平吕氏⑫，在10世纪

---

① 李焘，《续资治通鉴长编》，第1.22a、88.5b页。

② 脱脱等，《宋史》，第252.1—5页。

③ 杜大珪，《名臣碑传琬琰集》，下卷，第1.1—3页。

④ 脱脱等，《宋史》，第250.7—12、280.7b页；端方，《陶斋藏石记》(1908年)，收《石刻史料丛书》，甲编，第12种，第39.13a—14b页；尹洙，《河南先生文集》，第12.9a页及以后。

⑤ 脱脱等，《宋史》，第282.17b—22a页；祖无择，《龙学文集》，收李之鼎编，《宜秋馆刻宋人集》，丙编，第15.1b页；俞希鲁，《至顺镇江志》，1863年本，第19.6a—6b页。

⑥ 脱脱等，《宋史》，第265.26b、285.21b页；王珪，《华阳集》，武英殿本，第37.1a—1b页。

⑦ 脱脱等，《宋史》，第270.17—18a、300.1a页；王安石，《临川先生文集》，中华书局，1959年，第966—967页。

⑧ 李纲，《梁溪先生全集》，清代本，第167.4b—6a页；阮元，《两浙金石志》，收《石刻史料丛书》，甲编，第18种，第4.10b页及以后。

⑨ 苏舜卿，《苏学士文集》，第16.1页；张方平，《乐全集》，收《四库全书珍本》初集，37.9a、39.1、39.30b页。

⑩ 范仲淹，《范文正公集》，四部丛刊本，第13.1页；欧阳修，《欧阳文忠集·居士集》，第22.4a页；苏舜卿，《苏学士文集》，第15.4a页；张方平，《乐全集》，第37.34b页及以后；王珪，《华阳集》，第37.31b页及以后。

⑪ 冯桂芬等纂修，《苏州府志》，第76.29a、77.11b页；解缙等纂修，《永乐大典》，第2367.10b、12b、2368.3a、2744.18b页；范成大，《吴郡志》，第26.2b页；欧阳修，《欧阳文忠集·居士集》，第20.5b—6a页。

⑫ 杜大珪，《名臣碑传琬琰集》，上卷，第15.1a、26.1a页下卷，第10.1a页；张方平，《乐全集》，第36.1a页。关于东平吕氏的仔细研究，可参看衣川强，《宋代的名族》(宋代の名族)，载《神户商科大学人文论集》，第9卷(1973年)，第134—166页。

末从四川迁到开封附近的管城的阆中颍川陈氏①。这 10 个宗族通常在姓氏前加上他们声名赫赫的家族开创人郡望的名字;都是直接或间接地通过婚姻相联系,即便他们的籍贯分布在今天中国 5 个彼此不同且相距遥远的省份②;家族中几乎所有的男性成员都谋求官职,他们占据了 11 世纪宰相中的 18 人③。

开国精英和专业精英在宋初的地位反映出晚唐五代中国政治精英的分野。唐朝初年,世家大族的后裔垄断了高级政府职位④。安史之乱之后,这种所谓的唐代"贵族"不得不与地方节度使及其下属分享政治权力,而这些人本来并无世袭的社会声望。在许多方面,宋太祖和弟弟太宗是唐节度使的尾声,他们的行政管理依承的是此前的五代模式。来自河北—山西—陕西节度使联盟的成员占了 960 年到 986 年财政官员的 46%。宋州(赵匡胤称帝之前所在的节度地)附近一些县的官员占据了财政官员的 22%,来自开封和洛阳的人在这些职位中占 13%。同样这些家族产生了宋初前 20 年政策官员的 90% 以上。但是到了 983 年,南方的统一完成之后,即将成为半世袭的专业精英

---

① 欧阳修,《欧阳文忠集·居士集》,第 20.3b—4a、5a 页;解缙等纂修,《永乐大典》,第 3141.1b、10a 页。

② 端方,《陶斋藏石记》,第 39.14b 页;王称,《东都事略》,文海出版社,1967 年,20.7a 页;脱脱等,《宋史》,第 282.18a、22a、317.8、465.4a 页;毕仲游,《西台集》,武英殿本,第 13.3b 页及以后,第 14.7a 页及以后;范仲淹,《范文正公集》,第 13.5a 页及以后;李焘,《续资治通鉴长编》,第 358.3a、413.11a—14b 页;李纲,《梁溪先生全集》,第 167.12b—13a 页;杜大珪,《名臣碑传琬琰集》,上卷,第 2.8b、26.4a 页;苏舜卿,《苏学士文集》,第 15.6b—7a、16.6a 页;欧阳修,《欧阳文忠集·居士集》,第 22.4a 页;范纯仁,《范忠宣公集》(收《宋范文正忠宣二公文集》),《附录》,第 18.6a 页及以后;晁说之,《嵩山文集》,四部丛刊本,第 19.46b—47a 页。

③ 王晓、向敏中、贾昌朝、钱惟演、韩绛、韩缜、韩亿、韩维、王旦、范仲淹、范纯仁、范纯礼、吕蒙正、吕夷简、吕公著、吕公弼、陈尧叟、陈尧佐。李埴,《皇宋十朝纲要》,第 3.2b、4.3b—4a、8.3、11.2—3a 页。从 1014 到 1094 的 80 年间,其中有 61 年政事堂的大半职位是由 35 个(包括上述 10 个)最显赫的世家把持。

④ 姜士彬(David Johnson),《中国中世的寡头政治》(The Medieval Chinese Oligarchy),西观(Westview)出版社,1966 年;杜希德,《唐代统治阶级的组成:敦煌出土的新证据》(The Composition of the T'ang Ruling Class: New Evidence from Tunhuang),收芮沃寿(Arthur F. Wright)、杜希德编,《唐史探微》(Perspectives on the T'ang),耶鲁大学出版社,1973 年,第 47—85 页。

家族的成员开始取代开国精英家族的子孙(见表9)。

从960年到1086年,开国精英担任政策官员者已降至开国初期的四分之一,而专业精英占据的份额上升了11倍。1086年以后,没有任何一位开国功勋家族成员出任高级行政或财政官员。

许多专业精英和他们的姻族声称自己是唐代世家的后代。这包括留在北方的,也包括在晚唐迁往南方,有成员在蜀、吴、南唐、闽和吴越王朝任官的家族。后者包括建安、浦城、吴县的清河张氏的祖先,他们在晚唐和浦城、吴县、永康的姻族豫章章氏迁往福建①。他们还与已为南唐效力的在袁州、临江、新喻县的彭城刘氏联姻②。钱塘的弘农杨氏的唐代祖先于904年被派往杭州封钱镠为吴越王,并留在他的朝廷里供职③。钱氏在宋代以及其后的王朝中一直是中国社会和政治的一支重要力量。另一支弘农杨氏——清河张氏和豫章章氏共同的姻族——在五代迁往岭南,效力于刘氏南汉。北宋杨氏在浦城任官居住,但家族的主要宅居仍然留在洛阳④。无论专业精英所声称系出名门属实与否⑤,这些世系试图延续着唐代的传统。他们使用郡望,实行同等地位群体的族内婚,通过诸如姑表婚、内妹填房、寡妇再嫁、与妻族联姻并住在妻族等做法强调姻亲关系,而其中最重要的则是在朝廷为官。

这里只能从众多的联姻实践中引用几个例子。在北宋,清河张氏和豫章章氏通过姑表婚加强他们的联盟⑥,赵氏和另一张氏也通过这

---

① 杨亿,《武夷新集》,第9.1a页及以后;沈括、沈遘、沈辽,《沈氏三先生文集》,四部丛刊本,第10.54b、60.42a、61.59b页;刘敞,《公是集》,国学基本丛书本,第642—643页;以及本文注117。

② 脱脱等,《宋史》,第267.14a页;解缙等纂修,《永乐大典》,第2367.10b页;欧阳修,《欧阳文忠集·居士集》,第35.6b—7a页。

③ 欧阳修,《欧阳文忠集·居士集》,第61.2页。

④ 脱脱等,《宋史》,第300.1a页;杜大珪,《名臣碑传琬琰集》,下卷,第7.12b页;欧阳修,《欧阳文忠集·居士集》,第29.4b页。

⑤ 姜士彬,《一个大族的最后岁月:晚唐宋初的赵郡李氏》(The Last Years of a Great Clan: The Li Family of Chao-chün in Late T'ang and Early Sung),载《哈佛亚洲学报》,第37卷(1977年)第1期,第5—102页。

⑥ 可参看如:解缙等纂修,《永乐大典》,第2367.11b页;沈括、沈遘、沈辽,《沈氏三先生文集》,第10.54a页及以后;杨亿,《武夷新集》,第9.1a页及以后;刘敞,《公是集》,第642页及以后。

一方式维持他们的关系①。钱塘的弘农杨大雅在其妻去世之后，续娶了她的妹妹——由此反映出专业精英杨氏和士绅张氏的联姻。渤海欧阳修对称此有所称颂，而欧阳修自己的妻子就是第二位杨夫人的女儿②。居于开封的清河张景宪的母亲和祖母都是陇西李氏，他相继娶了尹洙的两位女儿③。华阳宇文氏在唐末由河南府迁往四川，效力于蜀。宇文师说的首任和次任妻子都是房永（宇文师说的母亲房氏的族人）的女儿、宇文氏的曾孙女④。吴县的清河张氏首先嫁给三司使永康胡则的儿子胡湘。湘夭折后，她再嫁给在新昌任官定居的缙绅家族的后代武威石元之⑤。当河东柳珹娶豫章章惇的孙女后，他就从合肥迁到吴县入赘⑥。至少可以举出 30 余例类似的居住在妻家的例子，这最可能反映出家里一个或更多的男性子孙用他们母亲家族的姓（赘婚）⑦。当宗族里的一位男性成员迁往他的妻子或母亲家时，这种事情便经常发生⑧。

---

① 赵鼎臣，《竹隐畸士集》，收《四库全书珍本》初集，第 19.6b 页。

② 欧阳修，《欧阳文忠集·居士集》，第 36.4a—5a 页。

③ 范纯仁，《范仲宣公集》，第 16.7a 页及以后。

④ 楼钥，《攻愧集》，第 109.9b、12a 页及以后；樊学圃等编，《华阳县志》，1934 年，第 11.1—17a 页，《表》，第 1—4a 页。

⑤ 沈括、沈遘、沈辽，《沈氏三先生文集》，第 10.54a 页及以后；范纯仁，《范仲宣公集》，第 12.8a 页及以后；黄之隽，《江南通志》，1737 年；周必大，《周益国文忠公集·平园续稿》（1838 年本），第 35.8a 页。

⑥ 孙觌，《鸿庆居士文集》，收盛宣怀等编，《常州先哲遗书》，第 1 集，第 33.10a 页及以后。在大多数情况下，我们惟一的证据是儿子或丈夫移居到他母亲或妻子的家乡。因为在过继后，这个人就彻底成为新家族的正式成员，而我们的资料（主要是墓志铭）亦不会揭示他身份的变化。一个清楚的例子（尽管在此未被采用）是詹体仁被他舅舅收养；见叶适，《叶适集》，中华书局，1961 年，第 285 页。

⑦ 宋以后的例子可参见陈张富美（Fu-mei Chang Chen）、马若孟（Ramon H. Myers），《清代的习惯法与经济增长》（Customary Law and the Economic Growth of China during the Ch'ing Period），载《清史问题》（Ch'ing-shih wen-t'i），第 3 卷（1976 年）第 5 期，第 28—30 页。

⑧ 关于这些行为的描述，可参看万安玲（Linda Walton-Vargö），《宋元时期中国的教育、社会变迁与道学：明州（宁波）的书院与地方精英》（Education, Social Change and Neo-Confucianism in Sung-Yuan China: Academies and the Local Elite in Ming Prefecture [Ningpo]），宾夕法尼亚大学博士论文，1978 年。

在为政策部门输送官员的家族中,最重要的 35 个专业精英家族[①]只占不足5%的比例,但他们据有998 至1085 年间此类职位的23%。此外,越是高级职位,他们在其中所占的比例就越高。就在这些年里,他们占有中书官员的30%、翰林学士的31%,但仅占监察御史的15%。这些家族大多数能长大成人的男性后代都有在官僚机关任职的经历。

在南方经济和人口变迁完成之后,两支晚唐缙绅家族的持续统治的复合作用使北方政治统治延续了几代。与1080 年统计反映出来的中国人口分布相比,仁宗朝(1023—1063)政策官员的出身地域分布与742 年总人口的地域分布存在更紧密的联系。只有到了神宗朝(1068—1085),南方的宏区才产生了与它们在总人口中所占份额相当的政策官员数量。直到哲宗朝(1086—1100)及以后,在京官僚反映出来他们原籍县份的数目才与南北宏区的相对人口密度一致[②]。在 12 世纪前后,南北政治精英家族的整体地域分布维持着相对稳定(见表10)。同时,当人口由核心向外围地区迁移,腹地县份的政治重要性也相对有所增强。11 世纪第二个 25 年中,南方产生高官的县份有少于三分之一是属于腹地县份,而在 12 世纪的第一季中,高级官僚有三分之二是来自这类县份。在晚唐、五代、宋代早期的人口变动之后出现的新的中国政治地理格局在以后几个世纪延续着。

---

① 除了上文讨论过的 10 个家族(尤其注 72—81)和蒲城县的豫章章氏、彭城刘氏及弘农杨氏(尤其注 85、86、88、117)外,其余 22 个宗族是:(1)临川县的太原王氏;(2)真定府的太原王氏;(3)华阳县的太原王氏;(4)滇城县的安定梁氏;(5)武进县的安定胡氏;(6)华州的天水赵氏;(7)宜兴县的乐安蒋氏;(8)武进县的广陵张氏;(9)濮州的赵郡李氏;(10)莆田县的方氏;(11)莆田县的陈氏;(12)晋江县的吕氏;(13)晋江县的曾氏;(14)建州浦城县的黄氏;(15)建州浦城县的吴氏;(16)钱塘县的唐氏;(17)钱塘县的吴兴沈氏;(18)雍邱县的宋氏;(19)河阳县的陈氏;(20)安阳县的韩氏;(21)兴国县的吴氏;(22)小溪县的张氏。在我们的官员样本中,这些家族把持高级财政职位的时间不但最长,其占据政策职位的数目亦是最多。这些家族不但有最多个别成员担任财政或政策职务,而且亦是最能够一代接一代提供成员担任高级财政或政策职务。当然,他们仅代表一个较大的专业精英宗族(professional elite lineages)群体。换句话说,本文的图表其实低估了北宋时期这些家族的支配地位。

② 关于这一点,由于在神宗时期三个家族(即临川太原王氏、南丰鲁国曾氏、及吴县豫章章氏)的成员占据了数量特别多的官职,利用有提供官员的县的数目来做统计,要比使用每一地区实际官员的人数更能反映区域的重要性。

12 世纪中国宰执的籍贯和明代内阁大学士的地域来源具有高度的相关性。不仅明代皇帝的宰辅有多于三分之二是来自南方，而且他们的家乡在 1086 至 1162 年时已出了许多在宋代朝廷担任高官的人员。将近三分之二的宰辅是来自外围县份（这些县份其中 75% 早在南宋时就已出过高官），而至少有 26% 的内阁大学士来自于从南宋开始崭露头角的家族①。

然而，11 世纪末、12 世纪初中国官僚精英的社会转型远非简单的人口变迁。它标志着由那些专职于官府的家族组成的专业精英这一具备凝聚力的身份群体（status group）的消失，取而代之的是众多地方士绅宗族的涌现——他们鼓励自己的子弟从事不同职业，而出仕只是一种可能的职业选择。半世袭的专业精英的衰落——以及士绅的兴起——绝不会像想象那样突然发生，但是限于篇幅，本文在此不能加以详尽分析——尽管这一转变值得作这种细节分析——一个简要的概括则必不可少。

1. 科举和地方士绅的兴起

唐代或更早，一个庞大的地方缙绅家族群体就已经存在。他们不只在低级行政职位中占有相当比例，也产生了大量从事非政府职业的人士，诸如管理田庄、教书和商业。随着五代和宋代早期"填充"南方所带来的日益增长的机遇，这个地位群体的规模和兴旺程度都在迅速扩大。同时，在 11 世纪，专业精英家族发现本身与富有的南方士绅联姻，以社会声望和政治机会换取经济利益大有好处。当然，这是社会和政治流动的正常机制，但是现在它又被科举考试的扩展所强化。科举为新兴的地方士绅家族提供了一种制度化手段，他们可以由此追求社会和政治地位的提升。各州解额的引入部分地使之成为可能，因为它限制了解送的数量，因而增加了控制着这些解送的途径的新兴缙绅家族的权力②。

---

① 黄大华，《明宰辅考略》。
② 缪荃孙编，《江苏金石志》，第 11.13a 页。

有些学者过分强调科举的成功,如柯睿格、何炳棣,把它当作传统中国政治(甚至社会)流动的首要手段和机制,从而忽略了对家族地位上升更为重要的决定因素,扭曲了科举考试的真实影响。此类结果部分源自柯睿格提出的方法论。他将考生名单制成表格,当举人的父亲、祖父或曾祖父都没有任官,就得出结论认为社会流动存在①。这一方法不仅忽视了人口情况的现实,而且忽视了大家庭(extended family)的角色——比如说个体或核心家庭(nuclear family)就是错误的分析单位。

在中国这样的前工业社会测量社会流动时,任何基于个人政治地位的提升或职业的指标,只要拿来和他的直系父系祖先进行比较,都会是不可靠的指标。原因是每一代都有相当的比例的男性没有成年的儿子、孙子或曾孙,这种情况下流动只是死亡率的函数,而跟柯睿格和何炳棣讨论的问题无关。例如,宋太祖的 439 位 7 世孙的 2/5 强没有男性继承人②,苏洵所修家谱显示,他曾祖 20%、祖父 28.5%、父亲 31.5% 的兄弟和堂兄弟没有子嗣活下来③。在这些情况下,除非一个人的高曾祖父的所有男性后裔的绝大多数获得官位,否则就算大家庭在每一代都会产生一些政治精英,他和他的许多堂兄弟也极有可能遇上他们的嫡系祖先中没有人任官的情况。许多具体事例可以用来证明④。另外,把侄子过继给没有子息的叔父的情况非常普遍,这也说明了旁系亲属(lateral kin)的政治和社会重要性⑤。

---

① 柯睿格,《家庭背景与个人才能在中国帝制时期科举的作用》(Family vs. Merit in Chinese Civil Service Examinations under the Empire),载《哈佛亚洲学报》,第 10 卷(1947 年)第 2 期,第 103—123 页;何炳棣,《明清社会史论》(The Ladder of Success in Imperial China),哥伦比亚大学出版社,1962 年。

② 脱脱等,《宋史》,第 215.2a—44a、216.1a—42b 页。

③ 苏洵,《嘉祐集》,四部备要本,第 13.2b—4a 页。

④ 临川的太原王氏是一个例子。在王安石的直系亲属中,其父王益似乎是第一个当官。但事实上,他的曾叔祖父王观在早一代前已过着官宦生涯。可参看曾巩,《元丰类稿》,第 44.6—7a、45.8b 页。

⑤ 如脱脱等,《宋史》,第 298.10b、305.6a、310.15b、18b、446.5 页;冯桂芬等纂修,《苏州府志》,第 104.4b 页;王安石,《临川先生文集》,第 943 页;朱熹,《晦庵先生文公文集》,四部备要本,第 91.5b 页;陆心源,《宋史翼》,文海出版社,1967 年,第 4.25b 页;程俱,《北山小集》,四部丛刊本,第 31.3a 页及以后。

　　如果将叔伯同祖父、曾祖父一起考虑,那么柯睿格与何炳棣作出的代际流动的比率将是毫无意义的。在一项最近的研究中,韩明士论证,在考察每一个举人的直系祖先时,如果假定其中可能做过官的人选范围为 6 种而不是 3 种亲属——例如,包括叔伯、祖叔伯、曾祖叔伯在内——那么柯睿格的(因此还有何炳棣的)"新官僚"百分比将无法显示流动性①。当我们将姻亲关系考虑在内时,一个"新官僚"的姨舅父、外祖父或是岳父任官的可能性将变得更大。扩展了的亲属集团的政治凝聚力可以通过门荫特权范围的延伸得到说明,这一特权允许官员们为自己的近亲谋得一个起家的官职。按不同有关恩荫的例子出现的频率排列(不包括父亲、祖父、曾祖父),个人通过他们各自的叔父、兄长、姨舅父、外祖父、岳父的恩荫,在某种情况下甚至是叔伯的岳父的荫,进入官僚系统②。

　　事实上,科举制度是地方士绅延续他们政治地位的主要方法。在宋代,有意科举的人必须先得到乡里贤达(如地方士绅成员)向县令的推荐,才能有资格参加科举第一关乡举考试。而且,在职官员的儿子们可以豁免乡举考试③。960 至 1279 年,苏州的 63 个家族产生了所有成功应试者中的 90%④。无论是在苏州还是在搜集到的政策和财政官员的传记资料中,没有一条文献能够证明一个家族开始向上流动仅仅是由于科举成功。实际上,每一个得到文献支持的向上流动的例子

----

　　① 韩明士(Robert Hymes),《宋代时期的名望与权力:江西抚州的地方精英》(Prominence and Power in Sung China: The Local Elite of Fu-chou, Chiang-hsi),宾夕法尼亚大学博士论文,1979 年,第 48—55 页。

　　② 脱脱等,《宋史》,第 301.11a、328.28b、331.1a、394.20a、463.17b 页;李焘,《续资治通鉴长编》,第 187.3b、340.2a 页;冯桂芬等纂修,《苏州府志》,第 77.15b 页及以后;李纲,《梁溪先生全集》,第 167.6a 页;陆心源,《宋史翼》,第 3.18a、20.20a 页;周必大,《周益国文忠公集·平原集》,第 64.1a 页;沈括、沈遘、沈辽,《沈氏三先生文集》,第 61.78b 页;俞希鲁,《至顺镇江志》,第 19.1a 页;张耒,《柯山集》,武英殿本,第 12.16b 页;王珪,《华阳集》,第 38.28a 页;司马光,《温国文正公文集》,四部丛刊本,第 78.5b 页;苏颂,《苏魏公文集》,新陆书局,1970 年,第 58.5a 页;李弥逊,《筠溪集》,收《四库全书珍本》初集,第 21.1a 页及以后。

　　③ 荒木敏一,《宋代科举制度研究》,京都大学东洋史研究会,1969 年,第 12—18 页;有关"领乡"对年轻人仕途的重要性,亦可参看冯桂芬等纂修,《苏州府志》,104.7a、7b。

　　④ 见 P.190 注①。

中,通过科举考试都是在跟一个甚具规模的缙绅宗族联姻之后。谢孚的例子就是一个典型。

谢家原先居住在福建北部建安县。谢孚的曾祖父与祖父拼命地积累财富。谢孚的父亲谢伯益是家族中第一个读书人,在当地也赢得了声名,并与叶家的一位女子结了婚。叶家的祖籍在剑浦,他们的上一代移居到了苏州,在获得科举功名的缙绅之中得以立足。谢孚移居到苏州后,相继与两名叶姓女子成婚——其中一名是他舅舅的女儿,这个舅舅的儿子叶份在南宋的财政机关拥有一些声望。谢孚在 18 岁时成功在苏州中举;1100 年,又通过了进士科的考试。谢孚的一个儿子借助他舅舅的恩荫进入行政机关,而他的长子却成了一名和尚。他的女儿嫁给了叶份的儿子,他的外孙也得到一个官位,这样谢家一宗就坚实地建立起来了①。

在为数不多的记载社会流动的案例里,从下嫁(一般涉及的是拿财力换来政治和社会地位)开始,继之以两家之间通过舅姑表婚建立永久性的联系,宗族继续成功地向上流动这样的模式比较普遍。这也是一种全国性做法在地方上的反映。新兴的富有家族的子弟与当地学校教师或是其他受过教育的缙绅的女儿成婚,然后通过科考,成为一名政府官员,这样的例子在宋代越来越普遍②。尽管我们缺少必要的资料为这种流动进行精确的测量,但是这种流动在正处于发展中的地区可能相对多一些,在已经接近发展平衡的地区可能有所下降③。

科举制度的扩展为地方士绅提供了一种方式去界定他们的身份群体,限定了进入这个群体的权利,并建立了一个独立于专业精英的政治基础。与此同时,11 世纪中国政府内部反复出现的党争瓦解了建立在专门供职于政府基础之上的宗族策略,最终导致了作为独立身份群体的专业精英的消亡。

---

① 解缙等纂修,《永乐大典》,第 2367.11a 页;胡寅,《裴然集》,收《四库全书珍本》初集,第 26.32b 页。
② 可参看如:胡寅,《裴然集》,第 25.1a 页;杜大珪,《名臣碑传琬琰集》,中卷,第 14.2a 页。
③ 见表 5。

2. 党争与专业精英的衰落

宋初的几十年,官员非正式的联合属于那些开国精英与专业官僚为了保护或提高他们各自政治地位而建立的联盟。11 世纪形成的派系是从专业精英宗族中的成员之间盟友的更替发展而来的,而党派冲突围绕着两个中心——对帝国整体主要问题的正当考量,以及为斗争群体中他们的直系家族和近亲谋求更多空缺官位的自私偏向。举例来说,1075 年,御史中丞邓绾奏免吕惠卿的职务。当注意到人们为帝国的决定拍手称快时,他又弹劾来自豫章章氏的章惇,说他是吕惠卿的朋党,也应当被免职。邓绾指出章惇和吕惠卿为了相互的利益而结成共谋,章惇举荐吕惠卿的连襟方希觉为官,作为回报,吕惠卿举荐章惇的连襟为官。章惇还举荐吕惠卿妻子的侄子/外甥、吕惠卿的嫂子/弟媳的哥哥和吕惠卿的兄弟升迁。方、吕、章三家都是当时最有名的 35 个专业精英家族的成员。1068 至 1075 年,仅仅章、吕两家的人在高级财政机关中就有 30 名,这丝毫不足为奇①。在这段时期,一个新的因素在帝国的政治中变得越来越重要——世袭精英的各个宗族开始向他们在地方士绅中的姻亲求助。但是那些家族似乎更热衷于考虑巩固他们在当地的社会、经济、政治地位,而不是专注于政府管理。

到了王安石(1021—1086)和他的同伴试图对中国政府的机关与政策进行广泛的制度变革的时候,地方性的、亲属的、利益集团的、恩主与受庇护者的以及意识形态关系的复杂混合体形成了派系。随后的几十年里,宋代官僚机关内部的非正式派系建基于地方利益团体所组成的联盟,这些利益团体分担共同的考虑;敌对的派系在正统性的观念问题上各执己见,为的是确保各自对政府的全面控制。例如,南宋的建立者高宗时期,江宁人总共占据着 75% 的政策部门——此朝臭名昭著的宰相秦桧的故里就在江宁。

为数众多的候选人竞争数量固定的高级政府职位,来自政敌的意识形态攻击越来越频繁,这些导致了党争的进一步激化,其通常结果就是接二连三的大清洗。专业精英宗族不再可以确保把大量自己的

---

① 李焘,《续资治通鉴长编》,第 69.14b—15a 页。

子嗣安插进政府部门。长时间不能为官严重限制了荫补特权的作用，而这本来是以可预期的方式实现官僚职位代际承继的主要保证。政治时局的不稳定也使仕宦生涯一开始就建立在不稳定的基础之上，而这也是家族的未来所要依赖的基础。简言之，世袭精英宗族采纳了和他们地方士绅姻亲一样的策略①——择业多样化。这样他们就丧失了与其他全国性的精英家族持续联姻而带来的所有好处。到 12 世纪初，作为一个单独的地位群体的专业精英阶层已经不复存在。他们已经和地方士绅家族几无两样，他们通过相互联姻使自己的社会、经济和政治地位固定下来，并持久控制着科举考试的进入权，进而垄断了地方、地区乃至全国性政治团体之间联系的建立（见表 11）。

表 11　婚姻态样之类型（公元 960 年—1279 年；样本数：381）

婚姻类型 时期（年）	配偶来自相同籍贯地者				配偶来自不同籍贯地者			
	总计	专业精英相互结婚者	专业精英与一般士绅结婚者	一般士绅间相互结婚者	总计	专业精英相互结婚者	专业精英与一般士绅结婚者	一般士绅间相互结婚者
960—986	1	0	1	0	8	7	1	0
987—1013	5	4	1	0	12	9	2	1
1014—1040	14	3	6	5	24	19	2	3
1041—1067	31	9	16	6	35	30	4	1
1068—1094	39	3	19	17	44	36	4	4
1095—1121	18	1	12	5	24	17	3	4
1122—1148	36	3	13	20	2	2	0	0
1149—1165	24	1	6	17	1	0	0	1
1166—1279	57	0	21	36	6	0	1	5
总计	225	24	95	106	156	120	17	19

资料来源：表 9

---

① 政治上显赫的士绅宗族亦有留守家中处理家族事务的子孙（张纲和石徽之为两个例子）。可参看不著撰人，《京口耆旧传》，广文书局，1969 年，第 7.13—14 页；陆佃，《陶山集》，武英殿本，第 15.1a 页。亦可参看韩明士，《宋代时期的名望与权力》，第 60 页。

豫章章氏的历史是一个典型例子。他们五代时期的家族祖先曾在闽和南唐政府任职。北宋时期,该家族所有 36 位可确定身份的成员均拥有政府职位,包括 3 位宰执(章得象、章惇、章楶)的所有子嗣。章惇与支持王安石的集团结成联盟,然而章楶与蔡京及其支持者发生了冲突。声名狼藉的朱勔强行弹劾章楶的儿子章綖,谓其盗铸。结果章楶被罢免,黥面之后,被发配到沙门岛的监狱,他至少有四个兄弟与一个侄子被解职,并且被流放到帝国的偏远地区。1109 年,当何执中、张商英在中书取代了蔡京及其行政班子时,这些章氏子弟都官复原职。到南宋初期,豫章章氏至少有五个支系。其中有三支迁至吴县,一支迁至永康,一支留在浦城。南宋时,这个专业精英家族中 60 名已知的后裔中仅仅有 21 名是官员;有 6 个可以肯定没有为官;另外 6 个没有取得比举人更高的功名,因此也大概没有在政府中谋得官位。所有南宋时期记载下来的章氏联姻都是和来自章氏定居的这个或那个县的宗族发生的。然而,北宋时期那些已知和章氏联姻的有近 60% 是来自其他地区的家族①。

南宋时,行政权力从中央政府向区域行政机关转移,新兴士绅对地方的关注,初级科举考试中州解额的强化,以及在中央当官的不确定性,所有这些结合起来,助长了文官的一种倾向——他们更看重限于特定区域的行政层级。同时,每个家族出仕的男性后裔的减少,使得某一家族的几个成员完全占据帝国高层职务的可能性有所减小。在宋王朝最初的 200 年间,29 个宗族分别有两个或更多的子弟成为中书 271 名成员中的一员,在宋王朝统治的最后 150 年,没有几个家族能够赢得这一殊荣。明代 163 名内阁大学士中仅有两名来自同一宗族。

---

① 脱脱等,《宋史》,第 301. 9b—10b、311. 10a、328. 28b—31b、347. 12a、379. 1a、471. 13a 页;杜大珪,《名臣碑传琬琰集》,下卷,8. 4b;冯桂芬等纂修,《苏州府志》,第 7. 19a、77. 15b 及以后、18b、78. 19b 页;解缙等纂修,《永乐大典》,第 2367. 12a、14b 页;李心传,《建炎以来系年要录》,第 51. 12a、70. 2b 页;宋祁,《景文集》,第 59. 785 页;孙觌,《鸿庆居士文集》,第 33. 3b、6a 页;杨时,《杨龟山先生集》,1879 年,第 35. 1a 页;陈亮,《龙川文集》,金华丛书本,第 26. 1—4a、27. 4a 页。

表12 742—1948年间样本州份人口(推算)*（单位:1,000户）

州\年份	742	980	1010	1080	1170左右	1213	1223左右	1290	1391	1542	1948
岭南区											
西部核心											
梧州	2.2			5.7	10.1		10.7	5.2	6.1		87.0
藤州	5.1			6.4	11.3		12.0	4.3	8.0		108.8
容州	17.9			13.8	24.3		25.8	3.0	6.5		15.5
郁林州	7.4			10.1	17.9		19.0	9.5	11.9		19.2
横州	3.7			6.3	11.1		11.8	5.7	2.0		82.9
西部外围											
邕州	2.8			8.6	15.2		16.2	10.5	10.3		13.2
桂州	36.3			46.3	81.7		86.7	35.8	36.2	37.9	223.0
东部核心											
广州	55.8			143.3	148.7		121.6	171.5	216.2	190.3	1906.7
沿海外围											
雷州	4.7			13.8	24.7		25.8	91.1	45.3		86.1
琼州	11.5			9.0	15.8		16.7	75.8	44.8	44.1	187.8
北部外围											
惠州	6.4			61.1	63.4		51.9	25.0	20.7	25.0	447.0
韶州（+英州）	32.2		33.7	65.6	67.9		55.6	19.6	18.9	20.1	197.4
南雄府	4.0	8.4		20.3	21.1		17.3		7.4	12.0	63.7

* 以1080年界限为恒常区界。

（续表）

年份 \ 州	742	980	1010	1080	1170左右	1213	1223左右	1290	1391	1542	1948
东南区											
核心											
潮州	7.6			74.7	91.4		85.6	63.7	87.1	118.7	961.2
福州	38.2	94.5		211.6	308.7		341.0	298.6	235.5	438.5	684.7
泉州	24.4	76.6		201.4	293.9		324.6	89.1	110.2	158.0	441.8
兴化府	8.1	33.7		55.2	80.6		89.1	67.7	62.2	78.6	184.3
温州	42.8			121.9	157.4		152.1	187.4	188.8	168.9	666.9
台州	83.7			145.7	188.1		181.8	196.6	197.5		582.4
外围											
梅州	1.7			12.4	9.7		5.6	2.5	1.9	7.9	128.5
循州	5.7	8.3		47.2	37.1		21.4	3.5	2.4	2.7	209.0
建州	18.1	90.5		196.6	272.3		300.8	127.3	140.1	124.4	210.1
汀州	3.4	24.0		81.5	118.9		131.3	238.1	63.4	78.4	221.0
长江上游区											
嘉州	45.5			70.5					41.2	36.0	258.1
眉州	32.3	62.9		76.1					16.8	21.6	140.1
陵州	34.7			47.3					7.7	9.9	162.6
泸州	16.6			46.2					32.2	41.1	711.6
资州	29.6			39.5					11.8	14.2	301.6
果州	22.0	29.9		52.4					5.2	33.3	228.3
渝州	11.9	20.0		41.1					15.8	20.6	640.8

（续表）

年份　　州	742	980	1010	1080	1170左右	1213	1223左右	1290	1391	1542	1948
长江中游区											
西部核心											
潭州	57.0			357.8	501.8		629.6	603.5	99.8	145.3	1298.0
衡州	29.7			180.0	252.5		316.8	193.7	45.1	65.8	430.1
鄂州	29.7			125.3				144.9	64.4	142.0	606.5
蕲州	26.8			112.4				39.2	78.8	93.3	309.0
黄州	15.5			81.9				14.9	57.2	100.4	412.4
西部外围											
随州	26.9			38.1				16.0	15.1	47.3	163.3
东部核心											
洪州	43.6	103.5		256.2	207.4			371.4	254.2	282.3	376.4
东部外围											
吉州	36.3	126.5		273.4	385.9		454.1	444.1	352.5	332.8	299.8
袁州	24.0	79.9	84.0	129.7	183.1		215.5	198.6	73.1	69.1	193.6
抚州（＋建昌州）	30.6	61.3		271.0	382.6		450.2	336.3	343.0	270.7	239.7
信州	29.5	40.7		132.6	115.4		129.2	158.3	113.0	125.7	263.9
长江下游区											
核心											
润州	67.0			54.8	63.9		108.4	99.1	88.6	102.7	324.6
常州	102.6			165.1	213.2		206.0	263.2	165.2	275.3	827.2
苏州	109.5			313.1	377.0		396.8	854.8	1052.3	1125.2	2430.5

（续表）

州\年份	742	980	1010	1080	1170左右	1213	1223左右	1290	1391	1542	1948
杭州	86.3		163.8	202.8	351.1		391.3	360.9	217.1	250.7	398.9
越州	90.3		189.9	279.3	273.3			300.1	263.7	309.5	769.1
明州	42.4			115.2	136.1		188.3	241.5	274.4	313.5	529.6
外围											
湖州	73.3		129.5	145.1	187.4		204.5	246.5	228.1	268.9	294.0
睦州	55.5			76.8	99.0		95.7	103.5	73.2	58.5	151.7
婺州	144.1			138.1	178.3		172.3	211.1	164.3	159.1	447.4
歙州	38.3		65.8	126.6	122.0		123.4	157.5	131.7	135.1	166.3
西北区											
核心											
同州	61.3			79.6		35.6			43.8	67.3	157.9
华州	46.4			80.2		53.8			31.7	51.3	145.2
绛州	51.3			62.1		131.5			94.5	100.0	152.2
河中府	52.0			54.9		106.5			72.8	62.3	111.0
解州	49.6			28.9		40.6			41.6	40.6	64.2
太原府	123.4			118.2		165.7			98.8	120.2	391.7
汾州	59.5			53.1		87.2			57.1	78.8	191.4
外围											
晋州	109.6			123.0		175.6			114.9	118.3	195.2
慈州	12.3					13.3			7.1	6.1	22.4
隰州	31.1			39.0		25.4			16.5	13.3	43.9

（续表）

州	742	980	1010	1080	1170左右	1213	1223左右	1290	1391	1542	1948
华北区											
东部核心											
许州	51.8			57.5		45.6			27.3	66.6	316.0
莱州	27.0			123.0		86.7			83.0	107.2	777.5
青州	62.2			93.1		118.7			117.7	116.3	335.0
东部外围											
兖州	79.0			95.7		81.5			48.4	55.7	525.0
沂州	33.5			83.0		96.5			77.8	93.8	611.4
北部核心											
德州	49.1			38.8		15.1		24.4	31.5	27.2	171.5
永静军	45.4			33.4		65.8			34.3	43.0	145.4
深州	81.6			39.1		56.3			32.5	33.7	228.5
邢州	70.2			60.6		80.3		35.1	26.8	37.0	247.0
赵州	56.4			41.7		38.2			29.8	34.1	157.9
怀州	44.8			32.9		86.8		35.0	38.7	109.3	150.7
北部外围											
潞州	58.8			52.5		72.2			119.1	105.4	286.7
真定府	63.3			82.6		153.8			48.3	65.1	313.0

资料来源：附录1之正文与脚注。碍于篇幅，恕不尽录所参考的290种（包括在表3、4、5、6及注40、123、127、129、131、132、134、135、136、137引用过的）府、州、县志。

结 论

在这篇论文里,我试图检验一些命题,这些命题是由一个关于区域周期之历史进程的一般假设中推衍出来的。在区域发展的四个不同的阶段——开拓期、迅速发展期、体系衰落期和平衡期,不同的人口绝对和相对密度,以及这些密度升降的不同速度,与该地区内的公共行政、经济专门化和地方社会结构等性质密切相关。从 750 年到 1550 年,中国各宏区之间相对地位的主要变化应该归因于灾难(瘟疫、唐末动乱、1194 年黄河改道引发的洪灾、蒙古的入侵等)、政治决策(如定都在洛阳、长安、开封、杭州、南京或北京)、运输和通讯方式的改进(大运河的开凿)以及农业新技术的引进(唐末宋初的新稻种和 12、13 世纪在南方低地沼泽广泛地开垦圩田)。区域相对优势的变化和整体财富及人口的增长,不仅导致了区域内发展进程的变化,而且对全国范围内的政治社会结构也产生了综合性影响。帝国内部人口稠密地区的增多引发了行政难题,从而导致中央职权的地方化,具体表现在省的出现和县独立性的增强。与此同时,中央政府的官僚化进程即便不是倒退了,也是趋于停滞。这些政治经济面貌的转型还使得一个过去垄断着国家高级职位、半世袭性专业官僚精英趋于消亡,并在宋代为各种各样的地方缙绅家族所取代。

从中唐到晚明的历史发展是以不同的速度、不同的方向进行的,并构成了帝制中国社会的众多地区和人类生活的各个方面。伴随着一个地区人口的增长,是另一个地区人口的衰减;许多地区人们生活发生了飞速变化,而在其他地区人们的生活几个世纪都大致维持原样。有些地方经济有所增长,社会结构却仍然保持相对稳定;也有的地方,物质发展放缓,而政府机关和社会结构的主要变化却完成了。这些变化的累积性影响和它们连续的相互作用带来社会上几乎所有方面的根本变化,也塑造了随后中国在帝制晚期的特性。

王锦萍、邓百安(Anthony DeBlasi)、李经宇、罗祎楠等 校

郭威廷、徐力恒 重校

附录 1　关于人口问题

表 1 及本文他处提到公元 2 年、609 年、742 年、1080 年、1200 年
（华北区）和 1290 年诸年份的户数，皆来自《汉书》、《隋书》、《旧唐
书》、《新唐书》、《元丰九域志》、《宋会要辑稿》、《金史》、《元史》、《新
元史》和《中国年鉴》（1948 年版）经校正后（见后）之实际总数[①]。采
用户数而非人口数，原因在于：（1）个别年份只有户数有完整的记录；
（2）因而被随意排除在外的人口种类（如幼童）较少，户数应是反映实
际人口较理想的指标。我们的假设是一户有五至六人；如个别数据显
示每户平均人数远高于此，我们则会以每户五口计算。值得重申的
是，本文提供的只是实际人口的粗略指标（index），而非实际人口数。

980 年、1010 年、1200 年、1391 年、1542 年和 1800 年诸年份各区
域的人口估算，是根据 30 个分区（subregions）的人口估算加总而来，而
这 30 个分区的人口估值又是以 79 个州、386 个县（见表 12）为样本而
得出（样本大约分别占 1100 年前后州、县总数的 26% 和 22%）。我的
方法是先尽量确立上述诸年份各样本州县的户数，然后根据样本所占
1080 年各分区实际人口数的比例，推算各分区的人口总数。之所以选
择 1080 年这个年份是因为：（1）大量证据表明该年的户数记载尚算准
确（限于篇幅，具体证据此处从略）；（2）该年是唐至宋初人口过渡期
（demographic transition）过后，存有完整人口数据记录的最早年份[②]。
我已以这方法推算过 1948 年分区的总户数，并将估算值与实际记载
的户数进行对比，藉以检验样本州的代表性和推算的大概准确率。结
果是误差平均值为 7.07%（标准差 s 为 7.30）。若把其中四个分区不

---

①　班固，《汉书》，卷 28 上、下；欧阳修，《新唐书》，卷 37—43 下；王存，《元丰九域志》；
《宋史》，卷 85—90；柯劭忞，《新元史》，卷 46—51；魏征，《隋书》（1739 年本），卷 29—31；刘
昫，《旧唐书》（1739 年本），卷 58—63；《宋会要辑稿·食货》，第 69.70—77a 页。

②　可看看日比野丈夫，《吴兰庭对〈元丰九域志〉的校订》（吴蘭庭の「元豐九域志」校
定について），载《東洋史研究》，第 10 卷（1949 年）；同作者，《〈元丰九域志〉纂修考》（元豐
九域志纂修考——とくに元豐の二十三路について），载《東方學》，第 8 辑（1954 年），第
46—59 页。

算在内,误差平均值则降为 4.68(s = 3.48)。这四个分区其中三个是位于岭南区外围,这似乎可用作支持边疆地区缺乏区域内部整合(intraregional integration)这论点。另一个分区为四川东南部,其中重庆(样本中作"渝州")在 1948 年的庞大人口扭曲了运算——也进一步证明了首都对人口的影响。

本文宏区和州份的恒常(constant)区界,是以 1080 年宋朝及其辖下行政单位的界限为基础。因此,所得的人口总数,就远远低于本文提及的其他时期全国(以至只中原[China proper]本身)的人口总数。本文以 1948 年疆域最大和人口最多的地区为基础,把辖下在州的县全划入 30 个分区里。换言之,若干在施坚雅模式应归为外围县份的,在本文则属于核心地区,反之亦然。之显然有须要这样做,是因为在 1391 年以前,人口统计是多以州为单位。

确立恒常区界的最大困难,在于要将县份置于唐代及唐宋之间的同一行政地区里。要解决这难题,我们先要细心考订《元和郡县图志》、《旧唐书》、《新唐书》和《太平寰宇记》诸书记载有关州界变迁的日期,然后估算唐代各县的人口(见后),之后再将其换算进宋代相应的州份内。在宋、金、元时期,县治所在鲜有改变(一州之内,合并或分割等事情则常有发生)。至于明初以后的数据,我是先确定了个别县份的人口,然后再将其算进宋代相应的州份内。至于汉、隋两朝,我则根据州治的所在地而把州份划入不同区域;因此,较之 742 年与之后的数据,汉、隋之间(以及汉、隋两朝与之后)区域人口数据的可比性就要差些。此处的关键,是要固定每一地域单元(无论是宏区、分区、州或县)的范围,从而能比较 742 年到 1948 年整段时期的数据。我相信这是第一次有人作这样的尝试。之前与此最接近的做法,应是毕汉思(Hans Bielenstein)在其有关公元 2 年至 742 年中国人口的出色研究中采用的点描法地图(dot maps)[①]。

---

① 毕汉思(Hans Bielenstein),《公元 2—742 年间中国的人口调查》(The Census of China During the Period 2—742 A. D.),载《远东文物博物馆通报》(*Bulletin of the Museum of Far Eastern Antiquities*),第 19 卷(1947 年),第 125—163 页。

　　要确立可信的州份人口数据,首先要校正转录过程中出现的错误。错误主要有四类:(1)抄写错误;(2)人数加总时遗漏了部分所属行政地区人口的错误;(3)错把高一级的地区行政单位人数当为其治所所在较低一级的行政单位的人数;(4)年代误植(anachronisms)引致的遗漏或重复计算。要获得较准确的人口数值,唯一的办法就是逐县、逐州去调查——亦由于此,本文采用的抽样方法,既有必要,亦具效益。

　　略举数例以资说明。抄写引起的错误,主要来自抄错数字或抄写时把一地的人数错置于另一地名之下。关于数字的问题,杨联陞氏已在一篇佳作中有详尽讨论,在此不赘[1]。《宋史》的编修者把吉州和袁州的人数都列作 132,290 口,这显然是在抄录时,把吉州的人数也一并抄写在接下来的袁州下[2]。

　　对中国人口数据有研究的人都知道,史籍中不慎遗漏个别州份人数是常有的事情。遗漏人数这问题,当然也有发生在县这层次,但由于人口数据通常是以州为单位,上述遗漏就往往被忽略。《元和郡县图志》上记有汾州各县的人数,但其所记开元年间(713—741)汾州户数(53,076 户)却遗漏了 4,006 户,几乎相当于灵石一县之人数。《太平寰宇记》亦记开元年间汾州的人数为 53,076[3]。韶州的地方志虽然已清楚指出,明代个别县份有时候根本就没有上报人数,但同一方志却又把已报县份的人数加总作为韶州总人数[4]。诸如此类案例多不胜数。

　　当一州份同时是一更高的地区行政单位的治所时,整个地区的人数会间中会被记录为该州的人数。《元和郡县图志》所记开元年间广州的乡数,其实是整个岭南节度史辖区的乡数[5];而《元史》所记福州

---

① 杨联陞(Lien-sheng Yang),《中国经济史上的数目和单位》,收《中国制度史研究》(*Studies in Chinese Institutional History*),哈佛大学出版社,1961 年,第 75—84 页。

② 《宋史》,第 88.17 页。

③ 《元和郡县图志》,第 13.19b—22 页;《太平寰宇记》,第 41.2b 页。

④ 《韶州府志》(1687 年本)。

⑤ 《元和郡县图志》,第 34.1a 页。

和桂州的人口,实为福建和广西行省的人口总数①。

二手文献里的人口资料,其实差不多全是统计时间长短不一的人口数据混集而成,年代误植引起的错误亦因而少不了。《元和郡县图志》和《太平寰宇记》所记开元年间的州份户数,不少是相同但异于新、旧《唐书》所记 742 年的户数;亦有不少州份户数,要不在三种史书都一样、要不在新、旧《唐书》和《元和郡县图志》或《太平寰宇记》其中一部相同、要不在三者皆异。换句话说,这些史籍的州份人数,是随意选自不同年份的数据。自唐代到明代差不多每一份人口数据的记录,皆不乏此类事例。正由于此,蒲立本(E. G. Pulleyblank)氏尝试以不同年份的全国人口总和来推定开元年间人口数据的年份,只会徒劳无功②。无论是蒲氏所指的 726 年人口还是一般被认定是 742 年的人数,其实都只可当为 8 世纪上半叶中国州份人数的一个粗略估算。我们是无法更仔细确定这些人口数据的年份。因此,本文有关人口数据的年份,实应只被视为历史上不同时段的代号。

要确立可信的州份人口数据,第二步要做的是确定州内各县的户数。唐以后大部分时段不少地区的户数,是可通过仔细检视 290 种(恕不详列)宋、元、明、清时期地方志(以及《永乐大典》现存所见宋、元、明初庐州、湖州、白州、郁林州、辽州、潮州、汀州、邕州、衡州、广州等地方志)中户口部分来确定③。但要确定大部分唐代以及许多明代县份的人数,则要先解决一些特殊难题。

除少数偶然留下的史料(如《元和郡县图志》所载的 62 个西北县份人数)之外④,唐代并没有县份人口的记载。因此,以下的发现可想而知是多么令人振奋:(1)《太平寰宇记》里每一"县"条下的"旧乡"、

---

① 宋濂,《元史》,第 62.13a 页、第 63.9b 页。可以把福州和桂州人口总数减去其下辖州的人口,再把余额跟晚宋和明初这些州的人口比较。

② 蒲立本(E. G. Pulleyblank),《隋唐时代的人口记录》(Registration of Population in the Sui and T'ang Period),载《东方经济及社会史学报》,第 4 卷(1961 年),第 289—301 页。

③ 《永乐大典》,第 2207. 2a、2275. 1a、2337. 3a、5245. 1a、5343. 1a、7889. 2b、8506. 1a、11905. 1a 页。

④ 《元和郡县图志》,卷 13—15、22。

"元乡"和"依旧乡",是指个别县份在唐时期乡的数目(一乡是一由 500 户组成的行政及财政单位);(2)以《元和郡县图志》所载的州份户数计算,平均每乡户数确颇接近法定的 500 之数;(3)若将《太平寰宇记》所载每县的乡数乘以唐代史籍中记载的乡份平均户数,然后将所得的县份户数加起来,估算出来的州份人口与史籍记载的开元或天宝年间(742—755)人口又非常接近。当然,史籍中并无五代时期所设或宋代以前所废县份的条目;一些乡份数据则是元和时期的数据,亦因过低而无甚用处;而另一些唐时期的乡份数据则不知为什么没有记录下来。即使如此,我们还是可以估算出其中 45 个样本州份中一些县份的人口。若不把处于现今广西境内两个乡份平均户数较少的边区州份计算在内,所得平均每乡户数为 511.20(s = 55.37)。如仅以 38 个可以估算其各县人口的州份作比较,其估算得出的人口总数与记载中开元或天宝年间人口的平均误差值则仅为 4.83%(s = 5.09)。38 个样本州份中,其中 22 个的乡份总数大概是属于开元时期,而其余 16 个则反映天宝时期的情况——这又是《太平寰宇记》的编撰者混淆年代数据的另一明证。

如何确定明代州县的人数,是一个最大的难题。明代正史及其他文献所载的人口数据,绝大部分皆以省份为单位,要以另一套分区准则来订立恒常区界亦因而不可能。另外,省份数据亦往往会把转录过程中或人口严重漏计时引起的错误蒙混过去。区域(以至州份)内的人口与户数比率亦存在很大差异。就以山西为例,虽然《明史》的数据显示其省份每户平均人数为 6.84 人[1],其平阳府(即宋时晋州)的县份口户比率为 3.46 至 28.62 不等[2],太原府则为 5.27 至 7.98 不等[3],而汾州则为 8.08 至 10.75 不等[4]。

---

[1]　张廷玉等,《明史》(1739 年本),卷 41,第 15 页。

[2]　《平阳府志》(1708 年本)。

[3]　《阳曲县志》(1682 年本);《平定州志》(1769 年本);《文水县志》(1673 年本);《太谷县志》(1885 年本);《重修太原县志》(1731 年本);《寿阳县志》(1770 年本)。

[4]　《介休县志》(1770 年本);《汾阳县志》(1719—1722 年本)。

　　另一难题是,明代一些人口统计类别(如户、口、丁)的数目在好些年间一直维持不变。正如何柄棣先生指出,这是因为明代将人口统计类别变成了财政单位,并且不再视这些单位的数量为实际人口的指标,而是以它们作为上报中央的长期财政定额(quotas)①。可幸的是,在不少地方,这些类别的数据仍有变化,反映了实际人口的增减。从14世纪90年代至17世纪初,一县又一县记录的每户人数都增加了一倍。四川资州(宋时磐石县)在洪武年间(1368—1398年)录得户1,336、口10,728,到万历年间(1573—1619年)则录得户1,240、口22,815②;陕西蒲城县明初有户7,085、口32,025,到嘉靖年间(1522—1566年)则有户9,554、口83,692③。从洪武到嘉靖年间,沙河县、德州以及平度县的每户人数分别从6.95、5.98、5.64增加到9.17、8.41、11.70④。束鹿县志的作者便注意到该县在1381年有17里,每里110户,每户5.9口,但到万历初,平均每户已有10口⑤。利用地方志数据计算县份人口时,若遇到平均每户人数异常的高,或在一段时间内户数大致维持不变而口数变化很大的情况,我一概以一户5口计算。

　　很多时候,当在地方志找不到个别样本州在某些年份的县份人口数据时,我们可以利用里数来估算县份户数。以《大明一统志》(其反映的是明初情形)所载的县份里数和《广舆图》所载(嘉靖年间)的县份里数作比较,不难发现期间不少县份发生了重大变化。我在正文已讨论过如何运用幂曲线公式(power curve formula),以区内已知的县份人数和所知的里数去推算区内其他县份的户数。我在本文就利用了洪武和嘉靖年间247个县份的人口,来估算这两段时期里436个县份的户数。当然,不少地方的户、口、里数因被刻意固定下来而无法被估算,但这却有助进一步确认抽样研究的用处。

────────────

① 何炳棣(Ping-ti Ho),《明初以降人口及其相关问题(1368—1953年)》(*Studies on the Population of China*, *1368—1953*),哈佛大学出版社,1959年,第3—23页。

② 《资州直隶州志》(1815年本)。

③ 《蒲城县志》(1666年本)。

④ 《莱州府志》(1604年本);《德州志》(1673年本);《沙河县志》(1756—1759年本)。

⑤ 《束鹿县志》(1671年本)。

　　《太平寰宇记》所载的宋代（我随意把其定为 980 年）人口数目，与华南诸国被"安抚"时的人口总和颇接近，因而可反映五代时期人口登记的状况①。南唐和南汉是唯一保存有准确州份户数的时期。最后要指出，南宋 1170 年和 1223 年的人口总数（调整后列表 1 中 1200 年下）是依据一复杂公式，以现存的州份数据为基础，附以《宋会要》所载路份人口数目按比例计算出来②。

---

① 《宋会要辑稿·食货》，第 69.77—78a 页；杨仲良，《续资治通鉴纪事本末》（1893 年本），第 3.16a、4.6a 页。可与《太平寰宇记》的总数比较。
② 《宋会要辑稿·食货》，第 69.70—77a 页。

附录2 地名列表 *

威妥玛拼音	地名	所属州、府或军	宏区	分区
An-fu	安福县	吉州	长江中游	东部外围
An-te	安德县	德州	华北	北部核心
An-yang	安阳县	相州	华北	北部核心
Ch'ang	常州		长江下游	核心
Ch'ang-an	长安县	京兆府	西北	核心
Ch'ang-hua	昌化县	杭州	长江下游	核心
Ch'ang-she	长社县	许州	华北	东部核心
Ch'ang-shu	常熟县	苏州	长江下游	核心
Chao	赵州		华北	北部核心
Ch'ao	潮州		东南沿海	核心
Chen-ting	真定府		华北	北部外围
Cheng	郑州		华北	东部外围
Ch'eng-tu	成都府		长江上游	
Chi	蕲州		长江中游	西部核心
Chi	吉州		长江中游	东部外围
Chi-shui	吉水县	吉州	长江中游	东部外围
Ch'l-chou	溪州		长江中游	西部外围(边区)
Chia	嘉州		长江上游	
Chia-hsing	嘉兴县	秀州	长江下游	核心
Chiang	绛州		西北	核心
Chiang-ning	江宁府		长江下游	核心

---

* "边区"(frontier)是指宋朝正规郡县编制以外的原住民州郡。

（续表）

威妥玛拼音	地名	所属州、府或军	宏区	分区
Chiang-ning	江宁县	江宁府	长江下游	核心
Chiang-tu	江都县	扬州	长江下游	核心
Chiao-shui	胶水县	莱州	华北	东部核心
Chieh	解州		西北	核心
Chien	建州		东南沿海	外围
Chien-an	建安县	建州	东南沿海	外围
Chien-Ch'ang	建昌州		长江中游	东部外围
Chien-p'u	剑浦县	南剑州	东南沿海	外围
Ch'ien-t'ang	钱塘县	杭州	长江下游	核心
Chin	晋州		西北	外围
Chin-chiang	晋江县	泉州	东南沿海	核心
Chin-ling	晋陵县	常州	长江下游	核心
Ching-chao	京兆府		西北	核心区
Ch'ing	青州		华北	东部核心
Ch'ing-shen	青神县	眉州	长江上游	
Ch'iung	琼州		岭南	沿海外围
Chu-ch'eng	诸城县	密州	华北	东部核心
Ch'üan	泉州		东南沿海	核心
E	鄂州		长江中游	西部核心
Fen	汾州		西北	核心
Fen river	汾水			
Feng	丰州		西北	外围
Feng-i	冯翊县	同州	西北	核心

（续表）

威妥玛拼音	地名	所属州、府或军	宏区	分区
Fu	府州		西北	外围
Fu	抚州		长江中游	东部外围
Fu	福州		东南沿海	核心
Fu-chou	富州		长江中游	西部外围（边区）
Fu-shui chou	抚水州		岭南	西部外围（边区）
Fu-yang	富阳县	杭州	长江下游	核心
Hai-yen	海盐县	秀州	长江下游	核心
Han river	汉江			
Hang	杭州		长江下游	核心
Heng	横州		岭南	西部核心
Heng	衡州		长江中游	西部核心
Ho-chung	河中府		西北	核心
Ho-fei	合肥县	庐州	长江下游	外围
Ho-nan	河南府		华北	东部外围
Ho-yang	河阳县	孟州	华北	东部核心
Hsi	歙州		长江下游	外围
Hsi	隰州		西北	外围
Hsiang	相州		华北	北部核心
Hsiang river	湘江			
Hsiao-ch'i	小溪县	遂宁府	长江上游	
Hsin	信州		长江中游	东部外围
Hsin-ch'ang	新昌县	越州	长江下游	核心
Hsin-ch'eng	新城县	杭州	长江下游	核心

（续表）

威妥玛拼音	地名	所属州、府或军	宏区	分区
Hsin-hsien	莘县	大名府		
Hsin-hui	新会县	广州	岭南	东部核心
Hsin-yü	新喻县	临江	长江中游	东部外围
Hsing	邢州		华北	北部核心
Hsing-hua	兴化府		东南沿海	核心
Hsing-kuo	兴国州		长江中游	东部外围
Hsiu	秀州		长江下游	核心
Hsü	许州		华北	东部核心
Hsü-ch'eng	须城县	郓州	华北	东部核心
Hsün	循州		东南沿海	外围
Hu	湖州		长江下游	外围
Hua	华州		西北	核心
Hua-yang	华阳县	成都府	长江上游	
Huai	怀州		华北	北部核心
Huai river	淮河			
Huang	黄州		长江中游	西部核心
Hui	惠州		岭南	北部外围
Hung	洪州		长江中游	东部核心
Hung-tung	洪洞县	晋州	西北	外围
I	沂州		华北	东部外围
I-hsing	宜兴县	常州	长江下游	核心
Jun	润州		长江下游	核心
Jung	容州		岭南	西部核心

（续表）

威妥玛拼音	地名	所属州、府或军	宏区	分区
K'ai-feng	开封府		华北	东部核心
K'ai-feng	开封县	开封府		
Kan river	赣水			
Kao-chou	高州		长江中游	西部外围（边区）
Kuan-ch'eng	管城县	郑州	华北	东部外围
Kuang	广州		岭南	东部核心
Kuei	桂州		岭南	西部外围
K'un-shan	昆山县	苏州	长江下游	核心
Kuo	果州		长江上游	
Lai	莱州		华北	东部核心
Lang	阆州		长江上游	
Lang-chung	阆中县	阆州	长江上游	
Lei	雷州		岭南	沿海外围
Liao	辽州		华北	北部外围
Lin-an	临安县	杭州	长江下游	核心
Lin-chiang	临江府		长江中游	东部外围
Lin-ch'uan	临川县	抚州	长江中游	东部外围
Ling	陵州		长江上游	
Ling-shih	灵石县	汾州	西北	核心
Lo-yang	洛阳县	河南府	华北	东部外围
Lu	庐州		长江下游	外围
Lu	潞州		华北	北部核心
Lu	泸州		长江上游	

（续表）

威妥玛拼音	地名	所属州、府或军	宏区	分区
Lu-ling	庐陵县	吉州	长江中游	东部外围
Lung-ch'üan	龙泉县	吉州	长江中游	东部外围
Mei	梅州		东南沿海	外围
Mei	眉州		长江上游	
Mei-shan	眉山县	眉州	长江上游	
Meng	孟州		华北	东部核心
Mi	密州		华北	东部核心
Min river	岷江			
Ming	明州		长江下游	核心
Mu	睦州		长江下游	外围
Nan-chien	南剑州		东南沿海	外围
Nan-feng	南丰县	建昌军	长江中游	东部外围
Nan-hsiung	南雄府		岭南	北部外围
Nan-ning	南宁府		岭南	西部外围（边区）
Ning-yang	宁阳县	兖州	华北	东部外围
P'an-shih	盘石县	资州	长江上游	
P'eng-shan	彭山县	眉州	长江上游	
P'ing-yin	平阴县	郓州	华北	东部核心
Po	白州		岭南	西部核心
P'o-yang hu	鄱阳湖			
P'u	濮州		华北	东部核心
P'u-ch'eng	浦城县	建州	东南沿海	外围
P'u-ch'eng	蒲城县	华州	西北	核心

（续表）

威妥玛拼音	地名	所属州、府或军	宏区	分区
P'u-t'ien	蒲田县	兴化军	东南沿海	核心
Sha-ho	沙河县	邢州	华北	北部核心
Shao	韶州		岭南	北部外围
Shen	深州		华北	北部核心
Shou	寿州		华北	东部外围
Su	苏州		长江下游	核心
Sui	随州		长江中游	西部外围
Sui-ning	遂宁府		长江上游	
Sung	宋州		华北	东部核心
Ta-t'ung hu	大通湖			
T'ai	台州		东南沿海	核心
T'ai-ho	太和县	吉州	长江中游	东部外围
T'ai hu	太湖			
T'ai-shan	泰山			
T'ai-Yüan	太原府		西北	核心
Tan-leng	丹棱县	眉州	长江上游	
Tan-t'u	丹徒县	润州	长江下游	核心
T'an	潭州		长江中游	西部核心
Te	德州		华北	北部核心
T'eng	藤州		岭南	西部核心
T'ing	汀州		东南沿海	外围
Ts'ai	蔡州		华北	东部核心
T'ung	同州		西北	核心

（续表）

威妥玛拼音	地名	所属州、府或军	宏区	分区
Tung-a	东阿县	郓州	华北	东部核心
Tung-t'ing hu	洞庭湖			
Tzu	资州		长江上游	
Tz'u	慈州		西北	外围
Tz'u-lu	束鹿县	深州	华北	北部核心
Wan-an	万安县	吉州	长江中游	东部外围
Wei	卫州		华北	北部核心
Wei river	渭水			
Wen	温州		东南沿海	核心
Wu	婺州		长江下游	外围
Wu	梧州		岭南	西部核心
Wu-chiang	吴江县	苏州	长江下游	核心
Wu-chin	武进县	常州	长江下游	核心
Wu-hsien	吴县	苏州	长江下游	核心
Yang	扬州		长江下游	核心
Yen	兖州		华北	东部外围
Yen-kuan	盐官县	杭州	长江下游	核心
Ying	英州		岭南	北部外围
Yung	邕州		岭南	西部外围
Yung-ching	永静军		华北	北部核心
Yung-ch'iu	雍丘县	开封府	华北	东部核心
Yung-feng	永丰县	吉州	长江中游	东部外围
Yung-hsin	永新县	吉州	长江中游	东部外围

（续表）

威妥玛拼音	地名	所属州、府或军	宏区	分区
Yung-hsing	永兴县	兴国军	长江中游	东部外围
Yung-k'ang	永康县	婺州	长江下游	外围
Yü	渝州		长江上游	
Yü river	郁江			
Yü-ch'ien	於潜县	杭州	长江下游	核心
Yü-hang	余杭县	杭州	长江下游	核心
Yü-lin	郁林州		岭南	西部核心
Yüan	袁州		长江中游	东部外围
Yüeh	越州		长江下游	核心
Yün	郓州		华北	东部核心

资料来源：各地区的位置，以及本文各图的府州界限，均依据《中国历史地图集》（中华地图学社，1975年），第6册。

宋、元、明的过渡问题

史乐民(Paul Jakov Smith) 著

张　祎　梁建国　罗祎楠　译

本书(译者按:即《中国历史上之宋、元、明过渡》[*The Song-Yuan-Ming Transition in Chinese History*],下不赘)各位著者有意说明的是,中国史上两个我们较为熟悉的历史时期(即唐至宋的帝制中期[约7至13世纪]与明中叶至清代的帝制晚期[约1550至1900年])之间可能存在的联系。在史学论著中,这两个时期都被认为是剧变的时代,特别表现在经济活动范围与性质的变革、新型社会组织形式的出现,以及知识、文化的生产、消费的显著增长。然而,尽管研究唐、宋和明、清的历史学家都认同这些基本的特征,但对中期与帝制晚期之间相关联的发展趋势却知之甚少。这种知识的缺乏源于我们对蒙元时期(1271—1368)中国社会发展状况的无知。元朝迥异的特性和大家不熟悉的材料使得中国社会文化史学家对这一时段的研究望而却步。

由于对这一历史研究的空白,研究唐、宋和明、清变迁的史学家很容易将各自所讨论的时段内的重大变化看成是独一无二的:他们或认为紧接而来的野蛮族群的征服打断了"中世经济革命"(唐、宋史学家的看法);或认为先前的黑暗时代因为"早期现代中国"的出现而被照亮(明、清史学者的看法)。在任何一种语境下,中国史叙述都被人为隔断了,人们的研究被元朝这一未知领域切割成两个截然不同的时期。

本书各章打算填平中期和晚期帝制时代之间的鸿沟,以恢复历史叙述的连续性。我和我的同事主张将该阶段(时段定在12世纪早期至15世纪晚期之间)划作一个独特的历史时期,我们称之为"宋、元、明过渡"。在接下来的一章（译者按：即《想象近代以前的中国》[Imagining Pre-modern China]），万志英（Richard von Glahn）检讨了中国、日本和西方史学家对从唐至清这一历史阶段的描绘。在这篇导言里，我将更直接地集中讨论宋、元、明过渡本身，以便强调它作为一个发展阶段的地位。在这一时期，偶发的政治事件影响了将发生在中期帝制时代的变革传播到帝制晚期的历史路径。一句话，我试图论证出一个确定的历史单元和真实的历史过渡：这个时间段正是 1127 至 1500 年左右的漫长历史时期。

从什么过渡到什么？唐宋以及明清时期的转型

"过渡"指的是将两个相对易于界定的阶段之中一个有高度偶然性和变数的历史时期。由于我们是在讨论一个跨越三大朝代、四个世纪的过渡，简要叙述史学家对于过渡前后两阶段的基本看法，将有助于我们把这一时期置于历史大背景之中来考察。

伊懋可（Mark Elvin）的研究，把与唐、宋转型相关的人口、经济、及技术变化作了很详尽的叙述。他的《中国过去的模式》（*Pattern of the Chinese Past*；1973 年）一书吸收许多日本学者的成果，突出了农业、运输、财政、商业和科技方面的显著进步，这些就构成他所谓的"中世经济革命"。他和已故的郝若贝（Robert M. Hartwell，1982 年）强调，中世转型的主要动力来自于人口从中国北方旱地谷物区流向南方稻米区的转变，7 世纪早期沟通南北的运河系统竣工和从 8 世纪中期经五代（907—960）直到 960 年宋朝建立前的政治大分裂推动了这一转变。人口变化、经济增长以及王朝的分合循环等因素的合力导致了唐宋转型的第三个基本特征：中世贵族的衰亡。郝若贝及其他一些人指出，作为中国的社会政治精英，中世贵族首先被过渡的"职业精英"所取代——这些"职业精英"是一个规模不大但紧密结合的特权群体，他们世代为官，并与唐代的大族有着真实的或虚构的渊源，其后又被规模更大的习惯上称为"地方士绅"的社会阶层所取代——"地方士绅"是冗官、党争以及中国北部沦入女真之手导致的结果,他们采取更加灵活多变的策略,除了在官僚系统中占据职位以外,他们同样关注在他们的本地获取权力与声望(郝若贝,1982 年;韩明士[Robert Hymes],1986 年;柏文莉[Beverly Bossler],1998 年,对这发展的重访)。

最早提出唐宋转型说的学者内藤湖南认为自唐至宋的转型标志着中国"近世"的开端——而这一早熟的近世性,在宋以后亦不复存在(傅佛果[Joshua Fogel],1984 年;罗威廉[William T. Rowe],1985 年,第 239—240 页)。内藤认为这早来的近世性在余下的帝制时代已演变为政治和思想的停滞。尽管这一认识除了得自历史分析之外同样也受到日本政治野心的驱使,但与此相同的只是较少偏激的观点仍然促进了 20 世纪 70—80 年代的宋史研究著述,并且仍然渗透在今天关于中国的历史叙述中。甚至郝若贝在他那篇开创性的文章《750—1550 年间中国的人口、政治及社会转型》(Demographic, Political, and Social Transformations of China, 750—1550)中,也认为随着唐至宋初人口和农业的过渡,"无论是物质进步的速度还是随之而来涵盖中国社会生活各方面——诸如政治、社会、艺术、科学知识——的公认成就都是其后时代所无法比拟的"(郝若贝,1982 年,第 366 页)。

与这种将唐宋转型认定为空前绝后、独一无二的观点相仿,明清史的学者——在巨大分野另一端——对于所研究时代的认识也是如此。罗威廉(1985 年)在一次关于近代中国社会历史颇有影响力的调查中指出,20 世纪 70 年代西方学者开始依据日本尤其是中国学者的研究来想象第二次社会经济转型——该转型从明代晚期一直延续到 20 世纪。在一篇对帝制晚期中国经济及社会基础讨论得特别清晰的论文,罗友枝(Evelyn Rawski,1985 年)指出了许多明、清转型的关键要素:由新大陆和日本流向中国的白银货币化;伴随农业商业化、城乡产品的丰富、区域市镇系统成熟而来的 16 世纪的经济高潮;对经济的直接行政控制之松弛;学校的发展;出版业和阅读人群的扩展。这些变化的结果是,乡村(原先财产所有者与依附奴仆相结合的固定体制被外居地主(absentee landlords)、经营地主(managerial landlords)、农奴、佃农和雇农组成的变动模式所取代)及精英内部发生更为严重的社会阶层分化,精英的扩展是由"流动灵活的身份体制的出现以及有效限制身份变动的法律大大松弛"带来的。罗友枝提出,这种流动性促进了社会各阶层间的文化整合及农民阶级与精英(士大夫)价值观念的趋同。

过去30年的明清史研究挑战了关于宋以后长期停滞的认识,然而仍极少有人研究两大转型时期之间的联系。对一些研究帝制晚期的史学家而言,由于明、清转型表面的独立性,这种联系并不存在;正如罗友枝(1985年,第3页)在同一篇文章中指出的那样:"帝制晚期阶段……实际上与前代根本不同,它的特点在于在主要制度和社会经济结构上的高度延续性。"其他人,例如罗威廉和施坚雅(G. William Skinner)运用宏观的历史观察方式对两大转变时代进行了富有成效的比较。施坚雅(1977年,第24页)从市镇发展的角度来看这个问题,发现在他所谓的"中国农业社会发展的两大阶段"之间存在着发展程度的重大区别。中世(或唐、宋)时期突破性的进步发生于局部区域,很大程度上受到帝都定在长安、开封或杭州以及泉州成为全国最大的海港等因素的影响。于是,唐、宋转型期最显著的进步集中出现在最先进地区,尤其是长江下游。相对而言,晚期帝制时代这种发展的地区分布要广泛得多。"这将会是一个严重的错误",施坚雅提醒我们说:

> 若我们认为……中世市镇革命在当时就已完成或者出现于中国的大部分地区甚至整个中国。南[宋]时长江下游中心地区的商业化程度很深,其他区域中心只有到明代或[清代]才达到类似水准……除了政府调控的松弛,中国大部分地区直到晚期帝制时代才经历"中世"市镇革命。

但这种晚期帝制时代商业市镇发展的分布所代表的不仅是变化的程度,而且是变化的性质。而中世发展出的区域市镇系统是不成熟、不均衡的,人们大量集中于一些大都市,"晚期帝制时代的市镇系统则更为成熟、完善;都市和集镇很好地整合在一个等级体系中,城市人口在整个等级体系中更加均衡地分布"(施坚雅,1997年,第26—28页)。

罗威廉在对他所谓第一、第二次商业革命的比较中,在施坚雅的空间成熟模式基础上加入了组织常规化的概念。除了棉花种植的扩展和新大陆白银、农作物的流入以外,帝制晚期的经济发展并没有给原先唐、宋的经济活动状态增添什么新内容。而第二次商业革命的突破在于将原来特殊的区域间大规模商品贸易常规化。正如罗氏(1985年,第273页)正确强调的:"正是这一常规化促进了地方商人群体在全国扩散,使这些商人得以在主要商业城市永久聚居,促使这些城市发展为真正世界性的都市中心,并且促进了全国经济的逐渐整合。"

这些关于两大转型时期激动人心的比较证明,考察两者间的发展链环确实很有价值。伊懋可(1973年,第203—234页)对此作了最系统的尝试,他认为尽管1500至1800年间再次出现经济的蓬勃增长,但由于"中国历史发展内在逻辑"的改变抑制了技术创新,与中世经济革命引发的质变相比,帝制晚期的经济增长仅仅是数量上的变化(与人口增长步调一致)。他将内在发展逻辑的转折点定在14世纪,当时出现了阻碍进一步技术投资的三大趋势的端倪:长期以来对中国新领域尤其是富饶的南方的填充;与中国之外世界的日益隔绝——元朝尤其是明朝统治下限制对外贸易的结果;由于理学家的兴趣从物质世界转向哲学领域而导致的对于自然现象的观念改变。尽管其主要观点事实上受到诸多挑战,但伊懋可关于14世纪转折点的论文仍在这一领域占支配地位。实际上,尽管像施坚雅和罗氏这些学者都不赞成伊懋可对中世和帝制晚期变革的比较,但都接受了他的下述观点,即认为施坚雅所谓的"倒退消沉的黑暗时期",是由于蒙古入侵和明朝经济贸易政策造成的(亦可参看罗威廉,1985年,第271页)。

那些关于(被视为一个整体的)转折点和黑暗时期的想象,正是本书各章所要反驳的。我们划出一个跨越400年的过渡时期来代替"改变中国历史发展内在逻辑"的尖锐断裂,在这一过渡期中,国内、国际的历史事件及过程凸显出唐、宋时代的某些发展趋势，并影响到这些趋势延续至明清时期的发展轨迹。我们提出的这个轨迹是演进的，但历史发展并非必然遵循该路径：我们在本书中讨论的所有社会、经济和文化发展趋势都是自唐、宋跨越至明、清时期，但由这些趋势而非其他趋势所最终凸现出来的演进路径，反映了被政治变动深刻影响的变革过程中的偶然性结果，这种政治变动包括了非汉人统治的威胁、胜利以及暂时的失败。）

其实是汉人—非汉人的关系循环，特别是 1127 年女真占领中国北部，为我们提供了划分宋、元、明过渡时期的基准。北宋都城开封陷落以后，1132 年在杭州重组的朝廷建立起南宋政权，其辖境是北宋的三分之二。对于广泛运用各种研究方法的宋史学者而言，南迁不仅是领土的变化；它还标志着中国政权结构和精英类型、倾向、政治远见的重大改变。尽管大多数史学家都把它看作唐、宋转型的最后一幕，但有一些学者已试着把南宋认定为历史发展新阶段的开始，其社会、政治、文化的发展线索贯穿元朝，甚至延伸到了明清（郝若贝，1982 年；刘子健［James T. C. Liu］，1988 年；谢康伦［Conrad Schirokauer］、韩明士，1993 年）。这种假说与我们的观点是一致的，我们认为南宋的建立就是宋、元、明过渡的开端。

宋、元、明过渡的终点难以确定，因为这更多地依赖于视角，并且（下文将会解释）我们也没有取得一致意见，尤其是政权特性及其与精英关系方面。虽然如此，从人口变化、经济活动及区域发展这类宏观标志的角度来看，把过渡的终点定在 1500 年左右看来是比较合适的，此时从过渡期演进而来的趋势再次获得了变革所需的发展积累和动力，开始了新的一轮变化，而这些变化则应归入帝制晚期阶段。

江南发展周期为宋、元、明过渡

女真对于中国北部的占领不仅开启了过渡时期，也是中原与草原地区关系更大循环周期的一部分，而正是这一阶段的中原与草原地区关系塑造了中国社会。由于宋的建立伴随着北方（尤其是契丹的辽朝和党项的西夏）和西南（大理）强大的非中国政权的兴起，虽然当地仍有中国人居住，但唐帝国的大片领土已不在宋朝控制范围之内了。这一事实证明，宋朝没有能力消灭那些草原上的竞争对手。尤其在神宗（1067—1085 年在位）和他的宰相王安石（1021—1086）当政时期，尽管当权者极积极尝试向北方、西北和西南方面拓展领土，但由于 1127 年女真对于中国北部的占领，宋朝领土急剧缩小，到 1276 年至 1279 年蒙古征服整个中国，宋朝灭亡。正如窦德士（John Dardess）在为本书撰写的一章（译者按：即《蒙古重要吗？北宋至明初的地域、权力和知识分子》[Did the Mongols Matter? Territory, Power and the Intelligent-sia in China from the Northern Song to the Early Ming]）中所说，虽然蒙古的征服使整个中国处于一个多族群政府的统治之下——该政府逐渐适应中国的特殊需求的过程极为迟缓——但蒙古人确实完成了宋代统治者未竟的统一事业，并将这一成果留给了其后的明朝："蒙古人为'中国'做了一件好事，他们消灭了长期割据中国领土的几个非中国政权：党项的西夏（1227 年）、女真的金朝（1234 年）以及吐蕃—缅甸王国——云南的大理（1254 年）。这些靠近或毗邻北宋领土的地区，到 14 世纪 60 年代元朝崩溃之后终于被明朝收复。"结束东亚大陆几个世纪以来多国并立局面，并代之以统一的主权国家及政治体系，蒙古的征服为中国重新掌握那些宋代政策制定人和地图绘制者所谓的中国传统疆域，作出了充分的准备。但到 15 世纪末、16 世纪初过渡阶段的末期，随着蒙古部族联盟与明朝争夺对河套地区南部和陕西西部的控制，中国军队和草原骑兵沿着传统的长城边线对峙，明朝有效军事控制逐渐变弱，而元以后蒙古部族联盟复兴，中原与草原地区的分界线又大致恢复到北宋时的情形（见本书史乐民所撰章节）。从长时段的角度来看，中原与草原地区关系变动格局最终固定下来，既非蒙古人的功劳，也非明人成就，而是中国另一少数民族统治者——满族人完成的，他们取得了唐、宋时代和宋、元、明过渡时期无论中国还是外来统治者都无法取得的成就，彻底消除了长城作为边界的功能，将中原与草原地区整合为一体。

12 世纪至 15 世纪标志中原与草原地区关系的周期性战争造成了宋、元、明过渡最显著的特色:人口和技艺集中到中国的一个区域——长江下游地区,尤其是核心的长江三角洲,所谓江南。假如我们用地域视角来看宋、元、明过渡,江南就是这一时期中唯一免遭战争破坏的地区。这样,我们就不妨把宋、元、明过渡看作是唐、宋转型时期那些最重要的社会、经济、文化发展趋势在江南的地域化。江南在过渡时期独一无二的地位可以由最易受战争破坏影响的两方面看出:人口变化趋势和地区发展周期。

我们仍然无法获知从宋至明人口变化趋势的精确情形,但人口统计学的史家达成共识,即在晚宋至明初确有人口锐减的现象存在。郝若贝(1982 年,表 2)估计,1200 至 1391 年间人口数量总共下降了30%(以 1080 年之边界保持稳定,在 2100 万户至 1400 万户),1542 年又差不多回升到原来的水平(1880 万户,不包括西南云贵地区和北京市区)。这一变化轨迹与何炳棣(Ping-ti Ho)较早的发现是一致的。在关于灾害、人口和宋、元、明过渡讨论会上提交的报告中,韩明士概括何的结论说,中国人口从 1200 年左右金、南宋合计超过 1 亿,到 14世纪晚期下降为 6500 万,又于 1600 年大致恢复到 1.5 亿的水平——假如没有 12 至 14 世纪的战争和骚乱,这一数字本应更早达到(韩明士,1997 年,第 8 页,引用了何炳棣,1959 年、1970 年)。

关于历史人口统计学家赵文林、谢淑君对晚宋、明初人口问题更为细致的研究成果,韩明士(1997 年,第 8—10 页)概括如下:1210 年的人口约为 1.08 亿,到 1292 年下降到 7500 万,1351 年又回升到 8700万,1381 年又降为 6700 万。他指出:

> 事实上,这是一次大衰退的两个阶段:先是由宋入元的 82 年中,人口下降了 3300 万,或说 30%,接着在元代又有相当程度的恢复(60 年中增加了 16%),其后从元至明初又下降了 23%,170年间总共下降了 38%。其中任何一个阶段,无论是宋元部分还是

元明部分,都代表了世界史上幅度最大的人口下降。①

根据灾害的地域分布,赵、谢二人断定,蒙古征服金和南宋期间中国北方遭受了重大损失,而 1351 年至明统一前,渴望太平盛世者的大小起义和内战则使大部分南方省份在元、明过渡之际发生了严重衰退。但在这长期的人口灾难中,江南受战争及战争带来的疾疫破坏相对较少。这与李伯重在本书章节中提出的观点完全一致:尽管不断遭受疾疫、天灾、征服和内战,江南在宋、元过渡中只经历了最低限度的人口损失,在元、明之际仅有不超过 10 个百分点的人口减少。此外,李氏认为,从更长的时间段来看,甚至这有限的波动也被全面的人口增长抵消了,江南人口从 1100 年的大约 600—700 万发展到 1400 年925 万左右。

战争引起人口锐减的灾难中,江南的处境相对安全,这就意味着在宋、元、明过渡之际,江南避免了几乎中国其他任何一个大区域都发生的经济大滑坡。关于人口变动,我们仍然无法确知这一过渡时期中国各个大区域的详细情况,但这整幅图景的某些部分还是比较清晰的。在中国北方,尽管女真征服宋朝核心地区造成了精英们向南方迁徙的浪潮,但随着金朝统治合法性的确立并重建秩序,便又出现了文化复兴的繁荣局面(田浩[Hoyt Tillman]、奚若古[Stephen West],1995年)。接着,新兴金帝国的人口也有了一个相对较高的年增长率(9%,人口从 1187 年的 4470 万发展到 1207 年的 5350 万),其中原北宋开封(170 万户左右)和东边的山东以及新首都地区(今北京;225,592 户)人口最为稠密(傅海波[Herbert Franke],1994 年,第 278—280 页)。然而不到一个世纪的稳定与繁荣局面又被突然打破。1194 年黄河南向改道引起的大泛滥、1215 至 1234 年的蒙金战争、开封(1232 年)和其他地区灾害性的疾疫,以及持续至忽必烈统治期间(1260—1294

---

① 对韩明士(Robert Hymes)而言,无论是宋元还是元明的人口数据之所以重要,是因为其巨大的跌幅是须要一些原因(如瘟疫)来解释。对历史上省份人口数字的估计,可参看赵文林、谢淑君,1988 年,表 97,第 604—608 页。

年)的政局不稳,使得编户人口下降到 1207 年的 1/3 左右(牟复礼[Frederick Mote],1994 年,第 618—622 页;郝若贝,1967 年,第 151—153 页)。

战争对于四川(长江上游地区)的影响更为严重。早在 12 世纪晚期,四川就开始有人口流失,这是由于南宋掠夺性的财政税收(应付自身高额防御费用)所致,1173(272 万户)至 1223 年(259 万户)间,平均每年大约有 2,600 户脱离户籍而流散(史乐民,1991 年,第 244 页)。这只不过是 1231 年至 1280 年蒙古人入侵造成破坏的前奏而已,蒙古人的进攻使大约 200 万户惨遭荼毒或被迫迁移,他们中的一部分前往江南避难。其后的 400 年中,四川的富饶程度及人口密度再没有超出宋代水平的三分之一。直到 18 世纪,四川人口数才恢复到宋代的水平(史乐民,1992 年,第 668—669 页)。

在这战争频仍的数百年间,其他地区的命运如何,目前很少有深入的研究,不过已有关于岭南(马立博[Robert Marks],1998 年)和福建(克拉克[Hugh Clark],1991 年)的考察结论证实了郝若贝的论断——在 1200 年至 1400 年这 200 年间,中国除长江下游(尤其是作为核心的江南地区)以外的所有地区都遭受了人口和经济发展的大衰退(郝若贝,1982 年,第 368 页[表 1]、第 375 页[表 2])。而其他地区的衰落对于 1127 年至明朝建立前长江下游地区的居民和文化产生了直接或间接的影响,来自整个中国甚至中亚的中国和非汉精英涌入江南及其近郊,他们或者渐渐地融入当地成为精英,或者避难于该地区特有的移民文化中(史乐民,1998 年;布洛斯(Michael Brose),2000 年)。这种少见的人口和文化资源集中到一个地区的局面由于明初的政策开始扭转,明朝把江南居民迁往江北,尤其是北京——1403 年至 1420 年永乐皇帝(1403—1424 年在位)重修北京城,定都于此(陈学霖[Hok-lam Chan],1988 年,第 237—244 页)。但是,随着相对和平、安定局面的重现,最重大的变化开始发生,中国其他地区得益于新的经济机遇而获得发展。到 16 世纪中叶,中国各地区的经济发展都得到恢复,人口的规模与区域分布接近于 1200 年时的情形(郝若贝 1987

年,第 17 页)。宋、元、明过渡结束,进入晚期帝制时代。

阐释江南周期

中国 300 年间的征服与"光复",使得江南成为社会、经济、文化持续发展的主要舞台,这是宋、元、明过渡的一个特点。但正如本书章节所述,即便江南地区在这一过渡时期相对较少受到外来征服的破坏,它也不可能完全不受王朝兴衰更迭的影响,尤其是明朝建立者朱元璋(1368—1398 年在位)的政策。因此,即便在江南,社会经济和文化的发展也遭受挫折,尽管在就其中一方面——农业而言,这种挫折相对影响不大。本书撰稿人中,李伯重对于晚宋至明初的江南农业发展所持的进化观点最为鲜明(译者按:即《是否有一个"14 世纪的转折点"?人口、土地、科技和农地管理》[Was There a "Fourteenth-Century Turning Point"? Population, Land, Technology, and Farm Managment])。他完全否认诸如"宋代革命"、"元朝黑暗期"、"14 世纪的转折点"或"明清停滞"之类划分时代的概念,并赞同郭文韬的看法,认为中国南方的农业在宋元时代是"跳跃"性的发展,而随后的深入发展则使中国的传统农业在明清时期达到了顶峰。

为了证实这一演进轨迹,李伯重首先致力于研究人口状况。如上所述,他发现没有任何证据显示,江南地区的死亡率危机严重到了足以打断经济长期发展趋势的地步。事实上,对于李氏而言,宋、元、明时期最重大的人口变化趋势,不在于当地人口总数的或升或降,而是人口密集点由江南西北部的丘陵地带往东部三角洲的低地平原——明清时期的苏州府、松江府、嘉兴府等地转移。尽管潜在的生产力要大于丘陵地区,江南东部松软的低地平原仍表现出更多引人注目的技术挑战。开创于唐宋时代却仅在有限范围内使用的农业技术,在这一时期被用于低地平原的开发,而低地平原越来越精密的高度开发成为宋代以来最重大的农业进步。

李氏关于技术改进与农业经营的结论或许会令一些人吃惊,但这些结论代表了他在经济史研究中所坚持的观点：某项技术或发明的最初"出现"通常不如它传播、改进于新环境后的影响深远。在江南东部，农具、作物品种、肥料、轮作方式的传播是相当缓慢的。或许最令人惊讶的是，直到明代当抽干含水土壤的配套排水技术已被掌握，江南农民才将两季耕作技术从西部丘陵传播到东部低地稻田区。从农业体系的角度来看，李氏认为，不仅宋代甚至包括从宋至明初的整个过渡时期，都只是以两季稻米与旱地谷物生产为基础的成熟的江南农业体制发展过程的初级阶段而已。宋、元、明时期农耕发展的波动，体现的是自唐至清农业持续增长的长期发展轨迹中最小的循环变动，这种持续增长是通过提高土地和劳动生产率的"技术导向"型农耕技术的精细化实现的。因此，不存在划时代的所谓"宋代革命"，也没有后来的"明清停滞"，当然也就无所谓 14 世纪的转折点了。

发生在江南的其他演变过程对政治变化与动乱的反应更为敏感。万志英在其研究 1100 至 1400 年长江三角洲地区城市的兴衰的章节中（译者按：即《城镇与庙宇：1100—1400 年间长江三角洲城市的兴衰》[Towns and Temples：Urban Growth and Decline in the Yangzi Delta，1100—1400]），揭示了朱元璋控制（详见下文）人们精神与心理的苛酷政策是如何破坏三角洲地区的商业市镇，并打断其增长达近 100 年之久的。长江三角洲从属于从 14 至 16 世纪长期的生态演变中，在江南农业体制达到成熟的同时实现了生态稳定。三角洲地区，那些最初作为乡村产品（用于供应城市及远方市场）汇集点而出现的商业市镇，从宋代开始迅速增多。商业市镇的形成也受到了元朝时期棉花引种与传播以及繁荣的海外贸易的刺激。此外，商业市镇发展还得益于宗教信仰潮流的推动。蒙古人治下的中国南方，财富的显著集中支持了大规模的寺庙修建，从而成为商业市镇发展的推动力。富有的地主、商人用其财产修建寺庙，作为他们美德与虔诚的标志。这些寺庙转而成为村民以及市民们宗教生活的场所。

虽然三角洲地区的商业市镇在 14 世纪中期获得蓬勃发展，但与更大范围内的农耕经济相比，它们在元明之际的内战中所受破坏更为惨重。更严重的是,朱元璋镇压地区富豪家族与抑制宗教文化繁荣的两项措施,对三角洲地区的商业市镇造成了破坏。直到15世纪晚期,商业市镇才摆脱垂死状态,藉由国内市场对于棉花、丝织品需求量的扩大而获得复兴。明清时,江南地区商业市镇的后期扩展与宋元时代的情形相比,许多方面都呈现出不同的面貌。棉花加工及其他产业的增长,大大改变了这一地区的经济状况以及乡绅统治(明代晚期较少依赖于土地所有)的形式(按重田德[Shigeta Atsushi]的理解)。然而,万志英还是认为,与宋元时代一样,晚明城市的发展依然得益于具有进取心的富豪家族对于基础设施的投资,以及市镇在城乡宗教生活中的凝聚力。

贾晋珠(Lucille Chia)在一篇关于福建北部多山的建阳县商业出版的文章(译者按:即《麻沙本:建阳的商业出版》[*Mashaben*:Commercial Publishing in Jianyang])中指出,虽然该地区不算在江南的范围之内,但书籍出版业的繁荣却完全依赖于江南市场。结果,同江南农业一样,虽然建阳的出版业也经历了长期的发展过程并在晚明达到顶点,但也像江南商业市镇那样,在元明朝代更迭之际的社会、政治动荡中一度受到重大挫折。她推想宋代建阳出版业的兴起最初是受到了科举考试的刺激。虽然宋朝政府发行了经书和其他官方的或与科举考试相关书籍的权威版本,但私学、官学、宗学的发展以及数以万计的科举报考者为各种廉价的非官方印刷品——规范的文本或不太规范的学习辅助资料——提供了活跃的市场。建阳拥有丰富的松树、竹林资源和通往江南的便利道路,处于极为理想的位置足以满足这一市场的需求。蒙古征服大大降低了科举考试的重要性,元朝政府资助的印刷项目也远远少于宋代。尽管如此,建阳的商业出版活动仍然由于阅读人群持续扩大而获得推进,在元代一直保持繁荣。学者和教师仍然需要经典和四书的新版本,利用童蒙读物将经典内容讲解给初学者的旨趣更是扩大了出版物的需求量。就更为广阔的平民市场而言,读者们热切地需要韵书字典、作文指南、插图版戏剧和小说以及大批的医药书籍和家用百科全书。总的说来,建阳书籍出售及其读者群使自己适应了元代特殊的政治、社会和文化环境，从而得以从容面对蒙古的征服。

实际上，朱元璋的统治对于建阳图书出版业的破坏性影响要远大于宋朝的覆灭；在明初，在同导致长江三角洲地区商业市镇发展中断一样的各种压力的合力下，图书市场也趋于萎缩。然而，到1500年，江南市场的复兴刺激了拥有更多样化读者群的大规模图书出版的繁荣。晚明士大夫常痛苦地抱怨那些纯粹为牟利而印刷廉价非学术性书籍的行为，当时的出版业不再受文人旨趣的左右，而更多地关注文集、戏剧、笔记、卜筮、艺术画册以及学习指南等实用书籍的大批购买者的需要，这些书大多有注解或插图。在她看来，晚期帝制时代商业出版的发展，如线装、插图、标准字体、句读乃至商业出版者为了表明其重要性而在他们出版的书中所附的自叙，构成的不是主要技术的进步，而是可追溯到宋元时期的一系列精巧技艺的精细化。江南读者群与建阳印刷者的共生关系部分地造就了商业出版的稳定发展，而这一进步的结果则表现为，晚明的出版商围绕更广泛的主题，向更大的读者群推销更多的书籍。

宋、元、明过渡的较长时期内，虽然江南的财富与稳定使它区别于中国其他大部分地区，但作为传统的文化中心地带以及好武精神的大本营，中国北方总是努力实现对于江南创造力强有力的控制。正如奚若古和梁其姿（Angela Ki-che Leung）在其文章（译者按：前者即《文本与意识形态：明代编辑与北曲》[Text and Ideology：Ming Editors and Northern Drama]，而后者则为《宋至明代的医学》（Medical Learning from the Song to the Ming]）分表指出，北方文化在金的统治下得到复兴，虽然短暂，但达到了全盛，而南方财富和北方精神的结合刺激了江南士大夫将刚健的北方知识文化嫁接到自由但奢华的南方文化的根基上。

在关于杂剧、喜剧的研究中，奚若古揭示了热情高涨的出版业、市场导向的文学创作者出现，及与明初朝廷的政策包括政策中对此现象的怀疑三者结合，是怎样完全改变曾繁荣于蒙古人统治期间流行戏剧类型与内容的。杂剧转变的第一步，北方的表演艺术与南方文学体裁相结合,这恰是蒙古征服带来的。将原先宋金对峙分割下的南北文化区域再次联结起来,蒙古统一为南方人吸收北方的文化形式与内涵创造了机会。他指出,现存 30 种元刊杂剧文本中有 23 种是在杭州印刷的,南方的印书人还代用吴方言语词来模拟北方的发音。然而所有的元刊杂剧文本,无论是在杭州还是蒙古首都——大都(北京)印刷的,都有基本的表演剧本、可延展剧情之类共同来源,那些框架性文本只是以生动活泼的创作惯例保存了大致情节,而不是具有固定文本、明确用于阅读或作为完整的戏剧来构思的"剧本"。

尽管朱元璋致力于将中国社会中渗有的蒙古及其他外来习俗全部消除,但元朝戏剧仍对明廷的成员保持了牢不可破的影响。两项新制度建立起来,以便为宫廷和皇帝提供娱乐演出,在其支持之下各种剧本也被系统地加以收集、整理。皇家档案馆为政府演艺人员提供剧本;这些剧本转而通过王侯圈子为士大夫的读者群体及商业市场抄录并传播开来。在明初,杂剧依然被看作是一种表演体裁,但是高深文化修养的编辑、宫廷演员以及皇家审查员的共同努力,已将其剧本熔铸成更为规范正统的形式。出身王侯的剧作家、选集编者朱有燉(1379—1439)使文本戏剧技法更为正式,趋于定型,与此同时,对其他剧作家而言,为满足宫廷演员更多舞台表演的需求,也促进了大量散文体剧本的出现。虽然剧本的数量在增长,但其题材范围却由于明廷"严重的质疑"而缩小,审查官们删除了元代戏剧中任何可能与篡夺、谋逆扯上关系的内容。

即便是大量存在的各种话本,其明初版本仍然是用于表演的。这些稿本及其商业衍生品仍充斥着晚明士大夫所认为的娱乐业的庸俗内容以及各种风格、记录、阶层的大杂烩。在欣欣向荣的市场和日渐流行的南方传奇鼓动下,江南的文化事业推动者诸如王骥德(1560—1623)、臧懋循(大致生活于 1615 年)适时地抓住机遇,完成了对于北方戏剧的改造,创出了独特的文艺新流派。晚明的编者开始努力将杂剧确立为正统的士大夫文化,这就要为其曲调与散文体寻找一个恰当的古典渊源,最重要的则是要将其文本与社会最底层的演员、观众以及不可避免与之发生联系的赌博、卖淫活动分离开来。一旦杂剧被纳入到更大的文化传统之中，像臧懋循这些编者就可以宣扬他们自己作为该传统的权威解释者，他们将表演剧本充实、润色为完全合理化的叙述模式，并将其编辑、包装成专供有教养的读者群翻阅的权威集子。这种将北方戏剧纳入士大夫文学作品正统谱系的做法，提高了争取编辑新的作品集和撰写新评论的回报率。奚若古指出："评论被赋予的权威性直接转化为拥有文本的愿望。这种商业的、实际的利益……既有助于解释辩论的热情，也能说明在一个受南方价值标准抬升深刻影响的社会中表达北方文化模式价值的重要性。"

就像杂剧标准化一样，江南在综合南北传统创造医学正统的过程中扮演了重要角色，这也反映了士大夫对于大众文化习惯及执业者的与日俱增的反感。在关于从宋至明医学知识传播的文章中，梁其姿揭示了出现于明代的医学正统是如何在宋、元、明过渡时期诸多典型特色的塑造下形成的，这些特色包括道学运动的兴起（下文详述）①、印刷书的传播、乡绅作为独立的社会阶层的出现以及国家统一对文化的影响。这一正统可以用朱震亨（1282—1358）的例子加以说明。朱震亨是来自浙江的南方人，他将金及元初北方的医学知识与大致形成于北宋时期的南方传统融合在一起。

北宋医学传统的金代评论家强调了宋朝中央政府的影响——为了显示皇帝的仁爱，宋朝印刷及发行"本草"类和处方类医书，和维持公共医疗机构。金代的评论家认为，北宋医学过多地受到伤寒理论的支配，排斥了其他的理论。南宋医师对该传统的顺应，引发了金代的医生致力于创造他们自己另一流派的医学遗产。出于畛域乃至国家竞争的意识，金代的医学权威严厉地批评宋朝医学迷信过时的处方、陈旧的方法以及有缺陷的理论原则。其实，宋金医学的差异不如其相

---

① 道学的传统源于北宋程颐（1033—1107）、其弟程颢（1032—1085）等道德哲学家；可参看包弼德（Peter Bol），1992 年。随后经过朱熹（1130—1200）对道学哲学的整理，道学亦被泛称为程朱学。有关道学在南宋及以后成为思想正统及皇权意识的过程，可看田浩（Hoyt Tillman），1992 年；艾尔曼（Benjamin Elman），2000 年。

似性那么明显,对于环境在引发疾病过程中所扮演角色的日益关注,宋金医师是完全一致的。共同的倾向带来了更深层次理解的一致性,不仅是发病机理中环境、气候因素的作用方面,还有战争——这一时期的始终伴随者——带来疾疫的因果关系。

正是由于宋金医学理论上具有一致性,蒙古统一中国才为朱震亨综合这两种地区派别提供了现成的基础。如梁指出,元代的医师试图仿效道学教师,建立排他性的师徒传授关系,这一趋势促进了独特的医学"流派"的发展,而朱震亨就属于他们之中最活跃的那一批。朱氏的学徒身份将他自己与其北方的师傅们连接起来,他的众多门徒又发扬其学问,以至影响到了明朝皇室和浙江重要的乡绅世家。到明初,朱震亨的流派已稳固地扎根于江南地区,以至明清时期的主流医学从未对之提出任何挑战。

泾渭分明的医学流派的制度化,由于元朝以来专业医师世系的开枝散叶而得到加强,此外还得益于医学学者及其信徒们为延续影响而印刷其权威著作的活动。当然,医学著作印刷品的激增也在另一方面促进了医学的民主化,因为任何有文化的人都能自学掌握医学知识。然而,书籍和印刷文化又将宋代已经普遍开放的医学分为两个不同的层次:一个是庞大的非精英医学执业者阶层,有男有女,他们擅长针灸疗法、眼科以及外科技艺;另一个是数量上少许多的"儒医"(Confucian doctors)阶层,他们致力于学问而非临床实践。就像元戏剧的明代编者轻视演员、将文本与他们的表演分离开来一样,儒医也疏离普通执业者那些粗糙的技术,而致力于发扬以诊脉、药理学治疗处方为核心的传统。

在一篇为本次讨论会而作却将发表于别处的文章中,何洛哲(Roger Hart,1997 年)揭示了士大夫拉开他们自身同所有知识领域中的其他非精英人物之间的距离是如何影响了中国数学的发展。他对那种认为中国数学在 13 世纪达到顶峰而明代急转直下的主流观点提出了挑战;他认为之所以会有那种看法,很大程度上是因为明代数学对于多项式方程——宋、元数学早期现代性的标志——很少关注的缘故。何洛哲指出,明代对于多项式方程缺乏兴趣决不意味着对于数学的冷淡。例如,明代数学家朱载堉在他作于 1604 年的《算学新说》中,使用商人阶层所用令人鄙视的算盘来解决音调测量问题以便制作钟器,从而发现了 12 平均律。就凭发现物理现象中的数学规则性并空前精确地计算出来,朱氏本应被视作现代性的先驱,但由于以多项式方程为唯一标准衡量数学发展、从而认为明代数学退步的目的论观点,关于明代数学的研究著作中他很少被提到。一部早期作品的汇编,程大位的《算法统宗》(印行于 1592 年)也包含着尤为丰富的实践应用内容,但也是拥有广大的读者群而很少获得士大夫学者的认可。虽然在中国乃至朝鲜、日本,它一再被校订、重印、盗印,明代的目录学家仍然忽视其存在,清代的藏书家也认为它过于普通且错误太多而予以摒弃。在何洛哲看来,《算法统宗》显示了明代对于数学热切、普遍的兴趣,当时商业与印刷术的蓬勃发展使得应用数学的技艺既必要而又实用。何洛哲指出,尽管背离了士大夫对于抽象与理论化的优先关注,但由于印刷术、税制改革、土地清查以及活跃的商品经济——在这种情况下,要想获得商业成功,为使用算盘而掌握数学的基本能力与专门知识是必不可少的——的推动,晚明的数学普及水平达到了空前的高度。

宋、元、明过渡中的国家与地方精英

尽管宋、元、明过渡的地缘政治轮廓相对清晰,其潜在的政治形态却较难看清。造成这种模糊状态的一个原因在于,南宋、元、明时期帝制统治最显著方面的差异阻碍了寻求潜在趋势的努力,这些方面包括正式组织和统治原则、统治阶层的族群性(ethnicity)、皇帝的权力及其与官僚机构的关系等等。而且,在中国史研究领域里对于如何用概念解释和评价国家及其实力还未达成共识,对于国家应付特定政策的挑战尚乏跨朝代的研究,这都使得问题的分析更为困难。如此以来,尽管传统的汉学密切关注朝代背景下的政治体制,但是,对于跨朝代的国家演变以及国家和政治精英的关系,相对来说,我们仍然不够清楚。这本书的内容并不允许我们提供一个宋、元、明过渡时期政治轮廓的明确描述,因为这些只是顺便论及国家,而且得出的结论即使不互相矛盾,也是非常不同的。不过,若是把它们和有关清朝的新近观点排比对照,它们确实提供了足够的证据可表明这个时代形成的转变不仅是地理上的而且是政治上的。尤其是,他们证明了这样的印象,那就是,从 12 世纪到明代末期的国家与唐宋及清朝全盛时期相比显得更为消极被动,而社会政治精英(指士绅或士大夫等等)则更为独立自主。

帝制中期用来评价国家实力以及国家与精英关系的基准,最典型的莫过于北宋。正如很多学者所指出的那样,在北宋时期,富有活力的经济、政府导向的精英加上强大的外族对手的包围共同促成了一种独特的激进主义治国方略。激进主义和王安石非常紧密地联系在一起,他在就职书中用显著的激进主义去敦促神宗皇帝去面对即将到来的军事危机。为了"富国强兵"以实现在西北沿边拓疆的目的,王安石制定了全面的新法,聚集变法派中思想意识上激进主义的骨干分子,使国家史无前例地深入干预社会和经济(史乐民,1991 年,即将出版[译者按:2009 年])。

王安石的新法尽管极端,却反映了朝廷改革势力所持有的广泛理念,这从贾晋珠和梁其姿的文章所讨论的政府印刷事业和公共医疗机构中能够看到。甚至王安石的反对者,比如欧阳修(1007—1072)和司马光(1019—1086),也以更为慎重的方式支持这种理念(谢康伦、韩明士,1993 年,第 12—19 页)。但是,北中国被金人沦陷向很多时人宣告了国家激进主义的破产,并最终粉碎了国家和士大夫共同具有天下的观念,北宋晚期的派系斗争已经把这种观念推到了转换点。结果,正如很多史学家所表明的,南宋的政治环境从根本上不同于它所继承的北宋。从最根本上来说,最倾向于主张国家激进主义的阶层——11 世纪的职业精英,作为一个紧密团结的特权集团可能消失了,他们拥有唐代的根基、政府部门的世袭特权并保持着世族联姻。它被纳入了一个地方士绅家族组成的基础更为广泛的精英之中,这些士绅只是把跻身官府看作一系列婚姻和活动策略中的一种选择,他们关注的主要是地方(郝若贝,1982 年;韩明士,1986 年)。虽然新兴的士绅绝不逃避政治关系和国家事务,但和其北宋的前辈们相比,他们是用一种比较偏见的目光来看待国家。怀着对王安石全面改革纲要的敌意和对地方利益更为敏锐的关注,南宋政治思想家们明显丧失了对国家激进主义的信仰,而且对立法革新深为怀疑。而作为精英,他们对中央官僚国家的忠诚转移到了地方自治社会,像朱熹这样的道学家表达出了精英所关注的新观念,用道德改良取代国家公职来作为精英身份的标记,以地方取代中央政府来作为制度改革的合适重心(万志英,1993 年;包弼德[Peter Bol],1993 年)。

对于南宋国家自身来说,这些变化的后果是广为人知的。一方面,统治者和他的官僚之间的隔阂加深了,因为皇帝和他的宰相不顾文官意见而独裁统治,这些文官和北宋时期相比独立性和专业性都大大不如(郝若贝,1982 年,第 400—405 页;刘子健,1988 年,第 81—104 页)。另一方面,国家政策向社会和经济强制征收更多的费用,因为防御金国和后来的蒙古的军费不断攀升使得国家激进主义变成了财政掠夺行为(史乐民,1994 年)。在这些结构性变化中,南宋陷入了政治上的瘫痪,因为决策陷入了政治压制、思想矫情、党派斗争以及蒙古的兴起所带来的挥之不去的恐慌。然而,使晚宋朝廷的无能——及其无足轻重——暴露无遗的莫过于精英们如此轻松地适应了蒙古的统治。

但是,随后的朝代将选择什么样的道路呢?而什么将成为国家和精英之间的矛盾呢?贯穿宋、元、明的过渡中,国家权力以及国家与精英关系遵循着一个一贯的模式吗?乍一看,这本书的一些章节给这些问题提供的是一些相互矛盾的答案。谈到国家的权力范围,以窦德士看来,元朝和明朝的国家都和南宋截然不同,因为它们改变了金人征服之后形成的被动性和政治舆论不统一。在他看来,充满活力的元朝历史超出了征服而创造了一个多族群的政权,这个政权包括一个国际化的文武官僚群体、三种官方语言和四种文字,以及专为管理内部族群冲突而设的制度和措施。为了实施这些野心勃勃的目标,蒙古统治者创造了一个中央政权,尽管这个政权似乎因为其议政会议和代理机构的繁多而无法完全发挥作用,"实际上是通过对混乱的创造性处理来维持着它的生命力和最终的权威"。长达45年的征服南宋的努力、大都的兴建以及托托(1313—1355)集权化地控制用来镇压1350年代大规模起义的新军队,都体现了这样的生命力和创造力,而1350年代的起义虽然在1355年托托被撤职后失败了,但拉开了元朝于1368年灾难性(对窦德士来说不可预料的)崩溃的序幕。而且,明代的建立者朱元璋(洪武皇帝)尽管有更为明确的社会焦点,他还是继续了这种集权方式的统治。一些儒士在托托免职之后就不再支持元朝,在由他们组成的军事集团的指导下,朱元璋采用宣传和高压的手段,在中央指挥着地方组织"遵循儒家经典规定的古礼在全国范围内完成了伦理和行为上的完全改革"。对窦德士来说,这种心理整肃的空前规模标志着明代的建立是中国历史的重要分水岭。

窦德士对元明的集权成就作了一个有效的个案研究。但是我自己所写的"宋、元、明过渡的影响"一章表明,从当时人的视角来看,元明的激进主义不仅是暂时的,而且更多的是依赖指挥动员和意识形态的恐吓,而不是依赖日常统治的持久性结构创造。在像陶宗仪(1316—1402)和孔齐(1315—明初)这样的当时人眼里,元朝的崩溃是无情的,而不是突然的,是国家把公共权力自愿让渡给南方的地方豪强和其他私人代理的不可避免的后果,国家之所以这样做是为了换取这些人对外族统治(如万志英所述)的配合以及稳定的政府赋税收入。正是这种被动性和权力的下放是朱元璋所决定扭转的,不过其结果又是暂时的。明代中期的人们,像黄溥(1499年贡生)和陆容(1463—1494),把朱元璋纠正行为的努力看作形同虚设的规定。与此同时,先是朱元璋的独裁对基于元朝的政权机构的削弱,后是永乐皇帝的篡权,这都造成了政治上的真空,而富有竞争力的文官和宦官机构正好填充了这个真空。他们对于控制政策、政治利益以及日益衰弱的皇帝的长期争夺耗尽了明政权的力量,使得它除了影响某些集团和另一阶层势力斗争的游戏规则之外别无其他作为了。朱元璋激进的重整世界的政权,已经陷入了同样的制度化的被动状态中,这种状态是由南宋时期的恐慌、党争以及元朝将公共权力向私人机构的让渡造成的。

窦德士和笔者对于元明政权的描述毫无疑问存在分歧,而很可能正如所有其他事情那样,正确意见可能产生于折中。然而,正如窦德士指出的那样,尽管元政权渗透中国社会的能力有限,可正是它在唐初之后首次完成了版图更为广袤的统一;而且,正如李氏和万志英都认为的那样,元朝开创了一个商业和农业蓬勃发展的时期。而且,虽然明朝中央政府从15世纪中叶已显示出消极无能,但激进而富有想象力的地方官员转而填补了这个扩大着的统治真空,比如他们经常通过争取地方商人和士绅的支持去重建经济的基础设施,从而使得税额的缴纳得以完成,并帮助政府攫取白银流通和16世纪加速发展的商业所带来的利润(卜正民[Timothy Brook],1998年,第87—94页)。

但是,即使我们对于元明时期作了上述不太极端的设想——既非有效的激进主义也非无能的消极被动——地方上依然显得比中央政府更富主动性,这和南宋时期如出一辙。这就指向了参与人家在会上提及的论文以及本书章节所明确提出的一个结论:从南宋延续到明代,精英分子不再像他们在唐代和北宋时期那样依赖国家。因为正像南宋的精英们开始关注地方事务——这经常表现为家族指向的改革,比如社仓、义庄以及私学等等,在宋、元、明的过渡过程中,政治中心的重心已开始由11世纪的集权国家转向受过教育、拥有土地的地方精英。这并不是说割断了他们与国家的联系;正相反,虽说他们的权力和威望严格来讲是地方性的,但他们仍然第1次作为一个集团对国家的政治和社会产生了整体性的影响(柏文莉,1998年,第208页)。

从这个表述的精确程度来讲,这表明无论把重田德(1984年,第350—380页)的"士绅统治"阶段的终点放在哪里,它都不是像重田所认为的那样始于明代中叶,而是始于南宋。所谓的"士绅统治"是指这是将土地所有权、威望以及依靠学识和参与科举考试进入政府的权力相结合的精英阶层的政治统治。这种可能性的最为明确的实证就是周绍明(Joseph McDermott)在研讨会上提交的论文《中国东南地区的土地、劳动和家族：善和程氏家族的个案研究》。尽管周氏的文章没有被收进本书，但在此仍然值得对其作一概述。

周绍明研究的焦点在于徽州善和程氏家族东部一支如何利用了宋代的一种改革——义庄——来保持其财富并和其他社会群体进行竞争。尽管宋元徽州地区的家族组织相对来说不甚发达，这两个朝代之间的过渡有助于该地区家族意识的进一步形成。善和程氏家族利用其军事实力经受住了宋、元的转变，之后在元末战争中和朱元璋结盟，其东部一支的奠基人程窦山始终将累积地方的名望和财富与建立宗族财产紧密结合在一起。作为明代族长的一个典型，程窦山比县府的官员有更大的地方影响力，他试图模仿范仲淹(989—1052)通过建立义庄的形式给他的家族传下一份永久的产业。

正如周绍明所强调的那样，窦山这一支系的生存所面临的最大挑战是来自其子系分支蔑视家族权威、侵吞家族财产的离心倾向。尽管东部支系从来没能完全成功地控制自己的成员，但其管理改革，尤其是经过族内任过官及拥有低级科举身份的成员制度化的改革措施，还是使得这个家族度过了明清鼎革，并迈入了20世纪。而且，东部支系控制自己成员所做的努力为其与老对手的竞争"准备了控制结构"，这些对手不仅是血族关系组织而且包括地方宗教机构。在中国东南地区新兴的家族组织不得不与村落组织竞争，特别是地方上的佛寺和神社。但是在15和16世纪的历程中，明朝政府打破了家族组织和非家族组织之间的势力制衡，给予了家族组织重要的合法优势，使其得以超越对手。在家族组织的影响下首先衰落的是地方神社，到16世纪末社已失去了其作为地方自治单位的身份，被迫把制订"乡约"(宋代的一种机构，朱元璋用其来增进社会团结)的权力下放到各个家族。除了夺取神社最初的功能外，东南地区的家族还割断了他们与地方佛教机构长期以来的纽带，一个转变就是把宗教仪式以及祖先崇拜的地点从家族赞助的位于墓地的佛庙转移到新建立的宗祠(家庙)。这些宗祠的迅速增多受到了嘉靖皇帝(1522—1566年在位)的鼓励，他对佛教的厌恶也为家族掠夺寺院的财产并将其变成私人家庙的行为提供了保护伞。在缺少可预知的商业法规的情况下,既然宗祠提供了一个庇护投资的有效方式,那么,它们就不仅仅是为了家族和仪式而且为基于家族的商业和信贷机构提供了一个组织化的结构。

善和程氏为重田的晚明士绅模式提供了一个难得的案例,他们拥有土地,参加科举考试,定期地在朝做官,而且乐于接近地方官员。但是,他们远非起源于明代中叶,而是在唐代首次出现,在宋代荣显于地方,并顺应了宋元的习俗(义庄、宗祠、乡约),确保了他们在明代的兴盛。而且,尽管程氏家族一点也不独立于政府,但从其优点来看,政府主要是为地方事务和家族的内部控制提供了一种资源。

因为即使一个软弱的朝廷也能影响中央政府之外权力竞争的结果,所以地方上和朝廷内部的竞争者都力图影响朝廷的政策。在这些竞争中,没有哪一单个集团获得的成功超过道学信徒,他们的上升构成了宋、元、明过渡中的主要特征之一。道学家为新兴的富有自我意识的地方士绅提供了意识形态的理想,而他们自南宋以来日益显赫的地位也证明了宋、元、明过渡中权力由国家向士绅的相对转移。

首先,道学派在和朝廷的关系中处于一个不确定的位置,摇摆在得势(南宋初年)、贬逐(1194—1197 年)和复官(1202 年)之间。一直到 1234 年蒙古灭金,惊惶失措的朝廷向道学伸出手来争取道义和政治上的支持,道学的地位才得以巩固(刘子健,1988 年,第 146—149 页;田浩,1992 年,第 232—234 页)。1241 年宋理宗宣布道学经典——特别是《四书》和朱熹对此作的注——作为国学和科举考试的正统标准。艾尔曼(Benjamin Elman)在其研讨会论文里表明,尽管在无情的蒙古战争之下的政治崩溃使得朝廷支持所带来的好处打了折扣,但官方的认可以及进士录取名额的扩大还是在南宋行将衰亡的时期里产生了一大批道学信徒[①]。当宋朝及其考试制度崩溃之时,这些道学信徒就分散到地方社会,建立自己的私学,到私塾任职,在中国南

---

① 艾氏一文的具体内容,可见艾尔曼,2000 年,第 1 章。

方的地方精英中广泛地传播道学思想。正如窦德士在他的文章中所指出的那样,在危机四伏的 14 世纪 40 年代和 14 世纪 50 年代,正是深受道学影响的儒家士大夫从地方上着手试图去改造元朝的统治;而且他们将这种改革热情在后来转移到了朱元璋的羽翼未丰的明朝。为了反抗元朝统治的混乱,儒家知识分子告诫朱元璋有必要对中国人进行全盘的道德革新,并且和朱元璋一起指导了建立明政权的种种努力,他们所致力于的真正革命目标是覆盖中国社会的各阶层的全国性的心理行为整顿。尽管朱元璋的整顿运动很快变质为一场政治恐怖运动,数以千计的人遭到迫害,不少道学信徒名列其中,但是明朝皇帝和道学的拥护者又重新使用原来的考试课程,强制参加科举考试的人掌握道学对四书五经的解释。这样,正如艾尔曼所总结的,当士大夫中畅所欲言的少数派对国家政策失去信心并日益致力于地方社会文化机构去挽救王朝的衰落之时,一个开始于 12 和 13 世纪的文化崇拜在同时满足士大夫和统治者需要的官方正统的诞生中达到了顶点。

因为道学家对地方机构的关注,对他们来说没有什么需要比控制家族显得更为重要了。柏清韵(Bettine Birge)在她的《宋至明代的妇女及儒教:父系主导的制度化》(Women and Confucianism from Song to Ming:The Institutionalization of Patrilineality)一章中表明,道学运动对社会和政治危机的一个反应就是阐明家族结构和个人身份的新典范,而这对妇女的合法地位及其对财产的控制是一种破坏。道学领袖通过重新定义个人(不论男女)在核心家庭的、家族以及更广阔的社会中的位置,来规划社会秩序的重建。尽管道学领袖在晚宋时期成功地赢得了大批士大夫的追随,但是他们对妇女和财产的观点与已经确立的惯例和看法是背道而驰的。而且柏清韵认为如果在宋代的发展趋势没有被打断的情况下,道学家所设定的发展道路是否能实现是值得质疑的。

但是,就像蒙古的征服给道学领袖提供了一个按照自己的好恶重新制定考试课程的机会那样,蒙古的法规和社会惯例也给想让婚姻财产法符合自己的父系血统观念的道学立法者带来了催化剂。蒙古人沿袭自己的传统推行了财产分配和家庭结构的新形式,比如收继婚,而这很快就被各个阶层的中国人所接受,特别是在能够获得经济利益的时候。对贞节、社会以及经济关系的不一致看法所导致的混乱造成了无止境的诉讼和大量自相矛盾的裁决。在这个意识形态和立法的不确定状态下,道学信徒们抓住时机去促使法律符合朱熹及其追随者的理想,以使父系血统和继承权得到空前的制度化。

朱元璋在驱逐了蒙古之后废除了像收继婚这样不符合中国习俗的法律,但是保留了元代道学关于妇女和家族的立法。通过周绍明所描写的那种家族组织在中国南方的广泛普及,道学的社会规划在明代获得了进一步地发展,这有助于促进精英家族里父系习惯的形成。在逐渐的发展过程中,道学反对女儿继承、寡妇再嫁以及女婿入赘的观念彻底地渗透进了精英阶层的社会实践中,尽管只有在满族统治下这些实践才在农民阶层中被积极地推广开来。在柏清韵看来,元代的社会法律政策就这样打断了妇女拥有更多财产权的流行趋势,并开始了一个朝向父系血统模式的转变,而这一模式在宋代的大部分时期受到很大程度地漠视。然而,在本书其他章节的背景下,我们可以将元代社会政策的影响看成是进化的,因为它提升占少数的道学对妇女和财产态度,部分来源于外族征服的挑战。从这个选择性的视角来看,道学对于妇女和财产的观点的制度化可以看作在宋、元、明趋向这一更大格局中的一个因素,这传达了地方士绅对于国家政治舞台的关注,而继起的政权则把意识形态和控制地方的权力下放到士绅,以回报他们对王朝的支持。

至少一些有影响的道学信徒认为,他们在法律和制度上的胜利不得不付出一个令人痛苦的代价,那就是,把一种建立在个人道德修养和见贤思齐上的独特的知识分子理想转变成一种受到权威支持和国家庇护的主流意识形态,考虑到道学胜利的完全性,这不无讽刺意味。包弼德的文章(译者按:即《12—16 世纪的道学与地方社会:一个个案研究》[Neo-Confucianism and Local Society, Twelfth to Sixteenth Century: A Case Study])涉及到了 12 至 16 世纪地方社会的道学,他系统研究了道学和婺州政府的矛盾关系产生的紧张状态,这个位于浙江东部的婺州是元明时期最重要的一批儒学改革家的祖籍地。由于包弼德所关注的是地方上的参与者而不是国家,他强调道学的功能在于为地方受过教育的精英们(士和士大夫)提供了一种独特而强有力的身份。正如包弼德指出的:"理学不仅仅是一些士人所主张的能够为每个人阐释价值的治学方法;它也为士人这一群体的身份提供了一个可能的代表。一些士人认为,这种身份在他们作为地方社会的精英角色中提供了道德和社会向导,而相对于地方社会来说,他们可能是强有力的,这种身份也为他们的自治权提供了道德和政治上的正当理由,而相对于政府而言,他们又感到软弱无力。"

因为包弼德的兴趣更多的是在于道学理想对其拥护者的行为和自我形象的影响,而不是对整个国家和社会的影响,所以他的历史轨迹与窦德士,艾尔曼以及柏清韵所描绘的正好相反。和其狂热的理想相一致,婺州的道学运动不仅仅是整体上劝诱士大夫信仰道学,而且巧妙地恳求朝廷庇护和官方服务,正如窦德士,艾尔曼以及柏清韵所描述的那样,这些策略产生了巨大的政治收益。有些人看到了世界的道德腐化,他们反对政治权势和精英社会的习俗并引以为豪,然而,最初的道学理想正是由这些人形成的。道学作为一种知识分子的社会运动,其本质上是地方性的,面向个人行为的,自治于国家的。这样,正当朝廷把道学家圣人化,把道学的课程制度化,把道学的社会理想写入法律之时,一些道学家受到了鼓动,他们极力反对自己的合作者,并从官场生活中隐退,崇尚自我和社会的道德改良。这些思想正统的人们定期地成功动员志同道合的士大夫不去参加科举考试,放弃确立文化声望的企图,不在政府部门谋职,而沉浸于程颐和朱熹的教义之中。他们坚信,自我修养比投身政治能为社会带来更大的利益。

对于包弼德来说,这种向创始人最初理想的集体回归构成了道学的一种质变,道学作为一种知识分子的"态度",这套学说士大夫可以从老师和书本中学到;而作为一种社会运动,道学是由那些把程朱学说当作个人和群体身份基础的人们组成的。宋、元、明过渡时期这种运动在婺州发生过三次,而正在此时道学的立场则变得日益和宋元的政治法律惯例密不可分。继蒙古征服之后婺州士大夫的遁世主义不能解释为对蒙古外族统治的批判,而要解释为对严格的儒家生活的原则性坚持。在 14 世纪由黄溍(1277—1357)、吴师道(1283—1344)、宋濂(1310—1381)领导的道学运动产生了最杰出的名人,他们在推翻元朝统治的内战中率先发起了地方上的改革运动,然后协助明朝的建立者朱元璋统一制定了一套儒家的社会理想。宋濂那代人在元明过渡时期赢得了政治上的巨大成功,并促进了道学在之后几个世纪的制度化。但是这样的成功也使得偏狭的学究生活更无吸引力了。婺州道学领袖在明初政治地位的上升及其后来在洪武、永乐整肃运动中遭受的迫害都促成了道学作为一种社会活动在婺州的衰落。然而,在 15 世纪的下半期,对道学在政治和学术上无所作为的不满促使京师的士大夫返回家乡婺州。像章懋(1437—1522)这样的回乡定居者复兴了作为社会运动的儒学,他们极力倡导"为自己学习"而不是为考试学习的价值,他们摆脱了日常生活中的追逐私利,而是发展像社仓、义庄、义学以及赈灾这样的公共事务,这使得他们能够在一个不受国家控制的领域里促进士大夫价值观念的形成。

总结:从宋、元、明过渡到盛清

包弼德指出道学意识形态对于宋元尤其是明代精英文化和政治生活之主要制度不可逆转的渗透,也在道学正统信奉者中引发间歇性的反向运动,他们常常因为道学胜利带来的道德妥协而感到沮丧。到 18 世纪,许多思想家完全放弃了道学运动,满清政权将这种"道德和理论的标准"供奉起来,迫使学者们将注意力转向别处,尤其是考证学的方向,他们的研究更加接近渊源于汉代的儒学而非宋学(艾尔曼,1984 年,第 26—36 页)。但是清朝把道学作为官方意识形态正式颁布,远远超过了地方士绅要求的低度认同,这是因为清朝政治家已经改变了道学的准则和仪式,使之从地方士绅的特定观念体系转变为整个社会的普遍蓝图。清朝使道学原则超出士绅群体扩展到农民阶级，标志着政治重心从地方士绅向唐与北宋时的平衡点回归——也就是说，又回到了中央政府。

在导言的开头，我提出晚期帝制时代的商业革命可以部分地理解为唐、宋经济结构和经济活动制度的成熟以及从江南这一过渡期中心向全国散发①。在这个意义上，帝制晚期经济可以看作是经济变迁千年周期的发展顶峰，而这些经济变迁（若引申王国斌［R. Bin Wong］，1997 年，第 13—32 页，对中国 16 至 19 世纪的描述）拥有史密斯（Adam Smith）经济增长模式的全部特点：劳动的划分及其专业化，产品和要素市场（土地、劳动、信用）的建立，农产品最大限度地适应商机。我愿意提出一个建议性结论，我们可以认为从南宋到清朝的中国政治轨迹也存在着同样的进化关系。在此我的意思是说，对于本书讨论的 3 大挑战——中原与草原地区的关系，政府权力的范围及政权与精英的关系，社会意识和社会行为的变革——清朝建立者在过渡时期政治制度与政治实践的基础上摸索出一套解决方案，避免了前代的问题。同宋、元、明过渡的背景相反，近来关于 1800 年前清朝历史的研究成果可以看作是描述了一个战胜自南宋至明朝脱离中央政府倾向的政权，它在边疆地区、在经济和社会领域采取更为积极的措施，这些措施与北宋时期所作尝试相比，严厉程度降低却更为有效。

关于中原与草原地区关系的问题，米华健（James Millward，1996年、1998 年）在他的著作及其对"清帝国主义"（Qing imperialism）重绘中国版图程度的检讨中已有重点讨论。清朝征服者不仅把满洲、蒙古、新疆、西藏纳入中国领土范围，清朝政策制定者还将国家的进取精神与私人创业者、汉人移民结合起来，把草原地区变成了清帝国及现代中国永久的组成部分（或许有人会表示反对）。他恰如其分地指出，清帝国的地理扩张就像同时的俄罗斯和美国边境扩张那么惹人注目。

---

① 有关盛清时期中华帝国各宏区（包括满洲及内亚）的社会及经济状况，可参看韩书瑞（Susan Naquin）、罗友枝（Evelyn Rawski），1987 年。

此外,其他一些人,诸如司徒安(Angela Zito,1997 年)、罗友枝(1998年)、柯娇燕(Pamela Crossley,1999 年)等人的著作指明,满洲人将汉人与非汉人的统治仪式和技巧混合成更为有效的方式,使文化迥异的群体整合为一个持久的多族群帝国。从中期帝制时代和宋、元、明过渡时期的视角来看,清朝满洲统治者将中国农耕区与草原地区铸造成一个国家的能力远远超过前代——无论是中国人统治还是外来人入主的王朝,并且消除了把长城视为中国边界的观念。

关于政府权力及其与社会精英的关系问题,清朝统治者重新实现了中央政权对于地方士绅的影响,利用他们相互间的共同利益来加强政府重建农业社会秩序的能力,而无需扩大官僚机构的规模。正如施坚雅所说,尽管从中唐到清代中期人口数量增长到五倍,但地方政府仍比较稳定地保持了大约 1300 个县的规模。由于官僚机构覆盖密度的稀释,他(施坚雅,1997 年,第 21 页)的结论是:"统一帝国能维持到晚期帝制时代,依靠的仅仅是基层行政职能范围的缩小,以及允许地方系统官僚政府效力下降。"

如上所述,官僚机构权力范围的缩小与外族征服和改朝换代战争引起的政局不稳交织在一起,不仅使得国家权力有所转移,还带来了宋、元、明过渡时期特有的士绅统治。重田德(1984 年,第 379 页)认为,晚明的农民暴动粉碎了士绅对于地方社会的自主控制,迫使他们投向晚明和清初政府的怀抱(又见居蜜[Mi Chu Wiens],1980 年)。但是重田还指出新出现的政府-士绅联合表现得更侧重于士绅,清政府成为地主利益的强制执行人。近来更多的研究表明,清朝统治者通过与士绅,也包括商人,建立起紧密的联系,来加强中央政府的统治能力(曼素恩[Susan Mann],1987 年;王国斌,1997 年;罗威廉,1998年)。关于这一点,王国斌作了最为充分的论述。他比较欧洲和中国的历史发展轨迹,指出清朝统治者适应官僚机构规模和财政税收的有限性,把地方精英纳入中央统治的目标中,即再造稳定的农耕社会的秩序。为实现这一目标,清朝政策制定者对于宋、元、明时期的政治制度和意识形态方面的统治艺术,包括义仓、科举制度、地方学校、互相监视的保甲制度及乡规民约,都做了精心的总结。但他们的实际做法使清政府对于教育、粮食储备以及地方教化和社会控制机制的监督,要比先前的朝代更为严格。"在物质福利和道德教化的范畴中"——王也加入了地方性强制——"政府和地方精英共享18世纪贯彻于整个农业帝国的规划,这是通过中央政府垂直的整体汇报程序与即便未能完全掌控的官员、精英的协同努力实现的。官员们根据自身对地方社会结构和经济的估计来把握介入这些关系的程度大小"(王国斌,1997年,第117页)。

至于最后一个方面,意识形态的教化和社会化问题,近来的研究成果表明,清朝对于政府和社会普遍整合的关注程度远远超过前代,它把宋、元、明精英的道学正统信仰变成了全国汉人农民与非汉人村民的规范行为。白馥兰(Francesca Bray,1997年,第32页)在对妇女技艺(gynotechnics)和中国"文明化过程"(civilizing process)的研究中说到,外来的清朝皇帝热衷于宣称他们对儒学原则的忠诚,力图恢复统治者与支持现政府的人民之间的义务纽带,同时再造勤劳、节俭的民风——国家繁荣的前提基础("文明化过程"这个名词借自埃利亚斯[Norbert Elias])。

尽管清朝统治者使用了许多与前代完全一样的教化手段——特别是一些圣旨的颁布(梅维恒[Victor Mair],1985年)——他们运用更加强有力的措施使正统的行为规范渗透入社会等级中的各个阶层。也许没有什么比清政府缓慢而稳步地扩大便于政府控制的良民数量更能体现清政府"教化"农民的努力,他们在大清律法中取消了"雇工人"的类别,并释放以"贱民"登记在册的人户。男女自由民数量的扩大增加了潜在家庭的积累,以陈宏谋(1696—1771)为代表的清朝官员"勤勉地工作,在其中培植合乎礼仪的家庭,从而获取稳定的经济生产力,加强社会控制"(罗威廉,1998年,第382页)。陈氏属于可直接追溯至司马光与朱熹的社会改革家行列,和这些道学先行者一样,他也把"正家之法"看成道德义务,把家庭管理视为有志成为可敬的社会人物者成长初期最重要的责任(罗威廉,1998年,第379页)。此外,陈氏和追随他的社会改革者们对农民和精英家族宣扬清朝家庭伦理,他们尤其注重劝导农妇遵循男女大防、女红以及最为重要的贞节思想等精英的价值观念。在褒奖贞妇的运动中,清朝官员仿效过渡时期的做法,但他们超越前辈,直接针对农民家庭:"清朝全盛期的皇帝们,着迷于良民家庭褒奖制度的扩展,并因为精英家族的垄断而烦恼,于是便发起专门的推进运动,来鼓励县级地方官去找寻那些因德行赢得公众尊敬的微贱良民家庭中的寡妇。需要指出的是,精英家庭的妇女另外可以依靠她们的男性亲人获得荣衔。"(曼素恩,1997 年,第 24 页;亦可参看柯丽德[Katherine Carlitz],1997 年。)

从宋、元、明过渡的视角来看,在此评述的这些论著强调清朝统治是可上溯至 12 世纪——当时草原、国家、地方士绅都作为塑造中国政治发展轨迹的同等力量而出现——的治国传统的缩影。满洲皇帝的能力强过先前的蒙古皇帝,他们将中国农耕区与草原地区融合为一个统一的帝国;在征召地方士绅为其所用,并把农民阶级变为臣民方面的业绩也胜过前代的中国帝王。尽管以现代的先进观点来看,清政府在应对 19 世纪困扰中国的人口过剩、资源减少以及西方帝国主义等新的挑战时相当失败,但从长时段的观点来看,清朝治国艺术应该算是传统治国方式的最高峰,独一无二地成功处理了帝制时代最后 1000 年内一些最难处理的问题。但清朝的这些成就是进化性的而非革命性的。只有将它们置于宋、元、明过渡的背景之下,其真正意义才能看得清楚。

(罗祎楠 校)

参考书目(依姓名字母顺序)

包弼德(Bol, Peter K.),1992 年,《斯文:唐宋思想的转型》("*This Culture of Ours*": *Intellectual Transitions in T'ang and Sung China*),斯坦福大学出版社。

——,1993 年,《政府、社会与国家:司马光和王安石的政治理念》(Government, Society, and State: On the Political Visions of Ssu-ma

Kuang and Wang An-shih），收谢康伦（Conrad Schirokauer）、韩明士（Robert P. Hymes）编，《整理天下：宋代国家及社会的处理》（*Ordering the World：Approaches to State and Society in Sung Dynasty China*），加州大学出版社，1993 年，第 128—192 页。

柏文莉（Bossler, Beverly），1998 年，《有力的关系：亲属、身份与宋代国家》（*Powerful Relations：Kinship，Status，and the State in Sung China [960—1279]*），哈佛大学东亚研究委员会。

白馥兰（Bray, Francesca），1997 年，《技术与性别：中国帝制晚期的权力构造》（*Technology and Gender：Fabrics of Power in Late Imperial China*），加州大学出版社。

卜正民（Brook, Timothy），1998 年，《纵乐的困惑：明代的商业与文化》（*The Confusions of Pleasure：Commerce and Culture in Ming China*），加州大学出版社。

布洛斯（Brose, Michael），2000 年，《生存的策略：元代及明代初期的维吾尔精英》（Strategies of Survival：Uyghur Elites in Yuan and Early Ming China），宾夕法尼亚大学博士论文。

柯丽德（Carlitz, Katherine），1997 年，《明代中期江南的祠堂、统治阶级的身份认同及寡妇守节文化》（Shrines，Governing-Class Identity，and the Cult of Widow Fidelity in Mid-Ming Jiangnan），载《亚洲研究集刊》（*Journal of Asian Studies*），第 56 卷第 3 期，第 612—640 页。

陈学霖（Chan, Hok-lam），1988 年，《建文、永乐、洪熙和宣德朝》（The Chien-wen, Yung-lo, Hung-hsi, and Hsuan-te Reigns, 1399—1435），收牟复礼（Frederick W. Mote）、杜希德（Denis Twichett）编，《剑桥中国史》（*The Cambridge History of China*），第 7 卷：《明代史上卷》（*The Ming Dynasty，1368—1644，Part 1*），剑桥大学出版社，1988 年，第 182—304 页。

克拉克（Clark, Hugh），1991 年，《社区、贸易和网络：3 到 13 世纪的福建南部》（*Community，Trade，and Networks：Southern Fujian Province from the Third to the Thirteenth Century*），剑桥大学出版社。

柯娇燕(Crossley, Pamela Kyle),1999 年,《昧晦之鉴:清代皇权意识下之历史与身份认同》(*A Translucent Mirror*:*History and Identity in Qing Imperial Ideology*),加州大学出版社。

艾尔曼(Elman, Benjamin A.),1984 年,《从理学到朴学:中国帝制晚期的思想及社会变迁》(*From Philosophy to Philology*:*Intellectual and Social Aspects of Change in Late Imperial China*),哈佛大学东亚研究委员会。

——,2000 年,《中国帝制晚期科举的文化史》(*A Cultural History of Civil Examinations in Late Imperial China*),加州大学出版社。

伊懋可(Elvin, Mark),1973 年,《中国过去的模式:一个社会及经济诠释》(*The Pattern of the Chinese Past*:*A Social and Economic Interpretation*),斯坦福大学出版社。

傅佛果(Fogel, Joshua A.),1984 年,《政治与汉学:内藤湖南(1866—1934)的个案》(*Politics and Sinology*:*The Case of Naitō Konan [1866—1934]*),哈佛大学东亚研究委员会。

傅海波(Franke, Herbert),1994 年,《金朝》(The Chin Dynasty),收傅海波、杜希德编,《剑桥中国史》,第 6 卷:《辽西夏金元史》(*Alien Regimes and Border States [907—1368]*),剑桥大学出版社,第 215—320 页。

何洛哲(Hart, Roger),1997 年,《地方知识、地方冲突:元明时代的数学》(Local Knowledge, Local Conflicts:Mathematics in Yuan and Ming China),"宋、元、明过渡:中国史的转捩点?"(The Song-Yuan-Ming Transition:A Turning Point in Chinese History?)学术研讨会论文,加州箭头湖(Lake Arrowhead)。

郝若贝(Hartwell, Robert M.),1967 年,《中国帝制时代一个经济转移周期:750—1350 年间中国东北部的煤铁》(A Cycle of Economic Change in Imperial China:Coal and Iron in Northeast China, 750—1350),载《东方经济及社会史学报》(*Journal of the Economic and Social History of the Orient*),第 10 卷第 1 期,第 102—159 页。

——,1982 年,《750—1550 年间中国的人口、政治及社会转型》(Demographic, Political and Social Transformations of China, 750—1550),载《哈佛亚洲学报》(Harvard Journal of Asiatic Studies),第 42 卷第 2 期,第 365—442 页。

——,1987 年,《社会组织与人口变化:传统中国的灾难、农业科技与区域间人口趋势》(Societal Organization and Demographic Change: Catastrophe, Agrarian Technology, and Interregional Population Trends in Traditional China),未刊。

何炳棣(Ho, Ping-ti),1959 年,《明初以降人口及其相关问题(1368—1953 年)》(Studies on the Population of China, 1368—1953),哈佛大学出版社。

——,1970 年,《宋金时期人口总数的一个估计》(An Estimate of the Total Population of Sung-Chin China),载《宋史论丛》(Études Song),第 1 辑,第 1 分册,第 33—53 页。

韩明士(Hymes, Robert P.),1986 年,《官宦与绅士:两宋江西抚州的精英》(Statesmen and Gentlemen: The Elite of Fu-chou, Chiang-hsi in Northern and Southern Sung),剑桥大学出版社。

——,1997 年,《对瘟疫、人口及宋、元、明过渡的一些想法:20 年后麦克尼尔的论点》(Some Thoughts on Plague, Population, and the Song-Yuan-Ming Transition: The McNeill Thesis After Twenty Years),"宋、元、明过渡:中国史的转折点?"学术研讨会论文,加州箭头湖。

刘子健(Liu, James T. C.),1988 年,《中国转向内在:两宋之际的文化内向》(China Turning Inward: Intellectual-Political Changes in the Early Twelfth Century),哈佛大学东亚研究委员会。

梅维恒(Mair, Victor),1985 年,《〈圣谕〉普及过程中的语言及意识形态》(Language and Ideology in the Written Popularization of the Sacred Edict),收姜士彬(David Johnson),黎安友(Andrew J. Nathan),罗友枝(Evelyn S. Rawski)编,《中国帝制晚期的民间文化》(Popular Culture in Late Imperial China),加州大学出版社,第 325—359 页。

曼素恩(Mann, Susan),1987 年,《1750—1950 年间地方商人与中国官僚体制》(*Local Merchants and the Chinese Bureaucracy, 1750—1950*),斯坦福大学出版社。

——,1997 年,《兰闺宝录:晚明至盛清的中国妇女》(*Precious Records: Women in China's Long Eighteenth Century*),斯坦福大学出版社。

马立博(Marks, Robert B.),1998 年,《老虎、稻米、丝绸和淤泥:帝制晚期华南的环境与经济》(*Tigers, Rice, Silk, and Silt: Environment and Economy in Late Imperial South China*),剑桥大学出版社。

周绍明(McDermott, Joseph),1997 年,《中国东南的土地、劳工与宗族:以善和程氏为例》(Land, Labor, and Lineage in Southeast China: The Case of the Shanhe Chengs),"宋、元、明过渡:中国史的转折点?"学术研讨会论文,加州箭头湖。

米华健(Millward, James A.),1996 年,《清代边疆的新视角》(New Perspectives on the Qing Frontier),收贺萧(Gail Hershatter)、韩启澜(Emily Honig)、李普曼(Jonathan N. Lipman)、史卓思(Randall Stross)编,《重绘中国:历史领域的裂缝》(*Remapping China: Fissures in Historical Terrain*),斯坦福大学出版社,第 113—129 页。

——,1998 年,《关外:1759—1864 年间清代中亚的经济、族群性与帝国》(*Beyond the Pass: Economy, Ethnicity, and Empire in Qing Central Asia, 1759—1864*),斯坦福大学出版社。

牟复礼,1994 年,《1215—1368 年间蒙古统治下的中国社会》(Chinese Society Under Mongol Rule, 1215—1368),收傅海波、杜希德编,《剑桥中国史》,第 6 卷,第 616—664。

韩书瑞(Susan Naquin)、罗友枝,1987 年,《18 世纪的中国社会》(*Chinese Society in the Eighteenth Century*),耶鲁大学出版社。

罗友枝,1985 年,《帝制晚期文化的经济及社会基础》(Economic and Social Foundations of Late Imperial Culture),收姜士彬、黎安友、罗友枝编,《中国帝制晚期的民间文化》,第 3—33 页。

——,1998 年,《清代宫廷社会史》(*The Last Emperors: A Social*

History of Qing Imperial Institutions),加州大学出版社。

罗威廉(Rowe, William T.),1985 年,《近代中国社会史的研究方法》(Approaches to Modern Chinese Social History),收库兹(Olivier Kunz)编,《重温过去:社会史的世界》(*Reliving the Past : The Worlds of Social History*),北卡罗来纳大学出版社,第 236—296。

——,1998 年,《中国帝制晚期的祭祖礼仪与政治权力:陈宏谋在江西》(Ancestral Rites and Political Authority in Late Imperial China : Chen Hongmou in Jiangxi),载《近代中国》(*Modern China*),第 24 卷第 4 期,第 378—407 页。

谢康伦、韩明士,1993 年,《序论》(Introduction),收氏编,《整理天下:宋代国家及社会的处理》,加州大学出版社,第 1—58 页。

重田德(Shigeta Atsushi),1984 年,《士绅统治的来源及结构》(The Origins and Structure of Gentry Rule),收葛洛芙(Linda Grove)、唐立(Christian Daniels)编,《中国国家与社会:日本学者对明清社会经济史的观点》(*State and Society in China : Japanese Perspectives on Ming-Qing Social and Economic History*),東京大学出版社,第 335—385 页。

施坚雅(Skinner, G. William),1977 年,《序论:中国帝制时代的城市发展》(Introduction : Urban Development in Imperial China),收氏编,《中国帝制晚期的城市》(*The City in Late Imperial China*),斯坦福大学出版社,第 3—31 页。

史乐民(Smith, Paul J.),1991 年,《给天府的重担:1074—1224 年间马匹、官僚与四川茶业的崩溃》(*Taxing Heaven's Storehouse : Horse, Bureaucrats, and the Destruction of the Sichuan Tea Industry, 1074—1224*),哈佛大学东亚研究委员会。

——,1992 年,《难民移动策略中的家庭、同胞及阶级关系:1230—1330 年间蒙古的入侵与四川精英的流散》(Family, Landsman, and Status-Group Affinity in Refugee Mobility Strategies : The Mongol Invasions and the Diaspora of Sichuanese Elite, 1230—1330),载《哈佛亚洲学报》,第 52 卷第 2 期,第 665—708 页。

——,1994 年,《有关宋代经济我们已知道所需要知道的吗？对 12 及 13 世纪经济危机的观察》(Do We Know as Much as We Need to About the Song Economy? Observations on the Economic Crisis of the Twelfth and Thirteenth Centuries),载《宋辽金元》(*Journal of Song-Yuan Studies*),第 24 卷,第 327—333 页。

——,1998 年,《对女性在混乱时代当权的恐惧:孔齐对蒙古统治下华南生活的反思》(Fear of Gynarchy in an Age of Chaos: Kong Qi's Reflection on Life in South China under Mongol Rule),载《东方经济及社会史学报》,第 41 卷第 1 期,第 1—95 页。

——,2009 年,《神宗时期与王安石变法》(Shen-tsung's Reign and the New Policies of Wang An-shih, 1067—1085),收杜希德、史乐民编,《剑桥中国史》,第 5 卷:《宋代史》上卷(*The Sung Dynasty and Its Precursors, 907—1279, Part 1*),剑桥大学出版社,第 347—483 页。

田浩(Tillman, Hoyt Cleveland),1992 年,《朱熹的思维世界》(*Confucian Discourse and Chu Hsi's Ascendancy*),夏威夷大学出版社。

田浩、奚若古(West, Stephen),1995 年,《序论》(Introduction),收氏编,《中国在女真的统治下:金代思想及文化史论文集》(*China Under Jurchen Rule: Essays on Chin Intellectual and Cultural History*),纽约州立大学出版社,1995 年,第 1—20 页。

万志英(von Glahn, Richard),1993 年,《社群与福利:朱熹在社仓问题上的理论和实践》(Community and Welfare: Chu His's Community Granary in Theory and Practice),收谢康伦、韩明士编,《整理天下》,第 221—254 页。

居蜜(Wiens, Mi Chu),1980 年,《16—18 世纪的地主与农民》(Lord and Peasant: The Sixteenth to Eighteenth Century),载《近代中国》,第 6 卷第 1 期,第 3—39 页。

王国斌(Wong, R. Bin),1997 年,《转变的中国:历史变迁及欧洲经验的局限》(*China Transformed: Historical Change and the Limits of European Experience*),康奈尔大学出版社。

赵文林、谢淑君,1988 年,《中国人口史》,北京人民出版社。

司徒安(Zito，Angela),1997 年,《关乎身体与书写:18 世纪作为文本和表演的大祀 》(*Of Body and Brush：Grand Sacrifice as Text/Performance in Eighteenth Century China*),芝加哥大学出版社。

帝制晚期文化的经济及社会基础

罗友枝（Evelyn S. Rawski）著

黄静华 译

本文集中讨论两个问题。关于第一个，即为何视晚明与清朝为一个历史单位，我们认为中国帝制晚期（16—19世纪）与过去任何一个时代都存有实质上的差异，并且在重要制度与社会经济结构方面呈现出相当连续性。在检视这连续性，我们着重探讨三个主要现象：促使社会精英在组成和性质上出现转变的经济增长及变迁；在某程度上因经济增长而出现的教育体制的扩张；以及受经济和教育发展刺激而引发的大型印刷事业的兴起。这三个因素又与本文要讨论的第二个问题有很直接的关系，即明清时期不同阶层的人民在多大程度上会拥有共同信念、价值观、假设及判断标准。本文最后一节将就长期经济及社会趋势与文化分合的动力之间的关系作一扼要讨论。

帝制晚期的经济

虽然中国、日本与欧美历史学家对历史各面相的观点有着明显的不同，但大体皆同意，在有明一朝，中国经历了塑成帝制晚期政治、社会、经济、制度的种种变化。

其中一个主要的经济发展是货币银本位制的确定。此一趋势反映在16世纪时将赋税简化并一律折算为银钱支付的"一条鞭法"上。货币本位制度的出现是植基于一个将沿海及长江流域各区域纳入为长距离的，或甚至是国际贸易的市场机制上。此处所指的新发展不在此一贸易的存在，而是该贸易在 16 世纪时因重心由中亚转向东南沿海而出现的规模与重要性。一如拉铁摩尔(Owen Lattimore)所指出，此一由陆地对海洋的转向极具重要性："即使是一艘小航海船由广东到伦敦的单趟旅程也比成队的从中国到地中海市场的商旅能以较短的时间载送较多的货物，赚取较多的利润。"①虽然在明代，这些小商船并不驶往伦敦，而是日本、西班牙殖民地、马尼拉及东南亚等地的码头，但殊途同归：一个在 16、17 世纪伴随着重心由中国内陆向东南沿海转移的贸易量的扩张。

对外贸易的影响首现于日本与墨西哥银的流入中国。艾维四(William Atwell)将银的输入与中国银产量相比较，指出对外贸易使得大量的银在 16 世纪末与 17 世纪初进入中国经济。他总结道："日本与美洲银可说是中国活跃的经济扩张的最主要因素。"此一扩张在 17 世纪 30 年代因西班牙对马尼拉贸易的限制，和日本在 1638 年以后禁止葡萄牙人在日本从事贸易致使贸易量显著降低，并为中国带来通货紧缩而结束②。此一通货紧缩可能在激成明末的危机上扮演了重要的角色，但中国对世界经济的参与事实上仅是暂时的退却。在此后的几个世纪中，中国更深更广地涉入世界经济。

16 世纪经济上的急速增长被施坚雅(G. William Skinner)标示为中国历史上第二个经济增长的大周期。它为东南沿海、长江下游及邻近大运河的华北地区带来了农业的进一步商业化，城市手工业的增长，及更多的乡村市场的出现。乡村市场的增长主要在 16 世纪的中国沿海及宁波。在福建，因为与葡萄牙、日本、及西班牙贸易的新契机，出现了甘蔗等经济作物的种植，及棉花和瓷器的扩大生产。长江下游在 16 世纪经历了手工业的进一步发展，尤其以棉织品为最，而它正是一种农村手工业。手工业的产业规模也间接地展现在华北大运

---

① 拉铁摩尔(Owen Lattimore)语，转引自艾维四(William S. Atwell)，《有关白银、对外贸易及晚明经济的几点观察》(Notes on Silver, Foreign Trade, and the Late Ming Economy)，载《清史问题》(Ch'ing-shih wen-t'i)，第 3 卷(1977 年)第 8 期，第 30 页，注 59。

② 前揭文。

河沿岸的棉花种植区域：我们知道该地的棉花是售予从长江下游来的商人，以作为江南棉纺织之用①。

因此，在 16 世纪，中国的三大经济核心区：沿大运河的华北核心区、长江下游核心区及东南沿海核心区，呈现出扩张的市场及农业商品化。虽然我们对岭南地区的经济所知较少，但 16 世纪在澳门出现的葡萄牙贸易，及私人书院在数量上的增加，说明了该区域同样经历了增长与繁荣。

乡村市场出现的速度超过人口的增长，它改变了中心地的层级。根据施坚雅的研究：

> 中世纪时代发展起来的地市体系是不成熟、不均衡的；都邑和市镇只是极不完善地织入一体化系统中，城市人口总的说来集中于大城。与此成为对照，帝制晚期的城市体系却更成熟、更丰满：都邑与市镇更好地结合成统一的层级系统，城市总人口在整个层级中分布得更均衡。

城市层级的整合及城乡之间日益增加的联系促进了刘子健（James T. C. Liu）所指称的都市文化向乡村地区的"辐射性扩散"（radiating diffusion），并因此成为塑成明清民间文化形貌的一个重要

---

① 对本文常会提到的"宏区"的详细阐述，可参看施坚雅（G. William Skinner），《19 世纪中国的区域性城市化》（Regional Urbanization in Nineteenth-Century China），收氏编，《中国帝制晚期的城市》（The City in Late Imperial China），斯坦福大学出版社，1977 年，第 211—252 页。亦可参看施坚雅，《中国帝制时代的城市发展》（Urban Development in Imperial China），收前揭书，第 28 页；斯波义信（Shiba Yoshinobu），《宁波及其腹地》（Ningpo and Its Hinterland），收前揭书，第 399、401 页；伊懋可（Mark Elvin），《市镇与水道：1840—1910 年间的上海县》（Market Towns and Waterways: The County of Shang-hai from 1480—1910），收前揭书，第 470—471 页；罗友枝，《中国南方的农业变迁与农民经济》（Agricultural Change and the Peasant E-conomy of South China），哈佛大学出版社，1972 年，第 64—88 页；片冈芝子，《明末清初华北的农民经济》（明末清初之华北に於ける農家經濟），载《社会经济史学》，第 25 卷（1959 年）第 2—3 期，第 77—100 页；伊懋可，《中国过去的模式》（The Pattern of the Chinese Past），斯坦福大学出版社，1973 年，第 269—284 页。

因素①。

市场发展和经济增长也松缓了政府对经济的直接控制。明朝的开国皇帝沿袭了元朝登记特定家户如盐户、军户及匠户等的户口，以为劳役之征用的制度。但此制度在16世纪时崩解，而为以钱代役所取代。明初，皇室需用物资可通过劳役征用来取得，在16世纪则需透过转包，雇用支薪劳力。由政府所指导执行的水利管制相关计划，也同样改由地方出资并管理。此一中央政府从对经济的参与控制上撤退的趋势一直持续到清代②。

农业生产力在明代晚期得到了提高。经济发展对农业最明显的影响是在华南及华中稻米生产区出现的永佃权和一田多主制。不论是否同意日本学者的将其视为是外居地主对农村佃户控制权解体的一种表征，很明显的，这在16世纪福建地方志上首次被引用的权利展现了关涉租佃关系中佃户地位的提升。在18、19世纪，永佃权广泛地出现在江苏、江西及其他稻米产区③。

　　① 施坚雅，《中国帝制时代的城市发展》，第28页，称唐宋时期为中世纪，而明清时期为帝制晚期。刘子健（James T. C. Liu），《中国历史上的整合因素及其相互影响》（Integrative Factors Through Chinese History: Their Interaction），收刘子健、杜维明编，《传统中国》（Traditional China），普伦蒂斯贺尔（Prentice Hall）出版社，1970年，第14页。〔译者注：文中引文引自叶光庭等译，《中华帝国晚期的城市》，中华书局，2000年，第28页。〕
　　② 何炳棣（Ping-ti Ho），《明清社会史论》（The Ladder of Success in Imperial China），哥伦比亚大学出版社，1962年，第2章；狄隆（Michael Dillon），《景德镇作为一个明代工业中心》（Jingdezhen as a Ming Industrial Center），载《明史研究》（Ming Studies），第6卷（1978年）第39—41期；袁清（Tsing Yuan），《1500—1700年间景德镇的瓷器工业》（The Porcelain Industry at Ching-te chen 1500—1700），载《明史研究》，第6卷（1978年）第47—48期；施坚雅，《中国帝制时代的城市发展》，第25页，认为这是从唐代开始一个长期趋势的一部分："官府插手地方事务程度在逐步降低，不仅在买卖和商业上如此……行政本身也如此。这是由于国家规模扩大而被迫作出的收缩。"〔译者注：中文译文引自叶光庭等译，《中华帝国晚期的城市》，第26页〕。
　　③ 伊懋可，《中国过去的模式》，第15章；居蜜（Mi Chu Wiens），《16—18世纪的地主与农民》（Lord and Peasant: The Sixteenth to the Eighteenth Century），载《近代中国》（Modern China），第6卷（1980年）第1期，第3—39页。两者皆依赖日本及中国学者的研究成果，亦并未有对区域分配或永佃及一田多主制的出现多加探讨。小山正明，《明清社会经济史研究之回顾》（明清社会经济史研究的回顾），载《社会经济史学》，第31卷（1966年）第1—5期，第281—293页，对日本学者在永佃权方面的大量研究作了一次回顾。近年中国学者的研究包括傅衣凌，《关于明末清初中农村社会关系的新估计》，载《厦门大学学报》，1959年第2期，第57—70页；李文治，《论清代前期的土地占有关系》，载《历史研究》，1963年第5期，第75—108页。

政府在经济干涉上的撤退,随市场的勃兴而来的社会流动的加速,以及佃户权利的提升等现象,正标志着我们所熟悉的发生在欧洲的一个渐进过程:对市场的非直接控制取代对个人的直接控制。当然,不论在明代或清代,经济都不是由市场所支配。出现在明清时期各种买卖行为时的契约,仍然不算普遍,而到底契约义务与社会地位孰轻孰重,也存在广大的区域差异。因此,这些发展的重要性并不在统计学意义上的显著与否,而在于它们标志着一个长时段的、渐进的迈向市场经济的趋势。

在华北、长江下游核心区和其他经济作物种植区,农民较从前更强烈地受到市场的影响。一方面,市场的参与提升了产量,刺激了农产手工业的生产,并改善了佃农环境。市场销售量的增长及较低层级的农村市场的出现,使得行脚商、农民、地主及其他各色人等定期地在流动市场碰面,这就意味着城乡之间沟通的改善。此一日增的贸易流通及市场参与自然而然地就对中国城乡文化型态造成了影响①。

那些与市场贸易有关的生产者暴露在价格波动的风险之中。好年成可能因随之而来的谷物价格的滑落而对个别的农户带来负面影响;荒年时谷价上扬,则可能有利于那些作物未受损害的农人。置身市场驱力之中使得个别农户经济收益上的计算变得复杂,也使得农户的福祉与凌驾于农村层级之上的驱力捆绑在一起。市场经济的参与提高了对外界条件认知的价值。参与市场经济的风险与收益必定也在农民所处的农村形成了更激化的竞争环境。市场参与的冲激正如伊懋可(Mark Elvin)的观察:"社会变得不安、分化、并极度的竞争。"②

经济的增长在许多方面影响中国的社会结构。它激成了一个社

---

① 施坚雅,《中国农民与封闭的社会》(Chinese Peasants and the Closed Community: An Open and Shut Case),载《社会与历史的比较研究》(Comparative Studies in Society and History),第13卷(1980年)第3期,第270—281页。

② 伊懋可,《中国过去的模式》,第235页;居蜜,《16—18世纪的地主与农民》,第8、15页;小山正明,《明清社会经济史研究之回顾》,第283页;李文治,《论清代前期的土地占有关系》,第92—93、95—96页;傅衣凌,《关于明末清初中农村社会关系的新估计》,第58、62—70页。

会更加分层化的潮流,此一潮流可从社会各层面辨识出来。学者们相信农村社会在明清时期变得更高度分层化。农村社会因此包括了外居地主、自耕农、佃农及农地劳工。文人的分层化也反映在许多领域上。我发现某些精英家族中较成功的分支藉由将较贫困的族裔从族谱及宗族福利中除名而摆脱他们。我们也发现因为利害关系不同而使农村小地主与外居地主之间存在着紧张。在农村抗租运动中,有时农村地主与城市地主是相对抗的。有志于乡村社会领导的精英也存在区别。一个最近的研究指出,同一地方的精英阶层至少可区分为2种,他们彼此不相联姻:一个与地方上类似家族联姻,并与地方社会维持紧密关系的地方精英集团;以及一个较具野心,以超越乡村界限的较大的官僚精英为目标的集团,他们的婚姻倾向于紧密扣住官僚结盟,通常极少关注地方社会①。

社会分层化在长江下游核心区最显著,当地外居地主的潮流在明清时期有醒目的发展。在经济较进步的长江下游核心区,对契约关系的仰赖取代个人网络的控制,这使得富裕的地主得以对由城市社会环境所提供的经济文化机会做出反应:他们开始由乡村往城镇搬迁。在城市的居住改变了精英的投资与消费模式。长居在城镇的地主开始将他们多余的资金投入获利较高但同时风险也较大的当铺、商业、城市房地产、商号等投资上。相对于他们的乡居亲友,城居地主和城市士人家庭所面对的是一个财务上较不确定的未来,这不只是因为他们对市场的涉入较深,也因为一但搬入城市,开销也开始攀升。市镇提供了一个较佳的接触书籍及知性、动态的都市文化的机会,但市镇也存在歌廊酒榭等令人难以抗拒的诱惑,使他们与狭窄的科举之路渐行

---

① 关于乡村的分层化,可参看魏斐德(Frederic Wakeman, Jr.)编,《在人民共和国的明清史研究》(*Ming and Qing Historical Studies in the People's Republic of China*),加州大学柏克莱分校中国研究中心,1980年,第96—103页;关于精英的分化,可参看邓尔麟(Jerry Dennerline),《嘉定忠臣:17世纪的士人领导与社会变迁》(*The Chia-ting Loyalists: Confucian Leadership and Social Change in Seventeenth-Century China*),耶鲁大学出版社,1981年,第3、4章;森正夫,《17世纪福建宁化县黄通的抗租之乱(2)》(17世紀の福建寧化縣における黄通の抗租反乱[2]),载《名古屋大学文学部研究論集(史学)》,第21号(1974年),第13—35页。

渐远。张英(？—1708 年)写于 16、17 世纪之交,对乡村传统的赞歌——《恒产琐言》,正标志着一个士人对城市生活的反应,他具体地告诉我们城居生活中所存在着的对一个社会精英的危险与诱惑①。

精英们的不确定感与焦虑是另一个在有明一代与经济增长有关之发展的副产品——具体地说,一个流动的社会阶层体系的出现,它极大程度地超越法律对社会地位流动的各种障碍与限制。16 世纪经济的勃兴刺激了学校体系的扩张,并因此使得竞争科举功名的士人人数大幅增加。当科举功名的竞争尖锐化起来,具精英地位家庭的焦虑也日益升高,这些精英家庭察觉了一些威胁,较低阶层的家庭透过子孙在社会地位上向上移动的较好机会,可能对其原有的优越地位造成渗透。商业机会的增加及相对下降的土地投资优势,标志着由土地及商业而来的财富与精英地位之间关系的日益复杂性。

许多旧式大家族的后裔,如方以智,虽鄙视牟利营生,仍很难忽视富商之涉入原属传统精英的活动,如藏书、对艺术的赞助、精致花园庭宅的兴建等新社会形态中所隐含的暗示。遗产继承的可分割性使得家族产业代代切割。如果下一代子孙未能考取功名,或在追求功名的过程中逗留太久,则这个家庭得能维持社会地位的前景很堪忧虑。何炳棣在社会流动上的个案研究指出一种家族因应此一局势所采的策略:分配儿子们专业,令其中一子挣钱营生,以使另一子能追求功名。然而,这一策略能否奏效取还得看个人天份及政治经济条件。但精英

---

① 有关日本学者对外居地主(absentee landlords)及地方精英所作的广泛研究,可参看葛如芙(Linda Grove)、周锡瑞(Joseph W. Esherick),《从封建制度到资本制度:日本学者对中国农村社会转型之研究》(From Feudalism to Capitalism: Japanese Scholarship on the Transformation of Chinese Rural Society),载《近代中国》,第 16 卷(1980 年)第 4 期,第 397—438 页。见傅衣凌,《明清农村社会经济》,1961 年,香港实用书局,1972 年重印,第 64—65 页;同著者,《明代江南市民经济试探》,上海人民出版社,1963 年,第 2、3 章。《恒产琐言》的英译见贝蒂(Hilary J. Beattie),《中国的土地与宗族:明清时期安徽桐城之研究》(Land and Lineage in China: A Study of T'ung-ch'eng County, Anhwei, in the Ming and Ch'ing Dynasties),剑桥大学出版社,1979 年,第 140—151 页。

家庭这种精神压力随着科举功名的日趋竞争而更形深化是无庸置疑的①。

如前所述，我们对明清社会的观察主要在其社会经济的发展上。贸易的增长刺激了农业上商品作物及手工业的发展，也激励了乡村市场的扩展。中心地层级及日增的市场参与之间较大程度的整合则助长了观念及物资在城乡之间的交流，而部分精英的移居城市，尤其在长江下游核心区，则激成了都市文化。

经济增长也激起竞争。当经济进步促使商人离开他们的家乡去追求新市场，会馆渐渐出现、成形。这些商人发现，要在激烈的竞争环境下最好地追求利益，就要透过同乡组织。稍后，这些组织也提供住宿给离家赶考的同乡士人及官吏，并进而形成在都市环境中能参与地区性竞争的若干中心。竞争在农村地区则多围绕着同样也在 17 世纪晚期得到扩展的宗族组织而进行。宗族组织多用来增进本族的在地利益，或在一个商业经济已然削弱传统社会控制机制的地区，提高精英对地方的控制力量②。

促使这些策略出现的竞争环境也创造了如前所述的焦虑与紧张——对个人地位、维持家族财富的焦虑，及对传统精英来说，对较低地位的家庭可能渗透其优越地位的焦虑。

一如已指出的，这些在社会及经济秩序上的显著改变开始于明代晚期。但它们并未随明室在 1644 年的灭亡而消失；朝代的更替并未对这些社会经济趋势构成影响的主张，的确有其根据。如史景迁（Jonathan Spence）及卫思韩（John Wills）所指出的，因受教育机会改善

---

① 斐德生（Willard J. Peterson），《匏瓜：方以智与思想变迁的动力》(Bitter Gourd: Fang I-chih and the Impetus for Intellectual Change)，耶鲁大学出版社，1979 年，第 4 章；何炳棣，《明清社会史论》，第 267—318 页。

② 有关会馆，可参看施坚雅，《序论：城市社会结构》(Introduction: Urban Social Structure)，收氏编，《中国帝制晚期的城市》，第 538—546 页；何炳棣，《中国会馆史论》，台北学生书局，1966 年。关于宗族，可参看华若璧（Rubie S. Watson），《一个中国宗族的产生：厦村邓氏，1669—1751 年》(The Creation of a Chinese Lineage: The Teng of Ha Tsuen, 1669—1751)，载《近代亚洲研究》(Modern Asian Studies)，第 16 卷（1982 年）第 1 期，第 69—100 页；以及邓尔麟，《嘉定忠臣》，第 98—103 页。

而来的商业增长、城市化和参加科举考试人数的日增等重要趋势,仅短暂地为清的灭明所干扰①。

在长江下游核心区虽存在若干抗清事例,多数地区仍然和平地服从于新秩序。长江下游的社会秩序并未因朝代更替的空窗期,以及如1611年江南征税案中清朝对士绅特权的攻击,而遭到破坏。长江下游的经济在17世纪晚期迅速恢复。东南沿海,尤其是福建,因清朝在与国姓爷对抗的时期禁止海上贸易及撤空沿海居民,而遭受重大打击,但当18世纪福建居民开始移民台湾,开荒整地,及发展闽台港市贸易的联系后,情况随即改善。岭南地区因东南沿海的受打击而获利,该地区吸收了来自汕头及福建南部的大移民潮,并受惠于1840年之前广州作为中国唯一对外贸易口岸的地位。17世纪晚期,华北地区开始了另一波一直延续到19世纪50年代因为中国全面大动乱才停止的增长周期。内战(尤其在四川)始终非常激烈的长江中上游地区,也因为有清代早期所吸收的大量移民,而使地方经济得以迅速恢复。对中国许多宏区(macroregions)来说,相较起16世纪,18世纪是一个和平与繁荣的时期②。

① 史景迁(Jonathan Spence)、卫思韩(John Wills, Jr.)编,《从明到清:17世纪中国的征服、区域与连贯性》(*From Ming to Ch'ing: Conquest, Region, and Continuity in Seventeenth-Century China*),耶鲁大学出版社,1979年,第17页;魏斐德,《序论》(Introduction)[译者注:该文全名为:《序论:中国帝制晚期地方控制的演变》(Introduction: The Evolution of Local Control in Late Imperial China)],收魏斐德、格兰特(Carolyn Grant)编,《中国帝制晚期的冲突与管控》(*Conflict and Control in Late Imperial China*),加州大学出版社,1975年,第2页。

② 关于清朝对江南的征服,可参看魏斐德,《清朝征服江南期间的地方观念与忠诚观念:江阴惨案》(Localism and Loyalism During the Ch'ing Conquest of Kiangnan: The Tragedy of Chiang-yin),收魏斐德、格兰特编,《中国帝制晚期的冲突与管控》,第43—44页;以及贝蒂,《抵抗以外的选择:以安徽桐城为例》(The Alternative to Resistance: The Case of T'ung-ch'eng, Anhwei),收史景迁、卫思韩编,《从明到清》,第250—251、256、262页。关于江南税案以及沿海地区的疏散,可参看凯斯勒(Lawrence D. Kessler),《康熙与清政权的巩固(1661—1684年)》(*K'ang-hsi and the Consolidation of Ch'ing Rule, 1661—1684*),芝加哥大学出版社,1976年,第33—45页。有关往台湾的迁徙,可参看梅祖安(Johanna Meskill),《雾峰林家:台湾拓荒之家(1729—1895年)》(*A Chinese Pioneer Family: The Lins of Wu-feng, Taiwan, 1729—1895*),普林斯顿大学出版社,1979年。在《广东的书院与城市系统》(Academies and Urban Systems in Kwangtung),收施坚雅编,《中国帝制晚期的城市》,第475—498页,葛林(Tilemann Grimm)指出了该地区的三个繁盛时期:16世纪、18世纪末至19世纪初以及19世纪末。有关各宏区周期的时间性问题,可参看施坚雅收在《中国帝制晚期的城市》的文章,第16—17、27、219页。

教　育

明代经济社会的繁荣刺激了教育体系的拓展。虽然我们无法估算实际的入学率，但各种轶事纪闻及相关证据说明了 16 世纪的中国，在许多地区，接受教育的机会的确增加了。明清时代的社学是在乡镇地区由地方发起，政府认可的慈善性童蒙学校。相关研究指出，在 472 个行政单位中有 3837 所社学，大约一个行政单位便有 8 所。这些学校仅仅足以提供很小一部分的适龄男童受教育的机会。在明清时期，多数男童在家族设立的义学，或必须自付学费的乡塾，或富裕的乡绅家中自设的家塾就学。但鉴于能使我们评价私办学塾的相关数据阙如且散落，对于入学率我们只能推测。在其他相关研究中我曾经估算，至清末，私塾及义学的数量足以使约 1/3 至 1/2 的学龄男童拥有基本的阅读能力①。

明清笔记中的轶事纪闻及其他相关证据足以支持在明清时期教育确乎扩张的结论。因为教育提供了年轻人接受良好训练以进入官场生涯的机会，以及较低教育水平的人取得较佳社会经济地位的可能性，它成为优势、权利及财富的匙钥。科举考试是进入官僚体系最主要的途径，当恩荫的特权限制渐严，由所有官员荫及一个子嗣缩小范围到仅及于服务若干年限以上的三品以上官员时，科举考试就更受到了重视②。

在恩荫特权缩减的同时，参加科举考试的资格却放宽了。科举考试几乎开放给所有成年男子，只有极少数的民族及职业被排除在外。在 1729 年以前，贱民、曾为奴隶、家中有人从事娼妓、优伶、胥吏者不得参加考试，但根据何炳棣的研究，属于这些族群的人数少于总人口

---

① 王兰荫，《明代之社学》，载《师大月刊》，第 5 卷（1935 年）第 4 期，第 42—102 页；罗友枝，《清代的教育及民间识字率》（*Education and Popular Literacy in Ch'ing China*），密歇根大学出版社，1979 年，第 24—41、81—95、183—193 页。

② 何炳棣，《明清社会史论》，第 149—153 页。

数的 1%①。

如果取得功名的魅力是中国人对教育持崇高敬意的主要原因,日常生活中还有其他一些因识字而来的可观报偿:读、写、填报无数的官方告示、规约、文件以及田产买卖、借贷、甚至贩婴等各式各样的契约。明清时期里甲保甲的记录需要保存,明末交由地方控制的水利系统记录亦然。在 17 世纪晚期,宗族组织经历相当程度的扩张,族产及家族各支系的子嗣记录也需要保存②。因此识字能力"不只是求取功名的关键,对农、商经营也很重要,而且它对于那些想要在邻里间拥有较大影响力的人来说也极为有用"③。一般家庭则因为识字而免于被欺骗。何炳棣的研究援引了一个在华东地区的佃农家庭为例,他们在一桩土地买卖中受骗之后,将一个儿子送去上学,"因为没有一个受过教育的男人,这个家庭将无法对抗地方骗徒"④。接受教育的动机因而延伸到农人、商人,和可能成为官吏的学子们。

教育的扩展对帝制晚期社会产生了若干影响。科举考试的结构在制度上是地方行政各层级各有配额,而在较高层级的考试则各区域又各有不同的配额,以确保高教育水平的精英遍布中国各地:因为有一个统一的课程,我们可以假设不论来自何地,文化精英有同一的价值观。这对中国能在当时的运输及沟通条件下维持一个幅员辽阔的统一帝国是一个重要的因素。中国书写语言在整合精英文化上的重要地位不可小觑。

科举考试的日益竞争与教育的扩张相伴而生,随之而来的应试学子的挫折则激发出都市文化的创造力。经历大幅经济增长的 16 世纪同时也是知性领域急速发展的时期,尤以长江下游为最。因考试竞争

---

① 何炳棣,《明清社会史论》,第 149—153 页;以及张仲礼(Chung-li Chang),《中国的士绅:其在 19 世纪中国社会的功能的研究》(*The Chinese Gentry: Studies on Their Role in Nineteenth-century Chinese Society*),华盛顿州大学出版社,1955 年,第 10—11 页。

② 罗友枝,《清代的教育及民间识字率》,第 9—11 页。

③ 孔迈隆(Myron Cohen),《序论》(Introduction),收明恩溥(Arthur H. Smith),《中国的农村生活》(*Village Life in China*),1899 年,布朗(Brown)出版社,1970 年重印,第 15 页。

④ 何炳棣,《明清社会史论》,第 314 页。

及官场中朋党斗争的险峻而来的挫折感,促使许多年轻学子从传统仕途转向其他从事思考性活动的领域。斐德生(Willard Peterson)为我们描述了明末的"文人"典型:

> 对绝少或甚至完全没有涉足官场这样一种人来说,文化活动不止是一种消遣……这类"文人"远离对财富及功名、官场的野心,以专注于文学及艺术……有些人致力于文学著述、书画、赏玩及收藏,其他一些人则将自己投入道德哲学或政治(的阐述)。①

此一文人的典型也存在中国早期各朝代,但在晚明,它的重要性日渐显著,它与那些生于明朝而活在满人统治下的士人尤其关系密切。因为忠臣不事二主的观念使康熙时期的士大夫对官场生涯有着羡憎交织的情绪。同时也一如司徒琳(Lynn Struve)所指出的,清朝在17世纪的政策只提供了很少的机会给汉人。士大夫因此从政治野心上退却而转向文化领域②。

文人能量转向的果实出现在何谷理(Robert Hegel)所研究的17世纪小说。何谷理将小说的崛起描述为严肃的文学形式,是知识分子抗议政治及检验某些实质议题的载体。小说不是用来逃避,而是用来呈现不再能从官吏生涯中实现的儒家理想③。

如果一如何谷理所指出的,小说只迎合一小撮富有的、受良好教育的读者群的喜好,则精英们在私领域活动上对意义的反思就宽广得多了。当一部分文人致力于创作小说以及读者群涵盖面较广的戏曲时,另一些文人则转向宗教及其他通俗领域的改造。

16世纪末及17世纪智识领域上的波动还包括由4大高僧所领导

---

① 斐德生,《匏瓜》,第32页;以及第5、8页。

② 前揭书,第32—33页;司徒琳(Lynn Struve),《举棋不定与勇往直前:康熙时期的失意文人》(Ambivalence and Action: Some Frustrated Scholars of the K'ang-hsi Period),收史景迁、卫思韩编,《从明到清》,第321—365页。

③ 何谷理(Robert E. Hegel),《17世纪的中国小说》(The Novel in Seventeenth Century China),哥伦比亚大学出版社,1981年,第1—3章。

的佛教的复兴,其中之一是袾宏(1535—1615 年)。袾宏是于君方(Chün-fang Yü)研究中的主角,他体现了上述所提及的许多时代特色。袾宏出生于杭州府的一个士绅家庭,自幼入学求功名,并以他头 32 年的岁月致力使自己成为有闲阶级的一员。他的舍弃世俗生活出家为僧的决定是受到科举考试屡受挫败及连失数名家庭成员所刺激[1]。

袾宏的主要成就之一是俗世佛教的提倡。以其所受儒家教育及社会背景而言,他能将佛教融入儒家思想,并吸引与他同背景的文人追随者并不令人惊讶。袾宏对儒家理念采包容态度,他劝说佛教徒应先尽孝道,主张官吏应先尽忠职守,包括执行人犯处决,认为那样做并不违背佛教教义,这反映了明末佛教致力扩张,强调道德行为,及相信世人可经由满足社会角色的要求而得到救赎的趋势[2]。

袾宏在佛教上的宣传未及于组织的成立。他对卷入如白莲教等秘密宗派怀有疑惧,也抨击许多与之有关的佛教实践。他不赞同女信徒之涉足俗世教团,认为女信徒只宜在家事佛。他批评某些僧侣从事风水师、灵媒、药师或诊治妇女病症的医者,他同时也认为扶乩、符咒等是一种迷信[3]。在这些事情上,袾宏的态度始终是全然传统的。这解释了为何佛教宗派活动总是由俗世信众,而非僧侣,所领导。

袾宏的社会背景与 16 世纪中国的其他宗教领袖十分类似。与他同时代同样积极于提倡三教合一活动的林兆恩(1517—1598 年)与袁黄(1533—1606 年)也来自大族,为官场生涯而求学,同样对儒、释、道等义理都极精通。这种广博的学识似乎是当时文人所普遍拥有的特质[4]。袁黄是进士出身,林兆恩则如袾宏一样在遭遇家庭成员死亡的

---

[1]　于君方(Chün-fang Yü),《佛教在中国的更新:袾宏与晚明的融合》(The Renewal of Buddhism in China: Chu-hung and the Late Ming Synthesis),哥伦比亚大学出版社,1981 年。

[2]　前揭书,第 4 章。

[3]　前揭书,第 46、76—78、185—186 页。

[4]　贝琳(Judith A. Berling),《林兆恩与三教合一》(The Syncretic Religion of Lin Chao-en),哥伦比亚大学出版社,1980 年,第 3、4 章;博路德(L. Carrington Goodrich)、房兆楹(Chaoying Fang)编,《明代名人传》(Dictionary of Ming Biography, 1368—1644),哥伦比亚大学出版社,1976 年,下册,第 1632—1635 页;于君方,《佛教在中国的更新》,第 94 页。

变故后转向宗教,但袁黄也同袾宏一般身处于繁华的长江下游,该地区既是明代佛教复兴的中心,也是小说质量大幅增长的重镇。林兆恩出生于福建,16 世纪正是该地与葡萄牙、日本、西班牙贸易的鼎盛时期,繁华的程度足以形成中国境内另一个智识、文化的中心。林兆恩的家乡莆田,同晋江(在泉州府)一样是黑市贸易的重镇,也是与他同时代著名的反传统代表李贽(1527—1602 年)的故乡[①]。

　　引领许多知识分子进入文人活动的同一种动力将另一些知识分子带进宗教领域。我们因此应该视这种宗教的复兴为晚明教育扩张的另一产物,并且应该将之与文人在其社会背景及作为宗教领袖对教育的努力相连结,也是"文人"致力追求成圣成贤的一种替代。稍早我们提及一种经济上长时段趋势——由对个人的直接控制转向对市场的间接控制——的起始。通常那是一个正在经历现代化的社会所遭遇的一连串复杂的转型中很重要的一环。在文化的领域,我们发现一个平行的趋势,它反映在强调价值内化及道德自主的善书上。我们可以从几个方面来诠释明代善书的出现。若干善书强调人有能力控制自己命运,它可以被视为面对足以使个人财富快速累积或失去的经济之变迁所反映出的一种表述方式。再者,既然善书区别出适合社会各阶层的行为标准,我们可以视它们为为那些在社会阶梯上上升的人所提供的一种社会角色扮演的指南[②]。在这些书中所提出的道德行为可以兑换为实质成就的假设,可以解释为对长江下游及东南沿海因社会流动加速而导致焦虑的一种反应。善书之诉诸于宗教信仰,提供了在社会快速变迁下适应心理上不确定感的模式。最后,我们或可认为旧士绅

---

　　① 贝琳,《林兆恩与三教合一》,第 4 章;傅路德、房兆楹编,《明代名人传》,下册,第 1632—1635 页、上册,第 807—818 页;于君方,《佛教在中国的更新》,第 2 章;有关 16 世纪时的东南沿海区,可参看卫思韩,《从王直到施琅的沿海中国:周边历史的一些课题》(Maritime China from Wang Chih to Shih Lang: Themes in Peripheral History),收史景迁、卫思韩编,《从明至清》,第 210—238 页。

　　② 于君方,《佛教在中国的更新》,第 136—137 页;据伊维德(W. T. Idema)的看法,晚明小说亦重新强调了个人对自己命运塑造的能力;参看其《中国的故事讲述与短编故事》(Storytelling and the Short Story in China),载《通报》(T'oung Pao),第 59 卷(1973 年)第 1—5 期,第 34—35 页。

在社会地位上的焦虑为他们撰写善书的动力,那些旧士绅试图阻止新崛起社群所带来的社会及经济领域上的道德沦落。明末清初的善书呈现的是民间对政府通过如圣谕等在同一领域上的积极努力的补充①。

善书在16世纪流行极广。袁黄及袾宏都特别热衷于提倡一本作于12世纪晚期的道书—太微仙君功过格。袁黄的一生际遇在一个禅宗僧人对他出示这本书后有了全然的改变。袾宏则信之至极,他甚至自行印制,免费赠予大众。袾宏随后编撰了他自己的以功过格为蓝本的善书—"自知录"②。相较于较早期的宋版善书,自知录中的新发明是它不再诉诸超自然,而是主张基于"业"的作用,一个人通过自身的行为,可以影响自己的命运。人类自此不只可以掌控自己的命运,更进一步被精微的兼重行为与动机的准则所评断③。

明末的善书通常会在行为与动机上做出区分,在道德内化上的强调是当时宗教、智识、社会发展的产物。王阳明(1427—1529年)强调人人可为圣贤,鼓励一个人人皆可成圣的信仰,它类似于宋代之后佛教徒专注于所有有情皆可得救赎的想法。理学家和佛教徒的乐观与由繁荣、教育普及和大规模书籍印刷而来的社会流动的加速相一致④。

教育的扩张和社会流动的加速因此对中国文化与社会有多重影响。那些在社会阶梯上向上攀爬,与在社会阶层上往下流动的人,都转向宗教寻求慰藉,宗教同时也是社会控制的工具。士大夫和政府都将道德与伦理价值的灌输指定为最优先的任务;社会流动提高了一般大众对这一类尝试的接受能力。教育的延伸则促进了中国社会书写材料的流通。在转向讨论那向大灌输合宜价值准则的尝试、其重要性及结果前,我们必须先考察出版业的状况与营销等,出版业的扩张也

---

① 何谷理提出了一个稍为不同的解释。他认为精英从传统角色解放出来后所感到困惑和焦虑,是17世纪小说常对个人与社会之间矛盾作出探讨的一个原因;参看其《17世纪的中国小说》,第106—107页。

② 于君方,《佛教在中国的更新》,第118—124页。

③ 前揭书,第106—118页。

④ 前揭书,第113—116页。

是 16 世纪如涌浪般变化的一个副产品。

出版事业

明代在印刷技术方面有 4 大进展:可用以印制彩色插图、地图或文本的套版印刷的发明;木刻插画的改良及其运用范围的扩大;铜活字印刷的使用;以及早期刻本的再印制。

尽管如此,主要的印技术仍保留早期印刷术的特色。中国的印刷术所依赖的是非常简单且价廉的印制程序:木刻或雕版。利玛窦(Matteo Ricci,1552—1610 年)对此有仔细的描述:

> 书的正文用细的毛制成的笔蘸墨写在纸上,然后反过来贴在一块木板上。纸干透之后,熟练迅速地把表面刮去,在木板上只留下一层带有字迹的薄薄的棉纸。然后工匠用一把钢刻刀按照字形把木板表面刻掉,最后只剩下字像薄浮雕似的凸起。用这样的木板,熟练的印刷工人可以以惊人的速度印出复本,一天可以印出 500 份之多。①

以此法印刻书本几乎不需任何成本,它毋须场地来排字,也不用印刷机或装订机,所有工具可以打包背在背上主要的花费反而是在纸、墨、刻板等原料和工资。雕版印刷可以从一根鞋带着手,而且毋须大规模制版。利玛窦纪录道:

> 他们的印刷方法有一个明显的优点,即一旦制成了木板,就可以保存起来并可以用于随意改动文字……而且这种方法,印刷

---

① 加拉赫(Louis J. Gallagher)英译,《利玛窦中国札记》(*China in The Sixteenth Century: The Journals Of Matthew Ricci, 1595—1610*),蓝登书屋(Random House),1953 年,第 20—21 页。[译者注:该中文译文引自何高济等译《利玛窦中国札记》,广西师范大学出版社,2001 年,第 16—17 页。]

者和文章作者都毋须此时此地一版印出极大量的书，而能够视当时的需要决定印量的多少……正是中文印刷的简便，就说明了为什么这里有那么大量的书籍，而售价又那么出奇地低廉①。

当然，利玛窦是以欧洲的情况评断中国的印刷术，在欧洲印刷史的头几个世纪，书价算是昂贵的。欧洲所使用的是活字印刷，它对于只使用有限字母的拼音文字来说，自然是较具优势，但对于一本书中的用字可能达数千个的中国来说，就较不利了。

比较起雕版印刷，活字印刷需要较高的技术及教育。印刷工必须是一个在工厂经过学徒训练，具有优良技术的金工；他们必须如此，才能认识足够的拉丁文以正确地排版②。在中国，识字并非必要条件，因为文稿是写在纸上再贴到木板上的。刻工可能需某些技巧，但其他的工作如上墨及抽换纸张等，几乎任何人都能胜任。马冈——一个位于广东珠江三角洲的印刷中心——的地方志中记载着："（镂刻板书）妇孺皆能为之；男子但依墨迹刻划界线，余并女工，值廉而行。"③这些较不具技术的妇女劳力也多见于广东佛山，江西许湾等刻书中心④。

活字印刷较雕版印刷需要较多的投资成本。欧洲 16 世纪早期的财产清单显示印刷铺中的主要设备包括一套以上的印刷机及雕模、铸模，后者的价格通常数倍于前者⑤。在中国，这些花费皆可省免。

① 前揭书，第 21 页。[译者注：中文译文引自同上注中文译本，第 17 页。]

② 乌兰朵夫（B. A. Uhlendorf），《印刷术的发明及其在 1470 年前的传播——尤其涉及社会及经济因素》（The Invention of Printing and Its Spread Till 1470 with Special Reference to Social and Economic Factors），载《图书馆季刊》（The Library Quarterly），第 2 卷（1932 年）第 3 期，第 230—231 页。

③ 郭汝诚等修，《顺德县志》，1853 年，卷 3，第 50a 页。

④ 长泽规矩也，《日文与中文书的印刷及其历史》（和漢書の印刷とその歴史），吉川弘文馆，1952 年，第 87—88 页；叶德辉，《书林清话》，第 3 版，1920 年，卷 7，第 13b—15a 页。

⑤ 费夫贺（Lucien Febvre）、马尔坦（Henri-Jean Martin）著，杰拉德（David Gerard）英译，《印刷书的诞生》（The Coming of the Book：The Impact of Printing 1450—1800），新左派出版社（New Left Books），1976 年，第 110—111 页。

经营成本在欧洲也较可观。作为印刷工业主要原料的纸张,欧洲始终缺乏。费夫贺(Lucien Febvre)和马尔坦(Henri-Jean Martin)指出:"如果只能以油墨吸收不易的兽皮当媒介,那活字印刷又有何用,更何况只有最昂贵的幼兽皮才有足够的平坦度及柔软度堪为印刷机所用。"①

为中国所发明的纸张在12世纪时传入欧洲,并从意大利逐渐传布到西欧的其他国家。直到15世纪,欧洲虽然有纸张供应印刷所需,但因造纸工厂多仰赖碎布造纸,纸张的价格始终居高不下。规模经济(economy of scale)通常以固定成本在全体成本中占较高比例为指标,在欧洲则受限于碎布纸的高成本。自14世纪到19世纪,碎布是欧洲造纸的主要原料,有限的碎布供应限制了造纸工业的发展潜力。当印刷工业发展起来,对纸张的需求日增,碎布的短缺就变得更具敏感性。在16、17世纪,纸张的成本大约占1本书全体成本的1/2强。也同样因为它的高成本,纸张成为必须由出版商提供给印刷商的原料②。在中国,纸张由竹子、树皮或其他植物纤维所制成。油墨、木料、纸张的采购开销在全体成本中所占的比例是相对较低的③。

欧洲出版业发展为规模经济的潜能进一步受限于书本销售市场及生产技术。费夫贺和马尔坦总结道,虽然成立一个印刷铺相对来说所费不多,但印行书籍所需的资本却非常可观。出版商和书商可能希望每单版印刷的册数尽可能的多,以降低单册成本,但销售市场的规模却限制了实际的产量。因为"出版商没有理由为特定的一本书印制超过在合理时间内市场所能消化的册数。对合理印刷量的轻忽意味着将会有过多未能售出的库存,或至少是可观的资本因投放在销售过

---

① 前揭书,第30页。[译者注:引文之中译文参考李鸿志译,《印刷书的诞生》,(台北)猫头鹰出版社,2005年。]

② 前揭书,第1章及第112—113页。

③ 罗友枝,《清代的教育及民间识字率》,第120—121页;宋应星著,孙任以都(E-tu Zen Sun)、孙守全(Shiou-chuan Sun)英译,《天工开物》(*T'ien-Kung K'ai-Wu: Chinese Technology in the Seventeenth Century*),宾夕法尼亚大学出版社,1966年,第13章。

慢的商品上而难以动用"①。在对一个名叫史特劳奇（Girolamo di Carlo di Marco Strozzi）的意大利行脚商的研究中，迪若弗（Florence Edler de Roover）提供了一个书的销售可以慢到怎么样一个程度的事例。1476 年，史特劳奇印制了 2 种方言版的佛罗伦萨（Florence）历史各 600 册。他每一种各送了 550 册去佛罗伦萨贩卖。过了 7 年的时间，直到 1483 年，才"几乎"全部售出②。根据费夫贺和马尔坦，在欧洲印刷史的早期阶段，寻找零售通路始终是出版商最关注的③。

为了分散并降低印制某版书可能卖不出去的危险，欧洲出版商及印刷商通常同时生产多种版本。也就是说，他们从不集中精力在某一版书上，而是数种书版同时印制。这意味着任一书籍的印行都需耗费相当时间，而且其中某一排好的版页会被拆开以为另一页面排版之用。虽然活字印刷能够大量印制书籍，但实际发行量相当有限。直到 15 世纪 70 年代，一本书能印上数百本就算是相当可观的，在 15 世纪 80 年代，发行数量提高到平均每版 400—500 册。整个 16、17 世纪，能够发行超过 2000 册的只有宗教类书籍或教科书。到了 18 世纪，大多数书籍的印售量仍然低于 2000 册。费夫贺和马尔坦指出，一些畅销作品如路德（Martin Luther）翻译的德文版圣经的广泛流通，并不由于单版的大量印行，而是透过不同印刷商的一再重印④。

活字印刷的利于拓展生产规模的优点，使得它在欧洲印刷史的早期阶段广为出版商及印刷商所采用。但当某一版书籍因销售情况良好而欲再印时，便须重新排版。中国的雕版印刷则不然，版面一旦刻

---

① 费夫贺、马尔坦，《印刷书的诞生》，第 217 页。［译者注：译文参考李鸿志译，《印刷书的诞生》。］

② 迪若弗（Florence Edler de Roover），《有关早期印刷书的融资及营销的新发见》（New Facets on the Financing and Marketing of Early Printed Books），载《商业史学会通讯》（Bulletin of the Business Historical Society），第 27 卷（1953 年）第 4 期，第 222—230 页。

③ 费夫贺、马尔坦，《印刷书的诞生》，第 216 页。

④ 前揭书，第 217—220 页；麦肯锡（D. F. McKenzie），《思维的印工：有关书目理论及印书坊运作的一些想法》（Printers of the Mind: Some Notes on Bibliographical Theories and Printing-House Practices），载（弗吉尼亚大学）《书目研究》（Studies in Bibliography），第 22 卷（1969 年），第 14—16 页。

定,可以贮藏起来,以为将来重印之用。

技术上,一块刻好的标准桃花木或枣木镂版足以印制 16000 到 26000 本书。我们对中国书籍的印刷数量所知不多。官刻本每版约印制数百到数千本。坊刻本的出版数量则无法得知。伊维德(W. L. Idema)指出:证据显示,除了蒙学、乡塾用书及历书等有一定需求的出版品外,一般书籍极少印制到技术上可及的最大数量①。从成本上来看,比起每印一次就得排版一次的欧洲印刷方式,中国的镂版既然可于贮存以为将来之用,一"刷"的数量就显得较不重要了。能确知的是,刻版的买卖在中国书坊之间极为平常。至于像 18 世纪诗人袁枚(1717—1797 年)那样自印作品的文人,则通常视他的刻版为资产,并将它们留给子嗣以作为后代子孙的财富来源之一②。

因此,15 到 18 世纪之间存在于欧洲印刷业对供需两端的拓展俱构成限制的关键因素在中国同期并不存在。欧洲在训练、设备及原料—尤其是纸张—上的成本远高于中国,在此一时期,事实上是中国的印刷业,而不是欧洲,真正能从规模经济中获利。在欧洲,需求有限也是一个较大的问题。欧洲人口较少,也就使得精英人数相对有限。在 15 世纪中叶,拉丁文仍是通行于欧洲的有教养的人所说的语言,出版商着眼的是跨国性的市场。而当对地方方言的重视伴随着改革运动而来时,出版商的眼光随之转向新兴的民族国家。较之中国,欧洲的贵族专制制度更关键性地将地方社会分成城、乡两个区域。高识字率及购书人口因此更大地限制在城市地区。爱森斯坦(Elizabeth L. Eisenstein)指出,欧洲的许多乡村地区在铁路通达以前,印刷书始终付之阙如。她结论道,乡村地区的广大农民人口及分歧的地方方言,使得欧洲在印刷业兴起的初始阶段只有极少数的人口受到印刷书籍的

---

① 伊维德,《中国白话小说:形成期》(*Chinese Vernacular Fiction: The Formative Period*),贝里尔(Brill)出版社,1974 年,第 56—58 页。

② 韦利(Arthur Waley),《袁枚:18 世纪中国诗人》(*Yuan Mei: Eighteenth Century Chinese Poet*),斯坦福大学出版社,1970 年,第 108—109、200 页。

影响①。

我们已经指出明清时期中国书籍出版的成本之所以低于欧洲的原因②。在需求方面,我们引述了人口、语言、社会结构等方面有利于中国印刷业的因素。当然,中国人口较多,在明朝晚期,估计约 1 亿5000 万。既然中国与欧洲的知识分子占总人口的比例约半等同,则中国的书籍市场自然远比欧洲大得多③。明朝晚期和有清一朝的教育扩张尤其增加了对书本的需求。

中国书写文字在整个帝制时期是统一且标准化的,这便使得中国的书籍市场不因地方方言的区别而被切割。使中国识字人口非比寻常地广布于各地的科举考试区域配额,则确保了中国各地区皆存在对书籍的需求。识字及购书人口也不局限在城市地区。中国的城乡差距远小于欧洲,那样的局限如何可能存在。在中国,城市与乡村皆有文人居住,出版事业也就同时存在城市与乡村④。

中国与欧洲出版及印刷的比较显示了中国的技术及市场结构是较有利于该事业的扩张的。稍早提及的技术上的改良并不在刺激中国出版事业的拓展上扮演决定性的角色。事实上是自 16 世纪开始一

---

① 爱森斯坦(Elizabeth L. Eisenstein),《作为变迁媒介的印刷机:早期现代欧洲的通讯与文化转型》(*The Printing Press as An Agent of Change*:*Communications and Cultural Transformations in Early Modern Europe*),剑桥大学出版社,1979 年,上册,第 62 页;费夫贺、马尔坦,《印刷书的诞生》,第 178—179、224—239 页。

② 卡特(Thomas F. Carter)著,傅路德修,《印刷术的发明及其西传》(*The Invention of Printing and Its Spread Westward*),哥伦比亚大学出版社,1955 年,第 1—6 页;宋应星著,孙任以都、孙守全英译,《天工开物》,第 13 章。

③ 何炳棣,《明初以降人口及其相关问题(1368—1953 年)》(*Studies on the Population of China, 1368—1953*),哈佛大学出版社,1959 年,第 264 页;摩尔斯(Roger Mols),《1500—1700 年间欧洲的人口》(Population in Europe, 1500—1700),收希拉(Carlo M. Cipolla)编,《方塔讷欧洲经济史》(*The Fontana Economic History of Europe*),柯林斯(Collins)出版社,1974 年,第 2、38 页。摩尔斯的估算包括波兰、俄罗斯及巴尔干半岛诸国等并不完全属于欧洲书籍市场的地区。

④ 牟复礼(Frederick W. Mote),《中国都市千年史:苏州的形态、时间及空间概念》(*A Millennium of Chinese Urban History*:*Form, Time, and Space Concepts in Soochow*),载《莱斯大学学报》(*Rice University Studies*),第 59 卷(1973 年)第 4 期,第 36—65 页;施坚雅,《中国农民与封闭的社会》。

直持续到清朝全期的教育扩张及经济繁荣真正具关键性地位。

到底出版商是些什么人？出版业对民间文化造成了怎么样的冲激？雕版印刷允许中国的出版商分散各地：只要有刻工，就能印刷。现存的研究集中在最具知名度，但却占出版业版图最小的官刻或文人出版商，而忽略了印刻蒙学丛书、历书及宗教性书册等较次要出版品的出版商。

官刻、家刻及坊刻皆有功于书籍的出版。政府一直是官方档案、历史记录、及儒家典籍的最重要出版者。对儒家经典诠释权的关注在其出版发展史上始终是一个重要的动力。政府各层级，上自皇帝，下及于地方衙门，都兼任出版者和印刷者的身份①。然而，虽然明清诸皇帝都大力支持宗教及一般俗世典籍的编印，但政府并非促成当时出版事业扩张的主要来源。

因为随着教育扩张而来的对教本需求的增加，文人、各种机构及书坊的出版活动都在明末兴盛起来。书院及收有许多善本书籍的藏书家如黄丕烈（1763—1825 年）、毛晋（1599—1659 年）、鲍廷博（1728—1814 年）等编印刊刻了许多典籍，满足了较高层级教本的需求，并进而促成了清代校勘学的兴起。那些出版品十分精美，明显地是以少数富裕的读者为出版标的。这些读者主要是上层文人，尤其是居住在长江下游中心区的文人，他们同时也是一些为有限的城市读者所刊刻的戏剧、小说等出版品的收藏者②。

刊刻教育丛书及小说等为时人所广大需求的出版品的主要是商业书坊。他们之中有一些极负盛名。如以插画雕刻闻名的安徽黄家，以及誉享元、明两代的印书商福建建阳刘家。我们对这些商业组织所

---

① 吴光清（K. T. Wu），《明代的印刷及印刷商》（Ming Printing and Printers），载《哈佛亚洲学报》（Harvard Journal of Asiatic Studies），第 7 卷（1943 年）第 3 期，第 203—225 页；刘国钧，《中国书史简编》，高等教育出版社，1958 年，第 75、77、83—87 页；孙毓修，《中国雕版源流考》，商务印书馆，1926 年，第 13—22 页。

② 谭卓垣（Cheuk-woon Taam），《清代中国图书馆的发展》（The Development of Chinese Libraries under the Ch'ing Dynasty），商务印书馆，1935 年，第 15—17 页；刘国钧，《中国书史简编》，第 13—22 页。何谷理，《17 世纪的中国小说》，第 11、50、120、185 页。

知有限。无法确知到底有清一朝所呈现的书商与出版商之间的紧密关系是当时的一个新发展，还是明代既存状况的延续。但书坊、出版商之在各地拥有分号却可能早已存在于明代，而在清代有更进一步的发展①。

坊刻本的质量良莠不齐。既有昂贵的小说、历史、儒家典籍的刊本，也有字体模糊，缺乏精准校对的廉价本。廉价儒家典籍校对之粗糙引起官吏的忿怒，一个 17 世纪的苏州官员便指责道：不讲道德的商人通常只为暴利而刻刊书籍，用的木板既差，文本也因遗漏或失误而错误连连。书商多欺诈，而学子则转受误导之害②。

明朝后期呈现出对考试用书的强烈需求，然而最广大的市场仍在因教育普及而来的蒙学书籍。入塾求学 1、2 年的幼童人数无论如何远远超过进一步准备科举考试的士人。明末清初的童蒙书，包括韵语、杂字等的出版大幅增长③。

因应市场的变化，商业书坊也刻印许多各式各样的书籍。家庭日用指南、算学指引、契约范本及其他提供日常所需信息的类书，前所未有的大量刊印。也有为杨庆堃（C. K. Yang）所指称，传统中国中流传最广的历书，以及其他原不在印刷文字之列的产品，如一般家用的宗教性小册等。根据队克勋（Clarence B. Day）的研究，在浙江，"马张"广泛地使用在几乎是所有的宗教仪式中，富人如此，穷人亦然。马张是转印到纸上的木雕图像，通常有着或多或少的文字，供人们在宗教仪式中焚烧祝祷之用。这一类的宗教印刷品可溯至远古中国，并且无疑地随着时间的演进，益加流行。虽然它们极有可能是传统中国流传

---

① 吴光清，《明代的印刷及印刷商》，第 209、234—235 页；柳存仁（Ts'un-yan Liu），《伦敦所见中国小说书录》（*Chinese Popular Fiction in Two London Libraries*），（香港）龙门书店，1967 年，第 38—39 页。

② 转引自吴光清，《明代的印刷及印刷商》，第 230—231 页。［译者注：由于吴文并未注明引文出处，译者按文中叙述遍阅金蟠于 1639 年所编《十三经古注》后亦无所得，遂权宜依大意翻译。］

③ 张志公，《传统语言教育初探》，上海教育出版社，1964 年，第 11—12（前言）、11—20、28—30 页。

最广的印刷品之一，但我们对它们的生产所知甚少。宗教活动中供奉牺牲时所烧的纸钱也是其中之一，它的印制值得进一步研究①。

如果商业书坊的印书活动较贴近于以低教育水平消费者的实用性关怀为取向，这并不就是说，反之，文人刻书的影响只及于精英。宗教性小册的刻印和发送多出于虔诚的信仰，那样的举动在自知录及其他善书中可获得若干"功"。这些小册必定散布极广，19世纪，在中国的传教士诉说着到处可见它们的踪迹②。

印刷也出现在社会的其他层面。宗族也从事刻书。17世纪末，有越来越多的家谱、族谱被编印出来。慈善机构开始出版他们的活动报告。上海慈善组织的文件可溯自19世纪早期③。而即使在政府的禁令之下，佛教各宗派仍得以印发他们的经卷。

与早期的印刷事业相比较，明清时期不只在印刷卷数上增长，文人、机构和商业书坊的刻书活动也日趋丰富。精英阶层掌控着出版，他们既是制造者，也是消费者。但出版事业的扩张所反映的是文人上层文化对不止是文人自身，还有其他广大的社会各阶层的影响。至清末，或甚至更早，即使是文盲也基本上生活在文字的氛围之中。

出版事业的发展是否改变了印刷中心的地理分配？相关研究多集中在明清时期支配精美印刷品出版的长江下游刻书中心。事实上，除了发展较晚的云贵地理区之外，各地区皆有印刷中心，正如一位16世纪的学者所说：

---

① 杨庆堃（C. K. Yang），《中国社会的宗教》（*Religion in Chinese Society*），加州大学出版社，1961年，第17页；罗友枝，《清代的教育及民间识字率》，第114—115页；队克勋（Clarence B. Day），《中国农民崇拜：对中国马张的研究》（*Chinese Peasant Cults: Being a Study of Chinese Paper Gods*），第2版，（台北）成文出版社，1974年，第3—5页；侯锦郎（Ching-lang Hou），《中国宗教的冥纸及库钱观念》（*Monnaies d'offrande et la notion de tresorerie dans la religion chinoise*），法兰西学院高等汉学研究所，1975年。

② 卫理（E. T. Williams），《几种中国人的民间宗教文献》（*Some Popular Religious Literature of the Chinese*），载《皇家亚洲学会中国分会学报》（*Journal of the China Branch of the Royal Asiatic Society*），新辑（New Series），第33卷（1900—1901年），第11—29页；于君方，《佛教在中国的更新》，第121—122页。

③ 可参看多贺秋五郎，《宗谱之研究》（宗譜の研究），东洋文库，1960年，第60—61页的图表；罗友枝，《清代的教育及民间识字率》，第121—122页。

凡刻(书)之地有三:吴也,越也,闽也。蜀本未最善,近世甚
稀。燕、粤、秦、楚,今皆有刻,类自可观,而不若三方之盛。其精
吴为最,其多闽为最,越皆次之。其直重吴为最,其直轻闽为最,
越皆次之。①

因此,在 16 世纪,重要的刻书中心分布在八个宏区的其中七个。
同时,以文人作为对象的书籍拥有一个全国性的市场。官刻中心则在
首都,如明代的南京、北京,及清代的北京。其网络广及于各地方的各
行政层级②。

文人刻书集中在长江下游各城市。那些城市正是文人出版者及
作家群居之地。有明一代,该地区的重要都心南京,及在明末取代南
京地位的苏州,吸引了大量的文人、学者及墨客。17 世纪的剧作家、诗
人及评论家李渔(1610—1680 年),大半生居住在其著名的书坊芥子
园所在地的南京。文学家冯梦龙(1574—1646 年)是苏州在地人,可
能在当地拥有一个印书坊。他和短篇小说家凌蒙初(1580—1644 年)
与出版圈关系密切。苏州也是以翻印许多宋版书著名的藏家黄丕烈
的居住地。其他江流域的刻书中心还包括刻印书籍多达 600 种的藏
书家毛晋、毛扆(1640 年—?)父子所在的常熟。孙念礼(Nancy Lee
Swann)研究中所论及的该地藏书家也多涉足刻书③。

整个明清时期,福建建阳是出产最多商业坊刻书的地区。建阳的

---

① 胡应麟(1551—1602 年),转引自刘国钧,《中国书史简编》,第 78 页。[译者注:该
文在胡应麟,《少室山房笔丛》,卷 4,《经籍会通》。]

② 刘国均,《中国书史简编》,第 78 页;长泽规矩也,《日文与中文书的印刷及其历史》,
第 86—87 页。从近年在上海一个坟墓发现到在 15 世纪北京出版的歌集和剧本,可以得知
北京亦有商业印刷的活动;可看看汪庆正,《记文学、戏典和版画史上的一次重要发现》,载
《文物》,1973 年第 11 期,第 58—67 页。

③ 傅路德、房兆楹编,《明代名人传》,上册,第 930—931、450—453 页;恒慕义(Arthur
W. Hummel),《清代名人传略》(Eminent Chinese of the Ch'ing Period),美国政府印刷局,
1943—1944 年,上册,第 340—341、565—566 页;孙念礼(Nancy Lee Swann),《七个关系密切
的藏书家》(Seven Intimate Library Owners),载《哈佛亚洲学报》,第 1 卷(1936 年)第 3—4
期,第 363—390 页;吴光清,《明代的印刷及印刷商》,第 239—243 页。

麻沙镇、书坊镇以出版低质量印刷品而闻名。有清一代,在长江中游及岭南地区也有许多具规模的坊刻中心。根据长泽规矩也书中所引述的资料:

> 书板之多,以江西,广东两省为最。江西刻工在金溪县之许湾,广东刻工顺德县之马冈。均以书版多者为富。嫁女以书版为奁资。惟字每草率讹误,以锓版半用女工耳。①

许湾和马冈是建阳的对手,两地的出版商均雇用妇人及童工刻印低质量的便宜出版品。在江西南昌、湖南长沙、广东佛山等地也有类似的刻书中心。广州也是清代主要的印刷中心之一②。

与前述各中心不同,长江下游地区如南京、苏州、杭州等城市的刻书作坊也出版各式书籍,但多以质优价昂的书籍为主。例如南京的李光明庄就是清代刊刻最多蒙学丛书的出版商。苏州席家的扫叶山房被普遍认为是清代最大的坊刻书商。部分长江下游的书坊在各地拥有分店。柳存仁(Ts'un-yan Liu)的研究告诉我们,当时的书坊如善成堂便有分店遍及苏州、杭州、浙江和福建③。

明清时期,全国各地都出现刻书中心,长江下游各城市则掌控着全国性的文人书籍市场。对部分现存明清藏书出版地的分析,说明了上述两者的地区分布状况。表1是1952年在北京图书馆的一个数百种明清图书展览的书籍出版地源流。该展览以小说为主,兼及历史、诗集、农书、科技丛书、方志、文集及宗教经卷。所展各书皆标示有出版地。结果显示,北京是最大的刻书中心,有图书58种;南京以拥有8种居次;苏州有23种,排名第3;杭州有7种。

---

① 刘国钧,《中国书史简编》,第78—79页;吴光清,《明代的印刷及印刷商》,第232—236页。长泽规矩也,《日文与中文书的印刷及其历史》,第87页。[译者注:该文出自金武祥(1841—1925),《粟香三笔》,卷4。]
② 刘国钧,《中国书史简编》,第87—88页;孙毓修;《中国雕版源流考》,第38—39页。
③ 有关李光明庄,可参看张志公,《传统语言教育初探》,图3;有关扫叶山房,可参看孙毓修;《中国雕版源流考》,第38—39页;柳存仁,《伦敦所见中国小说书录》,第38—39页。

表1　明清书籍的出版分布

宏区	明代		清代	
	书籍数量	明代书籍总数的地区百分比	书籍数量	清代书籍总数的地区百分比
长江下游	88	49.2	51	42.8
华北	36	20.1	39	32.8
东南沿海	14	7.8	0	0
西北	11	6.1	3	2.5
长江上游	8	4.5	3	2.5
长江中游	7	3.9	7	5.9
岭南	7	3.9	7	5.9
云贵	7	3.9	5	4.2
域外	1	0.6	4	3.4
总数	179	100	119	100

资料来源:北京图书馆编,《中国印本书籍展览目录》,北京市中央人民政府文化部社会文化事业管理局,1952年,第349—720件,第57—94页。

北京图书馆的展览揭示了北京作为官刻本出版中心的重要性。小说本的分析则说明了东南沿海和长江流域的优越地位。在24种现存明版、清版《三国志演义》中,有出版地可考的有10种,其中6种在福建刻印,3种在苏州,1种在南京①。

广州在岭南书市的卓越地位,在柳存仁对伦敦两座图书馆中所存通俗小说出版地的分析中具体可见。该2图书馆所存的130多种书籍分别由90个书坊所刊刻,其中的56个可以溯及出版地。可溯源的这56个书坊中,在广州的占28.5%、佛山9%、香港5%,因此便有总计42.8%出自岭南地理区。一如柳存仁所解释的,广东的出版品的藏书地之所以在涵盖长江下游、东南沿海及华北等地的广大地区中占支配性角色,是因为广州之为包括香港在内的地区市场中心的地位②。

---

① 北京图书馆编,《中国印本书籍展览目录》,北京市中央人民政府文化部社会文化事业管理局,1952年;孙楷第:《中国通俗小说书目》,作家出版社,1957年,第20、24—37页。

② 柳存仁,《伦敦所见中国小说书录》,第39—42页。

孙楷第对日本及中国藏书的研究则显示东南沿海及长江下游较居优势，两者的差异标志了伦敦藏书的地区性偏好。

长距离的贸易可能只限于以高知识水平及较富裕读者群为对象的出版品。小说、历史读物，以及我们以上分析的各藏书的读者，大约集中在精英小众。较高的书价及优良的印刷质量使得商人在扣除长途运送的开支后仍有利润可期。这些长距离的贸易操控在长江下游及江西地区的刻书中心。我们发现苏州商人带着书籍到广州贩卖，然后购买便宜的马冈本回售到江南各地。自10世纪至19世纪末，北京著名书市琉璃厂始终在苏州、湖州、江西等地的商人手上①。

一旦书价及其优势地位下跌，远距贸易亦随之没落。如果能寻得研究所需的数据，则仰赖人口密度及特定区域经济发展程度，我们可据以推考出一个上至宏区都心，下及于各区中级市镇的产销中心层级。如果把研究对象设在如利玛窦所说的"大量出售，每家都有一本"的黄历，或在村庄里似乎贩卖极广的"马张"，则我们所讨论的刻书中心极可能处于中心地层级中最末或次末地位的城镇②。在我们能够研究这一类最畅销印刷品的生产，及如书展、书贩网络等有助其销售的机制之前，进一步的探讨是必要的。

社会经济的发展及其对文化的影响

经济的发展、教育的普及、识字率的提升及印刷文化对乡村地区的渗透，从根本上影响了中国的通俗文化。对此我们已有若干讨论。

对市场销售参与的增加，提供了农民更开阔的视野。各家户能有预算用于教育上则提高了识字在日常使用上的价值。商业经济将个人暴露在更激烈的竞争环境当中，潜在的损失一点也不少于可能的利润。社会阶层流动的加快因此等同不确定性的增加。这一类双重的

---

① 郭汝诚等修，《顺德县志》，卷3，第50a页；王冶秋，《琉璃厂史话》，三联书店，1963年，第21、41页；叶德辉，《书林清话》，卷9，第26b、32a页。

② 加拉赫英译，《利玛窦中国札记》，第82—83页。

压力反映在明末的小说及善书中强调个人行动决定命运的重要性,及物质报偿可由道德行为获致的假设上。一种市场兴起在"积功的意识形态"上的精神上的模拟,出现在这一类书中:我们可以将此一时期出现的"功过格"视作一种诉诸超自然的有"积蓄标的"的账簿,也就是说,一种对特定数量的行善将带来好运的信仰。于君方的研究提供了这样一个例证。明末的袁黄即将其考取举人/进士,及获得子嗣等,归于他经由行善积累了特定的"功"的结果①。

行善积"功"的想法因此可以解释为一种因社会流动增快所引起的不确定感的反应。此一诉诸超自然的簿计观念揭示了商业精神及理性对道德、宗教领域的渗透。

经济的发展和教育的普及改变了精英文化。长江下游是晚明时期最发达、最城市化、人口最稠密的地区之一,该地区外居地主往城市搬迁的行为刺激了都市文化的形成。长江下游的大都市,如南京,因许多年轻学子受挫于日趋竞争的科举考试,转而寻求个性的满足,而成为智识及艺术生活的中心。然而,此一由"公"而"私"的转向并不代表他们抛弃了儒家的价值与目标,精英文化对于因社会变迁所导致的道德低落的关怀,刺激了明末清初与道德有关的小说及其他作品的出现。

教育普及也从其他几个方面影响了文化的发展。前所未有的至少能够阅读简单读物的识字人口的增加,鼓励了书写沟通工具的广泛使用。教育的扩张在幼蒙教育上最为显著,蒙学教育在教育内容及书写语文上的统一,使得幼学书籍在通俗知识领域上起了作用。藉由对这类书籍及其内容的考察,我们可以一窥此一发展的意涵。

明清蒙学课程以三种教材为主:《三字经》、《千字文》及《百家姓》。一般男童自《三字经》学起。《三字经》作于宋代,到了明清时期出现了许多版本。《三字经》以 3 字为 1 行,共计 356 行,在去除重复

---

① 于君方,《佛教在中国的更新》,第 121—124 页;有关 13 世纪欧洲与中国相类发展之讨论,可参看艾礼爱思(Philippe Ariès),《到我们死的时候》(*The Hour of Our Death*),克诺夫(Knopf)出版社,1981 年,第 103—104、154 页。

的字后,约包含有 500 个单字。它著名的起首数行"人之初,性本善。性相近,习相远。苟不教,性乃迁"等句,展现了孟子的教旨①。这部书将历史上与实际生活中对父子、尊卑、长幼等人伦关系的评论嵌合在一起。

最古老的蒙学书籍是《千字文》。《千字文》编著于 6 世纪,以八字对语的方式镶嵌入 100 个不同的单字。它的内容近似于三字经:有节气、动、植物等自然界名物,各朝代名称,值得效法的英雄,及对谨言、慎行、自律、谦逊等合乎儒者行谊的推崇。一如《三字经》,《千字文》的设计易于吟咏,因此也就利于记诵;书中的单字是往后学习儒家经典时常会见到的,而且其行序构成简单。明清时期,市面上流通着各式版本的千字文。

第 3 种童蒙书——《百家姓》——包含有 400 种姓氏,但由于有些是复姓,这本书所含盖的单字事实上超过 400 个。

这三部书提供初学者约 2000 个单字及富庶人家的男童在进入正式学校前所需具备的词汇。这三部一般称为"三百千"的幼蒙书也是乡塾及社学等学校用书,学童在那儿大约花 1 年的时间学习它们。一如明代名宦吕坤所指出:"初入社学,八岁以下者,先读《三字经》,以广见闻;《百家姓》,以便可用;《千字文》,亦有义理。"②

以上三书对明清文化的影响无远弗届。《千字文》,以及其他一些书籍,不只有中文,也有满汉对照和蒙汉对照等版本。单字不重复的特性及它的广受欢迎,使得《千字文》成为几乎是所有事物的排序系统。道书的号序以千字文为底本。木匠将家具拆解,并在各部分标志号序,运送至目的地后,再据号以重组,用的也是同一套系统。宫崎市定指出,南科举考场将特定数目的考间聚为一"排",各排各考间以

---

① 英译见翟理斯(Herbert A. Giles),《三字经》(*Elementary Chinese:San Tzu Ching*),(上海)别发印书馆(Kelly and Walsh),1910 年。我对蒙学书籍的说明多取自张志公,《传统语言教育初探》,第 6—27、154—159 页。

② 转引自张志公,《传统语言教育初探》,第 25 页。[译者注:原文见吕坤,《社学要略》。]

"字"志为"号房",此"字"的排序即来自《千字文》。既然每一考间都有字号,则全考场的所有考间都因此而得辨识。这同一套系统也使用于商号、帐册及当铺当票的编号。即使当票号序每月更换,同一个当铺所出的当票在至少853年内不会出现两张相同的票号①。《千字文》在实用性目的上的广泛运用,证明了它的广受工匠、簿记、商人、僧侣及学者等社会各阶层人士的欢迎。张志公的研究说明了《三字经》有着同样的受欢迎的程度,当时的各类蒙书常以之为名:如《地理三字经》、《西学三字经》等②。

这三种童蒙书深入明清社会的证据来自校规、私人回忆、及前所提及的实用性应用上的文件。这些证据为我们所认为的童蒙课程在整个明清时期普及于社会各群体的结论提供了支持。

幼蒙书里教了些什么?许多社会在进入现代化之前的阶段时,蒙书多为宗教服务,在同时期的新教欧洲,宗教是教育的原动力,天主教欧洲、回教世界等亦如是③。在中国,《三字经》、《千字文》用来承载儒家规条:如人类天性可达至善的信仰,对教育作为开发人性善良面的根本途径的强调,以儒家社会为中心的个人角色的扮演(三纲、五常),作为一个"君子"的准则——仁、义、礼、智、信等。这些书籍也建议了一些适合帝制晚期经济环境的素质:勤劳、坚忍、及抱负。书中有这样

---

① 吉冈义丰(Yoshitoyo Yoshoka),《道教徒的修道生活》(Taoist Monastic Life),收尉迟酣(Holmes Welch)、石秀娜(Anna Seidel)编,《道家面面观:中国宗教论文集》(Facets of Taoism: Essays in Chinese Religion),耶鲁大学出版社,1979年,第235页;翟理斯,《工匠用的千字号序》(Thousand Character Numerals Used by Artisans),载《皇家亚洲学会中国分会学报》,新辑,第20卷(1885年),第279页;宫崎市定(Ichisada Miyazaki)著,谢康伦(Conrad Schirokauer)英译《科举:中国的考试地狱》(China's Examination Hell: The Civil Service Examinations of Imperial China),韦瑟希尔(Weatherhill)出版社,1976年,第44页;韦蓝(T. S. Whelan),《中国的当铺》(The Pawnshop in China),密歇根大学中国研究中心,1979年,第42—43页;张志公,《传统语言教育初探》,第8页。

② 张志公,《传统语言教育初探》,第19、159页。

③ 史东(Lawrence Stone),《1640—1900年间英国的识字率及教育》(Literacy and Education in England, 1640—1900),载《古今》(Past and Present),第42卷(1969年)第1期,第79页;古迪(Jack Goody),《加纳北部的有限识字率》(Restricted Literacy in Northern Ghana),收氏编,《传统社会的识字率》(Literacy in Traditional Societies),剑桥大学出版社,1968年,第222—223页。

一段话:一个人因为"勤有功",可以"揭名声,显父母,光于前,重于后"①。

在幼蒙教育中所传达的价值观因此不止符合中国社会的儒家取向,也与明末清初高度的社会流动的现实相和鸣。那些价值标准及幼蒙书籍中所表达的并非创新:一如我们已经指出的,《三字经》和《千字文》可回溯至宋,或甚至更早期的中国。所不同在前述外在的社会经济变动。教育的扩张促使更多的男童得以进入学校,在那里他们接触并记诵蒙学书籍中的内容。印刷业的勃兴促使大量的三、百、千及其他幼蒙书籍问世,它们将那些价值观带给初学者。而透过官方支持的计划——如乡约——以及文人对提升平民道德教育的努力,在学堂里所教的价值观进一步推展到社会中。

既然教育被视为道德规范化的关键机制,它就成为皇室、官吏和文人所关注的核心。在大多数社会,确是如此,但公共秩序与对价值标准的教诲(相对于单纯的强制而言)之间的联系,在中国可能比在其他前现代文化更明显。在中国,学校课程及教本均在严密的监控之下:蒙学课程的统一因此是正式、非正式规范下的产物。官吏和文人时常支持标准蒙书的刻印及发送,我们也看到清代官吏有关他们提供给区内义学免费教本的记录②。但我们对教育的理解通常非常广义,包括将价值观以口传的方式传达给大众。这就是梅维恒(Victor H. Mair)所研究的明清皇帝颁布圣谕的意图。明太祖洪武在1388年和1399年两度颁布圣谕。一如萧公权所观察的,这些圣谕是"将儒家伦理精义浓缩到最基本的要素上"。明圣谕中的戒律(一共有六条)内容与清开国皇帝顺治于1652年所颁发的完全相同:"孝顺父母,恭敬长上,和睦乡里,教训子孙,各安生理,无作非为。"洪武皇帝下令将这些规条张贴于学校,并刻于石碑,立在孔庙及科举考场之前。此外,每

---

① 英译见翟理斯,《三字经》,第345—348、353行。

② 萧公权(Kung-chuan Hsiao),《乡村中国:19世纪的帝制管治》(*Rural China: Imperial Control in the Nineteenth Century*),华盛顿州大学出版社,1960年,第241页;罗友枝,《清代的教育及民间识字率》,第49—52页。

月六次对村民大声宣读①。

圣谕试图将儒家的核心价值观传达给文盲或未能入学堂的人。其中所呈现的仅仅是简化了的幼学书中的内容，完全未及于儒学典籍本身。公开宣讲中也补充了其他提倡传统美德的设计：如敬老、守贞及孝顺等儒家的规范与实践。然后还有对良好行为的强制遵守，它以缜密的条文体现在用以支持儒家家庭价值体系的律令中②。

文人在世俗及宗教领域的作为适与政府在灌输价值准则的努力相吻合。他们兴办义学；撰写或白话或押韵的幼学书籍，以使名教的教导更容易；他们也赞助支持世俗佛教及宗教组织；撰写、刻印并发送宗教性手册及善书。任何一个这一类影响社会价值传达的活动在我们所研究的历史时段都很重要。

在帝制晚期，中国文化的逐渐整合不单只是官方政策的结果，也是市场日渐整合（以及因之而来的城乡结合）的产物。扩大的沟通网络使精英与农民传统的价值体系更紧密地统一起来。此一皇帝所认可的价值体系的最后胜利展现在它们终被原本公开反对正统的团体所接受上。韩书瑞（Susan Naquin）所研究的白莲教派在其经卷咒语中传递了与圣谕相同的价值观，只是那些教义规条是被置放在宗教救赎与死后重生的脉络之中。

文化的整合创造了精英与政府所欲求的社会安定。一如刘子健所说："便是此一编织细密的经济、社会、知识之网，使得如此一个庞大帝国的政府得以将其正式组织限制在仅及于城市的层级，而利用社会结构来控制乡村地区。"③

当然，文化整合事实上与社会区隔及社会紧张同时并进，那些区隔与紧张正是由同一个创造出社会整合的社会经济条件所激发而成。经济的进步带来较快的社会流动及社会分层；贸易的增长则使人更易

---

① 萧公权，《乡村中国》，第 186 页；傅路德、房兆楹编，《明代名人传》，上册，第 389 页。

② 萧公权，《乡村中国》，第 6 章；瞿同祖（T'ung-tsu Ch'ü），《传统中国的法律与社会》（*Law and Society in Traditional China*），莫顿（Mouton）出版社，1961 年。

③ 刘子健，《中国历史上的整合因素及其相互影响》，第 14—15 页。

察觉地区文化及民族文化的差异。小说及善书对向上奋斗的强调反映出在明末及清代竞争的氛围正挑战着雄心勃勃的中国人。很自然的，一如屈佑天（James Watson）对广东天后信仰的研究所呈现的，文化不只成为一个共享共通的语言，同时是沟通权力关系的载体，而文化符号也承载着社会不同个体所拥有不同认知的一大群意义。

文化整合与文化分歧在晚期帝制时代相伴而生。何者较重要则随着我们所关注面相之不同而转移。在宏观社会的层次，当考虑到明清时期沟通及传输技术的尚未现代化时，我们就必须承认帝国的文化统一是一个重大的成就。较之其他处于前现代时期的欧洲国家如法国——当时德国与意大利碎裂状态下的政府更是无法相提并论——中国呈现出一个较大程度的文化统一。

要了解帝制晚期中国社会在家庭、农村以及地方层面是如何运作，文化整合与文化分歧都是至关重要的研究课题。有关宗教融合、正统与非正统信仰以及戏曲小说的研究分析，不但有助我们了解在不同时空中根植于中国文化的价值观，亦使我们得以一窥社会经济环境与指引个人行为的思想和规范之间的相互助用。我们正进入一个相对未开发但引人入胜的研究领域。

整合史：早期现代（1500—1800 年间）的平行发展与相互联系[*]

傅礼初（Joseph Fletcher） 著

董建中 译

早 期 现 代

要解答中国是否是早期现代历史（early modern history）一部分这一问题，我们首先要处理一个更宏观及更令人困扰的问题：的确存在着一个早期现代历史吗？还是只有各自的历史（histories）？

欧洲有其早期现代史。在 16、17 及 18 世纪，中东、中亚和印度亦各自有其历史。晚明清初的中国当然也有其历史，而这历史的连续性亦远较因改朝换代而出现的有限间断明显。但值得考虑的是，这些地区（更不必说撒哈拉以南的非洲以及西半球）的历史，是否有任何共通之处？这些历史之间，是否存有共通的、可将它们连接起来的相互联系（interconnections）、连续性（continuities）及普遍趋势（general trends）？若没有任何共通之处，"早期现代"一词在欧洲以外基本上就没有什么意义，而"早期现代"（the early modern period）也就只有各自的历史而没有一个历史。

读者也许已经猜到（谁会写一篇文章去指出中国并非早期现代历史的一部分？），我的观点是早期现代历史的确存在，而中国是这一历

---

* 《突厥研究集刊》编者注：尽管傅先生并没有将本文以现貌出版的打算，但文中提出的想法在他学术思想中一直占有中心地位，而他在去世前亦希望能将此文修改后发表。

史的一部分。

相互联系与连续性

首先,我必须引入两个有助我们探讨问题的用词。第一个是"相互联系"(interconnection),意指两个或以上社会间交往的历史现象。这些现象包括思想、制度或宗教的传播,亦包括社会之间规模可观的贸易。第二个用词是"横向连续性"(horizontal continuity),意指两个或以上并不一定有联系的社会共同经历的经济、社会或文化历史现象。疾病在两个彼此完全隔绝的社会里爆发造成了人口减少,这可以说是一个历史连续性的例子。但是,若要称得上是横向连续性,那么引发这两个社会人口减少的最终原因必须是同一个。如果一个是霍乱而另一个是鼠疫,那么它们就不构成一种横向连续性,而只是两个相似事件。

横向连续性应与纵向连续性(vertical continuity)分别开来。后者是指制度、模式等的持续存在(如中国历史上帝制的长期沿用)。还应指出,两个社会间发现有一种相互联系现象,并不必然意味着出现了横向连续性,反之亦然。现在回到我们的历史问题上。

无可否认,在通讯快捷、政治多极化的 20 世纪 70 年代,在越南、罗得西亚或巴勒斯坦发生的事情,是会影响到中国、苏联、西欧及美国人民的生活的。同样,至少从 19 世纪中叶科技时代(Technological Age)将全球不同地区的历史命运交织在一起开始,世界上差不多所有地区都会受到欧洲、美国和后来日本的商业活动、殖民主义、帝国主义,以及有关民族主义和多种社会主义思潮的影响而合为一体。然而,早期现代(即 16、17 及 18 世纪)的情形又是怎样? 这一时期有一属于整体的历史(general history)吗?

早期现代的世界对历史学家来说不易整合,主要是因为已有的历史著作,尤其是关于那些非西方世界的著作,重点研究政治和外交史,近来研究更多的是制度史。1500 到 1800 年这一时段,当时世界上的政权和社会极为隔绝,少有长久的联系,更不必说相互深入的交往,除了一些欧洲国家,先是葡萄牙,然后是其他一些国家的沿海贸易。这一贸易对于相关的国家具有极重要的经济意义,但在那段时期,它对于欧洲船只频繁停泊的非洲和亚洲社会来讲鲜有影响。当然,美洲是另种情形,欧洲对它的冲击产生了直接和根本性的影响。正因如此,16至18世纪的政治和外交史对于我们将世界视为一体进行考察,帮助不大。同样,制度史对于我们的研究所起作用有限,因为它强调的是一个社会组织模式的特点,使我们的注意力集中于社会间的文化独特性和非连续性,而不是跨社会的连续性,简言之,是特殊性而不是普遍性。

要找出早期现代史的相互联系和横向连续性,我们必须透过政治和制度史的表面向下看,考察早期现代世界的经济、社会以及文化的发展。如果我们这样做的话,就可以看到,在17世纪,例如日本、西藏、伊朗、小亚细亚以及伊比利亚半岛,所有这些地区看起来彼此隔绝,却正在对于某些相同、相互关联的,或至少是相似的人口的、经济的甚至是社会的力量,做出反应。

整 合 史

整合史是对这些相互关联的历史现象的探寻、描述和解释。其研究方法在概念上并不复杂,但要付诸实行却并不容易:首先,我们要探寻历史上的平行现象(historical parallelisms;即世界不同社会差不多同时和类似的发展)①;之后,就要探究这些发展的成因是否相互关联。这是最基本而又最有价值的研究功夫。除非我们对人类社会发展(历史家的研究范围)及静态(社会学、人类学、政治学的范畴)的共同点有所认识,历史研究就没有框架可言。事实上,现代以前只有个别历史(histories)而没有历史(history)。无论以个别专论组成的历史"学"

---

① 有关这词的使用,可参看雅斯贝斯(Karl Jaspers)、布洛克(Michael Bullock)英译,《历史的起源和目标》(*The Origin and Goal of History*),绕梁与基保(Routledge and Kegan Paul)出版社,1953年,尤其是第1章:《轴心时代》(The Axial Period),第1—21页;及第2章:《世界历史纲要》(The Schema of World History),第22—27页。

(discipline)拼图有多么可观,没有一个宏观历史(macrohistory)作为用来阐述历史连续性(或至少历史上的平行现象)的初步总体架构,我们是无法全面了解个别社会的特殊历史发展之重要性。换言之,要看清楚由微观历史(microhistory)组成的拼图,我们必须站远一点。

在西欧和美国,与在微观史学引领下生产作为拼图一部分的大量史学专书及论文相比,能酝酿出这样一个初步总体架构(或宏观历史)的史学思维的落后程度,可说令人侧目。汤因比(Arnold Toynbee)在其巨著《历史研究》(*A Study of History*,牛津大学出版社,1934—1961年)视历史发展为个别类型社会的兴衰,但察觉不到把世界各地经济、社会和文化生活联系起来的基本横向连续性。另一方面,雅斯贝斯(Karl Jaspars)在其《历史的起源和目标》(*The Origin and Goal of History*)确从文明起源开始探索人类历史的平行现象,但他所指出的亦仅仅是平行现象而已。也就是说,雅斯贝斯注意到相类发展(similarities),但并没有建立起这些发展的因果关系。最近,麦克尼尔(William McNeill)在其《西方的兴起》(*The Rise of the West*;这是世界史之中最佳的一部)尝试利用"普世"(ecumene;尤其指"欧亚非文明世界")这一概念——以及这欧亚非文明世界(Afro-Eurasian civilized world)经历过的三个"闭合期"(closures;意指接触期),即公元前100年至公元300年,1200—1400年以及1500—1650年(后者见证了欧亚非与西半球交流的开始)——将人类历史联系起来。但正如其书名揭示,麦氏的主要关怀是西欧文明的兴起、扩张和主导优势。因此,除对文化散播作出描述外,他对中世纪晚期或早期现代世界经济、社会或文化史中可能显示出横向连续性的共同趋势,既没有甄别亦没有考察。

在共有的经济、社会和文化现象(这些是历史的真正所在)之上,仅有的系统尝试去推演(postulate)世界历史的,是由马克思主义历史学家做出的。其中大多数有着高度的意向性,他们怀着强烈的愿望,要显示所有社会都遵循一种阶段发展模式,其结果是,尤其是苏联的马克思主义历史学家,发现他们自己要持有一些奇怪的认识,如"游牧封建主义"(nomadic feudalism)这样一些概念。一些马克思主义历史学家试图摆脱这种思想上的束缚,认为存在着例外①,马克思的"东方社会生产方式"(Oriental mode of production)所表现的另类观点已被魏复古(Karl Wittfogel)、杜克义(Ferenc Tökei)以及其他一些人相当充分地予以论述②。

然而,实际的情况是,在历史领域,就像在欧洲和美国大多数大学中所教授的,在通史(或说是整合史)历史学家看来,充斥着微观的,甚至是狭隘的观念;美国大学引入区域研究(area studies approach)令情况更加糟糕,用这种方法,历史学家在地理上的特定地区与社会学家交流,但和研究与此无关的社会的其他历史学家鲜有联系。此种情形之下,历史学家对纵向连续性(传统的持续,等等)很敏感,但对于横向连续性却目无所见,历史学家已倾向于将跨地区研究交给了社会学家和政治学家,而社会学者和政治学者并不总是最适合这种研究③。在这种惨淡景象之中,令人欣喜的是有着法国年鉴学派的"历史机缘主义"(conjuncturalist)的历史学家,像布罗代尔(Fernand Braudel)、萧培(Pierre Chaunu)与萧玉(Huguette Chaunu)及德尔米尼(Louis Dermigny)等学者,他们的研究指向更少狭隘的史学的将来。

历史,出于可以理解的原因,已被划分为许多地理区域,每个区域的研究者很明显感到和其他地区的研究者几乎无话可谈。历史学家讨论方法论问题,学生们也被要求接触历史学和一点社会科学,但是

---

① 尤其可参看图里别科夫(S. E. Tolybekov),《17—19 世纪哈萨克的社会经济制度》(*Obshchstvenno-èkonomicheskii stroi kazakhov v XVII-XIX vekakh*),哈萨克国立出版社,1959 年;以及同作者,《15—20 世纪初的哈萨克游牧社会:政治经济分析》(*Kochevoe obshchestvo kazakhov v XVII-nachale XX veka:Politiko-èkonomicheskii analiz*),哈萨克苏维埃共和国科学出版社,1971 年。图氏基本上认为游牧社会是一个例外。

② 魏复古(Karl A. Wittfogel)的《东方专制论:关于极权的比较研究》(*Oriental Despotism:A Comparative Study of Total Power*)[译者按:耶鲁大学出版社,1957 年]固然为大家熟悉;亦可参看杜克义(Ferenc Tökei),《亚细亚生产方式》(*Az azsiai termelesi mod*),(布达佩斯)科苏特(Kossuth)出版社,1965 年;金科费(G. F. Kim)等,《东方国家历史发展的异同:有关东方社会形态(亚细亚生产方式)的资料》(*Obshchee i osobennoe v istoricheskom razvitii stran Vostoka:Materialy diskssii ob obshchestvennykh formatsiiakh na vostoka [Aziatskii sposob proizvodstva]*),(莫斯科)科学出版社,1966 年。在 20 世纪 60 年代,有些中国学者亦对"亚细亚生产方式"(Asiatic mode)作出了重新探讨。

③ 普林斯顿大学的罗兹曼(Gilbert F. Rozman)对于早期现代的研究是一个例外。他对 18 世纪中国、日本和俄国现代化的研究将会对了解本文提出的问题有很实际的帮助。

史学家们——身为史学家,常常缺少交流有用想法的共同基础。他们能够并乐于进行联系从中获益的仅有的基础,是由非历史学家所提供的理论。各地区的马克思主义史学家研究剪裁过的史料以适应马克思主义科学的要求,而非马克思主义史学家因为当前的历史研究而能够并经常重新审视理论,比如说韦伯的理论。人们很容易想见一个研究中国清史的历史学家与一位研究奥斯曼帝国的历史学家谈论艾森斯塔德(S. T. Eisenstadt)的思想——应该要求每个学习中国明清史的学生阅读伊兹科维兹(Norman Itzkowitz)所著简明的《奥斯曼帝国和伊斯兰传统》(*Ottoman Empire and Islamic Tradition*,克诺夫[Knopf]出版社,1972年)。历史学家确实做了跨区域的研究,为此,他们通常需要历史之外的帮助,但是,他们的研究结果,甚至是在没有社会科学家参与的比较史的研究中,与其说是历史的(时间上的动态变化),不如说是社会科学的(集体形为的模式)。

如果想得到一个对于历史总貌的足够全面的看法,——这样我们就可以看清楚拼图中每一片的意义,——那么仅有社会科学理论和比较史研究是不够的。人们必须还研究整合史,揭示那些表面之下的、世界各社会共有的趋势和发展。因为离开了整合史,19世纪中期以前没有一个普遍性的历史,只有分隔地区的历史记述。

全球史的起点

我们面临着一个问题:整合史成为可能的时间范围怎样划定,正是在这一范围内早期现代才呈现出意义。从19世纪中叶开始,如上面所指出的,全球各地区历史记述中相互联系的特点基本得到公认,当然,将来的历史学家不费力气就可以找到当今世界的横向连续性。但是历史——与分隔的历史记述相反,又能够向后推多远呢? 即便假定能做许多工作,来重构文献或支离破碎或整个就不存在的撒哈拉以南非洲和其他地区现代以前的历史(pre-modern history),我们还是无法回避这样的事实:尽管有着关于爱尔兰人、斯堪的那维亚人、阿拉伯人以及中国人活动的各种理论,但直到15世纪末,新大陆(New World)的文明还是完全与亚非欧隔绝。随着对于气候模式等了解的增多①,有可能将哥伦布之前的美洲历史的一些方面与旧大陆(Old World)的发展相联系——这不是完全不可能的——但因知识的缺乏,在16世纪之前还不可能有全球整合史。

要探求的具有普通性的历史时段,就是被称为早期现代的这一时期。对于1500年,我只看到了分隔的历史记述。到了19世纪后半叶,人人都看到了相互联系。这些联系始于何时?19世纪之前的这种普遍性的历史可能是由怎样的相互联系和横向连续性所构成?本文的目的是要提出一种"早期现代史"的假说,来回答这一问题;然后,特别指出中国在16、17及18世纪的经验在哪些方面能与之契合。

宏观历史(从飞机上鸟瞰的拼图)

设想我们正在飞机上旅行。我们是做不间歇的环球飞行,沿着同一纬度,以便我们能及时返航②。

这一飞行技术还处于初始阶段,因此不可能向回飞以及比如说在1573年的2月13日,或是1773年的2月13日做环绕全球飞行。相反,对于早期现代的这3个世纪(16、17及18世纪),我们是被迫地看到当时世界日复一日,上演了千百次的图景。此外,我们看的也仅够将这一时期置于其前后历史时段脉落之中加以观察而已。因此,就有可能看到普遍性的模式,并且告诉它们是否在这时期的开始、中间或是结束时出现,但是我们不能够区分特别的数据、事件和地点。

当绕行地球时,我们注意到除制度和文化史(纵向连续性)的框架

---

① 可参看布罗代尔(Fernand Braudel),《菲利普二世时代的地中海与地中海世界》(La Méditerranée et le monde méditerranéen a l'époque de philippe II),第2版,科林(Armand Colin)出版社,1966年,上册,第245—252页:《16世纪以来气候改变了吗?》(Le climat a-t-il changé depuis le XVIe siècle?)

② 我在这里这参借(并稍作修改)了海尔布隆纳(Robert Heilbroner)和伯恩斯坦(Peter Bernstein)在《政府开支入门》(A Primer on Government Spending)(良品[Vintage]出版社,1963年)一书为协助读者理解宏观经济以及国民生产总值这一概念所用的手法。

保留外,政治史几乎被全部排除掉。这很重要,因为地形不同,文化就不同。一个单一的横向连续性,在法国与在摩洛哥的表现看起来就不可能十分相同;因此区别文化特殊性的能力会帮助理解我们观察到的、呈现在我们面前的广阔图景的变化。

平行现象之一:人口增长

我们看到的第一个广阔的图景是人口的显著增长,这看起来是始于15世纪,在16世纪各地都或多或少的稳定增长,除了新世界(尤其是墨西哥),在那里西班牙获得了立足之地。在墨西哥,16世纪时,印第安人人口锐减(因为欧洲来的疾病?)①,但是在北美,普遍的趋势与旧世界相同②,在南美,印第安人的人口损失由输入的非洲奴隶所补偿。正如布罗代尔所预测③,在卡斯提尔(Castile)、意大利、巴尔干半岛各国、安纳托利亚(Anatolia),以至包括北非(尚缺其16世纪的人口资料)甚至叙利亚和埃及(对后两者专家不无疑问)的整个地中海地区,我们都看到显著的人口增长④。

---

① 纪尧姆(Pierre Guillaume)、波索(Jean-Pierre Poussou),《历史人口学》(Démographie historique),科林出版社,1970年,第105—106页,引用了"柏克莱学派"(Berkeley school)、萧培(Pierre Chaunu,1964年)及布罗代尔(1967年)的结论,并对它们提出了质疑。亦可参看莱哈特(Marcel R. Reinhard)、阿尔芒戈(André Armengaud),《世界人口通史》(Histoire générale de la population mondiale),蒙克里蒂安(Montchrestien)出版社,1961年,第112页。尤其有关墨西哥米兹特克高地地区人口的研究,可参看库克(Sherburne F. Cook)、鲍拉(Woodrow Borah),《1520—1960年间米兹特克高地的人口》(The Population of the Mixteca Alta, 1520—1960),加州大学出版社,1968年。

② 但是,16世纪的北美"几乎是空的"(quasiment vide);见纪尧姆、波索,《历史人口学》,第108—109页。

③ 布罗代尔,《菲利普二世时代的地中海与地中海世界》,第2版,上册,尤其是第299—300、368页。

④ 可参看如霍利斯沃斯(T. H. Hollingsworth),《历史人口学》(Historical Demography),康奈尔大学出版社,1969年,第311页。罗素(J. C. Russell),《古代晚期和中世纪的人口》(Late Ancient and Medieval Population),美国哲学会,1958年,第129—131页有一有趣的讨论。另一方面,伊萨维(Charles Issawi)似乎认为叙利亚北部在16世纪经历了一次经济反弹是个一般公认的事实;可参看其《1100—1850年间中东贸易的衰落》(The Decline of Middle Eastern Trade, 1100—1850),收理查兹(D. S. Richards)编,《伊斯兰教与亚洲贸易》(Islam and Trade of Asia: A Colloquium),卡西尔(Bruno Cassirer)出版社和宾夕法尼亚大学出版社,1970年,第245页。

我们甚至正看到地中海人口在 16 世纪翻了一番,在 1450—1550 年前后有着很高的增长率,而在 1550—1650 年间则增长率较低。16 世纪人口的这一增长,从地中海北部的欧洲地区也可以看到[1],与此前欧洲人口的稳定发展形成了有趣的对比,但没有比在叙利亚和埃及 16 世纪的增长更令人吃惊的,在那里,与整个中世纪形成了鲜明的比照,后者只能被描述成一个长时间的人口下降期[2]。在地中海北部沿岸,人口压力——它的定义是"人口规模与其享有资源之比"[3],看起来也在增加,因为在 16 世纪我们看到了大量的人口迁移:以色列人、意大利人以及其他地区的人口迁移到北非和曼斯奥帝国,西班牙人迁移到美洲,以及欧洲人口的内部再流动[4]。

继 16 世纪人口增长之后,是各地 17 世纪的人口减少,而后人口再一次开始增长。在新世界,墨西哥的人口,当然已经在减少,然而 17

---

[1]　可参看纪尧姆、波索,《历史人口学》,第 111—115 页;以及莱哈特、阿尔芒戈,《世界人口通史》,第 82—95 页。

[2]　穆萨拉姆(Basim Musallam)的博士论文(哈佛大学,1973 年)将阿拉伯中东人口这一稳定(下降)归因于瘟疫的反复发生以及避孕方法(主要是中断性交[coitus interruptus])的普遍使用(后者,穆氏指出,是伊斯兰教许可的)。(可参看下文第 334 页注[3]有关日本的例子。)穆萨拉姆的研究意味着我们一方面要对有关人口过渡的普遍理论作出(可被应用到其论文涉及的文化地区的)修正,另一方面亦要对亨利(Louis Henry)提出的"自然人口出生率"(natural fertility)这一特别概念作出修订(虽然欧洲与阿拉伯中东之间人口变动的分歧是可以用来证明亨利的概念对欧洲的适用性——这个问题其实很难处理,因为亨利的概念,即便是用于欧洲,近来也受到德梅奈[Demeney]、利维-贝奇[Livi-Bacci]、古贝尔[Goubert]、埃沃斯利[Eversley]及霍利斯沃斯[Hollingsworth]的质疑)。

如果穆萨拉姆的结论是正确的,而又如果叙利亚和埃及的人口(与欧洲的人口一样)在 16 世纪确实有很显著的增长的话,那似乎在那一世纪,叙利亚和埃及的人口(在我们还不太清楚的情况下)要不对出生人数的限制没有这么着紧,要不其死亡率有显著的下降。

有关阿拉伯国家在中世纪时经济衰退的概述,可参看伊萨维编,《中东经济史,1800—1914 年》(The Economic History of the Middle East, 1800—1914),芝加哥大学出版社,1966 年,第 3—8 页。

[3]　库克(M. A. Cook),《1450—1600 年间安纳托利亚乡郊的人口压力》(Population Pressure in Rural Anatolia, 1450—1600),牛津大学出版社,1972 年,第 9 页。

[4]　布罗代尔,《菲利普二世时代的地中海与地中海世界》,第 2 版,上册,第 380—383 页。

世纪北美的人口减少更为显著①，那里16世纪则是增长期。在欧洲，除了一些主要的中心城市，如著名的伦敦、巴黎、马德里以及伊斯坦布尔外，城市以及农村的人口都在减少。在一些地方人口倒退极为严重，例如丹麦人口在1650—1660年间减少了五分之一强②。西班牙和意大利的黑死病以及这两个国家政治经济的困难可以解释其人口减少③，但是其他地区人口减少就不易解释。奥斯曼帝国在17世纪头10年之后政治动荡、管理混乱，这给我们的考察带来了困难，但它的人口增长在一定程度上是被抑制了。

17世纪下半叶，在东西两个半球都可以看到人口的恢复，甚至是在墨西哥，那里人口已走出了极速下降（产生了疾病抗体？）。在欧洲，城镇人口比周围农村恢复的更为迅速；在欧洲和美洲，人口显著增长，贯穿整个18世纪，但是，欧洲农村人口的增长远快于城市④。在南美，非洲奴隶的输入，整个16世纪和17世纪不断地增长，在18世纪达到了峰值，当时输入了大约7百万奴隶，这是人口增长的一个原因。奴隶也是北美人口增长的一个因素⑤。在一些地方，如著名的诺曼底⑥和奥斯曼帝国，瘟疫成为18世纪高死亡率的原因，但欧洲人口普遍的情形，很显然是在上升，在这一世纪的后半叶，甚至瘟疫肆虐的小亚细亚也从中得以恢复，经济正快速发展，人口也在增加。然而，叙利亚和埃及人口没有得到恢复，直到19世纪一直保持低水平。

当我们再向东飞行，由于伊拉克地区已成为奥斯曼帝国与萨非

---

① 也许跟随着欧洲，因为北美的人口增长是与农业殖民（agricultural colonization）联系在一起；可参看纪尧姆、波索《历史人口学》，第108—109页。

② 拉森（A. Lassen，1965年），引自里格利（E. A. Wrigley），《人口与历史》（*Population and History*），威登菲尔德与尼科尔森（Weidenfeld and Nicolson）出版社，1969年，第63页。

③ 纪尧姆、波索，《历史人口学》，第116—117页。

④ 布罗代尔，《菲利普二世时代的地中海与地中海世界》，第2版，上册，第300页。

⑤ 莱哈特、阿尔芒戈，《世界人口通史》，第203—204页。奴隶的贩卖似乎并没有摧毁到17和18世纪非洲的人口资源。

⑥ 布维（Michel Bouvet）、博丹（Pierre Marie Bodin），《17及18世纪的诺曼底》（*A travers la Normandie des XVIIe et XVIIIe siècles*），卡昂（Caen）大学［译者按：量化历史研究中心］，1968年。

(Safavid)王朝对垒的战场,要对眼前的人口状况作任何确切的描述可说是不可能。在这个时期的开始阶段,伊拉克的人口数量似乎有所上升,但随后,由于灌溉系统的破坏,人口压力(定义同上)增大;人口数量自然也就保持低水平,可能正在下降。另一方面,在其北面的莫斯科维(Muscovy)的人口则在16世纪有很可观的增长(值得指出,在同一世纪的后半叶,由于人口压力的关系,不少民众会从人口稠密的中部和西北部迁移到东部和南部地区)①。莫斯科维(俄罗斯)的扩张阶段亦随此展开。这些人口数字是具高度推测性的,很可能人口继续增长,莫斯科维没有经历17世纪的人口减少,但表面上看起来不是这样,因为从1655年开始流行病席卷莫斯科维,在1659至1667年间,约有70万或80万的人死于疾病。但无论如何,18世纪人口显著增长②。

继续向东,我们看到了伊朗、阿富汗以及中亚上空的薄雾,但这里16世纪的人口绝对是在增加。萨非、乌兹别克和莫卧儿(Mughal)的军事征战使得这一图景模糊不清,但到了17世纪中叶,很明显可以看出伊朗在16世纪和17世纪初经济显著增长,日益繁荣。它的东面,阿富汗人口数量也在增长,在河中地区(Transoxania),阿斯特拉罕(Ashtarkhanid)王朝初期相对稳定,农业发展,经济增长。在新疆(塔里木盆地和畏吾尔地[Uighuristan])城市和农业人口与游牧人口相比有了增长。到17世纪中叶,这一繁荣的图景褪去了颜色。至少部分因为战争和瘟疫,伊朗的城市人口的锐减。像阿拉伯中东(Arab Middle East)一样,伊朗在18世纪未得以恢复,南部比北部情况还要糟糕。阿富汗(17世纪当然不存在)和河中地区也是同样,1650年后遭受饥馑与内乱,大城市像撒马尔罕(Samarkand)破坏严重。同样,17世纪经济的衰退,必然包括着人口的减少,也重创了新疆地区,这个世纪

---

① 布卢姆(Jerome Blum),《9至19世纪俄国的地主与农民》(*Lord and Peasant in Russia from the Ninth to the Nineteenth Century*),普林斯顿大学出版社,1961年,第120—124页。

② 纪尧姆、波索,《历史人口学》,第115页;以及莱哈特、阿尔芒戈,《世界人口通史》,第149—150页。对瘟疫死亡人数的估计,可参看穆尼埃耶(Roland Mousnier),《17世纪法国、俄国和中国的农民起义》(*Peasant Uprisings in Seventeenth-Century France, Russia, and China*),第213页(出版资料见下文注38)。

中期政治动荡,1679 年遭到游牧民族入侵并被占领。满洲人(清)1758—1759 年的入侵使得新疆在起初的动荡之后,有了一定程度的政治稳定和经济恢复(尽管不是在社会和宗教意义上的)。但是中亚的西部地区,像伊朗和阿拉伯中东,直到 19 世纪才从 17 世纪的萧条中恢复。

从中亚地区北望大草原,我们看到了游牧民族,但是他们以惯有的方式,处在运动之中,我们无法通过所看到的来判断人口的增减。哈萨克、厄鲁特和东部蒙古的人口(包括人和牲畜)似乎一直在增长。15 世纪末形成的哈萨克人,分布在哈萨克大草原。厄鲁特人扩张进入西藏和新疆,侵袭哈萨克大草原,并与中亚西部地区相对抗。其中的一些人,在 17 世纪初,西迁远至伏尔加河地区。东部蒙古人的活动则远不剧烈,但这里,有人认为牲畜的数量有了显著增加①。这很可能是与整个人类人口数量的增长相平行的。无论如何,在 16 世纪下半叶存在着一个蒙古人口向南和西南的运动,以寻求更广阔的草原,蒙古人再也未能从始于 17 世纪 60 年代外蒙古的动荡中恢复过来,游牧经济从那时起一直处于衰退状态。

阿富汗和东土耳其斯坦的南部毗邻印度—巴基斯坦次大陆和西藏。印度 16 世纪、甚至是 17、18 世纪的人口情况不是十分清楚,但 1500—1800 年间的人口趋势无可争议地是在增长。是否在这增长曲线上有着 17 世纪的凹陷,我们还不敢肯定,但是印度经济确有停顿,似乎就发生那个时段前后②。西藏因群山高耸,我们仅能看清僧众的数量自 17 世纪开始一直在增长,但无法知道整个人口的情况。1885

---

① 兹拉特金(I. Ia. Zlatkin),《准噶尔汗国史(1636—1758 年)》(*Istoriia dzhungarskogo khanstva〔1636—1758〕*),(莫斯科)科学出版社,1964 年,尤其第 1 章:《16 世纪下半叶的西部蒙古》,第 99—116 页。

② 戴维斯(Kingsley Davis),《印度和巴基斯坦的人口》(*The Population of India and Pakistan*),普林斯顿大学出版社,1951 年,第 24—26 页,指出在 1600 年,印度的人口总数应是 1 亿 2 千 5 百万。戴氏并不接纳"有关 1600 至 1845 年间停滞的错误认识",并假定印度人口一直保持在 1600 年的水平"达一个半世纪,之后人口逐渐增长,并在 1870 年左右加速增长"。钱德拉塞卡(S. Chandrasekhar),《印度的人口:事实和政策》(*India's Population：Fact and Policy*),(纽约)亚洲出版社(Asia Press),1946 年,第 14 页,接受了莫兰德 (接下页注)

年的一个估算是,僧众占西藏人口的 20%。近来对于卫藏的一个估计
认为僧众人口占总人口的 15%。但不知道这些数字是怎样得出的,并
且我们也不能在目前材料的基础上就认为,僧众人口与西藏总人口的
比例在达赖五世 1663 年人口统计与 1953 年中国人口统计之间一直
保持着大致的稳定①。

我们继续向东飞行,人口稠密的东南亚地区,因位于热带,已超出
了视野,我们为不能作观察感到遗憾②。但是,我们能看到中国,疆域
辽阔,尽管人口集中在东部。人口曲线与 1500—1800 年整个欧洲的
惊人相像。中国人口 15、16 世纪稳步增长,在 17 世纪第二季急速跌

(接上页注)(W. H. Moreland,1927 年)对 1600 年(1 亿)以及舍拉斯(G. Findlay Shirras,
1931 年)对 1750 年(1 亿 3 千万)的人口估算。舍拉斯,《印度的人口问题》(The Population
Problem in India),载(伦敦)《经济学报》(The Economic Journal),第 43 卷(1933 年),第 169
期,第 61 页,估计印度在 1650 年的人口为 8 千万、在 1750 年为 1 亿 3 千万、而在 1850 年则
为 1 亿 9 千万。

若我们接受莫兰德或戴维斯有关 1600 年以及舍拉斯有关 1650 和 1750 年的人口估算,
印度的人口曲线(包括在 17 世纪降而复升)则跟欧洲的相类似。由于这些估算是建立在不
同的基础上,这并不是一个合理的处理方法。但另一方面,我们对 16 及 17 世纪印度人口的
状况确实是一无所知。有关人口的数据(尤其是印度北部的)是有保存下来。当历史人口
学的方法得到进一步发展并被应用到这些数据时,我们应该可以预期得到类似的结果。伊
萨维,《1100—1850 年间中东贸易的衰落》,第 246 页,认为 17 世纪后半叶(甚至 18 世纪)的
印度是处于经济"破裂"的状态。

① 斯坦因(R. A. Stein),《西藏文明》(La civilization tibétaine),迪诺(Dunod)出版社,
1962 年,第 111 页;以及卡拉斯科(Pedro Carrasco),《西藏的土地和政体》(Land and Polity in
Tibet),华盛顿州大学出版社,1959 年,第 78 页。西藏人口的长期趋势(跟阿拉伯中东一样)
似乎是从中世早期(7 世纪)一直下降;可参看夏格巴(W. D. Shakabpa),《西藏政治史》(Ti-
bet: A Political History),耶鲁大学出版社,1967 年,第 6 页。有关另一个有关西藏中世纪人口
的线索,可看看沃多斯洛瓦克(V. A. Bogoslovakii),《西藏民族简史(阶级社会的建立)》
(Ocherk istorii tibetskogo naroda [Stanovlenic klassovogo obshchestva]),(莫斯科)东方文献出版
社,1962 年,第 128 页。

由于西藏有足够记录,若能应用历史人口学的方法,我们应有可能估算出 1500—1800
年间(或更早)相对准确的西藏人口数字。但由于这些记录大部分都在西藏,目前是很难使
用得到。

② 但却非在历史人口学家的视野之外。东南亚大陆国家(如越南)仍保存了可供历史
人口研究的资料。就算是印度尼西亚,我们仍可据现存资料对 18 世纪后末(即荷兰开始在
爪哇进行人口估算)前的人口作推算。可参看威佐约(Widjojo Nitisastro),《印度尼西亚的人
口趋势》(Population Trends in Indonesia),康奈尔大学出版社,1970 年,第 1、11—17 页。

落(这个世纪人口没有净增长),接下来 18 世纪人口加速增长①。朝鲜尽管在政治上是个分立的实体,但人口问题上呈现出了相同的图景:从 15 世纪开始增长,整个 16 世纪保持增长,17 世纪有一个回落,接着得以恢复,从 18 世纪到现代一直保持着增长②。

最后,跨海进入日本,我们只可以看到最粗略的人口曲线轮廓。16 世纪的情况不清楚,但是日本人口在 17 世纪增长迅速,在 18 世纪第一季增长变得平稳,一直保持至 19 世纪,而日本经济整体上继续发展③。最后要说一下日本 17 世纪人口史,从表面看来,没有理由怀疑

---

① 何炳棣(Ping-ti Ho),《明初以降人口及其相关问题(1368—1953 年)》(Studies on the Population of China, 1368—1953),哈佛大学出版社,1959 年,第 23、277—278 页。至少有一位经济学家接受了何氏的推论:帕金斯(Dwight H. Perkins),《1368—1968 年间中国的农业发展》(Agricultural Development in China, 1368—1968),阿尔定(Aldine)出版社,1969 年,在探讨本文所关心的时代时基本上采纳了何炳棣的数据。

② 赵弼济(Cho Pill-jay),《朝鲜人口的增长》(Growth of Korean Populations),载《朝鲜学报》(Korea Journal),第 4 卷(1964 年)第 8 期,第 4—9 页。跟中国的情况一样,所谓人口"统计"其实只是用作征税的数据,并不反映真实的人口状况。无疑,人口低报在李朝时代是一个普遍现象。这现象在 17 世纪土地赋税记录因日本入侵被毁灭后尤为明显:报告显示人口从 150 万惊人地增长到不太可能的 570 万(也就是说,一个世纪内增长几近 3 倍)。

事实上,朝鲜人口在 17 世纪出现下降是没有什么疑问。在 15 世纪,在李朝建立统治后不久,政府就将南方的大量人口安置到人口稀疏的北方;更多的土地因而被开垦,而人口亦有明显增长。然而,在 16 世纪末,问题便开始出现。日本于 1592 及 1597 年入侵朝鲜,亦因而引致中国要作出军事介入。日本的侵略与中国及朝鲜的抵抗的结果,是朝鲜的蹂躏以及其经济的中断。1624 年一次重大的军事叛乱震动了朝鲜北部,而满洲人亦于 1627 及 1636 年入侵朝鲜。1671 年的大瘟及其引起的疾病所造成的死亡人数,据说较日本侵略期间所导致的有过之而无不及。尽管朝鲜有效法中国设立"常平仓",但政府并没有建立一套有效的制度去救荒。因此,17 世纪的朝鲜饥荒肆虐,并因而引发瘟疫及社会动荡。有关的英文概述,可参看赖世和(E. O. Reischauer)、费正清(J. K. Fairbank),《东亚文明史》(A History of East Asian Civilization),第 1 卷:《东亚:辉煌的传统》(East Asia: The Great Tradition),霍顿米夫林(Houghton Mifflin)出版社,1960 年,尤其第 443—446 页。感谢路易斯堡(Fort Lewis)学院的艾殊(James K. Ash),在 1970 年参加我在哈佛大学开的早期现代史研讨班时,给我介绍了有关朝鲜人口和经济史的问题。

③ 一般认为,18 世纪人口的稳定(这里也许有些误解[第一次人口普查是在 1721 年],因为此时日本的人口还在向南部和西部地区扩张)一部分是由于饥荒和流行病,一部分则是由于日本人自己积极限制人口出生(堕胎和杀婴);可参看纪尧姆·波索,《历史人口学》,第 110—111 页。应注意这解释与穆萨拉姆有关阿拉伯中东人口的稳定(下降)的解释(即中世时代瘟疫的反复发生以及避孕方法的普遍使用为人口增长的主要限制因素;见上文第 329 页注②)有直接相似处。(伊斯兰教赞同避孕、容许堕胎、但谴责杀婴。)在此,我是否可以大胆指出日本人热水浴的杀菌效应?这种热水浴又是何时成为一种风俗的呢?

有关日本人口的主要研究,可参看陶博(Irene B. Taeuber),《日本的人口》(The Population of Japan),普林斯顿大学出版社,1958 年,尤其第 16—21 页。

在上升的人口曲线上有凹陷。人口增长在 16 世纪末可能因为织田信长和丰臣秀吉的报复行动被推迟,但是 1614—1615 年反对大阪德川家康的战争和 1637—1638 年在岛原半岛上的基督教起义因规模有限,还不足对人口统计造成任何影响。换言之,日本的人口曲线与中东地区的类似,后者在 18 世纪人口没有增长,因其在 17 世纪人口没有减少,这对于欧亚普遍性的模式来讲是不正常的。

整体看来(我们从飞机弦窗是不可能看到的,因为局限于 16 到 18 世纪),可能除了 19 世纪、20 世纪的普通性增长之外,全球不同地区的人口曲线看起来极不相同。而且,甚至在 1500—1800 年间各地的人口增减率差异也很大。中国的发展快于欧洲,欧洲又快于印度。如果人口规模是财富的话,在经历了 17 世纪的人口阵痛后,富者愈富,贫者愈贫,除了中美洲,那里贫人变的富有了。但是除了中美洲和日本,各地人口曲线的形状在 16 世纪和 17 世纪初有着显著的相似。甚至中美洲也有着 17 世纪全球人口曲线的凹陷。

平行现象之二:日益加快的节奏

从飞机弦窗所做的第 2 种观察难以用文字进行描述,更不必说测算了,因为我们缺少标准或是标尺,能将所观察到的以一种有意义的方式进行量化。但是对这三个世纪的进程进行观察,我们还是不由自主地注意到了更多的熙攘喧嚣、更多的运动、更多的买卖交易、更多的游历、更多的奇珍异宝、更多的利益,生活的各个方面都更为活跃。更多的历史"事件"接踵而至。我们感觉到了一种加速发展,如果这种节奏能够通约的话,我们就可以估算出这时一期有着更快的历史变化的速率。(难道只是因为,与此前的历史时段相比,我们对于 1500—1800 年期间的事情了解的更多,我们看到的这种加速发展比现实中的更为明显吗?我并不这样认为。)当然,这时要比 1500 年之前有着更多的商业活动。

在政治和思想领域,不是也存在着更多的变化,更多的新思想,更多的人置疑由来已久的价值和制度吗? 不仅有着更多的活动、更多的交换。节奏也变得更快。实际上,处处都在加速地进入 19 世纪。

平行现象之三:"地区"(Regional)城镇的增长

城市化的趋势也很明显,我们看到了市镇(towns)和中等城市(cities)在数量、规模和重要性上的增长。

当然,城市是一直存在着的,其中的许多,主要的作用是作为商路枢纽或商路之上的仓库以及饮用水和粮食的供应地;海岸的港口城市、沙漠中的绿洲、河道间的水陆联线点、接近关隘的群山脚下的客栈:它们正好位于阻隔地带前后,或是一些特别长距离或困难的区域。其他城市,有的是从位于控制一个地区或占据进入一个地区的战略要地的军事要塞发展而来的。一些城市,曾经在战略上和经济地位上很重要,但现在外部条件已经不复存在,然而这些城市依然很重要,因为它们与当地政府以及某个宗教、文化、政权或帝国的传统关系密切。也有位于中心地区的城镇,主要是作为周边地区经济活动的中心。这些可以称为"中心地区"城市,但是,我将称之为"地区"城市,因为,"地区"一词更少特别强调的含义①。

16、17 及 18 世纪,长途贸易仍在继续,欧洲的沿海贸易不断增长。然而,与中世纪后期的阿拉伯和意大利商人相比,我们绝不能说,早期现代欧洲从事航海贸易的葡萄牙、西班牙、荷兰以及英国商人——除了那些约 18 世纪中期以后的贸易,他们正进行的贸易量就更大或他们就更为活跃,更不必说谙于赚钱之道了。这一时期的重要性不在于,一批长途贸易商人取代另一批,因为至少在 1700 年之前,欧洲沿海贸易,对于非洲和亚洲经济的重要性还不及 13、14 和 15 世纪阿拉

---

① 有关"中心地"理论(central place theory)的发展,可参看伯瑞(Brian J. L. Berry)、普瑞德(Allan Pred),《中心地研究:有关理论和应用的书目》(*Central Place Studies: A Bibliography of Theory and Applications*),(费城)地区科学研究所,1965 年。首先将这课题的重要性介绍给研究中国的学者的论文,要算施坚雅(G. William Skinner),《中国农村的市场及社会结构》(Marketing and Social Structure in Rural China),《亚洲研究集刊》(*Journal of Asian Studies*),第 24 卷(1964—1965 年)第 1—3 期。

伯人和意大利人。重要的是,地区短途贸易在数量上的变化,已不仅是在沿海城市,而是在内地以及所有的地方。地区市场已经开始增长。集市(fairs)定期举行,变得更为重要并日益带有了城市的特征。更多生意中的合伙关系形成,出现了更多的行业①。

旧有的城市类型,即主要作用是与长途贸易相关的城市,继续存在,但在所考察的这 3 个世纪中,并没有成倍地增长。相反,"地区"类型的城镇——作为跨地区交流枢纽的中心市镇,以及作为周边农业地区的经济(或是文化)中心,常常与当地工业发展有着联系的城市——在数量和规模都有了增长。当然,上面提到的这种城市一直是存在的,然而在 1500 年后,起初的发展确实非常缓慢,但是可感觉得到,它们开始占有越来越大的比例。

这一迅猛发展的趋势,在像西伯利亚这样的地区表现得至为明显。在我们所考察 1500—1800 年的开始阶段,相对原始的森林民族在这里定居,稀疏分布。1500 年,这里的贸易,绝大多数是南北贸易,主要是皮毛、粮食和其他西伯利亚食品以及一些初级手工制品,换回南面大草原上游牧民族的生畜、生畜制品以及从中国、中亚,可能还有印度换回一些更为精制的手工制品。最初,贸易是在森林民族与游牧民族间直接进行,但到了 17 世纪初,来自中亚的长途贩运商人,也就是"布哈拉人"(Bukhariots)(尽管他们不一定都来自布哈拉[Bukhara])似乎已经取得近乎垄断的地位,在农耕地区(中国、诸穆斯林汗国[Muslim khanates]以及莫斯科维)、大草原和森林地区进行三角贸易。

---

① 即使是商业活动这个较有限的领域,这也是一个很难研究的问题。在主要文明当中,欧洲(因其有较丰富的史料)是最令学者欣喜的涉猎园地,而印度的商业(除了沿海贸易)则可能是最难研究的。至于近东地区,尤多维奇(Ahraham Udovitch)已经指出,就差不多整个中世纪来说,"有关货品交换的数量和速度、进口货品与出口货品的关系、以及货币资源总量等等问题……基本上由于缺乏足够能够提供所需数据的合适资料(包括文献及其他类型在内),将不会被解答得到(或充其量只能模糊地被解答)";参看尤多维奇,《中世早期伊斯兰贸易的商业技巧》(Commercial Techniques in Early Medieval Islamic Trade),收理查兹编,《伊斯兰教与亚洲贸易》,第 37 页。16、17 及 18 世纪奥斯曼帝国的记录能否提供更有用的史料还是未知之数。由于中国的商业大都不受官方重视并具有未经法律制定(甚至往往非法)的特点,能否将明末清初中国的商业活动进行量化研究还有待商榷。

然而,到了17世纪70年代,致力于发展皮毛贸易的莫斯科人,已扩张至西伯利亚,并建立了界线明确的东西贸易路线,通过在沿线战略要地修建设防的城镇以支持这条商路。因不满意于通过作为中间人的布哈拉人与中国、中亚和游牧地区的市场打交道,莫斯科人开始开辟自己的商路并逐步排挤掉布哈拉人,他们能做到这一点,其中主要的原因在于:西伯利亚的手工业、农业和畜牧业已经了有很大程度的发展,当地西伯利亚人的消费对于布哈拉人输入商品的需求日趋减少;同时,斯拉夫人移入西伯利亚的数量已稳定增长,他们在新的城镇定居或是建立新的城镇,带来了农业、手工业等;皮毛的来源地正在减少,并向更东面转移;政治上的纠葛已经阻碍了中俄间全面发展贸易之路。

西伯利亚地区经济日益改善了当地人的生活,而无需更多依赖长途贸易;外来的长途贸易商人(中亚人和游牧民族)不再前往西伯利亚的城市,取而代之的是在定期的边境市场(如伊麦沙[Iamysh]集市)进行买卖。1689及1727年与中国签订的条约未能开辟一条有保障和繁荣的中俄贸易之路;在世纪之交,不论怎样,商队贸易已基本上掌握在沙皇指定的商人[译者按:称为戈斯蒂(gosti)]手中,这是位于西伯利亚地区经济之外的;但到了18世纪中叶,在西伯利亚的俄罗斯人到处都是,大量的新土地得到开垦,建立起大量的市镇,经济(尤其是采矿)得到了很大发展,西伯利亚的城市成为了主要的地区经济中心,他们的生活不再需要长途贸易。即便是皮毛供应全部耗尽,即便是令人失望的恰克图贸易全部枯竭,西伯利亚城市将会继续繁荣,原因在于,它们或者是一个地区工业的中心,或者是周边地区经济的一个交汇点。17世纪主要的转运点如秋明(Tiumen')、托博尔斯克(Tobol'sk)、托木斯克(Tomsk)、克拉斯诺雅尔斯克(Krasnoiarsk)和伊尔库茨克(Irkutsk),这些联系西伯利亚和地理上俄国的欧洲部分的贸易,依然与过去一样重要,但它们的作用不再限于长途贸易①。商业转送点,如维尔

---

① 有关这一时期西伯利亚的城市及普遍经济发展,可参看奥克拉德尼科夫(A. P. Okladnikov)等编,《从古迄今的西伯利亚史》(Istoriia Sibiri s dreveishykh vremen do nashykh dnei),(列宁格勒)科学出版社,1968—1969年,第1册,第8章、第2册,第1—2(接下页注)

霍图利耶(Verkhotur'e)未能发展成为地区性的重要之地,差不多被人遗忘了。对于18世纪的西伯利亚地图令人关注之处主要在于,这里到处点缀着市镇,它们基本上是作为周边经济区的地区中心,而不仅仅是沿通往莫斯科商路的服务点和连接点。还值得注意的是,正是在这些城市,所有的"重要"居民都已定居。

当然,在许多方面,1500—1800年间西伯利亚城市发展的模式与世界其他地区相比不具典型性,因为在世界其他地方16世纪时,人口远没有如此稀疏,也远没有如此的原始条件,也没有如此的移民潮。但,尽管有这些附带条件,我们还是可以发现,作为一个我们正从飞机弦窗观察发生的一切进展的缩影,西伯利亚的个案还是有用的:说明了"地区"中心在数量、规模以及重要性上的增长。

在欧洲①、印度和中国,观察这一进程远比西伯利亚困难,后者16世纪根本没有真正的城镇,而且那里18世纪有着许多正在发展中的市镇。在世界上文明程度较高和人口居住密集的地区,16世纪的主要城市在18世纪的地图上仍能找到,那些在18世纪已发展成为著名的城市,在16世纪的地图也能找到——那时它们要小得多,但它们是能被找到的。但是从飞机弦窗有利位置望去,城市名单大致相同这一事实并没能误导我们,因为城市已发生了功能上的转变,重要性上的转

(接上页注)部分。有关西伯利亚西部的研究,可参看维尔科夫(O. N. Vilkov),《17世纪西伯利亚西部的手工业与贸易》(*Remeslo i torgovlia zapadnoi Sibiri v XVII veke*),(莫斯科)科学出版社,1967年;而有关外贝加尔地区(Trans-Baikilia)的研究,可参看亚历山德罗夫(V. A. Aleksandrov),《17世纪下半叶俄国在远东边区》(*Rossiia na dal'nevostochnykh rubezhakh[vtoraia polovina XVII v.]*),(莫斯科)科学出版社,1969年。亦可参看维尔科夫(O. N. Vilkov),《17世纪全俄市场与西伯利亚工商业问题》(Problema vserossiiskogo rynka i sibirkaia torgovlia i promyshelennost' XVII v.),收奥克拉德尼科夫(A. P. Okladnikov)等编,《苏联时代以前西伯利亚史研究的结论与任务》(*Itogi i zadachi izucheniia istorii Sibiri dosovetskogo perioda*),(新西伯利亚)科学出版社,1971年,第76—101页。列宁对"全俄"或"全国"市场在17世纪已开始出现的说法似乎是夸大了。

① 有关欧洲城市在中世晚期及早期现代发展的主要研究,可参看摩斯(Roger Mols, S. J.),《14至18世纪欧洲城市的历史人口》(*Introduction à la démographie historique des villes d'Europe du XIVe au XVIIIe siècle*),第1—3册,(刚布鲁斯)迪屈洛(J. Duculot)出版社,1954—1956年。

变。巴黎仍然是巴黎,德里(Delhi)依旧是德里,但它们今非昔比。1500—1800 年间,它们变得更为重要。曾经在农村居住的显贵和权势们已搬进城市,城市在国家生活中起着更加重要的作用。新的城市,像法地布尔西格里(Fatehpur Sikri)未能成为地区性重要城市,也就未能发展;其他的如马德里,继之而起,飞速发展。这一现象要与在这一时期依赖正在变化着的长途贸易模式、处于衰退中的城市,如威尼斯和诺夫哥罗德(Novgorod)区别开来,也要与像塞维利亚(Seville)、果阿(Goa)和广州这些找到新的长途贸易模式致富的城市区别开来。

我们飞行时的另一个观察是:正如同我们对人口鸟瞰所看到的增长一样,17 世纪是一个世界城市、特别是"地区"城镇发展的危机时期。但 17 世纪危机过后,尤其是 18 世纪,地区中心的恢复远比城市中心区(urban centers)迅速,后者中除了极少数幸运的港口和政治的首都,因为它们有着庞大的贸易或是某个 18 世纪强硬专制政权的支持。

平行现象之四:城市商业阶级的兴起(文艺复兴)

我们已经注意到,城市一直是存在的,城市的居住者也一直是存在的。在中世纪,城市居民包括政府官员和神职人员、驻防士兵、数量不少的奴仆、少数社会底层的妓女、窃贼和乞丐,但最主要是商人和手艺人。16 至 18 世纪,所有这些社会群体继续在城市居住,所占城市人口比例可能没有多大变化,但是两个新兴的群体开始以前所未有的数量出现:社会和文化精英(贵族)以及穷人——劳作者或将要成为劳作者的人,换言之,社会等级的两端。

继续从飞机舷窗观察下面的地形,我们注意到伴随着城市日益增长的地区贸易和工业活动,不仅这两个群体涌进城市,而且商人和手艺人,没有被到来的传统精英所统治和在力量上所压倒,发现自己处于 个力量增长的强势地位。在我们观察的 1500—1800 年这一时段,城市商业阶级与传统的社会与文化贵族之间曾经有过的截然区别,逐渐变得模糊。在贵族和商人间,贵族家庭和商业家庭间有着越来越多的财政协议,越来越多的商务交易,越来越多的合作,所起作用也有越来越多的重合之处。

文化生活方面也是如此。艺术家和作家过去必须讨好农村文化精英传统的审美要求,而现在必须满足的是有着城市人口味和兴趣的城市居民。高雅文化的城市赞助人没有什么新鲜的,就如同在 1500 年之前的意大利的城市,在赫拉特(Herat),中国以及日本见的到一样,而 15 世纪意大利文艺复兴,更是得到了商人对视觉艺术的资助,当然在 16、17 世纪,艺术的城市特色则更为明显。

1500 年—1800 年间,伊斯兰对于流行形象的态度使得我们很难将城市对于视觉艺术的影响作一比较。但是,举例而言,欧洲 16 世纪晚期和 17 世纪初期风俗画的发展,有可能与奥朗则布(Awrangzeb,1658—1707 年在位)于 1659 年中止了莫卧儿王朝对于绘画的资助这一事实加以对此,这是奥朗则布针对城市中穆斯林的情绪所采取的措施,后者由纳格什班底耶(Naqshbandiyya)带头,认为异教徒在宫廷活动太过分了。在表现艺术以及文学和思想史上,这种情况则更为清楚。作为赞助者,作为欣赏者以及作为创造者,城市商业阶级开始扮演他们以前没有扮演过的文化角色,他们的品味和他们的襄助留下了独特的印记。

以 17 世纪为例。在日本,歌舞伎开始娱乐观众,井原西鹤对于大阪城市生活的文学描写集中表现了时代的精神。在中国,所谓的"小说"走向大众;经典文艺和哲学著作的普及化开始出现,知识分子像顾炎武以新的眼光审视统治中国思想达五个世纪的理学;在社会思想方面有许多新的发展(有许多社会思想的新的火花出现)。在穆斯林印度(Muslim India),17 世纪见证了本土语言文学的发展(高瓦希[Ghawwasi]使用乌尔都语[Urdu]、苏丹巴胡[Ba Hu]使用旁遮普语[Punjabi]就是例证)以及其对阿拉伯语和波斯语文学带来的负面影响;在同一时期,塔得赫克拉(*tadhkira*)等体裁在中亚地区的日渐流行,亦反映了商业阶级的兴趣和品味。在中亚,察合台语(Chaghatay)文学的衰落,在某程度上,亦可被视为宫廷纯文学(*belles-lettres*)的衰落以及文学的普及化(庸俗化)反照。对于阿拉伯和波斯,17 世纪,文学和思想也是处于低谷。然而,这一事实的意义还不清楚。在奥斯曼帝国,纯散文(pure prose)写作(爱维亚·瑟勒比[Evliya Çelebi]的游记以及卡蒂普·瑟勒比[Katip Çelebi]和珀塞维[Peçevi]的史学著作),以及为迎合未曾受奥斯曼高雅文化传统教育熏陶的读众的通俗文学,在 17 世纪都得到了发展。

欧洲,尤其是在欧洲,17 世纪是思想史的分水岭。有人说:"在某种意义上讲,我们所知道的现代世界是 17 世纪的创造物;现代科学、现代哲学以及现代国家……一切都在这一时代出现,反过来看,这三个重大发展是一个根本性的、共同内核(common core)的外在表现。这一内核是一种新的力量,一种塑造自己的社会、自己的命运的人的力量。"①这一力量是已经最终形成的城市商业阶级的活力以及永不知足精神(restlessness),与旧有的传统精英相比,他们的心态少被传统文化所羁绊。自然地,他们的灵气能在文学中找到,现在争议渐息的莎士比亚戏剧的作者归属问题显示出我们是多不愿相信自己的眼睛。罗贝(Lope de Vega)和莫里哀(Molière)更是难以被否认。思想史上,霍布斯(Thomas Hobbes)、帕斯卡(Pascal)、斯宾诺莎(Spinoza)以及洛克(John Locke)也反映出上升的城市阶级的影响。这是世俗社会思潮的时代。

但是这些人以及他们杰出的思想成就只是一种潮流中最高成就和最熠熠闪光的一层,从我们的飞机舷窗看,这一潮流要远为深厚。伟大的作品是高雅文化的代表。一个时代的高雅艺术和通俗艺术之间存在着一些几乎恒定不变的关系,但是在这一点,我们所鸟瞰的事物的真正本质却体现在通俗文化(popular culture)领域。这一问题更不易研究,与思想史和文学史相比更难以进入历史学家的视野。对于我们所研究的潮流来说,更具重要意义的是公共娱乐——英国的木偶戏"潘趣和朱蒂"(Punch and Judy),土耳其的卡拉郭兹(Karagoz)"皮

---

① 弗里德里克(Carl J. Friedrich)、布利泽(Charles Blitzer),《权力的时代》(The Age of Power),康奈尔大学出版社,1957 年,第 1 页。

影"表演,中国的昆曲,日本的木偶剧——以及通俗的书籍。为了城市读众,人们经常将"经典"通俗化并加以改编,这不是为了知识精英而是为了半文盲(稍能读写)的城里人。也应注意到,在 16、17 世纪的欧洲和东亚以及 18 世纪初的奥斯曼帝国印刷术的推广使用和活字的发展。朝鲜也创制出了自己文字:谚文。17 世纪,不是有着更多的大众娱乐和作品,更多的写作,更多的出版,更多的阅读,难道它们对于帮助那些消费它们的城市商业阶级觉醒和自我意识没有起到作用吗?

平行现象之五:宗教复兴和传教运动(宗教改革)

当我们继续飞行,另一种全球性的、历史上的同步(congruence)行为,一种特别令人感叹的行为,映入我们的眼帘。城市阶级重新审视他们社会的宗教和宗教价值。许多地方的改革运动早已开始,但在16、17 世纪它们才完全浸入社会,经常引发社会剧变,它们与众多的、分布广泛的传教运动和活动相联系,这些活动一般都是与贸易齐头并进,作为城市商业阶级价值观的一个组成部分而被传播。新的城市人不满意宗教制度腐朽的精神内容。他要比他的中世纪前驱们更为坚定地相信自己感知的真实性。他追求个人亲历的而非共鸣他人的宗教体验。他不满足于宗教形式,不论在神学理论上是多么的成熟、丰富,不论它们显得多么的宏大。他想回到宗教本质上去。

宗教改革,反宗教改革——东正教、天主教、新教——我们已搞不清它们的区别。现在,从空中的角度,我们能够明白萧培是正确的,他坚持认为宗教改革应被视为一个整体,新教的或是天主教的①。我们还应该加上东正教。一些人在教会内部进行改革,而有的人则要从中挣脱,以求自由。尽管表现方式不同,但所有的都是对正在进行的普通性的转变做出的反应。1516 年,伊拉斯谟(Erasmus)树立了圣经的

---

① 萧培,《17 世纪的宗教信众:初步的反思》(Le XVIIe siècle religieux:Reflexions préalables),载《年鉴:经济、社会、文明》(Annales. Économies, Sociétés, Civilisations),第 22 卷(1967 年)第 2 期,第 279—302 页。

一个新文本。文艺复兴时期天主教会的衰败（由于内部分裂）、腐败以及追逐名利有了回报。1517 年路德将他的 95 条论纲贴到了威登堡（Wittenberg）教堂大门上，将圣经译为德文，坚持因信称义（justification by faith），拒绝僧侣作为人与上帝间的媒介。这是神秘主义内容的一个恢复。宗教仪式也发生变化，有了用德语和英语所做的弥撒。慈运理（Ulrich Zwingli）、加尔文（John Calvin）和诺克斯（John Knox）出现了。秘密活动的异端教派，像再浸礼教徒（Anabaptists），走向公开。在天主教教会内部成立了耶稣会，天特会议（Council of Trent）标志着改革正式开始。传教士（随沿海贸易）将基督教带到了新大陆、印度和东亚。欧洲则陷入所谓三十年战争（Thirty Years' War；1618—1648 年）。俄国的宗教及礼拜仪式受到修订，而旧信众（Old Believers）在 1667 年决定脱离东正教。基督教传入了西伯利亚。当然，不能不提及影响遍及 17 世纪（从欧洲到波斯和也门的）犹太人世界的萨巴苔·塞维（Sabbatai Sevi；1616—约 1676 年）救世运动。

在穆斯林世界，伊斯兰统一的权威已彻底消失。在 1500 年，以苏非（Sufi）（神秘）主意派别之一的撒法维耶（Safawiyya）为代表的什叶派（Shi'ism）在政治上的再度崛起，将伊斯兰世界一分为二。身处宫廷高层的宗教领袖（乌理玛；ulema）追逐名利、道德颓丧惹怒了普通民众，错综复杂的伊斯兰审判种种规定像是在阻碍普通民众，显得与后者没有关系。传统的宗教不能满足民众的精神需要。因此民众转向与他们的商业行会有紧密联系的苏非派。苏非神秘主义为他们提供了远为满意的道路，以直接体验真主。长久在地下活动的在伊斯教出现以前的（Pre-Islamic）、异端的教派和思潮，在苏非的保护性色彩之下再次公开。逊尼派教徒（Sunnis）（奥斯曼人和乌兹别克人）与什叶派教徒（萨非人）相斗争。很显然，同时耶酥会、方济各会（Franciscan）、多明我会（Dominican）的传教士们乘坐的欧洲商船，去感化非洲、印度、中国和东亚的异教徒皈依基督教。考狄瑞（Qadiri）、纳格什班底（Naqshbandi）[1]、契斯堤（Chish-

---

[1] 有关作为一个改革及传教运动的纳格什班底耶（Naqshbandiyya），我有数篇文章及一本专著在半完成阶段。

ti)、沙塔瑞(Shattari)、苏赫拉瓦底(Suhrawardi)和萨底赫利(Shadhili)诸教团的隐士和传教士,在商队大车和航海商船上,正向上述提到的地球相同的区域进发,去感化异教徒信奉伊斯兰教(他们发展皈依者的数量更多)。

确定无疑,正是在这一时期,佛教在西藏日益追逐名利、腐朽堕落,经过黄教的改革运动后,得以复兴,经历了重大的变化和重组。新的经文被"发现",严格的寺院戒规和宗教生活的神性被再度强化。黄教的改革刺激了"未改革"的修道团体在红教(噶玛巴)的带领下进行的新的自我批评和重组。红教和黄教的竞争,伴随的是来自双方的巨大的传教努力。16世纪末和17世纪,佛教传播到了整个蒙古、准噶尔(新疆北部),满洲(Manchuria)以及中国西北的许多地方。西藏和蒙古饱受宗教战争的折磨。阿富汗人中间的若沙尼耶(Rawshaniyya),印度穆斯林中间的马赫迪维耶(Mahdawiyya),印度北部的锡克教(Sikh)运动,以及整个南亚次大陆印度人中的印度教的宗教虔诚运动(Bhakti)运动的"高潮",难道不也是这一时期——16世纪和17世纪吗?这些新的运动难道不是源于并在城市商业阶级中得以发展,并与贸易携手并进,广为传播的吗?①

将中国的宗教和欧洲基督教以及中东的伊斯兰教相比较不是件容易的事,但是在16、17世纪,中国似乎也有着与同时代的,在别处发

---

① 研究这时期印度宗教运动的学者应会对以下著作感兴趣:安东诺娃(K. A. Antonova),《印度莫卧儿王朝阿克巴统治时期(1556—1606)的社会关系与政治制度概要》(*Ocherki obshchstvennykh otnoshenii i politicheskogo stroia mogol' skoi Indii vremen Akbara〔1556—1606 gg.〕*),苏联科学院出版社,1952年;瑞兹威(Saiyid Athar Abbas Rizvi),《16及17世纪印度北部穆斯林复兴运动》(*Muslim Revivalist Movements in Northern India in the Sixteenth and Seventeenth Centuries*),阿格拉(Agra)大学,1965年;以及瑞奇胡里(Tapan Raychaudhuri),《阿克巴和贾汉吉尔治下的孟加拉:社会史初探》(*Bengal under Akbar and Jahangir:An Introductory Study in Social History*),第2次印刷,穆(新德里)斯兰姆玛诺哈拉(Munshiram Manoharlal)出版社,1969年。
安东诺娃,《印度莫卧儿王朝阿克巴统治时期(1556—1606)的社会关系与政治制度概要》,第162—165页,认为印度教宗教虔诚运动及锡克教运动的原有主要支持者皆为城市工商分子。尽管两者在17世纪会演变成民间(农民)运动,但锡克教的信众还是以工匠和商人为主。

生的同样的宗教改革。著名的由王阳明做出的对于正统主义儒教的重新审视,至少在动机上,与欧洲宗教改革的新景象有着许多相似之处。阎若璩的目的与伊拉斯谟的学术批评有许多共同点。其他平行之处,还有中国救世佛教(Messianic Buddhism)的发展。白莲教(创立于12世纪)直至18世纪末才发生起义,但是,难道不是从16世纪起它一直是口被煮沸的锅吗?1622年的徐鸿儒起义的人数约有百万之众。尽管白莲教没有向外派出传教团体,但该教在众多中国人口的传教努力还是惊人的。让我们继续飞行。

平行现象之六:农村的动乱

接下来进入我们视野、广泛存在的历史同步现象,已被穆尼埃耶(Roland Mousnier)的《17世纪法国、俄国和中国的农民起义》(*Peasant Uprisings in Seventeenth-Century France, Russia, and China*)①所关注并予以了丰富的描述。这里我们只需进一步说明,事实上存在着比穆尼埃耶所写的更多的起义,发生在更多的国家;起义的密集期,与其说是17世纪,还不如说是16世纪的最后25年和17世纪的头75年。除了英国的农民起义(革命)之外,还有卡塔卢尼亚(Catalonia)、葡萄牙、那不勒斯、荷兰以及乌克兰、爱尔兰、瑞士、德国、波西米亚、日本、莫卧尔印度、墨西哥。从飞机上,我们还看到奥斯曼帝国的杰拉里(Celali)起义(1595—1610年),向南波及叙利亚,向东最远达外高加索(Transcaucasia)、库尔德斯坦(Kurdistan)和伊朗,这时还发生了巴尔干国家的农民起义,格鲁吉亚1615—1625年起义,亚美尼亚1624—1625年起义,1629年吉兰(Gilan)约3万人的起义。肯定还有更多的起义。

但是农民起义只是一些更根本的东西——即农民不满的表征而

---

① 原文为《愤怒的农民:17世纪的农民起义(法国、俄国、中国)》(*Furerus paysannes: les paysans dans les révoltes du XVIIe siècle [France, Russie, Chine]*),卡尔曼-列维(Calmann-Lévy)出版社,1967年。皮尔斯(Brian Pearce)英译本,哈珀与罗尔(Harper and Row)出版社,1970年(1972年平装本)。

已。在一些地方,农民可能会起义,在别的地方,同样备受委屈的农民只是逃离土地了事,或进行消极的抵抗,或只是忍受着,毫无行动。透过飞机舷窗,我们正看到的到底是什么?起义的表征后面的病因是什么?穆尼埃耶倾向于认为,如果有一个共同的原因的话,那就是气候,随着气候的改变,使得这一时期世界各地农民的生活更为艰难,这种观点很显然得到了相当广泛的支持[1]。难道不存在其他的可能性吗?

对于地中海地区,布罗代尔讲到了有新成员加入的富裕贵族实行的再封建化(refeudalization),放高利贷日益重要以及富裕的商人将商业上赚的钱投向土地,他们由此成为地主;这一趋势一直到16世纪末,农村日益贫困、土匪横行,这些在17世纪发展成为大规模的造反[2]。甚至奥斯曼帝国也符合这一模式。在俄国,在这一时期难道不也有着同样的发展?分封地产作为效忠的回报,越来越像过去的世袭采邑,政府官员包括许多"新人",正在变成一个有地的世袭贵族。农奴制在发展。高利贷在发展。货币经济在发展,地主——沙皇、僧侣和贵族——他们都在做生意[3]。在印度,土地和莫卧儿政府及贵族的关系不也是同样的吗?恒河两岸,甚至葡萄牙商人在16世纪以及17世纪初也正在大量购买土地,当上了莫卧儿王朝的地主[4]。在所有的中亚地区,我们看到私人地产在数量上的增长,以及大土地的集中,这是用商业利润购买的,却经常伪装,作为瓦克夫圣地捐助(*waqf* endowments),控制在强势的宗教首领手中,包括布哈拉(Bukhara)的祝巴力(Juybari)和东土耳其斯坦的黑山派和卓。高利贷也在增长。

中国也是如此,当明朝行将就木时,难道我们没有看到商人、高利贷者和士绅间日益紧密的联系吗?实际上将明朝推翻的起义是在北

---

[1] 可参看如:皮安佐拉(Maurice Pianzola),《文艺复兴与造反:1500—1700年帝王时代》(*Les Renaissances et les révoltes*:*1500—1700,le temps de rois*),(巴黎)行星(Planète)出版社,1966年。这本书大胆地在欧洲海上扩张的基础上将世界历史上一致的现象联系起来,并以冰川活动认定全球气候在17世纪确实起了变化(第46页)。

[2] 可参看布罗代尔,《菲利普二世时代的地中海与地中海世界》,第2版,下册,第49—94页。

[3] 可参看穆尼埃耶,《17世纪法国、俄国和中国的农民起义》,第164页。

[4] 可参看瑞奇胡里,《阿克巴和贾汉吉尔治下的孟加拉》,第111页。

方,那里士绅—商人的关系似乎要弱些,但即便那里,也有着同样的再封建化,明朝王府庄田和强势大户对农民土地的兼并常被引证作为农村动荡的一个原因。这种情形不只局限于中国。在朝鲜,强势的有地阶级,借日本于16世纪90年代入侵时土地税账目被毁的便利,积累了大量不缴赋税的庄田。如同欧洲和奥斯曼帝国一样,高利贷的收益具有重要性。日本也是如此。农民的生存条件日益恶化。

处处似乎都显示出,向实际缴税的农民征收更重的赋税。富人在16、17世纪,想方设法使自己的土地逃避赋税。人口压力可能正在增大。库克(Michael Cook)认为,至少在理论上,"高利贷和一无所有者的增多,再加上可能存在的土地集中趋势",这些可以解释成日益增长的人口压力下的一种自然结果①。货币流通的加速也可能使农民的命运恶化。17世纪有着普遍的经济衰退吗?还是没有?这里似乎有着一种平行现象,但它是什么呢?我们清晰可见的是农民的造反,是一些表征而已。

平行现象之七:游牧的衰落

从摩洛哥到日本海,一路之上,我们还看到了什么?——游牧民族。如果注视一个大区域的话,沿北部非洲海岸,经过中东及俄国、莫卧尔帝国北部边镜、中亚、大草原,再经由中国北部到满洲以及日本海,我们一直都看到与定居的文明相互交往与影响的游牧民族。放宽视界,我们发现在1500年他们比18世纪结束时要重要及强大的多,这要归因于枪炮的出现。到了16世纪中叶,游牧骑兵已将伊朗的萨非人扶上皇位,使乌兹别克人成为中亚河中地区的主人,使莫卧儿人在印度北部站稳了脚跟,也就是从这时开始,军事力量的天平已经开始向有利于所有那些居住在有城墙设防工事之中的人们发生倾斜。

例如,在整个地中海南部和东部地区,游牧民族不受定居的政府

---

① 可参看库克,《1450—1600年间安纳托利亚乡郊的人口压力》,第39页。

阻挡而能自由移动的只有在北非的部分地区①。定居的莫斯科维,曾经属于游牧的金帐汗国,在后者崩溃后,接管其统辖地区,在 15 世纪建立了傀儡的卡西姆汗国(Kasimov khanate),并于 1552 年占有了喀山汗国(Kazan),1554 年占有了阿斯特拉罕汗国(Astrakhan)。仅有的逃脱了莫斯科维控制的原属金帐汗国的重要部分是克里米亚汗国(Crimean khanate),它之所以能够存在下来,是在 16 世纪 80 年代将自身的命运寄托给另一个伟大的、曾经有着游牧传统的后代奥斯曼帝国。(克里米亚直到 1783 年才被俄国吞并。)游牧民族是否正在受定居文明影响? 毫无疑问,土默特的俺答汗(Altan Khan of teh Tumed; 1543—1583 年在位)赢得了对于汉人的巨大胜利,但是他也建了有着墙垣的都城并指挥农业生产。一度是凶猛彪悍、漂忽不定的乌兹别克人已经变成什么样子! 更不必说蒙古人了。阿富汗人正向农业过渡(但是对于那时的阿富汗人一直有争议,他们从来都不是真正的游牧民族)。萨非人是在土库曼人的马背上赢得了政权,但是到了 16 世纪的后半叶,土库曼人却成了萨非王朝的小马倌儿。

有一些地区看起来是例外,特别是阿拉伯国家,在那里,奥斯曼的控制日益式微,17 和 18 世纪贝都因人(bedouins)不断制造麻烦,但是作为一个整体来看,到了 17 世纪中叶,游牧的日子已经不复存在。1666 年,西喀尔喀蒙古的阿勒坦汗(Altin Khan)开始建造自己的市镇②,1667 年他邀请莫斯科人建造一座有着莫斯科农业人口的市镇,并说,他利用这一市镇及人口,将使许多民族置于沙皇的控制③。货币已在大草原上传播使用。满洲人,他们很了解游牧生活,在 17 世纪末,已彻底摧毁了东亚的各种力量;也在这时,准噶尔人(满洲人最后的对手)不再是先前"未开化"和不适应时势变化的游牧民族。他们

① 可参看布罗代尔,《菲利普二世时代的地中海与地中海世界》,第 2 版,第 1 册,第 87—91、161、165 页。

② 可参看沙斯季娜(N. P. Shastina),《17 世纪俄蒙关系》(*Russko-mongol' skie posol' skie otnosheniia XVII veka*),(莫斯科)东方文献出版社,1958 年,第 99 页。

③ 可参看亚历山德罗夫,《17 世纪下半叶俄国在远东边区》,第 75 页。

拥有耕地、果园和手工业,是一个拥有城镇的帝国,只不过十分清楚莫斯科人和满洲人的实力。

18 世纪,伊朗的纳迪尔王(Nadir Shah)和阿富汗的杜兰尼(Ahmad Durrani)所建立的都不是游牧政权。

游牧势力的衰退是否真的可以在 16 世纪初的火器中得到解释?我们还是有疑问。欧洲沿海贸易取代了横跨亚洲的商队贸易,削弱了游牧民族的势力(这一想法建立在不大可能的假设之上:游牧人的势力依赖于长途贸易),很自然,这一想法并不特别具有说服力。赫思(Andrew C. Hess)的一个想法具有启发意义:"大炮、火器和战舰,这些与所有以城市为基础、对于指挥和维持复杂的军队所必需的组织技术一道,预示了长久以来骑射优势地位的终结,……大规模使用这些新式武器不但改变了技术的天平,……而且近代战争也产生了对于帝国政治非同一般的新的财政需求,……因此,建立在放牧经济之上的不论是小的中亚政权,还是草原国家都无法与之竞争……"①

但是,游牧的传统,这是有别于游牧民族的,作为一支被认可的力量还可能存在下去。大概这不只是一个巧合,16 至 18 世纪出现的大的帝国,至少部分,都有着蒙突(Turco-Mongolian)文化传统:奥斯曼帝国、莫斯科维、萨非王朝、莫卧儿帝国、满洲王朝。普里察克(Omeljan Pritsak)*喜欢向学生指出游牧民族和海洋民族的相似性。可能甚至哈布斯堡王朝也值得在我们的名单中占有荣耀的一席之地。

其他的平行现象呢?难道没有更多吗?

不愉快的着陆

飞机即将降落,我们必须尽快对所看到的做出反思(因为一旦脚

---

① 赫思(Andrew C. Hess),《1517 年奥斯曼对埃及的征服与 16 世纪世界战争的起端》(The Ottoman Conquest of Egypt [1517] and the Beginnings of the Sixteenth-Century World War),载《国际中东研究集刊》(International Journal of Middle East Studies),第 4 卷(1973 年)第 1 期,第 58 页。

* 译者注:普里察克(1919—2006 年),哈佛大学乌克兰历史教授。

踏实地,我们就得较小心说话)。让我们做一个较前文更大胆的假设。假设我们看到的平行现象不仅是平行现象。让我们假设它们是横向连续性,而因此早期现代历史的确存在。那我们又应该怎样看待这一早期现代历史呢?

我们将它视作一件绣品。横向连续性(绣品的纬纱)从左穿到右。从上到下,是不同赓续的社会的各种各样的纵向连续性(经纱)。光线从下面透过绣品,熠熠眩目。我们注意到每一根不同的透明的经线是由不同材质的纤维制成,如此一来,如果用眼睛沿一根黄色的透明经线看去,例如,当它穿越奥斯曼土地占有制这根蓝线时,显示的是绿色;当它经过西藏的僧侣土地财产制度这根红线时,显示的是橙色。如果这件绣品针法细密,看不到互相交织的纬纱间细微的裸露部分,那么我们就会认为在一系列的不同颜色的交叉的纱线中根本就没有连续性。最后,为了使结构更为复杂,以及更为重要的,为了创建绣品自身的图案,就需要有沿着各种方向在绣品上穿行的历史上互相联系的、更为厚重和颜色更为鲜亮的纱线:淡紫色的是遍布全球的耶稣会士的活动(与产生它的历史的连续性不同);紫褐色的是欧洲人的沿海贸易;樱桃色的是军事技术的传播;紫红色的是欧洲或是新世界的疾病;品红色的是出自美洲的粮食作物;银白色的是西班牙的银锭;淡黄绿色的是贸易方式的转变;米色的是品饮咖啡与茶。经线的敏感的透明色彩、令人目眩的颜色和绣品纱线图案几乎完全掩藏了纬线的横向连续性。但是没有了纬线,我们也就没有了绣品,只有一团纱线而已。

当束紧安全带时,我们可能对所看到的贸然地进行了排序。我们以人口的增长作为开始(平行现象之一),但是却很难找出这种现象的解释原因。也可能如麦克尼尔所认为的①:流行病——人口旧有的调剂杠杆,已失去了它们的功效②?的确,16 世纪人口增长来得过早,其

---

① 麦克尼尔(William H. McNeill),《西方的兴起:人类社会的历史》(*The Rise of the West*: *A History of Human Community*),芝加哥大学出版社,1963 年,第 572—573 页。

② 有关这个课题,可参看赫斯特(L. Fabian Hirst),《瘟疫的征服:流行病学的演进》(*The Conquest of Plague*: *A Study of the Evolution of Epidemiology*),牛津大学出版社,1953 年。

至包括欧洲,人口转型的理论无法给出满意的解释,这种理论将人口死亡率下降作为 18 世纪人口增长的根本原因。近来,又一次用气候的变化,解释同一时期的人口增长,甚至是 18 世纪的人口增长。布罗代尔在他的视野广阔的新研究《资本主义与物质文明》(*Civilisation matérielle et capitalisme*)中说:"正是共时性(synchronism)产生了这一问题……对于这种一致性——或多或少是完美的,人们能够想到的唯一普遍意义的答案:气候的变化……[因为在 18 世纪]世界仍旧仅是一个有着数量众多的农民的世界。"①接下来,加上新的作物,些许的技术上的和其他在历史表面很难看得到的进步,可能使得人类对于物质环境有了更大的适应性,可能产生了人口增长。17 世纪全球人口图表中的凹陷可能是 16 世纪人口上升的一个直接的后果:既有的社会经济制度的框架容纳不了这么多人口。人口增长是一个巨大的疑惑,但它对于人类的现代化来说却极为重要②。

无论如何,更多的人口就可能意味着各种事物更为活跃和历史的普遍性的加速发展(平行现象之二)。更多的经济活动可能引发"地区"的城市化(平行现象之三),以及旧有的大城市的发展,城市化可能增添城市阶级的自信(平行现象之四),如此一来也增加对他们宗教价值的追求(平行现象之五)。农村被日益发展的城市所控制,可能引发骚乱(平行现象之六),城市力量的巨大发展以及它产生的各种各样的政权可能改变过去大草原和农耕文明间的平衡(平行现象之七)。

我们并不认为我们注意到的所有的平行现象,对于 1500—1800 年这一时期都是新的,并是这一时期所独有的。例如,我们看到了"更

---

① 布罗代尔,《资本主义与物质文明》(*Civilisation matérielle et capitalisme*),第 1 册,科林(Armand Colin)出版社,1967 年,第 32 页。引文亦见纪尧姆、波索《历史人口学》,第 158 页。

② 有关这个问题,我们要做的功夫还有很多。在我看来,历史人口学提供的大部分数据(也就是说,在上文"平行现象之一"部分所引用的数据)都是非常不准确。即使有关人口升降的基本问题仍然大有争论余地。对以往为确立 19 世纪前人口数字所作的尝试(最差劣的例子要算南亮三郎等编,《人口大事典》,平凡社,1957 年,第 243—250 页),我们还是不用太认真。

多"的经济活动，其实我们所看到的并不一定比罗马帝国或是中国的宋代时的更多。但是早期现代有将这些平行现象维系在一起的一种模式，全球各民族的生活和历史间的联系，比到目前为止历史学家所认识到的更加密切，也可能以许多还未观察到的方式互相联系着。这一模式将它与 19 世纪和 20 世纪区别开。在我们的飞行中，我们强调了早期现代的种种连续性。19 世纪，各种连续性继续存在并增多，但到了 1850 年，现代的巨大断裂（great discontinuity）令我们惊讶不已：西方的巨大发展很快就使它在全球占据了主导地位。

飞机正滑向跑道，而我们亦要作最后观察。李维（Marion Levy）视现代化（modernization）为国家（以至整个世界）内部日渐增长的相互依存。他并不认为现代化是"如夏娃般历史久远"，亦不认为在 19 世纪以前现代化可被视为成熟（full-figured）。若把它当为一个"成人"，李氏指出，"无论怎样计算，现代化最多只有 150 岁。"①在早期现代，我们不就是在观察这一相互依存的青春期吗？

（文中俄文翻译承中国人民大学清史研究所叶柏川博士惠助。）

---

① 可参看李维（Marion J. Levy, Jr. ），《现代化：迟来者与幸存者》（*Modernization : Late-comers and Survivors*），基本读物出版社（Basic Books），1972 年，第 4 页。

中国治权的多面性[*]

柯娇燕（Pamela Kyle Crossley） 著

牛贯杰 译

对欧洲一些思想家来说，乾隆一朝（1735—1796 年）可说提供了一个启示。乾隆帝本人也许会认为，一个人在一个世代能同时领导威势赫赫的官僚政府、继承蒙古大汗的普世统治（universal dominion），并体现中原地区认同的圣君理想，无疑是一个前无古人的伟绩。直至近来，在许多西方学者眼中，乾隆帝的多面形象是在神圣与世俗之间一个不甚协调的结合体。自康无为（Harold L. Kahn）《皇帝眼中的君主制：乾隆朝的形象与现实》一书在 1971 年出版以来，以"综合形象"

---

[*] 本文原为一篇"书评论文"（review article），其所评论的书目为：

康无为（Harold L. Kahn），《皇帝眼中的君主制：乾隆朝的形象与现实》（*Monarchy in the Emperor's Eyes：Image and Reality in the Ch'ien-lung Reign*），哈佛大学出版社，1971 年。

白彬菊（Beatrice S. Bartlett），《君主与大臣：清中期的军机处》（*Monarchs and Ministers：The Grand Council in Mid-Ch'ing China，1723—1820*），加州大学出版社，1991 年。

孔飞力（Philip A. Kuhn），《叫魂：1768 年的中国妖术大恐慌》（*Soulstealers：The Chinese Sorcery Scare of 1768*），哈佛大学出版社，1990 年。

魏斐德（Frederic Wakeman），《洪业：17 世纪满人对帝制秩序的重建》（*The Great Enterprise：The Manchu Reconstruction of the Imperial Order in Seventeenth-Century China*），加州大学出版社，1985 年。

汪德迈（Léon Vandermeersch），《王道：关于古代中国制度精神的研究》（*Wangdao：ou，La voie royale：Recherches sur l'esprit des institutions de la Chine archaïque*），法国远东学院，1977—1980 年。

鲁威仪（Mark Edward Lewis），《早期中国的合法暴力》（*Sanctioned Violence in Early China*），纽约州大学出版社，1990 年。

司徒安（Angela Rose Zito），《作为文本和表演的大祀：18 世纪中国有关礼仪的书写》（Grand Sacrifice as Text/Performance：Ritual Writing in Eighteenth Century China），芝加哥大学博士论文，1989 年。

（composite images；张春树［Chun-shu Chang］语）的角度去认识乾隆帝已成为一个普遍的做法①。康氏本人似乎是受了费正清（John King Fairbank）一段广为他人称引的论述的启发；后者形容中国（尤其乾隆）皇帝②同时"好征伐、主家国、奉天立祀、德堪世范、立法典刑、总领天下兵马、雅好文学艺术、率有天下而终生不替"③。混淆于这一大堆特性的是清代皇权诸多功能的相互联系。这尤其可从乾隆一朝所展现的皇权中看到。综合或共主型皇权（simultaneous emperorship）是皇帝着意提高其地位的普世性（universality）的一个反照。但若在1971年康氏倾向以"具冲突"（conflicting）来形容皇权的多面性，近年学者则趋向将皇权分解为不同子系统（subsystems），并逐一检视其文化、政治及社会内涵。

清朝皇帝控制着辖地广阔、结构复杂的官僚体系，这一印象在某种程度上成了关于中国皇权的最经久的看法之一。同世界其他地区一样，在中国，人们认为皇帝是利用官僚政治对抗贵族政治，又经常利用私人的僚属去对抗公共的官僚系统。中国的君主和官僚，其历史有

---

① 张春树（Chun-shu Chang），《18世纪的中国皇权》（Emperorship in Eighteenth-Century China），载《香港中文大学中国文化研究所学报》（The Journal of the Institute of Chinese Studies of the Chinese University of Hong Kong），第7卷（1974年），第551页。

② 英语学界有不少尤其以清初诸帝为对象的研究。以下为对那些确曾在位的君主的主要研究。有关康熙帝（1662—1722年在位），可参看史景迁（Jonathan D. Spence），《曹寅与康熙：一个皇帝宠臣的生涯揭秘》（Ts'ao Yin and the K'ang-hsi Emperor：Bondservant and Master），耶鲁大学出版社，1966年；同著者，《中国皇帝：康熙自画像》（Emperor of China：Self-Portrait of K'ang-hsi），克诺夫（Knopf）出版社，1974年。凯斯勒（Lawrence D. Kessler），《康熙与清政权的巩固（1661—1684年）》（K'ang-hsi and the Consolidation of Ch'ing Rule，1661—1684），芝加哥大学出版社，1976年；以及吴秀良（Silas H. L. Wu），《康熙朝储位斗争记实》（Passage to Power：K'ang-hsi and His Heir Apparent，1661—1722），哈佛大学出版社，1979年。有关雍正帝（1723—1735年在位），可参看黄培（Pei Huang），《乾纲独断：雍正朝研究》（Autocracy at Work：A Study of the Yung-cheng Period，1723—1735），印第安纳大学出版社，1974年。有关嘉庆帝（1796—1820年在位），可参看格雷厄姆（Alexandra E. Grantham），《嘉庆传》（A Manchu Monarch：An Interpretation of Chia Ch'ing），艾伦与昂温（G. Allen & Unwin）出版社，1934年。

③ 摘自费正清（John King Fairbank）提交给"传统中国的政治权力"（Political Power in Traditional China）学术研讨会（1959年）的论文；引文见康无为，《皇帝眼中的君主制》，第4页；张春树，《18世纪的中国皇权》，第551页。

部分模糊不清,但是的确起源甚早;自觉的官僚阶层,包括掌管祭祀的官员和残存的武士阶层,似乎在周代中期(公元前 17 世纪)便已稳固确立[①]。中国第一个"皇权"出现在公元前 221 年,当时秦始皇嬴政用武力统一了东周列国。秦始皇以严刑峻法及用新的官僚系统无情镇压残余六国贵族势力而闻名[②]。同样,许多强盛王朝初期,如东汉(公元前 202—公元 9 年)、唐(618—906 年)、宋(960—1279 年)、明(1368—1644 年)、清(1636—1912 年)等,皇帝都努力建立官僚政治机构及其意识形态,以对抗贵族对其统治的挑战。官僚体系被视为专制君主与贵族之间激烈斗争中的第三势力。在清代史著中,官僚体系的角色是一个尤具戏剧性的主题。1636 年清国建立后,新君皇太极(1627—1643 年在位)立即试图耗空宗室中诸贝勒的财产,摧毁他们的法律特权和文化特权。他的变革,使得清早期的官僚系统迅速扩大并日趋精细,同时其对军事的控制和对官产的管理日益加强。清朝皇帝们最终发现,他们与明朝皇帝一样,在与贵族的斗争中要依赖官僚体系,而这又导致另外一场斗争,即君主与官僚制度之间的斗争。

一层一层的官僚体系会将君主与世隔绝,这个问题,在清以前数百年,就有经世之士意识到了。魏丕信(Pierre-Étienne Will)于《18 世纪中国的官僚制度与荒政》一书中引用了 17 世纪中国思想家顾炎武的一句话:"是所谓百官者虚名,而柄国者吏胥而已。"[③]官僚体系控制一切,不仅为清代经世之士所关注,更成为清朝皇帝的隐忧。在 17、18

① 有关基本背景,可参看许倬云(Cho-yun Hsü),《中国古代社会史论:春秋战国时期的社会流动》(*Ancient China in Transition: An Analysis of Social Mobility, 722—222 B. C.*),斯坦福大学出版社,1965 年。

② 有关"始皇帝",可参看桂时雨(R. W. L. Guisso)、帕加尼(Catherine Pagani),《秦始皇》(*The First Emperor of China*),桦树径(Birch Lane)出版社,1989 年;李又宁(Li Yu-ning)编,《秦始皇》(*The First Emperor of China*),(纽约州)国际艺术与科学出版社,1975 年;鲍德(Derk Bodde),《中国第一个统一者:从李斯一生看秦朝》(*China's First Unifier: A Study of the Ch'in Dynasty as Seen in the Life of Li Ssu [280? —208 B. C.]*),香港大学出版社,1967 年。

③ 魏丕信(Pierre-Étienne Will)著,福斯特(Elborg Forster)英译,《18 世纪中国的官僚制度与荒政》(*Bureaucracy and Famine in Eighteenth-Century China*),斯坦福大学出版社,1990 年(1980 年法文原著),第 87 页;引自顾炎武,《日知录》。

乃至 19 世纪初期,清代诸帝一直奋力抗争,维持他们的势力以抗衡官僚体系。为此,清代皇帝设立了"密折"制度,保证皇帝与官员之间信息传递渠道畅通,同时也加大了对官员的监管力度①。魏氏研究了 18 世纪国家对粮食资源的管理,认为在 18 世纪晚期,皇帝仍可越过官僚层级就突发危机的管理作出明确的指示②。有证据表明,进入 19 世纪以后,皇帝的敕令也会偶尔有这样的效力。两次鸦片战争(1839—1842 年;1856—1860 年)和太平天国(1853—1864 年)这双重的灾难,现在常常被解释成皇帝对整个国家的控制渐趋式微。一直被认为在管理中国民众生活中具有极大重要性的地方组织和势力,此后则成为省级、区级,有时国家级问题的调停力量③。帝室也试图重振其在朝廷的中心能动作用,但是连皇帝自己都无力实现这样的目标④。

　　现阶段的史学研究关注 18 世纪,视之为清朝皇帝与其官僚体系之间关系演化的关键阶段。雍正帝(1723—1735 年在位)登基后,消除了满洲诸王对清初诸帝的挟制。此后,他又穷追不舍,缜密筹划,大力整肃官僚政治的怠惰和党争。他建立了自己的情报和指挥体系,并改设"军机处"以保障自己简单有效地控制政府治理的诸多领域。白彬菊在她的近著《君主与大臣:清中期的军机处》一书中,详尽讨论了

---

　　① 有关清初皇帝利用自有资源(尤其通过奴仆和秘密通讯)来搜集情报,可参看史景迁,《曹寅与康熙》;吴秀良,《信息传递与帝制管治:1693—1735 年间清廷奏折制度的演变》(*Communication and Imperial Control in China*:*Evolution of the Palace Memorial System*,*1693—1735*),哈佛大学出版社,1970 年;黄培,《乾纲独断》。

　　② 魏丕信,《18 世纪中国的官僚制度与荒政》,第 80—86 页。

　　③ 有关这个课题最早且最具影响力的研究,是孔飞力,《中国帝制晚期的叛乱及其敌人:1796—1864 年间社会的结构与军事化》(*Rebellion and Its Enemies in Late Imperial China*:*Militarization and Social Structure*,*1796—1864*),哈佛大学出版社,1970 年,1980 年再版。较近期的研究有:萧邦齐(R. Keith Schoppa),《中国精英与政治变迁:20 世纪初的浙江省》(*Chinese Elites and Political Change*:*Zhejiang Province in the Early Twentieth Century*),哈佛大学出版社,1982 年;冉玫铄(Mary Backus Rankin),《精英的进取意态与中国政治变革:1865—1911 年间的浙江省》(*Elite Activism and Political Transformation in China*:*Zhejiang Province*,*1865—1911*),斯坦福大学出版社,1986 年。

　　④ 可参看芮玛丽(Mary Clabaugh Wright),《同治中兴:中国保守主义的最后抵抗》(*The Last Stand of Chinese Conservatism*:*The T'ung-chih Restoration*,*1862—1874*),斯坦福大学出版社,1957 年。

军机处的演变过程。她认为清代的朝廷存在"内廷"、"外府"两个官僚系统。外府系统依据由明朝法典改造而来的帝国法令而建立。内廷系统则是法律之外的一系列制度创新,是由雍正帝、乾隆帝钦定的,意在维护和(如有可能)加强皇权,遏制官僚系统日益扩张的权力。

白氏承认,她的"内廷"、"外府"模型,是从钱穆处借鉴来的,钱氏使用了类似的概念来描述党争在中国传统政治中扮演的角色[①]。作为一种探索,这个模型自有其价值;但看待这一问题还有一种方法。皇权可视为各种制度的集合体,它们在实施治理的过程中发挥着能动作用,或者被赋予能动的角色。这一角色本身可以阐释为一个有机体,不仅吸纳了皇帝本人,还涵括了其宗室;他主持的礼仪;官学、太医院、敬事房、尚衣监、行宫园囿、起居注馆;另有内阁充其耳目,搜集情报,批阅奏章;中书科代拟言辞,起草诏令圣谕,为重刊及新纂文学总集代撰御制序。从这个角度,白彬菊的"内廷"官僚体系可以视为皇帝的五官四肢。白氏所描述的正规化及渐趋官僚化的过程,就这样可以与一个更宏阔复杂的过程联系起来,即中国国家发展史中由皇权到其固有官僚体系的制度性往来。商王的卜者日者、侍从和辅贰或许是中国历史上最早的官僚阶层,因此,后来的历朝历代,为解决皇帝自己僚属的正规化问题,都会不断地设置皇权自身的管理机构。这一不同的观点并非要抹杀白氏"内廷"、"外府"二元划分的价值,而是强调皇权与官僚体系是有机地联系在一起的,尽管二者彼此对立。皇权与官僚制度之间不仅有制度性的往来,而且在一个良性运行的政府中二者往往彼此呼应。另外,二者也不能自行合法化;官僚体系通过辅佐天子让自己合理合法,皇帝亦借助君臣和睦证明自己是真命天子。

皇帝与官僚制度之间的彼此联系,是孔飞力所著《叫魂:1768年的中国妖术大恐慌》一书的根本问题。该书无疑是其中一部最具启

---

① 白彬菊(Beatrice S. Bartlett),《君主与大臣》(*Monarchs and Ministers: The Grand Council in Mid-Ch'ing China, 1723—1820*),第3、302页注5。亦可参看钱穆著,薛君度(C. T. Hsüeh)、陶慕廉(G. O. Totten)英译,《中国历代政治得失》(*Traditional Government in Imperial China: A Critical Analysis*),圣马丁(St. Martin's)出版社,1982年。

发性、也很可能是其中最后一部反思韦伯(Max Weber)观点对研究中国政体的影响的著作。韦伯认为,明清时期中国政权的合理化过程有缺陷。若皇帝惰于朝政,国家就会政出多门,因循苟且;若君主奋发勤政,政权则会更趋独裁。孔飞力关注的就是这一观点。他得出的结论是,乾隆中叶,乾隆帝利用官僚体系对系列妖术案件的处理有失允当为契机,消除官僚体系对皇权的钳制,重申"乾纲独断"①。孔飞力描述的皇权,并非真正的专制制度。同白彬菊一样,孔飞力亦认为,清代皇权囿于与官僚体系之间复杂的合作关系,自始至终都在寻求防堵官僚体系有怠惰和因循之虞。孔氏之个案研究,探讨的现象数见不鲜,君主总是调整自己以抗衡官僚体系,直到19世纪皇权才永久性地丧失了这一优势(前述魏丕信讨论的则是其他个案,曾小萍②也是如此)。

* * *

基于官僚体系的君权(bureaucratically founded monarchy)是盘根错节的治权中的一种,即便不是最根本的也是最显而易见的,代表了明清时期的中国特色。这种统治方式被中国周边的文化视为一种独特的制度。历史已经证明,这种制度能够使权力巩固在个人及其宗亲手里,这与亚洲腹地和中亚地区的政治传统形成鲜明对照。因此,周边地区的统治者总是有一种挥之不去的冲动,袭用中国的皇权,优先择取其专制的因子。先后龙兴于边地的皇帝——尤其是北魏孝文帝、辽代(907—1121年)创建者阿保机、金朝(1121—1234年)创建者阿骨打——所以著名,在于他们借鉴中原皇权模式,改变其与本族社会精

①　孔飞力,《叫魂:1768年的中国妖术大恐慌》(*Soulstealers: The Chinese Sorcery Scare of 1768*),哈佛大学出版社,1990年,第188页。

②　曾小萍(Madeleine Zelin),《地方官的银两:18世纪中国财政改革的合理化》(*The Magistrate's Tael: Rationalizing Fiscal Reform in Eighteenth-Century Ch'ing China*),加州大学出版社,1984年。

英之间的传统联系;中国的皇权亦由此不断得到更生而日趋完备①。

边疆民族建立的王朝,是中国政治史上的一个核心问题,然而,中国作为亚洲腹地的延伸地带,又产生了更重要的一个问题,而使得这个核心问题沦于次要的地位。从公元前3世纪一直到现在,中原与腹地高原的政治历史互动冲融,此消彼长,循环演绎着统一与分裂②。当中国的帝制传统自我完备时,中亚地区的可汗传统也是如此。唐代以降,中原与亚洲腹地频繁合并,臣服于同一个政权,这两种统治方式亦渐趋合流。1206年,铁木真即后来的"成吉思汗"③首次统一蒙古草原

---

① 有关孝文帝,可参看康乐(Le Kang),《寻城帝国:魏孝文帝(公元471—499年)的文化改革》(An Empire for a City: Cultural Reforms of the Hsiao-wen Emperor[A. D. 471—499]),耶鲁大学博士论文,1983年。有关阿骨打,可参看陶晋生(Jing-shen Tao),《12世纪中国女真人汉化研究》(The Jurchen in Twelfth-Century China: A Study of Sinicization),华盛顿州大学出版社,1976年。有关阿保机与辽朝,可参看魏复古(Karl A. Wittfogel)、冯家昇,《中国辽代社会史》(History of Chinese Society: Liao, 907—1125),美国哲学会,1949年。

② 近期一部概念性的著作,是巴菲尔德(Thomas J. Barfield),《危险的边疆:游牧帝国与中国》(The Perilous Frontier: Nomadic Empires and China),布莱克威尔(Blackwell)出版社,1989年。巴氏一书在某程度上是对拉铁摩尔(Owen Lattimore)影响甚巨的《中国的内亚边疆》(Inner Asian Frontiers of China,1940年原著,信明灯出版社[Beacon Press]1962年重印的)一个回应。有关这一时期中亚历史的综合概论,可参看赛尼尔(Denis Sinor)编,《剑桥早期内亚史》(The Cambridge History of Early Inner Asia),剑桥大学出版社,1990年;曼兹(Beatrice Forbes Manz),《帖木儿的冒起和统治》(The Rise and Rule of Tamerlane),剑桥大学出版社,1989年,序论部分;以及鲁让保(Jean-Paul Roux),《帖木儿》(Tamerlan),法亚尔(Fayard)出版社,1991年;亦可参看古吉奥(Karl-Heinz Golzio)编,《中亚早期国王、可汗及其他统治者的年表》(Kings, Khans, and Other Rulers of Early Central Asia: Chronological Tables,[科隆]布里尔[Brill]出版社,1984年)内尤其有用的文献目录暨参考指南。

③ 铁木真称号为"成吉思汗"(Chinggis Qa'an),意即"四海之汗"。西方读者较常见的是中世纪史学家志费尼(Juvaini)所用的波斯化名称:Genghis。成吉思汗在1221年征服中国北方部分地区后,一直以大汗身份统治其地。成吉思汗去世后,先由窝阔台(Ogödei,1229—1241年)继承其汗位,之后再由忽必烈(Khubilai)接替。追溯起来,成吉思汗可说是元朝(1272—1368年)开国之君。成吉思汗的西文传记之中,较可取的有:马丁(Henry Desmond Martin),《成吉思汗的崛起及其对中国北方的征服》(The Rise of Chingis Khan and His Conquest of North China),霍普金斯(Johns Hopkins)大学出版社,1950年;志费尼('Alâ-ad-Dîn 'Ata-Malik Juvaini)著、博伊尔(John Andrew Boyle)英译,《世界征服者史》(The History of the World-Conqueror),曼彻斯特大学出版社,1958年;格鲁塞(René Grousset)著、迈克凯勒(Marian Mckellar)、赛尼尔(Denis Sinor)英译,《世界的征服者》(Conqueror of the World),(纽约)俄里翁(Orion)出版社,1967年;阿德拉万蒂(Franco Adravanti),《成吉思汗》(Gengiz-Khan: Primo imperatore del "Mirabile Dominium"),(米兰)鲁斯科尼(Rusconi)出版社,1984年(高特[Raymonde Coudert]法译:Genghis-Khan: Premier empereur du Mirabile dominium （接下页注）

诸民族,建立了"大汗"制度。作为最后一位大汗和中国第一个蒙古皇帝,忽必烈(1215—1294 年)[①]在把中国皇帝和内亚普世(或"汪洋"[oceanic])大汗的身份集于一身的同时,亦成为了"天下共主"("simultaneous" emperor)的一个典范。

可汗制并非个人独断、不受节制的制度,其权力的实施,需要部落首领和宗族长老共同认可、彼此协作。它来自战争中频繁的缔约结盟,初衷只是为了将各种联盟组合成更大的、集中管理的实体,以便有效地组织进攻和防守。作为征服者,可汗是所有奴隶的主人,并有权把奴隶赏赐给部下。随着这些联盟政治日趋稳定,可汗成了终身不替的职位,并具有了王朝的特征,试图将可汗制沿着单一血亲传承下去。汗位的血亲继承不是长子继承制,无法避免惨烈的争夺,已故的傅礼初(Joseph Fletcher)称之为"血腥的选任制"(bloody tanistry)[②]。事实上,无论突厥可汗,还是后来的蒙古可汗,均无一例外经历过激烈的争夺,战胜其他竞争对手,以证明自己有天赐的雄才大略、神力机敏。

关于 17 世纪清势力的崛起,历代的记述往往依循由努尔哈赤后金汗权(1616—1626 年)到清代皇权这一演变轨迹。其中主要的议题是共同协商制演变为君主专制,官僚体系成熟,开始发挥作用,满洲贵族的行政和军事权威渐趋衰微,到了乾隆末叶,皇帝君临天下的象征意义则日益强化。傅礼初的研究,有一个基本的观点,即亚洲腹地实

(接上页注)[巴黎]柏姿[Payot]出版社,1987 年);哈托(Leo de Hartog),《成吉思汗:世界的征服者》(*Genghis Khan: Conqueror of the World*),圣马丁出版社,1989 年;拉奇涅夫斯基(Paul Ratchnevsky)著、海宁(Thomas Haining)英译,《成吉思汗:其生平和遗绪》(*Chinggis Khan: His Life and Legacy*),布莱克威尔出版社,1991 年(原文为 *Cinggis-Khan: Sein Leben und Wirken*,斯坦纳[Franz Steiner]出版社,1983 年)。

① 忽必烈最详尽的英文传记是罗沙比(Morris Rossabi),《忽必烈和他的世界帝国》(*Khubilai Khan: His Life and Times*),加州大学出版社,1988 年。

② 傅礼初(Joseph Fletcher),《奥斯曼帝国的蒙突君主传统》(Turco-Mongolian Monarchic Tradition in the Ottoman Empire),载《哈佛乌克兰研究》(*Harvard Ukrainian Studies*),第 3—4 卷(1979 1980 年)上册,第 240—241 页。傅氏 1984 年辞世时留下有关清初政体转型的未竟书稿,近期拟将出版[译者注:后该书未能出版]。[校者注:选任制(tanistry)是古代爱尔兰人和苏格兰高地的盖尔人(Gaels)奉行的一种终身制,通过选举,在死去贵族的遗属中选任年长德韶者继承财产或官爵。17 世纪初废除。]

力不断增强政权,其可汗制不可避免地演化为皇权制,他视蒙古大汗为清帝国、奥斯曼帝国和帖木儿帝国皇帝的先驱,尽管不是惟一的先驱。在其17世纪奥斯曼帝国的研究中,傅礼初描述了其政治体制的发展变化,在原先的体制中,可汗是军事首脑,只有在经历长期的权力斗争及随之而起的动荡后才能被公尊为可汗,而在后来的体制中,单个的统治者掌握着官僚体系、军队、贵族,以及驾驭天下的一应工具,他能消解夺位之争。1640年易卜拉欣(Ibrahim)登极,傅氏在提到这个事件时说:"大汗已经成为皇帝陛下。"①

有很多的历史材料支持傅氏的诸多说法,不管是隐含的结论还是确凿证明了的观点,即奥斯曼帝国与清帝国在皇位世袭制度上有相似之处。但在清帝国,可汗当上了皇帝,但他同时还是可汗,这一点很清楚。清代的可汗制体现为对八旗的统驭②,大家都明白每个旗人都是皇帝的"奴才"。清朝大多数时期,旗人被要求在朝廷讲满语(即大汗的语言),遵从可汗制度,包括信奉萨满教。诸王贝勒合议襄政,一直是可汗制的组成部分,在清代被皇权废止,然并未根除。它在议政处得到延续,一直到清末,而清朝最后60年,摄政王大臣竟渐渐控制了皇权。

可汗制之必然成为皇权体制,是厘清清朝开国史强而有力的论述方法,同时也是魏斐德(Frederic Wakeman)研究中国17世纪历史的权威英文著作《洪业:17世纪满人对帝制秩序的重建》的基本论题。魏氏借鉴了该领域代表性的前人观点。其中一种观点认为,明代文人阶层具有民族认同感,并坚守王朝的价值观。另外,清朝的成就,不仅在于对中国的军事征服,更在于对在明末已被破坏殆尽的帝制典章所作

---

① 傅礼初,《奥斯曼帝国的蒙突君主传统》,第251页。
② 八旗是清人原有的军事及社会管理组织,之后才发展成为一个群体的一个主要制度。近期有关的概论,可参看柯娇燕,《孤军:三代满洲人与清世界的终结》(*Orphan Warriors: Three Manchu Generations and the End of the Qing World*),普林斯顿大学出版社,1990年;以及任桂淳(Kaye Soon Im),《清朝八旗驻防兴衰史:以广州、杭州及青州为中心》(*The Rise and Decline of the Eight Banner Garrisons in the Ch'ing Period (1644—1911): A Study of Kuang-chou, Hang-chou, and Ch'ing-chou Garrisons*),伊利诺大学厄本那香槟(Urbana-Champaign)分校博士论文,1981年。

的重建与更生。

魏斐德对这非一般的时代所作的宏观述说自有其贡献,但我们亦无妨对其背后的假设提出疑问。魏氏的讨论,主要是基于对 17 世纪辽东(即长城以北满洲南部的汉语地区)人口的群体传记研究,他认为这些人口在文化上认同另外一个与之有重合的群体,即后来在明清之际被称为"贰臣"的那些人。18 世纪对"贰臣"群体的重塑(朝廷主持编纂了《贰臣传》)遭到了学者们的质疑,因为这只是当时的一个话题,显然是乾隆帝出于意识形态的考虑而旧事重提。不过,目前尚无资料能直接证明,这些 17 世纪辽东精英的自我认同中不存在地域影响。1616 年,努尔哈赤称汗,宣称自己是以地方为念的豪杰之士,辽东便有很多精英归顺了他。此外,清廷将辽东人口纳入了八旗制度,这一身份在整个清代都得到延续,认定满族统治者与之是可汗制下的主仆关系。魏氏的研究认为,明朝精英一致转而效忠清朝,是基于地方性可汗制完全被传统皇权所取代这一认知。也就是说,身份明确的辽东人口,与八旗、蒙古以及整个满洲地区和东北亚的部族一样,都认定他们与清政权之间是可汗制关系,而中原地区的精英则认为他们处于清朝的皇权统治之下。

＊ ＊ ＊

借由依附的兵户、农户、或家奴等制度,可汗制中的身份控制,是清代皇权中一个持续存在并显而易见的元素,它驳斥了早期现代西方评论家们关于皇权是典型的"东方"现象的说法[1]。对清代皇权的这

---

[1] 对孟德斯鸠(Charles de Secondat, baron de Montesquieu)及其同时代的人来说,所谓专制统治(despotism;与君主统治[royal monarchy]或暴政[tyranny]不同)是指一个没有私有财产或法律制度、而其人民又愿意如奴隶般被管束的一个政治体制。(尽管 18 世纪的学者已证明前两种情况在中国并未有出现,这认知却未有影响到黑格尔[Hegel]和马克思[Marx]在其著作将"专制政权"与中国联系起来。)"专制统治"作为一个早期现代政治话语,一般认为是由霍布斯(Thomas Hobbes)提出。但对政府形式的基本划分,则可追溯到亚里士多德(Aristotle)的学说(以及其在中世纪及早期现代的复兴)。可参看科布内(R. Koebner),《专制君主与专制统治:一个政治概念的演进》(Despot and Despotism: Vicissitudes of a Political Term),载《沃伯格与可陶德学院学报》(Journal of the Warburg and Courtauld Institutes),第 14 卷(1951 年)第 3—4 期,第 275—302 页。

一定性,是构建东方"专制"概念的基础,他们亦庄亦谐,使用这个概念公开抨击自己社会中的君主专制残余,以及大众的政治顺从和敬畏①。孟德斯鸠借助波斯人吕斯贝(Uzbek)与国内阉奴和女奴法蒂玛(Fatima)等人的通信,嘲讽了专制者的傲慢与自大。这激发了他后来在《论法的精神》(De l'esprit des lois)一书中提出了与"民主"相对立的"专制"概念,认为专制就是基于一种顺从和敬畏的文化②。值得注意的是,也正是在18世纪,欧洲尤其是法国的政治哲学家将传统上封建专制的"波斯"或"奥斯曼土耳"背景窜改为"中国"特色(18世纪早期,勒萨日[Alain René Le Sage]和克鲁瓦[Pétis de la Croix]重新创作了歌剧《图兰朵》[Turandot],居然把这位土耳其姑娘编排到中国的皇家宫廷)。在耶稣会士发送到法国的报告中,乾隆帝既开明,又专制。而在钱德明(Père Amiot)的论文及其源自满文的译作中,乾隆帝爱民如子,是位"哲王"(philosopher-king)③。在某种程度上,汉文和满文资料给人的印象,都能反映乾隆帝的这一形象。满人经常根据可汗制传统阐述政治关系,这十二分的感性总能打动中国和西方的读者。向清代的多面治权寻求政治改革途径与18世纪法国价值多元的政治理念也颇为巧合,孟德斯鸠赞成贵族特权,反对帝制;而伏尔泰(Voltaire)却赞成帝制特权,反对贵族政治。

伏尔泰归纳北京耶稣会士传递的政治观感,用力尤著。他长期提倡"开明专制"(benevolent despotism),猛烈抨击贵族政治的空疏傲慢,

① 但亦可参看安德深(Perry Anderson),《绝对专制国家的系谱》(Lineages of the Absolutist State),新左派出版社(New Left Books),1974年,第462页。安氏在其书回应阿尔都塞(Louis Althusser)时,强调了孟德斯鸠所做的是一个政治哲学家(而非一个时事评论家)的工作。

② 可参看孟德斯鸠著,希利(George R. Healy)编译,《波斯人信札》(The Persian Letters,1721年原著),鲍勃-梅里尔(Bobbs-Merrill)出版社,1964年。

③ 这认知主要是来自乾隆帝《盛京赋》(Ode to Mukden)的法文译本。此文是钱德明(Père Amiot)在北京时翻译,1770年后开始在巴黎流传。据日本学者江藤俊雄(Etō Toshio)的研究,有证据显示伏尔泰记录了他阅读《盛京赋》的具体感受。不管怎样,乾隆帝作为一个开明及理智的专制君主的形象,是可以经伏尔泰追溯到钱德明。更详尽的讨论,可参看柯娇燕:《清朝开国说法考》(An Introduction to the Qing Foundation Myth),载《清史问题》(Late Imperial China),第6卷(1985年)第2期,第13—24页,尤其第22—23页。

与清朝皇帝努力做的一样。他并不反对心忧臣民的君主(正如清朝皇帝们作为可汗宣称的那样)。事实上,伏尔泰始终赞赏"开明"君主的一些做法,如破除乡村中的迷信和文盲传统,保护持有理性主义、不可知论等不同信条的各色文人(孔飞力笔下查禁巫术的乾隆帝就是如此)①。乾隆帝的自我定位始终如一,也清晰可见,与伏尔泰理想中的"开明君主"极为契合,后者极力将专制与政治上乏善可陈的奥斯曼土耳其苏丹割裂开来,而把它与极具魅力的中国皇权联系起来。然对20世纪的中国学学者而言,将"东方专制统治"等同于清代中国的观点已经被证实为非常重要的一笔遗产。近代中国出现的共产主义、"极权主义"、权威主义等等问题,无不与对于中国政治文化的一个普遍假定有关,即政府腐败、不民主,国家的现代领导人被描述成带有"帝制"风格②。

* * *

与其他少数民族入主中原后建立的王朝一样,清王朝塑造自己施行"仁政"的形象,这在很大程度上与他们有意扮演上古中国"圣王"的角色密不可分。"王"是中国上古诸侯国共尊的中心政治人物,施行上古历史制度中的统一礼仪,包括殷商(约公元前 1750—公元前 1100

---

① 可参看宋顺钦(Shun-ching Song),《伏尔泰与中国》(*Voltaire et la Chine*),普罗旺斯大学(Université de Provence),1989 年。

② 有关这课题的经典论述,可参看魏复古,《东方专制论:关于极权的比较研究》(*Oriental Despotism: A Comparative Study of Total Power*),耶鲁大学出版社,1957 年。该书旨在比较亚洲不同社会,在其特有的"水利农业"(hydroagricultural)环境影响下,国家得以控制社会和经济各个领域发展所产生的"极权"。应该指出,该书亦可说是一部探讨从马克思到恩格斯(Friedrich Engels)到韦伯(Max Weber)对"亚细亚生产模式"这一概念的构思的思想史;可参看牟复礼(Frederick W. Mote),《中国专制统治的发展:评魏复古有关中国的东方专制论》(The Growth of Chinese Despotism: A Critique of Wittfogel's Oriental Despotism as Applied to China),载《远东学报》(*Oriens Extremus*),第 8 卷(1961 年)第 1 期,第 1—41 页。有关"擦不掉的"(indelible)帝制文化这个概念,可参看近期索尔兹伯里(Harrison E. Salisbury),《新皇帝:毛泽东与邓小平时代的中国》(*The New Emperors: China in the Era of Mao and Deng*),李涂与布朗(Little, Brown)出版社,1992 年。

年)与周朝(约公元前 1100—公元前 256 年)①。现代史家常把这一时期中国的王权视作社会的道德表达。作为宗室、农耕社会共同体(agricultural combines)以及与之联盟的世袭阶层的代表,"王"承载了过去的神灵即祖先的美德。这种承载具有的效力一部分来自"王"的个人魅力,其被称为道德楷模,自是攸关文化和政治利益。随着列祖列宗逐渐被抽象为"神"或"天",天对"王"政治实践的感应便与自然界的事件发生关联,这种关联被纳入了君权哲学。西周末年成书的《周礼》将王者之仪系统化、规范化,传统上被认为与儒家的出现相关,但其中的政治哲学观念都早于孔子本人(公元前 551—公元前 471 年),其发展过程也更复杂、更是矛盾重重,并不是使用"儒家"一词以标示一套持续连贯的哲学体系就可以一言以蔽之的。

关于中国统治制度中"王道"的现代研究,其佼佼者是汪德迈(Léon Vandermeersch)的《王道:关于古代中国制度精神的研究》(*Wangdao: ou, La voie royale: Recherches sur l'esprit des institutions de la Chine archaïque*)(两卷本,1977—1980 年)一书。他将"王道"定位为古代中国三大政治统治方式之一,另外两个分别是皇权与军事霸权。其中王权居于首要地位,与其把它理解为一种政治制度,不如看作一种社会形态学的表达方式。家庭、村庄、宗族,是天赋王权的真正来源,也是王权赖以枝繁叶茂的根。实际上,王权本身涵括了整饬人世的所有礼仪谱系。"王"勾连着生者与死者,成为早期宗族形成不可或缺的要素②。"王"是社会中的"脐带",联系着世人和他们的祖先。借着礼仪的推广,"王"的统治得以推行四海,早期华人(中国人)的身份也得以确立。

---

① 这里采纳了张光直在考虑过学者有关有商一代及周朝建立的年份的异议后提出的年代划分;参看张光直(Kwang-chih Chang),《美术、神话与祭祀:通往古代中国政治权威的途径》(*Art, Myth, and Ritual: The Path to Political Authority in Ancient China*),哈佛大学出版社,1983 年,第 2 页。

② 可参看陈弈麟(Allen J. Chun),《周代及以前的亲属及王权概念》(Conceptions of Kinship and Kingship in Classical and Chou China),载《通报》(*T'oung Pao*),第 76 卷(1990 年)第 1—3 期,第 16—48 页。

汪德迈关注的古代王权,反映了中国古代政治与社会的不可分离。"王道"延续至皇权中,就此而言,它不断规范着政治与社会秩序,其规范的方式,汪德迈和其他学者更愿将其描述成"封建制"(feudal)①。古代中国的封建制及其与王权之间的关系,部分开启了它代表的社会集中统一与四分五裂的问题。安德森提出君主专制与国家秩序相抗衡的命题时,他强调的是这种传统世界的中心的界限,而非这世界的外围②。作为独一无二的"天子",中国古代的"王"在其世界中代表中心、超然的文化少数,否则其政治体系就四分五裂。

分析中国政治的意识形态,并非只有汪氏一人;运用结构主义方法解读中国政治和社会仪式中权力形态的学者还大有人在③。鲁威仪(Mark Edward Lewis)的《早期中国的合法暴力》(*Sanctioned Violence in Early China*,1990 年)一书认为,在古代中国,王和贵族的权威具有礼仪基础,表现为祭牲、酹肉分食、歃血为盟、狂欢等仪式,用以代替战争与无序的暴力。上古时期礼仪的控制权本掌握在贵族手中,后逐渐过渡给日益集权的"王",公元前 3 世纪最终被皇帝所垄断。礼仪意味着重建"血亲"联系:祭祀造就了血缘融合,所有的人要么同属一个宗亲,要么彼此为敌。鲁威仪的研究,成功描述了早期王权中立法力量的表现,并认为皇权统治体系中礼仪与血缘、祭祀、暴力之间存在永恒的关联,很有启发性。

近期的著作呈现新的变化,即从以往采取结构主义方法分析王权对社会整合和政治权力的意义,转而强调对仪式(包括条文和实践)中王权的文化建构进行话语分析(discursive analysis)。司徒安(Angela

---

① 有关古代中国封建制度的争论仍然没完没了;最近的讨论,可参看许倬云、林嘉琳(Katheryn M. Linduff),《西周文明》(*Western Chou Civilization*),耶鲁大学出版社,1988 年。

② 可参看安德森(Benedict Anderson),《想象的共同体:民族主义的起源与散布》(*Imagined Communities: Reflections on the Origin and Spread of Nationalism*),我说(Verso)出版社,1983 年,第 25—26 页。

③ 例如,汪德迈对王权作为古代中国天人之际的界面的探讨,可说与桑格瑞(P. Steven Sangren)明确利用结构论来研究当代社会礼仪的历史背景作了互相补充;参看桑格瑞,《一个华人社会的历史和灵术》(*History and Magical Power in a Chinese Community*),斯坦福大学出版社,1987 年,尤其第 127—186 页的讨论。

Rose Zito)1989 年博士论文《作为文本和表演的大祀：18 世纪中国有关礼仪的书写》(Grand Sacrifice as Text/Performance：Ritual Writing in Eighteenth Century China)①，在许多方面对汪德迈(尽管她对汪氏之研究并不熟悉)和鲁威仪提出后结构主义回应。司徒安在绪论中指出，韦伯和涂尔干(Émile Durkheim)关于祭祀活动的理论模式有不足之处，尤其是涂尔干提出的"机械团结"(mechanical solidarity)概念。她更偏爱福柯(Michel Foucault)、迪蒙(Louis Dumont)，安德森以及批评理论家的研究方法。话语作为霸权的工具，是她的研究讨论的议题，其他关注文化和政治问题的学者也参与这样的探讨②。司徒安并不重视 18 世纪钦定礼仪文献的潜在动机。她没有指出，在 18 世纪，应朝廷的要求，民间停止记录皇权体系中的礼仪文化。当其时，乾隆朝军力鼎盛，借其普世主义和无与伦比的雄心，以最连贯的形式，表现清代皇权为天下共主的特征。18 世纪的礼仪文本隐含了乾隆朝理解的中国古代王权的形象。但其间传达的是对历史战略性的改写，而不仅仅是礼仪本身③。

乾隆朝是中国话语知识(discursive scholarship)建构的关键时期，部分缘于这一时期出现了丰富的礼仪文献，部分由于 18 世纪后期广泛的搜集整理，部分则是由于礼仪的内涵具有国际化的意义——特别是 1793 年马戛尔尼勋爵(Lord Macartney)率领使团来华寻求贸易与外

---

① 亦可参看司徒安，《祭礼的再展现：宇宙论与文本的编纂》(Re-presenting Sacrifice：Cosmology and the Editing of Texts)，载《清史问题》(Ch'ing-shih wen-t'i)，第 5 卷(1984 年)第 2 期，第 47—78 页。

② 有关王道礼仪与皇权的相关讨论，可参看陶立(Romeyn Taylor)，《帝制晚期正统观念下的皇权》(Rulership in Late Imperial Orthodoxy)，"绝对专制与专制"(Absolutism and Despotism)研讨会论文，明尼苏达大学，1989 年；以及裴碧兰(Deborah Porter)：《〈穆天子传〉的神话与历史》(Myth and History in the Mu T'ien-tzu chuan)，美国亚洲研究学会年会论文，1992 年。

③ 这些问题的讨论，可参看盖博坚(R. Kent Guy)，《四库全书：乾隆晚期的士人与国家》(The Emperor's Four Treasuries：Scholars and the State in the Late Ch'ien-lung Era)，哈佛大学东亚研究委员会，1987 年；白彬菊，《君主与大臣》；以及柯娇燕：《〈满洲源流考〉与满州传统的形成》(Manzhou yuanliu kao and the Formalization of the Manchu Heritage)，载《亚洲研究学报》(Journal of Asian Studies)，第 46 卷(1987 年)第 4 期，第 761—790 页。

交关系的时候。直到最近,学术界仍将明清两代的朝贡视作藩属国对中原王朝至高地位隐晦地表示臣服的一种礼仪①。关于 1793 年的使团事件,讨论聚焦在马戛尔尼拒绝向乾隆特使叩头的问题②。长期以来,学者认定,绝大多数的材料都支持马戛尔尼观点,有段时间人们都不再关注这个题目。随着礼仪研究的重兴,马戛尔尼问题又被重新提起,而且,文化史家的关注程度远远超过了外交史专家。最近何伟亚(James Hevia)重新审视马戛尔尼事件,并对其进行了精辟的文本分析③。他提醒读者,在这类事情上,欧洲人或许和中国人一样高度重视礼仪,并注意到清朝用普通的朝贡礼仪接待马戛尔尼使团。最重要的是,何伟亚描述了马戛尔尼的觐见过程,随后指出双方发生的礼仪之争其实是觐见礼究竟代表一个还是两个中心的争论——这个问题反映出大英帝国意识形态与清帝国普世主义意识形态之间的冲突。

* * *

朝廷编纂文献,都有一定的目的——不管这目的是历史的、礼仪

---

① 这些研究一般所参考的二手材料是费正清编,《中国的世界秩序:中国传统的对外关系》(*The Chinese World Order：Traditional China's Foreign Relations*),哈佛大学出版社,1968 年。

② 有关这问题最早的概述是柔克义(William W. Rockhill),《往中国朝廷的外交出使:叩头问题》(Diplomatic Missions to the Court of China：The Kotow Question),第 1 及第 2 部分,载《美国史学评论》,第 2 卷(1897 年)第 3 期,第 427—442 页;第 4 期,第 627—643 页。亦可参看普里查德(E. H. Pritchard),《1793—1803 年间北京传教士有关马戛尔尼使团的书札》(Letters from Missionaries at Peking relating to the Macartney Embassy [1793—1803]),载《通报》,第 31 卷(1934 年)第 1—2 期,第 1—57 页。以下两部近年利用中西文献写成的著作,无论是对马戛尔尼出使有兴趣的一般读者还是对此课题有研究的学者都会有帮助:佩雷菲特(Alain Peyrefitte),《停滞的帝国:两个世界的冲突》(*L'empire immobile，ou，Le choc des mondes*),法亚尔出版社,1989 年;同著者,《文化冲突》(*Un choc de cultures*)三部曲之第一部:《中国的视野》(*La vision des Chinois*),法亚尔出版社,1991 年。

③ 何伟亚(James Hevia),《众主之前:清廷礼仪与 1793 年马戛尔尼出使》(A Multitude of Lords：Qing Court Ritual and the Macartney Embassy of 1793),载《清史问题》(*Late Imperial China*),第 10 卷(1989 年)第 2 期,第 72—105 页;亦可参看其《晚清之宾礼与各领土间关系》(Guest Ritual and Interdomainal Relations in the Late Qing),芝加哥大学博士论文,1986 年。

的还是管理的,对其目的性作些怀疑,并不能混淆这样一个事实,即作为"王",清朝的君主扮演着沟通天人的角色,这是角色历史赋予的①。向"天"递达民意,同时又把"天"的旨意传达给人间,"王"的这些角色,成为皇权必不可少的因素②。据古代文献记载,统治就是接受"天命"。"王"有能力和祖先在天之灵沟通(并被饱以祖德),最先与这一能力联系在一起的,是他以历史的形式表现人类的时间这一权力。历史记录与宗教诉求的紧密联系,由"巫"兼为"史"可证③。控制历史编纂,一直是"王"的职权,这一职权在皇权中一直保持到帝制时代结束。

乾隆帝有意宣传帝制的盛世形象,钦定了数量可观的历史典籍。作为沟通天人的唯一中介,清代的皇帝/可汗/王自己就能阐释过去、现在和未来。正是在这样一种角色中,清代皇帝钦定了字典、类书、通考、诗集,以及碑记铭文;也正是在这一角色中,他又大兴文字狱,不断篡改、查禁、隐匿、禁毁文字图籍。乾隆帝控制文化之文字资源的野心,中国历代皇帝中无人能及。为行使这一职权,立与破同等重要。乾隆帝一方面因尚古右文经常得到人们的赞扬,另一方面亦因文字狱而备受非议④。

一些强调文化因素的学者将王权看作一种古老的威权,试图在东

---

① 可参看司徒安,《作为文本和表演的大祀:18 世纪中国有关礼仪的书写》(Grand Sacrifice as Text/Performance: Ritual Writing in Eighteenth Century China),芝加哥大学博士论文,1989 年,第 88—91 页。

② 从西汉时代开始,天文学就被用来观察天象与政治变化的联系。因此,描述皇帝与上天之间关系最仔细的话语,我们往往可在中国传统天文学的著述中找到。有关皇帝作为摇摆于"天"与"天下"之间的一个双极子(dipole)的叙述,可参看中山茂(Shigeru Nakayama)、席文(Nathan Sivin)编,《中国科学:一个古代传统的探究》(Chinese Science: Explorations of an Ancient Tradition),麻省理工学院出版社,1973 年,第 23 页。

③ 关于商周时期的书写、巫术以及有关过去与未来的知识的联系,可参看张光直,《美术、神话与祭祀》,第 88—94 页。

④ 可参看富路德(L. Carrington Goodrich),《乾隆朝的文字狱》(The Literary Inquisition of Ch'ien-lung),韦弗利(Waverly)出版社,1935 年,第 5—9 页。盖博坚在其《四库全书》一书对乾隆朝的文化政策作出了新解释。

西方王权中发现其共通之处①。这样的探讨,使得在这里提及弗雷泽(James Frazer)的观点很有必要,他援引神话与宗教材料,以证明早期的社会统治需要"王"主持祭祀仪式,或许是一年一次。要说根本找不到材料证明中国王权的史前史,是有些过头了②;然而目前资料如此缺乏,似乎还没有切实可行的方法来建立东西方文化史前史的比较研究。用鲁利(Paul Rule)的话说,"中国的君主不是弗雷泽所描述的'巫王',但也不符合其他宗教性王权的标准模式。"③鲁利的提法可能有些草率。在古代欧洲、中东或许包括北非,国王升座与祭祀仪式都与努力分别四季、顺时而动,寻求上天的感应紧密相关。人类对时间和诸元素的权威(并非"控制"之意)是古代王权的基础,这也符合后来中国王权的演进道路。古代王权对时间的权威,在皇权中得到了延续,它不仅与农耕社会的现实生产生活密切相关,也与和先祖作神人

---

① 可参看马贝特(Ian Mabbett)编,《传统亚洲的王权及权威模式》(*Patterns of Kingship and Authority in Traditional Asia*),多佛(Dover)出版社,1985 年。更早的研究有:加尔(Richard Gale),《"万王之王":东方王国的权力运用与滥用》(*Kings at Arms: The Use and Abuse of Power in Great Kingdoms of the East*),(伦敦)哈钦森(Hutchinson)出版社,1971 年;以及陈学霖(Hoklam Chan),《中国帝制时代的正统观》(*Legitimation in Imperial China: Discussions under the Jurchen-Jin Dynasty〔1115—1234〕*),华盛顿州大学出版社,1984 年,尤其第1—18 页。近期有观主权的讨论,可参看鲁惟一(Michael Loewe),《中国的骄傲》(*The Pride That Was China*),希杰维克与杰克逊(Sidgwick & Jackson)出版社,1990 年。

② 可参看费德勒(Benedetto Fedele),《中国古代王祭研究》(*Il sacrificio de Vecchio Re-Mago nella Cina Leggendaria*),收宗教历史国际会议(International Congress for the History of Religions)编,《神圣的王权》(*The Sacral Kingship*),布里尔出版社,1959 年。关于这方面,中国古代天帝的神话亦有其启发性,并似乎值得更深入研究。例如,关于上帝间发牺牲和肉体重生的故事,就与中东古代有关坦木茨(Tammuz)的神话颇类似。亦可参看艾伯华(Wolfram Eberhard)著,埃伯爱(Alide Eberhard)英译,《华东及华南的地方文化》(*The Local Culture of South and East China*),布里尔出版社,1968 年;艾兰(Sarah Allan),《世袭与禅让:中国古代的王朝更替传说》(*The Heir and the Sage: Dynastic Legend in Early China*),(三藩市)中文资料服务中心(Chinese Materials Center),1981 年;艾兰,《龟之谜:中国早期的神话、艺术与宇宙》(*The Shape of the Turtle: Myth, Art and Cosmos in Early China*),纽约州立大学出版社,1991 年;《〈尚书〉残卷中的旱灾、人牲与天命》(Drought, Human Sacrifice and the Mandate of Heaven in a Lost Text from Shang Shu),载《业非学院学报》(*Bulletin of the School of Oriental and African Studies*),第 47 卷(1984 年)第 3 期,第 523—539 页。

③ 鲁利(Paul Rule),《中国传统王权》(Traditional Kingship in China),收入马贝特主编,《传统亚洲的王权及权威模式》,第 44 页。

交流有关。先人们创造了农时,他们的神灵继续影响自然力量。王举行祭礼,卜问自然神灵,强化了对过去也曾乞问神灵的先王的记忆,也再现了先王订立的规矩。祭祀与时间的变化保持一致,王在不同的时间和空间举行不同的大祀活动,祭祀对象有天、地、列祖列宗、土地神、五谷神等,一年一个轮回①。用司徒安的话来说:"祭祀仪式成就了王的象征性建构。"②

王权被引入皇权之后,王权体制中的时间文化及其作用均被保留下来(安德森喻之为帝国外围边界之界定)。以往的历史著作,习惯将中国皇权的创立视作治权确立过程中世俗政权对宗教神权的胜利。新近研究表明,对时间和变化的权威于秦朝来说与前朝别无二致③。王权向皇权急剧演进,就是以一套精细、具体、高度科层化的律令体系,表现时间、季节性的活动和超自然力量,使之充盈整个新的秩序。秦朝的创建,标志着王权囊括天地这一功能的最终形成,从此一直存在于新确立的庞大的皇权制度之中。

当欧洲和现代西方的政体通常借助新的历法表达它们的统治权时,中国次第更迭的历朝历代仍然以它们自己作为时间推进的起点。中国最后一个王朝清朝一开始就引进了带有显著西方元素的历法。然而14世纪之前,没有一个皇帝本人被视为代表一个时代;同一个皇帝常常为讨个吉利改好几次年号。将年号等同于皇帝,作为皇权的一个特征,始于明朝,在清朝作为常规得到延续。弘历的年号是乾隆,而他本人就代表了一段历史的特征。明清时期一个皇帝等同于一个年号,这常常被与这一时期皇权中所谓的"专制"和"独裁"特征联系起来。然而值得注意的是,其实明代以前被融入皇权制度的传统,就已经赋予中国的最高统治者在时间的运动中扮演一个角色,给皇帝个人

---

① 可参看司徒安,《作为文本和表演的大祀》,第279—282页的描述。
② 前揭文,第12页。
③ 可参看叶山(Robin D. S. Yates),《身体、空间、时间与官僚体系》(Body, Space, Time and Bureaucracy),收韩庄(John Hay)编,《中国的界限》(*Boundaries in China*),理克行(Reaktion)出版社,1994年,第56—80页。

一个中心地位,往往用皇帝代表一个时代,这一点很重要。

各种各样的年号,是普渡众生过程中的各个阶段,与皇权中的"普世主义"直接相关,乾隆时代达到高潮。汉代(公元前206—公元220年)之前,中国的宗教和王权系统围绕一整套自然和道德谱系循环往复,这在艺术和哲学上都能充分显示出来。后来,这些谱系被冠以具体的名称,如"道家"和"阴阳家"之类,其中最显著的当属邹衍和董仲舒①。随着佛教的传入,佛教本身成了一种潜移默化的政治和文化力量,皇帝在时间表现中的角色又发生了变化。这种变化既不突然,在早期阶段也不明显,但忽必烈时期已完全确立。中国的皇帝此后又多了个头衔,即"转轮圣王"(*cakravartin* kings)。这种王权模式实源自印度的阿育王(公元前3世纪),清朝皇帝是从蒙古人那里袭用了"转轮圣王"制度,但蒙古人已对它做了重大改变。不过,皇权的时间功能是一样的。通过其世俗的活动,"转轮圣王"转动时间之轮普渡众生。清代的"转轮圣王"崇拜中,皇帝和喇嘛共同负责将佛祖的意志传达给世人,而皇帝本人则是"转轮圣王"转世,地位居于喇嘛之上。

清代的"转轮圣王"与密宗玛哈嘎拉(Mahākāla)崇拜有关。格鲁珀(Samuel Martin Grupper)在其1980年印第安纳大学博士论文《清初满族皇帝的崇拜:文本与盛京密宗神庙的研究》(*The Manchu Imperial Cult of the Early Ch'ing Dynasty: Texts and Studies on the Tantric Sanctuary of Mahākāla at Mukden*)中对密宗玛哈嘎拉的宗教建筑、铭文及祭祀仪式等有详尽的研究。清代皇帝的内宫融合了蒙古族和满族的宗教特征,信仰转轮圣王,这种信仰从唐太宗李世民、成吉思汗,一直绵延到忽必烈汗(也代表着菩萨),清朝第一个皇帝皇太极就传承了这一信仰。"转轮圣王"意味着世俗世界和精神世界的主宰,时间、灵魂、肉身都围绕他转世轮回。在俗世,他手中转动的法轮代表着帝国的军事

---

① 在这里,我并没有单纯地把"东方"与"周期性"发展、"西方"与"直线式"发展视为必然的意思。对这简单二元化的批评,可参看李约瑟(Joseph Needham),《时间与东方人》(*Time and Eastern Man*),收氏著,《大滴定:东西方的科学与社会》(*The Grand Titration: Science and Society in East and West*),多伦多大学出版社,1969年。

扩张、历史更迭以及时代终结。这种形象,与周朝的"王道"不同,公开炫耀武力,因为皇帝很显然"战无不胜",代表了宗教的普适性①。这是帝制象征意义的独特延伸,郎世宁(Giuseppe Castiglione)画的乾隆帝身穿菩萨图案盔甲像是整个中国帝制传统中为数不多的皇帝武士形象②。

* * *

　　本文提出有关清代普世治权的"同心性"(concentricities)或"共主性"(simultaneities),是希望有助讨论在早期现代构成这个制度的复杂因素。它概括了近年有关帝制时代中国历史的研究,的确要比以往关于帝制典章离心力的研究更加准确深入。另外,这一概念,也部分得益于目前中国研究的一个趋势,即试图化解将清朝皇权单一地描述为"满人的"或者"中国人的"这一简单化的模式。在清朝统治者构建的天下秩序里,这些标签是没有任何意义。清代皇权制度,一部分是源自东北的可汗制。可汗制在清代得以完整保存并受到尊重,因为它是可汗制。其他部分则显然是来自中国古代王权以及中国帝制的历史,它们也得到承认和尊重,因为它们是王权制和中国历史。清朝的历史学家将几种不同的统治方式糅入清代皇权之中,并将其本土化。承认各种不同类型的统治方式得到延续,并在不同的空间和道德环境中发挥着不同的作用,也就勾勒出清代帝制的历时重叠性。那么共主皇权模式的运用,或许能帮助我们在对清代帝制的总体认识中避免错误的二分法和简单对立。适当注意到清代皇权的制度起源的特殊性,可能就没必要去解释同一皇权制度中的种种矛盾和不一致性,诸如:有些

---

　　① 对这意识形态的形象化的探讨,可参看法克哈(David Farquhar):《清帝国统治中皇帝的"菩萨"形象》(The Emperor as Bodhisattva in the Governance of the Ch'ing Empire),载《哈佛亚洲学报》(Harvard Journal of Asiatic Studies),第38卷(1978年)第1期,第5—34页。

　　② 此画一般称为《乾隆戎装大阅图》,现存北京故宫博物院。证据显示,此画是郎氏在1758年正值乾隆帝检阅八旗及中亚士兵时绘制。相关讨论,可参看朱家溍(Zhu Jiajin),《郎世宁的铁烙画》(Castiglione's Tieluo Painting),载《东向》(Orientations),第19卷(1988年)第8期,第80—83页。

部分表现为宗教性,而另外部分表现为世俗性;有时是内在的精神,有时又是外在的现象;皇帝本人有时乐于合作,有时又专断独裁;有时是法家,有时又是道德主义者。作为普世主义者,18世纪的清朝统治者,特别是乾隆皇帝,意识到自己的身份有不同的来源,同时又小心翼翼地去表述它们。清朝皇帝的各种表述,从历史角度说或许存在问题,但此中包含的多样性本身则毫无疑问。

（唐子明、戴联斌　校）

对帝制晚期中国经济的反思：
1730 年前后—1930 年间的发展、崩解和衰退

彭慕兰（Kenneth Pomeranz） 著

郭威廷 译

　　本文旨在考察一个非常简单却牵涉甚广的对比：从大多数角度来看，19 世纪末、20 世纪初的中国是一个非常贫困的社会；相对来说，不论是从其本身成员还是从绝大多数外来访客的角度来看，18 世纪后期的中国则似乎非常富裕。很明显要探讨的问题是：这两段时期之间，究竟发生了什么事？

　　过去的研究提供了各式各样的答案，但它们大致上不出以下三种类型。第一类的研究认为，人们之所以会认为这两时代间存有经济上的巨大落差，是因为他们采取了 20 世纪观察者的角度。依此见解，在 1800 年以后，发生在西欧、北美和其他一些地区之惊人变化，使得人们轻易地改变了其对"怎样才算是一个繁华社会"的想法，此种改变是如此充满戏剧性，以致于一个富裕的前工业化社会也看起来好似贫困不堪。第二类的见解，则认为人们之所以会对此种惊人的变化提出质问，乃是因为其采取了 18 世纪观察者的观点。此种见解与绝大多数中国人以及眼花缭乱的外国人观感不同，其认为中国早在 18 世纪就已远较欧洲贫困，加上当时的中国还被迫步入整个大环境的发展轨道，此种身陷大环境的处境，使其贫弱不振的情形更加恶化。显然，两种解释中的第一种已揭示出某部分的真实，但若我们能够揭露出"18世纪中国实际上至少和 18 世纪欧洲同样繁华"这样的事实，则前面这两种企图呈现整体性说明（total explanation）的观点都无法适切说明中

国在这段时间内的变化。这也正是我在最近的著作中以相当大篇幅探讨的课题,熟悉该着重处理本议题章节的读者们,或可浏览第一部分 a 至 c 的部分。至于 19 世纪中国经济的衰退如何发生、且为何发生的证据和分析,则可见该书第二部分以后的讨论。

与前面两种说明方式不同,本文打算把重心放在以下这种比较有说服力的第三种说明途径。用一种比较简单的说法来说,那就是中国在 19 世纪时,确实急剧地变得更为贫困。若是用更精确地讲法来说,我们还可以从以下所观察到的五项基本且相互关连的发展趋势来加以说明。

首先,截至目前为止,1750 年后中国成长最速的区域都是那些原先较为贫困的地区。这些区域之所以能够成长,很大的原因都出在其内生的经济成长因素。其次,对于经济成长而言,由于作为 18 世纪初至中期间经济成长之关键催化剂的国内远程贸易,约在 1770 年后已变得不甚重要,加上全国市场疲乏不振,使得许多地区的经济的成长,特别是内陆区域的经济,仅能更加仰赖自给自足的方式生存下去。对某些区域来说,这已算是相对而言比较良性的转变,但对于其他区域而言,这样的发展却简直形同浩劫。第三,富庶的沿海地区日益倾向与满州、东南亚、某程度上还包括西方国家及其殖民地等中国境外其他地区结为贸易上的伙伴。此种现象,一方面虽可减缓沿海地区因与境内贸易伙伴合作中止所生的生态上阵痛(ecological pain),但在另一方面,却也不足以支撑该地域原先的经济成长率,使得这些地区更加难以在中国经济的各项基本转型(basic transformation)中占据领先的地位。第四,由于区域内部与区域之间相互连结以及其他相互附属关联的各项发展的重新调整布局,使得人们大肆破坏生态环境、并过度开采诸如长江高地部分地区的木材某些战略性资源。而可以想见的是,此种破坏,也必将在经济上、社会上以及政治上带来相当恐怖的后果。最后一点、且绝非最不重要的一点是,19 世纪时,由于中国国家无力提供关键性的服务以因应生态上之问题,尤其在某些基础建设方面无力应付,使得受此问题影响、以及未受该问题冲击的区域间,经济发展也呈现出分道扬镳的趋势。

在某些案例中,我们看到了国家活力的大幅衰退。此种衰退,固然属于历史中不断上演的"朝代衰败"的老故事之一,但在其他的许多案例里,我们却看到了国家能够顺应新的挑战而重新调整定位的迹象。在此过程中,国家也被迫重新思考:在面对新的挑战时,究竟该采取何种作法,才能算是有效率的统治行为。当国家在面对这些相对来讲、或甚至整体来说都算是全新的任务之时,其适应与调整的能力确实蒸蒸日上。然而其是否善于估算抛弃传统功能的代价,以及是否能将目光由某些地理区域转移至其他事物等方面,则需视其是否能够提供完善的服务而定。我们可以发现,在18世纪时,此种国家的重新定位与调整,确实已在逐步地成形当中。然而若从其他方面来看,当时整个中国的转变,也确实是在西方势力的入侵逼迫下形成。此种转变,对于某些事物来讲或许具有良性的激励作用,但对于其他事物而言,则可能带来极为严重的破坏。

1. 富裕的18世纪

让我们由那些立基在18世纪标准上、且将当时的中国归类为繁华富裕社会的观点开始说起。首先,要作出任何合理的比较性陈述,都必须先要有一个有用的单位以供比较,而就这点而言,很重要的一件事情就是:千万别受"中国是一个20世纪的民族国家"这样一件事实所蒙蔽。毕竟就大体上来说,中国已有相当于整个欧洲般的领土而远超过当时任何一个欧洲民族国家的领土大小,其人口数量远超过欧洲,且在经济发展上,中国也已呈现出相对于欧洲更为明显而剧烈的区域性差异。因此,与其拿中国和个别的欧洲国家相比,我们还不如拿中国和整个欧洲大陆来进行比较,并对比各个华人活动区域(Chinese regions)与在欧洲大陆上较具相近地理与环境特征之区块(chunks),尤其是那些与其他欧陆地区相比,更为接近这些华人区域特征的地区。举例来说,我将会经常拿长江三角洲(于1750年时约有3600万人口)与英格兰和荷兰相比,也将会拿岭南(当时中国的第二大经济发展区域)和法国或法国及西德地区等地区相互比较。

1a. 营养与健康

对于 18 世纪中国（人）在基本热量上之摄取，许多评估报告均显示，其确实可与当时欧洲的热量摄取水平相提并论。通过对于 17 世纪农耕地契中无地产农工的饮食情况资料及数据之分析，潘敏德得出了一个结论：这些中国劳工们，在农忙时期，每日摄取 4700 卡路里的热量①。其整体的数据当然是较欧洲的数字要低，但其在 18 世纪时的人均谷物消费量，也有达到每人平均约 2.2 石稻米的相当物之用量，包括男女两个性别与所有年龄层②。这样的用量，经过换算，可得出每人光就稻米的摄取，即可达每日 1837 卡路里的热量。假若当时中国人口的年龄结构约与 20 世纪 30 年代相同③，则可得出平均每位相当于现今之成年人者仅就谷物即摄取达 2386 卡路里的热量，且每位相当于现今成年人之男子约可摄取达 3181 卡路里之热量。此种热量摄取的水平，与克拉克（Gregory Clark）、休伯曼（Michael Huberman）与林德尔特（Peter Lindert）等人以 18 世纪晚期与 19 世纪时欧洲最富庶的英格兰地区劳工的热量摄取为基础所得出的每人平均自各类食物摄取达 1500 至 2400 卡路里不等之估测结果不相上下。其数据，也仅仅稍低于这些学者们对 1863 年极其富饶的英格兰地区所引证的最高数据，亦即每日每位相当于成年之男性农业劳工平均摄取之 3262 卡路里热量④。

---

① 潘敏德（Min-te Pan），《谁的情况更糟糕？》（Who was Worse Off?），未刊行论文，发表于留美历史学家学会（Chinese Historians in the United States）会议，西雅图，1998 年，第 10—11 页。

② 支持此数据的论证，可参看马立博（Robert Marks），《18 世纪中国的米价、供粮、与市场结构》（Rice Prices, Food Supply, and Market Structure in 18th Century China），载《清史问题》（Late Imperial China），第 12 卷（1991 年）第 2 期，第 77—78 页。

③ 帕金斯（Dwight H. Perkins），《1368—1968 年间中国的农业发展》（Agricultural Development in China, 1368—1968），阿尔定（Aldine）出版社，1969 年，第 301 页。

④ 克拉克（Gregory Clark）、休伯曼（Michael Huberman）、林德尔特（Peter H. Lindert），《1770—1850 年间一个英国粮食的谜题》（A British Food Puzzle, 1770—1850），载《经济史评论》（Economic History Review），第 48 卷（1995 年）第 1 期，第 223—226 页；潘敏德，《1600—1949 年间农村信用市场与农民经济：国家、精英、农民与"高利贷"》（Rural Credit Market and the Peasant Economy, 1600—1949：The State, Elite, Peasant, and "Usury"），加州大学尔湾（Irvine）分校博士论文，1994 年，第 327 页及该页所附之注释。潘对成年男性消费量为成年女性两倍这个估算作出了有说服力的论说（而上文有关成年男性消费量的数字，亦是据此比例估算）。然而，令问题变得复杂的是，这男女消费量比例要比克拉克、休伯曼、林德尔特，《1770—1850 年间一个英国粮食的谜题》，第 226 页，注 25，所采用的大得多。

至于蛋白质摄取量的评估值,由于史料中经常仅以"一块"肉、"一条"鱼或"一块"豆腐等描绘食物的数量,却未具体指称这些食物的大小,从而我们很难估算出这些食物的精确数值。然而,不论是潘敏德或是帕金斯(Dwight Perkins)先前所做的估测,都将 18 世纪中国的每人平均蛋白质之可获取值估算在以今日观点仍会认为妥当合适的数量范围之中。且其获取量,要不在层次上等同于 12 世纪初期的考察结果,要不就超越了先前这个时代所达到的层次。尽管有证据显示,当时较不受人们喜爱的谷类,尤其是玉米,已于 18 世纪结束前起在华北地区的饮食习惯中扮演了日益吃重的角色,且土豆和甘薯,也于该时期起在华南各地区的饮食情形当中盘据了日趋重要的地位[1]。但这些作物可不是缺乏营养的作物,且此种饮食发展模式,也极可能与土豆在欧洲的传布相关。另一方面,纵使当时已有许多轶闻趣事表明了酒类食品蕴藏着丰盛的营养,但至今却没人想出精确估算葡萄酒与烈酒等含酒精饮料在前现代中国之消费状况的具体办法。尽管当时中国的夜肥处置模式与开水使用习惯似乎无法在热量上为人们提供更充分的摄取,但这些措施似乎都使人们得以喝到相较于 18 世纪欧洲绝大多数地区更为安全的饮料[2]。

此种前工业时期人们对食品高营养水平的讲究和需求,也充分显示在 18 世纪中国乡村的平均寿命(life expectancies)当中。根据多数的研究,中国乡村的平均年龄估算为 35 岁至 40 岁之间。此年龄与 18 世纪英格兰的平均寿命水平旗鼓相当,甚至高于多数研究对于欧洲大

① 可参看如:何炳棣,《美洲粮食植物在中国之引进》(The Introduction of American Food Plants Into China),载《美国人类学家》(The American Anthropologist),第 57 卷(1955 年)第 2 期,第 191—201 页;同作者,《美洲作物的引进、传播及其对中国粮食生产的影响》,收香港大公报编辑部编,《大公报在港复刊 30 周年纪念文集》,下册,香港大公报,1978 年,第 673—731 页。

② 可参看如:艾兹赫德(S. A. M. Adshead),《1400—1800 年间中国与欧洲的物质文化》(Material Culture in China and Europe, 1400—1800),圣马丁(St. Martin's)出版社,1997 年。关于日本史上相关问题之研究,可参看麦法兰(Alan MacFarlane),《和平的野蛮战争:英格兰、日本和马尔萨斯困境》(The Savage Wars of Peace: England, Japan and the Malthusian Trap),布莱克威尔(Blackwell)出版社,1997 年。

陆地区平均年龄的估测值①。此处系以 1 岁为基础估算的平均寿命。至于在以出生时来估算的平均寿命比较上,中国的情形则较为复杂,主要是因为在许多中国人居住区当中,存有相当高的杀害女婴比例。更进一步来说,由于近来的研究指出,中国在整个 1550—1850 年间的出生率都远低于同时期欧洲的出生率②,加上中国于此时期的整体人口成长率至少并未逊于同时期的欧洲,1750 年至 1850 年间中国与欧洲的人口均约成长为两倍,且中国于 1550 年至 1750 年间的人口成长似乎更超越了欧洲的速度③,我们可以进一步得出一个结论:当时中国的死亡率,很可能要比欧洲为低。

更甚者,相对于欧洲,中国达到了此种营养水平,却未在基本食品

---

① 读者可比较以下有关中国和英格兰的数据:雷佛力(William Lavely)、王国斌(R. Bin Wong),《对马尔萨斯述说的修正:中国帝制晚期人口动态的比较研究》(Revising the Malthusian Narrative: The Comparative Study of Population Dynamics in Late Imperial China),载《亚洲研究集刊》(*Journal of Asian Studies*),第 57 卷(1998 年)第 3 期,第 714—748 页(尤其表 2 及图 3);李中清(James Lee)、康文林(Cameron Campbell),《乡村中国的命与运:1774—1873 年间辽宁的社会层化与人口行为》(*Fate and Fortune in Rural China: Social Stratification and Population Behaviour in Liaoning 1774—1873*),剑桥大学出版社,1997 年,第 79 页;以及里格利(E. A. Wrigley)、斯柯尔菲德(Roger Schofield),《英格兰人口史,1540—1871 年》(*The Population History of England, 1540—1871*),剑桥大学出版社,1981 年,第 230、708—713 页(有关里、斯两氏可能高估了英格兰人口的平均寿命,可参看拉泽尔[Peter Razzell],《18 世纪英格兰的人口成长:一个审慎的重估》[The Growth of Population in Eighteenth Century England: A Critical Reappraisal],载《经济史学报》[*Journal of Economic History*],第 53 卷[1993 年]第 4 期,第 757—763 页;拉氏认为应将过去少报了的婴儿死亡率计算在内,从而将英格兰人口出生时之平均寿命从原先的 37.0 降低至 31.6 至 34.0 之间)。至于欧洲大陆(德国)一个平均寿命较高的例子,可参看诺岱尔(John Knodel),《过去的人口行为》(*Demographic Behaviour in the Past*),普林斯顿大学出版社,1988 年,第 68—69 页;而数字较低的例子(法国似乎是一个典型),则可参看布拉约(Yves Blayo),《1740 年至 1829 年间法国的死亡率》(La Mortalité en France de 1740 à 1829),载《人口》(*Population*),第 30 卷(1975 年)第 6 期,第 11—12 页。

② 李中清,《中国历史人口制度:清代人口行为及其意义》,收李中清、郭松义编,《清代皇族人口行为和社会环境》,北京大学出版社,1994 年,第 3 页;李中清、王丰(Wang Feng),《人类的四分之一:马尔萨斯的神话与中国的现实》(*One Quarter of Humanity: Malthusian Mythologies and Chinese Realities*),哈佛大学出版社,1999 年,第 84—90 页。

③ 李伯重,《控制增长,以保富裕:清代前中期将难的人口行为》,载《新史学》,第 5 卷(1994 年)第 3 期,第 32—34 页;可与麦克伊佛迪(Colin McEvedy)、琼斯(Richard Jones),《世界人口史地图集》(*Atlas of World Population History*),企鹅(Penguin)出版社,1979 年,第 28—29 页之论点相比较。

的消费上花费掉更多的收入。方行在其关于长江三角洲无地产雇农的研究中指出：17 世纪时，这些雇农们将其收入中的 55% 用在基本的谷物供应上，而到了 18 世纪初期，其在此方面的花费比例也很相近①。此种花费数据与布朗（Henry Phelps Brown）及霍金斯（Sheila Hopkins）所描绘的 18 世纪 90 年代英格兰贫困乡村居民的花费情形几乎相同②，而由于当时中国的农工也算是其所有劳动人口中最贫穷的一群人，因此这样的比较似乎也还算妥适。然而，当我们进一步来看方行的研究，其对于农民的支出估测，竟没有直接计算到农民的收入或支出。相反地，其研究依赖于记载这群人用于衣物与柴火的最低数量的帐目数据，并将其花费与消费的谷物价值两相比较，而得出了这样的数据。方行所用的帐目数据多出现于当时的农书当中，其所探讨的谷物价值，也不论其系因购买、或薪资中的一部分、或自己生产所得。此种研究手续，无视于许多雇农另有从事纺织业的妻女，以及这些劳工在农闲之际可能也从事某些农场外劳动的事实，而径将所有雇农的非农业上收入排除于估算之外。同时，其研究方法也未考虑到人们在许多其他各类活动中的支出，例如人们花费于某些非经常性但却金额庞大的生命周期仪式，以及某些连贫困的妇女都已拥有的珠宝③，或人们在特定场合所使用的服装④和娱乐活动或宗教活动等。从而，就整体来说，方行的研究极有可能低估了雇农在基本热量摄取外所获得或拥有的财产以及实际上的花费。也因此，其对于当时中国雇农的支出估算结果，会得出与中国雇农与欧洲贫民情况相当的结论。

1b. 基本需要以外

当然，也有可能中国人宁愿把多余的收入埋藏在屋子底下，也不

---

① 方行，《清代江南农民的消费》，载《中国经济史研究》，1996 年第 3 期，第 93、95 页。

② 布朗（Henry Phelps Brown）、霍金斯（Sheila V. Hopkins），《关于薪资与物价的一种观点》（A Perspective of Wages and Prices），梅苏恩（Methuen）出版社，1981 年，第 14 页。

③ 潘敏德，《1600—1949 年间农村信用市场与农民经济》，第 85 页。

④ 关于这点，可参看时任地方官的陈宏谋对农民在宗教节庆中"华而不实"的穿着的不满：贺长龄、魏源等编，《皇朝经世文编》（1820 年初版），中华书局，1992 年，卷 68，第 5—6a 页。

愿将这些收入花费在其他事情上,只不过我们目前手上的证据,还不足以支持这样的推测罢了。此外,同样不幸的是,我们手上亦没有当时人们死亡时所留下的财物清册,我们只能靠其他的数据来探究这方面的事实证据。由当时中国国内旅行者对于该时代流行消费增加所做的描述,以及小说中对于当时各地区销售商品范围所做的写实描绘,我们可以找到许多当时各社会阶层之家庭食品、衣物和家具等的描述①。尽管当时的描述对流行消费的增加多少有些责难,但这些经常出现在地方史册内产品出售记录的描述弥补了我们对当时消费情形的了解,其内容甚至还包括了一些非常小且偏远的城镇的资料。我们另外还有许多当时欧洲前去中国的访客所留下的评述。这些访客,相比于未曾到过中国的欧洲人,多半对 1800 年之前中国与欧洲的消费情形进行了有利于中国的比较。我尤其对两位英格兰特使的评论印象深刻。这两位英格兰特使于 1793 年由北京旅行至广州,对于当时中国人大量的吸烟现象感到相当讶异②。事实上,有信息来源指称:在浙江,就连初学走路的孩子也吸烟③。此信息更加证明了前述中国人吸烟量的确实性。令两位英格兰特使更感不可思议的是克鲁斯

---

① 关于这点,时人特别引人注意的叙述可见《金瓶梅》和《醒世因缘传》两部小说中;其之引人注意,部分原因在于它们描述的分别是华北区域一个中型城市和一个小镇,而非国内其他大型都市。对中国消费的一些反思,可参考早期现代欧洲消费史专家伯克(Peter Burke),《物与言:早期现代世界中的炫耀性消费》,(Res et Verba:Conspicuous Consumption in the Early Modern World),收布瑞尔(John Brewer)、波特(Roy Porter)编,《消费与商品世界》(Consumption and the World of Goods),绕梁(Routledge)出版社,1993 年,第 148—161 页。有关这课题,我在《大分流:中国、欧洲与现代世界经济的形成》(The Great Divergence:China, Europe, and the Making of the Modern World Economy),普林斯顿大学出版社,2000 年,第 3 章有更深入的探讨。

② 斯当东(George Staunton),《英使谒见乾隆记实》(An Authentic Account of an Embassy from the King of Great Britain to the Emperor of China),第 2 册,(伦敦)尼科(G. Nicol)出版社,1801 年[译者按:应为 1797 年或 1798 年],第 48 页;以及马戛尔尼(George Macartney)著,克兰莫-宾(L. Cranmer-Byng)编,《出使中国:乾隆帝时期马戛尔尼勋爵的出使日记》(An Embassy to China:Being the Journal Kept by Lord Macartney During His Embassy to the Emperor Ch'ien-lung, 1793—1794),朗文(Longmans, Green)出版社,1962 年,第 225 页。

③ 转引自德尔米尼(Louis Dermigny),《中国与西方,18 世纪广州的对外贸易(1719—1833 年)》(La Chine et L'Occident:Le Commerce à Canton au XVIIIe Siècle, 1719—1833),第 3 册,瑟夫彭(S. E. V. P. E. N.)出版社,1964 年,第 1253 页。

(Gaspar da Cruz)所评述的在中国较成功之农人的家宅建筑构造与家俱装潢的规模。尽管这项关于 16 世纪的评述远比我们原先设定的理想分析时段还要早了许多,但对本文的议题来说,仍旧相当有意思。之所以有意思,一方面是因为当时这位因在广州走私遭逮捕,后被流放至中国西南,并越过边境进入缅甸,最后还将其精彩的经历描绘下来的葡萄牙籍船长克鲁斯,不仅目睹了一般人较少走访的偏远地区之真实境况,还特别留意到那些非属上流社会官员与商贾之"事业有成农夫"(successful husbandmen)的家宅,尽管其对官员与商贾之房舍反而较少描绘①。另一方面,这个评述有趣的地方,也在于其所呈现的事实明显与一般见解不同,因为在当时中国木材短缺、建筑石材之使用也极其俭约的情况下,一般都会据而认定中国消费与房舍建造均远落后于欧洲,而非如克鲁斯所观察到的水平极高之情形。对此,我们会在稍后的地方,讨论中国当时的木材短缺现象。

这些文献的内容固然丰富,但所有这些丰富史料的文献整理,都无法取代量化分析(quantification)的重要性。过去,我也曾在其他可尝试的地方做过这样的量化分析。这种分析通常必须回溯当时种植不同作物之土地总面积的估算值,并乘上当前对于当时作物产量的估算值,再减去与此生产与消费相关的外销之后,才有办法完成整套的分析。此种分析确实会带来各种不稳定性,但相对地,我也采取了各种应对措施,让分析后的估算值更为稳当可靠。首先,由于税收低报的情形在中国已延续多年,从而通过对赋册中土地数额的量化分析,我们可在脑中烙入一个巨大但仍待保留的初步印象。就土地的数量来说,以当时种植基本谷类作物的土地来说,我已使用了对我来说言之成理、且最足以让我为其辩护的估算值。而当某些地区的资料残缺不全、以致该地区经济作物的产量估测需以迂回之方式方得以估算出来时,我也只得将此类估测数据从全国总值中移除,尽管当时人们的

---

① 关于克鲁斯(Gaspar da Cruz),可参看博克舍(Charles Boxer)编,《16 世纪中国南部行纪》(South China in the Sixteenth Century),哈克卢特学会(Hakluyt Society),1953 年,第 106 页以及第 99 页。

论著中确有提及这些地区生产此类作物的评述。例如,在糖的情形方面,即便我们已经知道当时福建省在大陆的省区也是一个糖的主要生产区,且当前的研究也已指出:分散在中国其他地区的糖产量总和,仅约为广东、台湾和未算入的大陆福建地区之产量总值的 1/9,但我仍仅估算广东和台湾之产量,以及已知出口数量的糖产总和[①]。而在广东省内,我研究经济作物生产区域面积所得出的数据,要比最近马立博(Robert Marks)在其研究中所得到的结果还要低超过 20%,而我所估算的甘蔗种植地仅占此经济作物种植地区 1/10 的结果,显然对马立博来说也肯定偏低[②]。在其他数据的估算上,我也运用了相同的操作模式,而即便用了此种估算方式,我们还是得出了一些令人吃惊的数据。当然,得出中国人均茶和丝绸之消费量比欧洲高的结论,或许还不致于令人太过吃惊,但是如果考虑到以下糖和所有布料的数据,我们或许能看到某些令人出乎意料的结果:

表 1 中国和欧洲的糖消费量

年份	欧洲(磅)	欧洲(英国除外)(磅)	英国(磅)
1680	1.0	0.85	4
1750	2.2	1.90	10
1800	2.6	1.98	18

与 1750 年前后的中国作对照:中国全国人均消费量为 4.3—5.0 磅;在长江下游、东南沿海及岭南三个消费集中地区,人均消费量可能高达 10 磅。

资料来源:生产方面之数据,可参看菲利浦斯(Carla Rahn Philipps),《1450—1750 年间伊比利亚帝国的贸易》(Trade in the Iberian Empires, 1450—1750),收崔西(James Tracy)编,《商人帝国的兴起》(The Rise of Merchant Empires),剑桥大学出版社,1990 年,第 58—61 页(葡萄牙与西班牙殖民地部分);以及史蒂恩斯格德

---

① 转引自唐立(Christian Daniels),《农基工业篇:蔗糖技术》(Agro-Industries: Sugarcane Technology),收李约瑟(Joseph Needham)编,《中国科学技术史》(Science and Civilisation in China),第 6 卷:《生物和生物技术》(Biology and Biological Technology),第 3 册,剑桥大学出版社,1996 年,第 97、105 页。

② 更进一步的讨论,可参看彭慕兰,《大分流》,第 3 章。

（Neils Steensgaard），《1750 年前英格兰与荷兰的贸易》（Trade of England and the Dutch before 1750），收崔西编，《商人帝国的兴起》，第 140 页（法国、荷兰及英格兰殖民地部分）。欧洲人口的数据，可参看麦克伊佛迪（Colin McEvedy）、琼斯（Richard Jones），《世界人口史地图集》（Atlas of World Population History），企鹅（Penguin）出版社，1979 年，第 26—29 页。英国消费的数据，可参看敏兹（Sidney Mintz），《甜蜜与权力：近代史上糖的地位》（Sweetness and Power：The Place of Sugar in Modern History），维京（Viking）出版社，1985 年，第 67、73 页（以 1700 年的数据作 1680 年的代替）。有关中国的计算，可参看彭慕兰，《大分流：中国、欧洲与现代世界经济的形成》（The Great Divergence：China，Europe，and the Making of the Modern World Economy），普林斯顿大学出版社，2000 年，第 3 章。

表 2　布料产量之抽样比对（人均产量磅数）

长江三角洲[a]（1750 年前后）	中国（1750 年前后）	英国（United Kingdom）（1800 年前后）	法国（1789 年前后）	德国（1830 年前后）
棉布：14.5	棉布：5.7—7.6	棉/麻/毛[b]：12.9	棉/麻/毛：8.4	棉/麻/毛：5.0
丝绸布料：2.0	苎麻：不明[c]			

　　有关数据的来源及其问题，可参看彭慕兰，《大分流》，附录 F。有关苎麻，可参看吴承明、许涤新著，柯尔文（Anthony Curwen）英译，《中国资本主义发展史：1522—1840 年》（Chinese Capitalism，1522—1840），圣马丁（St. Martin's）出版社，2000 年，第 124 页。

　　a 未算进产盐府县（人口约 31000000 人）的布料产量；当地布料人均消费量不明。

　　b 棉/麻/毛为棉布、亚麻布和羊毛布的合称；其在英国的人均消费量为 8.7 磅。

　　c 尽管棉布的生产是当地一个长期趋势，但在 1914—1918 年间，苎麻的人均产量仍接近 4 磅。

　　最后，就让我来冒着出错的风险，试试一组消费数据的比较分析：中国家庭的家俱清单，以及早期现代荷兰的自然人死亡时财产清册的数据比对。此种比较的风险，就某些方面来说，实在让我如履薄冰。首先，不同桌子间的质量差异存在着相当大的区别，相较于灯具和糖的质量来说,桌子的质量,可说是参差不齐。其次,尽管中国在这方面的数据来自于20世纪初,而非17世纪或18世纪,但从19世纪的许多描述及报导看来,我们仍旧可以得出类似的印象:中国的生活水平并没有提高,且由于木材短缺,导致木材价格相对于其他商品急剧上升,人们会因而认为家俱将在家庭市场中占有更小的比例。正如我们接下来即将看到的,当时的生活水平恐怕还呈现出下降的趋势。而对于木材短缺、导致木材价格相对于其他商品急剧上升的粗略的估计,是1937年木材的人均英亩产量是1700年人均英亩产量的6%到8%①。因此,基于以上种种理由,我们可以知道:相对于欧洲而言,家俱的生产应该算是中国非常薄弱的领域。而在最后,我们还得记住,纵使是那些代表了欧洲较不繁华区域群体(communities)的数据,仍来自荷兰境内较不繁荣的地区,而非来自葡萄牙或波兰等地;而中国的数据,则代表着全国3万个家庭样本,可划分成两个广阔的区域②:

表3 家俱(村户家俱平均数量)

	中国麦产区	中国稻产区	弗里斯兰 (Friesland)内陆	弗里斯兰 省沿岸
桌子	4.1	4.6	1.3	0.6
长凳	4.0	12.0	2.5	4.3
椅子	2.1	4.0	6.7	13.5
镜子	0.4	0.3	1.0	1.2
床	3.4	4.1	3.3	5.2
箱柜	2.2	2.7	1.0	1.2

① 此处的数据,系根据凌大燮提供的森林覆盖区数据以及1700年(1亿—1.2亿)和1937年(4.5亿—5亿)的人口数字综合估算得出。参看凌大燮,《我国森林资源之变迁》,载《中国农业》,第3卷(1983年)第2期,第34—35页。关于森林砍伐以及每年人均木材供应趋势之详细讨论,可参看彭慕兰,《大分流》,第5章。

② 德伏里(Jan de Vries),《农民需求与经济发展:1550—1750年间的弗里斯兰》(Peasant Demand and Economic Development:Friesland, 1550—1750),收帕克(William Parker)、钟斯(E. L. Jones)编,《欧洲农民及其市场》(European Peasants and Their Markets),普林斯顿大学出版社,1975年,表6—16;卜凯(John L. Buck),《中国的土地利用》(Land Utilization in China),1937年原著,派瑞冈(Paragon)出版社,1964年重印,第456页。

尽管此种比较存在着相当多的问题,但在我们将此一斯巴达式的中国乡村和充斥着新消费品的欧洲家庭相互对比之前,此种比较应该还是能使我们暂时搁置掉这些问题。

1c. 生态环境的比较

令人吃惊的是,即使有了较大的人口密度,18 世纪中期的中国生态环境,比起同时期的西欧核心地区的生态环境,仍未承受更多的生态压力。正如我在其他文章中大幅讨论过的:尽管西欧和中国的发达地区都在 18 世纪时显现某些生态压力问题的严重迹象,而依照马尔萨斯危机(Malthusian crisis)所描绘的情形,承受此种压力的地区,按其理论应无承担当时人口水平和人均产量之能耐;然而依照我观察的结果,前述这两个区域却都没有濒临此种单纯马尔萨斯危机的边缘。而且,直到 19 世纪时,由于某些充满戏剧性、且在许多层次上具有断裂性的剧烈变动的出现——如化石燃料的兴起、新技术的革新以及我们稍后即将讨论的新大陆资源的掠取等——我们可以明显看出究竟哪个核心地区会面临更大的生态压力。举例来说,我在研究中已重新构述了 1800 年前后华北和英格兰旱作区氮气流量的真实情况,而通过这些流量的比对,我们可以发现中国土壤流失的情形并未较欧洲的情形严重。假若将华南水稻区的情形一起拉进来比较,我们甚至可以发现中国的情况还大幅领先欧洲。此外,在木材供应和森林砍伐方面,尽管 1750 年前后的西欧人口远较中国稀疏,其依旧没有在资源和环境上取得明显的优势,因为中国人不但比起西欧人更能有效地使用土地和燃料,且在许多实际情况中,中国人在各方面都比欧洲人要好许多。同样值得注意的是,中国人应付生态压力的许多重要策略,乃是高度劳动密集之型态。他们在应付谷物产量增长的挑战和提供充分燃料供应的同时,并没有显著地降低根本的生态资产质量,他们也没有让中国在面对这些局限之时,加快其突破困境的脚步。从长远来看,这些策略确实使中国的转型变得更加艰难。在欧洲的某些地区,尤其是最为显著的丹麦,相似的策略确实导致了相似的发展方向,虽然发展的并不是很好。在这些区域中,每英亩的产量迅速提升,工作的时数也急速增加,然而城市的工业和人口数量,在 1650 年到 1850 年间却都没有任何增长①。令人很难想象的是,英格兰也采取了相同的劳动密集型策略,因为那里多数的农场系由领薪工人运作,而非由农民运作。如果英格兰的农场是由农民运作,他们可能早就走出一条不同寻常的发展轨道。当然,从另一个角度讲,英格兰在 19 世纪的"农业革命",提供的并不是产量的增加,而是稳定的产量、少量的劳动力以及更高的利润。从而,用来满足消费扩张的总产量净额之增加,也伴随了进口量的提升,而这些进口的对象,首先是衣物纤维,然后才是食品。

表4　1800 年前后中国和欧洲部分地区的生态比较

	英格兰	华北
6 年间小麦的总出产量(千克/英亩)ᵃ:	2092	1816
小麦收成的氮气流失(千克/英亩):	44.77	42.49
通过施肥加进土壤内的氮气量ᵇ:	4000—5600	5600—8900
增加土壤内氮气的农作物ᶜ:	年收两次三叶草	年收三次大豆
	(平均氮气值:60 千克/英亩)	(平均氮气值:48 千克/英亩)

资料来源:彭慕兰,《大分流》,附录 B。

a 若将华北年收三次的大豆生产加入其农作之总产量,对比于英国仅能加入其年收两次的三叶草生产量,华北的土地恐怕会是比较好的综合食品生产地。

b 英格兰:4000—5600 千克/种植土地之英亩数,0.6%—4.9% 氮气含量;中国:5600—8900 千克/种植土地之英亩数,2.0—7.5% 氮气含量(请注意:前述氮气含量之百分比系依新鲜肥料测量所得之估算值,其数值会随时间之经过而迅速锐减。此外,由于华北农民偏好每隔数日即于土地上增加些许肥料,而英格兰农

① 奇尔嘉(Thorkild Kjaergaard),《1500—1800 年的丹麦革命》(*The Danish Revolution, 1500—1800*),剑桥大学出版社,1994 年,第 37—38、123、151—158 页;彭慕兰,《大分流》,第 225—242 页。

民则使用兽力推车以节省劳动力,其多半是每年一至二次大规模施肥,因此中国之肥料恐怕还有此处尚未算入的额外益处。

c 从三叶草和大豆的各个单独案例之中间值对比中,我们可以明显观察到其间存在着相当大的变异;相对来说,对于此种变异的原因,我们却所知甚少。

表 5a—5c 木材/燃料供应的比较(岭南、法国和山东西南部)

表 5a

年份	森林面积(公顷)			森林覆盖百分率		
	广东	广西	岭南	广东	广西	岭南
1753	9000000	6500000	15500000	45	35	40
1773	8200000	6020000	14220000	41	32	37
1793	7440000	5660000	13100000	37	30	34
1813	6560000	5240000	11800000	33	28	30
1833	5760000	4940000	10700000	29	26	28
1853	4880000	4700000	9580000	24	25	24

森林覆盖率比较:1550 年前后的法国(30%);1789 年前后的法国(16%;此后有些微下降);1800 年前后的山东西南部(至少 13%)。

表 5b

年份	岭南地区人均燃料供应总量(假设木材没有作其他用途)
1753	1.75 吨煤当量(tons of coal equivalent)
1773	1.45 吨煤当量
1793	1.19 吨煤当量
1813	0.99 吨煤当量
1833	0.83 吨煤当量
1853	0.70 吨煤当量

人均燃料供应总量比较:1789 年前后的法国(0.64 吨煤当量);1800 年前后的山东西南部(0.62 吨煤当量)。

表 5c

年份	森林面积（公顷）	用作燃料的森林	剩余森林	人均木材"盈余"(吨)
1753	15500000	1650000	13850000	2.85
1773	14220000	1675000	12545000	2.25
1793	13100000	2260000	10840000	1.73
1813	11800000	2469000	9331000	1.32
1833	10700000	2956000	7744000	1.00
1853	9580000	3339000	6241000	0.74

人均木材"盈余"比较:1550 年前后的法国(3.6 吨);1789 年前后的法国(0.29 吨)。

资料来源和相关计算:彭慕兰,《大分流》,附录 C。

2. 与 20 世纪初之比较和衰退的证据

在 20 世纪前,中国的各项情形都逐渐走下坡。至少当我们以帝国整体作为一个范围来分析时,中国的形势确实是日趋恶劣的。但在人均谷物的消费情形方面,其大概还能支撑自给自足的经济形态,虽然一旦我们考虑到较大比重的人口却做着较少体力需求的非农业工作时,其消费量恐怕还会再稍微增多。起初,人均茶消费量似乎上升了一些,在 20 世纪 30 年代,人均消费量达到 1.1 至 1.3 磅,而在 1840 年,人均消费量则估计达到 11 盎司①,然而到了 1840 年,人均消费量

---

① 读者可将张仲礼,《中国士绅的收入》(The Income of the Chinese Gentry),华盛顿州大学出版社,1955 年,第 303 页,与吴金赞,《中华民国林业发展之研究:民国元年至民国 35 年》,(台北)中国文化大学博士论文,1982 年,第 99 页作比较;后者的人均数据,系以 380000000 之人口相除得出。

的估测值恐怕便已降低，且很有可能早在一个世纪前，消费量的数值便已开始显著降低了，在1750年和1840年间，茶的种植面积确有稍微增加，但其恐怕远低于同时期的人口增加，且就我们手上有限的数据来看，几乎没有任何证据得以显示当时产量之变化。至于20世纪人均棉布和糖的消费量，资料上显示其明显低于我对1750年所估计的50%①。更进一步来说，中国在此时期的消费量下降现象并未受到足够的评价。此种沉默，不仅在欧洲发生相似情景时难以发生，而且可能还意味着：要不就是我的数据早在一开始便是错的，要不就是当时的人们实际上尚未发展出对于这些新产品的依赖。那么，到底实际的情形又是怎么一回事呢？

前述的消费差异，多半可以人口统计的趋势来解释。在1750年至1950年之间，中国绝大多数的人口增长发生在较贫穷的地区。其对全国人均消费量的影响，就如同美国吞并了墨西哥和中美洲所产生的影响一般。例如在1750年时，单单长江三角洲地区的人口大概就占到中国总人口的16%和21%之间，但是到了1850年的时候，其人口比重却低于全国人口的9%，到了1950年时，其甚至还低过7%。而在施坚雅（G. William Skinner）所称的八个中国宏区（macroregions）中，三个最繁华区域之人口，在1750年时超过全国人口的40%，但到了1843年，却掉到仅剩25%左右②。假如我们进一步假设：这三个宏区的糖消费量，在18世纪时占国家总消费量中的绝大多数，且通过航

---

① 可参考如唐立，《农基工业篇：蔗糖技术》，第85页，引述有关在20世纪30年代人均糖消费量约为2.2磅左右的数据。关于棉花的情形，可参看赵冈（Kang Chao），《中国棉纺织生产的发展》（*The Development of Cotton Textile Production in China*），哈佛大学东亚研究中心，1977年，第233页。

② 此处的计算，系以下列研究提供的数据为基础：施坚雅（G. William Skinner），《19世纪中国的区域性城市化》（Regional Urbanization in Nineteenth Century China），收氏编，《中国帝制晚期的城市》（*The City in Late Imperial China*），斯坦福大学出版社，1977年，第213页；同作者，《19世纪四川的人口：从未加核准的数据中得出的教训》（Sichuan's Population in the Nineteenth Century: Lessons from disaggregated Data），载《清史问题》，第8卷（1987年）第1期，第67—76页；以及梁方仲编，《中国历代户口、田地、田赋统计》，上海人民出版社，1981年，第395—413页。

运路线、购买力、地方烹调风格等各方面之证据,此种假设似乎也是可能的,那么光是人口数量的转变,就几乎足以成为我所得出之 18 世纪中期之数据以及 20 世纪 30 年代卜凯(John L. Buck)调查所得数据间所有差异的主要原因①。当然,这样的作法仅能透过人口统计模式本身来解释,而在本文稍后的篇幅中,我将会回过来处理这一议题。

同样的现象也可部分地解释棉花人均消费量的下降,虽然说这样的解释仍旧不够充分。要是我们从各个区域分别探查我们所知的生产情形,那么一种有别以往的新模式,将会因而产生。在相对而言曾受较多文献描绘记载的长江三角洲地区中,20 世纪初的棉花产量看来与 18 世纪晚期的数据十分相似。其棉花种植的面积,或许曾因 1860 年后当桑蚕病转至欧洲、许多中国人转行经营蚕丝和丝绸的发展而小幅下跌,但在当时的棉花种植业者当中,产收情形最佳者的每亩产量仍未改变,而且由于豆饼肥料使用的微量增加,使得那些在 18 世纪 50 年代产量落后于少数最佳产区农场的业者,其生产量也能达到相近之水平。在长江中游,由于 1750 年之前该地区实际上既未种植棉花也未生产布料,在 1750 年开始种植棉花并也同时生产布料之后,其区域的产量不仅有些增长,还取代了那些过去需要由长江下游进口的布料,或至少将这些布料挤到市场核心外的末端。然而,这个地区从未成为一个极大的棉花原料生产地。至于在长江上游,18 世纪末至 19 世纪初的棉花产量,也以类似于长江中游的进口替代模式向上爬升②,但其产量在 19 世纪中叶至 20 世纪中叶再度下跌,原因是许多棉花种植区被用来种植另一种更有利润的经济作物:鸦片。而在中国西北部的棉花生产,到了 1800 年以后,也面临了产量锐减的命运,其主要原

---

① 单单是区域人口的重新分配,就可使平均消费量从 4.3 磅降低到约 2.5 磅。相对来说,卜凯在其报告则指出离心分蜜糖(centrifugal sugar)的平均消费量为 2.2 磅。若我们将其他方式加工生产的糖以及生产区内被直接食用的糖(甘蔗啜食为一普遍现象)的数量一并计算的话,这两个数字之间的差异应该很容易被抵消。

② 山本进,《清代四川的地域经济》(清代四川の地域经济),载《史学杂志》,第 100 卷 (1991 年)第 12 期,第 1—31 页;同作者,《商品生产研究的轨迹》(商品生产研究の轨迹),收森正夫编,《明清时代史的基本问题》(明清时代史の基本问题),汲古书院,1997 年。

因是攸关此半干旱地区之棉花生长命脉的老旧灌溉设施已遭腐蚀,且当时的鸦片也成为一种更加重要的经济作物。甚至直到新的灌溉项目和种子品种在 1931 年后被引进之时,此种衰败迹象才终于有所转圜①,而正因为有此新项目及新品种的引进,人们才得以开发新的棉花种植地。凡此种种因素,使得 18 世纪或 20 世纪初能够生产大量棉花的地区几乎只剩下一个:那就是华北平原。不幸的是,这个相对贫瘠的地区,并不像长江下游一样被详细地考察和记录。且其宽阔的面积,意味着即使在估测上出现极小的错误(例如在预测棉花种植面积时将其估算为 3% 或 6% 所导致的微小差异等),都将造成总体估测上的巨大偏差。但是若综合考量起来,能够与 1750 年至 1900 年间此地区所经历的经济作物大幅减少现象相互对应的最好证据正是:中国人口的大幅增长。此两种现象的相互连结,正足以解释我对中国 1750 年至 20 世纪初之整体人均消费估测所得出的大幅衰退现象。

在一定程度上,至少有三个原因使得这样的说法值得进一步探究。首先,这个说法极具争议。其次,它是我论据中的一个重要部分,即人均消费量在 19 世纪时确实有显著的滑落。第三,这个说法也对中国区域三重划分(tri-partite division)中的第三间区(the third cell)理论建构提供了一项重要的范例。依照这样的理解,我们可以看到:一,我们有长江下游、岭南和东南海岸这样的区域,对我来说,这三个地区虽在本世纪均可维持其生活水平,但就整个中国来说,这块区域却是相对而言比较小的一个部分;第二,我们有像长江中游这样的地区,其人口曾先迅速增长,并以原始工业化(proto-industrialisation)替换了来自长江下游的进口,然后到了 19 世纪生态压力迫近极限时,人口开始稳定成长,同时保持着 18 世纪发展以来所达到的生活水平,虽然仍然没有像三大富饶地区的生活水平那么高;最后,我们还有一些经历过人口增长迅速且长期的地区:尽管这些地区的生态环境已腐朽殆尽,

---

① 魏美尔(Eduard Vermeer),《中国省级的经济发展:1930 年以来陕西中部地区》(*Economic Development in Provincial China: The Central Shaanxi since 1930*),剑桥大学出版社,1988 年,第 332—333 页。

且生活水平也跌落谷底,但其过去的人口增长,仍旧让人感到惊奇。我在稍后的篇幅中,将以此种区域间相互调整、却仍维持相对平衡的动态均衡状态(shifting balance),来说明我们所看到的各种不同类型之全国整体发展中所出现之模式,并解释为何这些区域间的关系,得以成为我们了解 1750 年之后最繁荣之地区所出现的发展减速现象之关键。

2a. 华北地区的人口增长、生态腐化与去商业化(De-commercialisation)

一方面,在华北地区三个主要棉花生产省份中,河南省的资料目前尚未发现,但在山东及河北的部分,克劳斯(Kraus)的估算显示了这两个省在 1900 年时总计仅有 3,000,000 亩的棉花种植地,而在 20 世纪 20 年代时,尽管军阀对这个区域造成了重大损伤,仍旧上升到 5,000,000—6,000,000 亩,并在 20 世纪 30 年代仍然保持很高的种植面积①。这个上升似乎是该地区于 20 世纪时恢复早期水平的现象,因为在 1870 年和 1900 年间,全国棉花的产量下滑了约 20%,且华北在 19 世纪末时也遭遇了一场严重的旱灾,使得类似棉花这种极需水的作物面临了极大的生态危机。凡此因素,都解释了为何衰落的现象会出现在华北地区的原因。纵使是在克劳斯所估测的 20 世纪 20 年代之数据里,此两个省份的耕地也仅占当时两省总面积的 3%。

另一方面,在赵冈所引用的一份 18 世纪中的资料中,提到河北省,也就是当时的直隶,有 20% 到 30% 的耕地拿来用作棉花的种植,即光是河北一个省份,就有 1400 万—2100 万亩的棉花种植面积②。这数据似乎令人难以置信,但若依据另一份资料,那么光是位于此省南部的保定市,可能即拥有 20% 到 30% 的棉花种植面积③。若是这

---

① 克劳斯(Richard Kraus),《中国的棉花与棉产》(*Cotton and Cotton Goods in China*),哈佛大学博士论文,1968 年,转引自黄宗智(Philip Huang),《华北小农经济与社会变迁》(*The Peasant Economy and Social Change in North China*),斯坦福大学出版社,1985 年,第 126—128 页。

② 赵冈,《中国棉纺织生产的发展》,第 23 页。

③ 方观承的评述,转引自张岗,《清代直隶商品经济分析》,载《河北师院学报》,1985 年第 3 期,第 99 页。

样,我们或许可以得出一个结论:在河北省境内,任何地区都拥有 700 万—1500 万英亩的耕地面积①。就算是像山东省和河北省仅以 10% 的土地用作棉花种植,其种植面积也达到 1700 万—2400 万亩,或者是 1900 年数据的 6 到 8 倍②。当然,这样的估算取决于该资料所称之地区实际上精确地包含了多大范围的面积而定,且一般来说,在棉花种植方面,山东比河北更加商业化。但如果我们把上述的估算方法用在其他地区,并接受不切实际的官方估算的略低英亩数,且假设人均每年粮食消费量为 2.2 石,那么后者这个较大的范围,也就是这两个省可用于种植非食品作物的大致英亩数③。此种的估算可能已是我们可能估测的最大值。而尽管棉花不是华北地区唯一的非食品作物,但它却是非食品作物中最为普遍的,更别说,这还只是对非食品作物之占地总面积的一个保守估计。相反地,如果我们采认帕金斯与黄宗智的观点,认为 18 世纪 50 年代的耕地面积已接近 20 世纪 30 年代的水平,那么,可利用的非食品作物面积将迅速暴增至令人难以置信的 7000 万—9000 万亩,而其精确的数量,则取决于我们所假设的人均粮食消费量是 2.2 石还是 2.5 石。因此,我们有充足的理由相信华北在 1750 年种植了比 1870 年更多的棉花,更不用说 1900 年了。

其他的数据也间接地证明了同一个现象。例如在 1750 年至 1870 年间,山东和河北的人口增长了 40%,到 1913 年,则增长了 80% 左右,但在同一时间里,两地的开垦耕地面积却没有增加那么多。帕金斯甚至还指出,这段期间的耕地面积,事实上根本就没有增加④。此种论点,对我来说实在是过度极端,因为正如我在其他文章中所提过,我认为与 20 世纪 30 年代相比,这些省在 1800 年甚至还有更大的森林

---

① 详细的说明,可参看彭慕兰,《大分流》,附录 F。

② 有关耕种面积的官方数字,以及对此些(远远低于实际)数字似乎可以信赖的修正,可参看黄宗智,《华北小农经济与社会变迁》,第 325 页。

③ 马立博,《18 世纪中国的米价、供粮与市场结构》,第 77 页,提到全国每年人均粮食消费量约为 1.74 至 2.62 石之间,并以 2.17 石作为岭南区的人均消费量,亦即要较华北区富庶。

④ 帕金斯,《1368—1968 年间中国的农业发展》,第 219 页。

面积①。但是,即使是那些纪录了18世纪50年代的不可信的官方资料,都表明了1873年仅有4%的增长。而相对之下,20世纪30年代却有大约45%的增长,包括了一直被耕种的土地之外的大量额外增长②。显然,开垦耕地的增加量,并不足以满足华北日益增长的人口需求。

在中国的其他地区,每英亩产量的大丰收,使得日益恶化的人/地比重在很大程度上获得了均衡。这个大丰收,要归功于粪肥和豆饼肥料的大量使用、作物混植的增加以及每英亩土地上之额外劳动力的施用,例如极其细心地除草。但是华北地区并没有种植像大米一样对额外劳动力如此敏感的其他作物。且豆饼肥料虽然有效,但是代价过高,使得额外肥料的投入,大多仍局限在粪肥的施用。此外,较短的生长季节,更是排除了作物混植大量增加的可能性。或许,更大面积的玉米种植,加上每英亩更高产量的杂粮收成,可能确已改变了某些状况。但是光是这样仍旧不够,因为纵使将所有新大陆的作物放在一块耕种,其开垦面积仍旧低过20世纪30年代开垦面积的10%③。更甚者,在1853年,由于黄河移道所生的内涝和土壤盐化问题逐渐恶化,很可能导致了山东省上千万亩土地的每亩产量急速滑落。结果是,华北地区种植粮食之土地面积的增长,很可能比其在1750年至1870年、1900年甚至1930年之间的增长还要快得多。反之,这也暗示了该地区棉花总产量很可能在这段时间内也显著地下降了。此外,19世纪时华北地下水位的显著下降,很可能也对棉花产生了严重的影响,因为棉花比麦子、小米或者高粱还需要更多的水分。除了地图和方志中

---

① 彭慕兰,《土地究竟被消耗到什么地步? 关于清代环境史的一些想法》(How Exhausted an Earth? Some thoughts on Qing [1644—1911] Environmental History),载《中国环境史通讯》(*Chinese Environmental History Newsletter*),第2卷(1995年)第2期,第6—10页。

② 黄宗智,《华北小农经济与社会变迁》,第322页。

③ 何炳棣,《明初以降人口及其相关问题(1368—1953年)》(*Studies on the Population of China, 1368—1953*),哈佛大学出版社,1959年,第184—190页;同作者,《美洲作物的引进、传播及其对中国粮食生产的影响》;帕金斯,《1368—1968年间中国的农业发展》,第47—48页。

所显示的 1800 年至 1850 年间地表水和泉水的数量由缓慢下降转变至急速下跌之外①，地下水位在这段期间内下降的最佳证据，来自于人们对于华北如何需要重新钻井以及如何钻至能使井砖内层粹取精华水质之深度的描述。此项费用肯定高过许多小地主的支付能力，这就使得棉花的生产几乎成了不可能的任务。在某些情况下，政府的资助让钻井与重新钻井成了可能，但是这些项目往往时有时无，且在 1850 年以后又变得更少了。

五谷的价格波动间接地显示了华北经济作物产量的衰退。在直隶省内不同的府区之间，由每年的变化系数测量，五谷的绝对价差显示了 1738 年至 1911 年间五谷产量的显著增长。这种增长，暗示着市场整体性已变得越来越小②。对于上述现象的一种解释是交通运输工具的朽烂，这部分可以通过一些轶事来说明。若是这些证据为真，那么"当时仅有少数人进行经济作物种植"的推论便是完全符合逻辑了。一是由于农场交货价与农产品最终售价之间的差距拉大了，二是因为对于那些依靠贸易来保障生存的地区，其当地的农作物歉收程度下降了。纵使在华北境内进行交易的五谷量尚未减少，其显然也并未增加。而由于人口的增长远比想象中所有生产力的增长更为迅速，也显示出地方食品的供应更加吃紧，市场反应对地方作物的收成情况更为敏感，此种供应紧张所带来的府区间的差异更大，以及某些土地将原先种植的其他作物转而种植五谷类。

因此，事实似乎是：华北和西北的陕西地区棉花产量明显下滑，长江下游地区的产量保持不变，长江上游地区的产量先升后跌。恐怕也只有长江中游地区和河南这两个较不重要的棉花种植区域才在产量上有所增加。依据这些区域性产量估测所得出的结果，中国在 1750

---

① 对华北部分地区证据的检视，可参看彭慕兰，《大分流》。
② 可参看李明珠（Lillian Li）即将发表的论文（已得作者同意在本文引用）。（译者注：李氏《1738—1911 年间华北粮食市场的整合与瓦解》[Integration and Disintegration in North China's Grain Markets, 1738—1911]一文，已发表于《经济史学报》，第 60 卷[2000 年]第 3 期，第 665—700 页。）

年前后的棉花总产量应该至少和 1870 年的一样高,并且肯定和 1900 年的一样高。

为了让前述的论证更为谨慎,我们将采用 1900 年的数据来进一步证实我们的观点。首先,我们以此数据减去用于棉胎和其他非纱线用途的棉花产量,再除以 1750 年时的较少人口(1.75 亿人—2.25 亿人)①,然后,我们可以得出当时的人均消费量约为 5.7 磅。通过同样的作法,1870 年的数据则可让我们得出人均消费量为 7.4 磅至 7.6 磅之间。但若看 20 世纪时许涤新和吴承明对于此时代的回溯性评估,则我在前面得出的数据远远高过对他们对于 1840 年的估计②。当然,由于实际上我们根本无法确定在那喧嚣混乱的 1840 年后的世纪里,棉花的产量和生活水平是否上升或者下降,使得对于这个数据的估测,也不得不用些小技巧才得以迂回地估算出来。他们的估计大约是人均 3.5 磅(包括棉胎),而我的估算,则再低也有 7.0 磅(包括绵)。但这种落差其实也无须担忧。假如我所得出的"1750 年至 1840 年间棉花总产量虽无太多改变,但人口却翻了一倍"估计是正确的,且依据许涤新和吴承明得出的数据,1840 年数值是 4 亿人,那么他们得出的人均估算值,也应该约在我对 1750 年估计的一半左右。从而,我对 1750 年的估计范围似乎是合理的,即最终的结果是逐渐降低的消费量,而非逐步升高的消费量。况且,关于 1750 年和 1900 年间人均布料消费量显著下降的假说,也已得到证实。当我们把约在 1820 年后中国各地方所出现的现象综合考量时,我们会发现:糖消费量的下降、饮食上其他方面的一些明显变化、因用作燃料和建筑而日趋严重的木

---

① 何义壮(Martin Heijdra),《明代中国乡村的社会经济发展》(The Socio-Economic Development of Rural China during the Ming),收杜希德(Denis Twichett)、牟复礼(Frederick W. Mote)编,《剑桥中国史》(The Cambridge History of China),第 8 卷:《明代史》下卷(The Ming Dynasty, 1368—1644, Part 2),剑桥大学出版社,1998 年,第 429—439 页。何氏认为 1700 年的人口数字应该更高,但我却认为这方面的证据并不充分。他的估算是建于个别(主要是处于河南和山东的)州县在明代的增长率(第 437 页),但我们知道河南和山东正是元明之际因战乱而导致人口减少最为严重的地区之一,而这两个地区亦因而(在刻意的人口增长措施的协助下)在明代历经了异常迅速的人口增长。其他历史人口学家似乎也较赞同我所使用的早期估算。

② 吴承明、许涤新,《中国资本主义的萌芽》,(北京)人民出版社,1985 年,第 322 页。

材短缺以及前述的人均布料消费量下降等，似乎都证实了我们对整体生活水平衰落之估测的合理性。为了要了解释这种衰败现象，我们确有必要在接下来的篇幅中，继续讨论本节所开启的"如何探究中国不同地区呈现的迥异形态"课题。

3. 从一个中国到"数个中国"(the Chinas)：
中国帝制晚期宏区之间经济的差异

施坚雅在其用 30 年时间创作的一部非常具影响力的作品中，把中国划分为八个（后来成为九个）相对持久的宏区。依照他的观点，尽管这些宏区从属于同一个国家，但主要由于自然地理障碍和运输费用等因素，在经济上却是相互分离的。然而，在最近的一些论著里，一些学者却认为，至少在探讨晚期帝制时期以及 20 世纪中国之时，应将此种理论框架予以抛弃，其主要原因就在于：中国在 1700 年后，已实际成为一个"全国性的大市场"。面对这两种截然不同的说法，我所找到的证据则从地理和年代顺序两方面来划开两种理论间的差异。正如施坚雅自己也注意到的，在 17 世纪和 18 世纪，某些宏区之间存在着庞大的必需品和主要食品的流通：例如从长江中上游运输到下游的每年即足以哺养约 600 万人口的稻米，以及同样方向运输的木材，和反方向流通的布料、铁制品和其他制造品；由西北和西南部沿海之宏区输出、或于海岸地区内进行交换的木材；从华北运至长江下游用以加工制造的原棉，以及由长江下游转运至东南沿海及岭南用以卖钱买糖的原棉；从满洲沿海运输至长江下游用来加工制造的木材，用来制作肥料的小麦与豆饼，以及之后由这些地区转运至华北和岭南等地的相同物资等等。此外，当时也曾出现大批移民，早于欧洲大批移民涌入美洲之前，即开始跋山涉水、冲出原生长之地，来到其他地方。施坚雅的理论所突显出的宏区间相互依赖的情形确实有其意义。此种宏区间的相互依赖性，让我们知道全国性或至少是区域之间的经济发展，总是潜藏在各个宏区内各自发展的背后的。虽然这里我的许多论点都还只是试探性的,结论也是不确定的,但我必须指出:在16世纪末至18世纪中,中国经济最明显的周期是全国性的。这其中包括了因货币的变动所造成的横跨宏区之共同趋向,横跨大部分的帝国境内都能感受到的主要气候变化,以及长江三角洲地区经济瓦解后也让其贸易伙伴地区强烈感受到瓦解之影响的事实等,反之亦然①。但是到了18世纪末至19世纪,前述的这些跨区域的相互流通,多半不是停滞不前,便是开始衰退,而同时期的中国人口,却大幅度地翻了一倍。基于以下我即将探讨的各种原因,施坚雅式的宏区理论似乎已将这些区域重新宣示为根本的、且具有准闭关自守性质(quasi-autarchic)的经济单位。通过对于更趋分离的宏区经济体的重新检视,我们可以发现在不同的宏区内存在着非常不一样的长期发展趋势。这些趋向仍旧相互影响,只不过是以相当不同的方式相互作用。

非常粗略地来看,我们可以观察到三种不同的发展模式。在三个最富裕的宏区长江下游、东南沿海以及岭南境内,人们的生活似乎已可维持相当或甚至更高的水平,但是人口增长率却非常低,而且每个宏区的核心地区都是最低的。在长江三角洲地区中,其最富有的宏区核心,于1770年至1850年间人口几乎没有任何增长,但在1850年至1865年间,由于内战的关系,人口数出现暴跌,其稍后虽恢复水平,但仅达到略高于1770年的水平,且甚至是在将近1953年时才达到相近的水平。人口迁移和计划生育都限制了人口的增长,且由宏区外移入宏区内的移民也相当有限。上海甚至是从宏区内部吸引大量移民,特别是在1920之前,此现象非常明显。职业的分配似乎没有太大改变,但在作为最大手工艺品业的纺织品当中,则确实存在着产品增值的现象。长江三角洲地区不再作为供给内地大部分粗糙或中等品质布料市场的生产商,并转而投入高级棉花和丝绸的生产以用作销售到中国其他地区及出口之用。

---

① 因华北的问题而导致17世纪长江三角洲亦发生困难的一个例子,可参看伊懋可(Mark Elvin),《市镇与水道:1480—1910年间的上海县》(Market Towns and Waterways: The County of Shanghai from 1480 to 1910),收施坚雅编,《中国帝制晚期的城市》,第447页。

　　除了前述三个最富裕的宏区之外,宏区中的第二群以及满洲地区,则通过自然增长和移民,实现人口数量的飞速上涨。在这些地区中,开垦耕种的土地面积显著增加,年收两次之庄稼与混植作物的每英亩产量也有所提高。长江中上游地区的人口增长,至少在 1800 年以后即有了些许减速,并在 1850 年以后加速减少,原因是可用地和灌溉系统所带来的资源压力不断提高。然而阅读资料的结果显示:该地区仍旧维持大体上的生态均衡,且其于 1850 年后衰落的迹象也远比我们在华北、西北和西南等看到的情况要好得多。满洲虽为人口更为稀少的地区,却不符合前述所称的时间进程,其在 1850 年后,特别是政治约束力加强的 1900 年间,移民的数量和当地的发展都加速了。从总体来看,土地的严重压力还是 1949 年以后才出现的情况[①]。表 6 即提供了一些人口增长趋势的粗略估计。

　　在同一时期里,这些地区的区域性经济还经历了显著的多样化发展。过去几乎所有布料均通过进口来不断地满足其大部分需求(至少是对较便宜的纺织品的需求上)的长江中上游地区,在这段时期里,至少在长江中游地区,其布料已改由当地生产的棉花来制造。这种布料,对于该地区而言,也同样是件新鲜事。来自东南沿海的移民,在长江中上游地区创造了新的产糖中心,增加了当地的糖消费量,同时也替换掉早期对于进口的依赖。部分仰赖长江下游所产之盐的长江中游地区,也在这时期开始使用当地生产的盐。这可通过官府之命令来

---

　　① 在洞庭湖地区,由于荒地的开垦往往需以湖面面积的减少作为代价,而湖面缩减造成的排水问题亦会大幅提高该区水灾的风险,因此洞庭湖的湖面面积(在长江中游区内为最大、在全中国则为第二大)是可以被视为该区人口带来的生态压力的一个指标。从 1825 年到 1850 年,洞庭湖的面积似乎减少了近 800 平方英里(即原湖面面积的 13%),但在该世纪的后半期,其面积则能大致维持不变。一直至 1949 年后,随着人口迅速增长以及工业发展,该湖的面积亦开始随之急剧缩减。至于华北的生态问题(从地下水位的下降、山坡地过度开发所造成的土壤侵蚀以至黄河水道变迁及土壤盐化所带出的庞大问题),则远比洞庭湖的生态问题更加严重。可参看濮德培(Peter Perdue),《耗尽土地:1500—1850 年间湖南地区的国家与农民》(*Exhausting the Earth: State and Peasant in Hunan, 1500—1850*),哈佛大学东亚研究委员会,1987 年,第 204 页;彭慕兰,《大分流》,第 237—238、244 页;同作者,《腹地的构建:华北内地的国家、社会和经济(1853—1937 年)》(*The Making of a Hinterland: State, Society, and Economy in Inland North China, 1835—1937*),加州大学出版社,1993 年,第 120—265 页。

实现,但是由于私人生产和走私的存在,使得官府的命令受到了很大的制约。而长江中上游地区,则通过大量使用当地森林、同时可能还减少木头出口的方式来增加它们的纸、铁和各种物品的生产量。至于在生活水平上,虽然证据还是相当少,但至少已有迹象显示这些地区在 1750 年至 1850 年间提高了当地的生活水平,例如濮德培(Peter Perdue)所援引的住屋条件改善①以及诸如茶和糖等非主要食物消费量增加的一些证据。然而,这些地区的生活水平仍旧低于那三个最富有的宏区。

表6 1750—1850 年间以及 1850—1950 年间人口增长的粗略估算(百分比)

	1750—1850 年	1850—1950 年
中国(包括满洲)	90	50
中国(不包括满洲)	90	40
长江下游区	15	0
岭南	75	70
广东	78	52
广西	68	136
珠江三角洲	40	40
长江中游区	125	12
华北	100	55
华北核心区	30	30
长江上游区	130	125
西北区	100	10
西南区	100	15
满洲	300[a]	400

资料来源:施坚雅,《19 世纪中国的区域性城市化》(Regional Urbanization in

---

① 濮德培,《耗尽土地》,第110页。

Nineteenth Century China），收氏编，《中国帝制晚期的城市》（*The City in Late Imperial China*），斯坦福大学出版社，1977 年，第 213 页；同作者，《19 世纪四川的人口：从未加核准的数据中得出的教训》（Sichuan's Population in the Nineteenth Century: Lessons from Disaggregated Data），载《清史问题》（*Late Imperial China*），第 8 卷（1987 年）第 1 期，第 1—79 页；梁方仲编，《中国历代户口、田地、田赋统计》（上海人民出版社，1981 年）；马立博（Robert Marks），《老虎、稻米、丝绸和淤泥：帝制晚期华南的环境与经济》（*Tigers，Rice，Silk，and Silt：Environment and Economy in Late Imperial South China*），剑桥大学出版社，1998 年。

　　a 这组数字是以 1750 年较少而又不甚可靠的基数计算得出，所以尤具推测性。

　　然而，这些地区原先稳定的出口数量，却在此时日趋下滑，甚至到了停止出口的地步。例如在 1750 年前后，长江中游的稻米出口还比 1850 年或 20 世纪 30 年代都要高很多[1]。且虽然我们至今也还没有得到可靠的数字，但部分轶事记载亦显示，长江中上游地区的木材出口量也大大下跌。就本质上来说，这些地区似乎都经历了一种朝向更加自给自足和更少长途贸易型态的转型过程。这样的转变过程，正和我们在许多国家所看到的试验性关税保护下之进口替代品工业化型态（import-substituting industrialisation）相似，只是在当时的中国，还没有出现关税介入的情形。我们在下面会讨论到促进此种模式的其他政策。此些政策的立意，未必是刻意促进这些模式。

　　最后，在 1750 年以后的一个世纪里，三个宏区——华北、中国西北部和中国西南部——出现了许多与长江中上游地区一样的发展模式，只是还未具备 1850 年以后的调节机制而已。在这些区域中，虽然只有华北是唯一能对国家整体人口增长产生重大影响的最初基地，但是其他两个区域仍比中国其他地区的适度人口增长还要快得多。这些区域原先都向其他更富有地区进行稳定的出口，主要包括了对华北的原棉和对西北及西南的木料，但在 1850 年以后，这些出口的数量也急剧地下降。引起这种现象的部分原因是生态压力：在西北部和西南

---

[1]　帕金斯，《1368—1968 年间中国的农业发展》，第 116—124 页；施坚雅，《19 世纪中国的区域性城市化》，第 234 页及第 713 页，注 32。

部,对森林的乱砍滥伐现象很严重①。而且,正如我所说,华北原棉不仅仅是出口量下滑,其产量也下降,且是出于某些人口的和生态方面的原因。但是至少在华北,这样的结果都要部分归因于原始工业化。由于建造特殊地窖方法的发现,使得人们得以通过地窖保存的足够湿气,在华北长期干燥的气候下纺织棉花。也因此,这些区域在 18 世纪时起,也开始纺织自己的棉花。这些棉花主要供当地消费,部分则可外销②。然而,到了 1850 年甚至更早的年代,这些地区的原棉出口量便再也无法像早期一样多了。

要是这些地区的发展在一开始即类似长江中上游地区的发展情况,那么它们接下来恐怕还得走上一条更糟糕的道路。尽管这些地区的生态压力远比长江中上游地区更加严重,但是其人口增长在 1800年以后,甚至 1850 年以后,便没有再缓和过。且尽管在 1850 年至1880 年前后,这些地区因战争、洪水和干旱而暂时阻止了人口的增长,但是后来,人口的增长情形又马上恢复了。到了 19 世纪后期,一些确切的迹象显示这三个地区的生态衰败已相当严重。而到了后来,情况仍旧日益恶化③。

这些区域也在生活水平的急剧下滑上提供了最有可能之证据。当然,对于这点,我们必须相当谨慎。潘敏德便在其研究中重建了虽是假定、但却貌似真实的华北家庭于 1750 年至 1930 年前后的预算,

---

① 吴承明、许涤新著,柯尔文(Anthony Curwen)英译,《中国资本主义发展史:1522—1840 年》(*Chinese Capitalism, 1522—1840*),圣马丁出版社,2000 年,第 241 页;苏尔梦(Claudine Lombard-Salmon),《18 世纪的贵州省:中国文化互渗的一个例子》(*Un exemple d'acculturation Chinoise: la province du Gui Zhou au XVIIIe siècle*),法国远东学院,1972 年,第 83—85、204—205 页。

② 白馥兰(Francesca Bray),《技术与性别:中国帝制晚期的权力构造》(*Fabrics of Power: Technology and Gender in Late Imperial China*),加州大学出版社,1997 年,第 217—221 页。

③ 彭慕兰,《腹地的构建》,第 1—37 页;戴瑞福(Ralph Thaxton),《中国农民抗争与共产革命的政治起源》(*Salt of the Earth: The Political Origins of Peasant Protest and Communist Revolution in China*),加州大学出版社,1997 年,第 46—49 页;苏尔梦,《18 世纪的贵州省》,第 205 页;魏美尔,《中国省级的经济发展》,第 28—35 页;裴宜理(Elizabeth J. Perry),《华北的叛乱者与革命者,1845—1945 年》(*Rebels and Revolutionaries in North China, 1845—1945*),斯坦福大学出版社,1980 年。

并在后来发现了较低的消费水平①。我在我自己较早的作品中也曾表明：在1900年至20世纪30年代间，华北的某个地区曾在一个较短的时期内少量地收获，而同时期内的另一个地区之收获则急剧下降。本文前段对于经济作物衰退的讨论中，也暗示了长时期内很大程度的下降。占有华北人口中重大比重的几个大都市的人口，在1750年至1900年间明显下降②，直到1900年以后才自我扭转其下降趋势。至于西北和西南，我至今还未发现任何有关这两个地区的长时期数量指标，但是确有发现几个不太好的迹象。例如19世纪至20世纪初西北所出现的粮食危机，特别是致命的19世纪70年代和20世纪20年代的干旱，看来便是导致该区18世纪歉收的所有因素中，发生最为频繁且最具破坏力的灾害③。在一篇关于关中这个西北部最发达地区的发展的研究中便指出，由于政治的不稳定和环境的恶化，1930年的关中已跌至该地区长期衰退的谷底。这样的问题，特别表现在越来越严重的水资源短缺上。帕金斯也认为，相对于18世纪而言，19世纪的西北，虽然在全国灌溉设施均已出现衰败迹象的情况下数量稍有增长，但是许多这类设施，要不是人们于19世纪末期、在干旱的严厉侵袭下绝望地测量建造所完成之设施，要就是出于19世纪后期、人们在陕西省将邻近无法耕作之土地尝试变为可犁耕土地的成果。必须注意的是，人们将土地转为可耕作的尝试经常失败。同样的资料显示，在

---

① 潘敏德，《1600—1949年间农村信用市场与农民经济》，第382—383页；本自同书第344—382页以及第119—123页的估算。

② 例如，目前仍为该区域最大的城市北京，其人口在此期间差不多没有变动；山东省的省会（也是该省最大的城市）济南，情形很可能也是如此；山东省接下来最大的三个城市之中，临清与东昌府（在1800年，各自拥有10万人口左右）在往后的一个世纪里经历了人口下降，而济宁则可能保持了原先的人口数量。天津的人口（主要在1860年后）得到大幅提升；保定的人口或许亦有增加，但其增幅应该不能足以抵消临清与东昌府的人口下降。至于整个华北地区的人口总数，则在同一时期里，增加了一倍以上。

③ 在此，可将魏丕信（Pierre-Étienne Will）、王国斌，《养民：1650—1680年间中国的义仓制度》（*Nourish the People：The State Civilian Granary System in China，1650—1850*），密歇根大学中国研究中心，1991年，与以下两者作比较：魏美尔，《中国省级的经济发展》，第35—37页；王国斌，《转变的中国：历史变迁及欧洲经验的局限》（*China Transformed：Historical Change and the Limits of European Experience*），康奈尔大学出版社，1997年，第157—251页。

18 世纪至 19 世纪时,华北的新灌溉设施数目有着截至目前为止最为显著的下降①。而依据卜凯于 1929 年至 1933 年间所做超过 2 万个中国农村家庭的抽样调查,西北也是较多受访者指证生活水平衰退(83%)、且较少有人认为生活情况有所改善(17%)的地方 ②。

4. 区域间的相互作用:从互相依赖到相互脱钩(Decoupling)

如果对于每个宏区的长远发展所作的描述是正确的,那么我们不但可以看到这些片段是如何拼凑在一起,同时还可以看到我们目前仍需要面对的难题。首先,长江三角洲地区之所以发展缓慢,似乎是因为其与贸易合作伙伴的关系有所改变所致。由于稻米进口量下降四分之一,且原棉进口量更是大幅下降,使得这两类产品的价格相较于中等布料相对提高。从而在 1750 到 1840 年之间,长江三角洲地区的织工所得也相应下降,降幅约在 30% 到 50% 之间③。木材进口的下跌似乎更大,导致建筑原料的实际价格更是大幅度上升;燃料的进口情形虽然相当复杂,但似乎也发生了同样的情形;进口木材大都是用于建筑的巨大原木,燃料所用的木材则系由当地较小的木材拼凑起来使用。在此情形下,唯一合乎逻辑的解释就是人口增长将趋于平缓、且移向非农业活动的劳动力也停止增长。然而令人吃惊的是,面对工作机会的不断变化,该地区的人口行为(demographic behaviour)似乎已也已随之作出相当的调整。尽管该地区拥有极高的

---

① 帕金斯,《1368—1968 年间中国的农业发展》,第 61 页。虽然此书的数据不甚可靠,但若略去华东地区部分(因其数据可说是全无价值),华北地区即则占全国衰退的一半,而西南地区则占三分之一。

② 转引自罗斯基(Thomas Rawski),《战前中国的经济增长》(*Economic Growth in Pre-War China*),加州大学出版社,1989 年,第 287 页;该书作者在接下来的篇幅(第 287—288 页),简短地探讨了有关数据样本的问题。关于卜凯的数据如何让各地区较富裕的地方以及事业较有成的家庭有过多的代表,可参周锡瑞(Joseph Esherick),《数字游戏:中国革命前的土地分配》(Number Games: A Note on Land Distribution in Prerevolutionary China),载《近代中国》(*Modern China*),第 7 卷(1981 年)第 4 期,第 387—412 页中详细的讨论。

③ 彭慕兰,《大分流》,附录 E。

人口密度,其面对变化所作出的响应,已达到生活水平与基本生态均未受损的地步。当然,只有一个极重要的例外,而这个例外,我们将要在本文 5b 的部分好好讨论。在此同时,该地区转向高附加价值工业产品的趋势似乎也是一个健康的迹象。此种产品在东南亚和西方市场的占有率逐渐攀高的现象也是合乎逻辑的,因为在中国的其他地区,此种高档货的市场其实是相当有限的。总之,没有必要去找制度上的障碍或其他病理因素来解释长江三角洲地区增长的趋缓。虽然个别情况仍有差异,但同样的模式也发生在东南沿海和岭南地区的核心区域。在岭南地区,尽管人口增长幅度低于全国平均,但其人口仍旧持续大幅增长。部分原因在于:其稻米产量虽于 1850 年低于长江三角洲,但稍后马上赶上,甚至超过了长江三角洲①。虽然和欧洲相较,这样的调整还是显得有些软弱无力,但这些发达地区并非迟迟或无力应变,其都为顺应中国其他地区不断变换的情势而做出了相应的调整。

4a. 作为比较:从中国角度看"欧洲奇迹"

尽管 18 世纪的欧洲面临着与中国相近的生态挑战,其通过各种技术上突破的相互关连,和前所未见的大规模地对地下资源特别是矿物燃料等的利用,以及对来自新大陆的土地密集型产品之运用等,为这块过去长年以来食品、纤维和建筑材料均仰赖蔬菜产量增长的大陆,创造了一个根本性的突破。我们先来看看以下两个例子。首先,英格兰在 1820 年的煤炭生产量约为 1700 年时的 8 倍、1750 年时的 5 倍②,此种产量提供了大量的燃料,甚至达到 2100 万英亩的森林生产才能与之匹敌的数量。到了 1830 年,英格兰从美国进口的棉花,也达到了 2300 万英亩的土地产量才能与之匹配的数量或英格兰自身生产

---

① 马立博,《老虎、稻米、丝绸和淤泥:帝制晚期华南的环境与经济》(*Tigers*, *Rice*, *Silk*, *and Silt*: *Environment and Economy in Late Imperial South China*),剑桥大学出版社,1998 年,第 280 页。

② 福林(Michael W. Flinn),《英国煤矿业史》(*The History of the British Coal Industry*),第 2 卷:《1700—1830 年:工业革命》(*1700—1830*, *The Industrial Revolution*),克拉莱顿(Clarendon)出版社,1984 年,第 26、121—128 页。

的亚麻的 30 倍增幅的数量。附带一提的是,尽管亚麻的生产有议会的慷慨补贴,但其在超过一个世纪的时间里都并未增产过。无论是羊毛还是薪柴的数目,都超过英格兰可利用耕地和牧场的数量总体①。而这一切,都发生在煤炭矿源之发现以及新大陆货品进口的大爆发之前。到了 1830 年以后,增长的速度更是加快。从 1815 年至 1900 年,英格兰的煤炭产量增加了 14 倍②,同一时期里,糖的进口量增加了约 11 倍③,棉花的进口量也令人不可思议地增加了 20 倍④。在此同时,英格兰也开始依赖美国谷物、牛肉和其他农产品,其对木材的进口,也在此时猛增。甚至到了最后,欧洲还可仰赖新大陆的出现为其解决人口过剩的问题。当然,由于本文侧重在中国之部分,因此不会花太多篇幅探讨欧洲剧变的背后所潜藏的各种力量间之特殊机遇。就当前的目标来说,比较重要的是:这些戏剧性的变化,使得欧洲的人口成长与人均收入之迅速增加,得以配合某些区域生态稳定性的措施。相对来说,对于长江下游等地,过去的成长却带来了严重的环境压力。若是将无法配合或解决此种生态压力的各式发展当作是种"失败",则只会扭曲我们对于问题的观察与的提问方向,对于澄清事实而言,可说是毫无帮助。

5. 在一个新世界的中国:欧洲帝国主义时代下的 自然环境、经世之术(Statecraft)及经济发展

5a. 沿海地区的对外贸易和帝国主义对其经济的影响

更进一步来说,尽管长江三角洲地区在对外贸易伙伴的重新定位

---

① 彭慕兰,《大分流》,第 313—315 页。

② 米契尔(B. R. Mitchell),《英国历史统计》(*British Historical Statistics*),剑桥大学出版社,1988 年,第 247 页。

③ 据前揭书第 709—711 页计算。

④ 读者可把以下作比较:法尼(D. A. Farnie),《1815—1896 年间英格兰棉业与世界市场》(*The English Cotton Industry and the World Market, 1815—1896*),牛津大学出版社,1979 年,第 7 页;米契尔,《英国历史统计》,第 9—10 页;以及布鲁契(Stuart Bruchey),《1790—1860 年间棉花与美国经济增长》(*Cotton and the Growth of the American Economy, 1790—1860*),哈科特(Harcourt, Brace & World)出版社,1967 年,表 2-A。

上要比其他两个地区少,但这些地区都重新定位了对外贸易的合作伙伴。这表明了一个事实:不论这些地区是要延续重新定位后的贸易、还是要恢复原先贸易、或甚至加强原先的贸易,两种方式都能符合它们的需求。不可否认,外国人在"开放"中国门户的过程当中,确实有其积极主动之作为,且其在开放的过程当中,也确实出现过残暴的手段和捣乱的行为,例如以暴力强加的鸦片贸易,以及因中国战败所强加的赔偿等。但这些"开放"的过程都不能被单纯地视作突如其来的外力冲击,其形成原因,在更大的程度上是因清朝自 17 世纪 80 年代解除其 20 年海上贸易禁令以来、东亚沿岸从满洲到印度支那间持续的贸易增长所造成,而人口密集的海岸地区之所以会在海上贸易解禁后出现海上贸易的急迫需求,则是起因于这些地区在中国内地以制成品交换农产品的机会,约在 1770 年后便逐渐消失的缘故①。尤需注意的是,即使是在海上贸易尚未解禁的 1700 年代初期,来自东南亚的进口木制船只与海军军品商店等都已开始迅速增长,且在 18 世纪末时,印度的棉花以及逻罗和菲律宾的水稻,对华南地区也都至少发挥了短暂的重大作用。到了 19 世纪中,当湄公河、伊洛瓦底江以及湄南河三角洲地区的资源均已消耗殆尽时,上海的进口量增长相对更快,且东南亚的稻米的价格也开始与上海的价格同起同落②。虽然我们后来会看到,帝国主义在一定时期内对中国某些地区造成了灾难性的后果,但在某种程度上,经济发展对于沿海核心地区的影响,可被视为是在一种隔离状态的庞大之限制下开展出来的。此种限制,不仅使得经济的发展相对来说显得温和许多,也预示了发展的激化与发展新模式的

---

① 有关 1800 年以前中国与东南亚与日俱增的贸易(出口大多为制造品,而进口则大多为土地密集型[land-intensive]农产品),可参看马立博,《老虎、稻米、丝绸和淤泥》,第 107—121、181—209 页;库什曼(Jennifer Cushman),《以海为田:18 世纪末与 19 世纪初中国与暹罗的帆船贸易》(*Fields from the Sea: Chinese Junk Trade with Siam during the Late Eighteenth and Early Nineteenth Centuries*),康奈尔大学博士论文,1975 年,第 105—106、124、200—211 页。有关 19 世纪末及 20 世纪初华南与东南亚稻米市场的整合,可参看白若文(Loren Brandt),《1870 年至 1930 年代中国农业与国际经济的重估》(Chinese Agriculture and the International Economy, 1870—1930's: A Reassessment),载《经济史探索》(*Explorations in Economic History*),第 22 卷(1985 年)第 2 期,第 168—193 页。

② 白若文,《1870 至 1930 年代中国农业与国际经济的重估》,第 170—181 页。

涌现。然而当然,此种激化与新模式的出现,仍旧是与其他两个极具危害性的进口(鸦片与先进武器)以及一些有用的新技术的出现一同发生的。

5b. 反面例证？19 世纪长江下游的木材与森林砍伐

通过以下这项长江下游的重要案例,我们可以观察到这些进口至沿海核心地区的新资源之重要性。此项案例显示:对于农产品在传统进口来源上的衰退情形,人们的调整速度显然不够快,使得诸如 19 世纪上半叶安徽和浙江高地的森林砍伐等生态环境破坏依旧难以幸免。这个情况确实值得深入探究。一方面是因为它乍看之下与我所见到长江三角洲成功调节并适应不断增长之生态压力的情形有所出入,二方面则是因为这样现象已造成了广泛的误解,三方面,则是因为它对整个中国有着极大的政治影响。

首先,沿着长江三角洲向西,我们可以发现那里屹立着许多悬崖峭壁,有的甚至已超过 1000 米的高度。尽管这块本身非由森林、而是从沼泽地开发出来的三角洲自 12 世纪以来一直存在着木材短缺的现象,这些悬崖峭壁上仍旧覆盖着一大片的松树和"中国火树"(一种中国冷杉,并非真正生物学意义上的火树)的混合林。这种"中国火树",便是最理想的建筑木材。但到了江西往南延伸的一带,我们看不到巍峨的高山,只看得到平坦或微微倾斜的小山坡。这些地方从 15 世纪时起就一直遭受毁林开荒,并被人们种上了许许多多的农作物①。

接着,将近在 18 世纪末,尤其是在 1820 年后,在安徽和浙江的当地居民以及来自福建、江西深山里的移民,开始在该地区陡峭的山坡上大量安营扎寨。在这广袤的山坡地上,约有 1000 多笔甚至更多笔的土地被出租,且其有时虽隔较长时间未伐树木,但是经常每隔 5 年

---

① 奥思本(Anne Osborne),《穷山恶水:中国帝制晚期长江下游边缘地区土地利用变迁对生态及社会的影响》(Barren Mountains, Raging Rivers: The Ecological and Social Effects of Changing Landuse on the Lower Yangzi Periphery in Late Imperial China),哥伦比亚大学博士论文,1989 年,第 66—70 页;韦思谛(Stephen Averill),《棚民与长江高地的开发》(The Shed People and the Opening of the Yangtze Highlands),载《近代中国》,第 9 卷(1983 年)第 1 期,第 84—126 页。

砍伐一次树木和农作物,并这样持续至租赁关系终止为止。在那个时候,陡峭山坡的表土大量剥落,其虽可在山脚下形成一片肥沃的土地,并成为当时中国最肥沃的农地,但也使得这些山坡对于暴洪和短期干旱的抵抗能力大不如前。尤其在洪水肆虐的情况下,山谷下的灌溉系统已遭摧毁。在太平天国于 1853 年席卷此区的前 30 年里,由于自然灾害的原因,使得居民不断要求政府发放灾难救济、因应紧急状况减免税收,以及对因应灾难而发起的减租减税运动最后竟然胎死腹中而表达抗议等等。此等要求与抗议在这一时期里相当频繁,其次数甚至超过清朝或者是 20 世纪里的任何一个时期[1]。由于长江三角洲的税收已达全国土地税额的 10% 与农作物进贡的 40%,且其面积大约已达全国已登记土地面积的 5%,虽然可能还未超过全国实际农耕面积的 3%[2],因此,在其爆发 200 年来最大危机的前夕,当地的这些问题便对全国的稳定性产生了巨大的影响,加上该地区除原先的人口之外又承载了太平天国义军的人口量,因而这长达数十年的义军占领,无疑加剧了长江三角洲的财政及其他危机。

对于这些山坡地的开垦,也逐渐演变为马尔萨斯式的模式,专注于人口的增长和对食物的需求。自从 1950 年代何炳棣写出了关于中国种植美洲引进之粮食作物的开创性文章之后,人们上山开垦坡地的目的,便被看作是为了寻找地方以及利用玉米和土豆等"新大陆"作物得以在高海拔地区和贫瘠土地生长的优点、来制造出更多的卡路里。从这个观点来看,砍伐森林是替创造新耕地扫除障碍的一种行为[3]。

① 白凯(Kathryn Bernhardt),《1840—1950 年间长江下游地区的地租、赋税与农民抗争》(Rents, Taxes and Peasant Resistance: The Lower Yangzi Region, 1840—1950),斯坦福大学出版社,1992 年,第 43—83 页。

② 配额数字,可参看白凯,《1840—1950 年间长江下游地区的地租、赋税与农民抗争》,第 44 页。有关中国境内土地登记不一致的情形,可参看王业键(Wang Yeh-chien),《中国帝制时代的田赋,1750—1911 年》(Land Taxation in Imperial China, 1750—1911),哈佛大学出版社,1973 年,第 84—109 页,尤其第 96—101 页。

③ 何炳棣,《美洲粮食植物在中国之引进》;同作者,《美洲作物的引进、传播及其对中国粮食生产的影响》;奥思本,《穷山恶水》。

在我今年较早的一篇文章里①,我提出了一个较能合理解释长江下游高地森林砍伐的与众不同的假定。简单地说就是,食物或可耕地的减少并没有造成森林的砍伐。真正造成森林砍伐的原因,在于木材价格在低地市场的不断提升,以及人们对于在土地上种植经济作物特别是茶叶和槐蓝的渴望。当木材和经济作物的需求持续增长,而人口在 1770 年后却相较之下缓慢增长时,可能表示了当地居民至少还保持着相当不错的生活水平。除了前面提到的人们移往山坡开垦的现象之外,无论是长江下游还是福建和江西等"棚民"所来自的地区,都没有食物短缺的明显迹象。然而,由于出口区人口的增长和经济发展的多样化现象,加上某些运输路线的维修不足,使得某些木材进口的来源也逐渐流失。

我认为,长江下游种植玉米之所以重要,是因为其能够在贫瘠土壤和高海拔的地区适应并生存,从而提供了一个相对于由低地船运五谷、或于土壤肥沃的山坡地种植如土豆等作物的作法更为经济又可靠的方式。此种方式,不仅更能保证伐木工人的食物来源,也避免其用传统作法花费 3 至 5 年时间清除山坡。于是,作为能够制造利润的农作物首选,玉米在安徽和浙江西部的斜坡上被大量地种植。然而,对于业者来说,种植玉米并不是他们的主要目标。最能够体现这一点的是:那些开垦荒山的棚民们,根本就不想将长江下游的大部分山地变为梯田。对这些饱受土地贫瘠之苦的移民来说,首要之需乃是持续多年地制造粮食作物。这些移民显然也相当了

---

① 彭慕兰,《难道,还有更多的马尔萨斯神话? 对 19 世纪长江下游生活水平、环境以及"人口压力"的反思》(More Malthusian Mythologies? Rethinking Living Standards, Environment, and "Population Pressure" in the 19th Century Lower Yangzi) ,"工业时代以前的生活水平"(Living Standards in Pre-Industrial Times) 研讨会论文,(瑞典)阿里尔德,2000 年;梁肇庭(S. T. Leong),《中国历史上的移民与族性:客家、棚民及其邻近族群》(*Migration and Ethnicity in Chinese History:Hakkas , Penming , and Their Neighbors*),斯坦福大学出版社,1997 年,第 118、122—123 页。尽管梁氏所关心的问题并非直接与我前面提到的有关,但他亦有指出,当经济好转时,"棚民"亦会为了种植经济作物(而非只为找寻土地种植仅供糊口的农作物)而倾向居住在距离经济发达地区较近的高地。

解这种情况的迫切性和所需要的技术①。甚至,在作物的选择上,他们始终选择玉米,而非产能较高的土豆或像槐蓝这类值得大量种植并为关切生态之官员所推介的经济作物。这样的作法似乎较为人们采纳,因为玉米种植所需的劳动力较少,且这些移民种植玉米的目的也不仅是为了得到食物,而是为了在采伐时能有食物在身,以避免在陡坡上运输食物或耽误其劳作时间。而在同一期间,此种作法也都普遍出现在许多其他地方。玉米经常被用作新造纸业的补充品,且在陕西和四川地区,它也是其他高地经济作物或劳动密集型经济作物产业的补充品②。

至于在 19 世纪时,长江下游的人们之所以会进入山坡进行开垦,最好的一种解释,恐怕在于过去长期供应下游地区木材的长江中上游流域,已不再像过去一样充分提供下游所需的木材,使得该地陡峭的山壁,也能吸引人们更多的目光③。在整个 19 世纪里,长江的船运均维持着相当庞大的数量,但是当内地资源大量消耗,致使外销长江下游数量亦大幅缩水、且得依赖自行生产更多内地手工艺品之时,船运量也就和来自长江中上游长途船运米货类似,随着外销数量缩水而大幅下滑了。福建沿海生产的"铁树",向来对造船工业的蓬勃发展占有

①　奥思本,《穷山恶水》,第 158—170 、210—219 、234—239 页。

②　莫瑞(Laura Murray),《在中国的新大陆粮食作物:渭水流域的农场、食物与家庭》(New World Food Crops in China: Farms, Food, and Families in the Wei River Valley, 1650—1910),宾夕法尼亚大学博士论文,1985 年,第 359—360 页;吴承明、许涤新,《中国资本主义发展史》,第 151 页。

③　关于沿着长江而下以及来自西南地区的货物运输,可参看李伯重,《明清时期江南地区的木材问题》,载《中国社会经济史研究》,1986 年第 1 期,第 89—91 页,以及罗威廉(William Rowe),《汉口:一个中国城市的商业与社会,1796—1889 年》(Hankow: Commerce and Society in a Chinese City, 1796—1889),斯坦福大学出版社,1984 年,第 57—61 页;关于赣水的船运,可参看常州市木材公司编,《常州市木材志,1800—1985》,常州市木材公司,1986 年,第 29 、31—32 页,以及李伯重,《江南的早期工业化》,社会科学文献出版社,2000 年,第 339—340 页;关于来自陕西地区的货物运输,可参看吴承明、许涤新著,《中国资本主义发展史》,第 241—242 、417 页,以及彭泽益,《中国近代手工业史资料》,第 1 册,三联书店,1962 年,第 306—310 页;关于来自福建的货物运输,可参看李伯重,《明清时期江南地区的木材问题》,第 90 、93 页;至于对江南木料进口的综合考察,可参看李伯重,《江南的早期工业化》,第 322—337 页。

举足轻重的角色,但在这种情况下,其船运量也在18世纪后期锐减,且运价也于道光年间(1820—1850年)大幅飞涨①。的确,由于木材价格的高涨,使得许多福建的造船厂迅速停止生产,转而开始购买用于东南亚本地贸易的大型船只②。而在18世纪末期,尽管来自陕西的进口热潮迅速兴起,但由于19世纪20年代的运输问题和乱砍滥伐所造成的巨大损失,使得陕西也在19世纪中期丧失原先所有的广大木材市场③。在这样的情况下,尽管安徽和浙江的当地居民认为在其山上的杉树地势过于陡峭而不适利用,人们还是将其目光移转至这些又高又直的树木上④。

尽管1700年左右的木材价额资料相当缺乏,但在我看来,当时的木材价格应该不太高,甚至低到无法满足一群伐木工人小组在山上的食物开销,因为食物的花费至少是土地租金的10倍或更多。不过考虑到18世纪末至19世纪初木材价格飞涨,加上相对于高成本的低地作物,工人们只需花较少的钱,即可靠廉价的玉米将他们喂饱,应该可以推断砍伐杉木到了1800年左右应已成为有利可图的投资事业⑤。此种发展一旦开始,不论熟谙生态环境的官员们与生活在低地的居民如何努力地制止它,其发展过程还是会相当迅速⑥。尽管仍有其极具影响力的因素,例如拥有山坡地的各宗族之间权力关系的转换,我认为贸易往来中断所带来的严重后果仍旧是显而易见的,因为它一方面使得物质生活相对繁华,另一方面却又使木材供给相对短缺的长江三

---

① 李伯重,《江南的早期工业化》,第338—339页。

② 李伯重,《明清时期江南地区的木材问题》,第86—89、94页;马立博,《老虎、稻米、丝绸和淤泥》,第168页;威拉蓬(Sarasin Viraphol),《朝贡与利润:1652—1853年间的中暹贸易》(*Tribute and Profit: Sino-Siamese Trade, 1652—1853*),哈佛大学东亚研究委员会,1987年,第180页。

③ 吴承明、许涤新,《中国资本主义的萌芽》,第435—436页。

④ 转引自奥思本,《穷山恶水》,第202页。

⑤ 我在《难道,还有更多的马尔萨斯神话?》一文中已就所知的数字所处了处理;亦可参看李伯重,《明清时期江南地区的木材问题》,第93页中有关木材长期价格的讨论。

⑥ 奥思本,《长江下游高地垦殖的地方政治》(The Local Politics of Land Reclamation in the Lower Yangzi Highlands),载《清史问题》,第15卷(1994年)第1期,第21—39页。

角洲地区过度开发当地资源。有趣的是,当太平天国结束以后,人们马上又对山坡地以及几乎没有表土的区域进行森林再造。更重要的是,尽管政府和地方精英们在有效巡视高地森林状态的能力上还远不及 50 年前,且当地人口数量又很快恢复到战前水平,乱砍滥伐的现象却已经不再那么严重了。此时,大部分的木材来自满洲和国外。木材进口的再次兴起,无疑成为解决问题的重大关键。

5c. 发展成功的边陲地区

如果这三个最发达宏区的模式可看作是其因应中国其他地区经济渐趋闭关自守现象所作出的回应性作为,那么我们又将如何解释这个区域性劳力分工的衰退现象呢?

首先,这个问题乍看之下似乎并不需要太多的解释。今天,由于我们脑海里对于 20 世纪人们努力促进"进口替代"的印象仍是相当模糊,人们想当然地认为,进口替代即是有效推动市场发展之"自然"趋势的一种手段,只要通过关税、政府补贴、或其他类似之手法,即可达到改进新生产业竞争力的目的。但是,对于我们现在正在讨论的时空来说,技术虽然缺少专利的保护而极易仿造,但即便在不使用关税的情形下,相对高额的运送成本,仍为商品提供了一定额度的保护。此种情形,多出现在一般平民常用的体积/价值比(bulk-to-value)较高的商品上。

因此,我们确有十足的理由认为:内陆地区,特别是在断然中止生态危机的长江中上游地区内,人口增长和进口替代发展得既"自然"又相对地良性。但除此之外,我们仍可找到其他理由,来解释前面所说的这些发展趋势。

首先,人口增长与原料出口下降之间的关系,并非如我先前所讲的那样简单。在华北,旱作的生产虽未因大量的劳力投入而大幅提升,但人口的增长以及对环境的压迫却能合理地解释"何以多数地区增加了手工业的劳动力",以及"何以原棉的出口量会下降"等复杂问题[1]。光是人口的增长,就足以解释木材产地出口量的衰退状况。而

---

[1]　更进一步的讨论,可参看彭慕兰,《大分流》,附录 F。

尽管粮食和森林的生产都必须利用土地，人们却还不清楚该如何提高林地的产量①。

然而，在长江中游的产稻区，劳力的投入直接刺激到主要出口品的产量。问题是，多数人投入劳动力生产布料，却未种植超出自己所需的稻米以换取更多的布料。的确，从帕金斯分散的数据中可以看出，当长江中游的湖南省每英亩稻米亩产量达到饱和之时，其最具出口导向性质的县城每英亩的稻米产量就会急速上升，其规模可能达到18世纪长江下游的60%，甚至还赶上了19世纪的产量②。据推测，该省的耕种面积也有扩增③，但主要是集中在较不发达的地区。而虽然该省于1775年至1850年间人口增长率约为40%，且1750年至1775年间年增长率可能更高（然而由于户口普查数据的真实性令人怀疑，使得准确的数字一直无法确定）④，但其似乎维持了相当的人均粮食产量，从而使其可出口剩余量（exportable surplus）的绝对规模仍旧得以扩增。然而，既然该地区的稻米出口量减少，我们还是得承认，我们所看到少数几个发达城市的产量提升现象，并不能代表其他地区的状况。部分原因是这些地区使用了不同的劳作方式，使得其在产量上也有所差异。当然，许多清朝官员也强推不情愿的农民们为农作物的复作投入必要的劳动力，而当这些推行运动最后失败时，这批官员中的大多数也都指责农夫不够卖力⑤。有些地方确实不具农作物复作的能力，但是很多具备此种能力的地方，却又没有实施。许多人还将劳动力投入在粮食以外的生产上面，且不论是纺织布料的低地妇女还是种植茶叶的高地家庭，似乎也都加入这样的行列。这些人仍然消费着稻

① 孟泽思（Nicholas Menzies），《农基工业篇：林业》（Forestry），收李约瑟编，《中国科学技术史》，第6卷：《生物和生物技术》，第3册，第666页；可与以下比较：托曼（Conrad Totman），《绿色群岛：工业时代以前日本的林业》（The Green Archipelago：Forestry in Preindustrial Japan），加州大学出版社，1989年。
② 帕金斯，《1368—1968年间中国的农业发展》，第21、315、318—319、321页。
③ 前揭书，第234页。
④ 濮德培，《耗尽土地》，第56—57页。
⑤ 前揭书，第129、132页。

米,从而减少了该地区的可出口剩余量。此种劳动力关系的重新分配,不应当作是无法避免的情况。

更进一步来说,除了我先前提到的原因之外,农民的家计活动中之所以要生产多样化的产品,主要是为了提高农产品价格,以保证出口的持续性。一方面是因为越是邻近长江及其支流,其运费越是低廉。另一方面则是因为,中国周边的国家,仍旧持续运输大量贵重物品至长江三角洲和岭南的核心地区。尽管其运送量已大不如前,这些货物的运送,已使得船家们为了能在回程运送时载满足够货品而大量增加长江三角洲向上游出口的运输量。因此,当我们试图寻找长江中游原始工业化的背后原因时,重点即在于这个现象的背后究竟存在着阻碍进一步出口的力量、抑或存在着鼓励区域多样化的力量。而事实证明:后者的力量对于其原始工业化的形成来说是更为重要的。

尽管我们缺乏实证数据佐证,但我们发现还有另一个逻辑上可能存在的原因,那就是当地的运费问题。通常来讲,在一个宏区中,人口的加速增长,可能会首先出现在土壤最为肥沃、且最能让人进入或加以利用、甚至邻近运输大动脉的沿岸区域,接下来的人口增长,则会不均衡地分散在距离这些交通要道较远的地区。此种设想确已存在于我们的模型当中。依照这种设想,当河岸边的土地或森林人口趋近饱和以后,后来加入的人们,其势必得面对出口商品利润的收益递减。另外,由于在中国的农业发展中,大型家畜的平均使用率较低,从而,正如我在别处所提及的,即使当时中国的整体运输能力已达到和任何一个前工业化经济体(pre-industrial economy)[1]之情形相提并论的地步,当人们距离河岸越远,其所需支付的运费还是会明显地提升。这在很大程度上解释了,当时中国的出口量为何不随着周边国家的人口、开垦新地以及总产量等的持续增长而增长。而除非我们能证明"定居在交通便利区域的人们已开始以稻米(或原棉或木材)交换新生地居民所生产的布料和其他商品",否则以上的这个论点,并无法解

---

[1] 彭慕兰,《大分流》,第 1 章。

释"何以当 19 世纪的人们已定居在交通便利区域之时,其出口量依旧减少"之现象。

到了 18 世纪末和 19 世纪初,随着中国开垦山坡的人口数量急速地增加,这些定居在交通便利区域的人们,应已开始以其生产之稻米与开垦山坡之人们进行交易。如上所述,山地定居人数的增加,关系到中国对于适合高地和贫瘠土壤生长的新大陆农作物之采用,例如种植土豆、白薯等①。这两现象的联系,使得山坡的开垦行为,体现了典型的马尔萨斯理论。也就是说,由于人口的增长,使得人们被迫移居到贫瘠的土地上,但同时新品种作物的出现,又使得这些移居的人们得以存活下来。或者说,种植新粮食作物的农地,促使人口得以增长。此种发展,正好说明了绝大多数贫穷的高地居民以新大陆农作物糊口的现象,与富裕的山谷农民在出口上有所剩余的现象之间是毫不相干的。

但是,如同我们看到的,长江下游开垦山坡的增加也是另有其因。人们对于种植在山坡和荒原上的农作物如茶、花生以及各种油籽等之所以这么大的需求,其原先在于经济的不断繁荣,而非仅是人口增长所致。事实上,在方行最近的一篇文章里,其运用了精确的证据,认为 17 世纪至 19 世纪间长江下游生活水平的提高,正可以非谷物粮食消费量的增加来加以体现②。尽管我们欠缺比较性的研究以说明中国其他地区的人们饮食情况是否变得丰富,但我们可以确定的是,长江中下游低地的稻米种植者,过去已受益于进出口交换比率的改善,以及土地生产力的显著提升,且其似乎已将他们所增加的收入花费在各种调味品上,并在某种程度上已成为邻近高地的忠实顾客,以其稻米与高地居民们进行交换③。不过对于那些种植非谷物类经济作物的中国

---

① 这方面有代表性的论述,可参看何炳棣,《美洲粮食植物在中国之引进》,第 192、196—197 页。

② 方行,《清代江南农民的消费》,第 97 页。

③ 濮德培,《耗尽土地》,第 113—135 页;帕金斯,《1368—1968 年间中国的农业发展》,第 21 页。

生产商,文献中除了记载他们在非谷物作物上的种植外,也非常强调他们如何在种植粮食以及种植茶和白薯上付出心力。此种多方兼顾的情况,使得中国生产商比起像加勒比那样专业化的生产商来说,更能摆脱其对其他地区购买来的食物之依赖[①]。且在湖南的高地区域,由于其将混杂的次等谷物于 18 世纪末至 19 个世纪间向外传播,使得原先陷入粮食短缺窘境的县城,顿时成了粮食的净出口区[②]。但是这些食物仍被认为是劣等食品,其地位,正有如过去运至下游、现在却反而运上山区的稻米一般。

5d. 政策、文化和区域主义(Regionalism) 的复苏

截至目前为止,本文的论证仍未涉及到非农民家庭家计以及地形、技术与市场以外的其他因素。尽管这些因素可能只能用来解释清代中国的市场排除自生力量的现象,而未能说明是否有其他生力注入到这个市场来,但若将这些因素综合考虑,其仍可解释人口增长、进口替代和来自中国周边国家的稳定进口等多种现象。当然,许多其他的经济因素也可用来解释为何长江三角洲出现主要进口物品的短缺现象。例如在 19 世纪,华北至长江流域间水运条件的险恶状况,便对长江三角洲的棉花供应发展毫无帮助,而在长江上游、西北以及西南地区等地,即便已到 1850 年后,随着鸦片贸易的兴起以及鸦片取代棉花成为新经济作物现象的发生,棉花的供应情况依旧无法获得改善[③]。至于其他方面的影响,则与文化和国家政策相关,从而也必须在重构本时期图像时一并纳入考量。

---

① 马立博,《老虎、稻米、丝绸和淤泥》,第 310—311 页;穆素洁(Sucheta Mazumdar) ,《中国糖业史:广东经济作物的政治经济分析》(*A History of the Sugar Industry in China: The Political Economy of a Cash Crop in Guangdong, 1644—1834*),加州大学洛杉矶分校博士论文,1984 年,第 80、269—270、284—287、372 页;高德纳(Robert Gardella) ,《收获在山头:福建与中国茶贸易,1757—1937 年》(*Harvesting Mountains: Fujian and the Chinese Tea Trade, 1757—1937*),加州大学出版社,1994 年,第 32 页。

② 濮德培,《耗尽土地》,第 134 页。

③ 关于华北大运河的衰落,可参看星斌夫,《大运河:中国的漕运》(大运河:中国の漕运),近藤出版社,1971 年,第 223—237 页;彭慕兰,《腹地的构建》,第 154—164 页。有关鸦片在一些地区取代了棉花的情形,可参看赵冈,《中国棉纺织生产的发展》,第 23 页。

这些因素当中,其中一个较有可能产生重大影响的因素,是国家和私有慈善机构主办的粮仓体制,至少在 18 世纪,它对作物的季节性价格波动以及作物因年年歉收所致的价格飞涨进行了相当有效的抑制。可以确信的是,这些粮仓通过抑制谷物的最高价,而压制了市场稻米的产量。但这似乎并不是产量降低的主要因素。首先是时间上的问题:18 世纪中期既是皇朝粮仓体制积极发挥作用的时期,也是长江中下游的稻米出口量的鼎盛时期。基本上,我们很难期待一个逐步萎缩且难以控制的体制竟然可以实现下个世纪长江三角洲米价上涨的适度调节。更不用说,此类价格之所以抑制,恐怕是因为向江南输入次等谷物如满州的小麦等的数量不断提升,加上该地人口减少,当地每亩产量又持续小幅增加。其次,纵使在国家储粮体制最辉煌的时代,长江三角洲的公共存量也是相当有限的。一般来说,高度商业化的粮食进口区主要仰赖贸易来缓和收成波动,而非依靠粮仓的储存量①。

在某种程度上,像长江三角洲这种仰赖进口以缓和当地收成波动影响的地区,其私底下仍仰赖着那些时而将多余稻米运出、或于当地收成量低于平均量时仍可以不致使价格飞涨的方式保持相当出船量的上游储仓。这种储存方式似乎相当牢固可靠,但它的性质亦公亦私,且其通常以市场价格购买存粮。不足为奇的是,大部分的公共仓储似乎都位在贸易较少的区域。正同魏丕信(Pierre-Étienne Will)与王国斌(R. Bin Wong)所指出的,当这些区域面临危机时,公共仓储体制的运作及其低于市场价格的存粮销售,也许可以避免非谷类作物之生产以及由市场上购买过量食物所带来的风险②。的确,粮仓制度的确促进了长江中上游经济的多样化,但这些地区的经济多样现象主要是通过鼓励非邻近运输大动脉区域的发展所致,所以不论就何种情况来说,其都称不上是真正意义上的稻米出口区。从而,若要说长江三角洲长期以来已忍

---

① 薛华(Carol Shiue),《贸易、粮食存储与清代仓廪制度》(*Trade, Storage and the Qing Granary System*),耶鲁大学博士论文,1997 年。
② 魏丕信、王国斌,《养民》,第 496—497 页。

受了仓储体制不足之苦,我们必须先确认交通位置欠佳的上游区域是否已铺设了更多的道路、开掘了更多的运河、并已在稻米出口上出现专业化的现象。的确,要说当时长江上游区域已出现此些现象亦非不可能的事,但此种推论却与真实情形多少有所出入。

清朝的货币政策与西方对于中国的冲击,对此方面可能也起了些许作用。尽管在另一方面,我们恐怕也难以确知是否这些政策与冲击在这方面确已产生相当作用。在18世纪和19世纪初,清朝政府在成功使用可靠铜币上付出了极大的努力,从而也大大地推动了地方性的商业发展①。然而,笨重的铜毕竟不适合用于长途贸易。这也说明了在1400年和1800年之间,中国先后从日本及拉丁美洲大量进口的货品,仍旧是以作为交换媒介的白银为主②。但在1800年后,特别是在1820年后,鸦片进口量的大幅度提升,以及茶叶贸易量的短暂暴跌,扭转了白银的流通情形,同时也显著提高了白合金相对于铜和其他日用品的价格③。除了在阻拦鸦片进口上的失败之外,政府并未采取其他任何行动以稳定用于长途贸易的白银"货币"。尽管19世纪的农民们清楚地意识到以白银作为缴税单位的情况已造成其所赚来的每枚铜

---

① 黑田明伸,《中华帝国的构造与世界经济》(中華帝国の構造と世界経済),名古屋大学出版会,1994年;同作者(Kuroda Akinobu),《另一种货币经济:以传统中国为例》(Another Monetary Economy:The Case of Traditional China),收莱桑(A. J. H. Latham)、川胜平太(Kawakatsu Heita)编,《1550—2000年间亚太地区的发展动力》(*Asian Pacific Dynamism, 1550—2000*),斯坦福大学出版社,2000年,第187—198页;邓海伦(Helen Dunstan),《与魔鬼和平共食:清朝政府与其铜货供应商》(Safely Supping with the Devil:The Qing State and its Merchant Suppliers of Copper),载《清史问题》,第13卷(1992年)第2期,第42—81页;傅汉思(Hans Ulrich Vogel),《1644—1800年间中国的中央货币政策》(Chinese Central Monetary Policy, 1644—1800),载《清史问题》,第8卷(1987年)第2期,第1—16页。

② 弗莱恩(Dennis Flynn)、杰拉尔德(Arturo Giraldez),《导论》(Introduction),收氏编,《新兴全球经济体系中的金属与货币》(*Metals and Monies in an Emerging Global Economy*),集成(Variorum)出版社,1997年;万志英(Richard von Glahn)《财富的泉源:1000—1700年间中国的金钱与货币政策》(*Fountain of Fortune:Money and Monetary Policy in China, 1000—1700*),加州大学出版社,1996年。这些学者固然对白银的流通作出了崭新而重要的诠释,但白银的流通这个现象本身,已有一段时间受到学界的广泛认同。

③ 尤其关于鸦片和白银,可参看张馨保(Chang Hsin-pao),《林则徐与鸦片战争》(*Commissioner Lin and the Opium War*),哈佛大学出版社,1964年,第40—44页。

币仅能缴纳比过去更少税额的结果,但对于多数的家庭来说,税赋只是一个很小部分的支出,且对于农民和在地商人来说,于地方交易所用的大量铜币,既充足、可靠又被广泛认可,确实具有很大的吸引力。而即便白银已被用作长途贸易的交换媒介,但其价值昂贵、币值波动繁仍、且又时常掺入劣等白银,其吸引力自然远不及相对稳定可靠的铜币。

一个由来更为久远的因素,或许要算是中国的性别规范,例如妇女总被期待从事纺织为主的室内工作,而非从事户外劳作等。要是没有这些规范,且要是妇女也不用裹脚的话,普通的内地家庭会开辟更多土地,或甚至为了出售更多剩余粮食而进行更密集的种植,并减少布料的生产。过去我在讨论其他问题时,曾经评价过中国性别规范这一独立力量的强大①,李伯重也通过大量相关证据的积累,证实了中国妇女至少需至 1850 年之后,才得以在少数区域内完全脱离农业生产活动。更进一步来说,即便在 18 世纪中期,布料与稻米的比价似乎仍有利于长江三角洲地区等布料生产地和稻米进口地以外的纺织品生产商,从而,我们也不需全以文化上的偏好来解释当时妇女何以在家纺织而不去田地里和其丈夫一起劳动的现象,因为在某些地区,她们可能光靠户内的劳作,就已经可以赚到更多的财富了。

但是单纯以单一面向作解释,往往不是历史研究中最为准确的解释方式。比如说,作为一个理想化的典范,且在国家的提倡下盛行于明清的②"男耕女织"家庭分工模式,在一定程度上也刺激了内地进口替代品的发展。在某种程度上,"男耕女织"的劳动分工模式往往欠缺经济上的实用性,甚至被认为是令人觊觎的奢侈劳动,就像在某些特

---

① 彭慕兰,《大分流》,第 2 章。

② 曼素恩(Susan Mann),《清代的家庭手工业与国家政策》(Household Handicrafts and State Policy in Qing Times),收李欧娜(Jane Kate Leonard)、瓦特(John Watt)编,《达至安平与富裕:清代帝制政府与经济》(To Achieve Security and Wealth: The Qing Imperial State and the Economy),康奈尔大学东亚研究组(East Asia Program),1992 年,第 75—96 页;李伯重,《从"夫妇并作"到"男耕女织"——明清江南农家妇女劳动问题探讨之一》,载《中国经济史研究》,第 11 卷(1996 年)第 3 期,第 99—107 页。

定时期的一些西方国家,当男人们钱赚得够多时,便会要求妇女在家做工的那样。而在 18 世纪后期,当物价上涨以及其他因素使得更多的家庭倍感经济繁荣时,长江中游地区也传播着这种奢侈的劳作方式。显然,男女分工的文化偏好并不是一个自然选择的结果。譬如说,总要有人教湖南的男人们如何种植棉花,他们才懂得如何种棉花,且总要有人教湖南的妇女们纺织技巧后,她们才会知道该如何进行纺织那样,为了达到促进理想型男耕女织家庭形成的效果,清朝政府便致力于宣传最好的分工实践知识①。更进一步来说,在 19 世纪中期,此种性别规范,连同其他制度上与文化上的因素,对于人们迁移的模式产生了相当大的影响,并使得除了满洲和海外疆域以外的大片肥沃土地,顿时变得十分紧缺。尤其是,这些因素可能还阻止了人满为患的内陆地区之居民移居到沿海地区的行动。由于当时内陆的土地仍可使用,且多数人不论是技能上还是对自己的定位上也都只能种田,因此无论如何,仍不致于出现大量人口移居海岸的现象。但是一旦边界地区的人口达到饱和,贫苦的人们就会涌向其他地区。毕竟,尽管 19 世纪确实出现了种种问题,但相对于长江中游和华北地区,下游地区仍然有较高的人均收入。而且,当越来越多的人发现没有足够的土地可加利用时,他们自然会移居到长江三角洲地区从事手工艺品和服务业。理论上,此种移居过程,不仅促使长江三角洲地区人口再度增长,同时还降低了薪资报酬,提高了布料的竞争力,并使各地的生活水平渐趋一致。此种各地水平大致均衡的现象,使得某种抽象的模式得以适用于当时的社会,而在此种模式中,人们的行动极为自由,且关于其他地区工作机会的信息,也传播得极为广泛。

那么,假设单身妇女可以独自移居从事纺织品制造相关的工作,且假设这些妇女不用因此忍受污名或任何指摘,那么对已婚且丈夫为佃户或自住业主并拥有农地的家庭妇女来说,由其负责纺织,便不再是理想的劳动模式。然而,实际的情况是:20 世纪前的中国,单身妇女

---

① 曼素恩,《清代的家庭手工业与国家政策》,第 75—96 页,尤其第 86 页。

的迁移极为罕见。部分的原因是：和早期现代的欧洲城市相比，中国城市里很明显地几乎全是男性。而且，如果潜在的女性织布工只能跟随寻找土地的男性迁移，那么就算内陆变得再拥挤，此种妇女回到海岸的反向迁移也还是不太可能发生。纵使是长江三角洲地区的佃户，仍比上游的地主赚得更多的利润。且地主要求的高价租地定金，无疑仍是内陆穷苦农民的主要障碍。到了 20 世纪，由于以工厂为基础的都市工业大量兴起，部分企业还提供单身女工宿舍，加上社会出现极具欧洲意义的无产阶级崛起现象，使得大量的女性移民迁徙至富裕的沿海区域。但在 1960 年至 20 世纪 80 年代期间，这些过程中止了。

除了"男耕女织"的家庭生产分工模式之外，晚期帝制中国还通过不发达地区的人口增长与手工艺品的发展，重新创造出更多物质条件来满足儒家式美好生活的物质基础。这些稳定的家庭已逐步扩大自拥地产，其财产之富裕也达到足以负担赋税的程度。不过即使如此，还是没能阻止大地主的逃税行为。清朝政府并不认为市场动态能给内陆带来如此的发展。国家通过提供信息、基础建设投资、甚至贷款给新居民，来鼓励大规模迁移到人口稀少的地区。清朝及其地税政策，包括在法律上是否对长江三角洲和其他富有地区课征重税或纳贡义务的评估，以及在事实上是否将新开拓或重新开拓地区之土地纳入赋册的政策等，都为"边陲地区"的发展带来许多好处，甚至可能还限制了皇权核心的发展。如果可以在农业和手工业上多加推广最佳的实作方式，例如引进多样化的作物品种，或雇用长江三角洲的织布工人去其他地方传授织布技术，那么情况还是相当可观的[1]（那些从未在家乡服务过、且每隔几年便要改变职位的基层官员，显然也为这些推广活动付出了心力）。且在华北和西北地区，清朝尤其致力于确保生态状况陷于边缘窘境之地区的安全生存条件。在 19 世纪初，黄河

---

① 前揭书，第86页；王国斌，《农业帝国的政治经济及其现代遗绪》(The Political Economy of Agrarian Empire and its Modern Legacy)，收卜正民(Timothy Brook)、布鲁(Gregory Blue)编，《中国与历史资本主义：汉学知识的系谱学》(China and Historical Capitalism：Genealogies of Sinological Knowledge)，剑桥大学出版社,1999 年,第225—227页。

的治理与维护便成为政府最大的建设计划。此建设当然也包含了其他目的,但总的来说,其消耗占政府总开支的10%以上,远高于其他政府花费在战争、偿债和官员薪资上的总开支①。

要能准确评估清政府政策的影响力当然是不可能的,但能确定的是:清政府政策大致上侧重于推进当前的发展趋势,而非根本地改变社会的发展动态,而清政府在协助全国市场广泛传播农业、手工业和商业经济方面,也无疑发挥了积极的作用。

6. 面临危机的区域

像长江中上游这样的边陲地区,其区域性的发展模式,不需用"封锁"或"失败"这样的概念来加以解释。相反地,这里形成了新的成熟型平衡模式,比如对发达海岸地带所作的调整等,只不过与19世纪西欧和北美异常的迅猛增长相比,其发展还是相当令人失望的。但是在发展上,究竟要如何将这些地区与华北、西北、和西南的宏区相区分呢? 到底是哪个区域,才是真正踏入了衰退期呢? 在此,我们面对了许多种解释的可能性,但最为可信的两条线索,一条是关系到家庭结构的地方性差异与人口行为的重要意义,另一条则是19世纪期间中国国家性质变动所产生的独特影响力。

6a. 一个与别不同的人口形态?

就发展得最为成功的宏区来说,其成功的关键,即在于其人口行为得以因应资源的可利用性与经济机会的情势而作出相当的调整与响应。李中清(James Lee)和他的同事在一系列著作中,即明确地指出这些区域的发展主要来自于其对婚姻关系内的生育控制。此种婚姻关系内的生育控制通过许多政府及非政府的手段完成。例如政府预设的禁欲方式,便反映在较晚生育或较早停止生育上;避孕药草和堕

---

① 有关此一用来资助生态贫弱的华北地区的体制,我在《腹地的构建》中已有详细的论述。该书特别提到此种资助在19世纪末已被收回,亦因此不能被用作解释该区在20世纪的持续人口激增。

胎剂的使用相当普及,虽然实际效果如何难以评估;另外还有产后杀婴,也大力助长生育控制[1];大家庭式的亲族团体对于家庭生育的管控也起着相当关键的作用,比如长江下游的宗长以及辽宁一带共居家庭的家长,就比夫妻更能有效掌控婚姻内生育的配额与生产限制。亲族团体也能为限制生育的夫妇安排收养,以使这些夫妇更能接受此种限制生育的作法。而当夫妇没有男嗣继承人时,亲族的收养,也使其得以安享晚年,并让香火得以延续下去。须注意的是,前面提到辽宁这个地区,也是李中清、王国斌和康文林(Cameron Campbell)所用资料的另一个的主要来源。此外,比起西方国家,中国收养的现象的确更为普遍,不过很多被收养者都和养父母有关,多数是收养人的侄子、堂表弟妹等[2]。宗族组织在华南的势力相当强大,即使其组成的家庭一般来讲并没有华北那样复杂[3]。联合式的家户组织在南满洲也是十分普遍的,而南满洲这个地区也是李中清和王国斌所用的农村资料之主要来源。

另一方面,在华北,尽管生态上的灾祸接二连三地发生,且此灾害也对该地区造成了深远的影响,其人口仍旧保持持续增长的状态,甚至在 20 世纪 50 年代,还开始加速成长。此一现象的原因至今还不甚明朗,因为无法否认的是,此部分的讯息乃是根据不完整的资料所示,但一般来说,宗族在华北和西北的势力较弱,且联合家庭似乎也没有辽宁来得普遍,从而在本质上,独立的核心家庭还是较为普遍。相对

---

① 李中清、康文林,《乡村中国的命与运》,第 82—85 页;李中清、王丰,《人类的四分之一》,第 57—64 页;关于堕胎剂与避孕药,可参看白馥兰,《技术与性别》,第 290—296、321—325 页。

② 可参看李中清、王丰,《人类的四分之一》,尤其第 7 及第 8 章;至于特别有关收养,亦可参看王安(Ann Waltner),《烟火接续:明清的收继与亲族关系》(Getting an Heir: Adoption and the Construction of Kinship in Late Imperial China),夏威夷大学出版社,1990 年,以及邓尔麟(Jerry Dennerline),《宋代至清代无锡宗族发展中的婚姻、收养与慈善活动》(Marriage, A-doption, and Charity in the Development of Lineages in Wu-hsi from Sung to Ch'ing),收伊佩霞(Patricia Ebrey)、屈佑天(James Watson)编,《中国帝制晚期的亲族组织》(Kinship Organization in Late Imperial China),加州大学出版社,1986 年。

③ 可参看如:卜凯,《中国的土地利用》,第 367 页。

于华南、华北的兄弟们在分割家产之后，无论父母是否健在，仅会把较少的原生家庭财产留下来，也较不会为这个家庭赚进更多的家产①。甚至是安放祖先牌位和祭坛的房间，都可以变作住房或者住房的一部分，而即使分家的兄弟们仍然面朝着同一个庭院，他们也都只维护自己所分得的祭坛②。姑且不论这些亲族是物质上或形体上的势力，抑或只是观念上的一股势力，在这种情况下，我们很难去想象这些亲族能像长江下游和辽宁地区一样掌控着核心家庭的生育。家户层级的生育管控机制确实是中国大部分地区人口控制的核心，但其在华北和西北的运作机能则相对较为弱势。或许不同的亲属关系体制，能使得家户层级的生育管控机制更加侧重于亲族内人口的控制，反而是华北松散的生育管控体制，则倾向于让家族内的人口呈现出过剩的趋向。此种因不同亲属关系导致不同人口发展的现象，即为错将中国人口趋势视为全国共通现象的马尔萨斯、海吉诺（John Hajnal）以及其他学者所忽略的地方。伊懋可在其最近的著作中，即以其他的证据，证实了在帝制时期中国的生育力和死亡率存在极大的区域性差异③，尽管对我们来说，这个现象的存在还不太能够确定。或许华北确有更多的"马尔萨斯式"人口现象，也或许，该地区存在着其他的生育管控体制，但是如果华北确有存在这样的管控体制，那么其运作，恐怕也不是那么卓有成效的。不论华北人口增长的起因如何，在 19 世纪 40 年代，其人口密集度似乎已超过了长江中游地区的 50%，且到 1953 年时，其也超过长江中游地区的 70%。尽管某些长江中游的高度城市化地区，有着更丰富的水资源、更长的生长季节和其他有利条件，但就人口密度来说，仍旧是华北地区独占鳌头④。

---

① 魏大卫（David Wakefield），《清代及民国时期的分家：遗产、家族、财产和经济发展》（*Household Division in Qing and Republican China : Inheritance, Family, Property, and Economic Development*），加州大学洛杉矶分校博士论文，1992 年，第 224—229、254 页。

② 前揭文，第 201、227—228 页。

③ 伊懋可，《市镇与水道》，第 139、187、195、209—210 页。

④ 施坚雅，《19 世纪中国的区域性城市化》，第 213、226 页，并据同作者，《19 世纪四川的人口》作了修订。

6b. 中国经世之术的危机及转型

最后,中国国家角色的转变,也是整体社会估量中相当重要的一部分。越来越多的证据显示:此种变化对于微观人口统计的影响力,远超过各地方之间的区域性差异。清代初期和中期的基本政策目标,乃是重制社会上和政治上的既有基础,而非与国外的势力竞争。这个庞大的帝国,已将目标定位在社会既存的稳定结构之不断再制,其重点在于尽可能地为更多的人实现所谓的儒家式的美好生活,以及尽可能地开发更多的地区,以使农家得以在家庭制造手工艺品收入的协助之下以农作糊口,并使人们能在相对安全的区域里生存。在这些情况下,国家的经济干预,集中在生存稳定性较差的区域上,而非用在经济较为繁华的区域①。其结果是,当国家的经济干预,在19世纪初期至中期间大幅衰退时,这些区域变得不堪一击,甚至还找不出国家筹划策略以外的其他市场性解决方案来解决其面临的经济问题。例如,大运河的衰落,对于享有便利海运条件的长江三角洲最南端来讲,影响并不大,但对于长期仰赖大运河运输、并自人口稀少地区大量进口其所需要的木材与石材的华北平原内陆地区来说,则具有灾难性的影响力②。

当国家在19世纪末逐渐恢复国势并开始展现其活力时,由于当时深受西方强权威胁,加上其对工业发展之允诺,以及国家为了打造一支现代化的军队而极大地增加收入需求,其优先关注的地区,明显移向急需关照的沿海地区。但当国家努力兑现过去的承诺,例如整顿黄河边环境险恶的区域时,其对沿海区域所作的一系列措施,诸如港口的加深、警察的专业化以及公共健康机制的建立等,也就因而搁置了③。

发达的沿海区域,通过三种不同的方式,使其发展更占鳌头。首

---

① 可参看如:王国斌,《转变的中国》,第92—93、119—120页;彭慕兰,《腹地的构建》,第131页。

② 有关此贸易及其中断所带来的生态破坏,可参看前注所列的著作。

③ 有关此现象之详细讨论,可参看前注所列的著作。

先,它们不但从陈旧政策下的财政重荷中解脱出来,还在灾害不断的太平起义前数十年间加强了抵抗财政重荷的力度①。其次,通过从满洲到东南亚的沿海贸易,以及来自太平洋彼岸的远程贸易,这些地区越来越能获得其所需的农产品。第三,当国家致力于寻找某个深具发展现代性潜能的区域、且欲将此区域建设为其现代化部门之时,沿海区域无疑是此新式"发展"工程的首选之地。在此过程中,全国最繁华的区域已逐渐与内陆地区脱钩,内陆地区也在各项发展上与繁华区域渐行渐远。尽管此种发展不过只是 18 世纪末和 19 世纪初以来内陆地区逐步转换为区域性自给自足型态的趋势之延续,但由于此种内陆和沿海不断分离的情况加剧,使其在帝国主义兴起的时代脉络下变得相当棘手。而且,由于沿海核心地区在政治上并没有和中国其他的地方分离,其最终也为内地生态和经济乱象付出了沉重的代价。

从长远来看,就算没有西方国家的侵略,中国过去的发展所导致的各种困境,都使整体局面变得相当难应付。更明确地说,关于当时的中国之所以会在相对时间较短、且因而较容易控制的时期里所发生的巨大转变,更为可信的原因,应该是出在鸦片和破坏性极大的太平起义之间的关系上。大约在 1820 年后,鸦片贸易导致中国白银的大量外流,使得整体经济情势低迷,无疑也加剧了数百万穷苦人民的税务负担。这些贫苦人民,其中有多数为小农和赚得铜币的工人,且缴税的单位仍是白银。所有这些不利条件,加上当时因贸易由广州转向新通商口岸所导致的大规模区域性失业,都为华南的叛乱创造了许多

---

① 关于 1824—1850 年间地方为减轻或取消谷物进贡的各种尝试,可参看蒲立哲(James Polachek),《苏州的士绅势力》(Gentry Hegemony in Soochow),收魏斐德(Frederic Wakeman)、格兰特(Carolyn Grant)编,《中国帝制晚期的冲突与管控》(Conflict and Control in Late Imperial China),加州大学出版社,1975 年,第 226—227 页。有关太平之乱后,重建工作之中,长江三角洲地区减税的重要性,可参看芮玛丽(Mary Wright),《同治中兴:中国保守主义的最后抵抗》(The Last Stand of Chinese Conservatism: The T'ung-chih Restoration, 1862—1874),斯坦福大学出版社,1962 年,第 163—167 页;蒲立哲,《苏州的士绅势力》,第 245—249、253—254 页;以及白凯,《1840—1950 年间长江下游地区的地租、赋税与农民抗争》,第 126—129、147—156 页。有关减税对政府在华北地区所提供的服务的影响,可参看彭慕兰,《腹地的构建》,第 153—211 页。

有利的条件。于是,各种武装帮会便与鸦片走私联系起来。中国政府在《南京条约》胁迫清廷核准鸦片通过通商口岸输至中国的情况下,仍将鸦片设为中国境内的非法物品,但清朝的士兵,似乎正是最早对鸦片大规模上瘾的社会群体,县官的幕友及其衙门的下属似乎也同样对鸦片上瘾。所有这些现象的出现,均大幅削弱了官府运作的力量。与此同时,鸦片战争的战败更让许多人认为清朝政府软弱、无能,根本不能保障中国人民的利益①。最后一点,鸦片战争后,进入中国的新教徒传教士提供了太平思想体系中一些很重要的内容。综合考虑所有方面,太平天国起义的发生,显然跟鸦片脱不了关系。鸦片对于引发和延长这场人类史上最具破坏力的内战有着举足轻重的作用。而这场内战的发生,也使得中国社会、经济、政治、和文化的发展偏离了正确的路线。

当然,更为持久的破坏力,乃是因西方强权的威胁所导致的明清治国基础的连根摧毁。此种传承一贯的治国策略,本非用来对付外国威胁,或争夺或压榨国外的资源,而是在既有的国力基础上将过去的稳定结构重新再制,并试图在险恶的环境当中稳定住全国人口的增长。而当外力威胁瓦解了此种治国之道,其连带地也破坏了整个国家的稳定结构。

虽然明清的政治家们都意识到来自中亚游牧民族的威胁,但他们最主要的任务,还是控制可能影响自身权力的内部威胁。此种内部的威胁,有两种主要模式:一种是得不到满足的穷苦人民所发起的群众运动,例如明朝立国者夺得政权的作法;另一种是生活富裕、在文化上霸占特定权力位置、甚至多任职于官府体制内的精英们所组织的干涉国家力量之运动②。后者多半集中在人口众多且富饶的长江三角洲

①　魏斐德,《大门口的陌生人:1839—1861年间华南的社会动乱》(*Strangers at the Gate: Social Disorder in South China 1839—1861*),加州大学出版社,1966年,第52—53页;关于区域性的失业问题,亦可参看同书第98—101页。

②　施坚雅,《城市与地方系统的层级性》(Cities and the Hierarchy of Local Systems),收氏编,《中国帝制晚期的城市》,第312—317、338—341页及文中各处。

地区。前者则是发生在贫穷落后的区域,尤其是华北和西。华北不仅人口稠密,且有严重的洪水和干旱问题,西北则大部分地区是农业活动的边缘地带,并拥有位于中亚可汗领地与华北核心区域之间的交错地段。

在这些生态环境恶劣的区域,明清政府尤其是清朝政府所推行的政策,为家庭农务提供了各种形式的补贴。在西北的某些地方,此津贴仅发给世袭农兵的后代,但在多数的地方,都是配给拥有房产的地主。商人们也乐意将谷物运输至西北赤贫地区,以获得政府授权的售盐专卖,从而谋取垄断贸易的丰厚利润①。对于人口稀少的区域,政府的处理方案则是配给土地、贷款,发放种子,以及提供各种信息等②。此外,许多地区也都在不同的时期里获得掘井所需的资助③。至于税赋方面,这些地区的土地税率通常比较低廉,且重新开垦的土地,也往往无须缴税④。在某些贫困地区,特别是华北地区,平民的粮仓体制也获得较多政府的支持。此种制度既可使农作欠收获得缓冲物,又可以贷款来缓和季节性的供应和物价波动⑤。在清朝,政府还大力推动此些地区的蚕桑业和棉花手工业,因为这既能给农民家庭提供另一主要收入来源,又能灌输妇女们持家所需的勤勉和其他品德⑥。不过最有效且也最昂贵的办法,恐怕还是由国家来治理大运河和黄河。沿着长江三角洲向北,运河必须几乎成直角地穿过黄河到达北京。这意味着如果无法有效地治理黄河,运河也就失去了效用。过强的水流会阻挡

---

① 寺田隆信,《山西商人之研究:明代商人与商业资本》(山西商人の研究——明代における商人および商業資本),东洋史研究会,1972 年。

② 李中清,《1250—1850 年间中国西南移民的影响》(The Legacy of Immigration in Southwest China, 1250—1850),载《人口历史学年鉴》(Annales de Demographie Historique),1982 年,第 284—293 页;孙晓芬,《清代前期的移民填四川》,四川大学出版社,1997 年,第 30—34 页。

③ 潘敏德,《1600—1949 年间农村信用市场与农民经济》,第 116—118 页;韩书瑞(Susan Naquin)、罗友枝(Evelyn Rawski),《18 世纪的中国社会》(Chinese Society in the Eighteenth Century),耶鲁大学出版社,1987 年,第 24 页。

④ 王业键,《中国帝制时代的田赋,1750—1911 年》,第 84—86、92—101 页。

⑤ 魏丕信、王国斌,《养民》,第 297—298 页。

⑥ 曼素恩,《清代的家庭手工业与国家政策》,第 75—96 页,尤其第 86 页。

或淹没运河,堤堰会割断逆流使运河几乎"借"不到水,而水流甚至还会由错误的地方流入运河床。运河可是"北京的咽喉",要阻挡运河的使用根本就是不可能的。在 18 世纪中期,且在南满洲谷物生产发达之前,华南的谷物进贡大约超过首都食品需求总量的一半,而到 19 世纪中期,华南的谷物进贡仍然占约三分之一①。结果是,政府为了让华北平原的居民免受洪水之灾,可以不惜任何代价地予以保护。唯一例外而少受保护的地段是黄河横跨运河后的最后 200 英里,此一地段的情况要到 20 世纪时才有所改善。长江三角洲和其他一些富裕区域的纳税人,被要求缴纳谷物进贡以外的额外税赋,而通过这些额外税赋,便可把谷物运送至北京,其中多数是为了应付治理黄河以及维修大运河所需。在 1821 年,这些"船运"开销上升了至 1732 年的 5 倍②。维护大运河和黄河的费用也占政府总开销的 10% 到 20% 左右,这数字还不包括大量的强迫劳动③。显然,黄河沿岸的居民是不可能从地方上募得这么多的资源的。而就整体来说,此种因供给帝国首都北京而对华北农村造成的影响,与同样拥有许多早期现代首都的内地所承受的经济与生态困境之间,形成了极为鲜明而强烈的对比。我们可以发现在欧洲,马德里也同样因过度的成长,致其无法由邻近地区取得足够的供给。这或许算是同类案例当中最为极端的例子④。

　　然而,当中国历经太平天国起义、且饱受帝国主义入侵之际,前面所述的供应体系已经无法运作了。如上所述,人们普遍地认为若要使长江三角洲稳定,且能重新吸引已在战争期间转移至上海的资本,国家便需要大规模地减税。事实上,唯有大量减轻谷物进贡的负担,此

---

　　① 吴建雍,《清代北京的粮食供应》,收北京市社会科学院、北京社会函授大学、北京史研究会编,《北京历史与现实研究》,北京燕山出版社,1989 年,第 167—186 页,尤其第 172—173 页。

　　② 星斌夫,《大运河》,第 223—227 页。

　　③ 彭慕兰,《腹地的构建》,第 166—168 页。

　　④ 提利(Charles Tilly),《现代欧洲的粮食供应与公共秩序》(Food Supply and Public Order in Modern Europe),收氏编,《西欧民族国家的形成》(The Formation of National States in Western Europe),普林斯顿出版社,1975 年;瑞罗斯(David Ringrose),《西班牙的运输与经济停滞》(Transportation and Economic Stagnation in Spain),杜克大学出版社,1970 年,第 27 页。

种减税才有可能发生,然而谷物进贡的减轻,却也势必造成大运河或黄河流域的治理中断。而在该世纪中期的战争期间,大运河与黄河的维修工程也逐渐荒置。紧随其后的一次大洪水,使黄河口向北移动了400 英里,不仅使得大运河的许多区域失去了水源,还使得重建旧系统的费用远高过单纯的系统维修。

即便清朝政府不放弃长江三角洲地区的减赋,当时所面临的新环境,也迫使其将金钱用作其他用途。在接下来的数十年间,中国面临着来自外国强权有增无减的压力。要想在强国林立的世界里求得生存,中国显然必须谋求工业发展和高度的商业化,而沿海地区,无疑正是最适合发展工业化的地区。然而,口岸条约与对外国的让步,已严重威胁清朝在这些特殊地区的主权。公共服务的退化,更使得当时面临的危害雪上加霜。西方人以治安问题和道路工程问题为由,扩展其在上海附近的控制区域。日本和俄国的军队则以满洲现代的公共卫生措施尚未设立为由,威胁将占领更多的满洲地区,尽管当时的流行病疫情早在威胁之前就已被控制住。日本稍后甚至扬言,如果不加强防洪,就要占领黄河口附近区域,以再次由达成其通过既有占据区向外扩张的目的①。与此同时,许多政府官员因其本身即为沿海汽轮和铁路的私有股东,也分别在 1860 年后以及 1895 年后对这两项运输工程保持着浓厚的商业兴趣。他们显然采取了一箭双雕的作法,一边以其他的方式向北京供应粮食,一边又以运输协议的方式托运这些运送北京的谷物。

此外,在 20 世纪帝国主义盛行的环境里,中国的民族主义者开始对"中国向帝国主义抵抗"的各种相关中国问题进行评估。例如,在20 世纪时,掌管林业的官员宣布将靠近铁路沿线的地区以及当时正通

---

① 魏斐德,《逸乐的管控:1927—1949 年间中国国民党对管制上海所作的尝试》(Licensing Leisure: The Chinese Nationalists' Attempt to Regulate Shanghai, 1927—1949),载《亚洲研究集刊》,第 54 卷(1995 年)第 1 期,第 13—15 页;耐森(Carl Nathan),《1910—1931 年间东三省的防疫与政治》(Plague Prevention and Politics in Manchuria, 1910—1931),哈佛大学东亚研究中心,1967 年,第 5、42、74 页;彭慕兰,《腹地的构建》,第 209—210 页。

过进口木头来"浪费"外汇的沿海地区①。作为优先进行重新造林的地区。对这些民族主义者来说,这些官员希望将工程贴近铁路的目的相当明显。政策发布时,即有文章估测中国需以多少铁路系统抵押才能从外国银行买回这些"浪费"的钱。此外,注意到中国进口木头以制作棺材的孙中山,也将这段中国人仰赖外国人的屈辱史记述下来。确实如他所说,就连人死买棺材这事,中国人都还必须向外国人消费②。然而,这些民族主义者显然全然忽略了内陆地区因食物短缺导致高死亡率的事实③。准确地说,这些地区之所以死亡率高,部分原因乃是因为该地不能进口木材,且在政府抢救该地区生态问题期间,其人口也明显过剩。结果是,就连在清末民初的城市里所发起的"社会舆论",其最具批判性的论点,都对侧重先进地区、沿海防御以及"现代化"发展的新式治国策略少有质疑,更别说其对新国策中忽视传统任务与内地贫困的作法置若罔闻。

新的治国政策以两种方式改变了黄河的整顿工程。首先,河流整顿的资金遭大幅削减,特别是在 1890 年以后,这些金钱被直接用来还本付息,建设军事现代化,以及投入沿海地区一系列的"现代化"工程当中,如港口的加深工程等④。其次,防洪的资金则被用于不同的地

① 彭慕兰,《腹地的构建》,第 138—142 页。值得注意的是,对鸦片和娼妓问题的讨论,亦越来越集中在其作为对国家资源的一种浪费,而非在个别消费者及其家庭所面对的问题;可参看贺萧(Gail Hershatter),《危险的逸乐:20 世纪上海的娼妓与现代性》(*Dangerous Pleasures: Prostitution and Modernity in Twentieth Century Shanghai*),加州大学出版社,1997 年,第 249—250 页;以及戴沙迪(Alexander Des Forges),《鸦片/逸乐/上海:都市的消费经济》(*Opium/Leisure/Shanghai: Urban Economies of Consumption*),收卜正民、若林正(Bob Tadashi Wakabayashi)编,《鸦片政权:1839—1952 年间的中国、英国和日本》(*Opium Regimes: China, Britain, and Japan, 1839—1952*),加州大学出版社,2000 年,第 178 页。

② 吴金赞,《中华民国林业发展之研究》,第 71—73 页;彭慕兰,《腹地的构建》,第 140 页。

③ 彭慕兰,《腹地的构建》,第 138—142、146—152 页。

④ 值得注意的是,作为一项有机会散布国内各地的重要"现代"投资,中国的公立教育在当时已远远落后于他国;此外,由于公立教育的财务是从地区或省份筹集,因此其发展也多集中在较为富裕的地区。我在别处曾指出(虽然证据还相当薄弱),从 1750 年到 1930 年间,中国的识字率很有可能出现了下降。亦很有可能的是,在 1850 年后的一个世纪里,中央政府用于军事、债务及朝廷以外的支出的比例亦出现下降的情形;这与欧洲大部分地区的情形形成强烈对比,因为在欧洲,这三方面的支出随然在 19 世纪前差不多经常占去整个国家的财政预算,但在 19 世纪及以后,其比例却逐渐下降。

方。更多的金钱用在维护邻近沿海和铁路交汇口的战略地区。过去曾受偏爱的生态险恶的区域,则在这个时候遭到抛弃。从狭义的观点来看,此种策略也是有效的,一来是因为洪水发生率已大幅下降,且过去在沿海受洪水影响的地区,现在都成了中国与外国强权发生战役的最主要战场;二来则是因为此种策略可以防范外强对黄河口的侵略。然而内地的洪水泛滥,却达到了历史上的最高峰[1]。表 7 即大致表明了此一转变的急剧和强烈。依其显示,在 1890 年将当时所剩的河流整顿资金重新分配以后,改变方向的洪水,由山东黄河口附近的中下游地区起,重新侵入到上游地区。中下游地区位于海岸,其地点靠近新建铁路与经济成长中心的附近。而上游地区则属内陆地区,其位于大运河交叉点附近,也是国家曾经关切的地区。值得注意的还有,与靠近海岸的洪水灾害相比,每次发生洪水灾害,内地的灾难区域总会影响到更多人。一个非常保守的估计显示,在 20 世纪 30 年代,由于在新的治国策略底下,"传统"的治水机制几已消声匿迹,使得邻近大运河和黄河汇集人口超过 1500 万的地区,年开支几乎达到该区域农业总产出的 10%,甚至是 20%[2]。

表7　1890 年改革前后山东黄河洪水分布转变的粗略指南

	黄河上游	黄河中下游
河岸约略长度(一边河岸计;英里)	90	160
改革前的洪水次数:		
1856—1868 年	0	0
1869—1878 年	2	0
1879—1890 年	2	35
改革后的洪次数:		
1891—1911 年	12	18
1912—1937 年	13	8

本表改编自彭慕兰,《大分流》,第 207 页。

---

[1]　彭慕兰,《腹地的构建》,第 159—162、201—211 页。
[2]　前揭书,第 21 页。

　　就全国大部分地区来说,此种新的治国策略与因应环境灾害的新措施,从 19 世纪后期开始,一直施用到 20 世纪 30 年代。对于某些相对较易实施新策略的地区而言,其确实是在这个过程当中遭受了各式各样的创伤,但对总体来讲,这样的策略对生态并没有带来太坏的影响。比如说,对外的贸易,即带来了新的土地密集型农产品;政府的加强关怀,有时也十分有帮助;而在城市化较深的区域里,逐渐兴起的私有组织也为人们提供技术协助、救灾扶助以及其他生态问题上的有用服务。至少在某些情况下,新的技术确能有效刺激发展。而在另一方面,对于许多内陆地区而言,特别是中国北部和西北部,洪水的增加不过只是在许多其他内陆地区都会发生的生态衰退循环中的一部分。例如,在许多内部区域,干旱与土壤侵蚀就变得越来越严重,土壤也急速盐碱化。前者的部分原因在于燃料紧缺地区变本加厉地砍伐森林,后者则因黄河改道阻塞了地方河流排水系统而造成。在富裕地区与穷困区域之间以及稳定地区和混乱区域之间,经济、环境和社会的落差都急遽增加,但就政治上来说,发生在贫困地区的慢性问题,包括平民政治意见的表达,已由过去普通的抗税运动,转变为对义和团主义、红枪会等的支持,不仅加深了该地区长期存在的问题,同时也无可避免地塑造了富有地区的长期发展轨道。

作 者 简 介

施坚雅(G. William Skinner;1925—2008)

1954 年美国康奈尔大学人类系博士,历任哥伦比亚、康奈尔、斯坦福及加州(戴维斯)大学教授,曾任 1983—1984 年度美国亚洲研究学会会长。其研究尤其着重利用丰富数据去揭示中国社会的地理关系。代表著作有《泰国的华人社会》(*Chinese Society in Thailand:An Analytical History*)、《中国农村的市场及社会结构》(*Marketing and Social Structure in Rural China*)、《中国帝制晚期的城市》(*The City in Late Imperial China*)等。

狄宇宙(Nicola Di Cosmo)

1991 年美国印第安纳大学乌拉尔与阿尔泰研究系博士,曾任教美国哈佛及纽西兰坎特伯雷大学,现为普林斯顿高等研究院历史研究所教授,主要研究兴趣为中国与内亚关系史。代表著作有《古代中国及其敌人:游牧民族在东亚历史中的崛起》(*Ancient China and Its Enemies:The Rise of Nomadic Power in East Asia*)、《17 世纪中国一个满兵的日记》(*The Diary of a Manchu Soldier in Seventeenth Century China*)、《帝制中国的军事文化》(*Military Culture in Imperial China*)等。

卜正民(Timothy Brook)

1984 年美国哈佛大学历史及东亚语言学博士,曾任教加拿大多伦多、美国斯坦福、英国牛津等大学,现为加拿大英属哥伦比亚大学历史系及亚洲研究所讲座教授,研究兴趣包括明代史与抗战时期史。代表著作有《纵乐的困惑:明代的商业与文化 》(The Confusions of Pleasure：Commerce and Culture in Ming China；获美国亚洲研究学会 2000 年度列文森奖)、《明代的社会与国家》(The Chinese State in Ming Society)、《维梅尔的帽子:从一幅画看 17 世纪全球贸易 》(Vermeer's Hat：The Seventeenth Century and the Dawn of the Global World)、《千刀万剐》(Death by a Thousand Cuts)等。

伍安祖(On-cho Ng)

1986 年美国夏威夷大学历史系博士,现为美国宾夕法尼亚州州立大学历史、亚洲研究及哲学教授,主要研究兴趣为中国帝制晚期思想文化史。代表著作有《清初的程朱儒学》(Cheng-Zhu Confucianism in the Early Qing：Li Guangdi [1642—1718] and Qing Learning)、《世鉴：中国传统史学》(Mirroring the Past：The Writing and Use of History in Imperial China)等,并为期刊《中国哲学》(Journal of Chinese Philosophy)编辑。

裴士凯(Scott Pearce)

1987 年美国普林斯顿大学东亚系博士,现为西华盛顿州大学人文学系副教授。主要研究兴趣为北朝政治及军事史,现正从事北魏孝文帝传记的撰写。

司白乐(Audrey Spiro, 1927—2011)

1987 年加州(洛杉矶)大学艺术史博士,主要研究兴趣为六朝美术与文化。著有《审美古人:早期中国画像中的社会和美学问题》(Contemplating the Ancients：Aesthetic and Social Issues in Early Chinese Portraiture)。

韩森(Valerie Hansen)

1987 年美国宾夕法尼亚州大学历史系博士,现为耶鲁大学历史系教授。其研究尤其着重利用非传统材料去揭示民众的日常生活。代表著作有《变迁之神:南宋时期的民间信仰》(*Changing Gods in Medieval China, 1127—1276*)、《传统中国日常生活中的协商:中古契约研究》(*Negotiating Daily Life in Traditional China*)、《开放的帝国》(*Open Empire: A History of China to 1600*)、《丝路新史》(*The Silk Road: A New History*)等。

郝若贝(Robert Hartwell,1932—1996)

1963 年美国芝加哥大学社会思想委员会博士,历任芝加哥及宾夕法尼亚州大学教授。中国社会及经济史研究先驱。代表论文有《11世纪中国钢铁工业发展中的市场、科技及企业结构》("Markets, Technology, and the Structure of Enterprise in the Development of the Eleventh-Century Chinese Iron and Steel Industry")、《中国帝制时代一个经济转移周期》("A Cycle of Economic Change in Imperial China: Coal and Iron in Northeast China, 750—1350")、《北宋的财政知识、科举和经济政策的制订》("Financial Expertise, Examination, and the Formulation of Economic Policy in Northern Sung China")等。

史乐民(Paul Jakov Smith)

1983 年美国宾夕法尼亚州大学历史系博士,现为宾州哈佛福德学院(Haverford College)讲座教授。近年主要研究课题为宋代战争与政治文化的关系。著有《给天府的重担:1074—1224 年间马匹、官僚与四川茶业的崩溃》(*Taxing Heaven's Storehouse: Horses, Bureaucrats, and the Destruction of the Sichuan Tea Industry, 1074—1224*),并负责编辑《剑桥中国史》(*The Cambridge History of China*)宋代卷。

罗友枝（Evelyn S. Rawski）

1968 年美国哈佛大学历史及远东语言学博士,现为匹兹堡大学校聘教授,曾任 1995—1996 年度美国亚洲研究学会会长。"新清史"研究代表人物之一。代表著作有《华南农业变迁与农民经济》(*Agricultural Change and the Peasant Economy of South China*)、《清代的教育及民间识字率》(*Education and Popular Literacy in Ch'ing China*)、《清代宫廷社会史》(*The Last Emperors: A Social History of Qing Imperial Institutions*)等。

傅礼初（Joseph Fletcher; 1934—1984）

1965 年美国哈佛大学博士,去世前为哈佛大学东亚语言及文明系中国及中亚历史教授。精通多国语言,为研究中国与内亚关系史研究先驱。代表论文已收入《中国及伊斯兰内亚史研究》(*Studies on Chinese and Islamic Inner Asia*)。

柯娇燕（Pamela Kyle Crossley）

1983 年美国耶鲁大学历史系博士,现为达特茅斯学院(Dartmouth College)讲座教授。研究兴趣包括内亚史、清史及全球史。代表著作有《孤军:三代满洲人与清世界的终结》(*Orphan Warriors: Three Manchu Generations and the End of the Qing World*)、《昧晦之鉴:清代皇权意识下之历史与身份认同》(*A Translucent Mirror: History and Identity in Qing Imperial Ideology*;获美国亚洲研究学会 2001 年度列文森奖)、《什么是全球史?》(*What is Global History?*)、《摇晃的枢轴:对中国近代史的解读》(*The Wobbling Pivot: An Interpretive History of China since 1800*)等。

彭慕兰（Kenneth Pomeranz）

1988 年美国耶鲁大学历史系博士,曾任加州(尔湾)大学校长特聘历史学教授(Chancellor's Proffessor of History),现为芝加哥大学讲座教授,并获选为 2013 年度美国历史学会会长。研究兴趣包括中国近代史与世界史。代表著作有《腹地的构建:华北内地的国家、社会和经济 (1853—1937 年)》(*The Making of a Hinterland: State, Society, and Economy in Inland North China, 1835—1937*;获美国历史学会 1994 年度费正清奖)、《大分流:中国、欧洲与现代世界经济的形成》(*The Great Divergence: China, Europe, and the Making of the Modern World Economy*;获美国历史学会 2000 年度费正清奖)等。

原著版权声明

本书所收各文出处及原著版权持有者如下：

1. 中国历史的结构——施坚雅（G. William Skinner）

《亚洲研究杂志》（*Journal of Asian Studies*）第 44 卷第 2 期（1985 年），第 271—292 页。© 1985 by Cambridge University Press. Translated with permission of Cambridge University Press.

2. 内亚史上的国家形成与阶段划分——狄宇宙（Nicola Di Cosmo）

《世界史杂志》（*Journal of World History*）第 10 卷第 1 期（1999 年），第 1—40 页。Translated with permission of *Journal of World History*.

3. 中世性与中国人的历史观——卜正民（Timothy Brook）

《中世纪史杂志》（*The Medieval History Journal*）第 1 卷第 1 期（1998 年），第 145—164 页。Translated with permission of *The Medieval History Journal*.

4. "早期现代性"作为纪元概念与清代思想史——伍安祖（Oncho Ng）

《世界史杂志》(*Journal of World History*)第 14 卷第 1 期(2003年),第 37—61 页。Translated with permission of *Journal of World History*.

5.《文化与权力:魏晋南北朝时期华夏世界的瓦解与重建》序——裴士凯(Scott Pearce)、司白乐(Audrey Spiro)、伊沛霞(Patricia B. Ebrey)

裴士凯、司白乐、伊沛霞编《重构华夏天下中的文化与权力,200—600》(*Culture and Power in the Reconstitution of the Chinese Realm, 200 — 600*),哈佛大学亚洲中心(Harvard University Asia Center),2001 年第 1—32 页。© 2001 by Harvard University Asia Center. Translated with permission of Harvard University Asia Center.

6.《丝路新史》序——韩森(Valerie Hansen)

韩森《丝路新史》(*The Silk Road: A New History*),牛津大学出版社 2012 年 8 月出版。© 2001 by Oxford University Press. Translated with permission of Oxford University Press.

7. 750—1550 年间中国的人口、政治及社会转型——郝若贝(Robert M. Hartwell)

《哈佛亚洲研究学刊》(*Harvard Journal of Asiatic Studies*),第 42 卷第 2 期(1984 年),第 365—442 页。© 1984 by Harvard-Yenching Institute and *Harvard Journal of Asiatic Studies*. Translated with permission of Harvard-Yenching Institute and *Harvard Journal of Asiatic Studies*. (原文可在 www. jstor. org 上全文检索)

8. 宋、元、明的过渡问题——史乐民(Paul Jakov Smith)

史乐民、万志英(Richard von Glahn)编《中国历史上的宋元明转型》(*The Song-Yuan-Ming Transition in Chinese History*),哈佛大学亚洲

中心，2003 年，第 1—34 页。© 2003 by Harvard University Asia Center. Translated with permission of Harvard University Asia Center.

9. 帝制晚期文化的经济及社会基础——罗友枝（Evelyn S. Rawski）

姜士彬（David Johnson）、黎安友（Andrew J. Nathan）、罗友枝编《中华帝国晚期的大众文化》（*Popular Culture in Late Imperial China*），加利福尼亚大学出版社，1985 年，第 3—33 页。© 1985 by University of California Press. Translated with permission of University of California Press.

10. 整合史：早期现代（1500—1800 年间）的平行发展与相互联系——傅礼初（Joseph F. Fletcher Jr. ）

《土耳其研究杂志》（*Journal of Turkish Studies*）第 9 卷（1985 年），第 37—57 页。Translated with permission of *Journal of Turkish Studies*.

11. 中国治权的多面性——柯娇燕（Pamela Kyle Crossley）

《美国历史评论》（*American Historical Review*），第 97 卷第 5 期（1992 年），第 1468—1483 页。© 1992 by The University of Chicago Press. Translated with permission of The University of Chicago Press.

12. 对帝制晚期中国经济的反思：1730 年前后—1930 年间的发展、崩解和衰退——彭慕兰（Kenneth Pomeranz）

《欧洲扩张史与全球性互动研究杂志》（*Itinerario*）第 24 卷第 3/4 期（2000）年，第 29—74 页。Translated with permission of *Itinerario*.

衷心感谢以下刊物及出版社无偿授予翻译权：

《世界史杂志》(*Journal of World History*)
——狄宇宙《内亚史上的国家形成与阶段划分》
——伍安祖《"早期现代性"作为纪元概念与清代思想史》

哈佛大学亚洲中心(Harvard University Asia Center)
——裴士凯、司白乐、伊沛霞《〈文化与权力：魏晋南北朝时期华夏世界的瓦解与重建〉序》
——史乐民《宋、元、明的过渡问题》

哈佛燕京学社与《哈佛亚洲学刊》(*Harvard Journal of Asiatic Studies*)
——郝若贝《750—1550 年间中国的人口、政治及社会转型》

加利福尼亚大学出版社(University of California Press)
——罗友枝《帝制晚期文化的经济及社会基础》

芝加哥大学出版社(The University of Chicago Press)
——柯娇燕《中国治权的多面性》